Einleitung

Die Bedeutung des Türkischen

Das in diesem Buch dargestellte Türkisch ist die auf dem Dialekt von Istanbul fußende Schriftsprache der heutigen Türkei.

Diese Sprache ist sowohl im grammatischen Bau als auch im Grundwortschatz so eng mit den übrigen heute in der Sowjetunion gesprochenen Türksprachen verwandt, daß sich ihre Sprecher auf dem ganzen Verbreitungsgebiet von der Türkei über den Kaukasus bis nach Zentralasien und Sibirien zumindest notdürftig miteinander verständigen können.

Die Träger dieser Sprache gehören zu den Völkern, die das Gesicht dieser Welt wesentlich mitgeformt haben.

Über riesige Räume, von den Grenzen Chinas bis auf den Balkan, wurde die Sprache verbreitet und hinterließ im Mittelalter als Brücke zwischen dem Fernen Osten und Europa Spuren in den ost- und südosteuropäischen Sprachen, Spuren, die von der Macht und der hohen Kultur der türkischen Völker zeugen.

Auch die heutige Türkei spielt durch ihre geographische Lage die wichtige Rolle eines Bindegliedes zwischen den drei großen Kontinenten Europa, Asien und Afrika. Und diese Lage spiegelt sich auch in der Sprache wider: Die Struktur, das grammatische Gefüge stammt aus Mittelasien, ein großer Teil des Wortschatzes kam aus dem Arabischen, meist über das Persische.

Mit den arabisch-persischen Wortmassen ist auch das Gedankengut des Islams ins Türkische gedrungen. Man darf nicht vergessen, daß auch die heutigen Türken zum größten Teil Mohammedaner sind und daß Wörter und Redensarten aus dem Gebiet der Religion in der Sprache weiterleben. Lehnwörter aus dem Griechischen und Italienischen (besonders dem Venezianischen) traten im Mittelalter dazu. In der Neuzeit wurde der Wortschatz durch Lehnwörter vor allem aus dem Französischen bereichert, die für den Deutschen eine willkommene Hilfe bieten.

Das Türkische ist in mehrfacher Hinsicht von großer Bedeutung für die geistige Kultur dieser Welt: Als es noch keine Flugzeuge gab, spielte sich die Geschichte dieser Völker über riesige Räume von Asien nach Europa ab, die Erforschung der mittelalterlichen Geschichte Ost- und Südeuropas muß ohne Kenntnisse des Türkischen fragmentarisch bleiben.

Durch seine vom Indogermanischen so stark abweichende Struktur ist die Kenntnis des Türkischen für den modernen vergleichenden Sprachwissenschaftler von größter Wichtigkeit. Urteile, die sich nur auf die Untersuchung z. B. des Englischen oder Deutschen gründen, erweisen sich meist als falsch, wenn man sie auf eine Sprache wie das Türkische anwendet. Man kann aber nicht einsehen, warum das Englische oder Deutsche oder Lateinische größere Wahrheiten mit Bezug auf sprachwissenschaftliche Ergebnisse in sich bergen sollen als das Tür-

Einleitung 6

kische oder z. B. Chinesische, deren Träger einen wesentlichen Anteil an der menschlichen Kultur haben.

Die Erlernbarkeit des Türkischen

Das Türkische steht in dem Ruf, leicht erlernbar zu sein. Wie kam es in diesen Ruf? Es hat

— kein grammatisches Geschlecht
— keinen bestimmten Artikel
— keine unregelmäßigen Pluralformen
— keine unregelmäßige Deklination
— keine unregelmäßigen Verbformen,

Erscheinungen, die sonst den Hauptbestandteil der Grammatiken bilden. Beschäftigt man sich jedoch mit dem Türkischen etwas länger, so gewahrt man, daß zu diesen Vorzügen andere Merkmale treten, die das Türkische nicht so leicht machen. Es hat

— keine Relativpronomen
— keine dem deutschen *daß* entsprechende Konjunktion
— keine Präpositionen.

An Stelle dieser vertrauten Beziehungsmittel verwendet das Türkische Partizipialkonstruktionen, deren Beherrschung lange Übung verlangt, sowie Postpositionen und postpositionale Ausdrücke.

Das Verhältnis des Türkischen zum Deutschen

Für den Deutschsprachigen ist es weniger schwer, Türkisch zu lernen als für die übrigen Europäer. Fast alle Laute des Türkischen sind auch im Deutschen vorhanden, z. B. *ü, ö, tsch, ch*; das ausgeprägte Gefühl, das der Deutschsprachige für die Dauer (Länge und Kürze) der Vokale besitzt, ist für das heutige Türkisch von großem Vorteil.

Auch in struktureller Hinsicht gibt es auffallende Ähnlichkeiten: Die Eigenart, das bestimmende Wort vor das Grundwort zu stellen, haben beide Sprachen bei der Wortbildung gemeinsam, z. B.:

Rundfunk radyo — *Sendung* yayın
Rundfunksendung radyo yayını.

Der Gebrauch der vorangestellten Partizipien, der allerdings auf die deutsche Schriftsprache beschränkt ist, ist für den türkischen Sprachbau typisch, z. B.:

der aus Istanbul kommende Dampfer İstanbul'dan gelen vapur.

Auch das Deutsche verwendet einige Postpositionen, z. B. des Regens *wegen*, der Ehre *halber*. Der Besitz dieser Strukturmodelle hilft dem Deutschsprachigen also wesentlich bei der Erlernung des Türkischen.

Aus der Geschichte des Türkischen

Die Geschichte des Türkischen ist im Vergleich zum Griechischen nicht alt. Man kann vier große Abschnitte unterscheiden:

1. *Das Alttürkische*, auch *Göktürkisch*, *Nordtürkisch* genannt, das aus Inschriften am Orchon und Jennissej bekannt ist (vom 7. Jh. an). Infolge der Vorherrschaft, die der Türkstamm der *Uiguren* (etwa im 9. Jh.) über die übrigen türkischen Stämme errang, trat an die Stelle des Göktürkischen das *Uigurische*.

Die Sprache der Inschriften und anderer Texte meist religiösen Inhalts wird auch unter der Bezeichnung *Alttürkisch* oder *Altuigurisch* oder einfach *Uigurisch* zusammengefaßt.

2. *Das Mitteltürkische*

Nach der Annahme des Islams durch die Türken unterscheidet man eine westliche Gruppe, zu der das *Oghusische* gehört, und eine Ostgruppe, die *Sprache der Hakane* (Titel türkischer Herrscher), das sich mit Beginn des 14. Jahrhunderts zum *Tschagataiischen* (auch der *Sprache der östlichen Goldenen Horde*) entwickelte.

Als Fortsetzung des Oghusischen wird bis zum 13. Jh. das *Anatolische* betrachtet.

3. *Das Osmanische*

An diese Epoche des Mitteltürkischen schließt sich das auf Grund anatolischer Dialekte entstandene *Osmanische* vom 14. bis 20. Jh., die Sprache des *Osmanischen Reiches*, die bis zum 3. November 1928 mit arabischen Buchstaben geschrieben wurde. Mit dem Übertritt zum Islam hatten die Türken begonnen, ihre Sprache mit dem arabischen Alphabet aufzuzeichnen. Der Wortschatz dieser hochentwickelten höfischen Schriftsprache, die nur eine kleine Schicht beherrschte, war von einer erdrückenden Masse arabisch-persischer Bestandteile geprägt.

4. Das in diesem Buch gelehrte *Türkeitürkische* oder *Neutürkische* wird seit dem 3. November 1928 mit lateinischen Buchstaben geschrieben und von 34 Millionen gesprochen. Viele arabisch-persische Lehnwörter wurden ausgemerzt; an ihre Stelle traten alte türkische Wörter oder mit Hilfe türkischer Bestandteile geschaffene Neubildungen.

Der türkische Sprachbau war durch die große Zahl arabisch-persischer Wörter nie wesentlich angetastet worden; um die Gestalt vieler arabisch-persischer Wörter und Wortgruppen zu verstehen, war es damals praktisch, die wichtigsten Gesetze z. B. der arabischen Pluralbildung und der persischen Genitivbildung zu kennen. Für die Erlernung der heutigen Sprache sind sie entbehrlich; denn auch der Türke lernt die auch heute noch zahlreichen Wörter arabisch-persischer Herkunft als unveränderliche Elemente ohne Rücksicht auf ihre Herkunft und Bildungsart.

Zu der westlichen Gruppe gehören neben dem Türkischen in der Türkei als wichtige Schriftsprachen das *Aserbeidschanische* oder *Aseri* (türkisch Azerî) in der Aserbeidschanischen Sowjetrepublik (etwa 2,5 Mill.) und das *Turkmenische* (etwa 1 Mill.) in der Turkmenischen Sowjetrepublik. Das heutige *Usbekische* in Taschkent, Fergana, Kokand, Samarkand, Buchara, Chiwa (etwa 5 Mill.), Städten, zu denen beliebte Gesellschaftsreisen veranstaltet werden, ist eine normierte Form der Dialekte, die sich aus dem Tschagataiischen, der osttürkischen Gruppe des Mitteltürkischen, entwickelt hat.

Der Aufbau des Lehrbuches

Der Aufbau des Lehrbuches wird durch die Struktur des Türkischen und die Bedürfnisse des heutigen Lernenden bestimmt. Die Aufgabe muß darin bestehen, die Hauptausdrucksformen des Türkischen durch klärenden Vergleich dem Lernenden deutscher Sprache zu erschließen. Die Regelmäßigkeit der türkischen

Einleitung 8

Formen scheint dem Verfasser auf den ersten Blick völlige Freiheit in der Behandlung der grammatischen Erscheinungen zu lassen, so daß sich für den Aufbau die praktischen Erfordernisse als alleinige Richtschnur ergäben. Dieser Weg wird jedoch durch die vom Deutschen stark abweichenden türkischen Ausdrucksmittel des Türkischen versperrt. Während es z. B. bei den indogermanischen Sprachen Europas möglich ist, einfache daß-Sätze schon in den ersten Lektionen zu bringen, bietet die dem deutschen daß-Satz entsprechende türkische Konstruktion erhebliche Schwierigkeiten. Sie kann deshalb erst behandelt werden, wenn sich der Lernende wichtige andere Formen zur Bildung einfacher Hauptsätze und einen gewissen Wortschatz zu eigen gemacht hat.

Es ist klar, daß das im Mittelpunkt des Satzes stehende Verb schon in den ersten Lektionen einen gebührenden Platz einnehmen muß. Läßt man sich bei der Wahl der Formen von der leichten Erlernbarkeit leiten, dann müßte man, wie z. B. im Russischen, mit der Vergangenheit beginnen. In diesem Fall habe ich der sprachlichen Wirklichkeit den Vorzug gegeben; denn das einfachste Gespräch findet im Präsens statt, das im Türkischen rein formal etwas schwieriger ist als die Vergangenheit. Die Vergangenheit erfordert bereits eine Abstraktion: Es wird Bericht über etwas Erinnertes erstattet.

Der Aufbau des Buches sei hier kurz skizziert:

1. Stufe *(Lektion 1—4):* Der gebotene Stoff befähigt, *einfache Sätze im Präsens,* auch verneinend und fragend, zu bilden und die wichtigsten Lageverhältnisse *(wo, wohin, woher)* anzugeben.

2. Stufe *(Lektion 5—8):* Durch die *Possessivsuffixe* ist eine nähere Bezeichnung der Substantive, durch die damit zusammenhängende *Genitivkonstruktion* ist die Verknüpfung von Substantiven zu neuen Begriffen möglich. Das *unbestimmte Präsens* und die *einfache Vergangenheit* werden ergänzt durch den für den sprachlichen Ausdruck des Willens wichtigen *Imperativ.* In der sechsten Lektion wird der Lernende neben dem Imperativ mit den in formaler Hinsicht einfachen, aber für das Türkische charakteristischen *weiterführenden Formen* oder den *Verbaladverbien* bekanntgemacht.

3. Stufe *(Lektion 9—10):* Die *Modalsuffixe,* die dem deutschen *müssen* und *können* entsprechen, erschließen größere Ausdrucksmöglichkeiten.

Mit den auf diesen drei Stufen erworbenen Kenntnissen kann der Reisende seine Wünsche zum Ausdruck bringen und kurze einfache Berichte geben; er wird auch einen Türken verstehen, wenn dieser sich auf die Kenntnisse seines Gesprächspartners einstellt. Auf jeden Fall wird er auf der Reise den „Langenscheidts Sprachführer Türkisch" ohne Schwierigkeiten und mit Nutzen verwenden können.

4. Stufe *(Lektion 11—12):* Mit den Formen für das *Passiv,* das *Reflexivum,* dem *ersten Partizip auf -end,* für das *Futur* und verschiedene *Wortbildungssuffixe* sind die wesentlichen Mittel für den Bau eines einfachen Satzes in den Hauptzeitstufen dargestellt.

5. Stufe *(Lektion 13—15):* Der entscheidende Schritt zum Verständnis des türkischen Sprachbaus wird in der 13. Lektion getan, in der sich der Lernende die *Partizipialformen* aneignet, die den deutschen *daß-* und *Relativsatz* wiedergeben. Weitere Verbformen in Lektion 14 erlauben die erste Zeitungslektüre.

Die bis zu dieser Stufe erworbenen Kenntnisse befähigen den Lernenden, eine längere Geschichte in Lektion 15 zu verstehen und geben ihm gleichzeitig die Möglichkeit zu überprüfen, inwieweit er die zur Bildung eines Satzgefüges notwendigen Beziehungsmittel beherrscht.

6. Stufe *(Lektion 16—18)*: Eine der größten Hürden der türkischen Grammatik ist die Konstruktion zur Wiedergabe des deutschen *dessen* und *deren*, eine Fügung, die nach zwei Seiten blickt, doppelläufig ist. Schon bei den Possessivsuffixen der 13. Lektion hat den Lernenden ein Januskopf der türkischen Grammatik angeschaut. In Lektion 16 muß er sich eine zweite ähnliche Konstruktion aneignen. Die *Steigerung der Adjektive*, weitere *Verbformen*, eine zusammenfassende und ergänzende Übersicht über die *Postpositionen* und *Indefinitpronomen*, die auf jeder früheren Stufe einen Teil des grammatischen Stoffs bildeten, machen einen selbständigen Gebrauch der Sprache in einem größeren Rahmen möglich.

7. Stufe *(Lektion 19—21)*: Die häufige Verwendung des *Infinitivs* in allen Spielarten, die dem Deutschen in grammatischer Hinsicht keine Schwierigkeiten verursacht, prägt den türkischen Sprachstil entscheidend. Die schon in Lektion 7 wegen ihrer Wichtigkeit in der täglichen Rede kurz behandelten *wenn-Sätze* werden in verschiedenen Formen eingehend geübt und durch verallgemeinernde *Relativsätze* ergänzt. Eine Übersicht über die Möglichkeiten der Verknüpfung von Wortgruppen und Sätzen, genaue Erläuterungen zu dem Gebrauch einzelner *Partikeln*, eine Tabelle der *Interjektionen* mit anschaulichen Beispielen, eine ausführliche Liste über die *Rektion der Verben* und *Adjektive* verhelfen dem Lernenden zu einer größeren Beweglichkeit des Ausdrucks und geben ihm Sicherheit im Gebrauch der Sprache.

Auswahl der Texte und Übungsstoffe

Das klare grammatische Gerüst des Türkischen scheint, wenn man die meisten bisherigen Lehrbücher betrachtet, auf die Darbietung der grammatischen Themen und des Lesestoffes einen stark schematisierenden Einfluß auszuüben. Es ist leichter, ein grammatisches Thema an vielen Einzelsätzen zu veranschaulichen als in einem zusammenhängenden Lesestück.

Will der Lernende jedoch gesprochenes oder geschriebenes Türkisch verstehen, muß er neben der fremden grammatischen Struktur auch mit der oft anders fremden Darstellungsart der Gedanken vertraut gemacht werden. Ich habe deshalb nur originales türkisches Schrifttum aus verschiedenen Bezirken des Lebens geboten, das wohl zum Teil unwesentlich gekürzt, aber nie zu einem bestimmten Zweck zurechtgestutzt wurde.

Um dieses lebendige Türkisch zu bewahren und künstliches Türkisch zu vermeiden, mußten allerdings in einzelnen Fällen *Vorgriffe* auf grammatische Erscheinungen erfolgen, die erst in einem späteren Kapitel behandelt werden. Diese aus kurzen Wortgruppen bestehenden Vorgriffe sind als Vokabeln aufgeführt; ihre Bedeutung prägt sich dem Lernenden im Zusammenhang ein und bereitet ihn auf das Kapitel vor, in dem diese Erscheinung genau erläutert und geübt wird.

In vielen Lesestücken spiegeln sich die für die heutige Türkei typischen Verhältnisse wider. Deshalb finden auch Vokabeln, die einem deutschen Großstädter nicht so wichtig erscheinen, hier ihren Platz. Für die türkischen Lebensverhältnisse sind eben Ziege, Weide, Schafe usw. mindestens so wichtig wie Zündkerze.

Einleitung 10

Wegen des großen vielfältigen Wortschatzes muß der Lernende versuchen, sich schon von der ersten Lektion an möglichst viele Wörter anzueignen, die ihn zunächst so fremd anmuten. Da in den ersten Lektionen die Strukturmuster einfach und vor allem dem Deutschen noch recht ähnlich sind, kann er den größten Teil seiner Energie auf die Erlernung von Wörtern verwenden. Er muß einen gefestigten Wortschatz besitzen, wenn er von der 13. Lektion an die vom Deutschen stark abweichenden, aber den Geist des Türkischen prägenden Strukturmodelle verstehen und selbständig verwenden will.

Drei Wege der Durcharbeitung

Das Lehrbuch kann je nach dem erstrebten Ziel auf verschiedene Weise nutzbar gemacht werden. Ich schlage drei Wege vor:

Der erste — kurze — Weg: Man arbeitet die Lesestücke und die dazugehörige Grammatik durch. Als Übungsmaterial dienen die in der Grammatik zur Veranschaulichung der Regeln türkisch und deutsch angeführten Beispielsätze. Dieser Weg führt zu guten passiven und beschränkten aktiven Kenntnissen. Mit Hilfe eines Wörterbuches, z. B. LANGENSCHEIDTS Taschenwörterbuch Türkisch, wird man geschriebenes Türkisch verstehen, übersetzen und eine leichte Unterhaltung führen können.

Der zweite — lange — Weg: Man festigt und erweitert seine Kenntnisse von Lektion zu Lektion durch die zahlreichen Übungen, die wegen des weitgefächerten Wortschatzes und der vielen Redewendungen, die darin enthalten sind, mehrmals durchgenommen werden müssen. Durch dieses gründliche Verfahren wird die aktive Beherrschung der Sprache gefördert.

Der doppelte Weg: Nachdem man sich über Texte und Grammatik durch den ersten Weg einen Überblick verschafft hat, arbeitet man das Buch nochmals mit den gesamten Übungen durch. Wer genügend Zeit hat, sollte sich für diese Methode entscheiden.

Der erste schnelle Weg hält durch die wechselnden Themen das Interesse wach; auf dem zweiten langen Weg wächst durch die schon bekannten Texte das Vertrauen zu den erworbenen Kenntnissen, da die Texte jetzt ohne große Mühe verstanden werden. Die Übungen, die viel anregenden neuen Stoff bieten, können ebenfalls leicht bewältigt werden.

Selbstunterricht

Das Buch wurde so angelegt, daß es auch alle Anforderungen des Selbstunterrichtes erfüllt:

Zur Erläuterung der *Aussprache* wurden die Zeichen der *internationalen Lautschrift* verwendet, deren Lautwert entweder durch deutsche Entsprechungen oder durch die Beschreibung der Zungenlage usw. erläutert wurde. Ergänzt werden diese Erläuterungen durch die Regeln der heutigen türkischen *Orthographie.*

Die Texte der ersten Lesestücke wurden vollständig auch in Lautschrift gegeben; die Vokabellisten zu den Lesestücken und Übungen sowie das Wörterverzeichnis enthalten außerdem viele Hinweise zur richtigen Aussprache der Wörter, z. B. Angabe der Vokallänge.

Durch die *Übungen,* die in dieser Zahl und Vielfalt bisher in keinem Lehrbuch der türkischen Sprache geboten worden sind, macht sich der Lernende den fest umrissenen Stoff der Lektionen zu eigen.

Einleitung

Die in den Übungen zu lösenden Aufgaben sind so abwechslungsreich wie möglich gestaltet worden:

Als Vorbereitung dient die Einübung von Formen nach einem Muster; darauf folgen türkische Texte, in denen Wörter oder Suffixe zu ergänzen sind. Zur Verdichtung des grammatischen Stoffes sind meist aus der guten Umgangssprache oder dem modernen Schrifttum entnommene Einzelsätze gegeben worden.

Die danebenstehende deutsche Übersetzung erfüllt einen doppelten Zweck: sie hilft die richtigen türkischen Ergänzungen zu finden; sie wirft Licht auf die Kluft zwischen der türkischen und deutschen Konstruktion und Ausdrucksweise.

Dieses Verfahren, das den Lernenden zu Vergleichen anregt und ihm die Unterschiede bewußtmacht, kann man als *kontrastive Analyse* bezeichnen, ein Ausdruck, den man in den letzten Jahren für diese Methode geprägt hat, die nicht neu, sondern durch die direkte Methode in den Hintergrund gedrängt war.

Der nächste Schritt besteht in der Vervollständigung von nicht übersetzten türkischen Texten (Übungen bb), die erst in den späteren Lektionen wegen der schon dargelegten Gründe erscheinen können.

An diesen *ergänzungsbedürftigen Texten* kann der Leser ermessen, wieweit er dem türkischen Gedankengang zu folgen vermag. Die *Übersetzungsübungen* bilden den Prüfstein dafür, ob der Lernende deutsch Gedachtes türkisch ausdrücken kann. Dem gleichen Zweck dienen die Übungen mit dem Titel „*Erinnern Sie sich?*"

In dem Abschnitt „*Europäische Wörter im Türkischen*" trifft der Lernende auf alte Bekannte, die er in der fremden Umwelt der türkischen Wörter besonders zu Anfang erleichtert begrüßen wird.

Anhand eines getrennt erhältlichen *Schlüssels*, der die Lösungen aller Übungsaufgaben umfaßt, kann der Lernende überprüfen, ob er die Texte in allen Einzelheiten verstanden und die richtige Lösung der Aufgabe gefunden hat. Eine Rückübersetzung aller Texte und Übungen dient der Festigung des Gelernten; Lehrbuch und Schlüssel geben somit reichhaltiges Material für Dolmetscherübungen.

Der allgemeine Nutzen

Die Wortfügung und der Satzbau des Türkischen sind so verschieden vom Deutschen oder noch mehr vom Englischen und Französischen, daß die Erlernung des Türkischen ein geistiges Abenteuer darstellt. Man wird sich bewußt, daß die meisten Menschen dieser Erde ihre Gedanken durch völlig andere Strukturmodelle ausdrücken, als sie dem Europäer durch das Altgriechische, Lateinische, Deutsche usw. geläufig sind. Der Europäer hat seine Strukturmodelle bisher als Norm gesetzt, die sicher auch die Geisteswissenschaften, insbesondere die Philosophie, beeinflußt haben. Dringt man tiefer in andere Sprachen wie das Türkische, Japanische, Chinesische ein, scheinen die bisher von den Europäern aufgestellten Normen weniger absolut zu sein, und man darf durch den Vergleich der Normen mit den Strukturmodellen anderer Sprachen, insbesondere des Türkischen, eine Bereicherung der Erkenntnisse erwarten.

Berlin   *Dr. Heinz Friedrich Wendt*

Inhaltsverzeichnis

Erklärung der grammatischen Fachausdrücke	16
Abkürzungsverzeichnis	19
Der türkische Sprachbau	20

LAUTLEHRE

Die Aussprache des Türkischen (Allgemeines)	21
Das türkische Alphabet ①	22
Erläuterung der in diesem Lehrbuch verwendeten Zeichen der internationalen Lautschrift ②	22

Das türkische Vokalsystem ③

Vokale	24
Vokalharmonie	25
Tabelle der beiden Reihen der Vokalharmonie	26
Wörter ohne Vokalharmonie	26

Der erweiterte Vokalbestand

Lange Vokale in rein türkischen Wörtern ④	27
Lange Vokale in Wörtern persischen und arabischen Ursprungs ⑤	27
Vokalisation der Suffixe bei Wörtern arabischen und persischen Ursprungs ⑥	28
Verbindung der Vokale mit y und v ⑦	29
Von der Orthographie zum Laut ⑧	30
a) Vokale	
b) Konsonanten	
Betonung ⑨	32

Besonderheiten des türkischen Konsonantensystems

Palatale und velare Konsonanten ⑩	34
Doppelkonsonanten ⑪	35
Konsonantenwandel ⑫	36
Tabelle des Konsonantenwandels	37
Assimilation von Konsonanten	37
Vokalausfall ⑬	38
Übersicht über die Vokal- und Konsonantenphoneme ⑭	38
Hilfszeichen ⑮	39
Großschreibung ⑯	41
Silbentrennung ⑰	41
Satzzeichen ⑱	42

LEKTIONEN

1. **Türkiye'de** 44
Grammatik: Genus / Plural / Adjektiv / Adverb / Verb / **-dir** / Verneinung / Demonstrativpronomen / Kasussuffixe / **de (da)** / Suffixanordnung .. 47
Übungen 49

2. **Kim, ne, nasıl, ne zaman?** 51
Grammatik: Interrogativpronomen, Frageadverbien / Plural **-ler (-lar)** / **-ler** beim Verb / **kimler, neler / bu** 53
Übungen 54

3. **Trenle bir yolculuk. / Einzelsätze** 56
Grammatik: Stamm und Infinitiv des Verbs / Aktionsarten / Verbalsuffix „sein" / **yor**-Präsens / Dativ, Lokativ, Ablativ / unbestimmter Akkusativ / Postpositionen 60
Übungen 63

4. **Bay Erinç memnun değil(dir). / Sorular ve cevaplar** 66
Grammatik: Verneinung / Entscheidungsfragen, Fragepartikel **mi** / Verneinte Frage / bestimmter Akkusativ, Kasussuffix **-i** 71
Übungen 73

5. **Coğrafya nedir? / Sıcak çorba** 76
Grammatik: Possessivsuffixe / Genitivkonstruktion / Possessivsuffix der 3. Pers. mit Kasussuffixen / „haben" / Fortfall des Possessivsuffixes der 3. Pers. / Tabelle der Personal- und Interrogativpronomen / unbestimmtes Präsens (Aorist) oder **r**-Präsens / Verneinung des **r**-Präsens / **r**-Form als Partizip / Bedeutung des **r**-Präsens / Formel der höflichen Aufforderung / Wortstellung 79
Übungen 87

6. **Demokrasi Terbiyesi. / Umumî telefonun kullanılması** 91
Grammatik: Imperativ / Verbaladverbien / **diye** 93
Übungen 97

7. **Günler, aylar ve mevsimler. / Saat** 104
Grammatik: Kardinal- und Ordinalzahlen / Zählwort **tane** / Maßangaben / Monatstage / Zusätzliche Zeitbestimmungen / Ordnungszahl vor Herrschernamen / Wiederholungszahlwörter / Bruchzahlen / Prozentzahlen / Distributivzahlen / Vervielfältigungszahlen / Uhrzeit / Alter / Fragepronomen / Rechnungsarten / Reale Bedingungssätze / Wortbildungssuffixe **-li** und **-lik** 106
Übungen 114

8. **İkinci Dünya Savaşı** 119
Grammatik: Die bestimmte Vergangenheit / **-di** als Suffix eines Vollverbs / **-miştir** / Die beiden Hauptgruppen der Personalendungen / Formen / Datum 120
Übungen 125

9. **Okuma sanatı** 131
Grammatik: Notwendigkeitsform / Bedeutung der **meli**-Form / Wortstellung / Die Form des Prädikats 133
Übungen 138

Inhaltsverzeichnis 14

10. **İki mektup. Posta. Gönül postası. / Doktorun el yazısı. / Robinson adada** 141
Grammatik: können / nicht können: r-Präsens / yor-Präsens / di-Vergangenheit / ebilmeli-Form / nicht zu brauchen / Verwendung der Möglichkeitsform / Wortbildung (-ce, -ci) 144
Übungen 146

11. **Eşyalar konuşuyor. / Ankara keçisi. / Asıl zalim bizleriz!** 152
Grammatik: Passiv und Reflexivform / Passivsuffixe / Reflexivsuffixe / kendi- / Reihenfolge der Suffixe / edilmek, olunmak / Beispiele mit Personalsuffixen / „von" beim Passiv / -mekte- (-makta-) / Partizip Präsens Aktiv und Passiv / Wortbildungssuffixe -le (-la), -len (-lan), -leş (-laş) .. 154
Übungen 161

12. **Yıldızınız ne diyor? / Meteoroloji / Ziya Gökalp'ın bir mektubu / Kuranı Kerim'den** 167
Grammatik: Futursuffix -ecek (-acak) / Futur der Möglichkeitsform / Reihenfolge der Suffixe / Bedeutung und Funktion des Suffixes -ecek / Partikel ki / Suffix -ki, -deki, -inki / Adverbien.................... 170
Übungen 176

13. **İki fatura. / Tavşan ile kaplumbağa. / Aus der Zeitung** 181
Grammatik: -dik- (-diğ-) und -eceğ-Formen / Wiedergabe des deutschen Relativsatzes im Türkischen / Die Suffixe -diğ- und -eceğ- mit den Personalsuffixen / Die Funktionen von -diğ- und -eceğ- / Partizip, attributivisch und substantivisch / substantivierter Infinitiv / -den dolayı / Lokativ / Die -diğ- und -eceğ-Formen mit der Grundform des bestimmenden Substantivs / Wechselseitiges Possessivsuffix (Janus-Konstruktion) / Wortbildungssuffix -siz 184
Übungen 190

14. **Hocanın feylesofluğu. / Kurtla tilki. / Bu adam kim?**.................. 196
Grammatik: Das Suffix -miş / miş-Vergangenheit / -yormuş / -irmiş(-mezmiş) / Plusquamperfekt / -imiş / -ecekmiş / -miş gibi (-mişçesine) / Übersicht über die Formen der miş-Vergangenheit / Übersicht über die Formen der mişti-Vergangenheit / Das miş-Partizip / Ergänzende Bemerkungen zu dem Partizip -ecek / Verbstamm mit Suffixgruppen: -dikten sonra, -meden (-meksizin), -meden önce (evvel) / Diminutivsuffix -cik 199
Übungen 206

15. **Vezirin ziyafeti. / Der Nagel.**
(Wiederholung der attributiven und konjunktionalen Beziehungsmittel) 213

16. **Sahne dekoru. / Sıfatlarda derece. / Hocanın kapısı** 218
Grammatik: Wiedergabe der Relativpronomina *dessen, deren* im Türkischen / Rechts- und linksläufige Konstruktion / Linksläufige Konstruktion mit postpositionalen Ausdrücken / Einfache linksläufige Konstruktion im Relativsatz / Steigerung der Adjektive und Adverbien / Komparativ / kadar / Superlativ / wie = gibi oder kadar? / en çok / wichtige Komparative und Superlative / Elativ oder absoluter Superlativ / -imtırak, -imsi / -r, -mez / -inceye kadar / Persische und arabische Bestandteile 220
Übungen 225

15   Inhaltsverzeichnis

17. **Kırkçeşme suyu. / Bitki nefes alır. / Tatlı dil. / 112. İhlâs Suresi. / 114. Nâs Suresi** 236

    Grammatik: Optativ, Wunschform oder Konjunktiv / Imperativ / Final- und Konsekutivsätze / Formelhafte Wendungen mit **-sin** / Kausativ / **-dikçe** / Indefinitpronomen / Aktionsarten in der Erzählung / Infinitiv **-mek, -me** 239

    Übungen 246

18. **Ayastefanos andlaşması ve Berlin kongresi (1878). / Aus der Zeitung. / Karacabey'in yeni Fatin Hocası** 253

    Grammatik: **-ecekti** / **-ip** ... **-mediği-** / Übersicht über die Postpositionen / Postpositionale Ausdrücke / **-dir** als Zeitbestimmung / Präpositionen . 255

    Übungen 264

19. **Ahlâk. / Atatürk'ün okul yılları. / Brief. / Bütün Dünya'dan** 271

    Grammatik: Substantivierte Infinitive / Verwendung der Infinitive / Deklination der substantivierten Infinitive / Verneinte Formen / Infinitive auf **-me** mit Possessivsuffixen / **-mek** + Substantiv / **-(me)mezlik** / **-mektense** / Zusammengesetzte Verben / ... **üzere** / **derken** / Verbaladverb auf **-eli** 274

    Übungen 282

20. **Konuşkan Yoldaşlar. / Vücudumuz. / Can'ın rüyası** 291

    Grammatik: Aufgabe des Bindewortes / Bedingungssätze / Der reale Bedingungssatz / Der irreale Bedingungssatz / Wunschsätze / **-di mi, -se mi** / **-ise de** oder **bile** / Verallgemeinernde Relativsätze / Die Hauptbedeutungen von **de (da)** / **ne ... ne ...** / Die Partikel **mi** 293

    Übungen 304

21. **Mühür. / Kurban Bayramı** 318

    Grammatik: Die wichtigsten Verben und Adjektive mit Kasusangabe und Präpositionen bzw. Postpositionen / Weitere Verbformen / Übersicht über die Interjektionen / Wortstellung / Asyndetische Fügungen / Die Partikel **ki** satzabschließend / Die Partikel **ya** / Die Anrede im Türkischen 323

    Übungen 340

ANHANG

Übersicht über die Deklination 353

Demonstrativpronomen 354

Übersicht über die Konjugation 355

Wortbildungssuffixe 362

Türkisch-deutsches Wörterverzeichnis 368

Übersetzung der Lesestücke 400

Sachregister 425

Erklärung der grammatischen Fachausdrücke

Adjektiv (sıfat) — Eigenschaftswort: der *bunte* Papagei

adjektivisch (sıfat olarak) — als Eigenschaftswort gebraucht

Adverb (zarf) — Umstandswort: er spricht *richtig*

agglutinierende Sprachen (eklemli diller) — Sprachen, die Wörter und Wortformen ohne Veränderung der Wurzel durch Anfügung von Silben bilden, z. B. türkisch gerçek-leş-tir-il-e-bil-mek *verwirklicht werden können*

Akkusativ (-i hali) — 4. Fall, Wenfall: Er pflückt *den Apfel* für *seinen Bruder*.

Aktiv (etken çatı) — Tätigkeitsform: Der Mann *öffnet* die Tür.

Artikel (harfi tarif, tanım edatı) — Geschlechtswort: *der* Mann, *die* Frau, *das* Kind

Aspekt (*etwa:* eylemin gelişmesi) — Hinweis auf den Verlauf der Handlung (Wiederholung, Abschluß usw.): blicken, *er*blicken

Assimilation (benzeşme) — Lautangleichung

asyndetisch (bağlaçsız) — bindewortlos

Attribut — Beifügung, Eigenschaft: Der *alte* Mann hat es nicht leicht.

Dativ (-e hali) — 3. Fall, Wemfall: Er verspricht *ihr* goldene Berge. Im Türkischen auch gerichteter Ortsfall.

Deklination (ismin halleri, çekim) — Beugung des Hauptwortes: *der Vater, des Vaters, dem Vater, den Vater*

deklinieren (çekmek) — die Beugung durchführen, beugen

Demonstrativpronomen (işaret zamiri) — hinweisendes Fürwort: *dieser, jener, solcher*

Diphthong (diftong) — Zwielaut: *au, ei, eu, äu*

Femininum (dişil) — weiblich(en Geschlechts)

Fragepartikel (soru edatı) — türkisch *mi*, deutsch oft: *denn*: Weiß er es *denn* nicht?

Futur (gelecek zaman) — Zukunft(sform): ich *werde kommen*

Genitiv (-in eki, isim takımı) — 2. Fall, Wesfall: die Erzeugnisse *des Landes*

Genus (cins) — grammatisches Geschlecht

Grundform (yalın hal) — türkische Form mit Endungen: **bay** Herr, der Herr; **bir bay** *ein* Herr, *einen* Herrn

Imperativ (emir kipi) — Befehlsform: *gib!*

Imperfekt (*etwa:* -di'li geçmiş zaman) — Vergangenheitsform des Zeitwortes: ich *fragte*

indefinit (belgisiz) — unbestimmt

indeklinabel (çekimsiz) — in allen Fällen oder Geschlechtern formengleich

Indikativ (bildirme kipleri) — Wirklichkeitsform: Der Mensch *denkt*, Gott *lenkt*.

Infinitiv (mastar) — Nennform, Grundform: *backen, arbeiten*

Infix (iç ek) — eingeschobene Silbe: ungewollt, nicht auszu*den*ken

Interjektion (ünlem) — Empfindungswort, Ausruf: *ah!, oh!*

Interrogativpronomen (soru zamiri) — Fragefürwort: *wer, wessen, wem, wen; was, welcher* usw.

intransitiv (geçişsiz) — vom Zeitwort: kein Objekt bei sich habend, z. B. *grübeln, gehen*

17 Grammatische Fachausdrücke

irreal (varsayılı) — unwirklich (in bezug auf Bedingungssätze)

Kausativ (oldurgan çatı) — ich schweige, ich *verschweige* es; ich schreibe den Brief, ich *lasse* den Brief schreiben

Komparation (sıfatlarda derece, sıfatların derecelenmesi) — Steigerung des Eigenschaftswortes: schön, schön*er*, am schön*sten*

Komparativ (üstünlük) — 1. Steigerungsstufe: *schöner, größer*

Konditional (şart kipi) — Bedingungsform: Unter Umständen *würden* wir es *versuchen.*

Konjugation (çekim) — Beugung des Zeitwortes: *ich gehe, du gehst* usw.

konjugieren (çekmek) — die Beugung des Zeitwortes durchführen

Konjunktion (bağlaç) — Bindewort: Er ist unglücklich, *weil* er keine Post bekommt.

Konjunktionaladverb (bağlaç) — Er bekommt keine Post. *Deshalb (infolgedessen)* ist er unglücklich.

Konjunktiv (*etwa:* istek kipi, dilek-şart kipi) — im Deutschen: Möglichkeitsform: er *sei gekommen*

Konsonant (sezsiz) — Mitlaut: *b, d, s* usw.

Maskulinum (eril) — männlich(en Geschlechts)

Modalität (tarz) — die Art und Weise des Geschehens; z. B. Notwendigkeit, Möglichkeit, Bedingtheit usw.

Modalverb (tarzı belirten fiil) — Hilfsverben, die eine bestimmte Modalität (s. o.) bedingen, z. B. *sollen, müssen*

Neutrum (nötür) — sächlich(en Geschlechts)

Nominativ (yalın hal) — 1. Fall, Werfall: *Der Mann* kauft ein Buch.

Objekt (nesne) — Satzergänzung: Der Mann öffnet *die Tür.*

Optativ (istek kipi) — besondere Form im Türkischen: Bunu size anlatayım. Ich *möchte* es Ihnen erklären.

Orthographie (imlâ) — Rechtschreibung

Partikel (edat) — Beziehungswörter, die sich weder den Adverbien noch den Konjunktionen zuordnen lassen: Er hoffte *zu* kommen.

Partizip (sıfat-fiil, ortaç) — Mittelwort: *gebacken, backend*

Passiv (edilgen çatı) — Leideform: Die Tür *wird* von dem Mann *geschlossen.*

Perfekt (ikinci geçmiş zaman; „-miştir") — Vergangenheitsform: ich *bin weggegangen*

Personalpronomen (şahıs zamiri) — persönliches Fürwort: *er, sie, wir* usw.

phonetisch (sesçil, fonetik) — die Laute betreffend: *i, a, o, u*

phonologisch (fonem olarak) — die Bedeutung der Laute betreffend: Rind, Rand, rund

Plural (çoğul) — Mehrzahl: *die Kirschen*

Plusquamperfekt (-di'li, -mişli geçmişin hikâyesi) — Vorvergangenheit: ich *hatte* den Brief *geschrieben*

Positiv (*etwa:* eşitlik) — Grundstufe des Eigenschaftswortes: *schön, groß*

Possessivpronomen (iyelik zamiri) — besitzanzeigendes Fürwort: *mein, dein, euer* usw.

postagglutinierend (son-ekli) — agglutinierende Sprachen, die nur Suffixe verwenden, z. B. das Türkische, siehe agglutinierende Sprachen.

Postposition (*etwa:* edat) — Verhältniswörter, die nach dem Grundwort stehen, z. B. des Regens *wegen*

Präfix (ön ek) — Vorsilbe: *ab*fahren, *an*kommen, *ver*kommen

Präposition (öntakı) — Verhältniswort: *auf, gegen, mit* usw.

Präsens (şimdiki zaman) — Gegenwart: *ich gehe*

Lehrbuch Türkisch 2

Grammatische Fachausdrücke   18

Pronomen (zamir) — Fürwort: *er, sie, es* usw.

reflexiv (dönüşlü) — rückbezüglich: *er wäscht sich*

Reflexivpronomen („kendi" zamiri) — rückbezügliches Fürwort: *mich, dich, sich* usw.

Rektion (iki kelimenin arasındaki ilgi) — Beziehungsmittel, das zu einem Zeit-, Eigenschafts- oder Hauptwort gehört: *sich über* den Regen *freuen, arm an* Kupfer, *Bestimmung über* die Einreise

Relativpronomen (*etwa:* ilgi zamiri) — bezügliches Fürwort: Wo ist das Buch, *das* ich gekauft habe?

Singular (tekil) — Einzahl: *die, eine* Kirsche

Stamm (gövde) — türkisches Wort, das aus Wurzel und Wortbildungssuffix besteht

Subjekt (özne) — Satzgegenstand: *Das Kind* spielt mit der Katze.

Substantiv (isim) — Hauptwort: *der Tisch*

substantiviert (isimleşmiş) — als Hauptwort gebraucht

substantivierter Infinitiv (isim-fiil) — *das Backen, das Arbeiten*

substantivisch (isim olarak) — als Hauptwort gebraucht

Suffix (ek) — Endung, Ableitungssilbe: Acht-*ung*

Suffixverb — siehe Verbalsuffix

Superlativ (en üstünlük) — Höchststufe bei der Steigerung des Eigenschaftswortes: *am schönsten, am größten*

transitiv (geçişli) — vom Zeitwort, das den 4. Fall bei sich hat: *den Schüler* loben, *das Geheimnis* verraten

Verb(um) (fiil) — Zeitwort: *gehen, kommen*

Verbaladverb (*etwa:* bağ-fiil) — allgemeine Verbform im Türkischen, die verschiedene Beziehungen ausdrückt: *und, indem, während* usw.

Verbalsuffix (ek-fiil = Suffixverb) — -im, -in, -dir usw.: genc*im ich bin* jung; genç*tir er (sie) ist* jung

Vokal (sesli) — Selbstlaut: *a, e, i, o, u, ä, ö, ü*

Vokalharmonie (sesliler uyumu) — Einfluß des Vokals der Wurzel auf die Vokale der Suffixe: gelmek, yapmak (vgl. deutsch: gut — gütlich, wo das Suffix -lich den Stammvokal beeinflußt).

Wurzel (kök) — Grundlage eines türkischen Wortes, meist aus einer Silbe bestehend: **gel**-mek *kommen*

Abkürzungsverzeichnis

A *Akk.*	Akkusativ	*lit.*	literarisch
a.	auch	*Lok.*	Lokativ
Abl.	Ablativ	*m*	Maskulinum
Adj.	Adjektiv	*mil.*	militärisch
Adv.	Adverb	*mst.*	meist
Anm.	Anmerkung	*n*	Neutrum
ar. *arab.*	arabisch	*N* *Nom.*	Nominativ
b-e	birine, j-m	*neugr.*	neugriechisch
b-i	birini, j-n	*od.*	oder
bir ş-e	etw. (D)	*osm.*	osmanisch
bir ş-i	etw. (A)	*Part.*	Partizip
bzw.	beziehungsweise	*Pers.*	Person
bsd.	besonders	*pers.*	persisch
D *Dat.*	Dativ	*pl.* *Plur.*	Plural
Dekl.	Deklination	*Poss. Pron.*	Possessivpronomen
d. h.	das heißt	*Präp.*	Präposition
dt.	deutsch	*Präs.*	Präsens
engl.	englisch	*russ.*	russisch
etw.	etwas	*s.*	siehe
fig.	figürlich	*Sing.*	Singular
frz.	französisch	*span.*	spanisch
Fut.	Futur	*Su.*	Substantiv
G *Gen.*	Genitiv	*techn.*	technisch
gr.	griechisch	*u.*	und
Gramm.	Grammatik	*Üb.*	Übung
intr.	intransitiv	*Übers.*	Übersetzung
ital.	italienisch	*usw.*	und so weiter
j-m	jemandem	*v.*	von
j-n	jemanden	*vgl.*	vergleiche
j-s	jemandes	*v/i.*	verbum intransitivum
Komp.	Komparativ	*Vok.*	Vokativ
Lekt.	Lektion	*v. s.*	ve saire, usw.
lat.	lateinisch	*v/t.*	verbum transitivum
		wörtl.	wörtlich
		z. B.	zum Beispiel

2*

Der türkische Sprachbau

Im Türkischen werden vielfältige grammatische Aufgaben, z. B. die Andeutung der Vergangenheit beim Verb, Beziehungen zwischen Wörtern und Wortgruppen, nur durch Nachsilben (Suffixe) geleistet, die an den unveränderten Stamm gefügt werden. Dieselbe Erscheinung gibt es im Deutschen, doch hat daneben die Stammveränderung eine wichtige grammatische Funktion:

Stamm + Suffix		*Stammveränderung*
söyle-**dim**	ich sag-**te**	
iç-**tim**		ich trank

Im Türkischen sind die Suffixe Träger einer bestimmten Aufgabe, im Deutschen wird eine Aufgabe oft von mehreren Faktoren gleichzeitig oder von verschiedenen Faktoren erfüllt, z. B.

eindeutiges Pluralsuffix (**-ler, -lar**)	*Umlaut und / oder verschiedene Suffixe*	
ev-**ler**	Häuser	Umlaut + Endung -**er**
adam-**lar**	Menschen	Endung -**en**
gün-**ler**	Tage	Endung -**e**

Das Türkische verwendet also im Gegensatz zum Deutschen seine Formelemente haushälterisch und eindeutig. Ähnliche Verhältnisse herrschen in der Wortbildung, z. B.:

Stamm + Suffix		*Stammveränderung* *+ Präfix*	*Stammveränderung*
iç-**mek**	trink-**en**		
iç-**ecek**		Ge-tränk	
iç-**ki**			Trank, Trunk

Sprachen mit ähnlichen Merkmalen wie das Türkische nennt man agglutinierend; zu den agglutinierenden Sprachen gehören u. a. das Ungarische und Finnische, die der größeren Gruppe der finnisch-ugrischen Sprachen angehören, also stammverwandt sind, das Mongolische, Japanische und Koreanische. Diese Sprachen werden oft zu einer ural-altaiischen Sprachfamilie zusammengeschlossen; doch bezieht sich dieser Begriff nur auf den grammatischen Bau, auf den Sprachtyp, nicht auf den Grundwortschatz, also nicht auf ihre genealogische Verwandtschaft, für die es bisher keine Anhaltspunkte gibt. Trotz vieler Gemeinsamkeiten, z. B. kein grammatisches Geschlecht, unterscheiden sich diese Sprachen auch in der Struktur. Das Finnische z. B. hat starke Stammveränderungen und verwendet Vor- und Nachsilben, das Japanische kennt keine Vokalharmonie.

Lautlehre

Aussprache des Türkischen

Mit Ausnahme einiger weniger Laute ist die Aussprache des Türkischen für die deutsche Zunge nicht schwierig. Als Vokal ist nur der Hinterzungenvokal ı (das sogenannte dumpfe i) dem Deutschen fremd. Bis auf c (dsch wie Dschungel) und zwei Varianten von l kommen alle türkischen Konsonanten auch im Deutschen vor. Konsonantenhäufung wie im Deutschen (z. B. Herbstfrucht) kennt das Türkische überhaupt nicht. Am Anfang der Silbe kann nur ein Konsonant stehen, im Auslaut höchstens zwei Konsonanten, so daß auch die türkische Silbe und das Wort mühelos von Deutschen ausgesprochen werden können.

Dennoch müssen sich Zunge und Ohr des Deutschen an die fremde Laut- und Silbenfolge und vor allem an den völlig anderen Rhythmus des türkischen Satzes gewöhnen. Häufiges lautes Lesen aller Texte und Sätze, Hören von Rundfunknachrichten und ständige Kontrolle der eigenen Aussprache, möglichst mit Hilfe eines Tonbandes, ist deshalb besonders beim Selbstunterricht zu empfehlen. Der Deutsche muß versuchen, den schwebenden Akzent und die überaus schnelle straffe Silbenfolge des Türkischen nachzuahmen, zwei Erscheinungen, die seiner Gewohnheit ganz zuwiderlaufen.

Die türkische Orthographie ist zum großen Teil phonetisch, so daß die Aussprache des geschriebenen Wortes und die Wiedergabe des Gehörten keine großen Schwierigkeiten verursachen. Die auch heute noch zahlreichen arabischen Bestandteile erfordern jedoch oft eine genauere Aussprachebezeichnung.

Zur Darstellung der türkischen Laute verwenden wir der Einheitlichkeit wegen die Zeichen der Association Phonétique Internationale (des Weltlautschriftvereins), wenngleich mancher Leser einwerfen wird, daß die originale türkische Orthographie in einzelnen Zügen einfacher ist als die phonetischen Zeichen. Aber wegen dieser Einfachheit der türkischen Orthographie konnten wir auf die durchgehende Aussprachebezeichnung schon nach der 4. Lektion verzichten. Im wesentlichen konnten wir uns darauf beschränken, in besonderen Fällen die Länge des Vokals zu bezeichnen, die in türkischen Wörtern durch das ğ hervorgerufen wird, in arabischen Wörtern ursprünglich ist.

Lautlehre   22

Das türkische Alphabet ①

Große und kleine Buchst.		türk. Name	Aussprache des türk. Namens	Lautwert
A	a	a	a	ɑ, a
B	b	be	bɛ	b
C	c	ce	dʒɛ	dʒ
Ç	ç	çe	tʃɛ	tʃ
D	d	de	dɛ	d
E	e	e	ɛ	ɛ
F	f	fe	fɛ	f
G	g	ge	gɛ	g, ɢ
Ğ	ğ	yumuşak ge	jumuʃak gɛ	-j, -w, –
H	h	he	hɛ	h, x, χ
I	ı	ı	ɨ	ɨ
İ	i	i	i:	ɪ
J	j	je	ʒɛ	ʒ
K	k	ke	kɛ	k, ḳ
L	l	le	lɛ	l, ł
M	m	me	mɛ	m
N	n	ne	nɛ	n
O	o	o	ɔ	ɔ
Ö	ö	ö	œ	œ
P	p	pe	pɛ	p
R	r	re	rɛ	r, ɹ
S	s	se	sɛ	s
Ş	ş	şe	ʃɛ	ʃ
T	t	te	tɛ	t
U	u	u	u:	ʊ
Ü	ü	ü	y	y
V	v	ve	vɛ	v, ẘ
Y	y	ye	jɛ	j, ɪ̈
Z	z	ze	zɛ	z

Erläuterung der in diesem Lehrbuch verwendeten Zeichen
der internationalen Lautschrift ②

Phonetische Zeichen

ˈ ˌ ˉ   Tonzeichen (s. Betonung ⑨)

:   Längenzeichen

b, d, g, f, j, l, m, n, p, t   lauten wie im Deutschen; **p** und **t** sind ebenso wie im Deutschen leicht aspiriert, also genauer **ph, th**.

ɑ   „dunkles" **a** wie in Vater, doch kurz; im Deutschen nicht vorhanden. Um das türkische Wort **kan** *Blut* richtig auszusprechen, muß man die Zunge bei der Bildung des **a** in dem deutschen **kann** etwas zurückziehen.

Lautlehre

ɑː	langes „dunkles" a wie in Vater
a	kurzes a wie in Stadt
aː	langes mittleres a. Man dehne das a in Stadt.
dʒ	enge Verbindung zwischen stimmhaftem d in da und stimmhaftem j in Jalousie. Der Laut [dʒ] entspricht dem j in englisch job.
e·	halblanges geschlossenes e wie in Telefon
e·ï	halblanges geschlossenes e wie in Telefon mit folgendem sehr schwachen i-Laut; [e·ï] klingt fast wie ee in See.
ɛ	kurzes offenes e wie in Ecke, fest, oft fast wie a in engl. fat.
ɛː	langes offenes e wie ä in währen, er käme.
ǥ	enge Verbindung zwischen g und j. Während das [g] durch Hebung des hinteren Zungenrückens gegen den hinten im Munde liegenden Teil des Gaumens entsteht, wird das [ǥ] weiter vorn durch Hebung des mittleren Zungenrückens etwa gegen die Grenze zwischen hartem und weichem Gaumen gebildet.
h	wie h in Haus, haben, nur am Anfang eines Wortes, s. a. [x]
iː	langes, ziemlich geschlossenes i, doch nicht ganz so geschlossen wie in Lied.
ɪ	kurzes, sehr offenes i wie in bin, ist. Das türkische i wird auch in offener Silbe und am Ende eines Wortes offen gesprochen. Der Deutsche muß gegen seine Gewohnheit, das i in solchen Fällen geschlossen wie in Lied zu sprechen, ankämpfen.
ï	ein sehr kurzer, schwacher i-Laut, etwa wie i in Ferien, Italien.
j	ein sehr kurzer, schwacher j-Laut zwischen Vokalen, oft kaum noch wahrnehmbar.
k	das türkische k wird etwas weiter hinten am Gaumen gebildet als das deutsche k in Kunde. Es ist wie im Deutschen aspiriert, also genauer kh.
ķ	enge Verbindung zwischen k und j, das stimmlose Gegenstück von ǥ.
ł	l mit starker Mundhöhlen-Resonanz. Man presse die Zungenspitze gegen den oberen Zahndamm und senke etwas den Kehlkopf; die seitlichen Zahnreihen werden im Unterschied zu dem gewöhnlichen l kaum berührt.
ň	schwaches n. Die Zunge nähert sich dem oberen Zahndamm, ohne ihn zu berühren. Der Vokal vor dem n wird schwach nasaliert.
ŋ	wie ng in jung, Ring
ɔ	kurzes offenes o wie in Sonne, kosten
ɔː	langes halboffenes o, etwa zwischen o in Sohn und o in dort.
œ	kurzes ö, etwa wie in können, doch nicht ganz so offen.
œː	langes ö, etwa wie in Höhle, doch offener.
r	„gerolltes" Zungenspitzen-r wie in deutschen Dialekten und im Italienischen. Es kommt nur am Anfang und im Innern eines Wortes (im Anlaut und Inlaut) vor.
ɹ	stimmloses Zungenspitzen-r mit deutlichem Reibegeräusch, das den Eindruck eines schwachen s erweckt. Es kommt nur am Ende eines Wortes (im Auslaut) vor.
s	wie ss in Wasser oder ß in Muße
ʃ	wie sch in schon
tʃ	wie tsch in deutsch
ʊ	kurzes offenes u wie in Mutter
u	kurzes geschlossenes u wie in Universität

Lautlehre

u:	langes **u** wie in **Mut**; klingt häufiger offen, fast wie [ʊ:]
ŭ	ein sehr schwacher kurzer u-Laut, etwa wie **u** in **Statue**; s. a. ẘ.
ı	ein dem Deutschen fremder Vokal. Man kann ihn folgendermaßen bilden:

1. Man spricht ein **i** und zieht dabei die Zunge zurück. Der hintere Teil der Zunge nähert sich — wie bei der Artikulation des **u** — dem Gaumen. Die Lippen müssen gespreizt bleiben.
2. Man spricht ein **u** und spreizt dabei die Lippen. Gleichzeitig muß die Zunge, die bei der Bildung des **u** eine löffelförmige Gestalt angenommen hat, flach werden wie bei der Artikulation des **i**.

Kurz läßt sich das türkische [ı] als ein **u** ohne Lippenrundung definieren.

ı:	ein langes [ı]
v	wie **w** in **Wasser**
ẘ	während [v] mit den oberen Zähnen und der Unterlippe gebildet wird, entsteht [ẘ] durch Annäherung der beiden Lippen. Der Laut entspricht etwa dem **w** in englisch **water**. Er wird jedoch mit gespreizten Lippen gebildet und ist zwischen Vokalen oft so schwach, daß er kaum noch wahrnehmbar ist.
x	wie **ch** in **ach**, **Nacht**, jedoch sehr schwach und ohne Kratzgeräusch. Der Laut kommt nur am Ende einer Silbe nach dunklen Vokalen vor.
χ	zwischen **ch** in **Nacht** und **ch** in **ich**. Der Laut kommt nur am Ende einer Silbe nach hellen Vokalen vor.
y	kurzes **ü**, etwas offener als **ü** in **amüsieren**, doch nicht so offen wie in **Hütte**.
y:	langes **ü** wie in **Hüte**
z	wie stimmhaftes **s** in **Sonne**, **See**
ƶ	stimmhaft beginnend wie [z] und stimmlos endend wie [s], häufig wie [s].
ȝ	wie in **Jalousie**, **Journalist**, ein stimmhaftes **sch**
ʔ	bezeichnet den Stimmabsatz (Stimmlippenverschlußlaut), wie er in *vereisen (ver'eisen)* im Gegensatz zu *verreisen* gehört wird.

Das türkische Vokalsystem ③

Um die Gesetze der türkischen Grammatik zu verstehen, muß man sich mit dem türkischen Vokalsystem vertraut machen. Der Mechanismus der türkischen Sprache wird von der Zugehörigkeit der Vokale zu einer bestimmten Reihe beherrscht. Im folgenden werden die Merkmale der Vokale beschrieben, nach denen sie zu Reihen zusammengefaßt werden.

Die Vokale werden gekennzeichnet nach:

1. der Artikulationsstelle.

Z. B. artikuliert die Zunge beim **i** gegen den vorderen Gaumen (palatum), beim **u** gegen den hinteren Gaumen (velum).

Man spricht deshalb von vorderen oder palatalen, und von hinteren oder velaren Vokalen.

Anstatt der Artikulationsstelle wird oft die Klangfarbe als Merkmal angeführt; danach sind

vordere Vokale „hell" oder **hochlautend,**
hintere Vokale „dunkel", dumpf oder **tieflautend.**

Lautlehre

2. der Gestalt der Lippen.

Man unterscheidet Vokale, die mit gespreizten Lippen (z. B. **i**) und Vokale, die mit gerundeten Lippen (z. B. **u**) gesprochen werden. Die ersteren nennt man „flache", die letzteren „runde" Vokale.

3. Dem Kieferabstand (oder ungenauer auch der Mundöffnung) nach kann man die Vokale in **weite** und **enge** Vokale einteilen. Z. B. ist bei **a** der Kieferabstand groß, bei **i** klein.

Man sagt dementsprechend, daß **a** ein weiter, **i** ein enger Vokal ist.

Nach den obigen Merkmalen werden die türkischen Vokale in das folgende Schema eingeordnet, auf das in der Darstellung der grammatischen Regeln ständig Bezug genommen wird.

	flache Vokale		*runde Vokale*	
	weit	*eng*	*weit*	*eng*
vordere Reihe (palatale Vokale)	e	i	ö	ü
hintere Reihe (velare Vokale)	a	ı	o	u

In echt türkischen Wortstämmen finden sich nur die obigen acht Vokale, die alle kurz sind; auf diesen acht Vokalen beruht das grammatische System.

Um jedoch die tatsächliche Aussprache des heutigen Türkischen zu erfassen, muß das obige Schema um einige — insbesondere lange — Vokale erweitert werden (s. weiter unten).

Nach der Verteilung der obigen acht Vokale auf Stamm und Suffix ergibt sich folgendes Bild:

gel- [g̗ɛl] *kommen*	**git-** [g̗ɪt] *gehen*	**göl** [g̗œl] *See*	**gün** [g̗yn] *Tag*
al- [ɑł] *nehmen*	**kız** [kiz̧] *Mädchen*	**kol** [kɔł] *Arm*	**kum** [kʊm] *Sand*

In den Suffixen erscheinen ö und o (also die weiten runden Vokale) nicht, z. B. gölün *des Sees*, kolun *des Armes*.

Es ist praktisch, dementsprechend die acht Vokale unter der Bezeichnung **türkische Stammvokale** zusammenzufassen, und die sechs Vokale e, a, i, ı, ü, u als **Suffixvokale** zu charakterisieren.

Vokalharmonie

In rein türkischen Wörtern können nur Vokale der vorderen Reihe oder Vokale der hinteren Reihe auftreten. Beispiele

für die vordere Reihe:	güzel	*schön*	*für die hintere Reihe:*	kolay	*leicht*
„helle" Vokale	şimdi	*jetzt*	„dunkle" Vokale	çatal	*Gabel*
	ekmek	*Brot*		bıçak	*Messer*
	ipek	*Seide*			

Ausnahmen hiervon sind selten.

Der Vokal des Stammes ist richtungweisend für den Vokal (oder die Vokale) des Suffixes. Einem hellen Stammvokal können nur helle Suffixvokale, einem dunklen Stammvokal nur dunkle Suffixvokale folgen. Beispiele:

Türkiye'**de**	*in der Türkei*	gelmek	*kommen*	gitmek	*gehen*
Ankara'**da**	*in Ankara*	almak	*nehmen*	kızlar	*die Mädchen*

Diese dem Türkischen eigene Erscheinung der Vokalfolge nennt man **Vokalharmonie**.

Innerhalb der Vokalharmonie ist nicht nur das Verhältnis zwischen hellen und dunklen Vokalen entscheidend, sondern es besteht außerdem eine Abhängigkeit

Lautlehre   **26**

zwischen weiten und engen Vokalen. Nach der Vokalfolge gehören die Suffixe
einer der beiden folgenden Reihen an:

1. heller Stamm — Suffix mit **e**	dunkler Stamm — Suffix mit **a**
2. heller Stamm — Suffix mit **i, ü**	dunkler Stamm — Suffix mit **ı, u**
a) flach (e, i) — Suffix mit **i**	a) flach (a, ı) — Suffix mit **ı**
b) rund (ö, ü) — Suffix mit **ü**	b) rund (o, u) — Suffix mit **u**

Die erste Abhängigkeitsreihe wird oft die **kleine Vokalharmonie**, die zweite die
große Vokalharmonie genannt.
Wir verwenden in diesem Lehrbuch als Kennlaut (e) bzw. (i), um auf die Art der
Vokalharmonie hinzuweisen.

Tabelle der beiden Reihen der Vokalharmonie

	Stamm	*Suffix*
1. **weite** Vokalharmonie (e)	e, i, ö, ü a, ı, o, u	e a
2. **enge** Vokalharmonie (i)	e, i	i
	ö, ü	ü
	a, ı	ı
	o, u	u

Beispiele (der Deutlichkeit halber ist der Stamm vom Suffix durch einen Bindestrich getrennt):

1. gel-mek *kommen,*   bil-mek *wissen,*   gör-mek *sehen,*   gül-mek *lachen*
   al-mak *nehmen,*   çık-mak *hinausgehen,*   koş-mak *laufen,*   bul-mak *finden*
2. gel-di *er kam,*   bil-di *er wußte,*   gör-dü *er sah,*   gül-dü *er lachte*
   al-dı *er nahm,*   çık-tı *er ging hinaus,*   koş-tu *er lief,*   bul-du *er fand*

Wörter ohne Vokalharmonie

Den Gesetzen der Vokalharmonie folgen nicht:

1. Einige türkische Wörter, z. B.:

   elma [ɛlmɑ]   *Apfel*   kardeş [kɑrdɛʃ]   *Bruder, Schwester*
   anne ['ɑnːɛ]   *Mutter*   şişman [ʃɪʃmɑn]   *dick*
                                       hangi ['hɑŋɡˌɪ]   *welcher*

2. Aus anderen Sprachen ins Türkische gedrungene Wörter, z. B.:

   kâmil [ḳɑːmɪl] *(ar.)*   *vollkommen, vorzüglich*
   şifa [ʃɪfɑː] *(ar.)*   *Genesung*
   insan [ɪnsɑn] *(ar.)*   *Mensch*

3. Zusammengesetzte Wörter, z. B.:

   Atatürk   *Eigenname: (Vater — Türk)*
   babayiğit [bɑbɑjiːɪt]   *keck; burschikos*
   bugün ['bʊɡˌyn]   *heute*
   yayınevi [ja'jinɛvɪ]   *Verlag*

4. Die Suffixe -yor, -ki, -ken; -leyin, -imtırak:

   geliyor [ɡˌɛlɪjɔɪ]   *er kommt*
   yazdaki [jɑzdɑḳɪ]   *die im Sommer..., Sommer-*
   sabahleyin [sɑ'bɑxleˑïn]   *morgens*
   otururken [ɔtʊ'rʊrḳɛn]   *sitzend*
   ekşimtırak [ɛkʃɪmtïrɑk]   *säuerlich*

27　　　　　　　　　　　　　　　　　　　　　　　　　　　　**Lautlehre**

Der erweiterte Vokalbestand

Im heutigen Türkischen werden mehr Vokale als die oben angeführten acht gesprochen. Der ursprüngliche Vokalbestand wurde durch folgende Erscheinungen
erweitert:

Lange Vokale in rein türkischen Wörtern　　　　　　　④

Das ğ, das vor und nach dunklen Vokalen dem Reibelaut g [ɣ] in *Wagen* nach
dialektischer Berliner Aussprache entsprach, wurde in der maßgebenden Aussprache der gebildeten Kreise Istanbuls im Laufe der Zeit schwächer. Der sich
allgemein verbreitende völlige Schwund des ğ bewirkte eine Längung des vor
dem ğ stehenden dunklen Vokals.

Beispiele: dağ *Berg*, früher und dialektisch [daɣ], heute [daː]
　　　　　　　tuğla *Ziegel*, früher und dialektisch [tʊɣla], heute [tuːla]
　　　　　　　armağan *Stiftung, Geschenk* [armaːan, -maːn]

Merke:　ağı [aːɯ]　　　　*sein Netz*; *Gift*　ağız [aːɯz̧, aːaz̧] *Mund*
　　　　　ağır [aːɯɹ, aːaɹ] *schwer*　　　aşağı [aʃaːa]　　　*unter-*

Auch das zwischen und nach hellen Vokalen stehende ğ wird sehr schwach artikuliert und bewirkt in den meisten Fällen eine Längung des Vokals. Gelängt
werden immer i und ü; ö wird teils gelängt, teils bildet es mit ğ einen Diphthong;
e ergibt mit ğ den Diphthong [ɛ̈i], [eˑi].

Beispiele:

çiğ　　　[tʃiː]　　　*Tau*; *roh, ungekocht*　öğretmen [œːrɛtmɛn]
düğme　[dyːmɛ]　*Knopf*　　　　　　　　　od. [œïrɛtmɛn] *Lehrer*
öğle　　[œːlɛ]　　　　　　　　　　　　eğlence　[ɛïlɛndʒɛ]　*Ver-*
　　od. [œïlɛ] *Mittag*　　　　　　　　　　　　　　　　　　*gnügen*

In der Gruppe eği (z. B. değil) wird das e gelängt und gleichzeitig zu [eː] wie in
See verengt. Es ergibt sich der Langdiphthong [eˑi], der oft zu [iː, iː] verengt
und verkürzt wird.

　　　değil　　　　[deˑïl], [deˑl], [dɪl]　　*Verneinungswort: nicht*
　　　geleceğim　[g̑ɛlɛdʒeˑïm]　　　　　*ich werde kommen*
　　　geleceğiz　[g̑ɛlɛdʒeˑïs]　　　　　*wir werden kommen*
　　　söyleyeceği [sœïlɪjɪˈdʒɪː] şarkı　*das Lied, das sie (er) singen wird*

In der Umgangssprache hört man: [g̑ɛlɛˈdʒɛm], [g̑ɛlɛˈdʒɛs]

Lange Vokale in Wörtern persischen und arabischen Ursprungs　　⑤

Im Laufe der Geschichte drangen viele persische und arabische Wörter — auch
diese meist durch persische Vermittlung — ins Türkische. In diesen Wörtern hat
die Länge der Vokale **bedeutungsunterscheidende Kraft**. Sie wird in den meisten
Fällen noch heute im Türkischen genau beachtet; in der Orthographie wird sie nur
teilweise bezeichnet (s. a. ⑮), z. B. lâzım [laːzɯm] *nötig*.

1. In Wörtern nichttürkischen Ursprungs kommen neben den türkischen Stamm-
vokalen noch folgende Vokale vor:

[aː]　　　ein langes dunkles a, das in der Orthographie nur durch ^ bezeichnet
　　　　　wird, wenn es daneben ein sonst gleichgeschriebenes Wort mit kurzem
　　　　　a [a] gibt (s. a. ⑮ B);
　　　　　ikamet [ɪkaːmɛt] (*ar.*) *Aufenthalt, Wohnen*;
　　　　　âdet 　[aːdɛt]　(*ar.*) *Gewohnheit* gegen **adet** [adɛt] *Zahl*

[aː]　　　ein langes mittleres a, nach den palatalisierten Konsonanten meist
　　　　　durch ^ bezeichnet:
　　　　　lâzım [laːzɯm] (*ar.*) *nötig*
　　　　　kâse 　[k̟aːsɛ] (*ar.*) *Suppenteller*
　　　　　imal 　[iːmaːl] (*ar.*) *Fabrikation, Herstellung*

Lautlehre   28

[a] ein kurzes mittleres **a** nach **g** [g̰], **k** [ḵ], **l** [l]
     lamba [lamba] (*gr.*) *Lampe*; latin [latın] *lateinisch*

2. [u:], [u] ein geschlossenes **u**, das nur nach den palatalisierten Konsonanten
     g [g̰], **k** [ḵ], **l** [l] durch ^ bezeichnet wird. Es kommt nur lang vor.
     üslûp [yslu:p] (*ar.*) *Stil*; **mezkûr** [mɛsḵu:ɹ] (*ar.*) *erwähnt*

3. [i:] Das Präzisionszeichen ^ dient nur zur Bezeichnung des arabischen
     Suffixes **-i**, durch das Adjektive gebildet werden; es trennt dieses **î** von
     dem türkischen Suffix **-i**, das den Akkusativ oder die 3. Person Singular
     kennzeichnet.

mit arab. Suffix	mit türk. Suffix
askerî [asḵɛri:] *militärisch* ilmî [ɪlmi:] *wissenschaftlich*	askeri [asḵɛrı] *den Soldaten* (*A*); *sein Soldat* ilmi [ɪlmı] *die Wissenschaft*; *seine Wissenschaft*

4. **Kürzung an sich langer Vokale in Wörtern arabischen und persischen Ursprungs.**
In der heute gesprochenen Sprache wird die Länge des Vokals nur noch in offener
(d. h. auf Vokal endender Silbe) beachtet. In geschlossener (auf Konsonant endender Silbe) wird der Vokal mehr oder minder stark gekürzt. In ikamet, âdet, lâzım,
kâse, malumat, askerî, ilmî wird langes **a** bzw. **u, i** gesprochen, da die Silben -ka-,
â-, lâ-, kâ-, ma-, -lu-, -rî, -mî offen sind; in maksut, makul wird das **u** meist zu [ʊ] gekürzt: [maksʊt], [makʊl].
Es besteht die Neigung, auch tonschwache Mittelsilben (s. Betonung ⑨B) zu kür-
zen: malumat klingt meist wie [ma:lʊma:t].
In dem häufig gebrauchten Wort **memur** wird -ur [-u:ɹ] zu [-ʊɹ] gekürzt: **memur**
[mɛ:mʊɹ]. Statt **hal** [ha:l] *Lage, Zustand, Fall* spricht man nur [hal], ebenso bu
halde [bʊhaldɛ] *in diesem Fall*.

Die Länge des Vokals wird jedoch in offener Silbe wiederhergestellt:

   halimiz   [ha:lɪmɪʐ]   *unser Zustand*
   memurumuz [mɛ:mu:rʊmʊʐ] *unser Beamter*

Vokalisation der Suffixe bei Wörtern arabischen und persischen Ursprungs ⑥

Ob die Suffixe die Vokale der vorderen oder hinteren Reihe erhalten sollen, hängt ab
1. von dem Vokal der letzten Silbe des Wortes. Dieser Vokal bestimmt die Art der
Suffixvokale nach den Gesetzen der türkischen Vokalharmonie:

   üslûp   üslûbu   *sein Stil*; *den Stil* (Akk.).
   malumat malumatı   *seine Kenntnisse*; *die Kenntnisse* (Akk.).

2. Wörter, die auf **-l** enden, verlangen helle Suffixvokale, auch wenn der Vokal
der letzten Silbe des Wortes **a** oder **u** ist:

   hal,   hali   *sein Zustand*; *den Zustand, den Fall.*
   imal,   imali   *seine Produktion*; *die Produktion* (Akk.).
   meşgul   [mɛʃgʊl, -gu:l]   *beschäftigt, besetzt.*
   meşguldür [mɛʃ'gʊldyɹ]   *(es ist) besetzt! s. a.* ⑩ 3

3. Wörter, die auf **-k** enden, verlangen entweder helle oder dunkle Suffixvokale.
Entscheidend ist, ob das **k** palatal [-ḵ] oder velar [-k] ist (ob es auf ein arabisches
kaf oder **qaf** zurückgeht):

   iştiraki [ɪʃtıra:ḵı] *seine Teilnahme*
   tefriki   [tɛfri:ki]   *seine Teilung, die Teilung* (Akk.).

s. a. Besonderheiten des türkischen Konsonantensystems.

29   **Lautlehre**

4. Wörter, die auf **-t** enden, haben entweder helle oder dunkle Suffixvokale. Eine Regel läßt sich hierfür nicht geben:

    lügat, lügati [lygɑtɪ]   *sein Wörterbuch,*
                                               das Wörterbuch (Akk.).
    neşriyat, neşriyatımız [nɛʃrɪjɑ:timi̧z]   *unsere Veröffentlichung,*
                                               unsere (Rundfunk) Sendung.

In diesem Lehrbuch und in Langenscheidts Taschenwörterbuch Türkisch-Deutsch wird die Art der Vokalisation der Suffixe durch **-i** (**-ü**) bzw. **-ı** (**-u**) angedeutet.

Verbindung der Vokale mit y und v   ⑦

1. Die im türkischen Lautsystem als Konsonanten geltenden y [j] und v [v] werden nach einem Vokal vor einem folgenden Konsonanten meist wie kurze unsilbige **i** und **u** ausgesprochen [ɪ̆], [ŭ]. Diese Erscheinung führte zur Bildung zahlreicher Diphthonge.

Beispiele:

kavga *Zank, Streit* lautet nicht wie [kɑvgɑ], sondern wie [kɑŭgɑ];
zevk *Geschmack, Genuß* lautet nicht wie [zɛvk̡], sondern wie [zɛ̆ŭk̡];
söylemek [sœɪ̆lɛmɛk̡] *sagen*;
uyku [ʊɪ̆kʊ] *Schlaf* (s. Liste).
Das **a** wird vor und nach y [j] wie [a], also nicht so dunkel wie [ɑ] gesprochen.

2. **y und v im Auslaut:**

Am Wortende (im Auslaut) bewahren y und v ihren konsonantischen Charakter. Sie sind jedoch nicht ganz so stimmhaft wie im Anlaut.

Beispiele:

bey	[bɛj]	*Herr*	tüy	[tyj]	*Feder*
ay	[aj]	*Mond; Monat*	ev	[ɛv]	*Haus*
boy	[bɔj]	*Statur; Größe*	av	[av]	*Jagd*
duy	[dʊj]	*höre!*	görev	[g̦œrɛv]	*Aufgabe, Pflicht*
köy	[k̡œj]	*Dorf*	lağıv	[la:üv]	*Aufhebung*

3. **y und v im Inlaut (zwischen zwei Vokalen):**

Bei sehr langsamer, sorgfältiger Artikulation haben sie den Lautwert [j] bzw. [v], [ẘ], [ŭ].

boya	[bɔja]	*Farbe*	yuva	[jʊvɑ], [jʊẘɑ]	*Nest*
ayak	[ajak]	*Fuß*	duvar	[dʊvɑɹ], [dʊẘɑɹ]	*Mauer*
evet	[ɛvɛt]	*ja*			

Im allgemeinen tritt jedoch selbst bei normalem Sprechtempo eine Schwächung der Konsonanten y und v ein: boya [bɔ̯ja] usw.

Ein zwischen hellen Vokalen vorkommendes y wird fast immer wie [j] oder gar nicht gesprochen:

büyük	[byjyk̡], [byyk̡]	(langes y mit steigendem Ton)	*groß*
iyi	[ɪjɪ], [ɪɪ]	(langes i mit steigendem Ton)	*gut*
eyer	['ɛjɛɹ], ['ɛɛɹ]	(langes ɛ mit fallendem Ton)	*Sattel*

Ein vor **u** stehendes v wird oft wie [ẘ] oder gar nicht gesprochen: tavuk [tɑvʊk] oder mst. [tɑẘʊk], [tɑʊk] *Huhn, Henne.*

In [tɑʊk] klingt [ɑʊ] nicht wie das deutsche **au**; vielmehr sind im Türkischen beide Elemente schwebend betont (s. a. Betonung): ['tɑ'ʊk].

Lautlehre   **30**

Von der Orthographie zum Laut   ⑧

Vokale für sich und Vokale in Verbindung mit ğ, y und v.

a   [ɑ]   kan [kɑn] *Blut*; kar [kɑɹ] *Schnee*; Ankara ['aŋkɑrɑ]
         [ɑː]   mana [mɑːnɑː] *Bedeutung, Sinn*; saat [sɑːat] *Stunde, Uhr*
(â)   [a]   lamba [lamˇbɑ] *Lampe*; gâvur [g̬avʊɹ] *Ungläubiger*; baj [baj]
                 Herr
         [aː]   kâmil [ḳaːmɪl] *vollkommen, vorzüglich*; lale [laːlɛ] *Tulpe*
ağ   [ɑː]   ağ [ɑː] *Netz*; ağaç [ɑːatʃ] *Baum*; dağ [dɑː] *Berg*
ağı   [ɑːi, ɑːɑ] ağır *schwer*
ay + *Kons.*   [aĭ]   ayna [aĭnɑ] *Spiegel*; saymak [saĭmak] *zählen*
av + *Kons.*   [aŭ]   kavga [kaŭgɑ] *Zank*; tavşan [taŭʃan] *Hase*; tavsiye [taŭsɪjɛ]
                 Empfehlung
avu   [avʊ]   tavuk [tavʊk] od. mst.
         [aẘʊ]   [taẘʊk] *Huhn, Henne*
e   [ɛ]   gelmek [g̬ɛlmɛk] *kommen*; beklemek [bɛklɛmɛk] *warten*
         [ɛː]   memur [mɛːmʊɹ, -muːɹ] *Beamter*
eğ   [ɛĭ]   eğlence [ɛĭlɛndʒɛ] *Vergnügen*; değnek [dɛĭnɛk] *Stock*
ey + *Kons.*   [ɛĭ]   meydan [mɛĭdan] *Platz*; peygamber [pɛĭg̬ambɛɹ] *Prophet*
ev + *Kons.*   [ɛv]   mevsim [mɛvsɪm] *Jahreszeit*;
         [ɛẘ]   zevk [zɛẘḳ], [zɛvḳ] *Genuß, Geschmack*
eği + *Kons.*   [eˑĭ]   değil [deˑĭl] *nicht*; değişmek [deˑĭʃmɛk] *sich ändern*
eyi, eği   [ejɪ]   meyil [mejɪl] *Neigung, Lust*; beyin [bejɪn] *Gehirn*; ev köpeği
                 ['ɛv ḳœpejɪ, -peˑĭ] *Haushund*
ı   [i]   kırk [kɨrk] *vierzig*; kısım [kɨsim] *Teil*
         [iː]   sığ [siː] *seicht*; tığ [tiː] *Häkelnadel*; çığ [tʃiː] *Lawine*
ıy + *Kons.*   [ɨĭ]   kıymet [kɨĭmɛt] *Wert*
i   [ɪ]   dilbilgisi ['dɪlbɪlg̬ɪsɪ] *Grammatik*; git [g̬ɪt] *geh!*
         [iː]   teklif [tɛkliːf, -klîf] *Vorschlag*; tedbir [tɛdbiːɹ, -bɪɹ] *Maßnahme*
î   [iː]   ilmî [ɪlmiː] *wissenschaftlich*; millî [mɪliː] *national*
iğ   [iː]   çiğ [tʃiː] *Tau, roh*; iğne [iːnɛ] *Nadel*
iy   [ɪ̆]   giymek [g̬ɪ̆mɛk] *anziehen*
o   [ɔ]   bol [bɔɫ] *weit*; kol [kɔɫ] *Arm*
oğ   [ɔː]   oğlan [ɔːɫan] *Junge*; doğru [dɔːrʊ] *gerade, richtig*
         [ɔŭ]   koğmak od. kovmak [kɔŭmak], [kɔːmak] *wegjagen*
oy + *Kons.*   [ɔĭ]   koymak [kɔĭmak] *setzen, stellen, legen*; doymak [dɔĭmak] *satt*
                 werden
ov   [ɔŭ]   kovmak od. koğmak [kɔŭmak],
         [ɔː]   [kɔːmak] *wegjagen*
oğu   [ɔẘʊ]   soğuk [sɔẘʊk], [sɔːŭk] *kalt*;
         [ɔːŭ]   oğul [ɔẘʊɫ], [ɔːʊɫ] *Sohn*
oğu \   [ɔẘʊ]   oğuşturmak, ovuşturmak [ɔẘʊ-, ɔːŭʃtʊrmak] *aneinanderrei-*
ovu ∫   [ɔːŭ]   *ben, z. B.* ellerini ovuşturmak *sich die Hände reiben*
ö   [œ]   söz [sœẕ] *Wort*; dört [dœrt] *vier*
öğ   [œː] \   öğle [œːlɛ], [œĭlɛ] *Mittag*;
         [œĭ] ∫   öğretmen [œːrɛtmɛn] *Lehrer*
         [œŭ]   döğmek od. dövmek [dœŭmɛk], *a.* [dœːmɛk] *schlagen, dre-*
                 schen
öy + *Kons.*   [œĭ]   böylece ['bœĭlɛdʒɛ] *so, auf diese Weise*
öv   [œŭ]   dövmek od. döğmek [dœŭmɛk], *a.* [dœːmɛk] *schlagen, dreschen*
öğü \   [œẘy]   öğünmek od. övünmek [œẘynmɛk],
övü ∫   [œːy]   [œːynmɛk] *prahlen, angeben*
u   [ʊ]   bulmak [bʊɫmak] *finden*; bulut [bʊɫʊt] *Wolke*

31   Lautlehre

	[u:]	memnun [mɛmnuːn] *zufrieden*; memur [mɛmuːɹ, -muɹ] *Beamter (vgl.* ⑤ *2, 4)*
û	[u:]	mezkûr- [mɛsḵuːɹ-] *erwähnt*
uğ	[u:]	tuğla [tuːła] *Ziegel*; uğur [uːuɹ] *Glück*
uy + Kons.	[uĭ]	uyku [uĭkʊ] *Schlaf*; buyruk [buĭrʊk] *Befehl*
ü	[y]	dün [dyn] *gestern*; gün [g̦yn] *Tag*
üğ	[y:]	düğme [dyːmɛ] *Knopf*; züğürt [zyːyrt] *pleite*

Konsonanten

b	[b]	baba [bɑbɑ] *Vater*
c	[dʒ]	cep [dʒɛp] *Tasche (eines Anzuges)*
ç	[tʃ]	çatal [tʃɑtał] *Gabel*
d	[d]	dam [dɑm] *Dach*
f	[f]	fena [fɛnɑː] *schlecht*
g	[g]	vor dunklen Vokalen (in rein türkischen Wörtern selten): gaga [gɑgɑ] *Schnabel*; gıcırtı [gɨdʒɨrtɨ] *Quietschen*
	[g̦]	vor hellen Vokalen (in türkischen Wörtern häufig): gelmek [g̦ɛlmɛk] *kommen*; gitmek [g̦ɪtmɛk] *gehen*; gölge [g̦œlg̦ɛ] *Schatten*; vor â und û: rüzgâr [ryzg̦aːɹ] *Wind*
ğ		kommt anlautend (am Anfang eines Wortes) nicht vor. Inlautend und auslautend s. Vokale in Verbindung mit ğ, j, v.
h	[h]	am Anfang eines Wortes zwischen zwei Vokalen: haber [habɛɹ] *Nachricht*; hoş [hɔʃ] *angenehm, gut*; mahal [mɑhal] *Ort, Stelle*; zwischen zwei Vokalen oft unhörbar: şehir [ʃɛɹɹ]
	[x]	am Ende einer Silbe oder eines Wortes nach dunklen Vokalen: bahçe [bɑxtʃɛ] *Garten*; Allah [ɑłɑːx] *Gott*
	[χ]	am Ende einer Silbe oder eines Wortes nach hellen Vokalen: mühlet [myxlɛt] *Frist, Aufschub*; tercih [tɛrdʒiːχ, -dʒɪχ] *Vorzug*
j	[ʒ]	jambon [ʒɑmbɔň] *Schinken*; jeton [ʒɛtɔň] *Telefonmünze*; *(fast nur in Lehnwörtern aus dem Frz.).*
k	[k]	vor und nach dunklen Vokalen; kahve [kɑxvɛ] *Kaffee*; bardak [bɑrdɑk] *Glas*
	[ḵ]	vor und nach hellen Vokalen: küçük [ḵytʃyḵ] *klein*; beklemek [bɛ̆ḵlɛmɛk] *warten*. [ḵ] wird auch gesprochen, wenn ein Konsonant, meist v, n, r zwischen dem hellen Vokal und -k steht: zevk [zɛ̆v̆k] *Genuß, Vergnügen* (nach den türkischen Regelbüchern oft a. [zɛ̆v̆k]); oft a. renk [rɛ̆ŋk] *Farbe*, Türk [tyrḵ] *Türke*. vor â und û: kâmil [ḵaːmɪl] *vollkommen*; mezkûr [mɛsḵuɹ] *erwähnt*
l	[ł]	vor und nach dunklen Vokalen: aslan [asłɑn] *Löwe*; bal [bał] *Honig*; bulmak [bułmɑk] *finden*
	[l]	vor und nach hellen Vokalen: leke [lɛḵɛ] *Fleck*; gelmek [g̦ɛlmɛk] *kommen*; hal [hal] *(ar.) Zustand, Lage*; a ist hier hell.
m	[m]	masa [mɑsɑ] *Tisch*
n	[n]	ne [nɛ] *was*
	[ň]	en son ['ɛňsɔn]; vor -s, -z und -r, in Fremdwörtern auch vor -d und -t.
p	[p]	pahalı [pɑhałɨ] *teuer*; kitap [ḵɪtɑp] *Buch*
r	[r]	im Anlaut, Inlaut und vor Konsonanten: rahat [rɑhat] *Ruhe, Bequemlichkeit*; araba [ɑrɑbɑ] *Wagen*; Türk [tyrḵ] *Türke*
	[ɹ]	im Auslaut: var [vɑɹ] *es gibt*; evler [ɛvlɛɹ] *die Häuser*; bankalar ['bɑŋkɑ'łɑɹ] *(die) Banken*

Lautlehre　　　　　　　　　　　　　　　　　　　　　　　　　　　　　　　**32**

s　　　[s]　　　sokak [sɔkɑk] *Straße*; masa [mɑsɑ] *Tisch*
ş　　　[ʃ]　　　şimdi [ʃɪmdɪ] *jetzt*; hoş [hɔʃ] *angenehm*
t　　　[t]　　　tarla [tɑrɫɑ] *Feld*; kat [kɑt] *Etage*
v　　　[v]　　　vakit [vɑkɪt] *Zeit* (k ist velar); ev [ɛv] *Haus*
　　　[ŵ] ⟩ [—] tavuk [tɑŵʊk], [tɑʊk] *Huhn, Henne*
　　　[ŭ]　　　kavga [kɑŭgɑ] *Zank, Streit*
　　　s. Vokale mit folgendem g, v, y.
y　　　[j]　　　yer [jɛɹ] *Platz, Ort*
　　　[j] ⟩ [—] büyük [byjyḵ], [byyḵ] *groß*
　　　[ɪ̈]　　　meydan [mɛɪ̈dɑn] *Platz*
z　　　[z, s]　　biz [bɪz], [bɪs] *wir*

Betonung　　　⑨
A. Allgemeine Regeln

1. Hinsichtlich der Betonung unterscheidet sich das Türkische beträchtlich vom Deutschen. Im Deutschen konzentriert sich die Schallfülle innerhalb eines mehrsilbigen Wortes auf **eine** Silbe; mit der größeren Schallfülle ist meist eine höhere Tonlage verknüpft. Die übrigen Silben treten durch ihre weit geringere Schallfülle und ihre niedrigere Tonlage gegenüber der betonten Silbe zurück. Da sich die Schallfülle auf **eine** Silbe eines Wortes zentralisiert, kann man diese Art der Betonung als **zentralisierenden Akzent** bezeichnen. Er wird mit ' vor der betonten Silbe bezeichnet, z. B. Zu'friedenheit.

Dieser Akzent kommt in bestimmten Fällen auch im Türkischen vor; doch ist der Unterschied zwischen betonter Silbe und unbetonten Silben geringer als im Deutschen. Er erfüllt im Türkischen zuweilen bedeutungsunterscheidende oder grammatische Funktionen, z. B.

yalnız ['jɑɫniż] genauer: ['jɑɫ⁻niż] (s. A 3) *nur*; aber: yalnız [jɑɫniż] *einsam, allein*
gelmiyor ['ɡ̑ɛlmɪjɔɹ] *er kommt nicht*; aber: geliyor [ɡ̑ɛlɪjɔɹ] *er kommt*
yüksektir [jyk'sɛktɪɹ] *er (sie, es)* ist *groß*

Ortsnamen werden meist auf der ersten Silbe betont. Daran antretende Suffixe haben einen deutlichen Nebenton; diesen Nebenton bezeichnen wir mit demselben Zeichen wie den Steigton (3):

　　　Ankara ['ɑŋkɑrɑ]; Ankara'da ['ɑŋkɑrɑ⁻dɑ] *in Ankara*
　　　Mersin ['mɛrsɪn]; Mersin'de ['mɛrsɪn⁻dɛ] *in Mersin*

2. Im allgemeinen verteilt sich im Türkischen die Schallfülle gleichmäßig über alle Silben; diese Art der Betonung ist im Gegensatz zum Deutschen **dezentralisierend.** Es erübrigt sich, die Silben in der Umschrift mit einem besonderen Zeichen zu versehen, da alle Silben fast gleichmäßig stark betont sind. Beispiele:

　　　yalnız　　　　[jɑɫniż]　　　　*einsam, allein*
　　　memnuniyet　[mɛmnu:nɪjɛt]　*Zufriedenheit*

3. Weniger gleichmäßig als die Schallfülle ist im Türkischen die Tonhöhe über die Silben verteilt. Unterschiede in der Tonhöhe sind bei längeren Wortgruppen und Sätzen zuweilen beträchtlich; doch stellt die Tonhöhe im Türkischen kein Mittel dar, um Wörter voneinander zu unterscheiden. Neben dem Ausdruck der Gemütsbewegung dient sie — allerdings mehr als im Deutschen — der Gliederung von Wortgruppen und Sätzen. In einigen Fällen setzen wir vor Silben, die im Türkischen mit deutlichem Steigton (Hochton) gesprochen werden, das Zeichen ⁻; z. B.

　　　Herkes bilir ki dünya yuvarlaktır.
　　　[hɛrḵɛs bɪlɪ⁻ḵɪ dynja: juvɑr'ɫaktɪɹ]
　　　Jeder weiß, daß die Erde rund ist.

4. Durch die Tonhöhe wird zum Teil auch die Zäsur (Pause) im Satz angedeutet.

33   **Lautlehre**

In dem obigen türkischen Satz ist die Zäsur anders als im Deutschen:

Herkes bilir ki | dünya yuvarlaktır.
Jeder weiß, | daß die Welt rund ist.

Da die Zäsur für das Verständnis eines türkischen Satzes oder Satzgefüges von großer Bedeutung ist und wegen des sehr eigenwilligen Satzbaues des Türkischen von Deutschen oft nur schwer erkannt werden kann, deuten wir sie gegebenenfalls in der Umschrift oder im Text durch einen feinen senkrechten Strich an (|).

B. Zusätzliche Regeln

Durch die folgenden Regeln kann die Betonung des Türkischen genauer erfaßt werden.

1. Die Schallfülle (Tonstärke) einer Silbe in Wörtern mit dezentralisierendem Akzent hängt davon ab, wie die Silbe gebaut ist. Hinsichtlich der Tonstärke kann man starke, mittelstarke und schwache Silben unterscheiden. Eine Silbe ist s t a r k , wenn sie auf einen Konsonanten oder einen langen Vokal bzw. Diphthong endet:

güzel [ɡ̊yzɛl] *schön*   **tarla** [tɑrɫɑ] *Feld*
dünya [dynjɑ:] *Welt*   **lâzım** [lɑːzim] *nötig*

m i t t e l s t a r k , wenn sie auf einen Vokal ausgeht und Bestandteil eines zweisilbigen Wortes ist:

güzel, dünya, tarla

s c h w a c h , wenn sie auf einen kurzen Vokal ausgeht und als Bestandteil eines drei- oder mehrsilbigen Wortes zwischen oder bei starken oder mittelstarken Silben steht:

memnuniyet [mɛmnu:nɪjɛt] *Zufriedenheit*
gazete çıkarmak [tʃikɑrmɑk] *Zeitung herausgeben* u. a.

Anmerkung: Meist werden i, ı, u, ü in schwachen Silben zu Flüstervokalen (tonlosen Vokalen), die kaum wahrnehmbar sind. In besonders bemerkenswerten Fällen deuten wir diese Flüstervokale unabhängig von ihrer Klangfarbe durch ' an:

memnuniyet [mɛmnu:n'jɛt]; çıkarmak [tʃ'kɑrmɑk]

Der Satz im Rundfunk yayınımıza başlıyoruz [jajinimiza bɑʃlɪ'jɔrʊs] *(Sendung-unserer-mit beginnen-wir:)* wir beginnen mit unserer Sendung klingt im Einklang mit den obigen Regeln wie

[jajn'm'za bɑʃl'jɔr's]

Beeinflußt durch jaj- wird auch das -a hell.

sayın dinleyiciler klingt wie ['sajndɪnleˉïdʒˉ'lɛɹ] *verehrte Hörer*

2. Tonhöhe: In einem Wort, das einzeln als Vokabel genannt wird, wird die letzte Silbe in einem höheren Ton als die vorhergehenden Silben gesprochen, z. B.

güzel [ɡ̊yˉzɛl]   dünya [dyˉnjɑ:]
tarla [tɑrˉɫɑ]   lâzım [lɑːˉzim]

Aus dem Obenstehenden geht hervor, daß die türkische Betonung in einigen Fällen für den Deutschen schwer faßbar ist. Wörter wie güzel, dünya bereiten keine Schwierigkeiten, da hier Tonstärke (-zel, -nya) und höhere Tonlage zusammenfallen; allerdings darf die erste als mittelstarke Silbe nicht vernachlässigt werden.

In tarla und lâzım dagegen sind tar- und lâ- starke Silben; „sie fallen deshalb ins Ohr". Die Endsilben -la und -zım sind jedoch durch ihre mittlere Stärke und ihren Hochton kaum weniger wahrnehmbar.

3. In vielen Wörtern und Wortgruppen, die eine Silbe mit zentralisierendem Akzent

Lehrbuch Türkisch 3

Lautlehre   34

haben, tragen eine oder mehrere Silben deutlich einen Hochton. Es ist meist ein Suffix, das auch als selbständiges Wort vorkommt.

memnuniyetle [mɛmnuːnɪ'jɛt⁻lɛ]   *(mit Zufriedenheit:) gern*
(-le aus ile *mit*)
giderken   [g̑ɪ'dɛr⁻k̑ɛn]   *während wir gehen, gingen; auf dem Weg*
(-ken aus -iken *seiend*)

Andere Suffixe haben deutlich Tiefton; z. B.

-**dir** (-dır, -dur, -dür) *ist, sind.*

yüksek**tir**   [jyk'sɛk̑tɪ]   *er (sie, es) ist hoch*

In den Suffixen mit Tiefton stellen sich häufig Flüstervokale ein: [jyk'sɛk̑t'ɪ], s. oben B 1 Anmerkung.

Wörter, die vor einem ausfallenden Vokal, s. ⑬, ein **h** haben, werden meist stärker auf der ersten Silbe betont, z. B. şehir ['ʃɛhɪ] *die Stadt;* nehir ['nɛhɪ] *der Fluß.*

4. Zusammengesetzte Wörter

Zusammengesetzte Wörter, gleich, ob sie zusammen oder getrennt geschrieben werden, haben den Hauptton auf dem Bestimmungswort (dem ersten Bestandteil); das Grundwort schließt mit einem schwachen Hochton. z. B.:

dolma kalem	[dɔɫ'mɑkɑ⁻lɛm]	Füllfederhalter
yazı masası	[ja'zimɑsɑ⁻si]	Schreibtisch
hayat bilgisi	[hɑ'jatbɪlgɪ⁻sɪ]	Lebenskunde
iş adamı	['ɪʃɑdɑ⁻mi]	Geschäftsmann
tiyatro bileti	[tɪ'jatrɔbɪlɛ⁻tɪ]	Theaterkarte
yeryüzü	['jɛrjy⁻zy]	Erdoberfläche
başöğretmen	['baʃœːrɛt⁻mɛn]	Rektor
artıkyıl	[ɑr'tikjɪɫ]	Schaltjahr
yayınevi	[ja'jinɛ⁻vɪ]	Verlag

Feste Regeln für die Zusammenschreibung gibt es nicht. Maßgebend sind das **Türkçe Sözlük** und der **Yeni İmlâ Kılavuzu.**

Besonderheiten des türkischen Konsonantensystems

Palatale und velare Konsonanten   ⑩

1. Der Gegensatz **hell (palatal)** — **dunkel (velar)**, der das türkische Vokalsystem beherrscht, tritt auch bei den Konsonanten g, k, l auf. Ob g, k, l hell oder dunkel ausgesprochen werden, ergibt sich meistens aus dem Vokal, der dem betreffenden Konsonanten folgt oder vorangeht. Durch die Zeichen der internationalen Lautschrift kann man die palatale von der velaren Reihe deutlich unterscheiden:

g, k, l   velare (dunkle, hintere) Reihe [g, k, ɫ]
palatale (helle, vordere) Reihe [g̑, k̑, l]

Wegen der Zeichen vgl. die Erklärung der in diesem Lehrbuch verwendeten Zeichen der internationalen Lautschrift ②. Das palatale l klingt wie das (neutrale) deutsche l, die palatalen g und k klingen fast wie die deutschen vor hellem Vokal. Sie werden mit [g̑], [k̑] bezeichnet, s. ②.

2. In türkischen Wörtern wird der Charakter von **g, k, l** durch die Reihe der Vokale bestimmt, die nach oder vor g, k, l stehen:

gelmek [g̑ɛlmɛk] *kommen*
Die palatalen e bedingen palatales g, k, l.

gıdıklamak [gĭdikɫɑmɑk] *kitzeln*
Die velaren ı und a bedingen velares g, k, l.

35 Lautlehre

3. In Wörtern nichttürkischen (meist arabischen) Ursprungs wird palatales g, k, l meist bezeichnet, wenn ein Vokal erhält ^ (vgl. die Hilfszeichen ⑮):

rüzgâr [ryzg̣a:ɹ] (*pers.*) *Wind*; kâse [k̟a:sɐ] (*ar.*) *Suppenteller*;
lâzım [la:zɪm] (*ar.*) *nötig*; **aber**: malumat (*ar.*) [ma:lu:mɑ:t] *Kenntnisse, Auskunft*

Palatales **k, l** bleibt im Auslaut jedoch unbezeichnet (Vokal + g kommt im Auslaut nicht vor):

iştirak [ɪʃtɪrɑ:k̟] *Teilnahme* (palatales k trotz vorangehendem [ɑ:]!)
tefrik [tɛfri:k] *Teilung* (velares k trotz vorangehendem [i:]!)

l ist in arabischen Wörtern palatal:

hal [hal, ha:l] *Zustand, Lage*
meşgul [mɛʃgul, -gu:l] *beschäftigt*

In arabischen Wörtern jedoch, die ein velares k haben, ist auch l velar:

akıl [ɑkɨɫ] *Verstand, Vernunft*; akıllı [ɑkɨɫ:i] *vernünftig*

4. Der Charakter des auslautenden k in Wörtern arabischen Ursprungs ist von großer Wichtigkeit für die Art der Vokalharmonie in den Suffixen (*s. a.* ⑥ 3). Auf [-k̟] folgen hochlautende Suffixe (-e, -i, -ü), auf [-k] tieflautende (-a, -ı, -u).

iştiraki *seine Teilnahme, die Teilnahme* (Akk.)
tefrikı *seine Teilung, die Teilung* (Akk.)

In diesem Lehrbuch und in Langenscheidts Wörterbuch Türkisch-Deutsch wird **-i, -ü** bzw. **-ı, -u** zur Kennzeichnung der Vokalisierung verwendet. Bei manchen Wörtern schwankt die Vokalisierung der Suffixe: zevk *Geschmack, Vergnügen* muß nach dem **Türkçe Sözlük** mit hochlautenden Suffixen (also: zevki) versehen werden; das k soll jedoch nicht palatal [-k̟], sondern velar [-k] gesprochen werden. Viele vokalisieren daher entsprechend der Regel nach velarem k auch tieflautend (also: zevkı).

5. Velares k, das in arabischen Wörtern auch vor hellen Vokalen stehen kann, wird in der Orthographie nicht bezeichnet und von manchen Türken auch beim Sprechen nicht beachtet. Die Regelbücher verlangen jedoch velares k.

takip [tɑ:ki:p] nicht [-k̟i:p]

6. Auf -l [-l] arabischer Wörter folgen hochlautende Suffixe (vgl. oben 3. und ⑥ 2):

meşgul [mɛʃgu(:)l], meşgulü *beschäftigt*; hal [hal, ha:l], hali *Zustand, Lage*; istiklal [ɪstɪkla(:)l], istiklâli *Unabhängigkeit*.

Doppelkonsonanten ⑪

Doppelt geschriebene Konsonanten werden im Türkischen gelängt ausgesprochen. Nach seinen Sprachgewohnheiten ist der Deutsche zu zwei Fehlern geneigt:
— Er spricht den Doppelkonsonanten wie einen einfachen Konsonanten aus. ll in Heller wird genauso kurz ausgesprochen wie l in Hehler. Im Deutschen bewirkt die Doppelschreibung die Kürzung des vorangegangenen Vokals.
— Er setzt jeden Konsonanten für sich an, wie z. B. in Bettuch, das viele Deutsche, wenn sie sehr deutlich artikulieren wollen, wie Bett-Tuch mit neu angesetztem t- aussprechen.
Ein langer Konsonant ist dagegen dadurch charakterisiert, daß zwischen Anfang und Ende der Artikulation eine längere Zeit verstreicht als bei der Bildung eines gewöhnlichen Konsonanten. Die Längung der Konsonanten ist im Türkischen nicht so ausgeprägt wie im Italienischen.

eli [ɛlɪ] *seine Hand, die Hand (A)*   elli [ɛl:ɪ] *fünfzig*

biti [bɪtɪ] *seine Laus, die Laus (A)*   bitti [bɪt:ɪ] *(es) ist beendet.*

3*

Lautlehre 36

In Wörtern fremder Herkunft (auch arabischer) wird die Längung des Konsonanten häufig vernachlässigt, bei einigen Wörtern schwankt auch die Orthographie z. B. bei ama *aber*:

ama ['aˉma] und amma ['aˉma] od. ['aˉmaː] selten ['aˉmːa].

A. Konsonantenwandel ⑫

Allgemein lassen sich die Konsonanten zwei großen Gruppen zuordnen: Konsonanten, die mit Schwingung der Stimmbänder und Konsonanten, die ohne Schwingung der Stimmbänder erzeugt werden. Man unterscheidet demnach die Gruppe der **stimmhaften** und die Gruppe der **stimmlosen** Konsonanten.

In der folgenden Tabelle sind die türkischen Konsonanten auf diese beiden Gruppen verteilt. Konsonanten, die sich nur durch das Merkmal der Stimmhaftigkeit unterscheiden, sind paarweise angeordnet. Die stimmlose Entsprechung steht rechts neben dem stimmhaften Konsonanten.

1.

stimmhaft	stimmlos
b	p
c	ç
d	t
g	
(ğ)	k
v	f
j	ş
z	s
	h
l, m, n, y, (ğ)	

2. Wie im Deutschen stehen im Auslaut im Türkischen im allgemeinen nur stimmlose Konsonanten. Es gelten jedoch folgende Einschränkungen:

3. v bleibt auch im Auslaut stimmhaft: ev [ɛv] *Haus*

4. -j, -z, -r, -y beginnen meist stimmhaft und enden stimmlos. In einer genauen Darstellung müßte man schreiben: baraj [bɑrɑʒʃ] *Staudamm*; biz [bɪʐ] *wir* usw. Bei l, m, n wird die Stimmlosigkeit auch in phonetisch genauer Umschrift nur selten bezeichnet, da sich der Klangcharakter verhältnismäßig wenig ändert. Sie unterbleibt auch in diesem Buch. -j und -y werden mit den stimmhaften Zeichen [-ʒ] und [-j] wiedergegeben, da die stimmlose Komponente meist nicht sehr auffällig ist.

5. Ganz stimmlos wird im Auslaut -r [ɹ]: var [vɑɹ] *es gibt*; vor stimmlosen Konsonanten ist es sehr schwach arslan fast [ɑsłɑn], bir şey [bɪʃɛj] *etwas*, bir kitap [bɪķɪtɑp] *ein Buch.*

6. z bleibt bei sehr sorgfältigem Sprechen stimmhaft biz [bɪz], bei nachdrücklichem Sprechen wird es oft stimmlos: biz [bɪs].

B.

1. Fast immer bezeichnet wird in der türkischen Orthographie die Stimmlosigkeit des auslautenden -b, -c, -d, -g, und zwar durch -p, -ç, -t, -k:

kitap	[ķɪtɑp]	*Buch*	demeç	[dɛmɛtʃ]	*Rede*
maksat	[mɑksɑt]	*Zweck, Absicht*	renk	[rɛŋk]	*Farbe*

Doch ad [ɑt] *Name*, um es von at *Pferd* zu unterscheiden.

37 **Lautlehre**

2. In vielen Wörtern wird **-p, -ç, -t, -k** stimmhaft, wenn ein mit einem Vokal beginnendes Suffix an das Wort tritt:

kitap:	kitab**ı**m	*mein Buch*	maksat:	maksad**ı**m	*meine Absicht*
demeç:	demeçim	*meine Rede*	renk:	rengim	*meine Farbe*

3. Ein nach Vokal stehendes **-k** wird in vielen türkischen Wörtern bei Antritt eines vokalischen Suffixes zu **-ğ-**. Phonetisch gesehen wirkt sich dieser Wandel so aus, daß der vor **-k** stehende Vokal gelängt wird und das **-k** schwindet. In der Umgangssprache wird auch der nachfolgende Vokal, d. h. der Vokal des Suffixes, häufig nicht gesprochen, wenn er tieflautend ist. In lautlicher Hinsicht sind die Veränderungen also erheblich, und der Lernende tut gut daran, sich die betreffenden Wörter in beiden Formen (mit **-k** und mit **-ğ-**) einzuprägen:

kapak [kɑpɑk] *Deckel*; tencere kapağı (*Topf Deckel-sein:*) *Topfdeckel*

Aussprache: [tɛndʒɛ'rɛ‿kɑpɑː]. Das [ɑː] in [kɑpɑː] wird mit leichtem Steigton gesprochen.

köpek [k̟œpɛk̟] *Hund*; ev köpeği (*Haus Hund-sein:*) *Haushund*

Aussprache: ['ɛv‿k̟œpeˑï]; eği ergibt nach ④ [eˑï]; [ï] hat hier leichten Steigton.

4. In Abweichung zu 2) und 3) behalten die meisten einsilbigen Substantive die stimmlosen Endkonsonanten **-p, -ç, -t, -k** bei:

top	*Ball*	—	ayak topu	[a'jaktɔpʊ]	*Fußball*
suç	*Schuld*	—	suçum		*meine Schuld*
at	*Pferd*	—	arap atı		*arabisches Pferd*
ak	*weiß*	—	yumurta akı	[jʊmʊr'tɑ‿ɑki]	*Eiweiß*

5. Suffixe, die mit **c-** oder **d-** anlauten, verändern diese in **-ç** und **-t**, wenn sie an Wörter treten, die auf einen stimmlosen Konsonanten auslauten:

-ce (-ca) Suffix zur Bezeichnung der Sprache:
Almanca *deutsch*, aber Türkçe *türkisch*.

-de (-da) Suffix mit der Bedeutung *in, bei*:
evde *zu Hause*, aber memlekette *im Lande*.

C. **Tabelle des Konsonantenwandels**

1. Wörter, die auf **-ç, -k, -p, -t** enden.

ohne Suffix		mit vokalischem Suffix	
-ç	-p	-c-	-b-
-t	-nk	-d-	-ng-
-k		-ğ-	

2. Suffixe, die mit **c-, d-** oder **g-** beginnen.

Auslaut	Suffixanlaut	Auslaut	Suffixanlaut
Vokal	+c-, d-, (ğ-)		
j, l, m, n, r, v, y, z }	+c-, d-, g-	ç, f, h, k, p, s, ş, t }	+ ç-, t-, k-
ğ	+c-, d-		

D. **Assimilation von Konsonanten**

In folgenden Fällen gleicht sich die Aussprache des auslautenden Konsonanten an den folgenden eine Silbe beginnenden Konsonanten an. Das Gesetz gilt auch über die Wortgrenze hinweg. Stimmhaftes z wird stimmlos, c und ç verlieren ihren Verschluß [d-] bzw. [t-]; ş gleicht sich völlig an s- an.

Lautlehre   38

Orthographie	Aussprache	Beispiele
z — ç	[stʃ]	biz çalışıyoruz [bɪstʃaɫɪʃiˈjɔrʊʒ] *wir arbeiten*
z — f	[sf]	sekiz fotoğraf [sɛḳɪsfɔtɔːrɑf] *acht Lichtbilder*
z — h	[sh]	mezhep [mɛshɛp] *Bekenntnis*
z — k	[sk]	mezkûr [mɛsḳuːɹ] *obenerwähnt*
z — p	[sp]	yüz para [jyspɑrɑ] *einhundert Para*
z — s	[s:]	sekiz sene [sɛḳɪsːɛnɛ] *acht Jahre*
z — ş	[sʃ]	dokuz şehir [dɔkusʃɛ(h)ɪɹ] *neun Städte*
z — t	[st]	göztaşı [ˈɡ̣œstaʃi] *Kupfervitriol*
c — d	[ʒd]	vicdan [vɪʒdɑːn] *Gewissen*
c — l	[ʒl]	meclis [mɛʒlɪs] *Versammlung, Sitzung*
c — n	[ʒn]	ecnebî [ɛʒnɛbiː] *ausländisch*
c — z	[z:]	eczane [ɛzːɑːnɛ] *Apotheke*
ç — l	[ʃl]	güçlü [ɡyʃly] *stark*
ç — s	[(t)s]	gençsin [ˈɡ̣ɛnsːɪn] *du bist jung*
ç — t	[ʃt]	geçti [ɡ̣ɛʃtɪ] *er ist vorbeigegangen*
ç — z	[(t)s z]	geç zaman [ɡ̣ɛ(t)s zɑˈmɑn] *späte Zeit*
n — b	[mb]	İstanbul [ɪˈstɑmbuɫ] *fünf Jahre*
ş — s	[s:]	beş sene [bɛsːɛnɛ] *fünf Jahre*
		altmış sekiz [aɫtmisːɛḳɪz] *68*
ş — z	[sz]	iş zamanı [ˈɪs zɑmɑni] *Arbeitszeit*

Vokalausfall ⑬

Orta hece düşmesi

Eine Anzahl Wörter, die in der letzten Silbe -i (-ü) oder -ı (-u) haben, stoßen diesen Vokal bei Antritt eines vokalisch anlautenden Suffixes aus, z. B.

ağız [ɑːis] *Mund*; halk ağzı [ˈhɑɫk‿ɑːzi] *(Volk Mund-sein:)* Volksmund, *Volkssprache*

akıl [ɑkɪɫ] *Vernunft, Verstand*; aklı sıra [akˈɫisirɑ] *nach seinem Verstand*

hüküm [hyḳym] *Geltung*; *Macht*; *Urteil*; mahkemenin hükmü [mɑxḳɛmɛnɪn hykmy] *(des Gerichts Urteil-sein:)* Gerichtsurteil

oğul [ɔːʊɫ] *Sohn*; bir oğlu var [bɪr ɔːɫʊ vɑɹ] *(ein Sohn-sein gibt-es:)* er hat einen Sohn

Übersicht über die Vokal- und Konsonantenphoneme ⑭

In dem Abschnitt „Das türkische Vokalsystem" wurde gezeigt, daß die acht Stammvokale wichtige Bausteine der türkischen Sprache sind. Es sind kleinste Lauteinheiten, die die Bedeutung eines Wortes bestimmen. Eine solche kleinste bedeutungstragende Lauteinheit nennt man **Phonem**. Verbindet man z. B. die beiden Konsonantenphoneme k — r durch eines der acht Vokalphoneme, so erhält man folgende türkische Wörter:

	kir *Schmutz*	kör *blind*	kür *Kur*
kar *Schnee*	kır *freies Feld*	kor *Glut*	kur *Cour*

Die Phonemgruppe **ker** ergibt kein türkisches Wort; **kür, kur** kommen aus dem französischen *cure, cour*.

Neben diese acht Vokalphoneme, die alle kurz sind, sind im Laufe der Geschichte Vokalphoneme von längerer Dauer getreten. Diese Vokalphoneme werden in rein türkischen Wörtern durch Vokal + ğ orthographisch fixiert. In Wörtern fremden Ursprungs wird die Länge des Vokals z. T. bezeichnet, z. T. nicht

39 **Lautlehre**

(siehe ⑤). Um das gesprochene türkische Wort zu verstehen, ist es jedoch unbedingt notwendig, auf die Länge des Vokals, die im heutigen Türkisch bedeutungsunterscheidende Kraft hat, zu achten. Folgende Beispiele veranschaulichen das Gesagte:

kurz			lang		
askeri	[askɛrɪ]	*den Soldaten* (Akk.)	askerî	[askɛriː]	*militärisch*
-da	[-dɑ]	*in*	dağ	[dɑː]	*Berg*
adet	[adɛt]	*Zahl*	âdet	[ɑːdɛt]	*Gewohnheit*
sır	[sɪɹ]	*Geheimnis*	sığır	[siːɹ]	*Rind*
olan	[ɔɫɑn]	*seiend*	oğlan	[ɔːɫɑn]	*Junge, Bursche*
ur	[ʊɹ]	*(Knochen) Auswuchs*	uğur	[uːɹ]	*Glück*
dümen	[dymɛn]	*Ruder, Steuer*	düğmen	[dyːmɛn]	*dein Knopf*

Die türkischen Vokalphoneme in A.P.I.

ungerundet		gerundet	
kurz	lang	kurz	lang
ɨ	iː	ʊ	uː
		ɔ	ɔː
ɑ	ɑː		
ɛ	ɛː, ɛï	œ	œː, œï
ɪ	iː	y	yː

Der lange Vokal [ɛː] ist selten; der Vokal ö bildet oft einen Diphthong, doch kommt auch Länge als phonematischer Gegensatz zur Kürze vor.

Die türkischen Konsonantenphoneme

Der größte Teil der zwanzig türkischen Konsonanten läßt sich paarig aufgrund des Gegensatzes stimmhaft/stimmlos ordnen:

stimmhaft			stimmlos		
v	av	*Jagd*	f	af	*Verzeihung*
b	bay	*Herr*	p	pay	*Anteil*
d	dam	*Dach*	t	tam	*genau*
s	sağlamak	*sichern*	z	zağlamak	*schleifen*
c [dʒ]	cağ [dʒɑː]	*Radspeiche*	ç [tʃ]	çağ [tʃɑː]	*Zeitabschnitt*
g	gök	*Himmel*	k	kök	*Wurzel*

Mit Ausnahme von v/f ist bei den anderen Konsonanten die Stimmhaftigkeit im Auslaut aufgehoben (vgl. ⑫ 2).

Andere Gegensätze (Oppositionen)

l	laf	*Wort, Rede*	r	raf	*Wandbrett*
m	meşe	*Eiche*	n	neşe	*Fröhlichkeit*
s [s]	su	*Wasser*	ş [ʃ]	şu	*der da*
h	her	*jeder*	y	yer	*Platz*
h	her	*jeder*	–	er	*Mann*
y	yağ [jɑː]	*Öl*	–	ağ [ɑː]	*Netz*
j	jant	*Radfelge*	–	ant	*Schwur*

Die Hilfszeichen ⑮

A. Form der Hilfszeichen

In der türkischen Orthographie werden zwei Hilfszeichen verwendet:
1. ^ Dieses Zeichen wird auf Grund seiner Form nach französischem Vorbild im Deutschen meist **Zirkumflex** genannt. Die türkischen Grammatiker weisen

Lautlehre **40**

mit dem Ausdruck **uzatma (düzeltme) işareti** (wörtlich: *Länge- oder Berichtigungszeichen*, freier übersetzt: *Präzisionszeichen*) auf seine Funktion hin.

2. **'** Seiner Gestalt nach im Deutschen als **Apostroph** bezeichnet. Unter Hinweis auf seine Funktion wird es im Türkischen **kesme işareti**, *Unterbrechungszeichen*, genannt.

In diesem Lehrbuch verwenden wir für die beiden Hilfszeichen die türkischen Bezeichnungen **düzeltme işareti** und **kesme işareti** oder die deutschen Übersetzungen *Präzisionszeichen, Unterbrechungszeichen.*

B. Funktion der Hilfszeichen

a) Das **düzeltme işareti** erfüllt zwei Aufgaben:

1. Es gibt die **Länge des Vokals** an, um zwei mit dem gleichen Buchstaben geschriebene Wörter voneinander zu unterscheiden, z. B.

âdet	[ɑːˈdɛt]	*Gewohnheit*	adet	[aˈdɛt]	*Zahl*
âlem	[aːˈlɛm]	*Welt*	alem	[aˈlɛm]	*Fahne, Banner*
dâhi	[dɑːhiː]	*Genie*	dahi	[dɑhɪ]	*auch, noch*
askerî	[ask̟ɛˈriː]	*militärisch*	askeri	[ask̟ɛˈrɪ]	*sein Soldat*

Die Länge der Vokale in den übrigen Wörtern, die keine orthographischen Dubletten haben, werden nicht bezeichnet, z. B. alet [ɑːˈlɛt]. Auch das lange **i** in **dâhi** bleibt ohne Präzisionszeichen, weil durch das **â** in **dâhi** eine Verwechslung mit **dahi** nicht mehr möglich ist.

2. Es gibt die **Palatalisierung des Konsonanten** an, der vor dem mit dem Präzisionszeichen versehenen Vokal steht. In den meisten Fällen wird auch der Vokal lang gesprochen.

kâse [k̟ɑːsɛ] *Suppenteller*   üslûp [ysˈluːp] *Stil*
lâle [laːˈlɛ] *Tulpe*   lâzım [laːzɪm] *nötig*

Wörter mit langem Vokal oder palatalisiertem **g, k, l** vor **a** und **u** stammen meistens aus dem Arabischen oder Persischen, z. B. kommen **âdet, âlem, dâhi, kâse, üslûp, lâzım** aus dem Arabischen.

b) Das **kesme işareti** dient:

1. als Aussprachezeichen des Stimmlippenverschlußlautes zwischen einem Konsonanten und einem folgenden Vokal.

mes'ele [mɛsˀɛlɛ] *Frage, Problem*; kat'î [kɑtˀiː] *definitiv, bestimmt*
nev'î [nɛvˀiː] *arteigen, spezifisch*

Der Laut wird heute nur noch in Wörtern der höheren Sprachebene beachtet und geschrieben: mesele, katî ohne **'**, aber nev'i. Viele sprechen nach wie vor [mɛsˀɛlɛ].

2. als Ersatz eines ausgefallenen Vokals:

ne olur — n'olur? (wörtlich: *was wird?*) *Warum denn nicht?*

3. zur Unterscheidung von Wörtern, die bei Annahme einer Endung verwechselt werden können:

pala *Pallasch*   } Gen. palanın   pala'nın *des Pallaschs*
palan *Esel, Sattel*   palan'ın *des Sattels*

4. zur Verdeutlichung einer Endung nach Zahlen, Symbolen, Buchstaben usw.:

5'inci [bɛʃɪnˈdʒɪ] *der fünfte*
a'dan z'ye kadar [adɑn zɛjɛ kɑˈdaɪ] *von A bis Z*

5. um Eigennamen und Ortsbezeichnungen von der Endung zu trennen:

İstanbul'da [ɪˈstɑmbʊlˉdɑ] *in Istanbul*
Ankara'dan [ˈɑŋkɑrɑˉdɑn] *aus Ankara*

| 41 | **Lautlehre** |

Das **kesme işareti** wird bei bekannten türkischen und ausländischen Eigen- und Ortsnamen meist fortgelassen: Istanbulda, Almanyada *in Deutschland.* Bei weniger bekannten Namen und besonders in Titeln wird es regelmäßig gesetzt: Genç Verter'in Istırapları *Die Leiden des jungen Werther.*

Die Umwandlung des letzten stimmlosen Konsonanten in eine Media (**b**, **d**, **g**) kommt dabei in der Schrift nicht zum Ausdruck:

Turgut'un [tʊrgʊ'dʊn] *Eigenname*: *des Turgut, von Turgut*
Galip'in [ɡɑlɪ'bɪn] *Eigenname*: *des Galip, von Galip*

6. Die Anwendung der beiden obigen Zeichen über den Rahmen der obigen Regeln hinaus ist nach den neuesten türkischen Regelbüchern in den Fällen, in denen sie zur Verdeutlichung beitragen, statthaft.

Großschreibung ⑯

Mit großen Anfangsbuchstaben werden geschrieben:

1. Wörter, die am Anfang eines Satzes stehen.

2. **Eigennamen**

Vornamen: Osman, Mehmet, Ali, Nurettin, Hasan, Samim, Ferit, Muammer

Familiennamen: Ağakay, Caner, Artam, Eren, Turanlı

Völkernamen: Türk   *der Türke, die Türkin*
                   Alman *der (die) Deutsche*
                   Amerikalı *der Amerikaner, die Amerikanerin*

Länder- und Ortsnamen:

'Türkiye	*Türkei*	A'merika	*Amerika*
Al'manya	*Deutschland*	İs'tanbul	*Istanbul*
Yu'nanistan	*Griechenland*	Es'kişehir	

Sprachen: Türkçe *(das) Türkisch(e)*; Almanca *(das) Deutsch(e)*

3. **Bezeichnungen von Ämtern, Einrichtungen usw.**

Millî Eğitim Bakanlığı	*Nationales Erziehungsministerium*
Birleşmiş Milletler	*Vereinte Nationen*
İstanbul Üniversitesi	*Universität Istanbul*
İstanbul Valiliği	*Provinz Istanbul*
Kızılay [kɨ'zɨłaj]	*Roter Halbmond (= das türk. Rote Kreuz)*
Dışişleri Bakanlığı	*Außenministerium*

4. **Titel von Würdenträgern**: Mareşal, Amiral.

5. In aus mehreren Gliedern bestehenden **Titeln** von Büchern, Zeitschriften, Zeitungen, Aufsätzen usw., in Anzeigen, in Firmenbezeichnungen, sowie Namen von Körperschaften können zur Hervorhebung oder zur Verzierung alle Wörter oder nur einige davon ganz mit großen Buchstaben oder nur mit großen Anfangsbuchstaben geschrieben werden. Partikeln wie **de** (**da**) *auch,* **ve** *und,* **gibi** *wie,* **dolayı** *wegen* usw. sollen jedoch **nicht** mit großen Anfangsbuchstaben geschrieben werden.

Bütün Dünya „Die ganze Welt", *Titel einer Zeitschrift*
Sudan, Afrika'da Yeni Bir Millet „Der Sudan, eine neue Nation in Afrika",
Aufsatz in einer Zeitschrift

6. **Monatsnamen** und **Wochentage** werden in Schulbüchern und Zeitungen meistens groß geschrieben, ohne daß eine Vorschrift hierfür besteht.

Lautlehre 42

Silbentrennung ⑰

Die Silbentrennung erfolgt im Türkischen nach Sprechsilben: Mus-ta-fa.
Die Silbe, die auf die neue Zeile gesetzt wird, darf nur mit **einem Konsonanten** beginnen. Dadurch ergeben sich Abweichungen vom Deutschen:

tedris	*Unterricht*	ted-ris
meclis	*Versammlung*	mec-lis
radyo	*Radio*	rad-yo

Satzzeichen ⑱
Noktalama işaretleri

Punkt	nokta	.
Auslassungspunkte		
a) (drei Punkte)	üç nokta	...
b) (Reihenpunkte)	sıra nokta	..., *meist* ...
Doppelpunkt	iki nokta	:
Komma	virgül	,
Semikolon	noktalı virgül	;
Fragezeichen	soru işareti	?
Ausrufungszeichen	ünlem işareti	!
Strich		
a) Bindestrich	birleştirme çizgi	
oder Divis	*oder* kısa çizgi	-
b) Gedankenstrich	uzun *oder* büyük çizgi	—
c) (Punkt-Strich)	noktalı çizgi	.—
Anführungszeichen	tırnak işareti	„ " *oder* « »
runde Klammern	ayraç *oder* parantez	( )
eckige Klammern	köşeli ayraç *oder* parantez	[ ]
Sternchen	yıldız	*
Paragraph	paragraf *oder* çengel işareti	§

Die Zeichensetzung im Türkischen weicht in manchen Punkten vom Deutschen ab, was sich aus der Struktur der Sprache erklärt.

Bemerkungen zum Gebrauch einzelner Zeichen

Die dicht gesetzten **drei Auslassungspunkte** (...) werden im Türkischen viel häufiger als im Deutschen gebraucht. Sie zeigen eine abgebrochene Rede, stehen für etwas nicht Gesagtes, z. B.:

— Annezin hastalığını duydum.
  Geçmiş olsun. Nasıl oldu?

„Ich hörte von der Krankheit Ihrer Mutter. Gute Besserung! Wie steht's denn?"

— Onu dün ...
  (gömdük)

„Gestern ..."
(haben wir sie begraben).

Man findet es bei Aufzählungen und nach **ki**:

Şaşma, acıma, kızma ... gibi duygular

Gefühle wie Verwunderung, Mitleid, Verärgerung

Die weit gesetzten **Auslassungspunkte** geben fehlende Wörter oder Wortgruppen an, z. B.: ne . . . ne . . . weder ... noch

Lautlehre

Die Setzung des **Kommas** ist weitgehend durch den türkischen Satzbau bedingt. Es macht das Subjekt kenntlich:

Okullar, her yıl eylül ayının son pazartesi sabahı açılır.

Die Schulen werden jedes Jahr am letzten Montagmorgen des Monats September geöffnet.

Soğuk, ellerimizi dondurdu.

Die Kälte hat unsere Hände zum Erstarren gebracht.

Ohne Komma könnte man lesen:

soğuk ellerimizi *unsere kalten Hände*.

Durch das Komma ist die Funktion von soğuk als einem substantivierten Adjektiv gesichert.

O, kitaplarını temiz tutar.   Er hält seine Bücher sauber.

Ohne Komma (O kitaplarını ...) hieße der Satz: Er hält jene seine Bücher sauber. Das Komma verhindert hier ein Mißverständnis.

In sehr langen Sätzen findet man zuweilen auch das **Semikolon**, um das Subjekt an der Spitze als solches kenntlich zu machen.

Das **Ausrufungszeichen** wird im Türkischen seltener als im Deutschen gebraucht. Imperativsätze findet man oft ohne Ausrufungszeichen:
Geçmis olsun. Gute Besserung!

Der **Gedankenstrich** (uzun çizgi) leitet meist die direkte Rede ein und ersetzt somit die viel seltener als im Deutschen gebrauchten Anführungszeichen, z. B.:

— Sen misin Ali Usta?   „Bist du's, Meister Ali?"
— Benim!   „Jawohl."
— Ne arıyorsun bu vakit burada? „Was suchst du zu dieser Zeit hier?"
— Hiç.   „Nichts."

Der **Bindestrich** oder das **Divis** (kısa çizgi) steht zwischen Zahlen, zusammengehörigen Wörtern, die einen neuen Begriff bilden oder bei osmanischen Wortgruppen mit persischen oder arabischen Konstruktionsmerkmalen:

1914-1918 harbi (*oder* savaşı)   der Krieg von 1914—1918
Ural-Altay dilleri   ural-altaiische Sprachen
bağ-fiil   Konjunktionalform
Divan-ı Lûgat-it-Türk   Sammlung türkischer Wörter
(s. Lekt. 16 S)
Kur'ânı Kerîm'den.   Aus dem (gnädigen) heiligen Koran.

1. Lektion

Türkiye'de

1. Türkiye büyüktür. Türkiye bir cumhuriyettir.
   Die-Türkei groß-ist. Die-Türkei eine Republik-ist.

   Türkiye büyük bir memlekettir. Türkiye Asya ve
   Die-Türkei groß ein Land-ist. Die-Türkei Asien und

   Avrupa'dadır. Ankara Türkiye'dedir. Ankara başşehirdir.
   Europa-in-ist. Ankara Türkei-in-ist. Ankara Hauptstadt-ist.

   İstanbul da Türkiye'dedir. İstanbul güzeldir.
   Istanbul auch Türkei-in-ist. Istanbul schön-ist.

   İstanbul pek güzel bir şehirdir.
   Istanbul sehr schön eine Stadt-ist.

   İstanbul ve Boğaziçi: Ne güzel bir manzara!
   Istanbul und der-Bosporus: Was schön ein Anblick!

2. Denizde bir vapur var. Gökte bir uçak var.
   Meer-auf ein Dampfer gibt-es. Himmel-am ein Flugzeug gibt-es.

   İstanbul'da çok otel ve lokanta var. Ankara'da
   Istanbul-in viele Hotels und Restaurants gibt-es. Ankara-in

   yeni bir tiyatro var. Bu otelde çok oda var.
   neu ein Theater gibt-es. Diesem Hotel-in viele Zimmer-gibt-es.

3. Almanya'da büyük bir endüstri vardır. Türkiye'de
   Deutschland-in groß eine Industrie gibt-es. Die-Türkei-in

   ziraat (*od.* tarım) önemlidir. Endüstri önemli
   Landwirtschaft wichtig-ist. Industrie bedeutend

   değildir. İstanbul'da hava güzeldir (iyidir).
   nicht-ist. Istanbul-in Wetter schön-ist (gut-ist).

   Berlin'de hava fenadır, güzel değildir.
   Berlin-in Wetter schlecht-ist, schön-nicht-ist.

   Türkiye büyük bir memlekettir. Belçika küçük
   Die-Türkei groß ein Land-ist. Belgien klein

   bir memlekettir. Belçika büyük bir memleket
   ein Land-ist. Belgien groß ein Land

   değildir. Komedi pek enteresan(dır). Filim
   nicht-ist. Lustspiel sehr interessant-ist. Film

   enteresan değil(dir).
   interessant nicht-ist.

1. Lektion 46

4. **Bir** şehir**de** çok sokak **vardır.** Bir köy**de**
Eine Stadt-in viele Straßen gibt-es. Einem Dorf-in

az sokak **vardır,** çok sokak **yoktur.**
wenig(e) Straßen gibt-es, viele Straßen gibt-es-nicht.

Bu sokak**ta** sinema **yok**(tur). Bu şehir**de**
Diese Straße-in Kino gibt-es-nicht. Diese Stadt-in

tiyatro **yok**(tur). Şimdi deniz**de** bir vapur **yok.**
Theater gibt-es-nicht. Jetzt Meer-auf ein Dampfer gibt-es-nicht.

Ne var, ne yok? Bugün hava güzel
Was gibt-es, was gibt-es-nicht? Heute das Wetter schön-

değil. Gök**te** bulut **yok.**
nicht-ist. Himmel-an eine Wolke nicht-gibt-es.

In Lautschrift

1. 'tyrķɪjɛ by'jyktyɪ. 'tyrķɪjɛ bɪr dʒʊmhu:rɪ'jɛt:ɪɪ. 'tyrķɪjɛ 'byjyķ bɪr
mɛmlɛ'ķɛt:ɪɪ. 'tyrķɪjɛ 'asja vɛ a'vrʊpa‾dadɪɪ. 'aŋkara 'tyrķɪjɛ‾dɛdɪɪ.
'aŋkara 'baʃ:ɛhɪrdɪɪ. ɪ'stambʊłda 'tyrķɪjɛ‾dɛdɪɪ. ɪ'stambʊł g̩y'zɛldɪɪ.
ɪ'stambʊł 'pɛķ g̩y'zɛl bɪr ʃɛ(h)ɪrdɪɪ. ɪ'stambʊł vɛ bɔ:'azɪtʃɪ 'nɛ
g̩y'zɛl bɪr mǎnza'ra!

2. dɛnɪz'dɛ bɪr va'pʊr vaɪ. g̩œk'tɛ bɪr u'tʃak vaɪ. ɪ'stambʊł‾da tʃɔk
ɔ'tɛl vɛ lɔ'kanta vaɪ. 'aŋkara‾da jɛ'nɪ bɪr tɪ'jatrɔ vaɪ. bʊ ɔtɛl'dɛ tʃɔk
ɔ'da vaɪ.

3. ał'manja‾da by'jyķ bɪr ɛ́ndys'trɪ 'vardɪɪ. 'tyrķɪjɛ‾dɛ zɪra:'at (ta'rɪm)
œnɛm'lɪdɪɪ. ɛ́ndys'trɪ œnɛm'lɪ 'de·ïldɪɪ. ɪ'stambʊł‾da ha'va g̩y'zɛldɪɪ
(ɪ'jɪdɪɪ). 'bɛrlɪn‾dɛ ha'va fɛ'nadɪɪ, g̩y'zɛl 'de·ïldɪɪ. 'tyrķɪjɛ by'jyķ bɪr
mɛmlɛ'ķɛt:ɪɪ. bɛl'tʃɪka ķy'tʃyķ bɪr mɛmlɛ'ķɛt:ɪɪ. bɛl'tʃɪka by'jyķ bɪr
mɛmlɛ'ķɛt 'de·ïldɪɪ. kɔmɛ'dɪ 'pɛķ ɛ́ntɛrɛ'sań(dɪɪ). fɪ'lɪm ɛ́ntɛrɛ'sań
'de·ïldɪɪ.

4. bɪr ʃɛ(h)ɪr'dɛ tʃɔk sɔ'kak 'vardɪɪ. bɪr ķœj'dɛ az sɔ'kak 'vardɪɪ, tʃɔk
sɔ'kak 'jɔktʊɪ. bʊ sɔkak'ta sɪnɛ'ma 'jɔk(tʊɪ). bʊ ʃɛ(h)ɪr'dɛ tɪ'jatrɔ
'jɔk(tʊɪ). ʃɪmdɪ dɛnɪz'dɛ bɪr va'pʊr 'jɔk. nɛ'vaɪ, nɛ'jɔk. 'bʊg̩yn ha'va
g̩y'zɛl 'de·ïl. g̩œk'tɛ bʊ'łʊt 'jɔk.

Vokabeln

1.		
Türkiye	['tyrķɪjɛ]	die Türkei
büyük	[byÿyķ]	groß
cumhuri-		
yet	[dʒʊmhu:rɪjɛt]	Republik
bir	[bɪɪ]	ein
memleket	[mɛmlɛķɛt]	Land
Asya	['asja]	Asien
Avrupa	[a'vrʊpa]	Europa
başşehir,	['baʃ:ɛhɪɪ]	
başkent	['baʃķɛnt]	Hauptstadt
İstanbul	[ɪ'stambʊł] *od.*	
	[ɪstam'bʊł] (*in Istanbul selbst*)	

	hört man nur	
	['stambʊł])	Istanbul
de (da)	[dɛ (da)] *un-*	
	betont	auch
güzel	[g̩yzɛl]	schön
pek, çok	[pɛķ, tʃɔk]	sehr
şehir	[ʃɛhɪɪ]	Stadt
Boğaziçi	[bɔ:'azɪtʃɪ]	Bosporus
ne ...!	[nɛ]	was (für ein)...!
manzara	[manzara]	Anblick
2.		
deniz	[dɛnɪz]	Meer
vapur	[vapʊɪ]	Dampfer

47   **1. Lektion**

var	[vɑɹ]	es gibt		iyi	[ɪjɪ], *mst.* [iː(ɪ)] gut
gök	[ɡˌœk̮]	Himmel		Berlin	[ˈbɛrlɪn] Berlin
uçak	[ʊtʃak]	Flugzeug		fena	[fɛna] schlecht
çok	[tʃɔk]	viel(e)		Belçika	[bɛlˈtʃɪka] Belgien
otel	[ɔtɛl]	Hotel		küçük	[k̮ytʃyk̮] klein
ve	[vɛ]	und		komedi	[komɛdɪ] Komödie
lokanta	[lɔˈkanta]	Restaurant		enteresan	[ɛñtɛrɛsañ] interessant
yeni	[jɛnɪ]	neu		filim	[fɪlɪm] Film
tiyatro	[tɪˈjatrə]	Theater		**4.**	
bu	[bʊ]	dieser, diese, dieses		sokak	[sɔkak] Straße
oda	[ədɑ]	Zimmer		köy	[k̮œj] Dorf
3.				az	[az̮] wenig(e)
Almanya	[aɫˈmanja]	Deutschland		yok	[jɔk] es gibt nicht
endüstri	[ɛñdystrɪ]	Industrie		şimdi	[ˈʃɪmˉdɪ] jetzt
ziraat,	[zɪrɑːat]	Landwirt-		sinema	[sɪnɛma] Kino
tarım	[tarɪm]	schaft		ne	[nɛ] was
önemli	[œnɛmlɪ]	wichtig		ne var,	[nɛˈvaɹ Was gibt es
değil	[deˈïl]	nicht		ne yok?	nɛˈjɔk] Neues?
hava	[hava]	Luft; Wetter		bugün	[ˈbʊɡˌyn] heute
				bulut	[bʊɫʊt] Wolke

Grammatik

Genus   **A**

Im Gegensatz zum Deutschen werden die Substantive im Türkischen keiner Klasse zugeordnet. Es gibt also weder männliche, noch weibliche, noch neutrale Substantive. Der bestimmte Artikel (im Deutschen *der, die, das*) fehlt im Türkischen. Für den unbestimmten Artikel gibt es nur die Form **bir** *ein, eine.*

bay	Herr	*od.* **der** Herr	**bir** bay	**ein** Herr
şehir	Stadt	*od.* **die** Stadt	**bir** şehir	**eine** Stadt
memleket	Land	*od.* **das** Land	**bir** memleket	**ein** Land

Plural   **B**

Der Plural wird nur ausgedrückt, wenn es unbedingt erforderlich ist. An sich umfaßt die türkische **Grundform** auch den Pluralbegriff. Deshalb steht nach bestimmten und unbestimmten Zahlbegriffen nur die Grundform:

iki	bay	**zwei** Herren
üç	memleket	**drei** Länder
çok	otel	**viele** Hotels
Gökte	bulut yok.	Es sind **keine** Wolken am Himmel.

Adjektiv   **C**

Das Adjektiv bleibt unverändert. Es steht wie im Deutschen vor dem Substantiv. Der unbestimmte Artikel **bir** behält jedoch seinen Platz unmittelbar vor dem Substantiv.

enteresan		filim	der **interessante** Film
enteresan	bir	filim	ein **interessanter** Film
büyük		şehir	die **große** Stadt
büyük	bir	şehir	eine **große** Stadt

1. Lektion

Adverb   **D**

Wie im Deutschen, so können auch die meisten Adjektive **unverändert als Adverbien** gebraucht werden.

Verb   **E**

Das Verb bildet im allgemeinen den Abschluß eines türkischen Satzes. Das deutsche **sein** als Satzband wird durch Suffixe ausgedrückt, die mit dem davorstehenden Wort zusammengeschrieben werden; sie sind immer tonlos, vgl. ⑨ B 3.

Das Suffix der 3. Person Singular lautet **-dir.**   **F**

Nach ③ und ⑫ kommen folgende Formen vor:

	nach **i, e**	nach **ö, ü**	nach **a, ı**	nach **o, u**
nach stimmhaften Konsonanten	**-dir**	**-dür**	**-dır**	**-dur**
nach stimmlosen Konsonanten	**-tir**	**-tür**	**-tır**	**-tur**

Ankara başşehir**dir** (*od.* başkent**tir**).   Ankara **ist** die Hauptstadt.
Türkiye büyük**tür**.   Die Türkei **ist** groß.

Nach einem Lokativ bedeutet **-dir** *sein, sich befinden*:
İstanbul Türkiye'de**dir**.   Istanbul **ist (befindet sich)** in der Türkei.

Gebrauch von -dir; Weglassung von -dir:

a) In allgemein gültigen Feststellungen steht sowohl in der Umgangssprache als auch in der Schriftsprache **-dir.**
Türkiye bir cumhuriyet**tir**.   Die Türkei **ist** eine Republik.
Berlin'de hava fena**dır**;   In Berlin **ist** das Wetter (im allgemeinen) schlecht;
İstanbul'da hava güzel**dir**.   in Istanbul **ist** das Wetter (im allgemeinen) schön.

b) In der Umgangssprache wird **-dir** weggelassen, wenn sich die Aussage auf einen vorübergehenden Zustand bezieht.
Bugün hava güzel.   Heute **ist** das Wetter schön.

Verwendet man **-dir** trotz dieser Einschränkung in der Umgangssprache, so erhält der Satz eine persönliche Färbung, z. B.:
O Ankara'da**dır**.   Er **dürfte** in Ankara **sein**.
aber: O Ankara'da.   Er **ist** in Ankara.

Für **var** *es gibt* und **yok** *es gibt nicht* gilt sinngemäß das oben für **-dir** Gesagte.

Verneinung   **G**

Sätze mit **-dir** (od. -dir = Null) werden durch **değil** verneint; değil bildet mit -dir eine Wortgruppe.

Man merke: var *es gibt*, **yok** *es gibt nicht.*

Türkiye küçük bir memleket **değil-dir**.   Die Türkei **ist kein** (*wörtl.* nicht ein) kleines Land.

	1. Lektion

Şimdi hava güzel **değil**.
Gökte bulut **yok**.

Jetzt **ist** das Wetter **nicht** schön.
Am Himmel **gibt** es (jetzt) **keine**
Wolke *od.* **keine** Wolken.

Demonstrativpronomen H

Auf nahe Dinge weist das unveränderliche **bu** *dieser, diese, dieses* hin. Oft
ist es gleich dem deutschen **bestimmten Artikel** *der, die, das*. Achten Sie im
Verlauf der Lektüre auf die deutschen Übersetzungen, da es mehr eine
Frage der Konvention und Stilistik ist als eine der Grammatik.
Bu otelde çok oda var. In **diesem** Hotel gibt es viele Zimmer.

Kasussuffixe I

Die Beziehungen zwischen Wörtern und Wortgruppen, die im Deutschen
durch *Präpositionen* bewirkt werden, werden im Türkischen durch *Suffixe*
hergestellt. Ein allgemeines Ortssuffix und Zeitsuffix ist **-de (-da)** örtlich *in,
an, auf, bei*; zeitlich *in, an, um*. ⓪
Die Formen richten sich nach ③ und ⑫.

örtlich		zeitlich	
Türkiye'**de**	**in** der Türkei	bu yıl**da**	**in** diesem Jahr
Ankara'**da**	**in** Ankara	saat iki**de**	**um** zwei Uhr
memleket**te**	**in** dem Lande		

de (da) *auch; und; dagegen* J

Das Kasussuffix **-de** darf nicht mit dem selbständigen Wort **de (da)** *auch*
verwechselt werden, das im Gegensatz zu **-de** immer tonlos ist.
O **da** Ankara'da. [ˈɔdɑ ˈɑŋkɑrɑˉdɑ] **Auch** er (sie) ist in Ankara.

Suffixanordnung K

Die Anordnung der Suffixe ist nicht willkürlich; sie werden vielmehr nach
bestimmten Gesetzen aneinandergereiht, z. B.

1. 2.
1. Ortssuffix 2. Verbalsuffix Türkiye Asya'**dadır**.

Die Reihenfolge der Suffixe spielt eine große Rolle im türkischen Sprachbau, und es ist sehr nützlich für das Verständnis des türkischen Satzes, wenn
sich der Lernende gleich von Anfang an die Reihenfolge der Suffixe bewußtmacht.

Übungen

a) Man ergänze die fehlenden Suffixe und Wörter:

1. Bu memleket büyük-.
2. Belçika — değil-.
3. Berlin- çok lokanta —.
4. Endüstri pek önemli-.
5. Ziraat — (*auch*) önemli-.
6. Filim güzel -dir.
7. — büyük bir vapur!
8. Bugün hava pek —.
9. Bu şehir- — tiyatro var(dır).
10. İstanbul- — tiyatro -(tur).
11. Küçük — şehir- çok otel —.
12. — bir otel- çok oda -dır.

Lehrbuch Türkisch 4

1. Lektion   50

b) Übersetzen Sie ins Türkische:

1. In diesem Dorf gibt es ein Hotel.
2. In diesem Dorf dürfte es ein Hotel geben.
3. Das Dorf ist nicht sehr groß.
4. In dem Hotel gibt es ein schönes Restaurant.
5. In dem Hotel gibt es auch ein kleines Kino.
6. In diesem Land ist die Industrie bedeutend.
7. Die Landwirtschaft ist nicht bedeutend.
8. Auf dem Meer sind viele Dampfer.
9. Das Wetter ist gut.
10. In Deutschland ist das Wetter jetzt schlecht.
11. Auch in Istanbul ist das Wetter nicht gut.
12. Was gibt es Neues?
13. In Ankara gibt es viele neue Hotels.
14. Das große Hotel ist nicht neu.
15. In diesem Hotel gibt es nicht viele Zimmer.
16. In dem neuen Theater gibt es ein kleines Restaurant.
17. Dieses Land ist eine Republik.
18. In dieser Republik ist die Landwirtschaft bedeutend.
19. Am Himmel ist (gibt es) eine Wolke.
20. Istanbul liegt in Asien und Europa.

**c) Nennen Sie zu den folgenden Wörtern gegensätzliche Ausdrücke (z. B. groß —
klein) oder Ausdrücke aus derselben Begriffsgattung (z. B. Stadt — Dorf, Land):**

küçük	deniz	Almanya
yok	vapur	endüstri
Asya	lokanta	Belçika
memleket	sinema	filim
köy	güzel	çok

Europäische Wörter im Türkischen

Asya:	*it.* Asia	endüstri:	*frz.* industrie
vapur:	*it.* vapore, *frz.* vapeur	komedi:	*frz.* comédie
otel:	*frz.* hôtel	enteresan:	*frz.* intéressant
lokanta:	*it.* locanda	filim:	*frz.*, *dt.* Film
tiyatro:	*it.* teatro	sinema:	*frz.* cinéma
Almanya:	*frz.* Allemagne		

In dieser Lektion haben Sie den Gebrauch
folgender Suffixe kennengelernt:

-dir *ist*	**-de** *in, auf, um*

2. Lektion

Kim, ne, nasıl, ne zaman

1. Bu bay **kim**dir? Bu, bay Turgut'tur. Bay Turgut
   Dieser Herr wer-ist? Dieser (Herr) Herr Turgut-ist. Herr Turgut
   nedir (**neci**dir)? Bay Turgut gazetecidir.
   was-ist (was-Beruf-ist)? Herr Turgut Journalist-ist.
   Bu bayan **kim**dir? Bu, bayan Demiralp'tır.
   Diese Dame wer-ist? Diese (Dame) Frau Demiralp-ist.
   Bayan Demiralp **neci**dir? O, profesördür.
   Frau Demiralp was-Beruf-ist? Sie Professorin-ist.
   Bu adam Türktür. O kadın Almandır.
   Dieser Mann Türke-ist. Die Frau da Deutsche-ist.

2. Bugün hava **nasıl**? Bugün hava çok güzel.
   Heute Wetter wie? Heute Wetter sehr schön-ist.
   Saat **kaç**? Saat bir, iki, üç, dört, beş, altı, yedi,
   Uhr wieviel? Uhr eins, zwei, drei, vier, fünf, sechs, sieben,
   sekiz, dokuz, on.
   acht, neun, zehn.

3. Affedersiniz, istasyon **nerede**dir? İstasyon yakındır,
   Entschuldigen-Sie, Bahnhof wo-ist? Bahnhof nahe-ist,
   şurada(dır). **Nerede** bir lokanta var(dır)? İstasyonda
   da gleich (ist). Wo ein Restaurant gibt-es? Bahnhof-in
   bir lokanta var.
   ein Restaurant gibt-es.

4. Bu **ne zaman** tamamdır? Bugün öğleden sonra.
   Dies welche-Zeit fertig-ist? Heute Mittag-nach.
   Saat **kaç**ta? Saat dörtte (saat beşte). Müze **ne zaman** açıktır?
   Uhr wieviel-um? Uhr vier-um (Uhr fünf-um). Museum welche Zeit offen-ist?
   Bu sabah müze açık(tır). Bugün öğleden sonra kapalı(dır).
   Heute morgen Museum offen-ist. Heute Mittag-nach geschlossen-ist.

5. Sinema**lar** küçük(tür). Tiyatro**lar** büyük(tür).
   Die Kinos klein-sind. Die Theater groß-sind.
   Filim**ler** enteresan(dır). Yeni şehirde sokak**lar**
   Die Filme interessant-sind. Neue Stadt-in die Straßen
   geniştir. Eski şehirde sokak**lar** dardır.
   breit-sind. Alte Stadt-in die Straßen eng-sind.
   Ada**lar** çok güzeldir. Bugün bütün müze**ler** açıktır.
   Die Prinzeninseln sehr schön-sind. Heute alle Museen offen-sind.

6. Bay**lar** büyük(türler). Bayan**lar** narin(dirler).
   Die Herren groß-sind. Die Damen schlank-sind.
   Bu bay**lar** kim(lerdir)? Bu bay**lar** fuarda ekspozan(**lar**dır).
   Diese Herren wer-sind? Diese Herren auf der Messe Aussteller-sind.

4*

2. Lektion   52

Bu   baylar   nedir(ler)? Bu   baylar   Türk(türler).
Diese Herren was-sind? Diese Herren Türken-sind.
O   bayanlar   nedir?   O   bayanlar   da   Türk(türler).
Jene Damen   was-sind? Jene Damen   auch Türkinnen-sind.
Fakat çocuklar   Alman(dırlar). Bu   baylar   neci(dirler)?
Aber   die Kinder Deutsche-sind. Diese Herren was-Beruf-sind?
Bu   baylar   mühendis(tirler).
Diese Herren Ingenieure-sind.

7. Çocuklar   nerede(dirler)? Çocuklar   şimdi evde(dirler).
Die Kinder wo-(sind)?   Die Kinder jetzt   Haus-in (sind).
Çocuklar   doktorda(dırlar).   Baylar   nerede(dirler)?
Die Kinder Doktor-bei (sind). Die Herren wo-(sind)?
Baylar   bütün gün kulüpte(dirler). Bayanlar   nerede(dirler)?
Die Herren ganz   Tag Klub-in (sind). Die Frauen wo-(sind)?
Bayanlar   bu   akşam tiyatroda(dırlar).
Die Frauen heute abend   Theater-in (sind).
İşçiler   fabrikalarda(dır).   Müstahdemler   bürolarda(dır).
Die Arbeiter Fabriken-in (sind). Die Angestellten Büros-in (sind).
Talebeler   ve profesörler üniversitede(dirler).
Die Studenten und Professoren Universität-in (sind).

In Lautschrift

1. bʊ baj 'ķɪmdɪɹ. bʊ — baj tʊr'gʊt:ʊɹ. baj tʊr'gʊt 'nɛdɪɹ (nɛ'dʒɪdɪɹ).
baj tʊr'gʊt gazɛtɛ'dʒɪdɪɹ. bʊ ba'jan 'ķɪmdɪɹ. 'bʊ — ba'jan dɛmɪ-
'rałptɪɹ. ba'jan dɛmɪ'rałp nɛ'dʒɪdɪɹ. 'ɔ — prɔfɛ'sœrdyɹ. bʊ a'dam
'tyrktyɹ. ɔ ka'din ał'mandɪɹ.
2. 'bʊg̣yn hava 'nasił. 'bʊg̣yn hava 'tʃɔk g̣y'zɛl. saːat 'katʃ. saːat bɪɹ
ɪ'ķɪ ytʃ dœrt bɛʃ ał'tɪ jɛ'dɪ sɛ'ķɪz̧ dɔ'kʊz̧ ɔn.
3. afɛ'dɛrsɪnɪs ɪsta'sjɔn 'nɛrɛdɛdɪɹ. ɪsta'sjɔn ja'kindɪɹ 'ʃʊrada(dɪɹ).
'nɛrɛdɛ bɪ(r) lɔ'kanta 'vaɹ(dɪɹ). ɪstasjɔn'da bɪ(r) lɔ'kanta 'vaɹ.
4. 'bʊ 'nɛzaman ta'mamdɪɹ. 'bʊg̣yn œːlɛ'dɛn̆sɔːra. saːat 'kaʃ'ta. saːat
'dœr't:ɛ (saːat 'bɛʃ'tɛ). myzɛ 'nɛzaman a'tʃiktɪɹ. 'bʊsabax myzɛ
atʃik(tɪɹ). 'bʊg̣yn œːlɛ'dɛn̆sɔːra kapa'łi(dɪɹ).
5. sɪnɛma'łaɹ ķy'tʃyk(tyɹ). tɪjatrɔ'łaɹ by'jyk(tyɹ). fɪlɪm'lɛɹ ɛn̆tɛrɛ'san̆(dɪɹ).
jɛ'nɪ_ʃɛ(h)ɪr⁻dɛ sɔkak'łaɹ g̣ɛ'nɪʃtɪɹ. ɛs'ķɪ_ʃɛ(h)ɪr⁻dɛ sɔkak'łaɹ 'dardɪɹ.
ada'łaɹ 'tʃɔk g̣y'zɛldɪɹ. 'bʊg̣yn by'tyn myzɛ'lɛɹ a'tʃiktɪɹ.
6. baj'łaɹ by'jyk(tyrlɛɹ). bajan'łaɹ naː'rɪn(dɪrlɛɹ). bʊ baj'łaɹ 'ķɪm (ķɪm'lɛr-
dɪɹ). bʊ baj'łaɹ fʊar'da ɛkspɔ'zan̆ (ɛkspɔzan̆'łardɪɹ). bʊ baj'łaɹ 'nɛ-
dɪɹ('lɛɹ). bʊ bajłaɹ 'tyrķ (tyrktyr'lɛɹ). ɔ bajan'łaɹ 'nɛdɪɹ. ɔ bajan'łaɹda
tyrk (tyrktyr'lɛɹ). 'fa⁻kat | tʃɔdʒʊk'łaɹ ał'man (ałmandir'łaɹ). bʊ
baj'łaɹ nɛ'dʒɪ (nɛdʒɪdɪr'lɛɹ). bʊ baj'łaɹ myhɛn'dɪs(tɪr'lɛɹ).
7. tʃɔdʒʊk'łaɹ 'nɛrɛdɛ(dɪr'lɛɹ). tʃɔdʒʊk'łaɹ ʃɪmdɪ ɛv'dɛ(dɪr'lɛɹ). tʃɔdʒʊk'łaɹ
dɔktɔr'da(dir'łaɹ). baj'łaɹ 'nɛrɛdɛ(dɪr'lɛɹ). baj'łaɹ by'tyn g̣yn k'łyp-
'tɛ(dɪr'lɛɹ). bajan'łaɹ 'nɛrɛdɛ(dɪr'lɛɹ). bajan'łaɹ 'bʊakʃam tɪ'jatrɔ⁻da-
(dir'łaɹ). ɪʃtʃɪ'lɛɹ fa'brɪkałaɹ⁻da(dɪɹ). mystaxdɛm'lɛɹ byrɔłar'da(dɪɹ).
talɛbɛ'lɛɹ vɛ prɔfɛsœr'lɛɹ ynɪvɛrsɪtɛ'dɛ(dɪr'lɛɹ).

2. Lektion

Vokabeln

kim	[ḳɪm]	wer	
nasıl	['nɑsɨł]	wie	
ne zaman	['nɛzɑmɑn]	wann	
bay	[baj]	Herr	
Turgut	[tʊr'gʊt]	*männl. türk. Vorname*	
neci	[nɛdʒɪ]	was, was von Beruf?	
gazeteci	[gɑzɛtɛdʒɪ]	Journalist	
bayan	[bajan]	Dame, Frau, Fräulein (+ *Name*); *Anrede*: gnädige Frau!	
o	[ə]	er, sie, es; jener, jene, jenes *od.* der, die, das ... da	
profesör	[prɔfɛsœɹ]	Professor(in)	
adam	[adam]	Mensch, Mann	
kadın	[kadin]	Frau	
saat	[sɑːat]	Uhr	
kaç	[katʃ]	wieviel	
iki	[ɪḳɪ]	zwei	
üç	[ytʃ]	drei	
dört	[dœrt]	vier	
beş	[bɛʃ]	fünf	
altı	[ałti]	sechs	
yedi	[jɛdɪ]	sieben	
sekiz	[sɛḳɪz̧]	acht	
dokuz	[dɔkʊz̧]	neun	
on	[ən]	zehn	
affedersiniz	[afɛ'dɛrsɪnɪs]	entschuldigen Sie	
istasyon	[ɪstasjɔn]	Bahnhof	
nerede	['nɛrɛdɛ]	wo	
yakın	[jakin]	nahe	
şurada	['ʃurada]	hier (gleich)	
tamam	[tamam]	fertig	

öğleden sonra	[œːlɛ'dɛň-sɔːra *od.* sɔňra]	nachmittags	
müze	[myzɛ]	Museum	
açık	[atʃik]	offen	
sabah	[sabɑx]	Morgen	
bu sabah	['busabɑx]	heute morgen	
kapalı	[kapałi]	geschlossen	
yeni	[jɛnɪ]	neu	
yeni şehir	[jɛ'nɪ-ʃɛ(h)ɪɹ]	Neustadt	
geniş	[ģɛnɪʃ]	breit	
eski	[ɛsḳɪ]	alt	
eski şehir	[ɛs'ḳɪ-ʃɛ(h)ɪɹ]	Altstadt	
dar	[daɹ]	eng	
ada	[ada]	Insel	
Adalar	[adałaɹ]	Prinzeninseln	
bütün	[bytyn]	alle	
narin	[nɑːrɪn]	schlank	
fuar	[fʊaɹ]	Messe	
ekspozan	[ɛkspɔzaň]	Aussteller	
Türk	[tyrḳ]	Türke	
fakat	['faˉkat]	aber	
çocuk	[tʃɔdʒʊk]	Kind	
Alman	[ałman]	Deutsche(r)	
mühendis	[myhɛndɪs]	Ingenieur	
ev	[ɛv]	Haus	
doktor	[dəktɔɹ]	Doktor; Arzt	
gün	[ģyn]	Tag	
kulüp	[k'lyp]	Klub	
akşam	[akʃam]	Abend	
bu akşam	['buakʃam]	heute abend	
işçi	[ɪʃtʃɪ]	Arbeiter	
fabrika	[fa'brɪka]	Fabrik	
müstahdem	[mystaxdɛm]	Angestellte(r)	
büro	[byrɔ]	Büro	
talebe, öğrenci	[talɛbɛ], [œjrɛndʒɪ] *od.* [œː-]	Student; Schüler	

Grammatik

Die Fragewörter — Interrogativpronomen und Frageadverbien — A

stehen meist am Ende des Satzes vor dem Verb. Mit dem Verbalsuffix -dir bilden sie eine Wortgruppe. Nerede *wo* steht jedoch am Anfang des Fragesatzes, wenn das Subjekt oder Objekt des Satzes unbestimmt ist:

Bu bay **kimdir**?	**Wer ist** dieser Herr?
Bu bayan **necidir**?	**Was ist** diese Frau (von Beruf)?
Hava **nasıl(dır)**?	**Wie ist** das Wetter?
Ankara **nerededir**?	**Wo liegt** Ankara?
Saat **kaç(tır)**? [katʃ; kaʃtiɹ]	**Wieviel ist** die Uhr?
aber: Nerede **bir** lokanta var(dır)?	Wo gibt es (hier) ein Restaurant?

2. Lektion   54

Plural   B

Der Plural wird, soweit er kenntlich gemacht werden muß (vgl. 1 B), durch das Suffix **-ler (-lar)** bezeichnet ③:

adam	Mensch	otel	Hotel
adam**lar**	Menschen	otel**ler**	Hotels
doktor	Doktor	gün	Tag
doktor**lar**	Doktoren	gün**ler**	Tage

Berufs- und Nationalitätsbezeichnungen nehmen das Pluralsuffix **-ler** nicht an:

Bu baylar **mühendistir.**   Diese Herren **sind Ingenieure.**
Bu bayanlar **Türktür.**   Diese Damen **sind Türkinnen.**

Dasselbe Pluralsuffix hat auch die 3. Person Plural der Verben und   **C**
das Verbalsuffix **-dir.** Bei Verben wird von **-ler** jedoch nur sparsam Gebrauch gemacht.

-ler tritt nie an -dir,
a) wenn das im Plural stehende Subjekt eine S a c h e ist;
b) wenn vor **-dir** schon **-ler** steht.

a) *Lebewesen:* Bu baylar **büyüktürler.**	Diese Herren **sind groß.**
Sache: Bu sokaklar **geniştir.**	Diese Straßen **sind breit.**
b) Bu baylar fuarda **ekspozanlar(dır).**	Diese Herren **sind Aussteller** auf der Messe.

Auch **kim** und **ne** können das Suffix **-ler** annehmen. Im Deutschen kann   **D**
diese Verbindung oft genau durch *wer alles, was alles* wiedergegeben werden.

Kimler var?   **Wer** ist **alles** hier?
Neler var?   **Was** gibt es hier **alles?**

Aber auch:
Bu baylar **kim(lerdir)?**
od. Bu baylar **kim(dirler)?**   **Wer sind** diese Herren?

Um eine Verwechslung zwischen adjektivischem **bu** und substantivischem   **E**
bu auszuschließen, wird nach substantivischem **bu** ein Komma gesetzt, *s.* ⑱:

Bu bay kimdir?   **Wer** ist dieser Herr?
Bu, bay Turgut'tur.   **Dieser** (= dieser Herr) ist Herr Turgut.

Übungen

a) Ergänzen Sie die fehlenden Wörter und Endungen:
1. Bayan Erginel -dir? — Erginel -dir, -dür.
2. Bu bay -dir? —, bay Turgut-.
3. Bu akşam hava —? — — hava güzel değil, —.
4. Affedersiniz, şimdi saat —? Şimdi — 3 (5, 8).
5. Müze — — açıktır? Bu — müze -tir, bu — — değildir, -dır.

55   2. Lektion

6. İstanbul'da geniş sokak- ve — sokak- vardır.
7. Bugün — müze- kapalı-.
8. Bu akşam — sinema- -tır.
9. Öğleden — tiyatro- -dır.
10. Bayan- ve bay- bu akşam tiyatro-.
11. Bütün çocuk- şimdi sinema-.
12. Bu fuarda Türk- ve Alman- var.

b) Bilden Sie die Pluralform:

ada, talebe, deniz, doktor, ev, fuar, gazeteci, gün, istasyon, kulüp, lokanta, oda, otel, memleket, şehir, müstahdem, saat, üniversite, akşam, sabah.

c) Übersetzen Sie ins Türkische:

1. Diese Herren sind Deutsche.
2. Was sind sie von Beruf? Sie sind Ingenieure.
3. Was sind die Damen da? Die Damen sind auch Deutsche.
4. Die kleinen Kinder sind nicht Deutsche, sie sind Türken.
5. Die Türken sind Ärzte, die Deutschen sind Ingenieure.
6. Die Ärzte sind Türken, die Ingenieure sind Deutsche.
7. Die Angestellten sind zu Hause; die Arbeiter sind im Klub.
8. Die Damen und Herren sind auf dem Dampfer.
9. Heute abend ist Herr Turgut zu Hause.
10. Die Prinzeninseln sind nahe.
11. Wer ist diese Dame? Diese Dame ist Frau Güner. Sie ist heute in Ankara.
12. Die Studenten und Angestellten sind den ganzen Tag im Klub.
13. Wer ist jetzt im Büro? Herr Eren ist im Büro.
14. Wo ist Professor Davran? Er ist in der Universität.
15. Wann sind die Journalisten auf der Messe? Nachmittag um 5 Uhr.
16. Wann sind die Museen geöffnet? Sie sind den ganzen Tag geöffnet.
17. Entschuldigen Sie, wo ist (gibt es) ein gutes Restaurant? Ein gutes Restaurant gibt es im Bahnhof.
18. In diesem Hotel gibt es große Zimmer.
19. Jetzt sind die Dampfer im Schwarzen Meer, die Flugzeuge am Himmel.
20. Museen, Kinos und Theater sind heute geschlossen.

Karadeniz [ka'radɛ⁻nız] Schwarzes Meer   onlar sie

d) Nennen Sie gegensätzliche Ausdrücke oder Ausdrücke aus derselben Begriffsgattung:

1. kulüp	2. işçi	3. bay	4. gazeteci	5. büro
6. çocuk	7. bu sabah	8. müze	9. sokak	10. geniş
11. ada	12. kapalı	13. kaç	14. beş	15. kim
16. adam	17. Türk	18. şimdi	19. öğrenci	20. üniversite

Europäische Wörter im Türkischen

profesör:	*frz.* professeur	Alman:	*frz.* allemand
istasyon:	*frz.* station	doktor:	*dt.* Doktor
müze:	*frz.* musée	fa'brika:	*it.* 'fabbrica
fuar:	*frz.* foire	büro:	*frz.* bureau
ekspozan:	*frz.* exposant		

3. Lektion

3. Lektion

Trenle bir yolculuk

1. Tramvayla Haydarpaşa'ya gidiyorum. Vakit çok erken.
Straßenbahn-mit Haydarpascha-nach gehe-ich. Zeit sehr früh.

İstasyonda bir bilet alıyorum. Ankara'ya gitmek istiyorum.
Bahnhof-in eine Fahrkarte kaufe-ich. Ankara-nach gehen will-ich.

Tren saat yedi buçukta Haydarpaşa'dan kalkıyor. Ankara
Der Zug Uhr sieben halb-um Haydarpascha-von fährt ab. Ankara

yolundayım. Pencereden bakıyorum. Sol tarafta tarlalar ve
Weg-auf-bin-ich. Fenster-aus schaue-ich. Links Seite-an Felder und

yeşil bahçeler. Bazı adamlar tarlalarda çalışıyorlar.
grüne Gärten. Einige Menschen Felder-auf arbeiten.

Sağda deniz. Gökte bulut yok. Güneş gülümsüyor.
Rechts-an das-Meer. Himmel-an Wolken sind-nicht. Sonne lächelt.

Uzaktan Adalar görünüyor. Hava iyi. Ne güzel
Ferne-von Prinzeninseln sichtbar sind. Wetter gut. Was schön

bir gün! Eskişehir'de trenden bazı insanlar iniyor(lar),
ein Tag! Eskischehir-in Zug-aus einige Personen steigen-aus,

bazı insanlar biniyorlar.
einige Personen steigen-ein.

Kompartımanda şu yolcular var: İki Türk, bir Fransız ve
Abteil-in diese Reisenden gibt-es: zwei Türken, ein Franzose und

ben. Ben Almanım. Sohbet ediyoruz. Türkler ile
ich. Ich Deutscher-bin. Unterhaltung machen-wir. Türken mit

biraz Türkçe konuşuyorum, Fransız ile Fransızca konuşuyorum.
etwas Türkisch spreche-ich, Franzosen mit Französisch spreche-ich.

Türkler de Fransızca ve biraz İngilizce biliyorlar. Fransız
Türken auch Französisch und etwas Englisch wissen-sie. Der-Franzose

yalnız Fransızca biliyor. Türkler pipo içiyorlar.
nur Französisch weiß. Die-Türken Pfeife trinken-sie.

Fransız sigara içiyor. Ben sandviç yiyorum ve bir
Der-Franzose Zigarette trinkt. Ich belegte(s) Brötchen esse-ich und eine

fincan çay içiyorum. Saat dört buçukta Ankara'ya varıyoruz.
Tasse Tee trinke-ich. Uhr viereinhalb-um in Ankara treffen-ein-wir.

2. Bir şey yemek istiyorum. Bir lokantaya gidiyorum. Bir
Etwas essen möchte-ich. Ein Restaurant-in gehe-ich. Ein

dolmuşa biniyorum. Bunlar pahalı değildir. Dolmuş bir çeşit
Dolmusch-in steige-ich. Diese teuer nicht-sind. Dolmusch eine Art

taksidir. Yolcular teker teker dolmuşa biniyorlar.
Taxi-ist. Die-Fahrgäste einzeln das Dolmusch-in steigen.

3. Lektion

3. Hava: İstanbul'da havalar yine soğuyor. Isı
Das-Wetter: Istanbul-in Lüfte wieder kälter-werden. Temperatur

gölgede 4, güneşte 17 (on yedi) derecedir. Hava burada yağışlı,
Schatten-in 4, Sonne-in 17 Grad-ist. Wetter hier regnerisch,

diğer mıntakalarda bulutludur.
anderen Gebieten-in bewölkt-ist.

4. Einzelsätze:

a) Güzel bir gün başlıyor. Öğretmen sınıfa giriyor.
Schön ein Tag beginnt. Der-Lehrer Klasse-in geht.

— Günaydın, çocuklar! diyor.
Tag-hell Kinder! sagt-er.

b) Ben kimim? Siz öğretmensiniz. Siz kimsiniz?
Ich wer-bin-ich? Sie der-Lehrer-sind. Ihr wer-seid-ihr?

Biz öğrenciyiz. Sen nesin? Ben Almanım.
Wir die-Schüler-sind-wir. Du was-bist-du? Ich Deutscher-bin-ich.

Sen Türksün. Siz Türksünüz. Biz Almanız.
Du Türke-bist-du. Ihr Türken-seid-ihr. Wir Deutsche-sind-wir.
Sie Türke(n)-sind-Sie.

Öğretmen kimdir? Benim. Burada kim öğretmendir? od.
Der Lehrer wer-ist? Ich bin es. Hier wer der Lehrer-ist?

Burada öğretmen kimdir? Siz(siniz).
Hier der Lehrer wer ist? Sie sind-es.

Siz öğretmen değilsiniz, biz talebeyiz.
Sie der Lehrer nicht-sind-Sie, wir Schüler-sind-wir.

c) Ben büyüğüm[1]). Sen küçüksün. Biz küçüğüz[1]). Siz büyüksünüz.
Ich groß-bin. Du klein-bist. Wir klein-sind. Ihr groß-seid.

Ben gencim[2]). Sen genç değilsin, sen ihtiyarsın.
Ich jung-bin. Du jung nicht-bist, du alt-bist.

Biz ihtiyarız. Biz genç değiliz. Siz gençsiniz[3]).
Wir alt-sind. Wir jung nicht-sind. Ihr jung-seid.

Ben iyiyim, hasta değilim. Sen hastasın, iyi değilsin.
Ich gut-bin, krank nicht-bin. Du krank-bist, gut nicht-bist
= es geht mir gut, ... = dir geht es nicht gut.

Biz iyiyiz, siz de iyisiniz. Biz hasta değiliz, siz de
Wir gut-sind, ihr auch gut-seid. Wir krank nicht-sind, ihr auch

hasta değilsiniz.
krank nicht-seid.

d) Ben Türkiye'deyim. Sen Almanya'dasın. Biz İstanbul'dayız.
Ich Türkei-in-bin. Du Deutschland-in-bist. Wir Istanbul-in-sind.

---

[1]) s. ⑫ B 2, 3   [2]) s. ⑫ B 2   [3]) ⑫ D

3. Lektion 58

Siz Berlin'desiniz.   Ben buradayım.
Ihr Berlin-in-seid.   *Ich hier-bin.*
Sen oradasın.   Biz buradayız.   Siz oradasınız.
Du dort-bist.   *Wir hier-sind.*   *Ihr dort-seid.*

In Lautschrift

'trɛn⁻lɛ bɪ(r) jɔɫdʒʊɫʊk

1. tram'vaj⁻ɫa haj'darpaʃaja g̪ɪdɪ'jɔrʊm. va'kɪt (*nicht* k̡!) tʃɔk ɛr'k̡ɛn.
ɪstasjɔn'da bɪbɪ'lɛt aɫi'jɔrʊm. 'aŋkaraja g̪ɪt'mɛk̡ ɪstɪ'jɔrʊm. trɛn
saːat jɛ'dɪ bʊtʃʊk'ta haj'darpaʃa⁻dan kaɫki'jɔɹ. 'aŋkara jɔɫʊn'dajim.
'pɛndʒɛrɛ⁻dɛn baki'jɔrʊm. 'sɔɫtaraf⁻ta tarɫa'ɫaɹ vɛ jɛ'ʃɪl baxtʃɛ'lɛɹ.
'baːzɪ adamɫaɹ tarɫaɫar'da tʃaɫiʃijɔr'ɫaɹ. 'saː⁻da dɛ'nɪs. g̪œk'tɛ bʊ'ɫʊt
'jɔk. g̪y'nɛʃ g̪ylymsy'jɔɹ. ʊzak'tan adaɫaɹ g̪œryny'jɔɹ. ha'va ɪ'jɪ.
'nɛg̪yzɛl bɪ'g̪yn. ɛs'k̡ɪʃɛ(h)ɪɹ⁻dɛ trɛn'dɛn 'baːzɪ ɪ̃san'ɫaɹ ɪnɪ'jɔr(ɫaɹ),
'baːzɪ ɪ̃san'ɫaɹ bɪnɪjɔr'ɫaɹ. kɔmpartiman'da ʃʊ jɔɫdʒʊ'ɫaɹ 'vaɹ ɪk̡ɪ
tyrk̡, bɪ(r) fraň'sɪz vɛ 'bɛn. 'bɛn aɫ'manim. sɔx'bɛt ɛdɪ'jɔrʊs. tyrk'lɛr
ɪ'lɛ 'bɪras 'tyrktʃɛ kɔnʊʃʊ'jɔrʊm, fraň'sɪz ɪ'lɛ fraň'sizdʒa kɔnʊʃʊ'jɔrʊm.
tyrk'lɛr_dɛ fraň'sizdʒa vɛ 'bɪraz ɪŋg̪ɪ'lɪzdʒɛ bɪlɪjɔr'ɫaɹ. fraň'siz 'jaɫnis
fran'sizdʒa bɪlɪ'jɔɹ. tyrk'lɛɹ 'pɪpɔ ɪtʃɪjɔr'ɫaɹ. fraň'sɪz sɪ'gara ɪtʃɪ'jɔɹ.
'bɛn 'sandvɪtʃ jɪ'jɔrʊm vɛ bɪ(r) fɪndʒan'tʃaj ɪtʃɪ'jɔrʊm. saːat 'dœrt
bʊtʃʊk'ta 'aŋkaraja vari'jɔrʊs.

2. bɪ'ʃɛj jɛ'mɛk̡ ɪstɪ'jɔrʊm. bɪ(r) lɔ'kantaja g̪ɪdɪ'jɔrʊm. bɪ(r) dɔɫmʊ'ʃa
bɪnɪ'jɔrʊm. bʊn'ɫaɹ paha'ɫi 'de·ɪ̈ldɪɹ. dɔɫ'mʊʃ bɪ(r) tʃɛ'ʃɪt 'taksɪdɪɹ.
jɔɫdʒʊ'ɫaɹ tɛ'k̡ɛrtɛk̡ɛɹ dɔɫmʊ'ʃa bɪnɪjɔr'ɫaɹ.

3. ha'va: ɪ'stambʊɫ⁻da hava'ɫaɹ 'jɪnɛ sɔːʊ'jɔɹ. i'si g̪œlg̪ɛ'dɛ 'dœrt,
g̪ynɛʃ'tɛ 'ɔnjɛdɪ dɛrɛ'dʒɛdɪɹ. ha'va 'bʊrada jaːiʃ'ɫi, 'dɪːɛɹ mintakaɫar'da
bʊɫʊt'ɫʊdʊɹ.

4. a) g̪y'zɛl bɪ(r) 'g̪yn baʃɫi'jɔɹ. œːrɛt'mɛn sini'fa g̪ɪrɪ'jɔɹ. g̪ynaj'din
tʃɔdʒʊk'ɫaɹ dɪ'jɔɹ.

b) 'bɛn 'k̡ɪmɪm. sɪʐ œːrɛt'mɛňsɪnɪs. 'sɪs 'k̡ɪmsɪnɪs. 'bɪʐ œːrɛn'dʒɪjɪs.
'sɛn 'nɛsɪn. 'bɛn aɫ'manim. 'sɛn 'tyrksyn. 'sɪs 'tyrksynys. 'bɪʐ aɫ'manis.
œːrɛt'mɛn 'k̡ɪmdɪɹ. 'bɛnɪm. 'bʊrada 'k̡ɪm œːrɛt'mɛndɪɹ. 'bʊrada
œːrɛt'mɛn k̡ɪmdɪɹ. 'sɪs ('sɪsːɪnɪs). 'sɪʐ œːrɛt'mɛn 'de·ɪ̈lsɪnɪs, 'bɪs
taɫɛ'bejɪs.

c) 'bɛn by'jyjym. 'sɛn k̡y'tʃyksyn. 'bɪs k̡y'tʃyjys. 'sɪz by'jyksynys. 'bɛn
'g̪ɛndʒɪm. 'sɛn 'g̪ɛntʃ 'de·ɪ̈lsɪn, 'sɛn ɪxtɪ'jarsin. 'bɪʐ ɪxtɪ'jaris. 'bɪs
'g̪ɛntʃ 'de·ɪ̈lis. 'sɪz 'g̪ɛntsːɪnɪs. 'bɛn ɪ'jɪjɪm, has'ta 'de·ɪ̈lim. 'sɛn
has'tasin, ɪ'jɪ 'de·ɪ̈lsɪn. 'bɪʐ ɪ'jɪjɪs, 'sɪzdɛ ɪ'jɪsɪnɪs. 'bɪs has'ta 'de·ɪ̈lis,
'sɪzdɛ has'ta 'de·ɪ̈lsɪnɪs.

d) 'bɛn 'tyrk̡ɪjɛ⁻dejɪm. 'sɛn aɫ'manja⁻dasin. 'bɪʐ ɪ'stambʊɫ⁻dajis.
'sɪz 'bɛrlɪn⁻dɛsɪnɪs. 'bɛn 'bʊra⁻dajim. 'sɛn 'ɔra⁻dasin. 'bɪʐ 'bʊra⁻dajis.
'sɪʐ 'ɔra⁻dasinɪs.

59 3. Lektion

Vokabeln

1.

tren	[trɛn]	Zug
yolculuk (-ğu)	[jɔłdʒułuk]	Reise
tramvay	[tramvaj]	Straßenbahn
ile, -le, -la	[ılɛ]	mit
Hay'darpaşa	[haj'darpaʃa]	Vorort Istanbuls auf der asiatischen Seite
gitmek (gid-) ⑩ C 1	[g̩ıtmɛk̟]	gehen
vakit, a. zaman (nicht k̟!)	[vakıt]	Zeit
erken	[ɛrk̟ɛn]	früh
bilet	[bılɛt]	Fahrkarte
almak	[ałmak]	nehmen; lösen
istemek	[ıstɛmɛk̟]	wollen, wünschen
buçuk (-ğu)	[butʃuk]	halb; Hälfte
kalkmak	[kałkmak]	abfahren (nur unpersönlich, Zug usw.); aufstehen
yol	[jɔł]	Weg
pencere	['pɛndʒɛrɛ]	Fenster
bakmak	[bakmak]	schauen, (an)sehen
sol	[sɔł]	link-
taraf	[taraf]	Seite
tarla	[tarła]	Feld, Acker
yeşil	[jɛʃıl]	grün
bahçe	[baxtʃɛ]	Garten
bazı	['baːzi]	einige
çalışmak	[tʃałıʃmak]	arbeiten
sağ	[saː]	recht-
güneş	[g̩ynɛʃ]	Sonne
gülümsemek	[g̩ylymsɛmɛk̟]	lächeln
uzak	[uzak]	weit, fern
görünmek	[g̩œrynmɛk̟]	erscheinen, sichtbar werden
Eskişehir	[ɛs'k̟ıʃɛ(h)ıɹ]	wörtl. Altstadt, sechstgrößte Stadt der Türkei
insan	[ıñsan]	Mensch
inmek (-den)	[ınmɛk̟]	aussteigen (aus)
binmek (-e)	[bınmɛk̟]	einsteigen (in); fahren (mit)
kompartıman	[kɔmpartıman]	Abteil
şu	[ʃu]	der, die, das da (in Sichtweite)
yolcu	[jɔłdʒu]	Reisende(r)
Fransız	[frañsiz̟]	Franzose

sohbet etmek (ed-) ⑩	[sɔxbɛt] [ɛtmɛk̟]	Unterhaltung machen, tun
sohbet etmek	[sɔx'bɛtɛtmɛk̟]	sich unterhalten
biraz	['bıraz̟]	etwas, ein wenig
Türkçe	['tyrktʃɛ]	türkisch
konuşmak	[kɔnuʃmak]	sprechen
Fransızca	[frañ'sizdʒa]	französisch
İngilizce	[ıŋg̩ı'lızdʒɛ]	englisch
bilmek	[bılmɛk̟]	wissen, können
yalnız	['jałniz̟]	nur
pipo	['pıpɔ]	Pfeife
içmek	[ıtʃmɛk̟]	trinken; rauchen
pipo içmek	['pıpɔ ıtʃmɛk̟]	Pfeife rauchen
sigara	[sı'gara]	Zigarette
sandviç	['sandvıtʃ]	belegtes Brötchen
yemek (yiyor)	[jɛmɛk̟]	essen
fincan	[fındʒan]	Tasse
çay	[tʃaj]	Tee
varmak (-e)	[varmak]	ankommen (in)

2.

şey	[ʃɛj]	Sache
bir şey	[bı'ʃɛj]	etwas
dolmuş	[dɔłmuʃ]	gefüllt, voll; Taxi od. Boot, das erst abfährt, wenn alle Plätze besetzt sind
bunlar	[bułaɹ]	diese
pahalı	[pahałi]	teuer
çeşit	[tʃɛʃıt]	Art
taksi	['taksı]	Taxi
teker	[tɛk̟ɛr]	einzeln, getrennt, jedes
teker	tɛk̟ɛɹ]	für sich

3.

yine	['jınɛ]	wieder
soğumak	[sɔːumak]	kalt werden
ısı	[isi]	Temperatur; Wärme
gölge	[g̩œlg̩ɛ]	Schatten
on yedi	['ɔnjɛdı]	siebzehn
derece	[dɛrɛdʒɛ]	Grad
burada	['burada]	hier
yağışlı	[jaːıʃłi]	regnerisch
diğer	['diːɛɹ]	ander-
mıntaka	[mıntaka]	Gebiet; Zone
bulutlu	[bułut'łu]	bewölkt

4.

başlamak (-e)	[baʃłamak]	beginnen

3. Lektion 60

öğretmen	[œːrɛtmɛn]	Lehrer		genç	[gˌɛntʃ]	jung
sınıf	[sinif]	Klasse		(genc-)		
girmek	[gˌɪrmɛķ]	eintreten,		ihtiyar	[ɪxtɪˈjɑɹ]	alt
(-e)		gehen (in)		hasta	[hɑstɑ]	krank
günaydın	[gˌynajdin]	guten Tag!		iyiyim	[ɪˈiˌiˌim]	es geht mir
demek	[dɛmɛķ]	sagen				gut

Grammatik

Stamm und Infinitiv des Verbs   A

Ein türkisches Verb besteht aus
1. dem reinen Stamm.
Dieser Stamm ist Träger eines allgemeinen Begriffs: **gel**, Begriff des Kommens. Zugleich ist er die Form des **Imperativs** der 2. Person Singular:

gel!   *komm!*

Der Stamm bleibt unverändert. Ausnahmen von dieser Regel finden ihre Erklärung in dem Konsonantenwandel ⑫ B 2, C 1 git: **gidiyor** *er geht.*
2. dem durch Suffixe erweiterten Stamm.
Der Infinitiv wird z. B. durch das Suffix **-mek (-mak)** gebildet:

gitmek *gehen*   yapmak   *tun, machen*
gelmek *kommen*   konuşmak   *sprechen*

Aktionsarten   B

Die türkische Verbform enthält neben der Zeitstufe (Gegenwart, Vergangenheit, Zukunft) einen Hinweis auf die Art der Handlung. Der Sprecher bringt durch die von ihm gewählte Form z. B. zum Ausdruck, ob die Handlung augenblicklich erfolgt oder immer erfolgen kann, ob sie zeitlich begrenzt ist, ob sie einer anderen Handlung gleichwertig (nebengeordnet) ist oder als davon abhängig empfunden wird. Das türkische Verbalsystem ist also im wesentlichen nach der Handlungsart, oder wie man auch sagt, der Aktionsart, geordnet. Durch den großen Formenreichtum des türkischen Verbs ist es möglich, feinste Abstufungen der Aktionsarten zu geben.
Wir machen den Lernenden von Anfang an durch kurze theoretische Erklärungen und Anwendung von Zeichen (Punkten, Strichen) hinter der Verbform mit diesem System der Aktionsarten vertraut. Unterstützt werden diese Erläuterungen und Symbole dadurch, daß wir kurze Angaben über den Gebrauch der Formen in der Praxis machen. Wir beschränken uns auf die am häufigsten vorkommenden Formen und geben z. B. an, wo eine bestimmte Form vorzugsweise verwendet wird, z. B. in Zeitungsnachrichten, Reklametexten, Lehrbüchern, Beschreibungen usw.

Präsens   C

Die Personalendungen im Präsens sind für alle Verben unter Berücksichtigung des Gesetzes der Vokalharmonie ③ gleich. Jedes Verb hat zwei Gegenwartsformen: das **bestimmte** und **unbestimmte Präsens**. Kennzeichen des bestimmten Präsens ist das Suffix **-yor**. Wir halten es für praktisch und für leichter einprägsam, statt der deutschen Bezeichnungen *bestimmt, unbestimmt* usw., die den Anwendungsbereich der Form nur mangelhaft andeuten, kurz und bündig Kennzeichnungen wie **yor-Präsens** zu verwenden. Die Personalpronomen *ich, du* usw. werden nur gesetzt, wenn sie betont sind; die Personalendungen sind eindeutig und genügen allein zur Bezeichnung der Person.

Verbalsuffix „sein"   Verbendungen   D

Vokalharmonie: eng			yor-Präsens eng keine Vokalharmonie	
ben	'-im, -yim	*ich bin*		-'yorum
sen	'-sin	*du bist*		-'yorsun
o	'-dir	*er, sie, es ist*	-i +	-'yor
biz	'-iz, -yiz	*wir sind*		-'yoruz
siz	'-siniz	*ihr seid, Sie sind*		-'yorsunuz
onlar	'-dır(lar)	*sie sind*		-'yorlar

Verwendung der Präsensverbalsuffixe   E

Die Verbalsuffixe, die immer unbetont sind, treten unmittelbar an die Grundform des Wortes oder an ein Suffix; '-im wird nach konsonantisch, '-yim nach vokalisch auslautenden Wörtern verwendet. Bei dem Verbalsuffix „sein" wird das Personalpronomen meist gesetzt.

An die Grundform: **genç** *jung*

gencim ['g̦ɛndʒɪm]	**ich bin** jung	genciz	**wir sind** jung
gençsin ['g̦ɛntsːɪn] ⑫ C 3	**du bist** jung	gençsiniz	**ihr seid** jung
gençtir ['g̦ɛntʃtɪ]	**er ist** jung	gençtirler	**sie sind** jung

Ben mühendis**im** [myhɛn'dɪsɪm].   **Ich bin** Ingenieur.
Ben gazeteci**yim** [gɑzɛtɛ'dʒɪjɪm].   **Ich bin** Journalist.
Sen gazeteci değil**sin** ['deˑilsɪn].   **Du bist** nicht Journalist.
Sen müdür**sün** [my'dyrsyn].   **Du bist** Direktor.
Biz Alman**ız** [ɑɫ'mɑnis].   **Wir sind** Deutsche.
Siz İspanyol**sunuz** [ɪspa'njɔɫsʊnʊs].   **Ihr seid** Spanier *od.*
                                                           Sie sind Spanier.

An ein Suffix:

Ben Ankara'da**yım** ['ɑŋkɑrɑˉdajim].   **Ich bin** in Ankara.
Siz Berlin'de**siniz** ['bɛrlɪnˉdɛsɪnɪs].   **Sie sind** in Berlin.

Man merke:

'Benim.	*Ich bin es.*	'Biziz.	*Wir sind es.*
'Sensin.	*Du bist es.*	'Sizsiniz.	*Ihr seid es; Sie sind es.*
'Odur.	*Er ist es.*	On'lardır.	*Sie sind es.*

Das yor-Präsens   F

-yor- tritt unter Einschaltung eines Bindevokals -i- (ü, ı, u) nach ③ an den konsonantisch auslautenden Verbstamm. Verbstämme, die auf -e oder -a enden, ersetzen diesen durch -i (-ı). Zweisilbige Stämme mit der Vokalfolge o, u - a oder ö, ü - e haben an Stelle des -a oder -e vor -yor u oder ü. Stämme auf -ü, -ı, -u bleiben unverändert.

3. Lektion   62

Konsonantische Stämme   G

gelmek *kommen*, görmek *sehen*, yapmak *machen*, durmak *stehenbleiben*

gel-i-yor	er kommt	yap-ı-yor	er macht
gör-ü-yor	er sieht	dur-u-yor	er bleibt stehen

Vokalische Stämme   H

istemek *wollen*, başlamak *anfangen*, demek *sagen*, yemek *essen*

iste: isti-yor   *er will, er möchte*   de : di-yor *er sagt*
başla: başlı-yor *er fängt an*   ye: yi-yor   *er ißt*
toplamak *sammeln*   gülümsemek *lächeln*
topla: toplu-yor *er sammelt*   gülümse: gülümsü-yor *er lächelt*
okumak *lesen*   ürümek *heulen*
oku: oku-yor *er liest*   ürü: ürü-yor *er heult*

Konjugationsmuster   I

	ich komme	*ich sehe*	*ich mache*	*ich spreche*
ben	geliyorum	görüyorum	yapıyorum	konuşuyorum
sen	geliyorsun	görüyorsun	yapıyorsun	konuşuyorsun
o	geliyor	görüyor	yapıyor	konuşuyor
biz	geliyoruz	görüyoruz	yapıyoruz	konuşuyoruz
siz	geliyorsunuz	görüyorsunuz	yapıyorsunuz	konuşuyorsunuz
onlar	geliyorlar	görüyorlar	yapıyorlar	konuşuyorlar

Der Bindevokal -i- (ü, ı, u) wird in der Umgangssprache nur sehr schwach
als Flüstervokal, s. ⑨ B, gesprochen, so daß die obigen Formen beim
Sprechen meist eine Silbe weniger haben als in der Schrift:
geliyorum [ɡ̥ɛl"jɔrʊm] *ich komme*; geliyor [ɡ̥ɛl"jɔɹ] *er kommt* usw.
Am Ende und vor Konsonanten wird auch das **r** oft sehr schwach gesprochen: geliyorsun [ɡ̥ɛljɔ·sʊn]; geliyor [ɡ̥ɛljɔ·].

Bedeutung des yor-Präsens (imperfektiver Aspekt)   J

Es bezeichnet eine einzelne **Handlung,** die sich entweder im Augenblick der
Aussage abspielt oder dem Sprecher deutlich vor Augen steht. Anfang
und Ende der Handlung sind nicht klar abgegrenzt; dagegen ist der Zeitpunkt durch die Begleitumstände gegeben. **Symbol: —**
Verwendet wird die Form hauptsächlich in der direkten Rede und in der
persönlich gefärbten Schilderung. Im letzten Fall kann die **yor**-Form auch
wiederholte Handlungen bezeichnen.
Diese Handlungsart (Aktionsart) nennt man auch imperfektiven (unvollendeten) Aspekt.

Beispiele:
Nereye gidiyorsunuz? (gid- für git- s.⑫)   Wohin gehen Sie?
Her sabah gazete okuyor.   Er liest jeden Morgen die Zeitung.

63   3. Lektion

Die drei Ortsfälle Dativ, Lokativ, Ablativ   K

wohin?	Dativ	-(y)e, -(y)a	in A, nach, zu
wo?	Lokativ	-de, -da	in, bei
woher?	Ablativ	-den, -dan	aus, von

Anm.: **-ye, -ya** stehen nach Vokal: Ankara'**ya nach** Ankara

nere**ye** wohin?   nere**de** wo?   nere**den** woher?

Aus den Demonstrativpronomen **bu** *dieser hier*, **şu** *dieser da*, **o** *der da (jener)* werden Ortsadverbien mit dem Suffix **-re (-ra)** gebildet.

Deklination von bu, şu, o

Gen.	bu**nun**	şu**nun**	o**nun**
Dat.	bu**na**	şu**na**	o**na**
Akk.	bu**nu**	şu**nu**	o**nu**

bur**aya**	hierher	şur**aya** (gleich) dahin	or**aya**	dorthin
bur**ada**	hier	şur**ada** (gleich) da	or**ada**	dort
bur**adan**	von hier	şur**adan** von da (gleich)	or**adan**	von dort

'İzmir'**e**, 'Ankara'**ya** gidiyorum.   Ich fahre **nach** Izmir, **nach** Ankara.
'İzmir'**deyim**.   Ich bin **in** Izmir.
'Ankara'**dayım**.   Ich bin **in** Ankara.
'İzmir'**den**, 'Ankara'**dan** geliyorum.   Ich komme **aus** Izmir, **aus** Ankara.

Der türkische **Dativ** erfüllt außerdem die Funktion des deutschen Dativs: **L**

Bay Turgut'**a** teşekkür ederim *(15 B b 5).*   Ich danke **Herrn Turgut.**
Size teşekkür ederim.   Ich danke **Ihnen.**

bana	*mir*	**sana**	*dir*	**ona**	*ihm, ihr*
bize	*uns*	**size**	*euch, Ihnen*	**onlara**	*ihnen*

Der unbestimmte Akkusativ   M

Die Form des unbestimmten Akkusativs ist gleich dem Nominativ oder der Grundform (der Form, wie sie im Wörterbuch erscheint).

Sokakta bir **bay** görüyorum.   Ich sehe auf der Straße **einen Herrn.**
Meyvacı **elma** satıyor.   Der Obsthändler verkauft **Äpfel.**

Postpositionen   N

Den deutschen *Präpositionen* (vorangestellte Wörter) entsprechen im Türkischen meist *Postpositionen* (nachgestellte Wörter). Eine Reihe dieser Postpositionen wird mit der Grundform verbunden, z. B. **ile** *mit*. An Stelle des frei stehenden **ile** kann auch die verkürzte Form **-le (-la)** gebraucht werden, die mit dem dazugehörigen Wort zusammengeschrieben wird. Die Silbe vor **-le (-la)** ist stark betont, während **-le (-la)** einen schwachen Hochton hat:

otobüs**le**   [ɔtɔ'bys⁻lɛ]   **mit dem** Autobus
vapur**la**   [va'pʊr⁻la]   **mit dem** Dampfer

3. Lektion   64

Übungen

a) Ergänzen Sie die fehlenden Wörter und Endungen:

1. Nere- gid-sunuz? İstasyon- gid-. 2. İstasyon- ne al-? — bilet al-. 3. Nere- git-istiyorsunuz? Ankara- git- ist-. 4. Tren ne — kalk-? Tren saat yedi -ta kalk-. 5. Nere- kalk-? Haydarpaşa-. 6. Pencere- bak-sunuz: — taraf- t- ve yeşil —, — —. 7. Hava —? — iyi. 8. Kompartıman- kimler —? İki —, bir — ve —. 9. Ben -yim? Siz Alman-. Evet, doğru. 10. Kimle (od. Kiminle) Türkçe konuş-m? Türk- ile biraz Türk- -sunuz. 11. Kim biraz İngilizce bil-? Türkler biraz -ce bil-. 12. Türkler ne yap-? Türkler — iç-. 13. Ben ne — (yemek)? Siz bir sandviç yi-. 14. Ne iç-? Bir — çay -sunuz. 15. Ankara- ne zaman var-? Saat dört -ta var-.

b) Bilden Sie nach den Angaben unter 1., auch von 2., 3. usw. die entsprechenden Verbformen:

1. bakmak	*(1. Pers. Sing.)*	2. demek	3. içmek	4. kalkmak
almak	*(2. Pers. Sing.)*	girmek	yemek	istemek
başlamak	*(3. Pers. Sing.)*	görünmek	soğumak	inmek
binmek	*(1. Pers. Plur.)*	etmek	sohbet etmek	konuşmak
bilmek	*(2. Pers. Plur.)*	gülümsemek	konuşmak	pipo içmek
çalışmak	*(3. Pers. Plur.)*	gitmek	varmak	başlamak

5. ihtiyar	6. Alman	7. nerede?	8. gazeteci değil
genç	sokakta	burada	mühendis değil
erken	pahalı	Belçika'da	Almanya'da değil
hasta	büyük	evde	İngiliz değil
iyi	fena	Türkiye'de	Fransız değil
küçük	enteresan	nasıl?	İzmir'de değil

Setzen Sie außerdem die richtige Dativendung ein:

9. bu bay-, mühendis-, bayan Demiralp-, gazeteci-, öğretmen-, talebeler-, teşekkür etmek.

c) Übersetzen Sie ins Türkische:

1. Der Zug fährt um 3 Uhr ab.
2. Der Dampfer fährt um 6 Uhr ab.
3. Der Zug kommt um 2 Uhr in Ankara an. (Der Zug Ankara-nach 2 Uhr-um kommt an.)
4. Der Dampfer kommt um 9 Uhr in Izmir an.
5. Wohin fährt dieser Zug? (Dieser Zug wohin geht?) Dieser Zug fährt nach Eskischehir (*bleibt* -şehir).
6. Woher kommt dieser Dampfer? Dieser Dampfer kommt aus Izmir. — Ich danke Ihnen.
7. Wir wollen etwas trinken.
8. Wir nehmen (steigen in) ein Dolmusch und fahren zum Bahnhof.
9. In Berlin ist das Wetter wieder regnerisch. Es sind zwei Grad (= die Temperatur ist zwei Grad).
10. Ich betrete einen Laden. Ich sage: Guten Tag! Ich möchte 100 g Tee.
11. Ich bin Student, aber jetzt arbeite ich in einer Fabrik.
12. Wer ist hier der Arzt? Herr Oktay ist der Arzt (= Der Arzt Herr Oktay ist).

65   3. Lektion

13. Wo arbeiten die Angestellten? Sie arbeiten in den Büros.
14. Was machen die Männer? Die Männer arbeiten auf dem Feld.
15. Ich bin klein, du bist groß.
16. Wie geht es Ihnen (= wie sind Sie)? Danke, es geht mir gut.
17. Wie geht es den Kindern? Ihnen geht es nicht gut; sie sind krank.
18. Guten Tag, Mehmet, wie geht es dir?
19. Jeden Morgen stehen wir früh auf und fahren mit dem Bus (der Straßenbahn, dem Dolmusch) in die Stadt.
20. Wir arbeiten täglich acht Stunden im Büro.
21. Woher kommen Sie?
22. Ich komme aus dem Theater (aus dem Kino, aus Berlin, aus Deutschland).
23. Was wollen Sie von mir (benden)?
24. Wo wohnen Sie? Ich wohne in Ankara in Bahçe'lievler.
25. Wohin gehst du? Ich gehe zum Bahnhof.
26. Ich gehe auch dorthin.
27. Die Kinder gehen in die Schule.
28. Ich möchte mit den Kindern (den Herren, den Damen, den Arbeitern) sprechen.
29. Was ist das (das, was ist)? Das ist eine Pfeife, ein Dolmusch, ein Taxi. Das ist der Bosporus. Das sind die Prinzeninseln.
30. Wo sind wir? Wir sind in Eskischehir.
31. Wir lesen jeden Morgen (die) Zeitung.
32. Wir sehen in den Straßen Arbeiter, Studenten, Reisende, Obsthändler.

Vokabeln

Autobus	otobüs		lesen	okumak
Gramm	gram		machen	yapmak
hundert	yüz		Mann	erkek
ja	evet		Obsthändler	meyvacı
jede(r)	her		richtig	doğru
jeden Tag	'her gün		Schule	okul
kommen	gelmek		sehen	görmek
Laden	mağaza		wohnen, sich setzen	oturmak

d) Nennen Sie zu den folgenden Wörtern gegensätzliche Ausdrücke oder Ausdrücke aus derselben Begriffsgattung:

1. bahçe	11. ihtiyar	21. varmak
2. bakmak	12. binmek	22. pencere
3. bazı	13. girmek	23. pipo içmek
4. bilet	14. biraz	24. yakın
5. demek	15. Türkçe	25. sınıf
6. ısı	16. gölge	26. yağışlı
7. Fransız	17. içmek	27. sağ
8. hasta	18. öğretmen	28. yolculuk
9. burada	19. bunlar	29. sohbet etmek
10. etmek	20. insan	30. çay

Europäische Wörter im Türkischen

tren:	*frz.* train	pipo:	*it.* pipa
tramvay:	*engl.* tramway	sigara:	*neugr.* (t)sigaro,
			it. sigaro Zigarre

Lehrbuch Türkisch 5

bilet:	*frz.* billet,	sandviç:	*engl.* sandwich
	österr. Billett	otobüs:	*frz.* autobus
kompartıman:	*frz.* compartiment	gram:	*frz., dt.* usw. gramme,
Fransız:	*it.* francese		Gramm
İngilizce:	*it.* inglese	mağaza:	*aus dem Arabischen,*
			vgl. dt. Magazin

Formeln

demektir

Sene "yıl" demektir.

Bu para onun için servet demektir.

Baba, gel, seni arıyorlar.

Rundfunk: Vaktimiz doluyor ...

das heißt; bedeutet

Sene heißt (bedeutet) „Jahr".

Dieses Geld bedeutet für ihn ein Vermögen.

Papa, komm, (dich suchen sie =)
du wirst verlangt.

Unsere Zeit läuft ab ...

4. Lektion

1. **Bay Erinç memnun değil(dir).**

Herr Erinç zufrieden nicht ist.

(Olumsuz şekli) Verneinte Form

Bay Erinç bugün çok düşüncelidir. Haftalar geçiyor,
Herr Erinç heute sehr nachdenklich ist. Wochen vergehen,
evden hâlâ mektup gelmiyor. Mektup
von zu Haus immer-noch ein-Brief kommt-nicht. Einen-Brief
yazmak için yazı masasına oturuyor, kâğıt ve
schreiben um-zu Schreib-Tisch-an er-setzt-sich, Papier und
kalem arıyor. Fakat bunlar yerinde değildir. Bunun için
Füller sucht-er. Aber diese am-Platz nicht-sind. Deshalb
vazgeçiyor.
Abstand-nimmt-er.

Çocukları düşünüyor: Çocuklar iyi çalışmıyorlar,
(An) die Kinder denkt-er: Die-Kinder gut arbeiten-nicht,
okulda başarı göstermiyorlar, dersleri sevmiyorlar.
der-Schule-in Erfolg zeigen-nicht-sie, die-Stunden lieben-nicht-sie.
Kendi kendine „Onlar iyi yetişmiyorlar" diyor.
Er-selbst zu-sich-selbst „Sie gut gedeihen-nicht" sagt-er.
Bay Erinç bunun için üzüntülüdür. Bu sabah yürüyüşe
Herr Erinç deshalb verdrossen-ist. Heute morgen zum-Spaziergang
çıkmıyor, gazete almıyor, kitap
geht-nicht-heraus-er, eine-Zeitung kauft-nicht-er, ein-Buch
okumuyor, yalnız sigara içiyor ve düşünüyor.
liest-nicht-er, nur eine-Zigarette raucht-er und denkt-nach.

67   4. Lektion

Nihayet bay Erinç bir fincan kahve ısmarlıyor. Biraz
Schließlich Herr Erinç eine Tasse Kaffee bestellt. Etwas
içiyor. Kahveyi beğenmiyor. Kahve acıdır.
trinkt-er. Den-Kaffee mag-nicht-er. Der Kaffee bitter-ist.
Bugün her şey aksi gidiyor, şansı yok.
Heute jede Sache entgegengesetzt geht, Chance-seine gibt-es-nicht.
Otelden çıkıyor. Rumelihisar'ına gitmek için otobüs
Dem-Hotel-aus er-geht. Rumelihisar-nach fahren um-zu Autobus-
durağında bekliyor. Otobüs gelmiyor. Vapurla
Haltestelle-an wartet-er. Der-Autobus kommt-nicht. Dem-Dampfer-mit
gitmek istiyor. Fakat deniz çok dalgalı, vapurlar
fahren will-er. Aber das Meer sehr wellig, die-Dampfer
işlemiyor. Bir Alman filmi görmek için sinemaya
verkehren-nicht. Einen deutschen Film sehen um-zu Kino-ins
gidiyor. Maalesef filmi orijinal olarak (Almanca)
geht-er. Leider den-Film Original (seiend =) als (in deutscher Sprache)
göstermiyorlar. Filim senkronizedir. Bay Erinç senkronize
sie-zeigen-nicht. Der-Film synchronisiert-ist. Herr Erinç synchronisierte
filimleri beğenmiyor. Bu sebepten sinemadan çıkıyor ve otele
Filme mag-nicht. Deswegen Kino-aus geht-er und Hotel-ins
dönüyor. Bugün hayattan memnun değildir.
kehrt-zurück-er. Heute Leben-von zufrieden nicht-ist-er.

2.   **Sorular ve cevaplar**

Konuşma (Soru şekli)

Günaydın, Ahmet bey. *Guten Tag, Ahmet-Herr.*	Merhaba, Mehmet bey. *Guten Tag, Mehmet-Herr.*
Beni hatırlıyor **musunuz?** *(Meiner erinnern Sie sich =) Kennen Sie mich noch?*	**Sizi** iyi hatırlıyorum. *(Ihrer gut-erinnere-mich =) Ich kenne Sie (noch) gut.*
Hâlâ İstanbul'da Beyazit'ta **mı** *Noch Istanbul-in Beyazit-in* oturuyorsunuz? *wohnen-Sie*	**Efendim?** *(Herr-mein =) Wie bitte?*
Bay Mehmet Erinç soruyu *Herr Mehmet Erinç die-Frage* tekrarlıyor. *Bay Ahmet Demiralp* *wiederholt. Herr Ahmet Demiralp* ona cevap veriyor. *ihm Antwort gibt.*	Hayır, artık Beyazit'ta *Nein, mehr Beyazit-in* oturmuyorum. Şimdi *wohne-nicht-ich. Jetzt* Fatih'te oturuyorum. *Fatih-in wohne-ich.*
Hâlâ Almanca konuşuyor **musunuz?** *Noch Deutsch sprechen-Sie?*	Evet. *Ja.*
Evvelki gibi radyo dinliyor **mu-** *Früher wie Radio hören-Sie?*	Haberleri 'her akşam *Die-Nachrichten jeden Abend*

5*

4. Lektion 68

sunuz? Haberleri anlıyor **musu-** Die-Nachrichten ver- **nuz?** *stehen Sie?*	dinliyorum. Hemen hemen bütün *Höre-ich. Fast alle* haberleri anlıyorum. *Nachrichten verstehe-ich.*
Psikolojik bakımdan *Psychologisch Hinsicht-von* önemli birkaç soruya *wichtige einige Fragen-zu* müsaade eder **misiniz?** *Erlaubnis machen-Sie?*	Rica ederim. *Ich-bitte.*
Siz her gün bir mektup *Sie jeden Tag einen Brief* yazıyor **musunuz?** Haftada bir defa *schreiben-Sie? Woche-in einmal* tiyatroya gidiyor **musunuz?** *Theater-ins gehen-Sie?*	Mektup yazmıyorum, *Briefe schreibe-nicht-ich,* hiç bir zaman tiyatroya *keine Zeit Theater-ins* gitmiyorum. *gehe-nicht-ich.*
Her yeni filmi görüyor *Jeden neuen Film sehen-* **musunuz?** Her sabah *Sie? Jeden Morgen* cimnastik yapıyor **musunuz?** *Gymnastik machen-Sie?* Her akşam gezinti yapıyor *Jeden Abend Spaziergang ma-* **musunuz?** *chen-Sie?*	Yeni filimleri görmüyorum. *Neue Filme sehe-nicht-ich.* Cimnastik ve gezinti *Gymnastik und Spaziergang* yapmıyorum. *mache-nicht-ich.*
Şiir okuyor **musunuz?** *Gedichte lesen-Sie?* Aferin, Ahmet bey. Siz çok *Bravo, Ahmet-Herr. Sie sehr* modern bir adamsınız. **Sizi** *modern ein Mensch-sind. Sie* tebrik ederim. *beglückwünsche-ich.*	Şiir okumuyorum. *Gedichte lese-nicht-ich.* Yalnız televizyon seyrediyorum. *Nur Fernsehen schaue-an-ich.*
Allaha ısmarladık. *(Gott-haben-empfohlen-wir =) Auf Wiedersehen!*	Güle güle. *(lachend lachend =) Auf Wieder- sehen!*

In Lautschrift

1. baj ɛrɪntʃ mɛm'nuːn deˈïl(dɪɪ). (əɫumˈsʊs ʃɛklɪ)

baj ɛrɪntʃ 'bʊg̮yn tʃɔk dyʃyndʒɛˈlɪdɪɪ. hafta'ɫaɪ g̮ɛtʃɪ'jɔɪ ɛv'dɛn haːla: mɛk'tʊp 'g̮ɛlmɪjɔɪ. mɛk'tʊp jazˈmak_ɪtʃɪn jaˈzimasasïːna ɔtʊrʊ'jɔɪ k̮aːt vɛ ka'lɛm ari'jɔɪ. 'faˉkat bʊn'ɫaɪ jɛrɪn'dɛ 'deˈïldɪɪ. bʊˈnʊn_ɪtʃɪn 'vazg̮ɛtʃɪjɔɪ. tʃɔdʒʊkɫa'rï dyʃyny'jɔɪ, tʃɔdʒʊk'ɫaɪ ɪ'jï tʃa'ɫïʃmɪjɔrɫaɪ, ɔkuɫ'da baʃa'rï g̮œs'tɛrmɪjɔrɫaɪ, dɛrslɛ'rï 'sɛvmɪjɔrɫaɪ. k̮ɛn'dï k̮ɛndɪ'nɛ

69 4. Lektion

ɔnɫɑɹ ɪ'jɪ jɛ'tɪʃmɪjɔɹɫɑɹ dɪ'jɔɹ. baj ɛɾɪntʃ bʊ'nʊn‿ɪtʃɪn yzynty'lydyɹ.
'bʊsɑbax jyryjy'ʃɛ 'tʃikmijɔɹ, gɑ'zɛtɛ 'ɑɫmɪjɔɹ, k̡ɪ'tɑp ɔ'kʊmʊjɔɹ, 'jɑɫnis
sɪ'gɑɾɑ ɪtʃɪ'jɔɹ vɛ dyʃyny'jɔɹ. 'nɪhɑːjɛt baj ɛɾɪntʃ bɪ(r) fɪn'dʒɑn kɑː'vɛ
ismɑɾɫɪ'jɔɹ. 'bɪɾɑz̧ ɪtʃɪ'jɔɹ. kɑːvɛ'jɪ bɛ'jɛnmɪjɔɹ. kɑːvɛ ɑ'dʒɨdɪɹ. 'bʊg̡yn
'hɛɾʃɛj ɑk'sɪ g̡ɪdɪ'jɔɹ ʃɑ̃si'jɔk. ɔtɛl'dɛn tʃiki'jɔɹ. rʊmɛ'lɪhɪsɑɾɪ⁻nɑ g̡ɪt-
'mɛk̡‿ɪtʃɪn ɔtɔ'bys‿dʊrɑːin⁻dɑ bɛklɪ'jɔɹ. ɔtɔ'bys 'g̡ɛlmɪjɔɹ. vɑ'pʊr⁻lɑ
g̡ɪt'mɛk̡ ɪstɪ'jɔɹ. 'fɑ⁻kɑt dɛ'nɪs tʃɔk dɑɫgɑ'ɫɨ, vɑpʊr'ɫɑɹ ɪʃ'lɛmɪjɔɹ. bɪr
ɑɫ'mɑn fɪl'mɪ g̡œr'mɛk̡‿ɪtʃɪn sɪnɛmɑ'jɑ g̡ɪdɪ'jɔɹ. mɑ'ɑlɛsɛf fɪl'mɪ ɔɾɪʒɪ'nɑl
ɔɫɑ'rɑk (ɑɫ'mɑndʒɑ) g̡œs'tɛrmɪjɔɹɫɑɹ. fɪ'lɪm sɛŋkrɔnɪ'zɛdɪɹ. baj ɛɾɪntʃ
sɛŋkrɔnɪ'zɛ fɪlɪmlɛ'rɪ bɛ'jɛnmɪjɔɹ. 'bʊsɛbɛp'tɛn sɪnɛmɑ'dɑn tʃiki'jɔɹ vɛ
ɔtɛ'lɛ dœny'jɔɹ. 'bʊg̡yn hɑjɑ't:ɑn mɛm'nuːn 'deˑɨldɪɹ.

2. sɔrʊ'ɫɑɹ vɛ dʒɛvɑːp'ɫɑɹ. kɔnʊʃ'mɑ (sɔ'rʊ ʃɛklɪ)

g̡ynaj'din ɑxmɛt (*od*. ɑmɛt) 'bɛj.	'mɛrhɑbɑː, mɛ(ː)mɛt bɛj.
bɛ'nɪ hɑtirɫɪ'jɔrmʊsʊnʊs?	sɪ'zɪ ɪ'jɪ hɑtirɫɪ'jɔrʊm.
hɑːlɑ: ɪs'tɑmbuɫ⁻dɑ bɛjɑzɪ't:ɑmɨ otʊrʊ'jɔrsʊnʊs?	ɛ'fɛn⁻dɪm?
baj mɛːmɛt ɛɾɪntʃ sɔrʊ'jʊ tɛkrɑːrɫɪ'jɔɹ. baj ɑx'mɛt dɛmɪrɑɫp ɔ'nɑ dʒɛ'vɑːp vɛrɪ'jɔɹ.	'hɑjɪɹ, ɑr'tik bɛjɑzɪ't:ɑ ɔ'tʊrmʊjɔrʊm. ʃɪmdɪ fɑːtɪx'tɛ otʊrʊ'jɔrʊm.
hɑːlɑ: ɑɫ'mɑndʒɑ kɔnʊʃʊ'jɔrmʊsʊnʊs?	ɛ'vɛt.
ɛvɛl'k̡ɪ g̡ɪbɪ 'rɑdjɔ dɪnlɪ'jɔrmʊsʊnʊs? haberlɛ'rɪ ɑnɫɪ'jɔrmʊsʊnʊs?	hɑberlɛ'rɪ 'hɛrɑkʃɑm dɪnlɪ'jɔrʊm. 'hɛmɛn 'hɛmɛn by'tyn hɑberlɛ'rɪ ɑnɫɪ'jɔrʊm.
psɪkɔlɔ'ʒɪk̡ bɑkim'dɑn œnɛm'lɪ bɪkɑtʃ sɔrʊ'jɑ mysɑːɑdɛː'dɛrmɪsɪnɪz?	rɪdʒɑː'dɛrɪm.
sɪs 'hɛr g̡yn bɪ(r) mɛk'tʊp jɑzɪ'jɔrmʊsʊnʊs? hɑftɑ'dɑ bɪ(r) dɛ'fɑ tɪ'jɑtrɔjɑ g̡ɪdɪ'jɔrmʊsʊnʊs?	mɛk'tʊp 'jɑzmɪjɔrʊm, 'hɪtʃ bɪzɑ'mɑn tɪ'jɑtrɔjɑ 'g̡ɪtmɪjɔrʊm.
'hɛr jɛ'nɪ fɪl'mɪ g̡œry'jɔrmʊsʊnʊs? 'hɛrsɑbɑx dʒɪmnɑs'tɪk̡ jɑpɪ'jɔrmʊsʊnʊs? 'hɛrɑkʃɑm g̡ɛzɪn'tɪ jɑpɪ'jɔrmʊsʊnʊs?	jɛ'nɪ fɪlɪmlɛ'rɪ 'g̡œrmyjɔrʊm. dʒɪmnɑs'tɪk̡ vɛ g̡ɛzɪn'tɪ 'jɑpmɪjɔrʊm.
ʃɪ'ɹɪ ɔkʊ'jɔrmʊsʊnʊs? 'ɑːfɛrɪn ɑxmɛt 'bɛj. sɪz 'tʃɔk mɔ'dɛrn bɪr ɑ'dɑmsinis. sɪzɪ tɛbriːk̡ɛ'dɛrɪm.	ʃɪ'ɹɪ ɔ'kʊmʊjɔrʊm. 'jɑɫnis tɛlɛvɪ'zjɔ̃ sɛɨrɛdɪ'jɔrʊm.
ɑ'ɫɑ(ː)smɑɫɑ'dik.	g̡y'lɛg̡ylɛ.

Vokabeln

1.

memnun	[mɛmnuːn]	zufrieden (-den/ mit)	düşünceli	[dyʃyndʒɛlɪ]	nachdenklich
olumsuz	[ɔɫumsuz̧]	negativ, verneint	hafta	[hɑftɑ]	Woche
			geçmek	[g̡ɛtʃmɛk̡]	vorübergehen, vergehen
şekil (-kli)	[ʃɛk̡ɪl]	Form	hâlâ	['hɑː⁻lɑː]	noch; immer noch

4. Lektion 70

mektup	[mɛktʊp]	Brief
yazmak	[jazmak]	schreiben
için	[ıtʃın]	für; *nach dem Verb*: um zu
yazı masası (-nı)	[ja'zimasasi]	Schreibtisch
oturmak	[ətʊrmak]	sitzen; sich setzen (-e/ an *A*)
kâğıt	[k̩aːt]	Papier
tükenmez kalem	[tykɛn'mɛs kalɛm]	Kugelschreiber
dolma kalem	[dəł'ma kalɛm]	Füllfederhalter
aramak (arıyor)	[aramak]	suchen
yerinde	[jɛrındɛ]	am Platz
bunun için	[bʊ'nʊnıtʃın]	deshalb
vazgeçmek	['vazg̩ɛtʃmɛk̩]	verzichten (-den/ auf *A*), Abstand nehmen
düşünmek	[dyʃynmɛk̩]	denken, nachdenken (-i/ an *A*)
başarı	[baʃari]	Erfolg
göstermek	[g̩ œstɛrmɛk̩]	zeigen
başarı göstermek		erfolgreich sein
ders	[dɛrs]	Stunde, Unterricht
sevmek	[sɛvmɛk̩]	lieben, gern haben
kendi (-ni)	[k̩ɛndı]	er selbst
kendine	[k̩ɛndınɛ]	zu sich selbst
yetişmek	[jɛtıʃmɛk̩]	gedeihen, vorankommen
üzüntülü	[yzyntyly]	verdrossen, traurig
yürüyüş	[jyryɨyʃ]	Marsch, Spaziergang
(dışarı) çıkmak	[tʃikmak]	hinausgehen
gazete	[g̩a'zɛtɛ]	Zeitung
kitap	[k̩ıtap]	Buch
nihayet	['nıhaːjɛt]	schließlich
kahve	[kaːvɛ]	Kaffee
ısmarlamak (ısmarlıyor)	[ismarłamak]	bestellen, empfehlen (*im Zusammenhang mit* „Allaha ısmarladık")
beğenmek (-i)	[bɛ(j)ɛnmɛk̩]	mögen, gefallen
acı	[a'dʒi]	bitter
aksi	[aksı]	entgegengesetzt; schief
şans	[ʃañs]	Chance, Glück
şansı yok	[ʃañsɨ jɔk]	er hat kein Glück
Rumelihisarı (-nı)	[rʊmɛ'łıhısari]	Festung an der engsten Stelle des Bosporus (550 m)
durak (-ğı)	[dʊrak]	Haltestelle
otobüs durağı (-nı)	[ətə'bysdʊraː]	Autobushaltestelle

beklemek (bekliyor)	[bɛklɛmɛk̩]	warten (-i/ auf *A*)
dalgalı	[dałg̩ałi]	wellig, bewegt
işlemek (işliyor)	[ıʃlɛmɛk̩]	arbeiten, in Betrieb sein, funktionieren, verkehren
Alman filmi (-ni)		ein deutscher Film
maalesef	[ma'alɛsɛf]	leider
orijinal	[ərıʒı'nal]	Original
olarak	[əłarak]	seiend; als
senkronize	[sɛŋkrənızɛ]	synchronisiert
bu sebepten	['bʊsɛbɛptɛn]	aus diesem Grunde
dönmek	[dœnmɛk̩]	zurückkehren (-e/ in *A*)
hayat	[hajat]	Leben

2.

soru	[sərʊ]	Frage
cevap (-bı)	[dʒɛvaːp]	Antwort
konuşma	[kənʊʃma]	Gespräch
bey	[bɛj]	*gebräuchlichste höfliche Anrede*: Herr, *nach dem Vornamen*
hatırlamak	[hatırłamak]	sich erinnern (-i/ an *A*)
merhaba	['mɛrhabaː]	guten Tag! *(allgemeiner Gruß)*
Beyazit	[bɛja'zıt]	*Stadtteil von Istanbul*
efendi	[ɛ'fɛndı]	Herr, *früher an Stelle von* bay; *heute nach dem Vornamen*; *höflich oft*: 'beyefendi
efendim	[ɛ'fɛndım]	*höflich*: Herr ...,(mein Herr)
efendim?	[ɛ'fɛn⁻dım]	wie bitte?
efendim!	[ɛ'fɛndım]	jawohl!
tekrarlamak	[tɛkraːrłamak]	wiederholen
vermek	[vɛrmɛk̩]	geben
hayır	['hajiɹ]	nein
artık	[artik]	endlich; *mit Verneinung*: mehr
Fatih	[faːtıχ]	*Stadtteil in Istanbul*
evvelki	[ɛvɛłk̩ı]	früher
radyo	['radjə]	Rundfunk, Radio
dinlemek	[dınlɛmɛk̩]	hören
haber	[habɛɹ]	Nachricht
hemen	['hɛmɛn]	sofort
'hemen 'hemen		fast
psikolojik	[psıkələʒık̩]	psychologisch
bakım	[bakim]	Gesichtspunkt

birkaç	[bɪ(r)katʃ]	einige
müsaade	[mysɑːɑˈdɛ]	Erlaubnis
müsaade etmek	[mysɑːɑˈdɛːtmɛk̡]	Erlaubnis geben (-e/ zu), etw. erlauben
müsaade e'dersiniz		Sie erlauben (s. Lekt. 5)
rica ederim	[rɪdʒɑːˈdɛrɪm]	ich bitte
bir defa	[bɪdɛfɑ]	einmal
cimnastik (a. jimnastik)	[dʒɪmnɑstɪk̡, ʒ-]	Gymnastik
gezinti	[ɡ̬ɛzɪntɪ]	Spaziergang
şiir	[ʃıɪ]	Gedicht; Poesie
hiç bir zaman	[ˈhɪtʃbɪzɑˈmɑn]	niemals
televizyon	[tɛlɛvɪˈzjoñ]	Fernsehen
seyretmek (seyred-)	[ˈsɛïrɛtmɛk̡]	sich ansehen, betrachten

aferin	[ˈɑːfɛrɪn]	bravo
modern	[mɔdɛrn]	modern
tebrik etmek	[tɛˈbriːk̡ ɛtmɛk̡]	beglückwünschen ich beglückwünsche (s. Lekt. 5)
tebrik ederim		
Allaha ısmarladık!	[ɑˈɫɑːsmɑrɫɑˈdik]	(Gott befohlen:) Auf Wiedersehen! (sagt der Fortgehende)
güle güle	[ɡ̬yˈlɛɡ̬ylɛ]	als Antwort: auf Wiedersehen (und alles Gute)! (sagt man zu dem Fortgehenden)

Grammatik

Verneinung A

Die Verneinung eines Verbs wird bewirkt durch

1. die Verneinungspartikel **-me- (-ma-)**, die ihren festen Platz nach dem Stamm (*od.* dem erweiterten Stamm) hat.
2. eine starke Betonung der Silbe vor der Partikel **'-me ('-ma)**.
3. bei Antritt des Suffixes **-yor** an den verneinten Verbstamm unterliegt der Vokal in **-me- (-ma-)** wie der Bindevokal vor **-yor** (s. Lekt. 3 F) der engen Vokalharmonie ③.

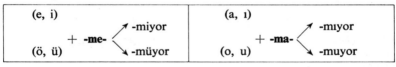

Beispiele:

| 'gelmemek | nicht kommen | 'yapmamak | nicht machen |
| 'görmemek | nicht sehen | 'konuşmamak | nicht sprechen |

ich komme nicht	*ich mache nicht*	*ich sehe nicht*	*ich spreche nicht*
'gelmiyorum	'yapmıyorum	'görmüyorum	'konuşmuyorum
'gelmiyorsun	'yapmıyorsun	'görmüyorsun	'konuşmuyorsun
'gelmiyor	'yapmıyor	'görmüyor	'konuşmuyor
'gelmiyoruz	'yapmıyoruz	'görmüyoruz	'konuşmuyoruz
'gelmiyorsunuz	'yapmıyorsunuz	'görmüyorsunuz	'konuşmuyorsunuz
'gelmiyorlar	'yapmıyorlar	'görmüyorlar	'konuşmuyorlar

i'şitmiyor	er hört **nicht**	hatır'lamıyor	er erinnert sich **nicht**
gö'rünmüyor	er erscheint **nicht**	'koymuyor	er setzt, stellt, legt **nicht**
		(koymak *setzen, stellen, legen*)	

4. Lektion 72

Entscheidungsfragen B

Fragen, die kein anderes Fragewort (kim, nasıl, ne zaman usw.) besitzen,
müssen im Türkischen durch die Fragepartikel **mi (mü, mı, mu)** gekennzeichnet werden. Im allgemeinen erwartet man auf solche Fragen die
Antwort **ja** oder **nein**. Die Fragepartikel **mi** steht nach dem Wort, das den
Kern der Frage bildet. Meist ist dieser Kern das Verb. **mi** wird mit diesem
Wort nicht zusammengeschrieben. An **mi** können nur die Verbalsuffixe
oder Personalendungen (-im, -sin usw. s. Lekt. 3), also nicht die Plural-
endung -ler (-lar) treten. Die Verbalsuffixe oder Personalendungen werden
mit der Fragepartikel zusammengeschrieben.

Beispiele:

Hâlâ bekliyor **mu**? *Wartet er noch?*

Türkçe biliyor **musunuz**? *Sprechen (wissen) Sie türkisch?*

(Kernwörter sind **beklemek** *warten* und **bilmek** *wissen*)

O odada **mı** bekliyor? *Wartet er im Zimmer?*

(Kernwort ist **oda**)

Yalnız **mı** [jɑl'nizmi] oturuyorsun? *Wohnst du allein?*

(Kernwort ist **yalnız**)

Süt 'var **mı**? *(Gibt es Milch =) Ist Milch da?*

(Kernwort ist **var**) *Haben Sie Milch?*

Bay Turgut profesör **müdür** yoksa *Ist Herr Turgut Professor oder Ar-*
işçi **mi**? *beiter?*

(Kernwörter sind **profesör** und **işçi**)

Die Fragepartikel mi (mü, mı, mu) C

Baylar (Beyler) Almanca konuşmuyorlar **mı**? *Sprechen die Herren nicht*
deutsch?

Bunu biliyor **muyum**?	*Weiß ich es?*
Onu görüyor **musun**?	*Siehst du ihn?*
Geliyor **mu**?	*Kommt er?*
Bunu yapıyor **muyuz**?	*Machen wir es?*
Fran'sızca konuşuyor **musunuz**?	*Sprechen Sie (sprecht Ihr) französisch?*
Onlar onları tanıyor'lar **mı**?	*Kennen sie sie?*

Verneinte Frage D

Bunu 'bilmiyor **muyum**?	*Weiß ich es nicht?*
Onu 'görmüyor **musun**?	*Siehst du ihn nicht?*
'Gelmiyor **mu**?	*Kommt er nicht?*
Bunu 'yapmıyor **muyuz**?	*Machen wir es nicht?*
Fransızca ko'nuşmuyor **musunuz**?	*Sprechen Sie nicht französisch?*
Onlar onları ta'nımıyorlar **mı**?	*Kennen sie sie nicht?*

73   4. Lektion

Der bestimmte Akkusativ   E

Der bestimmte Akkusativ wird durch das Suffix -i (-ü, -ı, -u) bezeichnet.
Nach Vokal steht -yi (-yü, -yı, -yu), nach dem Personalsuffix der 3. Pers.
(Näheres s. Lekt. 5 F) -ni (-nü, -nı, -nu). Da der Lernende besonders bei
Eigennamen oft nicht unterscheiden kann, ob der vokalische Auslaut des
betreffenden Wortes zum Stamm gehört oder das Personalsuffix der 3. Pers.
darstellt, fügen wir das Akkusativsuffix bei solchen Wörtern in Klammern
hinzu, z. B. Boğaziçi(ni), Rumelihisarı(nı).
Für die Reihenfolge der Suffixe gilt die Regel, daß die Kasussuffixe an
letzter Stelle stehen, also z. B. hinter dem Pluralsuffix.

Kasussuffix -i (-ü, -ı, -u)

evi	*das Haus*	adamı	*den Menschen*
kahveyi	*den Kaffee*	odayı	*das Zimmer*
günü	*den Tag*	yolu	*den Weg*
gürültüyü	*den Lärm*	tiyatroyu	*das Theater*
evleri	*die Häuser*	adamları	*die Menschen*
günleri	*die Tage*	yolları	*die Wege*

beni	*mich*	seni	*dich*	onu	*ihn, sie*
bizi	*uns*	sizi	*euch, Sie*	onları	*sie*

Nach der Tabelle ⑫ C 1 ergeben sich für den Akkusativ folgende Formen:
uçak: uçağı; çocuk: çocuğu; müzik *(Musik)*: müziği;
nach ⑬: şehir: şehri.

Beispiele:

Beni anlıyor musunuz?	*Verstehen Sie mich?*
Bunu bilmiyorum.	*Ich weiß es nicht.*
Evi, tiyatroyu, bu bayanı, uçağı, çocukları, çocuğu görüyor musunuz?	*Sehen Sie das Haus, das Theater, diese Dame, das Flugzeug, die Kinder, das Kind?*
Gürültüyü, müziği işitmiyor musunuz?	*Hören Sie nicht den Lärm, die Musik?*

Übungen

a) Ergänzen Sie die fehlenden Wörter, Wortbestandteile und Endungen:

1. Günler geç- *(nicht)*.
2. Mektup yaz- — ne yapıyorsunuz?
3. Yazı masasın- otur-, kâğıt ve kalem ar-m.
4. Çocuklar iyi çalış- —?
5. Okul- başarı göster- —?
6. Dersler- sev- —?
7. Onlar iyi yetiş- —?
8. Niçin bay Erinç ü-?
9. Çünkü çocuklar iyi çalış-, okulda — göster-, ders- sev-.
10. Bu sabah bay Erinç yürüyüş- çık- —?

4. Lektion 74

11. Gazete al- —?
12. Kitap oku- —?
13. Bay Erinç sigara iç- *(nicht)*.
14. Bay Erinç bir şey ısmarl- —?
15. Kahve- beğen- —?
16. Kahve acı —?
17. Niçin bay Erinç kahveyi beğen-?
18. — kahve -dır.
19. Rumelihisarı'- git- için, ney- binmek istiyor? Dolmuşa —, otobüse —?
20. Otobüs gel- —?
21. Niçin gel- *(nicht)*? (Ben) bil-.
22. Vapurlar işl- —?
23. Hayır, işl-.
24. Niçin işl-?
25. — deniz çok —.
26. Film- orijinal olarak — göster-?
27. Filim senkronize —?
28. Siz senkronize filim- beğen- —?
29. Siz sık sık sinema- gid- —?
30. Hayır, sık sık sinema- git-.

b) Bilden Sie von den Verben der 3. Lektion Übung b, 1—6 die verneinte Form, die Frageform und die verneinte Frageform unter Hinzufügung der deutschen Übersetzung.

Muster: yazmıyorum.   *ich schreibe nicht.*

çıkıyor musun?   *gehst du hinaus?*

göndermiyor mu?   *schickt er nicht?*

oturmuyoruz.   *wir sitzen nicht* usw.

c) Übersetzen Sie ins Türkische:

1. Die Prinzeninseln sind nicht sichtbar.
2. In Istanbul wird das Wetter (havalar) nicht kühler.
3. Ich warte seit zwei Stunden, aber keiner kommt.
4. Kein Mensch steigt aus dem Zug aus.
5. Kennen Sie ein gutes und billiges Hotel?
6. Ist dieser Tisch noch (= augenblicklich) frei?
7. Ich möchte telefonieren, aber das Telefon geht nicht.
8. Ich möchte diesen Brief mit der Luftpost schicken.
9. Ist Post (= Brief) für mich (= mir) da?
10. Gehen (= schauen) die Fenster auf die Straße?
11. Möchten Sie eine Stadtrundfahrt machen?
12. Ist dieser Weg richtig?
13. Ist es weit (= ist der Weg lang)?
14. Ist der Weg von Istanbul nach Bursa weit (uzun)?
15. Es ist nicht weit; es ist möglich, mit dem Flugzeug zu fliegen (= gehen).
16. Versteht er Türkisch?
17. Wir verstehen kein Türkisch.
18. Sprechen Sie Türkisch? — Leider spreche ich nicht Türkisch.
19. Wieviel Stunden[2] nehmen Sie in der Woche[1]?

75   **4. Lektion**

20. Machen Sie alle Übungen schriftlich (= Schreiben Sie ...)?
21. Was möchten Sie? Ich möchte nichts.
22. Kennst du ihn nicht?
23. Erinnert ihr euch nicht an uns?
24. Doch (= yok), wir erinnern uns gut an euch.
25. Sehen Sie sie nicht?
26. Was denkst du, (ist) es (= dies) eine Lüge?
27. Sagt er die Wahrheit?
28. Dieses Kind lügt nicht.
29. Lernst du in dieser Schule?
30. Nein, hier lerne ich nicht.
31. Was suchst du?
32. Ich suche das Buch (die Bücher), den Füller (die Füller), die Tasse(n), die Fahrkarte(n), den Brief (die Briefe).
33. Wen suchen Sie? Wir suchen dich, euch, sie, Sie, ihn, den Lehrer, die Aussteller, den Ingenieur, das Kind, die Kinder.
34. Verstehst du mich, sie, den Arbeiter, die Journalisten, Herrn Erinç, die Damen?
35. Ich verstehe niemanden; wir verstehen nichts.
36. Erinnern Sie sich an den alten Film? Ja, ich erinnere mich an die schönen Aussichten, an die alten Häuser, an das bewegte Meer, die engen Straßen, die breiten Wege, die schönen Dampfer.
37. Sie kommen nicht, nicht wahr? Doch, ich komme.
38. Wollen Sie auf den Kaffee (den Tee) verzichten?
39. Nein, ich will auf nichts verzichten.
40. Ich sage es Ihnen. Wir sagen es ihm. Sie sagen es euch.
41. Die Moschee ist schön, nicht wahr? Das Mausoleum ist groß, nicht wahr?
42. Ich bitte Sie um die Fahrkarte(n). Wie, bitte? Ich verstehe nicht.
43. Gibt es noch Eintrittskarten?
44. Ist Herr Demiralp Journalist oder Ingenieur?
45. Sie haben ganz recht (= richtig sagen Sie).

d) Nennen Sie gegensätzliche Ausdrücke oder Ausdrücke aus derselben Begriffs-gattung:

1. hafta	7. çıkmak	13. haber
2. geçmek	8. gazete	14. hiç bir şey
3. mektup	9. kitap	15. hiç bir kimse
4. oturmak	10. kahve	16. niçin
5. kâğıt	11. soru	17. yalan
6. göstermek	12. dinlemek	18. rica etmek

Vokabeln

zu a)

warum	niçin ['niːⁿɪtʃɪn]
	(mit Steigton auf der ersten Silbe)
weil	çünkü ['tʃynⁿky]

zu c)

keiner, niemand	kimse (+ *Verneinung*)
kein Mensch	hiç bir kimse

seit zwei Stunden (= es ist zwei Stunden)	iki saattir
telefonieren	tele'fon etmek
möglich	mümkün
verstehen	anlamak
mit der Luftpost	(= mit [dem] Flugzeug)
frei	boş
augenblicklich	halen ['haːⁿlɛn]

4./5. Lektion   76

Lüge	yalan	kennen	tanımak
sagen	söylemek	doch	*hier*: yok
lügen (= Lüge sagen)	yalan söylemek (söylü-)	Wahrheit	hakikat (-ti) [hakiːkat]. *s.* ⑩ 5
lang	uzun	nicht wahr?	değil mi
Stadtrundfahrt	şehirde bir tur	bitten (j-n um etw.)	(-den bir şeyi) rica etmek
Eintrittskarte	bilet		
noch	henüz	Moschee	cami [aː] (-mii)
schlafen	uyumak	Mausoleum	türbe
Übung	alıştırma		

Europäische Wörter im Türkischen

orijinal:	*frz.* original	radyo:	*frz.* radio, *dt.* Radio
şans:	*frz.* chance	psikolojik:	*frz.* psychologique; *dt.* Psychologie
otobüs:	*frz.* autobus		
senkronize:	*frz.* synchronisé; *dt.* synchronisiert	cimnastik:	*frz.* gymnastique; *dt.* Gymnastik
		modern:	*frz.* moderne

Sie haben in dieser Lektion folgende Suffixe kennengelernt:

Akk. -i	*Verneinung* -me-

Verwechseln Sie das Verneinungssuffix -me- nicht mit der Fragepartikel mi-!

Formel

Bey evde yok.   *Der Herr ist nicht zu Hause.*

5. Lektion

1.   **Coğrafya nedir?**

Geographie was-ist?

Bir coğrafya kitabından

Einem Geographie-Buch-aus

Yeryüzünün   ayrı   kısımlarında   doğa   pek   çeşitlidir.
Der Erdoberfläche einzelnen Teilen-ihren-in die-Natur sehr verschiedenartig ist.

Büyük   düzlükler   yüksek   dağları takip eder.
Große   Ebenen   hohen   Bergen folgen.

Yüksek dağlarda   karlı   tepeler yükselir.
Hohen   Bergen-auf schneebedeckte Spitzen erheben-sich.

Dağların   yamaçlarından¹)   coşkun   nehirler akar.   Nehirler
Der Berge Abhänge-ihren-von sprudelnde Flüsse   fließen. Die Flüsse

düzlüklerde   sakin sakin akar   ve   kıvrımlar   meydana getirirler.
den-Ebenen-in ruhig ruhig fließen und Windungen zustande bringen.

Düzlüklerin bazı   yerleri   ise   sık,   güç   geçilir
Der Ebenen einige Stellen-ihre jedoch dichte, schwer passierbare

77   5. Lektion

ormanlarla kaplıdır,   bazı   yerlerde   ise,   otlu   alanlar
Wälder-mit bedeckt sind, einige Stellen-an jedoch grasige Gebiete

uzanır,   çöllerde   kum ve kayalıkla kaplı   büyük alanlar
sich-erstrecken, Wüsten-in Sand und Felsgeröll bedeckte große Gebiete

bulunur.   Bazı   yerlerde   kum tepeleri meydana gelir.
befinden-sich. Einige Stellen-an Sand-Hügel entstehen.

Dünyanın bazı   bölgelerinde,   hava   bütün yıl   sıcaktır.
Der Welt einigen Gebieten-ihre-in das-Wetter ganzes Jahr heiß-ist.

Orada hurma ağaçları¹),   şeker kamışı ve   pek kıymetli olan
Dort   Dattel-Bäume   Zucker-Rohr und sehr wertvoll seiende

başka bitkiler yetişir. Başka   yerlerde   hava   daima
andere Pflanzen reifen. Anderen Stellen-an das-Wetter immer

soğuktur ve   toprak   'her vakit donmuş   haldedir.
kalt-ist   und der-Boden jeder Zeit gefrorenem Zustand-in-ist.

2.   Sıcak çorba
Die heiße Suppe

Karısının   vefatından sonra bir   gün   Hoca   çorba
Seiner-Frau ihrem-Tode nach eines Tages Hodscha Suppe

pişirir. Oğlu   çorbayı   tasa   boşaltıp sofraya
kocht. Sein-Sohn die Suppe in-Schüssel füllt-und auf-den-Tisch

koyar. Babasiyle   karşı   karşıya   otururlar.
stellt. Seinem-Vater-mit gegenüber gegenüber sie-setzen-sich.

Çocuk babasını   beklemez   ve bir   kaşık çorba alıp
Das Kind seinen-Vater abwartet nicht und einen Löffel Suppe nimmt-und

içer.   Sıcak   çorba çocuğun   ağzını   ve boğazını
trinkt. Die heiße Suppe des Kindes seinen-Mund und seinen-Schlund

adamakıllı yakar.   Gözlerinden   yaşlar   gelir.
gehörig   verbrennt. Aus-seinen-Augen Tränen kommen.

Hoca   çocuğun²) yaşlı   gözlerini   görünce:
Hodscha des-Kindes tränende seine-Augen sehend:

— Oğlum,   niçin   ağlıyorsun? diye   sorar.   Çocuk:
Mein Sohn, warum weinst-du? sagend fragt-er. Das Kind:

— Rahmetli annem   bu   çorbayı pek çok severdi.   O
Selige   meine-Mutter diese Suppe sehr viel immer-liebte. Sie

hatırıma   geldi   de ...
in-mein-Gedächtnis kam   und ...

deyince. Hoca   oğlunu   teselli etmek için   derhal bir
sagend. Hodscha seinen-Sohn trösten um-zu   sofort einen

kaşık çorba alır   ve içer.   Onun da   ağzı,   boğazı
Löffel Suppe nimmt und trinkt. Seiner auch sein-Mund, sein Schlund

---

¹) yamaçlar [jamaʃtaɪ], ağaçları [aːaʃlari] ⑱ D
²) çocuğun [tʃɔdʒuːʊn] s. ④, ⑱ B

5. Lektion   78

yanar ve gözlerinden   yaşlar gelir.   Bunu gören   ve
brennt und seinen-Augen-aus Tränen kommen. Dies sehender und

için için gülen   yaramaz:
innen innen lachender Taugenichts:

— Baba! Sen niye   ağlıyorsun?
Papa! Du warum weinst-du?

Deyince | Hoca derinden   bir ah   çekerek:
Sagend Hodscha aus-der-Tiefe ein Ach ziehend:

— Melek gibi bir kadın olan rahmetli annen   ölürken
Engel wie eine Frau seiend selige   deine-Mutter sterbend

bana senin gibi bir   veledi yadigâr   bıraktı   da ondan ağlıyorum.
mir   dich wie einen Rangen als-Andenken hinterließ und darüber weine-ich.

Cevabını   verir.
Seine-Antwort er gibt.

Vokabeln

1.

coğrafya	[dʒɔː'rɑfja]	Geographie
yeryüzü	['jɛrjyzy]	Erdoberfläche
(-nü)		
(*aus* yer + yüz + ü)		
ayrı	[aïri]	einzeln
kısım		
(-smı)	[kisim]	Teil
doğa,	[dɔːa],	
tabiat (-tı)	[tabïat]	Natur
çeşitli	[tʃɛʃıtlı]	verschieden-artig
düzlük		
(-ğü)	[dyzlyḳ]	Ebene
yüksek	[jyksɛḳ]	hoch
dağ	[daː]	Berg
takip	[taːkiːp]	folgen
etmek	(*nicht* ḳ!) ⑩ 5	(-i/ *Dat.*)
karlı	[karłı]	schneebedeckt
tepe	[tɛpɛ]	Hügel; Spitze; Gipfel
yükselmek	[jyksɛlmɛḳ]	sich erheben
(-ir)		
yamaç (-cı)	[jamatʃ]	Abhang
coşkun	[dʒɔʃkʊn]	sprudelnd
nehir (-hri)	[nɛ(h)ɹı]	Fluß
akmak	[akmak]	fließen
sakin	[saːḳın]	ruhig
kıvrım	[kivrim]	Windung
meydana	[mɛïda'na	zustande
getirmek	g̱ɛtır⁻mɛḳ]	bringen
ise	[ısɛ]	jedoch
sık	[sik]	dicht
güç	[g̱ytʃ]	schwer
geçilir	[g̱ɛtʃılıɹ]	passierbar
orman	[ɔrman]	Wald
kaplı	[kaplï]	bedeckt
ot (-tu)	[ɔt]	Gras, Weide
otlu	[ɔtłu]	Weide-
alan	[ałan]	Gebiet
uzanmak	[ʊzanmak]	sich erstrecken

çöl	[tʃœl]	Wüste
kum	[kʊm]	Sand
kayalık	[kaʲałik]	Felsgeröll
bulunmak	[bʊłʊnmak]	sich befinden
meydana	[mɛïda'na-	entstehen
gelmek	g̱ɛl⁻mɛḳ]	
dünya	[dynjaː]	Welt
bölge	[bœlg̱ɛ]	Zone, Gebiet
yıl	[jıł]	Jahr
hurma	[hʊrma]	Dattel
ağaç (-cı)	[aːatʃ]	Baum
şeker	[ʃɛḳɛɹ]	Zucker
kamış	[kamıʃ]	Rohr
kıymetli	[kiïmɛtlı]	wertvoll
başka	[baʃka]	ander-
daima	['daːımaː]	immer
toprak (-ğı)	[tɔprak]	Boden
vakit	[vakıt]	
(vakti)	(*nicht* ḳ!) ⑩ 5	Zeit
donmuş	[dɔnmʊʃ]	gefroren
hal (-li)	[haːl]	Zustand

2.

sıcak	[sidʒak]	heiß
çorba	[tʃɔrba]	Suppe
karı	[kari]	Frau (*Ehefrau*)
vefat (-tı)	[vɛfaːt]	Hinscheiden
-den (-dan)		
sonra	[-dɛñsɔːra]	nach
pişirmek	[pıʃırmɛḳ]	kochen
(-ir)		
oğul (oğlu)	[ɔːuł]	Sohn
tas	[tas]	Schüssel
boşaltmak	[bɔʃałtmak]	leeren; *hier:* füllen (-e/ in *A*)
-ip (-üp, -ıp, -up)		und
koymak	[kɔïmak,	setzen
*od.*komak	kɔmak]	stellen, legen

79   5. Lektion

karşı	[karʃi]	gegen	iç	[ıtʃ]	Innere(s)
karşı	[kar'ʃi	(einander)	için için	[ı'tʃın ıtʃın]	innerlich; vor
karşıya	karʃiɪja]	gegenüber			sich hin
beklemek	[bɛklɛmɛk̡]	warten (-i/ auf	gülen	[ɡ̡ylɛn]	lachend
		A), abwarten	yaramak	[jaramak]	taugen
çorba		Suppe essen	yaramaz	[jaramaz̧]	er taugt nichts;
içmek					Su. Tauge-
ağız	[a:az̧, a:iz̧]				nichts
(ağzı)	(a:zi)]	Mund	baba	[baba]	Vater, Papa
boğaz	[bɔ:az̧]	Schlund	niye	[nıjɛ]	warum
adamakıllı	[a'damakił:i]	gehörig, or-	derin	[dɛrın]	tief
		dentlich	derinden	[dɛrındɛn]	aus der Tiefe;
yakmak(-ar)[jakmak]		v/t. verbrennen			von weit her
göz	[ɡ̡œz̧]	Auge	ah	[ax]	ach
yaş	[jaʃ]	Träne	ah çekmek	['axtʃɛk̡mɛk̡]	seufzen
yaşlı	[jaʃłi]	tränend	çekerek		
görünce	[ɡ̡œ'ryn⁻dʒɛ]	sehend, er sieht	(von çekmek		
		und ...	ziehen)	[tʃɛk̡ɛrɛk̡]	ziehend
ağlamak	[a:łamak]	weinen	melek	[mɛlɛk̡]	Engel
diye (von			gibi	[ɡ̡ıbı]	wie, Postposi-
demek)	[dıjɛ]	sagend			tion mit der
sormak(-ar)[sɔrmak]		fragen (-e/ j-n)			Grundform;
rahmetli	[raxmɛtlı]	selig, verstor-			ben, sen, biz,
		ben			siz stehen mit
anne	['an:ɛ]	Mutter			der Genitiv-
sevmek	[sɛvmɛk̡]	lieben			form: benim,
severdi	[sɛ'vɛr⁻dı]	hat immer ge-			senin usw.
		liebt	olmak	[ɔłmak]	sein, werden
hatır	[hatiɹ]	Gedächtnis	olan	[ɔłan]	seiend; hier:
de (da)	[dɛ (da)]	auch (s. Lekt.			die ist, war
		1 J); nach	ölmek	[œlmɛk̡]	sterben
		Verbform	(-ür)		
		meist und	ölürken	[œ'lyr⁻k̡ɛn]	als sie starb
deyince	[dɛ'jın⁻dʒɛ]	sagend	velet (-di)	[vɛlɛt]	Range, Aus-
teselli	[tɛsɛ'l:ı-				bund
etmek	ɛtmɛk̡]	trösten	yadigâr	[ja:dıɡ̡a:ɹ]	als Andenken
derhal	['dɛrhal]	sofort	bırakmak	[b'rakmak]	hinterlassen
yanmak	[janmak]	v/i. brennen	bıraktı	[b'raktı]	hat hinterlas-
gören	[ɡ̡œrɛn]	sehend			sen

Grammatik
Possessivsuffixe   A

Den deutschen Possessivpronomen *mein, dein, sein* usw. entsprechen im
Türkischen Possessivsuffixe, die mit den Verbalsuffixen *ich bin, du bist* usw.
(Lektion 3 D) gewisse Ähnlichkeiten aufweisen:

	nach Konsonanten Vokalharmonie: eng (i, ü, ı, u)	nach Vokal	Ausnahme su *Wasser*
mein	-im (-üm, -ım, -um)	-m	suyum
dein	-in (-ün, -ın, -un)	-n	suyun
sein, ihr	-i (-ü, -ı, -u)	-si (-sü, -sı, -su)	suyu
unser	-imiz (-ümüz, -ımız, -umuz)	-miz (-müz, -mız, -muz)	suyumuz
euer, Ihr	-iniz (-ünüz, -ınız, -unuz)	-niz (-nüz, -nız, -nuz)	suyunuz
ihr	-leri (-ları)	-leri (-ları)	suları

5. Lektion   80

Possessivsuffixe nach Konsonant   **B**

Singular		Plural -ler (-lar) + Personalsuffix	
evim	*mein Haus*	evlerim	*meine Häuser*
evin	*dein Haus*	evlerin	*deine Häuser*
evi	*sein, ihr Haus*	evleri	*seine, ihre Häuser*
evimiz	*unser Haus*	evlerimiz	*unsere Häuser*
eviniz	*euer, Ihr Haus*	evleriniz	*euere Häuser*
evleri	*ihr Haus*	evleri[1])	*ihre Häuser*

[1]) müßte eigentlich evler-ler-i heißen; ein -ler fällt weg.

evleri bedeutet demnach: *ihr Haus* (mehrere Besitzer, ein Haus)
seine, ihre Häuser (ein Besitzer, mehrere Häuser)
ihre Häuser (mehrere Besitzer, mehrere Häuser)

Possessivsuffixe nach Vokal   **C**
baba *Vater*

babam	*mein Vater*	babamız	*unser Vater*
baban	*dein Vater*	babanız	*euer, Ihr Vater*
babası	*sein, ihr Vater*	babaları	*ihr Vater*

Beispiele: *Plural*

efendi:	efendim	mein Herr	efendilerim
çocuk:	çocuğun ⑫ B	dein Kind	çocukların
endüstri:	endüstrisi	seine, ihre Industrie	endüstrileri
fabrika:	fabrikamız	unsere Fabrik	fabrikalarımız
kulüp:	kulübünüz ⑫ B	euer, Ihr Klub	kulüpleriniz
saat:	saatları	ihre Uhr	saatları
	(*früher a.* saatleri)		

Zur Hervorhebung wird das Personalpronomen im Genitiv (**ben** *ich*, **benim** **D**
von mir, *meiner* usw.) vor das mit dem Possessivsuffix versehene Substantiv
gesetzt:

benim evim	**bizim** evimiz
senin evin	**sizin** eviniz
onun evi	**onların** evi *ihr Haus*

(**onların** evleri = *ihre Häuser!*)

In der Umgangssprache werden in der 1. und 2. Person häufig nur die Personalpronomen im Genitiv ohne die Possessivsuffixe gebraucht:

benim ev	mein Haus	**bizim** ev	unser Haus
senin ev	dein Haus	**sizin** ev	euer Haus
benim evler	meine Häuser usw.		

Die Genitivkonstruktion   **E**
Durch die Genitivkonstruktion werden zwei Substantive oder substantivisch
gebrauchte Wörter miteinander in Beziehung gesetzt. Die Genitivverbindung

hat im Türkischen einen weiten Anwendungsbereich; es ist die wichtigste Beziehungsgruppe.

Die Bestandteile der Beziehungsgruppe sind das Grundwort und das Genitivattribut oder das Grundwort und Bestimmungswort (Genitivattribut ohne Genitivendung):

Die Normalstellung des türkischen Genitivattributes ist der des deutschen Genitivattributes entgegengesetzt.

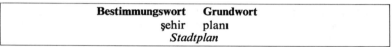

Das Bestimmungswort steht im Türkischen und im Deutschen vor dem Grundwort.

Nach der Art der Verknüpfung unterscheiden wir:
a) **die lose Genitivverbindung,** gekennzeichnet durch
das Genitivsuffix und das folgende Possessivsuffix der 3. Person.

| -in (-n) | -i (-si) |
| trenin | hareketi |

b) **die feste Genitivverbindung,** gekennzeichnet durch
Fehlen des Genitivsuffixes und durch das folgende Possessivsuffix der 3. Person

| (o) | -i |
| şehir | planı |

Die lose Genitivverbindung kann durch andere Wörter und Wortgruppen **getrennt werden.** Sie hat rein grammatische Funktion und ist nicht an bestimmte Wörter gebunden.

Die feste Genitivverbindung kann nicht getrennt werden. Sie hat lexikalische Funktion; sie ist das wichtigste Mittel zur Bildung neuer Wörter. Der Lernende darf nicht erwarten, daß einer türkischen festen Genitivverbindung im Deutschen immer ein zusammengesetztes Wort entspricht und umgekehrt. Allein entscheidend ist der Sprachgebrauch.

Beispiel:
feste Genitivverbindung   *richtige deutsche Übersetzung*
Türkiye Cumhuriyeti (Türkei-Republik)   (die) Türkische Republik

zwei feste Genitivverbindungen
Türkiye Cumhuriyeti haritası
(Türkei-Republik-Karte)   Karte der Türkischen Republik

Wie man sieht, weicht die deutsche Übersetzung in der Struktur erheblich ab. Im Türkischen ist Türkiye Cumhuriyeti haritası ein fester Begriff geworden, im Deutschen fehlt in diesem Fall eine Wortzusammensetzung. In Verbindung mit Deutschland kann man allerdings kurz „Deutschland-Karte" sagen.

5. Lektion   82

Eine der türkischen Genitivkonstruktion sehr ähnliche Form findet sich
weit verbreitet im volkstümlichen Deutsch:

> dem Vater sein Hut
> unser(er) Oma ihr klein' Häuschen

An Stelle des Dativs steht im Türkischen der Genitiv. Zur Veranschaulichung
der türkischen Konstruktion kann der Lernende zu Anfang diese volkstümliche deutsche Formel benutzen.

Das Personalpronomen der 3. Person Sing. (-i, -si) bezeichnet man wegen
seiner Funktion auch als **Beziehungssuffix** (der 3. Pers.) oder als „den türkischen Artikel".

Beispiele zu a)

Türkiye'nin ziraati	**die** Landwirtschaft **der** Türkei
Almanya'nın endüstrisi	**die** Industrie Deutschlands
Türkiye'nin şehirleri	**die** Städte **der** Türkei
Almanya'nın nehirleri	**die** Flüsse Deutschlands
otelin odaları	**die** Zimmer **des** Hotels
haberlerin özeti	**(die)** Zusammenfassung **der** Nachrichten

zu b)

öğle yemeği	*Mittagessen*
benzin istasyonu	*Tankstelle*
yemek listesi	*Speisekarte*
bekleme salonu	*Wartesaal*
dünya haberleri	*Wochenschau*

Als Bestimmungswörter gelten auch Eigennamen und die Völkernamen wie
türkisch, deutsch usw., d. h. also, daß das Grundwort das Possessivsuffix
der 3. Pers. annehmen muß:

Türk dili	**die** türkische **Sprache**
Alman konsolosluğu	**das** deutsche **Konsulat**
Fransız hükümeti	**die** französische **Regierung**

Daneben werden feste Verbindungen auch durch einfaches **Zusammen-
rücken** zweier Wörter geschaffen; das erste Glied ist dann ein Adjektiv oder
kann als solches aufgefaßt werden. Diese Verbindung trifft man häufig bei
Eigennamen.

haftalık *wöchentlich:*	**haftalık** rapor *Wochenbericht*
altın *Gold, golden:*	**altın** saat *goldene Uhr*
kadı *Richter:*	**Kadı**köy *(Richter-Dorf) Vorort von*
	Istanbul auf dem asiatischen Ufer
Eti *(Hettiter, hettitisch):*	**Eti**bank *(Hettiter-Bank)*
pınar *(Quelle):*	**Pınar** Otel *od.* **Pınar** Oteli.

Das Suffix **-i** erscheint meist wieder bei Antritt einer Kasusendung. Zwischen
-i und Kasusendung tritt **-n-** *(s. 5 F).*

Kadıköy'**üne** (Kadıköy-ü-n-e) gidiyorum   Ich fahre **nach** Kadıköy.
    (*auch* Kadıköy-e gidiyorum).

83   5. Lektion

Das Possessivsuffix der 3. Pers. mit Kasussuffixen   **F**

Die Kasussuffixe (**-in, -i; -e, -de, -den**) treten unter Einfügung eines **-n-** an
das Possessivsuffix der 3. Pers.: **evi sein** Haus

Gen.	**evi-n-in** kıymeti	der Wert **seines** Hauses
Akk.	**evi-ni** görüyorum	ich sehe **sein** Haus
Dat.	**evi-ne** gidiyor	(er geht **in sein** Haus): er geht **nach** Hause
Lok.	**evi-nde**	**in seinem** Haus
Abl.	**evi-nden**	**aus seinem** Haus
Lok. Plur.	**evleri-nde**	**in seinen** Häusern *od.* **in ihren** Häusern.

Schwierigkeiten machen die gleichlautenden Formen:

evine kann folgendermaßen zusammengesetzt sein:

	evin-e	**in dein** Haus
	evi-n-e	**in sein (ihr)** Haus
evini:	**evin-i** görüyorum	ich sehe **dein** Haus
	evi-n-i görüyorum	ich sehe **sein (ihr)** Haus.

Um Verwechslungen zu vermeiden, kann man den Genitiv des Personalpronomens davorsetzen:

senin evini	**dein** Haus
onun evini	**sein** Haus

Übersetzung des deutschen „haben"   **G**

Ein dem deutschen *haben* entsprechendes Wort fehlt im Türkischen. *Haben*
wird meist mit Hilfe der Genitivkonstruktion wiedergegeben:

Vaktim var. *(Zeit-meine gibt-es =)*	*Ich habe Zeit.*
Vaktim yok.	*Ich habe keine Zeit.*
Bozuk param yok.	*Ich habe kein Kleingeld.*
Boş bir odanız var mı?	*Haben Sie ein freies Zimmer?*
Bayların vakti var.	*(Der Herren ihre-Zeit ist =) Die Herren haben Zeit.*

Fortfall des Possessivsuffixes der 3. Person   **H**

Das Possessivsuffix der 3. Pers. wird nicht gesetzt, wenn im Satz ein Possessivsuffix der 1. oder 2. Pers. erforderlich wird:

şehir planı	*Stadtplan*
şehir planım var	*ich habe einen Stadtplan*
şehir planımız var	*wir haben einen Stadtplan*

Das Possessivsuffix der 3. Pers. wird nie doppelt gesetzt:

şehir planı	*Stadtplan*
(onun) şehir planı var	*er hat einen Stadtplan*

Im allgemeinen gilt die obige Konstruktion bei einem festen Besitzverhältnis
oder bei Abstrakten *(haben Sie Zeit?).* Bei einem zufälligen, zeitweiligen
oder fraglichen Besitzverhältnis wird oft eine Konstruktion mit dem Lokativ
verwendet:

Sizde bir şehir planı **var mı?**	*(Bei Ihnen ...) Haben Sie (zufällig) einen Stadtplan?*

6*

5. Lektion 84

Ist der Gegenstand näher bezeichnet (im Deutschen durch den bestimmten Artikel *der, die, das*), so muß ebenfalls die Lokativ-Konstruktion verwendet werden:
Bardak sende (*od.* yanında[1])) var mı?   Hast du **das** Glas?

Tabelle der Personal- und Interrogativpronomina

ben	*ich*	sen	*du*	o	*er, sie, es*
benim	*(mein)*	senin	*(dein)*	onun	*(sein, ihr)*
bana	*mir*	sana	*dir*	ona	*ihm, ihr*
beni	*mich*	seni	*dich*	onu	*ihn, sie, es*
bende	*in mir*	sende	*in dir*	onda	*in ihm, in ihr*
benden	*von mir*	senden	*von dir*	ondan	*von ihm, von ihr*
biz	*wir*	siz	*ihr, Sie*	onlar	*sie*
bizim	*(unser)*	sizin	*(euer, Ihr)*	onların	*(ihr)*
bize	*uns*	size	*euch, Ihnen*	onlara	*ihnen*
bizi	*uns*	sizi	*euch, Sie*	onları	*sie*
bizde	*in uns*	sizde	*in euch, in Ihnen*	onlarda	*in ihnen*
bizden	*von uns*	sizden	*von euch, von Ihnen*	onlardan	*von ihnen*

kim	*wer?*	ne	*was?;* (mit folgendem Subst.) *was für ein ...?*
kimin	*wessen?*	nenin	*(wessen)?*
kime	*wem?*	neye (niye)	*wozu?; welcher Tatsache; warum?*
kimi	*wen?*	ne	*was?*
kimde	*in wem?*	nede	*worin?*
kimden	*von wem?*	neden	*wovon?; warum?*
a. kimler	*wer (alles) usw.*	neler	*was (alles) usw.*

Merke: Vor **ile (-le, -la), için, gibi** steht mit Ausnahme von **ne** der Genitiv der Pronomina:
    benim ile, benimle *mit mir*   senin gibi *wie du, dich*
    senin için *für dich*
    kimin için *für wen?* In der Umgangssprache oft **kim** için, **kim**le, **kim** gibi.
deshalb auch: bun**un** için *deswegen*
    aber: ne için = niçin *wohin, warum?*
ne *mit folgendem Substantiv:* was für ein ...?

Das unbestimmte Präsens (Aorist) oder das r-Präsens   J

Kennzeichen des r-Präsens ist ein **r**, das
1. unmittelbar an Verben mit vokalischem Auslaut tritt:

    anla-mak: anla-**r**   ye-mek *(essen):* ye-**r**
    bekle-mek: bekle-**r**
    ko-mak: **kor** (= koyar von koymak)

---

[1]) von yan *Seite*, z. B. **yanımda** *bei mir*, **yanlarında** *bei ihnen*; *s. L. 18 D.*

85   5. Lektion

2. Einsilbige Verbstämme auf Konsonant erfordern -er (-ar):

et-mek: ed-er ⑫ C 1   er macht
git-mek: gid-er ⑫ C 1   er geht

iç-mek: iç-er   er trinkt   koy-mak: koy-ar er setzt
sev-mek: sev-er   er liebt   sor-mak: sor-ar er fragt
yap-mak: yap-ar   er macht   bak-mak: bak-ar er schaut
ak-mak: ak-ar   er fließt

Doch nehmen die meisten auf -r oder -l ausgehenden einsilbigen Verben
-ir (-ür, -ır, -ur) an:

bilmek: bilir   almak: alır | Aber: sürmek dauern: sürer |
gelmek: gelir   bulmak: bulur | sormak fragen: sorar |
görmek: görür   durmak: durur
ölmek: ölür   kalmak: kalır
vermek: verir   olmak: olur
                     varmak: varır

In diesem Lehrbuch und Langenscheidts Taschenwörterbuch Türkisch-
Deutsch wird das Suffix des r-Präsens nach einsilbigen Stämmen in Klammern gegeben: içmek (-er), almak (-ır).

3. Mehrsilbige Verbstämme auf Konsonant verlangen das Suffix -ir (-ür,
   -ır, -ur):

çalış-mak: çalışır   göster-mek: gösterir
görün-mek: görünür   konuş-mak: konuşur

Die Person wird durch das Verbalsuffix „sein" (Lekt. 3) zum Ausdruck
gebracht. Die 3. Pers. Sing. bleibt unbezeichnet (-dir steht also nicht).

Konjugationsmuster des r-Präsens   K

ich komme	ich sehe	ich mache	ich spreche
gelirim	görürüm	yaparım	konuşurum
gelirsin	görürsün	yaparsın	konuşursun
gelir	görür	yapar	konuşur
geliriz	görürüz	yaparız	konuşuruz
gelirsiniz	görürsünüz	yaparsınız	konuşursunuz
gelirler	görürler	yaparlar	konuşurlar

komme ich?   sehe ich?   mache ich?   spreche ich? L

gelir	miyim? misin? mi? miyiz? misiniz?	görür	müyüm? müsün? mü? müyüz? müsünüz?	yapar	mıyım? mısın? mı? mıyız? mısınız?	ko- nu- şur	muyum? musun? mu? muyuz? musunuz?
gelirler mi?		görürler mi?		yaparlar mı?		konuşurlar mı?	

5. Lektion 86

Die Verneinung des r-Präsens · M

Die Verneinung des r-Präsens hat stark abweichende Formen. An Stelle des **r** tritt **z** als Merkmal auf, das zum Teil mit der Verneinungspartikel **-me- (-ma-)** verschmilzt. Die Betonung liegt mit Ausnahme der 3. Pers. Plur. auf **-me- (-ma-)**:

anla'**maz** er versteht **nicht**
bekle'**mez** er wartet **nicht**

Konjugationsmuster des verneinten r-Präsens · N

ich komme nicht	*ich sehe nicht*	*ich mache nicht*	*ich spreche nicht*
gel'**mem**	gör'**mem**	yap'**mam**	konuş'**mam**
gel'**mezsin**	gör'**mezsin**	yap'**mazsın**	konuş'**mazsın**
gel'**mez**	gör'**mez**	yap'**maz**	konuş'**maz**
gel'**meyiz**	gör'**meyiz**	yap'**mayız**	konuş'**mayız**
gel'**mezsiniz**	gör'**mezsiniz**	yap'**mazsınız**	konuş'**mazsınız**
gelmez'**ler**	görmez'**ler**	yapmaz'**lar**	konuşmaz'**lar**

In der Frage steht unverändert das Suffix **-'mez (-'maz)**: · O

sehe ich nicht?		*spreche ich nicht?*	
	miyim?		mıyım?
	misin?		mısın?
görmez	mi?	konuşmaz	mı?
	miyiz?		mıyız?
	misiniz?		mısınız?
görmez'ler	mi?	konuşmaz'lar	mı?

-r-Form als Partizip · P

Die **-r**-Form ist ein Partizip, das meist in festen Verbindungen oder als Wort mit einer bestimmten Bedeutung gebraucht wird:

geçilir   *passierbar (geçilmek passiert werden)*
akar su   *fließendes Wasser*
çıkmaz   *(er geht nicht hinaus, kann nicht hinaus gehen):*
çıkmaz (yol)   *Sackgasse.*

Bedeutung des r-Präsens · Q

Es bezeichnet eine allgemein gültige oder gewohnheitsmäßige Handlung oder einen allgemein gültigen Zustand. Im Gegensatz zum **yor**-Präsens kann man es **objektives Präsens** nennen. Sein Geltungsbereich ist sehr weit; dies kommt auch durch die türkische Bezeichnung **geniş zaman** *(weite Zeit)* zum Ausdruck. In Büchern belehrender Art (Geographie-, Physik-, Biologiebüchern usw.), ferner in Werbetexten ist das **r**-Präsens die bevorzugte Form. Daneben findet man es aber auch in kurzen lebhaften Erzählungen, Anekdoten (s. Text).
Symbol: ~

Formel der höflichen Aufforderung · R

Der Charakter der Unbestimmtheit dieser Formen erhellt auch aus seiner Verwendung als höflicher Aufforderung:

...r misiniz?	Würden Sie bitte ...?

Bana bir bardak bira getirir misiniz? Würden Sie mir bitte ein Glas Bier bringen?

Wortstellung   S

Das Dativobjekt steht wie im Deutschen vor dem Akkusativobjekt, wenn es nicht besonders betont oder ein Pronomen ist. Das Akkusativobjekt steht meist vor dem Verb: *Objekt D — Objekt A — Verb.*

Bana bir bardak bira getirir misiniz?

Übungen

a) Man ergänze mit Hilfe der wörtlichen Übersetzung die fehlenden Bestandteile und verwende die richtige Form der Verben:

1. İnsanlar- yaşayışlar- başka başka-.

   İnsan- soğuk yer- muhafazalı ev- yap- ve sıcak elbise giy-, sıcak yer- ise, bunlar- hiç birine ihtiyaç yok-.

   Die Lebensweise *(pl.!)* der Menschen ist (anders anders =) ganz verschieden.

   An kalten Plätzen machen die Menschen geschützte Häuser und ziehen warme Kleider an; an heißen Plätzen jedoch besteht keine Notwendigkeit (für keins von diesen =) dafür.

2. İnsan dünya- ayrı ayrı kısım- çeşitli bitki- ek- ve türlü türlü hayvan- yetiştir-.

   In verschiedenen Teilen der Welt sät der Mensch verschiedenartige Pflanzen und züchtet allerlei Tiere.

3. Coğrafya bize tabiat- çeşitlili- ve bunu doğuran sebe- öğret-.

   Die Geographie lehrt uns die Vielfalt der Natur und die diese bewirkenden Ursachen.

Zwei Kindergedichte

4. Köpek hav hav (demek)
   kedi miyav (demek)
   Hırsız fare- her şey- (yemek).

   Der Hund sagt wau wau,
   die Katze miau,
   die diebischen Mäuse fressen alles auf.

5. Yeni okuma kita-
   Her sabah saatin sesi (uyandırmak)
   Beni o tatlı uyku-.
   Hemen (fırlamak) yata-.
   Koşup el- yüz- (yıkamak),

   Önlü- (giymek).
   „Günaydın, anneci-!

   Günaydın, babacı-!" (demek)

   Saç- (taramak)[1],
   Kahvaltı- (etmek)[1],
   Okul- (gitmek)[1]

   Aus dem neuen Lesebuch.
   Jeden Morgen der Uhr Stimme weckt mich aus meinem süßen Schlaf.
   Sofort springe ich aus meinem Bett.
   Ich laufe und wasche meine Hände *(Sing.!)* (und) mein Gesicht,
   ich ziehe meine Schürze an.
   „Guten Morgen, Mutti (= mein Mütterchen),
   guten Morgen, Vati (= mein Väterchen)!"
   Ich kämme mein Haar,
   ich nehme mein Frühstück ein,
   ich gehe in meine Schule.

Von Ş. E. Regü

---

[1] *Die Personalendung ist nur beim letzten Verb zu setzen.*

5. Lektion   88

b) **Bilden Sie von den folgenden Verben die durch das türkische Personalpronomen angegebenen Formen des r-Präsens bejahend, verneint (-), fragend (?) und fragend-verneint (-?). Fügen Sie die deutsche Übersetzung hinzu:**

1. vermek (ben)
2. (-) etmek (sen)
3. (?) anlamak (o)
4. (-?) kalkmak (biz)
5. görmek (siz)
6. (-) konuşmak (onlar)
7. (?) pişirmek (ben)
8. (-?) oturmak (sen)
9. beklemek (o)
10. (-) yakmak (biz)
11. (?) söylemek (siz)
12. (-?) demek (onlar)
13. gelmek (ben)
14. (-) göstermek (sen)
15. (?) çalışmak (o)

16. (-?) durmak (biz)
17. hatırlamak (siz)
18. (-) sormak (onlar)
19. (?) varmak (ben)
20. (-?) almak (sen)
21. içmek (o)
22. (-) yemek (biz)
23. (?) koymak (siz)
24. (-?) yapmak (onlar)
25. boşaltmak (ben)
26. (-) ağlamak (sen)
27. (?) akmak (o)
28. (-?) sevmek (biz)
29. yetişmek (siz)
30. (-) yükselmek (onlar)

c) **Übersetzen Sie folgende Sätze ins Türkische:**

1. Wir kochen jeden Tag eine Suppe.
2. Würden Sie die Suppe bitte in die Schüssel füllen?
3. Du stellst die Suppe auf den Tisch.
4. Wir setzen uns gegenüber.
5. Wir warten nicht auf unseren Vater.
6. Wartet ihr nicht auf euren Vater?
7. Wir nehmen einen Löffel Suppe und essen.
8. Die heiße Suppe verbrennt uns den Mund (= unseren Mund) und den Schlund.
9. Aus unseren Augen kommen Tränen.
10. Wir sehen die Tränen in den Augen unserer Kinder (= die tränenden Augen) und fragen: „Kinder, warum weint ihr?"
11. Um eure Kinder zu trösten, nehmt ihr sofort einen Löffel heißer Suppe und eßt.
12. Hodschas Frau ist wie ein Engel.
13. In der großen Ebene erhebt sich ein schöner Berg: der Uludağ.
14. Große Teile des Berges sind mit Wäldern bedeckt.
15. In den Wüsten befinden sich viele Sandhügel.
16. In einigen Gebieten der Türkei gedeiht die Kartoffel gut.
17. Sie haben noch viel Zeit. — Nein, man erwartet mich um 4 Uhr (= sie erwarten mich).
18. Kennen Sie die Städte der Türkei?
19. Wir sehen in dem Geographiebuch die Flüsse Deutschlands.
20. Hören Sie im Radio jeden Abend die Zusammenfassung der Nachrichten?
21. Wo ist Ihre Tasche, Ihre Fahrkarte, Ihr Paß, Ihr Geld?
22. Hast du (Habt ihr) ein Glas, ein Buch, einen Kugelschreiber?
23. Haben die Herren die Fahrkarten, die Pässe, das Geld, die Gläser, die Bücher, die Kugelschreiber?

89   5. Lektion

24. Wir haben nichts, wir haben keinen Tisch, kein Haus, kein Auto,
    kein Buch, kein Glas, kein Glas Tee, keine Tasse Kaffee.
25. Er hat Geld, aber er verbraucht (= ißt) (es) nicht.
26. Warum setzt du dich nicht?
27. Da ist mein Paß, mein Buch, meine Fahrkarte.
28. Würden Sie mir bitte
— die Speisekarte geben?   — dies (bunları) reinigen?
— die Adresse Frau Demiralps geben?   — mein Hemd plätten?
— Ihre Adresse geben?   — meine Hemden waschen?
— seine Telefonnummer geben?   — den Anzug dieses Herrn ausbürsten?
— Ihre Hausnummer sagen?   — die Hose bügeln?
— diesen Brief wiegen?   Würden Sie uns bitte
Würden Sie bitte   — das Frühstück bringen?
— den (= diesen) Knopf annähen?   — einen Samowar Tee bringen?

d) Bilden Sie aus den folgenden Wörtern 33 neue zusammengesetzte Wörter:

adam — adam — akşam — alan *(Feld, Platz)* — arkeoloji *(Archäologie)* —
bahçe — bekleme — bilet — bilet — bölge — büro — coğrafya — çocuk — çocuk
— çorba — çöl — dağ — deniz — deniz — doktor — endüstri — ev — ev — fabrika
— fabrika — göz — güneş — haber — hava — hava — hava — içme *(Trink-)*
— istasyon — iş — işçi — kâğıt — kâğıt — kitap — kitap — kitap — kum —
kum — liste — müze — oda — okuma — para — plan — radyo — radyo —
saat — salon — su — şehir — tavuk *(Huhn-)* — telefon — tepe — tepe — tiyatro
— yemek — yemek — yer — yer — yol — yol — yüz.
Beachte ⑨ B 4.

Die Wörter haben folgende Bedeutung:

 1. Geschäftsmann   13. Lesebuch   24. Rundfunknachrich-
 2. Seeweg   14. Wartesaal   ten
 3. Luftweg   15. Trinkwasser   25. Rundfunksender
 4. Kinderzimmer   16. Sandhügel   (= -station)
 5. Theaterkarte   17. Stadtplan   26. Sonnenuhr
 6. Seeluft   18. Speisekarte   27. Fabrikarbeiter
 7. Kindergarten   19. Flugplatz   28. Platzkarte
 8. Büroangestellte   20. Archäologisches   29. Industriegebiet
    (= Büromensch)   Museum   30. Sandwüste
 9. Papiergeld *(ohne -i!)* 21. Hühnersuppe   31. Bergspitze
10. Papierfabrik   22. Abendessen   32. Augenarzt
11. Haustelephon   23. Buchhandlung,   33. Erdoberfläche
12. Geographiebuch   Verlag

*Nur zwei Wörter (Verlag und Erdoberfläche) werden im Türkischen zusammen-
geschrieben.*

Vokabeln

zu a)		ise		jedoch
yaşayış	Lebensweise	ihtiyaç	[-ja:tʃ]	Notwendig-
muhafazalı [-ha:-]	geschützt	(-cı)		keit (-e/ für)
elbise	Kleid, Anzug	bitki		Pflanze
giymek (giyer)	anziehen	ekmek (eker)		säen

5. Lektion 90

türlü		Art
türlü türlü		allerlei, ... jeder Art
hayvan		Tier
çeşitlilik (-ği)		Vielfalt, Verschiedenartigkeit
doğuran [dɔːurɑn]		bewirkend
(von doğurmak bewirken)		
sebep (-bi)		Ursache
öğretmek [œːrɛtmɛƙ]		lehren (b-e bir ş-i / j-n etw.)
köpek [ƙœpɛƙ] (-ği)		Hund
kedi		Katze
hırsız		Dieb; diebisch
fare		Maus
okuma kitabı [ɔkuˈmɑ ƙıtɑbi]		Lesebuch
ses		Stimme
uyandırmak		wecken
tatlı		süß
uyku		Schlaf
fırlamak		springen, stürzen
yatak (-ğı)		Bett
koşmak (koşar)		laufen
koşup ...		laufen und ...
yüz		Gesicht
önlük (-ğü)		Schürze
annecik (-ği)		liebe Mutter, Mutti
babacık (-ğı)		lieber Vater, Papa
saç (-çı)		Haar
taramak		kämmen

kahvaltı [kɑːvɑɫti]		Frühstück
kahvaltı etmek		frühstücken
zu c)		
pa'tates		Kartoffel
özet		Inhalt, Zusammenfassung
çanta		Tasche
pasaport		Paß
para		Geld
bardak (-ğı)		Glas
masa		Tisch
otomobil		Auto
yemek listesi	[-ˈmɛklɪ-]	Speisekarte
adres		Adresse
'numara		Nummer
tartmak (tartar)		wiegen
düğme (-yi)	[dyːmɛ]	Knopf
dikmek (diker)		(an)nähen
temizlemek		reinigen
gömlek [ɡˌœmlɛƙ] (-ği)		Hemd
ütülemek		bügeln, plätten
yıkamak (yıkar)		waschen
fırçalamak		(aus)bürsten
pantolon		Hose
semaver		Samowar
getirmek		bringen
zu d)		
plan (früher: plân)		Plan

Europäische Wörter im Türkischen

co'ğrafya: *vgl.* Geographie

pa'tates: *it.* patata; *dt.* Batate

pasaport: *frz.* passeport; *it.* passaporto

masa: *span.* mesa; *lat.* mensa

otomobil: *frz.* automobile

'liste: *it.* lista

adres: *frz.* adresse; *dt.* Adresse

'numara: *it.* 'numero

pantolon: *frz.* pantalon

semaver: *russ.* samovar

arkeologi: *frz.* archéologie

plan: *frz.* plan

Verwandte Wörter

şeker (*pers.* şeker) — Zucker (*it.* zùcchero, *arab.* sukkar).

Gemeinsame Wurzel ist altindisch śarkara.

91   5./6. Lektion

Sie haben in dieser Lektion folgende Suffixe gelernt:

Poss. Pron.	**-im -in -i -imiz -iniz**	**-leri**
	-m -n -si -miz -niz	
Gen.	**-in**	
Poss. Pron. der	*Gen.* **-in**in, **-si**nin	*Dat.* **-i**ne, **-si**ne
3. Pers. Sing. (-n-!)	*Akk.* **-i**ni, **-si**ni	*Lok.* **-in**de, **-sin**de
mit Kasusendung		*Abl.* **-in**den, **-sin**den
Präs. unbestimmt	**-r, -ir, -er**	
verneint	**-mez**	

Formeln

olur   *möglich, es geht*
olur iş değil   *ein Ding der Unmöglichkeit*
olmaz!   *unmöglich, das geht nicht; unerhört!*

Personalsuffixe

Rundfunk

Şimdi mikrofonlarımızı arkadaşımıza bırakıyoruz.	*Jetzt übergeben wir unser Mikrophon unserem Kollegen.*
Haberlerimiz bu kadar.	*Soweit unsere Nachrichten.*

Genitiv

Bu kimindir?	*Wem gehört das?*

haben

Türkçede deyimler çoktur.	*Das Türkische hat viele idiomatische Redensarten.*
Oturmaz mısınız?	*Wollen Sie sich nicht setzen?*
Teşekkür ederim.	*Danke!*
Antwort: Bir şey değil *od.*	*Bitte sehr od. Keine Ursache od.*
(älter) estağfurullah	*Nichts zu danken.*

[ɛs'tɑːfʊrʊɫɑː] (*wörtl.* ich bitte Gott um Verzeihung).

6. Lektion

1.   **Demokrasi Terbiyesi** (Emir Kipi)

Hindistan'dan getirdiğim   üçüzlü   bir bronz heykel[1]) var.
Aus-Indien   von mir mitgebrachte dreiteilige eine Bronze-Statue es-gibt.

Birinci   adam, elini ağzına   koya**rak**: „Sus!"
Der-erste Mann, seine-Hand an-seinen Mund legend: Schweig!,

ikinci   kulağını   tıkıya**rak**: „'Duyma!", üçüncüsü
(der-)zweite seine-Ohren zuhaltend: Horche-nicht!, der-dritte

gözlerini   örte**rek**:   „'Görme!" der. Gerçi   demokrasi
seine-Augen verdeckend: Sieh-nicht! sagt. Allerdings Demokratie

---

[1]) *ohne -i, s. Lekt. 5 E (altın saat).*

6. Lektion   92

vatandaşlığı   söylemekle,   duymakla   ve   görmekle   yürür.
Volksgemeinschaft durch-Sprechen, durch Hören und durch-Sehen geht voran.

Hint   bronzu   insanları   fitne   ve   dedikodudan
Die indische Bronze-Statue die Menschen Unfrieden und Klatsch-von

kaçındırmak   ister.   Onun fazla hintlice
(vermeiden-lassen =) fernhalten will.   Seine mehr indisch (gedachten)

öğütlerini   garplıca   terbiye disiplinlerine çevirebilirsiniz:
Ratschläge europäisch Erziehungslehren-auf übertragen-könnt-ihr:

,,Söyle, 'fakat | 'bağırma.
Sprich, aber   schreie-nicht.

Duy,   'fakat | komşunun   tavanına   kulağını 'koyma
Höre, aber deines Nachbarn Decke-seine-an Ohr-dein lege-nicht.

Gör, 'fakat | kapı deliğinden [dɛliːɪnˈdɛn] gözet'leme."
Sieh, aber   Tür- Loch-sein-durch   beobachte nicht.

> Von Falik Rifki Atay (1894 in Istanbul geb.)

2.   **Umumî telefonun kullanılması**
             Bedienung eines öffentlichen Fernsprechers.

a) Mikrotelefonu kaldırın   ve düdük sesini bekleyin.
   Den-Hörer   heben-Sie-ab und Pfeif- Ton   warten-Sie-ab!

b) Jötonu   yerine   koyun.
   Die Telefonmünze in-ihren Platz stecken-Sie!

c) 'Numarayı   çevirin.
   Die-Nummer drehen-Sie!

d) Konuşma   bi'tince   mikrotelefonu yerine   koyun.
   Das-Gespräch beendend den-Hörer   an-seinen-Platz legen-Sie!

Vokabeln

1.

emir kipi [ɛˈmɪrķɪpɪ]	Imperativ	tıkamak (tıkıyor)	zustopfen, zu- halten
demokrasi	Demokratie	duymak (duyar)	hören
terbiye	Erziehung	üçüncü [ytʃyndʒy]	dritte(r)
demokrasi terbiyesi	Erziehung zur Demokratie, demokratische Erziehung	örtmek	bedecken
		gerçi ['g̣ɛrtʃɪ]	zwar, aller- dings
Hindistan	Indien	vatandaş- lık (-ğı)	Volksgemein- schaft; Staats- angehörigkeit
getirdiğim [g̣ɛtırdiːˈɪm]	die ich mitge- bracht habe *(im Türki- schen vor dem Bezugswort)*	yürümek	marschieren; gehen; *fig.* vorangehen
üçüzlü	dreiteilig	fitne	Unfrieden
bronz	Bronze	dedikodu	Klatsch
heykel	Statue	kaçındır- mak	fernhalten (-dan/ von)
birinci [bɪrɪndʒɪ]	erste(r)	fazla	mehr
el	Hand	hint'lice	nach der Art eines Inders,
susmak	schweigen		indisch
ikinci	zweite(r)	öğüt (-dü) [œːyt]	gesehen
kulak (-ğı)	Ohr		Rat

garp'lıca	nach europäischer Art	2.	
disiplin	Disziplin; *hier*: Lehre	umumî [umu:mi:]	öffentlich; allgemein
çevirmek	drehen; wenden; auslegen, interpretieren, übersetzen	telefon kullanmak	Telefon verwenden, gebrauchen
çevi'rebi-'lirsiniz	ihr könnt sie anwenden (übertragen) (-e/ auf)	kullanılma mikrotelefon, *meist*: telefon	Bedienung Telefonhörer
bağırmak [ba:armak]	schreien	kulaklığı, kulaklık	
komşu	Nachbar	kaldırmak	(ab)heben
tavan	Zimmerdecke	düdük (-ğü)	Pfeife
kapı	Tür	jöton	Telefonmünze
delik (-ği)	Loch	yerine	an seinen Platz
gözetlemek	(heimlich) beobachten, spionieren	koymak bitmek	tun; *hier*: einwerfen beendet sein, zu Ende gehen

Grammatik
Imperativ   **A**

Der Stamm des Verbs ist gleichzeitig der Imperativ der 2. Pers. Sing. (vgl. Lektion 3 A):

söylemek:	**söyle**	*sprich, sag*	bakmak:	**bak**	*schau*
binmek:	**bin**	*steige ein*	çıkmak:	**çık**	*geh hinaus*
görmek:	**gör**	*sieh*	koşmak:	**koş**	*laufe*
götürmek:	**götür**	*bringe (hin)*	susmak:	**sus**	*schweige*

Merke: **koy** *setze, stelle, lege*

Verneint wird dieser Imperativ durch **-me (-ma)**, das immer unbetont ist:

söy'le**me**	sage **nicht**	'bak**ma**	schau **nicht**
'bin**me**	steige **nicht** ein	'çık**ma**	geh **nicht** hinaus
'gör**me**	sieh **nicht**	'koş**ma**	lauf **nicht**
gö'tür**me**	bringe **nicht** (hin)	'sus**ma**	schweig **nicht**

Kennzeichen des Imperativs der 2. Pers. Plur. *(ihr, Sie)* ist   **B**

oder | **-in** (-ün, -ın, -un)
-iniz (-ünüz, -ınız, -unuz)

bin**in**	*steigen Sie ein*	al**ın**	*nehmen Sie*
bin**iniz**		al**ınız**	
götür**ün**	*bringen Sie (hin)*	sor**un**	*fragen Sie*
götür**ünüz**		sor**unuz**	

Nach vokalisch auslautendem Stamm steht:

-yin (-yün, -yın, -yun)
-yiniz (-yünüz, yınız, -yunuz)

bekle**yin**	*warten Sie*	kapa**yın**	*schließen Sie*
bekle**yiniz**		kapa**yınız**	
yürü**yün**	*gehen Sie*	oku**yun**	*lesen Sie*
yürü**yünüz**		oku**yunuz**	

6. Lektion   94

In der Verneinung treten nur die Formen der weiten Vokalharmonie (-e, -a)
auf:

Vokal davor unverändert	-meyin (-mayın)
	-meyiniz (-mayınız)

beklemeyin	*warten Sie nicht*	kapamayın	*schließen Sie nicht*
beklemeyiniz		kapamayınız	
götürmeyin	*bringen Sie nicht (hin)*	sormayın	*fragen Sie nicht*
götürmeyiniz		sormayınız	

Die längere Form **-iniz** gilt als die höflichere. In amtlichen Aufschriften
und Anweisungen findet man meist die kürzere Form. Im Deutschen steht
in solchen Fällen der Infinitiv:

Mikrotelefonu **kaldırın** ve   Hörer **abheben** und
düdük sesini **bekleyin**.   Pfeifton **abwarten**.
Jötonu yerine **koyun**.   Telefonmarke **einwerfen**.

Häufig wird der Imperativ von **buyurmak** *befehlen* gebraucht; **buyurun** **C**
als Aufforderung in der Bedeutung *Bitte! Herein! Treten Sie näher!*

Buyurun, oturunuz.   *Bitte nehmen Sie Platz!*
Oraya buyurun.   *Bitte dort(hin)!*

In der lebhaften Umgangssprache stehen Ergänzungen oft n a c h dem Imperativ. Gemildert wird der Imperativ durch bakayım [bɑ'ki·m] (wörtlich:
ich möchte sehen), bakalım (*schauen wir mal*), das im Deutschen durch *doch
mal* wiederzugeben ist:

Dur hele, dedi.   *Bleib erst einmal stehen! sagte er.*
Çek elini ['tʃɛk̡ ɛl'nı].   *Nimm deine Hand weg!*
Çıkar bakayım aritmetik kitabını.   *Hol doch mal dein Rechenbuch her!*

Verbaladverbien (weiterführende Formen)   **D**

Verbaladverbien sind
der Form nach von Verben mit Suffixen gebildete **unveränderliche** Wörter;
der Bedeutung nach drücken sie verschiedene Beziehungen (z. B. die Beziehung der Gleichzeitigkeit, der Art und Weise) aus.

Verbaladverbien geben keinen Hinweis auf die Person, die Zeitstufe oder
den Modus (Indikativ, Konjunktiv). Da sie immer einer Ergänzung durch
ein Verb mit einer Personalendung bedürfen, also allein keinen vollstän-
digen Satz zu bilden vermögen, kann man sie dieser Stellung entsprechend
auch **weiterführende Formen** nennen.

Im Deutschen muß der Sinn dieser weiterführenden Formen durch neben-
ordnende oder unterordnende Konjunktionen oder adverbiale Bestimmungen wiedergegeben werden. Das heißt also, daß im Deutschen für das
türkische Verbaladverb entweder ein Hauptsatz oder ein Nebensatz steht.
Nur selten kann das türkische Verbaladverb durch das deutsche adverbial
gebrauchte erste Partizip (z. B. **lachend** betrat er das Zimmer) übersetzt
werden.

6. Lektion

Form des türk. Verbaladverbs	Bedeutung	Wiedergabe im Deutschen meist durch eine Konjunktion
-ip (-üp, -ıp, -up) gelip, alıp, yürüyüp, koşup, bekleyip, başlayıp	Anreihung	und
-erek (-arak) gelerek, bakarak örterek, durarak bekleyerek, başlayarak	Gleichzeitigkeit	*meist Anschluß mit* ... und während; indem; als *Adverbialpartizip:* -end beim ...en
	Vorzeitigkeit *(selten:)* Art und Weise (instrumental)	nachdem dadurch, daß indem *Präposition mit Infinitiv:* durch ...en
verneint: -meyerek (-mayarak) istemeyerek	Einschränkung verneint	nachdem ... nicht indem ... nicht *usw.* ohne zu
-'ince (-'ünce, -'ınca, -'unca) gelince, alınca, görünce, olunca, bekleyince, başlayınca *verneint:* '-meyince ('-mayınca)	Gleichzeitigkeit Vorzeitigkeit	als; sobald; wenn; und nachdem
-'e (-'a) ... -e (-a) gü'le güle damla'ya damlaya *Akzent auf dem ersten -e (-a)*	Zeit, Bedingung Art u. Weise (oft wiederholte Handlung)	indem *Adverbialpartizip* -end; wenn ... viel; dadurch, daß ... viel
iken -ir (-er, -ür, -ır, -ar, -ur) ken; -yorken gelirken, alırken, geçerken, bakarken, görürken, dururken. *Plural auch* gelirlerken *usw.*	Gleichzeitigkeit Gegensatz Einräumung	während ... (ist); solange; (immer) wenn; als ... (ist), bei ... aber *(im Folgesatz)* obwohl, obgleich ... (ist)

6. Lektion   96

Nach Vokal beginnen die Suffixe mit y. Die weiten Vokale **e - a** werden vor
-y wie i bzw. i ausgesprochen, z. B. bekleyip [bɛklɪjɪp].
iken *seiend* erklärt man als Adverbialform eines gedachten Verbs (**imek** aus
altem irmek) *sein*.
Nach Konsonant: **-ken:** çocukken   *als ich Kind war, als Kind*
Nach Vokal: **-yken:** böyleyken   *wenn es so ist.*
Es tritt außerdem an partizipiale Verbformen, z. B. **-yor** (s. Lekt. 3), **-ir**
(s. Lekt. 5 J).

Beispiele und Bemerkungen: E
-ip

Oğlu çorbayı tasa boşaltıp sofraya koyar.	Sein Sohn füllt die Suppe in die Schüssel **und** stellt (sie) auf den Tisch.
Çocuk bir kaşık çorba alıp içer.	Das Kind nimmt einen Löffel Suppe **und** ißt.

-erek

Birinci adam, elini ağzına koy**arak**: „Sus" der.	Der erste Mann legt seine Hand an seinen Mund und sagt: „Schweig!"
	Indem (während) der erste Mann seine Hand an seinen Mund legt, sagt er: „Schweig!"
Hoca derinden bir ah çek**erek** ...ondan ağlıyorum. Cevabını verir.	Der Hodscha seufzt tief auf **und** antwortet: „Darüber weine ich."
	Während (indem) der Hodscha tief aufseufzt, antwortet er ...
	Nachdem der Hodscha tief aufgeseufzt hat, antwortet er ...
	Tief aufseufz**end** antwortet der Hodscha.

Merke besonders: **olarak** *seiend*:   F
1. bedeutet nach Substantiven: *als*
2. bildet aus Adjektiven Adverbien oder adverbiale Bestimmungen.

öğretmen olarak	*als Lehrer*	son olarak	*zum Schluß*
orijinal olarak	*im Original*	genel olarak	*im allgemeinen*
		ödemeli olarak	*als Nachnahme*

-ince   G

Hoca çocuğun yaşlı gözlerini gör**ünce**: — Oğlum, niçin ağlıyorsun? diye sorar.	**Als** der Hodscha die tränenden Augen seines Kindes sieht, (sagend) fragt er: „Mein Sohn, warum weinst du?"

Die **ince**-Form hat oft ein eigenes Subjekt.

Konuşma bit**ince** mikrotelefonu yerine koyun.	**Wenn** das Gespräch beendet ist, Hörer wieder einhängen.

97	6. Lektion

Merke: -e (-a) gelince
teklifinize gelince

-e ... -e
İnsan demiri döğe döğe
demirci olur.

Damlaya damlaya göl olur.

was ... anbetrifft
was Ihren Vorschlag **anbetrifft**

Der Mensch wird, **wenn** er das Eisen
viel schmiedet, Schmied.
Durch vieles Schmieden wird der
Mensch Schmied.
(Tropfend, tropfend =) Durch vie-
les Tropfen entsteht ein See.

diye „*sagend*" ohne Verdoppelung deutet den Abschluß einer direkten **H**
Rede an. Ein einfaches *fragte er* usw. wie im Deutschen genügt am Ende
der direkten Rede im Türkischen nicht.

— Oğlum, niçin ağlıyorsun?
diye sorar.

„Mein Sohn, warum weinst du?",
fragt er.

-ken **I**
Çocuk iken (*od.* Çocukken) hepimiz
biraz şa'iriz.
Rahmetli annen olürken bana senin
gibi bir veledi yadigâr bıraktı.

Wenn wir Kinder sind (= **Als** Kind),
sind wir alle ein wenig Dichter.
Als deine selige Mutter starb, hinterließ sie mir einen Schlingel wie dich
als Andenken.

Die Form **-irken** kann ein eigenes Subjekt haben:

Ben söylerken siz dinliyorsunuz.

Während ich spreche, hören Sie zu.

Merke: *ko(y)mak* **korken**

Übungen

a) Aşağıdaki cümlelerin boş yerlerine
uygun birer ek veyahut kelime (*od.*
söz) koyarak tamamlayınız.

(In die freien Stellen der folgenden
Sätze je eine passende Endung ... oder
ein passendes Wort setzend ... =)
**Ergänzen Sie die folgenden Sätze da-
durch, daß Sie in die freien Stellen je
eine passende Endung oder ein passendes
Wort setzen.**

Emir kipi

1. **İstasyonda.**
   Lütfen yerler- *(Ihre ...)* al-.
   Bagaj- getir- lütfen.
   Lütfen — yardım —.

2. **Gümrükte.**
   Lütfen formüler- doldur-.
   Lütfen kitap harfi — yaz-.
   Cevap vermeden önce arkadaki iza-
   hati oku-.

   Rica ederim, bavullar- aç-.

Der Imperativ

Auf dem Bahnhof.
Bitte einsteigen!
Bringen Sie bitte mein Gepäck (her)!
Bitte helfen Sie mir!

Am Zoll.
Bitte füllen Sie das Formular aus!
Bitte in (= mit) Blockschrift ausfüllen!
(Vor dem Antwort-geben die Rückseite
auf-seiende Erklärungen lesen Sie =)
Beachten Sie bitte die Rückseite!
Ich bitte Sie, Ihre Koffer zu öffnen.

Lehrbuch Türkisch 7

6. Lektion   98

3. Lokantada.
Garson (bey), bana yemek liste-
göster-, lütfen.
— —

4. Otelde.
— oda- göster-, —.
— saat altı'da uyandır-, —.
Mektup- lütfen — adres- gönder-.

Lütfen — bir taksi çağır-.
Eşya- taksi- götür-.
Lütfen bin-.

5. Türkçe konuş-.
Rica ederim, biraz yavaş konuş-.
Lütfen son soru- (— kelime-) tekrar
—.
Türkiye- dön- lütfen kardeş- — se-
lâm söyle-.

Haber gönder-.

6. Sokakta.
Otobüs- Ye'dikule- kadar g-.
— dosdoğru g-.
Önce sağ-,
sonra soldaki üçüncü yol- sap-.

7. İşletmede (Fabrikada).
Önce yavaş çalış-.
Bir kere daha dene-.
Makina- durdur-.
Makina- işlet-.
— kal-.
Depo-, müdür- g-.
Kaza- derhal bildir-.
Kendinize bir hastalık sigorta belge-
al-.
Bununla doktor- g-.

8. Doktorda.
B- otur-.
Biraz —.
Dil- g-.
Nefes al-.

9. Evde. Soba yakarken.
Fehmi, soba- y-.
Odun k- zorla-.

Kömür- k-, yavaş yavaş —, bastır-.

Soba boru- sık sık t-.

Im Restaurant.
Herr Ober, zeigen Sie mir bitte die
Speisekarte!
Bitte sehr (mein Herr)!

Im Hotel.
Zeigen Sie uns bitte unser Zimmer!
Wecken Sie uns bitte um 6 Uhr!
Schicken Sie unsere Briefe bitte an die
folgende Adresse!
Rufen Sie uns bitte ein Taxi!
Bringen Sie unsere Sachen zum Taxi!
Steigen Sie bitte ein.

Beim Türkischsprechen.
Bitte sprechen Sie etwas langsam(er)!
Wiederholen Sie bitte Ihre letzte Frage
(das erste Wort)!
Wenn Sie in die Türkei zurückkehren
(= Nachdem Sie zurückgekehrt sind),
grüßen Sie bitte Ihren Bruder von mir!
Lassen Sie von sich hören.

Auf der Straße.
Fahren Sie mit dem Bus bis Yedikule!
Gehen Sie immer geradeaus!
Biegen Sie erst nach rechts ab,
dann biegen Sie in die dritte
Straße links ein!

Im Betrieb (In der Fabrik).
Arbeiten Sie zunächst langsam!
Versuchen Sie es noch einmal!
Stellen Sie die Maschine ab!
Stellen Sie die Maschine an!
Bleiben Sie hier!
Gehen Sie zum Depot, zum Direktor.
Unfall sofort melden.
Holen Sie sich (kendinize) einen Kran-
kenschein!
Gehen Sie damit zum Arzt.

Beim Arzt.
Bitte nehmen Sie Platz.
Warten Sie einen Augenblick.
Zeigen Sie Ihre Zunge!
Atmen Sie!

Zu Hause. Beim Ofenanmachen.
Fehmi, mach den Ofen an!
Wenn du Holz einlegst, wende keine
Gewalt an!
Schaufle die Kohlen ein, lege (sie) ganz
langsam (ein), presse (sie) nicht hinein.
Reinige oft die Ofenrohre!

99		**6. Lektion**

10. **Okulda.** Fiillerin şekillerini öğrenirken.
> Bu yazı- —.
> Kalem- kır-.
> Fiil- emir kip- söyle-.
> 10'a — say-.
> Sokak- isim- —.

11. **Radioda.**
> — dinleyici-, — —!

12. **Kur'ânı Kerîm'den.** *(genaue arab. Form).* (Kuranı Kerim'den)
> Fâtiha suresi.
> Rabbimiz! Gücümüzün yetmeyeceği şeyi bize taşıtma. Bizi affet, bizi bağışla, bize acı.

> Sen Mevlâmızsın bizim.
> Artık kâfirlere karşı bize yardım et.

In der Schule. Beim Lernen der Verbformen.
Lies diesen Text!
Zerbrich den Füller nicht!
Gebt den Imperativ der Verben an!
Zählt bis 10!
Schreib die Namen der Straßen auf!

Im Rundfunk.
Verehrter Hörer, auf Wiederhören!

Aus dem (gnädigen) heiligen Koran.

Die Sure Fatiha.
(Unser Herr =) O Herr! Laß uns nicht etwas tragen, wozu unsere Kraft nicht langt. Verzeih uns, vergib uns, erbarme dich unser.
Du bist unser Herr.
(Und) schließlich hilf uns gegen die Ungläubigen!

b) **Setzen Sie die fehlenden Endungen und die passenden Formen der Wörter (die weiterführenden Formen und Imperative) mit Hilfe der deutschen Übersetzung ein!**

1. Cadde ve sokaklarda sağdan (yürümek), yol ortasında (durmak) yolu (kapamak).

> Geh in den Haupt- und Nebenstraßen rechts, bleib nicht in der Mitte des Weges stehen, versperre den Weg nicht!

2. Sokak ve caddelerde karşıdan karşıya geç- köşe başında dur-

> önce sola (bakmak),
> sonra sağa, tekrar sola bak- (yürümek). Yolun yarısına gel- tekrar sağa (bakmak) ve (geçmek).

> Wenn du in Neben- und Hauptstraßen von der einen auf die andere Seite gehst, schau, indem du an der Ecke stehenbleibst, zunächst
> nach links,
> dann nach rechts; (dann) wieder nach links schauend geh! Sobald du bis zur Hälfte der Straße gekommen bist, schau wieder nach rechts und geh hinüber!

3. İhtiyarlara yardım (etmek), onları karşıdan karşıya (geçirmek).

> Hilf den Alten, (und) führe sie von der einen auf die andere Seite!

4. Yaya geçit işareti varsa, karşıdan karşıya geç- daima bu geçitleri (aramak).

> Wenn es Fußgängerübergangszeichen (Zebrastreifen) gibt, so suche, während du über die Straße gehst, immer diese Übergangsstellen!

5. Sokakta değil, oyun yerlerinde (oynamak).

> Spiele nicht auf der Straße, (sondern) auf den Spielplätzen!

6. Taşıtlara daima sıra ile ve arkadan (binmek), önden (inmek).

> Besteige die Verkehrsmittel immer nach der Reihe und (von) hinten, vorn steige aus!

7. Taşıt penceresinden el, kol, baş (çıkarmak).

> Stecke aus dem Fenster eines Verkehrsmittels weder Hand, Arm noch Kopf.

7*

6. Lektion   100

8. Trafik işaretinin renklerini, manalarını (öğrenmek).

(Erlerne =) Merke dir die Farben (und) die Bedeutungen der Verkehrszeichen!

9. Açık kamyon ve arabada yük üzerinde (oturmak).

Sitz in einem offenen Lastkraftwagen (und =) oder Wagen nicht auf der Ladung!

Tamamladığınız aşağıdaki cümleleri Almancaya çeviriniz (tercüme ediniz).

Übersetzen Sie die folgenden von Ihnen ergänzten Sätze ins Deutsche.

10. O oku- yazmak biliyor.

11. Ayşe okuldan eve dön- *(wenn / als)*, babasını yemek oda- buluyor.

12. Kış ol- *(wenn, sobald)* kar yağar.

13. Yatağa yat- uyurum.

14. Pencereyi aç- Marmara'ya bakarım.

15. *Sprichwort*: Can çık- *(verneint!)* huy çıkmaz.

16. Her gün Galata köprüsünden geç- arkadaşıma tesadüf ederim.

17. Hele taşıtlar gi- pencereden sarkmak çok tehlikelidir.

18. Otobüslerde yaşlılara yer vermek, yüksek sesle konuş- gülüş- *(durch lautes Sprechen und Lachen)* başkasını rahatsız etmemek lâzımdır.

19. Otobüs, tramvay, tren ve dolmuşlara bin- sıraya girmek gerekir.

20. İnsan bir lisanı — (konuşmak: *durch vieles Sprechen*) öğrenir.

21. Sizi (sevmek: *sehr gern tuend*) gezdiririm.

c) Aşağıdaki cümleleri Türkçeye çeviriniz.

1. Bekanntmachungen:

   Stehenbleiben! Ziehen! Drücken! Nicht berühren! Tür schließen! Anklopfen! Knopf drücken! Langsam fahren! Nicht aus dem Fenster lehnen! Nicht auf den Boden (= auf die Plätze) spucken! Nicht auf den Rasen (= die Rasen) treten!

2. Verlangen Sie eine ausführliche Broschüre!

3. Lesen Sie (= sagen Sie) alle Wörter und Sätze laut (= mit hoher Stimme)!

4. Vergessen Sie diese Regel nicht!

5. Lernen Sie die Regeln der türkischen Sprache!

6. Mein Vater fragt lachend: Wer alles verwaltet deine neue Schule? Natürlich der Schuldirektor, antwortet Aysche.

7. Ohne es zu wollen, öffnet er den Brief.

8. Vergiß nicht deine Aufgabe bei dem dauernden Umherschauen.

9. Wenn das Wetter schön ist, gehe ich spazieren.

10. Um Gottes willen, schreien Sie doch nicht so (= schreien und rufen Sie nicht)!

11. Bitte, da ist mein Wagen.

12. Gib acht beim Einsteigen (= wenn in den Zug steigend)! Gib acht beim Aussteigen!

13. Was mich (dich, ihn, sie; uns, euch, sie) anbetrifft, so bin ich damit (= mit dieser Sache) einverstanden.

14. Ich (bin) Ahmet Demirci. Ich bin der Sohn des Lehrers Salim Demirci. Ich bin Schüler (in) der ersten Klasse der Atatürk-Grundschule. (Machen auch Sie sich bekannt =) Stellen auch Sie sich vor!

6. Lektion

15. Unsere Adresse.

Der Rektor fragt Doğan *(vgl. Lekt. 3 C)*
— Wo wohnt ihr?
— In Ankara, Herr Rektor (= mein Rektor).
— Wo in Ankara (= Ankara's wo-sein-in)?
— In Bahçelievler.
— In welcher Straße (liegt) euer Haus? (Und) welche Nummer hat es
   (= seine Nummer wieviel)?
— In der 41. Straße, Nummer 9 (= seine N. 9).
— Dann schreib (mal) deine Adresse auf diesen Zettel (= Papier)!
Doğan schreibt seine Adresse folgendermaßen (= so):

> Doğan Yılmaz
> 41 inci Sokak, 9,
> Bahçelievler
> Ankara

Schreiben auch Sie I h r e Adresse (auf)!

d) Nennen Sie zu den folgenden Wörtern Ausdrücke gegensätzlicher Bedeutung.

1. kapamak	5. susmak	9. oynamak	13. çıkmak
2. işletmek	6. tıkamak	10. sürmek	14. sağ
3. çekmek	7. kalmak	11. sık sık	15. dosdoğru
4. ön	8. garplıca	12. bulmak	16. bitmek

Vokabeln

zu a)

aşağıdaki [ɑ'ʃɑːdɑ⁻kı]	folgend, untenstehend
cümle	Satz
uygun	passend
birer	je ein
ek	Endung, Suffix
veyahut [vɛ'jɑːhʊt]	oder
kelime, söz	Wort
tamamla- mak	vollenden; ergänzen
bagaj (s. ⑫ A 4)	Gepäck
yardım	Hilfe
yardım etmek	helfen (-e/ *D*)
gümrük (-ğü)	Zoll(amt)
formüler	Formular
doldurmak	ausfüllen
harf (-fi)	Buchstabe
kitap harfi	Druckbuchstabe, Blockschrift
'vermeden önce	(vor dem Geben) bevor ... (Sie) geben
arka	Rückseite
arkadaki	auf der Rückseite
izahat [ızɑːhɑt] (-tı) ⑥	Erklärung(en)
bavul [baˇvʊɫ] ⑥	Koffer
açmak	öffnen

garson; garson bey	Kellner; Herr Ober
göndermek	schicken
çağırmak [tʃɑːɑrmɑk]	rufen
eşya [ɑː] (*Plural v.* şey), *a.* eşyalar	Sachen
götürmek	(hin)bringen
yavaş	langsam
yavaş yavaş	ganz langsam
son	Ende, Schluß, letzt-
tekrar etmek (= tekrarlamak)	wiederholen
kardeş	Bruder
selâm [sɛlɑːm]	Gruß
selâm söylemek	grüßen (j-n von / -e -den)
'dosdoğru ['dɔsdɔːrʊ]	geradeaus
'önce	zunächst
sonra	*Adv.* dann, danach
soldaki	links gelegen
sapmak (sapar)	einbiegen (-e/ in *A*)
-e kadar	bis
işletme	Betrieb
kere *od.* kez	Mal, -mal
bir kere *od.* bir kez	einmal
denemek	versuchen, probieren

6. Lektion   102

ma'kina	Maschine	affetmek	verzeihen
durdurmak	anhalten	bağışlamak [baːaʃla-]	vergeben
işletmek	in Betrieb setzen, anstellen	acımak	sich erbarmen (-e/ G)
kalmak	bleiben	mevlâ [-laː]	Gott, Herr
depo	Depot, Lager	kâfir [ķaːfɪɹ]	Ungläubige(r)
müdür, direktör	Direktor	-e karşı	gegen
kaza	Unfall		
bildirmek	melden, mitteilen	zu b)	
kendi	selbst, sich	cadde [dʒadːɛ] ⑪	(größere) Straße
hastalık	Krankheit	orta	Mitte
si'gorta	Versicherung	durmak	stehenbleiben,
belge	Schein; Ausweis		sich aufhalten
hastalık	Kranken-	kapamak	schließen, zumachen;
sigorta	schein		versperren,
belgesi			verstopfen
buyurmak	befehlen, geruhen	karşıdan karşıya	von der einen auf die andere
dil	Zunge; Sprache		Seite; quer (über die
nefes	Atem		Straße)
nefes	Atem holen	köşe başı	Straßenecke
almak		tekrar	wieder
'soba	Ofen	yarı	Hälfte
yakmak (yakar)	a. anzünden, anmachen	geçirmek	(hinüber-) führen
odun	Brennholz	yaya	Fußgänger
zorlamak	zwingen, Gewalt anwenden	geçit	Paß, Übergang
		işaret [aː]	Zeichen; Signal
		oyun	Spiel
kömür	Kohle	oynamak	spielen
kürekle-	(ein)schaufeln	taşıt	Fahrzeug
mek		sıra	Reihe
bastırmak	hineinpressen	sıra ile	der Reihe nach
boru	Rohr	arkada	(von) hinten
sık sık	oft	ön	Vordere(s)
fiil	Verb	önden	(von) vorn
öğrenmek	lernen	baş	Kopf
yazı	Text	kol	Arm
kırmak	zerbrechen,	çıkarmak	hinausstecken
(kırar)	kaputt machen	renk (-gi)	Farbe
saymak	zählen	mana [maːnaː]	Bedeutung
(sayar)		kamyon	Lastkraftwagen
isim (ismi)	Name	araba	Wagen
sayın	geehrt	üzerinde	auf (G, N/D)
dinleyici [dɪnleˈìdʒɪ]	Hörer	yük (-kü)	Ladung, Last
'hoşça	angenehm	bulmak	finden
hoşça	auf Wiedersehen, auf	kış	Winter
kalın	Wiederhören	olmak	werden
		kar	Schnee
Kuran	Koran	yağmak [jaːmak]	regnen,
kerim [iː]	gnädig	(yağar) [jaːaɹ]	schneien
sure [uː]	Sure (Abschnitt des Korans)	yatmak (yatar)	sich (zu Bett) legen
		uyumak	schlafen
Rab (-bi)	Herr, Gott	çıkmak	hinausgehen, herauskommen
güç (-cü)	Kraft		
yetmek	langen	köprü	Brücke
yetmeye-	die nicht langen wird	arkadaş	Kollege
ceği		tesadüf [aː]	begegnen
taşıtma	tragen lassen, auferlegen	etmek	(-e/ D)

'hele	gerade; besonders	sich hinauslehnen	sarkmak
sarkmak	sich hinauslehnen (-den/ aus)	spucken	tükürmek
		Rasen	çim
tehlikeli	gefährlich	ausführlich	mufassal
yaşlı	alt, betagt	Broschüre	broşür
yüksek	laut, mit lauter	Regel	kural
sesle	Stimme	Sprache	dil
gülüşmek	gemeinsam	verwalten	idare [a:] etmek
	lachen	umherschauen	etrafa bakmak
rahatsız	belästigen	Aufgabe	ödev
etmek		vergessen	unutmak
gerekir,	es ist nötig,	spazieren-	gezmek, gez-
od. lâzım	man muß	gehen	meye gitmek
sıra	Reihe	um Gottes	Allah aşkına
sıraya	sich anstellen	willen	
girmek		achtgeben	dikkat etmek
lisan [a:]	Sprache	(-e/ auf)	
gezdirmek	*j-n* herum-	einverstanden	razı [a:]
	fahren	(mit /-e)	
zu c)		Volksschule,	'ilkokul
Bekannt-	ilân [i:la:n]	Elementar-	
machung		schule	
stehenbleiben	durmak	Klasse	sınıf
ziehen	çekmek	bekannt-	tanıtmak
drücken	itmek	machen	
berühren	dokunmak	Rektor (einer	başöğretmen ['baʃœ:rɛt-
schließen	kapamak	Volksschule)	mɛn]
Tür	kapı	welcher, wel-	'hangi
anklopfen	kapıyı vurmak	che, welches	
drücken, tre-	basmak	41	kırk bir
ten (-e/ auf)		41.	kırk birinci
fahren	(taşıtı) sürmek	dann ... (mal)	öyleyse [œ:'leˑisɛ]
		so, folgender-	şöyle
		maßen	

Europäische Wörter im Türkischen

bagaj:	*frz.*	bagage	formüler:	*frz.*	formulaire
bronz:	*frz.*	bronze	garson:	*frz.*	garçon
broşür:	*frz.*	brochure	makina:	*it.*	macchina
demokrasi:	*frz.*	démocratie	mikrotelefon:	*Kunstwort:*	*gr.* mikrós
depo:	*frz.*	dépôt		*klein* + telefon	
disiplin:	*frz.*	discipline	direktör:	*frz.*	directeur

In dieser Lektion haben Sie folgende Suffixe kennengelernt:

Imperativ Singular	—
Imperativ Plural	**-in(iz)**
Verbaladverbien	**-ip -erek -e ... -e -ince -(i)ken**

Formel

'Deme (yahu)! *(Sag es nicht =) Was du nicht sagst! Nanu!*

7. Lektion

1. Günler, aylar ve mevsimler

Bir yıl 12 ('on iki) aydır. Aylar, 30 (otuz) yahut 31 (otuz 'bir) gün sürer. Bir yılda, yani 12 ayda 365 (üç yüz altmış beş) gün vardır. 7 güne bir hafta denir. Yedi günün isimleri ayrı ayrıdır: **Pazartesi, salı, çarşamba, perşembe, cuma, cumartesi, pazar.** Eğer yılı, haftaya göre söylemek istersek, bir yıl 52 (elli 'iki) haftadır, deriz.

Bir yılda dört bölüm vardır. Her birine mevsim denir. Mevsimlerin adları: **İlkbahar, yaz, güz (sonbahar), kıştır.** Her mevsim üç aydır. İlkbahar ayları: Mart, nisan, mayıstır. Yaz: Haziran, temmuz, ağustos. Güz: Eylül, ekim, kasım aylarıdır. Kış da: Aralık, ocak, bir de şubat.

Mevsimlere başlangıç olan ayların yirmi birinci günü | mevsim başlangıcıdır. İlkbahar, 21 (yirmi 'bir) martta; yaz, 21 haziranda; sonbahar, 21 eylülde; kış, 21 aralıkta başlar. Tam üç ay sürer.

Yeni yıl ocak ayında başlar. Aylar şöyle sıralanır: **Ocak, şubat, mart, nisan, mayıs, haziran, temmuz, ağustos, eylül, ekim, kasım, aralık.**

Her dört yılda bir defa sene 366 gün olur. Böyle yıllara artıkyıl denir. Bir gün şubata eklenerek şubat 29 gün olur. İnsanların gününü, ayını, güneşin doğuşunu, batışını bildiren araçlara[1]) takvim denir. Takvimler çeşitlidir: Duvar takvimi haftalık, aylık takvim. Duvar takvimine dikkat edersek, her yaprağın üzerinde şunları görürüz.

> Hangi yıldayız?
> Hangi aydayız?
> **Bugün ayın kaçıdır?** *(Der wievielte ist heute?)*
> Günlerden nedir? *(Welcher Tag ist heute?)*

2. Saat

Saat hiç durmak bilmeden işler. İnsanlara zamanı gösterir.

Duvar saatı, cep saatı, masa saatı, kol saatı, asma saat gibi çeşitleri vardır. Kimisi büyüktür, kimisi küçük. 'Ama | hepsinde de aynı şeyler vardır: Yuvarlak veya dört köşe bir yüz. Bu yüzün üzerinde sayılar vardır, **birden on ikiye kadar.** Sayıların arasına ince çizgiler çekilmiştir.

Tam ortaya tutturulmuş iki ince kol ...

Bunların uzununa yelkovan, kısasına akrep denir. Akrep, saatın kaç olduğunu gösterir, yelkovan da dakikaları. Bir gün **yirmi dört** saattır. Bazı saatların ortasında ve alt yanında küçük bir yuvarlak üzerinde çizgiler, **60'a kadar onar onar** yazılı sayılar, bir de küçük bir gösterge bulunur. Bunlar saniyeyi gösterir. Bir saat 60 eşit parçaya ayrılmıştır. Her birine dakika denir. Bir dakikada da 60 saniye vardır.

Demek ki, bir gün 24 saat, bir saat 60 dakika, bir dakika 60 saniyedir. Bir gün 1440 (bin dört yüz kırk) dakika demektir. Bir saat de 3600 (üç bin altı yüz) saniye olur. Akrebin | saat kadranı üzerinde bir kere dönmesiyle 12 saat geçer. Hal'buki | yelkovan bir kere dönmekle 'ancak bir saatı tamamlar.

Aus dem Schulbuch Hayat Bilgisi – Türkçe, Sınıf: 3, von R. Gökalp Arkın, BİR Yayınevi, İstanbul

---

[1]) [araʃtara] ⑫ D

105   7. Lektion

Erläuterungen

7 güne bir hafta denir.
Zu *7 Tagen eine Woche wird-gesagt* = 7 Tage heißen eine Woche.

Eğer yılı, haftaya göre söylemek istersek,
Wenn das-Jahr Wochen-nach sagen (= ausdrücken) wollen-wir-wenn,
bir yıl 52 haftadır, deriz.
ein Jahr 52 Wochen ist (= hat) sagen wir.
= Wenn wir das Jahr in Wochen ausdrücken wollen, so sagen wir: Das Jahr
hat 52 Wochen.

Mevsimlere başlangıç olan ayların yirmi birinci günü mevsim başlangıcıdır.
Den-Jahreszeiten Anfang seienden Monaten der 21. Tag der Jahreszeit Anfang-ist.
= Der 21. Tag der Monate, (die der Anfang für die Jahreszeiten sind =) in
denen die Jahreszeiten beginnen, ist der Anfang der Jahreszeit.

eklenerek *(s. Lekt. 6 D)*: indem hinzugefügt wird, durch Hinzufügung
şubat 29 gün olur: so (wird =) kommt der Februar auf 29 Tage.

bildiren araçlara: *die ... angebenden Vorrichtungen* = die Vorrichtungen, die den
Tag und Monat der Menschen, den Aufgang ... angeben, heißen Kalender.

haftalık takvim: Wochenkalender *(s. Lekt. 5 E)*.

saatın kaç olduğunu ...: *(zeigt das-die-Stunde-wieviel-seiende =)* zeigt, welche
Stunde es ist.

Vokabeln

1.				
ay		Monat	temmuz	Juli
mevsim		Jahreszeit	ağustos [ɑːʊstəs]	August
yahut	[ˈjɑːhʊt]	oder	eylül	September
sürmek		dauern	(eylûl)	
(sürer)			ekim	Oktober
yani	[ˈjɑːnɪ]	nämlich	kasım	November
denmek		gesagt werden,	aralık	Dezember
		heißen	bir de	außerdem,
ayrı ayrı		im einzelnen		sowie
pa'zartesi		Montag	başlangıç	Anfang
salı		Dienstag	tam	genau
çarşamba		Mittwoch	başlamak	anfangen (-e
perşembe		Donnerstag		/A, mit; zu ...)
cuma	[dʒuˈmɑː]	Freitag	sıralanmak	geordnet, auf-
cu'martesi		Sonnabend		gezählt wer-
(-ni, -yi)				den
pazar		Sonntag	sene	Jahr
bölüm		Teil	ar'tıkyıl	Schaltjahr
her biri		jeder von	eklenmek	hinzugefügt
		ihnen, davon		werden
ad (adı)		Name	doğuş [dɔːʊʃ]	Geburt;
'ilkbahar		Frühling		Anfang
yaz		Sommer	batış	Untergang
güz,			bildirmek	mitteilen;
'sonbahar		Herbst		angeben
ocak		Januar	bildiren	mitteilend;
şubat		Februar		angebend
mart		März	araç (-cı)	Mittel, Gerät,
nisan		April		Vorrichtung,
mayıs		Mai		Verkehrs-
haziran		Juni	takvim [iː]	mittel Kalender

7. Lektion

duvar	Wand	çekilmiştir	ist, sind gezogen
aylık	... für einen Monat, Monats-	tutturul-muş	befestigt
yaprak (-ğı)	Blatt	kol	Arm; Zeiger
şunlar	dies, folgendes	yelkovan	Minutenzeiger, großer Zeiger
2.		kısa	kurz
hiç	gar nicht	akrep (-bi)	Stundenzeiger, kleiner Zeiger
bilmeden	ohne zu wissen, *hier*: ohne *stehenbleiben zu können*	dakika	Minute
işlemek	*hier*: gehen	G orta-sında	in der Mitte G
cep	Tasche	alt	unter-
kol	Arm; *hier*: Armband-	yan	Seite
asma	Hänge-; *hier*: Wand-	onar onar	im Abstand von zehn
kimisi ...	der eine ...	yazılı	geschrieben; angegeben
kimisi	der andere	gösterge	Zeiger
'ama	aber ⑪	saniye [saː-]	Sekunde
'hepsi	alle	eşit	gleich
'aynı	derselbe, dieselbe, dasselbe	parça	Stück; Abschnitt
yuvarlak	rund; Kreis; Kugel	ayrılmıştır	ist, sind (ein-) geteilt
köşe	Ecke	demek ki	das heißt, also
dört		demek	*hier*: demnach
köşe(li)	viereckig	kadran	Zifferblatt
yüz	Oberfläche, Außenseite	dönme	Umdrehung
sayı	Zahl, Ziffer	akrebin ... dönme-siyle	= dönmesi ile
-den ... -e kadar		geçmek	vergehen
G arasın(d)a	von ... bis zwischen D	'halbuki *od.* hal'buki	dagegen, hingegen, jedoch
ince	fein	hayat bilgisi	Lebenskunde
çizgi	Strich	Bir	*Name*
		yayınevi [ja'jinɛvɪ]	Verlag

Grammatik

Kardinalzahlen (Asıl sayılar)

0 sıfır (sıfırı!)
1 bir
2 iki
3 üç (-çü)
4 dört (-dü)
5 beş
6 altı
7 yedi
8 sekiz
9 dokuz
10 on
11 on bir ['ɔnbɪɹ]
12 on iki ['ɔnɪkɪ]
13 on üç ['ɔnytʃ]
14 on dört *usw.*
15 on beş

Ordinalzahlen (Sıra sayıları) A

Suffix -inci, *enge Vokalharmonie*

1. birinci, ilk
2. ikinci
3. üçüncü
4. dördüncü
5. beşinci
6. altıncı
7. yedinci
8. sekizinci
9. dokuzuncu
10. onuncu
11. on birinci
12. on ikinci
13. on üçüncü
14. on dördüncü
15. on beşinci

Nur das letzte Glied der Zahl erhält das Suffix -inci.

7. Lektion

Kardinalzahlen (Asıl sayılar)	Ordinalzahlen (Sıra sayıları)
16 on altı	**16.** on altıncı
17 on yedi	**17.** on yedinci
18 on sekiz	**18.** on sekizinci
19 on dokuz	**19.** on dokuzuncu
20 yirmi	**20.** yirminci
21 yirmi bir [jɪrmɪ'bʊ]	**21.** yirmi birinci
22 yirmi iki [... ɪ'kɪ]	**22.** yirmi ikinci
23 yirmi üç [... 'ytʃ]	**23.** yirmi üçüncü
30 otuz	**30.** otuzuncu
31 otuz bir	**31.** otuz birinci
40 kırk	**40.** kırkıncı
50 elli [ɛ'lːɪ]	**50.** ellinci
60 altmış *oft* [ɑtmiʃ]	**60.** altmışıncı
70 yetmiş	**70.** yetmişinci
80 seksen	**80.** sekseninci
90 doksan	**90.** doksanıncı
100 yüz	**100.** yüzüncü
101 yüz bir	**101.** yüz birinci
121 yüz yirmi bir	**121.** yüz yirmi birinci
200 iki yüz	**200.** iki yüzüncü
572 beş yüz yetmiş iki	**572.** beş yüz yetmiş ikinci
1000 bin	**1000.** bininci
100.000 yüz bin	**100.000.** yüz bininci
1.000.000 bir milyon	**1.000.000.** milyonuncu
1.000.000.000 bir milyar (bir bilyon)	**1.000.000.000.** milyarıncı

Betonung: 'on bir, 'on iki usw.
yirmi 'bir, yirmi i'ki usw.

Die Türken setzen nach Tausendern Punkte: 1.000.000.

Zählwort   B

Zwischen Zahl und Substantiv steht im Türkischen zuweilen das Zählwort
tane *Stück*.

üç tane elma
drei Äpfel
auch: üç elma

Das Zählwort muß stehen, wenn sich die Zahl auf ein vorher genanntes
Substantiv bezieht:

Kaç mendil istiyorsunuz?   *Wieviel Taschentücher möchten Sie?*
Üç tane istiyorum.   *Ich möchte drei.*

Maßangaben   C

metresi 25 kuruştan   50 m Leitungsdraht,
   50 metre kordon   das Meter **zu** 25 Kurusch.
litresi 132 kuruştan   100 Liter Benzin,
   100 litre benzin   das Liter **zu** 132 Kurusch.

7. Lektion   108

Monatstage   D

türkisch *Kardinalzahl* (ohne Punkt!)	*deutsch* *Ordinalzahl*
16 (on altı) şubat	der 16. Februar
23 (yirmi üç) eylül	der 23. September
İstanbul, 17 (on yedi) aralık 1966	Istanbul, den 17. Dezember
(bin dokuz yüz altmış altı)	1966
[auch 966 geschrieben]	
23 eylülde	
23 eylül günü	am 23. September
Bugün { 10 marttır. { martın 10'udur.	Heute ist der 10. März.
Ordnungszahl	
eylülün 23. (yirmi üçüncü) günü	der (am) 23. Tag des September

Zusätzliche Zeitbestimmungen   E

çalışma günü	Arbeitstag, Wochentag	salı **günü**	am Dienstag
tatil günü	Feiertag	salı günl**eri** ⎱	
çalışma günl**eri**	wochentags	salıl**arı** ⎰	dienstags
tatil günl**eri**	feiertags	sabahl**arı**	morgens
pazartesi **günü**	am Montag	akşaml**arı**	abends
pazartesi günl**eri** ⎱		gecel**eri**	nachts
pazartesil**eri** ⎰	montags	gündüz	Tag

yazın ['jɑ⁻zin] im Sommer *aber:* ilkbaharda im Frühling	kışın ['ki⁻ʃin] im Winter sonbaharda im Herbst

Ordnungszahl vor Herrschernamen:

II. Murat (İkinci Murat)   Murat II. (der Zweite)
II. Frederik (İkinci ...)   Friedrich II.
XIV. Lui (On dördüncü ...)   Ludwig XIV.

Wiederholungszahlwörter   F

defa, kere (*od.* kez), sefer	Mal
bir defa, bir kere, bir sefer	einmal
iki defa, iki kere, iki sefer	zweimal usw.
bir defalık, iki defalık	einmalig, zweimalig usw.
birinci defa	das erste Mal
ikinci defa	das zweite Mal
sonuncu defa	das letzte Mal
	als Glieder einer Reihe
aber:	
ilk defa	das erstemal
son defa	das letztemal
	ohne Bezug auf die Reihe.

Bruchzahlen (kesir sayıları) G

$1/_4$	çeyrek (dörtte bir) *ein Viertel*		$1^1/_2$	bir buçuk *eineinhalb*
$1/_2$	yarı *ein halb*		$6^1/_2$	altı buçuk *sechseinhalb*
$1/_3$	üçte bir *ein Drittel*			
$1/_5$	beşte bir *ein Fünftel*		1,5	bir virgül beş
$2/_3$	üçte iki *zwei Drittel*			(bir buçuk)
$1/_{10}$	onda bir *ein Zehntel*		2,08	iki virgül sıfır sekiz
$8/_7$	yedide üç *drei Siebentel*			(iki yüzde sekiz)
$1/_{100}$	yüzde bir *ein Hundertstel*			

% = yüzde H

% 5 = yüzde beş *fünf Prozent*; % 10 = yüzde on *zehn Prozent*

Distributivzahlen (üleştirme sayılar) I

Häufiger und sorgfältiger als im Deutschen werden im Türkischen die
Distributivzahlen (Einteilungszahlen üleştirme sayıları) gebraucht.

Suffix -er, nach Vokal -şer

birer	je ein(e)	beşer	je fünf	dokuzar	je neun
ikişer	je zwei	altışar	je sechs	onar	je zehn
üçer	je drei	yedişer	je sieben	yüzer	je hundert
dörder	je vier	sekizer	je acht		

birer — birer *in Einergruppen, im Abstand von 1*
onar — onar *zu zehnen, in Zehnergruppen, im Abstand von (je) zehn*

Merke: kaçar (je) wieviel *(von, in)* ...

Öğretmen çocuklara birer kitap veriyor.	Der Lehrer gibt den Kindern je ein Buch.
Biz yirmişer lira alıyoruz.	Wir erhalten je 20 Pfund.
500'e (beş yüze) kadar ellişer ellişer sayınız.	Zählt bis 500 im Abstand von (je) 50.

Vervielfältigungszahlen J

werden mit **misil (misli)** *Vielfaches* gebildet:

iki **misli**	*doppelt so viel, zweifach*
üç **misli**	*dreimal so viel, dreifach* usw.

Bu sayılara göre şehir 28 yıl zarfında **dört misli** genişlemiş bulunmaktadır.	Auf Grund dieser Zahlen hat sich die Stadt in 28 Jahren **um das Vierfache** vergrößert.

Die Uhrzeit (saat) K

Wieviel ist die Uhr?	*Um wieviel Uhr ist er gekommen?*
Saat kaç(tır)?	Saat kaçta geldi?

7. Lektion 110

es ist ...	... um ...

in ganzen Stunden (tam saatlarda)			
Es ist eins, *acht (Uhr).*	Saat bir, sekiz.	*Er ist um eins,* *acht gekommen.*	Saat birde, sekizde geldi.

in halben Stunden (yarım saatlarda)			
Es ist halb eins, *halb zwei,* *halb acht.*	Saat yarım, bir buçuk, yedi buçuk.	*Er ist um halb eins,* *halb zwei,* *halb acht* *gekommen.*	Saat yarımda, bir buçukta, yedi buçukta geldi.

in Viertelstunden oder Minuten (çeyrek saat veyahut dakikada)

nach

Es ist (ein) Viertel *nach eins (1¼),* *nach sieben (7¼).*	Saat biri çeyrek, yediyi çey- rek **geçiyor.**	*Er ist um (ein) Viertel* *nach eins,* *nach sieben* *gekommen.*	Saat biri çeyrek, yediyi çeyrek **geçe** geldi.
Es ist 10 Minuten *nach elf,* *5 Minuten* *nach sechs.*	Saat on biri on (dakika), altıyı beş (dakika) **geçiyor.**	*Er ist 10 Minuten* *nach elf,* *5 Minuten* *nach sechs* *gekommen.*	Saat on biri on (dakika), altıyı beş (dakika) **geçe** geldi.

vor

Es ist (ein) Viertel *vor eins,* *vor sieben.*	Saat bire çeyrek, yediye çey- rek **var.**	*Er ist (ein) Viertel* *vor eins,* *vor sieben* *gekommen.*	Saat bire çeyrek, yediye çeyrek **kala** geldi.
Es ist 10 Minuten *vor elf,* *5 Minuten* *vor sechs.*	Saat on bire on (dakika), altıya beş (dakika) **var.**	*Er ist 10 Minuten* *vor elf,* *5 Minuten* *vor sechs* *gekommen.*	Saat on bire on (dakika), altıya beş (dakika) **kala** geldi.

amtliche Uhrzeit: 0 — 24 saat sıfırdan yirmi dörde **kadar.**

gegen ⎰ 3 Uhr saat üç ⎱ **sularında**
ungefähr um ⎱ 10 Uhr 30 saat on buçuk ⎰

Amtlich wird die Uhrzeit wie im Deutschen gelesen.

14.35 saat on dört, otuz beş.
um 21.45 saat yirmi bir, kırk beşte.

-den ... -e kadar	von ... bis
saat bir**den** üçe **kadar** saat sekize çeyrek kala**dan** dokuzu çeyrek geçeye **kadar**	von 1 bis 3 Uhr von 7.45 (Viertel vor acht) bis 9.15 (Viertel nach neun)

111 7. Lektion

Uhrzeit mit Tageszeit: Saat akşamın yedisiydi. Es war 7 Uhr abends.

Merke: 17.40 (on yedi kırk)
18.20 (on sekiz yirmi) **arası** von 17 Uhr 40 **bis** 18.20
oder zwischen 17.40 und 18.20

Alter (yaş) **L**

Kaç yaşında(dır)? Yaşı kaç(tır)?	Wie alt ist er?
Şimdi otuz üç yaşında(dır).	Er ist jetzt 33 Jahre alt.
Çocuk bir yaşında.	Das Kind ist ein Jahr alt.
Yaşımı ne kadar tahmin edersiniz?	Für wie alt halten Sie mich?
Yaşınızı doksan dokuz tahmin ediyorum.	Ich halte Sie für 99 Jahre.
On sekiz yaşında devlet lise imtihanını verdi.	Im Alter von 18 Jahren machte er das Abitur.

Fragepronomen **M**

1. *unbestimmt und adjektivisch* 'hangi ⎫
2. *bestimmt* 'hangisi ⎬ welcher?
3. *adjektivisch, nur im Sing.* 'nasıl ⎫
4. *adjektivisch, a. im Plur.* 'ne gibi ⎬ was für (ein)?

1) **Hangi** adam? **Welcher** Mann?
Şimdi **hangi** yıldayız? In **welchem** Jahr sind wir jetzt?
Okulunuz **hangi** aylarda kapalıdır? In **welchen** Monaten ist eure Schule geschlossen?

2) **Hangisi** daha büyük? **Welcher** ist größer?
Cevapların **hangisi** doğru? **Welche** der Antworten ist richtig?

3) **Nasıl** kâğıt istiyorsunuz? **Was für** Papier möchten Sie?
Bu **nasıl** adam? **Was für ein** Mensch ist das?

4) **Ne gibi** eserleri okursunuz? **Was für** Werke lesen Sie gewöhnlich?

Rechnen — Arithmetik **N**
Die vier Rechnungsarten — Dört işlem

Addition — wir addieren **Toplama** — toplarız *(toplamak)*
$3 + 2 = 5$ üç **artı** iki eşit beş
plus *Summe* — toplam (yekûn)

Subtraktion — wir subtrahieren **Çıkarma** — çıkarırız *(çıkarmak)*
$7 - 3 = 4$ yedi **eksi** üç eşit dört
minus *Differenz* — fark

Multiplikation — wir multiplizieren **Çarpma** — çarparız *(çarpmak)*
$5 \times 3 = 15$ beş **çarpı** üç eşit on beş
mal *Produkt* — çarpım

Division — wir dividieren **Bölme** — böleriz *(bölmek)*
$15 : 5 = 3$ on beş **bölü** beş eşit üç
durch *Quotient* — bölüm

7. Lektion   112

Bedingungssätze   O

('eğer) ...	Sing.	Plur.	
	1. '-sem (-sam)	'-sek (-sak)	
	2. '-sen (-san)	'-seniz (-sanız)	wenn
	3. '-se (-sa)	-se'ler (-salar)	
		(-'lerse) (-larsa)	

Akzent: Die Silbe vor -se (-sa) hat Starkton,
-se (-sa) selbst hat leichten Hochton.

-se tritt

an den einfachen Stamm	gelse;	verneint:	'gelmese
an den ir-Stamm	ge'lirse;	verneint:	gel'mezse
an den yor-Stamm	geli'yorsa;	verneint:	'gelmiyorsa

Bedeutung

gelse Annahme, Hypothese, Möglichkeit, Nichtwirklichkeit:
    angenommen, er kommt; wenn er käme; wenn er kommen sollte

gelirse (~) s. L. 5 Q,   *(immer) wenn er kommt*
geliyorsa (—) s. L. 3 J,   *wenn er kommt*

wenn ich bin	1. isem, -sem	isek, -sek	Der Hauptton
usw.	2. isen, -sen	iseniz, -seniz	liegt vor **ise.**
	3. ise, -se	iseler, -seler	

cevap doğ'ru ise   **wenn** die Antwort richtig **ist**
cevap doğru '**değil ise**   **wenn** die Antwort nicht richtig **ist**
    (*od.* '**değilse**)

Beispiele

'Kışın güneş sabahları   Nehmen wir an, die Sonne geht
saat 7 de doğsa,   im Winter morgens um
akşamları da saat   7 Uhr auf und abends um
17 de batsa, gündüz   17 Uhr unter, wieviel
kaç saat sürüyor   Stunden (dauert =) scheint
demektir?   sie dann am Tage?

Duvar takvimine dikkat   **Wenn wir** den Wandkalender
edersek, her yaprağın   **betrachten,** so sehen wir
üzerinde şunları görürüz.   auf jedem Blatt folgendes.

Die Wortbildungssuffixe -li und -lik   P

Wörter auf **-li** und **-lik** können sowohl Adjektive als auch
Substantive sein.

-li (-lü, -lı, -lu) zur Bildung von

1. Adjektiven

Bedeutung: *habend, versehen mit*; deutsch oft **-ig**, Partizip Perfekt:

113   7. Lektion

bulut	Wolke	bulutlu	wolkig, bewölkt
çeşit	Art	çeşitli	verschiedenartig
dalga	Welle	dalgalı	wellig, bewegt
yaş	Alter	yaşlı	alt, betagt
hece	Silbe	üç heceli	dreisilbig
hak	Recht	haklı	recht habend
		haklısınız	Sie haben recht.

2. Substantiven

Bedeutung: *stammend aus*; deutsch oft -er:

İstanbul		İstanbullu	Istanbuler
Berlin		Berlinli	Berliner
İsviçre	*Schweiz*	İsviçreli	Schweizer(in)
Amerika		Amerikalı	Amerikaner(in); amerıkanisch

-lik (-lük, -lık, -luk) zur Bildung von

1. (meist) Abstrakten aus Adjektiven:

güzel	*schön*	güzellik	*Schönheit*
iyi	*gut*; *gesund*	iyilik	*Güte*; *Gesundheit*

2. konkreten Substantiven und Adjektiven aus Substantiven:

göz	*Auge*	gözlük	*Brille*
taş	*Stein*	taşlık	*steinige Gegend*; *steinern, Stein-*

3. Adjektiven (und zum Teil Substantiven) zur Angabe eines Maßes:

im Umfang von, im Betrage von, zum Preise von, in einer Stärke von, von der Dauer, in einer Entfernung von, ... enthaltend; deutsch zuweilen -ig, -lich.

100 kuruşluk sayısı	die Nummer (Exemplar) zu **100 Kurusch**
bir saatlık yol	(ein) Weg (von der Dauer einer ＝) **von einer Stunde,** ein einstündiger Weg
sekiz saatlık çalışma günü	Achtstundentag
384 sahifelik bir ansiklopedi	ein Lexikon **im Umfang von 384 Seiten**
işçilik	Arbeitslohn, Arbeitsaufwand
25 kişilik yer	Platz (im Umfang von ＝) **für**
(kişi = Person)	**25 Personen**
5 kilometrelik yer	ein 5 km entfernter Ort
iki defalık	zweimalig

Vokabeln

tane	Stück	kordon	Leitungsdraht
metre	Meter		
kuruş (krş)	Kurusch, Piaster	benzin	Benzin
		ilk	erst-
elma	Apfel	sonuncu	letzt-
mendil	Taschentuch	işlem	Rechnungsart
litre	Liter	yaprak (-ğı)	Blatt

Lehrbuch Türkisch 8

7. Lektion   114

Übungen

a) **Schreiben Sie die Zahlen in den folgenden Sätzen aus.**
(Aşağıdaki cümlelerin sayılarını yazınız).

1. Uludağ 2543 metre yüksekliktedir.

2. (1956 yılında) Türkiye'nin Başkenti Ankara'nın nüfusu 453.151 dir. Nüfusu 100 binden fazla olan şehirler: İstanbul 1.214.616, İzmir 286.310, Seyhan 172.465, Bursa 131.336, Eskişehir 122.755.

3. Kısa dalga 31,55; 25,12 ve 19,06 metrelerden yaptığımız günün 3'üncü ve son Türkçe yayınına devam ediyoruz.

4. Badanacının faturası: kireç 3720 kuruş, boya 790 kuruş, cilâlar 32.000 kuruş, işçilik 8320 kuruş (8 saattan dört gün).

5. Türkiye'nin yüzölçümü 23.485 km² si Avrupa'da, 753.238 km² si Asya'da olmak üzere 776.723 km² dir. Nüfusu 24.121.778 olup (1955 sayımı), 2.584.702'si Avrupa ve 21.537.076'sı Asya kıt'asındaki topraklarda yaşamaktadır. Nüfus yoğunluğu, ortalama, 31 kişidir.

6. Temel ihtiyaç maddelerinde artış % 31, sebzelerde ise % 64 vardı.

7. 31 mart 1430, 29 mayıs 1453, 29 ekim 1923, 23 nisan 1920, 19 mayıs 1919, 13 eylül 1921.

8. İstanbul Radyosunun programı:

7.26 Açılış	8.30 Plâk dolabı
7.30 İki marş	9.00 Müzik
7.35 Müzik	9.20 Şarkılar
8.00 Haberler	9.40 Dans müziği
8.15 Oyun havaları	10.00 Kapanış
	11.57 Açılış

9. Devamı Sa. 3 Sü. 6'da (= sayfa, sütun); Tafsilâtı (od. Ayrıntılar) 6. sayfada, ölçüler 297. sayfada, 580. sayfadan devam. 31 aralık yılın 365. günüdür.

10. Çarpım tablosunu bilir misiniz?

$1 \times 1 = 1$	$3 \times 1 = 3$	$2 \times 2 = 4$
$2 \times 1 = 2$	$1 \times 2 = 2$	$3 \times 2 = 6$

11. Aşağıdaki işlemleri yapınız:

$6 \times 3 =$	$8 \times 3 =$	$9 \times 3 =$
$11 \times 3 =$	$14 \times 3 =$	$40 \times 10 =$
$8 - 3 =$	$48 - 18 =$	$52 - 18 =$
$25 + 15 =$	$65 + 17 =$	$39 \times 48 =$

12. Türk lirası (T.L.) Türkiye devletinin para birimidir. Kuruş (krş.) liranın % 1 i değerinde Türk parası.

13. 500'e kadar ellişer — ellişer yazınız.

14. 50'den başlayarak 250'ye kadar onar — onar sayınız.

15. 3'ten başlayarak 60'a kadar üçer — üçer sayınız ve yazınız.

b) **Aşağıdaki cevapların hangisi doğru ise, başındaki parantezin içine — x — işareti koyunuz.**

(Wenn (welche =) irgendeine der folgenden Antworten richtig ist, (so) setzen

115   7. **Lektion**

Sie das Kreuz in die davorstehende Klammer): Setzen Sie das Kreuz in die Klammer am Kopf derjenigen untenstehenden Antworten, die richtig sind:

1. Türkiye'de büyük tatil kaç ay sürer?
   ( ) 2 ay, ( ) 4 ay, ( ) 3 ay.
2. Sonbaharda havalar nasıldır?
   ( ) sıcak, ( ) serin, ( ) soğuk.
3. Hangi mevsimlerde hava çok soğuktur?
   ( ) yaz, ( ) kış, ( ) sonbahar, ( ) ilkbahar.
4. Su donunca ne olur?
   ( ) yağmur, ( ) buhar, ( ) buz.
5. Yeni yıl ne zaman başlar?
   ( ) 1 mart'ta, ( ) 1 ekim'de, ( ) 1 ocak'ta.
6. Bir yılda kaç gün vardır?
   ( ) 7 gün, ( ) 30 gün, ( ) 365 gün, ( ) 52 gün.
7. Saat bize neyi bildirir?
   ( ) ayları, ( ) günleri, ( ) zamanı, ( ) mevsimleri.
8. En çok yapraklı takvim hangisidir?
   ( ) aylık, ( ) günlük, ( ) yıllık.
9. Bir gün kaç saattır?
   ( ) 12 saat, ( ) 24 saat, ( ) 8 saat, ( ) 36 saat.
10. Kar hangi mevsimde yağar?
    ( ) ilkbahar, ( ) yaz, ( ) sonbahar, ( ) kış.
11. Şu aylardan hangisi karlı geçer?
    ( ) eylül, ( ) şubat, ( ) haziran.
12. Şu tarihlerden hangisinde gündüzler uzamağa başlar? *(... fangen an, länger zu werden).*
    ( ) 21 mart, ( ) 23 eylül, ( ) 21 aralık, ( ) 21 haziran.

bb) Ergänzen Sie die fehlenden Endungen und Wörter:

Bir apartman dairesinin elektrik tesis-yenilemek için elektrikçi metre- 25 kuruş- 47,6 metre kordon, tane- 135 kuruş-, iki — sigorta ve 16,40 lira- 7 — ampul kullanıyor.

Zur Erneuerung der elektrischen Installationen einer Etagenwohnung gebraucht ein Elektriker 47,6 m Leitungsdraht, das Meter zu 25 Kurusch, zwei Sicherungen, das Stück zu 135 Kurusch und 7 Glühbirnen zu 16,40 Lira.

Elektrikçinin harcadığı para miktarı nedir?

(Was =) Wie hoch ist der von dem Elektriker ausgegebene Geldbetrag?

c) Übersetzen Sie ins Türkische:

1. Eine Stunde wird in 12 Teile eingeteilt.
2. Auf der Uhr ist ein großer und ein kleiner Zeiger.
3. Der große Zeiger heißt Minutenzeiger, der kleine Zeiger (heißt) Stundenzeiger.
4. Eine halbe Stunde hat (= ist) 30, eine Viertelstunde 15 Minuten.
5. Der Tag beginnt (um) Mitternacht.
6. Bis zum Mittag vergehen 12 Stunden.
7. Nach Mittag wird jedoch die Stunde nicht mehr 1 — 2 — 3 *(... diye)*, [sondern] 13 — 14 — 15 gezählt.

8*

7. Lektion   116

8. Welches dieser Wörter (= von diesen W.) hat drei Silben?
   Kitap, sınıf, öğretmen, sayı?
9. Am 21. Tag des Monats März beginnt der Frühling.
10. Jetzt sind wir im Herbst.
11. Juni, Juli und August sind Sommermonate.
12. Sobald der Sommer kommt, wird die Luft *(Plur.!)* viel wärmer und die
    Menschen gehen an die Seen, das Meer *(Plur.!)* [und] in die Wälder.
13. Wenn der Herbst kommt, werden die Tage kürzer, die Nächte länger.
14. Wie alt bist du?
15. Ich bin neun Jahre alt.
16. Das Kind ist noch nicht ein Jahr alt.
17. Es ist eine Sonnabendnacht, die Uhr (ist) halb drei.
18. Der 31. Dezember ist der letzte Tag des Jahres.
19. Montags ist das Museum geschlossen.
20. Wieviel Tage gibt es in einer Woche, in einem Jahr? (Je wieviel ...)
21. Der Kurs dauert von 8 Uhr 15 bis 9 Uhr 45.

**d) Mit Hilfe der Suffixe -li und -lik können Sie aus den Ihnen schon bekannten
Wörtern neue Wörter mit folgender Bedeutung bilden:**

1. wöchentlich
2. stimmhaft, laut
3. Länge
4. (Dorfbewohner =) Bauer
5. Kleinheit
6. bewaldet
7. Tierzustand
8. luftig
9. gezuckert, süß
10. Ferne, Abgelegenheit
11. Wärme, Hitze
12. Menschheit
13. Alter
14. Frauenwelt
15. beladen
16. Nähe
17. einjährig
18. Nichtvorhandensein
19. Gesichtsschleier
20. Neuheit
21. Krankheit
22. Nachbarschaft
23. Höhe
24. Langsamkeit
25. Kohle enthaltend, Kohle-
26. Belgier
27. Fülle, große Menge
28. Größe
29. Bitterkeit
30. Inselbewohner
31. Deutschtum
32. Ankaraer
33. Baumgruppe; baumreich
34. mit Bäumen bestanden; Baum-
35. Europäer
36. Einheit
37. mit Antwort(schein)
38. Vaterschaft
39. Asiate
40. Mundstück
41. Öffnung
42. Gebirgsbewohner
43. sonnig
44. Schönheit
45. schattig
46. Breite, Weite
47. Schlechtigkeit
48. Jugend
49. Doktortitel; Arztpraxis
50. Enge
51. Tiefe
52. Richtigkeit
53. Schwierigkeit
54. Brille
55. Güte
56. Mannhaftigkeit
57. farbig

117

7. Lektion

Vokabeln

zu a)	
nüfus	Bevölkerung
fazla	mehr (-den/ als)
-den fazla olan	die mehr als ... haben
kısa dalga	Kurzwelle
yaptığımız	(Sendung), die wir
(yayın)	(machen =) bringen
yayın	Sendung
devam	Fortsetzung
devam etmek	fortsetzen (-e/ A)
badanacı	Maler, Anstreicher
fatura	Rechnung
kireç	Kalk
boya	Farbe
cilâ	Lack [aufwand|
işçilik	Arbeitslohn, Arbeits-|
8 saattan	zu acht Stunden
yüzölçümü	Flächeninhalt
kilo'metre	Kilometer
kilo'metre ka're	Quadratkilometer
... olmak üzere	davon ...
sayım	Zählung
kıt'a, kıta	Festland, Kontinent
yaşamaktadır	*sie* leben
yoğunluk (-ğu)	Dichte
ortalama	im Durchschnitt
kişi	Person
temel	Grundlage; Grund-
intiyaç maddeleri	Bedarfsartikel
program	Programm
artış	Zunahme
sebze	Gemüse
açılış	Beginn
marş	Marsch
oyun havası	Tanzmelodie
plak	Schallplatte
dolap (-bı)	Schrank
şarkı	Lied
dans	Tanz
kapanış	Ende
sahife, sayfa	Seite
sütun	Spalte
tafsilât (-tı) ⑤ 4	
od. ayrıntılar	Einzelheiten
ölçü	Maß
çarpım tablosu	Einmaleins

Türk lirası	türkisches Pfund
birim	Einheit
değer	Wert
zu b)	
parantez	Klammer
... içine	in *(A)*
tatil	Ferien
serin	kühl
donmak	gefrieren
yağmur [jɑ:-]	Regen
buhar	Dampf
buz	Eis [tern|
en çok yapraklı	mit den meisten Blät-|
günlük	Tages-
yıllık	Jahres-
karlı	Schnee-
karlı geçmek	(Monat) Schnee haben
gündüz	Tag (u. Nacht)
uzamak (uzuyor)	länger werden
zu bb)	
apartman dairesi	Etagenwohnung
elektrik	elektrisch
tesis	Einrichtung, Installa-
	tion
yenilemek	erneuern
elektrikçi	Elektriker
si'gorta	elektrische Sicherung
ampul (-lü)	Glühbirne
kullanmak	gebrauchen
harcadığı	den er ausgegeben hat,
	der von ihm ausgege-
	bene
miktar	Betrag
zu c)	
Mitternacht	geceyarısı
Mittag	öğle
wird gezählt	sayılır
dreisilbig	üç heceli
wärmer werden	ısınmak
See	göl
kürzer werden	kısalmak
noch	daha
Kurs(us)	kurs

Sorular

1. Bir yılda kaç ay vardır?
2. Bir yılda kaç gün vardır? (... Fakat her dört yılda ...)
3. Böyle *(solche)* yıllara ne denir?
4. Bir yılda kaç hafta vardır?
5. Haftanın yedi gününün isimleri nedir?
6. Bir yılda kaç mevsim vardır?
7. Mevsimlerin adlarını bilir misiniz?
8. Yılın on iki ayları nedir?
9. İlkbahar ayları hangileridir? Yaz ayları ...?
10. Bir mevsim kaç ay sürer? Tam üç ...

7. Lektion   118

11. Yıl ne zaman başlar? (Ocak ayında ...; 1 ocakta ...)
12. Yıl ne zaman biter?
13. Bügün ayın kaçıdır?
14. Şimdi hangi yıldayız?
15. Şimdi hangi mevsimdeyiz?
16. Takvim nedir? (... bildiren bir araçtır).

Europäische Wörter im Türkischen

mart:	*ngr.* mártios, *vgl. lat.* Martius	fatura:	*it.* fattura
		marş:	*frz.* marche
mayıs:	*ngr.* máios, *vgl. lat.* Maius	plak:	*niederländisch* plaat, *vgl. frz.* plaque
ağustos:	*ngr.* Avgustos, *vgl. lat.* Augustus	dans:	*frz.* danse
kordon:	*frz.* cordon	'lira:	*it.* lira
benzin:	*frz.* benzine	parantez:	*frz.* paranthèse
kuruş:	*dt.* Groschen (*tschechisch* groš *aus* denarius grossus)	apartman:	*frz.* appartement
		elektrik:	*frz.* électrique
		sigorta:	*vgl. it. (venezianisch)* sicurtá, segurar versichern
metre:	*frz.* mètre		
litre:	*frz.* litre	ampul:	*frz.* ampoule

Sie haben in dieser Lektion folgende Suffixe kennengelernt:

bei Zahlen	-inci	-er	-li	Wortbildungs-
beim Verb		-se	-lik	suffixe
-sem -sen -se -sek -seniz -se(ler)				

Formeln

Es war ... (+ *Zeitangaben*)

Daha sabahın altısı bile olmamıştı.	*Es war noch nicht einmal sechs Uhr morgens gewesen.*
Gecenin onu olmuştu.	*Es war zehn Uhr nachts.*
Temmuz'un sonlarıydı.	*Es war Ende Juli, es war in den letzten Julitagen.*
Bir pazar sabahı saat dokuzda gene Antalya'ya gitmiştim.	*Eines Sonntagsmorgens um neun Uhr war ich wieder nach Antalya gefahren.*
Bundan yedi yıl önceydi.	*Es war vor sieben Jahren.*
telefon numarası da 23 184 (yirmi üç — bir yüz seksen dört)	*und die Telefonnummer 23 184*
tekrar ediyorum 23 184	*ich wiederhole ...*

-se

Gelmezseniz hatırım kalır.	*Wenn Sie nicht kommen, nehme ich es übel.*
bana kalırsa	*meines Erachtens*

8. Lektion

İkinci Dünya Savaşı

Birinci Dünya Savaşından sonra Almanya çok kısa bir süre içinde yeniden kuvvetlendi. Endüstri ve ticareti gelişti. Almanya eski sömürgelerini özlüyordu. Aşağıda, İkinci Cihan Savaşı olaylarının bir özetini bulacaksınız.

1939 — Alman ve İtalyan hükümetleri | Almanya ile İtalya arasında bir dostluk anlaşması imzaladılar. Alman orduları, savaş ilân etmeksizin Polonya'yı işgale başladılar. Polonya'nın işgali üzerine 3 Eylülde Fransa ve İngiltere | Almanya'ya karşı savaşa girdiler. İtalya tarafsız kaldı. Türkiye, İngiltere ve Fransa ile anlaşma yaptı.

1940 — Almanya, | Danimarka, Norveç, Hollanda, Lüksemburg, Belçika ve Fransa'nın kuzeyini işgal etti. 10 Haziranda Mussolini | Fransa ve İngiltere'ye harp ilân etti. İtalya, | Fransa, Mısır ve Yunanistan cephelerinde savaşmağa başladı. İngiliz orduları | Habeşistan, Eritre ve İtalyan Somalisini işgal ettiler.

1941 — Yunanistan ve Yugoslavya'yı işgal eden Mihver devletleri (Almanya ve İtalya) Rusya'ya harp ilân ettiler. Japonya, Pasifik'teki Amerikan filosuna baskın yaptı. 'Böylece Amerika Birleşik Devletleri de savaşa katılmış oldu.

1942 — Ruslar, kaybettikleri topraklarının büyük bir bölümünü geri aldılar. Kuzey Afrika'da Almanlar ve İtalyanlar, ilkin Nil kıyılarına yaklaştılar. Fakat | daha sonra İngilizler tarafından geri atıldılar.

1943 — İngilizler ve Amerikalılar | Kuzey Afrika'daki İtalyan ve Alman birliklerini esir ettiler. Daha sonra | Sicilya'ya çıkartma yaparak adayı işgal ettiler. Mussolini | hükümet başkanlığından istifa etmek zorunda kaldı ve tevkif edildi.

1944 — İngiliz ve Amerikan birlikleri, Fransa'ya çıkartma yaptılar. Paris'i işgal ettiler. Ruslar | büyük bir taarruza kalktılar.

1945 — Müttefik orduları Almanya'ya girdiler. Almanlar | İtalya'dan da çekilmeğe başladılar. Mussolini ele geçirilip kurşuna dizildi. Hitler ortadan kayboldu. Almanya tamamen işgal edildi. Amerikalılar | Japonya'da Hiroşima'ya ilk atom bombasını attılar. Japonya teslim oldu. Savaş sona erdi.

Aus: Renkli İlkokul Ansiklopedisi,
Arkın Kitabevi, İstanbul 1964

Der feine senkrechte Strich im Text trennt das davorstehende Subjekt von den übrigen Satzgliedern. Ohne diese Markierung ist es für den Anfänger oft schwer zu erkennen, wo das Subjekt endet. Für das Lesen ist es wichtig, die Stimme vor dem Strich zu heben und vor dem folgenden Wort eine kleine Pause zu machen. In den türkischen Texten steht als Markierung häufig ein Komma, zuweilen ein Semikolon. Die Regeln sind nicht fest, s. ⑨ 3, ⑱.

Vokabeln

savaş	Krieg; Schlacht	kuvvetlenmek	erstarken
kısa	kurz	kuvvetlendi	erstarkte
süre	Zeit(spanne), Frist	gelişmek	sich entwickeln
içinde	in *D (Zeit)*	gelişti	entwickelte sich
yeniden	von neuem	sömürge	Kolonie

8. Lektion   120

özlemek (özlüyor)	sich sehnen (A/ nach)	baskın yapmak	überfallen, überrum-
özlüyordu	wollte gern wieder-		peln (-e/ A)
	haben	böylece	auf diese Weise
olay	Ereignis	Amerika Birleşik	die Vereinigten
bulacaksınız	ihr werdet finden	Devletleri	Staaten von Amerika
İtalyan	italienisch	katılmış	teilgenommen;
hükümet	Regierung		hier: hineingezogen
İtalya	Italien	Rus	Russe
dostluk	Freundschaft	kaybetmek	verlieren
... in arasında	zwischen D	kaybettikleri	den sie verloren hatten
anlaşma	Abkommen, Vertrag	geri	zurück
imzalamak	unterschreiben	geri almak	wieder an sich neh-
imzaladı	unterschrieb		men, zurückerobern
ordu	Heer, Armee	Afrika	Afrika
ilân etmek	ausrufen; erklären	'ilkin	anfangs, zunächst
(wegen -di s. ab jetzt Gramm.)		kıyı	Ufer
-meksizin	ohne zu	yaklaşmak	sich nähern
işgal (-li)	Besetzung	daha sonra	später, darauf
Polonya	Polen	İngiliz	Engländer
işgale başlamak	zu besetzen beginnen	tarafından	von
üzerine	auf ... hin	atılmak	geworfen werden
Fransa	Frankreich	Amerikalı	Amerikaner
İngil'tere	England	kuzey Afrika'daki	in Nordafrika (seiend)
tarafsız	neutral	birlik	Einheit; Verband
Dani'marka	Dänemark	esir etmek	gefangennehmen
Norveç (-ci)	Norwegen	çıkartma yapmak	landen
Hol'landa	Holland	başkanlık	Präsidium
Lüksemburg	Luxemburg	istifa [isti:fa:]	zurücktreten (-den/
kuzey	Norden	etmek	von), niederlegen
işgal etmek	besetzen	zor	Zwang
harp (-bi)	Krieg	zorunda	gezwungen (sein)
Mısır	Ägypten	(olmak, kalmak)	
Yunanistan	Griechenland	tevkif edilmek	verhaftet werden
cephe	Front	taarruz	Angriff
savaşmak	kämpfen	kalkmak	unternehmen (-e/ A)
savaşmağa	zu kämpfen	müttefik (-kı) ⑩ 4	alliiert, verbündet
Habeşistan	Äthiopien	çekilmek	sich zurückziehen
Eritre	Eritrea	ele geçirilmek	festgenommen
Somali	Somaliland		werden
Yugo'slavya	Jugoslawien	kurşun	Blei; Kugel
mihver	Achse	kurşuna dizilmek	erschossen werden
devlet	Staat, Macht	ortadan kaybol-	von der Bildfläche
Rusya	Rußland	mak	verschwinden
Japonya	Japan	tamamen [-'ma:-]	vollständig
Pasifik	Stille(r) Ozean	işgal edilmek	besetzt werden
Pasifikteki	im Pazifik befindlich	atom bombası	Atombombe
Amerikan	amerikanisch	atmak	werfen [lieren\
'filo	Flotte	teslim [i:z] olmak	sich ergeben, kapitu-/
		so'na ermek	zu Ende gehen

Grammatik

Die bestimmte Vergangenheit   **A**

-di als Suffix bei **i-** oder als unabhängiges Suffix in der Bedeutung *sein*,
sich befinden.

Die bestimmte Vergangenheit ist durch das Suffix **-di** gekennzeichnet. Mit
dem Stamm **i-** (s. L. 6 D) ergeben sich folgende Formen:

i'**dim**	ich war	i'**dik**	wir waren
i'**din**	du warst	idi'**niz**	ihr wart
i'**di**	er war	idi'**ler**	sie waren

8. Lektion

Wie **-dir** (s. L. 1 F) kann **-di** als *unbetontes* Suffix unter Beachtung der Vokalharmonie an ein davorstehendes Wort treten:

gemäß ⑫ C 2
nach Vokalen
entstanden aus idi.

-di (-dü, -dı, -du)
-ti (-tü, -tı, -tu)
-ydi (-ydü, -ydı, -ydu)

er war

Mit der Fragepartikel mi- verbindet sich idi regelmäßig zu den Formen:
miydi? (müydü?, mıydı?, muydu?) *war er?*

Die Verneinung erfolgt durch değil mit dem Suffix -di:
'değildi *er war nicht*

Fragende Verneinung:
'değil miydi? *war er nicht?*

Beispiele:

Biz 'burada **i'dik.**
Biz 'burada**ydık.**   Wir waren hier.
Bay Turgut gazete'ci **i'di.**
      gazete'ci**ydi.**   Herr Turgut war Journalist.
Bu adam 'kim **idi?**
     kim**di?**   Wer war dieser Mann?
A'rap **mıydı?**   War es ein Araber?
'Türk **müydü?**   War es ein Türke?
Rus **muydu?**   War es ein Russe?
Çocuklar evde **miydiler?**   Waren die Kinder zu Hause?
Evde değil **idiler.**
     değil**diler.**   Sie waren nicht zu Hause.
Bahçede değil **miydiler?**   Waren sie nicht im Garten?
Ben mühendis**tim.**   Ich war Ingenieur.
Hasta **idik.**
Hasta**ydık.**   Wir waren krank.

-di als Suffix eines Vollverbs   B

(perfektiver Aspekt)

Das Suffix **-di** tritt an   Akzent

1. den einfachen Stamm	**geldi**	*Haupton auf* **-di**	**gel** hat
2. den ir-Stamm	**gelirdi**	*Haupton auf* **-ir**	deutlichen
3. den yor-Stamm	**geliyordu**	*Haupton auf* **-yor**	Hochton.

Bedeutung

1. **geldi**   *er kam*   Die Handlung ist vollendet (⊣) oder in der Vergangenheit als punktartig konzentriert gedacht (·). Es ist vor allem die Zeitform der handlungsreichen Erzählung, des neue Ereignisse mitteilenden Berichtes, des alltäglichen Gesprächs. Diese Anschauungsart **(Aspekt)** nennt man **perfektiv.**

8. Lektion   122

Zeitangaben, z. B. **ein Datum,** fordern fast immer die bestimmte Vergangenheit. Der bestimmten Vergangenheit, der **di**-Vergangenheit, entspricht im Deutschen das Imperfekt des Berichtes, der Erzählung, des Romans, das Perfekt oder Imperfekt des alltäglichen Gesprächs.

Datum:
-di

Merke: Im Deutschen steht zuweilen das Präsens:

Susadım. (Ich habe Durst bekommen =) Ich bin durstig. (s. die Formeln).

Diese Form wird in dieser Lektion geübt.

2. **gelirdi**   *er pflegte zu kommen (...) od.* (— — —)
3. **geliyordu**   *er kam gerade (inzwischen)* (—)

Diese Formen werden im Laufe der nächsten Lektionen geübt, da ihre Funktion nur in einem größeren Rahmen, in dem alle drei Formen auftreten, veranschaulicht werden kann.

Beispiele:

Bir sabah kapı çalındı.	*Eines Morgens wurde an die Tür geklopft.*
Fehmi, ,,Belki babamdır'' diyerek koştu, kapıyı açtı.	*Fehmi sagte: ,,Das ist vielleicht Papa'', lief (und) öffnete die Tür.*
Ülker'in küçük bir köpeği vardı.	*Ülker hatte einen kleinen Hund.*
Dün ne yaptınız?	*Was haben Sie gestern gemacht?*
Tiyatroya gittiniz mi?	*Sind Sie ins Theater gegangen? auch: Waren Sie im Theater?*
Bu filmi 'görmediniz mi?	*Haben Sie diesen Film nicht gesehen?*

-miştir   C

In der dritten Person ist die Suffixgruppe **-miştir** (-müştür, -mıştır, -muştur) meist gleichbedeutend mit dem Suffix **-di.** Man findet sie an Stelle von -di häufig in Lebensläufen, Bibliographien und Zeitungsmeldungen. Zuweilen wird mit -miştir jedoch angedeutet, daß die Handlung noch als in der Gegenwart bestehend gedacht ist (⊣); durch -miştir wird ein in der di-Form gegebener Bericht auch endgültig abgeschlossen. Im Deutschen steht in diesem Fall meist das Perfekt.

er ist gekommen
geldi (·) (⊣)
gelmiştir (⊣)

er wurde geboren
(er ist geboren worden)
doğdu
doğmuştur

Hüseyin Rahmi Gürpınar İstanbul'da **doğmuştur.** ,,Ben deli miyim?'' adlı romanı **yazmıştır.**

Hüseyin Rahmi Gürpınar wurde in Istanbul geboren. Er schrieb (hat geschrieben) den Roman mit dem Titel (adlı) ,,Bin ich verrückt?''

Die beiden Hauptgruppen der Personalendungen   D

Ein Vergleich der bisher gelernten Verbformen zeigt, daß die an die Verbalsuffixe tretenden Personalendungen nicht einheitlich sind. Es lassen sich

123   8. Lektion

zwei Gruppen unterscheiden, die nach türkischen Grammatiken Typ 1 und
Typ 2 genannt werden:

		Typ 1	Typ 2
		-di (-dü, -dı, -du) **-se** (-sa) +	-yor, -r, -ir (-ür, -ır, -ur) +
Sing.	1. 2. 3.	**-m** **-n** —	1. **-im** (-üm, -ım, -um) 2. **-sin** (-sün, -sın, -sun) 3. —
Plur.	1. 2. 3.	**-k** **-niz** (-nüz, -nız, -nuz) **-ler** (-lar)	1. **-iz** (-üz, -ız, -uz) 2. **-siniz** (-sünüz, -sınız, -sunuz) 3. **-ler** (-lar)

Es ist praktisch, die Unterscheidung der beiden Gruppen nach der Personalendung der 1. Pers. Plur. zu treffen; danach gibt es eine **ik**-Gruppe
und eine **iz**-Gruppe.

Formen   E

ich kam	*kam ich?*	*ich kam nicht*	*kam ich nicht?*
geldim	geldim mi?	gelmedim	gelmedim mi?
geldin	geldin mi?	gelmedin	gelmedin mi?
geldi	geldi mi?	gelmedi	gelmedi mi?
geldik	geldik mi?	gelmedik	gelmedik mi?
geldiniz	geldiniz mi?	gelmediniz	gelmediniz mi?
geldiler	geldiler mi?	gelmediler	gelmediler mi?

ich sah	*sah ich?*	*ich sah nicht*	*sah ich nicht?*
gördüm	gördüm mü?	görmedim	görmedim mi?
usw.	usw.	usw.	usw.
gördüler	gördüler mi?	görmediler	görmediler mi?

ich machte	*machte ich?*	*ich machte nicht*	*machte ich nicht?*
yaptım	yaptım mı?	yapmadım	yapmadım mı?
usw.	usw.	usw.	usw.
yaptılar	yaptılar mı?	yapmadılar	yapmadılar mı?

ich sprach	*sprach ich?*	*ich sprach nicht*	*sprach ich nicht?*
konuştum	konuştum mu?	konuşmadım	konuşmadım mı?
usw.	usw.	usw.	usw.
konuştular	konuştular mı?	konuşmadılar	konuşmadılar mı?

ich pflegte zu kommen	*pflegte ich zu kommen?*	*ich pflegte nicht zu kommen*	*pflegte ich nicht zu kommen?*
gelirdim	gelir miydim?	gelmezdim	gelmez miydim?
usw.	usw.	usw.	usw.

ich kam gerade	*kam ich gerade?*	*ich kam gerade nicht*	*kam ich gerade nicht?*
geliyordum	geliyor muydum?	gelmiyordum	gelmiyor muydum?
usw.	usw.	usw.	usw.

8. Lektion   124

1. Datum (tarih)   F

Bugün ayın kaçı(dır)?

Üç gün önce,
pazartesi,
(ayın) 12'si (on ikisi) idi;
ötey gün (evvelsi gün),
salı,
(ayın) 13'ü (on üçü) idi;
dün, çarşamba, 14'ü (on dördü)
idi;
bugün, perşembe,
(ayın) 15'i (on beşi) dir.

Welches Datum haben wir heute?
Den wievielten haben wir heute?
Der wievielte ist heute?
Vorvorgestern,
Montag,
hatten wir (war) den 12.;
vorgestern,
Dienstag,
hatten wir den 13.;
gestern, Mittwoch, hatten wir
den 14.;
heute, Donnerstag,
ist der 15.

2. Tag und Monat (gün ve ay)

'Hangi tarihte ('hangi günde) doğdu?
'Ne zaman doğdu?
8 (sekiz) haziranda doğdu.
Haziranın 8'inde (sekizinde)
doğdu.
Haziranın 8. (sekizinci)
gününde doğdu.

Am wievielten ist er geboren?
Wann ist er geboren?

Er ist am 8. Juni geboren.

3. Jahr (yıl od. sene)

Atatürk 1881'de (bin sekiz yüz
seksen bir'de)   oder
1881 yılında Selânik'te doğdu.
II. Mehmet (Fatih Mehmet)
1451 yılından 1481 yılına kadar
30 yıl saltanat sürdü.
M.Ö. (= Milâttan önce) 2000'den
itibaren Anadolunun tarihî
devirleri başlamaktadır.
Muhammet M.S. (= Milâttan
sonra) 570'te 'Mekke'de doğdu.

Atatürk wurde 1881
oder
im Jahre 1881 in Saloniki geboren.
Mehmet II. (Fatih = Eroberer) re-
gierte von 1451 bis 1481
30 Jahre.
(Von ... =) Mit 2000 vor Christi
Geburt beginnen die geschichtlichen
Epochen Anatoliens.
Mohammed wurde 570 nach Christi
Geburt in Mekka geboren.

4. Tag, Monat, Jahr (gün, ay, yıl)

Napolyon 5 mayıs 1821'de (od. 1821
tarihinde) Sankt Helena adasında
öldü.
II. Mehmet 31 mart 1430'da
oder
31 mart 1430 günü
oder
1430 yılı mart ayının 31. (otuz
birinci) günü
Edirne'de doğmuştur.
Atatürk 10 kasım 1938 perşembe

Napoleon starb am 5. Mai 1821 auf
der Insel St. Helena.

Mehmet II. wurde am 31. März 1430
oder
am 31. März des Jahres 1430

in Edirne geboren.
Atatürk starb am Donnerstag, dem

125   8. Lektion

günü saat 9'u (dokuzu) beş geçe
Dolmabahçe sarayında İstanbul'da
öldü.
15 temmuz 1966 tarihli mektubunuzu memnuniyetle aldık.

10. November 1938, um fünf nach 9
im Schloß Dolmabahçe in Istanbul.
Ihr Schreiben vom 15. Juli 1966
haben wir mit bestem Dank erhalten.

Schreibung eines Tagesdatums in Zahlen, die häufig in Briefen Verwendung
findet:

15 temmuz 1966:
1. 15. VII. 1966 *od.* 15, VII, 1966
2. 15/VII/1966 *od.* 15/7/1966
3. 15-VII-1966 *od.* 15-7-1966.

Übungen

a) Bilden Sie von den folgenden Verben die bejahende, verneinte (-), fragende (?) und fragend-verneinte (-?) Form der bestimmten Vergangenheit. Das türkische Personalpronomen in Klammern gibt einen Hinweis auf die Person.

1. (?) telefon etmek (siz)
2. (-) bunu anlamak (ben)
3. (-?) çağırmak (onlar)
4. çevirmek (biz)
5. (?) dikmek (o)
6. dinlemek (siz)
7. (-) yaramak (o)
8. (-?) yazmak (sen)
9. (?) sapmak (biz)
10. (-) öğrenmek (ben)
11. sarkmak (onlar)

12. (-?) kalkmak (sen)
13. (?) örtmek (o)
14. (-) hatırlamak (biz)
15. gülümsemek (siz)
16. (-?) idare etmek (sen)
17. (-) dönmek (onlar)
18. (?) durdurmak (siz)
19. (-?) nefes almak (biz)
20. okumak (ben)
21. (?) bulmak (siz)

b) Ergänzen Sie die türkischen Texte mit Hilfe der deutschen Übersetzung.

1. Der Text ist der neuesten türkischen Bibelübersetzung entnommen, die wegen des Inhalts und des einfachen Satzbaus leicht verständlich ist.

Firavunun rüyası

Ve iki yıl sonunda —
ki, Firavun bir rüya —;
ve işte, ırmağın yanında —.
Ve işte, ırmaktan güzel ve semiz yedi
inek — ve sazlar arasında —.

Ve işte, onlardan sonra, çirkin ve cılız
başka yedi inek —, ve ırmağın kenarında ineklerin yanında —.

—

—

Uykuya var- ikinci — rüya —;

Und am Ende von zwei Jahren *geschah es,*
daß Pharao einen Traum *hatte (= sah)*;
und sieh, er *stand* (yor-Form) am Fluß.
Und sieh, aus dem Fluß *kamen* sieben
schöne und fette Kühe und *weideten*
(yor-Form) inmitten des Schilfs.
Und sieh, nach ihnen *stiegen* sieben
andere häßliche und magere Kühe *heraus* und *blieben* am Ufer des Flusses
neben den Kühen *stehen.*
*Und die häßlichen und mageren Kühe
fraßen (= aßen) die sieben schönen und
fetten Kühe. Und Pharao erwachte.*
Er *schlief* wieder *ein und hatte* ein zwei-
tesmal einen Traum; und sieh,

8. Lektion 126

ve işte, bir sapta yedi semiz ve dolgun
başak —. Ve işte, — — cılız ve şark rüz-
gârından yanmış yedi — —.

—
—
—
—

2. Hazreti Muhammet İslâm dininin —
ve Peygamber- -dur.

570'te Mekke'de —.
8 haziran 632'de Medine'de —.
Muhammet Kureyş kabilesindendir.

Annesi aynı kabileden Âmine'dir.

Hazreti Muhammet Arabî aylardan
Rebiyülevvelin 12'inci — — — — —.

Her sene aynı gün İslâmlarca

Mevlût günü — kutlanır.
Hazreti Muhammet'- — doğumundan
biraz evvel —.
Altı yaşına girince anasını da kayb-
öksüz —.

Yetim ve öksüz kalan Muhammet'i
amcası Ebutalib yanına — ve ona bak-
mağa —.
Amcası fakir-; fakat yiğit ve
cömert-.

3. Teyzemin —
Soğuklar art-.
Hastalıklar da çoğal-.

Arkadaşlardan, tanıdıklardan birkaçı
gripten, bronşitten yatıyorlar.

— söylüyor:
— İyi giyin-, yemeğine dikkat et-,

an einem Halm *erschienen* sieben dicke
und volle Ähren. Und sieh, *nach ihnen
wuchsen* sieben magere, vom Ostwind
versengte *Ähren*.
*Und die mageren Ähren verschlangen die
sieben dicken und vollen Ähren. Und
Pharao erwachte und sieh, es war ein
Traum.*

Der heilige Mohammed ist *der Begrün-
der* der islamischen Religion und der
Letzte der Propheten.
Er wurde 570 in Mekka *geboren.*
Er starb am 8. Juni 632 in Medina.
Mohammed ist aus dem Stamme der
Koraisch.
Seine Mutter Amine ist aus demselben
Stamm.
(Der heilige) Mohammed *wurde am
Montag, dem* 12. des arabischen Mo-
nats R. (des 3. Monats des islamischen
Jahres) *gegen Morgen geboren* (miştir-
Form).
Jedes Jahr wird derselbe Tag von den
Mohammedanern
als Geburtstag gefeiert.
Mohammeds *Vater starb* kurz vor des-
sen Geburt.
Als er sechs Jahre alt wurde, *verlor er*
auch seine Mutter *und wurde* (= blieb)
Waise.
Den vater- und mutterlosen Moham-
med *nahm* sein Onkel Abu Talib zu sich
und begann, für ihn zu sorgen.
Sein Onkel *war* arm, aber unverzagt
und freigebig.

*(Aus: Nebioğlu Çocuk
Ansiklopedisi, 3, İstanbul)*

Die Krankheit meiner Tante.
Die Kälte *nahm zu.*
Auch die Krankheiten *wurden zahl-
reicher.*
Von den Kameraden und Bekannten
liegen einige an Grippe und Katarrh
danieder.
Meine Mutter sagt (immer):
Wenn du dich nicht gut anziehst, wenn

127   8. Lektion

üstüne bir şey almadan sıcaktan soğuğa
çıkar-, hastalığı kendin çağırmış olur-
sun, diyor.

Küçük teyzem geçen akşam eve neşesiz
dön-:
— Kendimi iyi bulmuyorum, de-.
Odasına çekil-. Yemeğe de gel-.

Gidip görmek iste-, annem bırak-:

— Ateş- var, de-. Başı ağrıyor. Yüzü
gözü kıpkırmızı.

— da yok.
Belli ki kendini çok üşütmüş.
Hastaları yoklamak iyi bir şey, bir in-
sanlık vazifesi.
Ama korunmak da lâzım.
Teyzem — — — — ateşler içinde yan-.

— — — — .
İlâçlar alın-, iğneler yapıl-.

Annem — — koruyucu ilâçlar ver-, —
damlalar damlat-.

Ben de merak et-: evimizdeki küçük
— — —.
Babam, dolaptaki ilâçları bir bir elime
alıp baktığımı görünce yanıma gel-: —
Bir şey lâzım — şu dolabı kapayalım,
oğlum, de-.

Bir hafta sonra teyzem iyileşmişti.

— kimseye bulaş- diye, bizden çok, o
seviniyordu.

du nicht auf das Essen *achtest* und, ohne
etwas überzuziehen, aus dem Warmen
ins Kalte *gehst*, wirst du dir eine Krank-
heit zuziehen.
Meine jüngere Tante *kam* neulich abend
mißmutig nach Hause:
„Ich fühle mich nicht wohl", *sagte sie.*
Sie zog sich in ihr Zimmer *zurück.* Zum
Essen *kam sie* auch *nicht.*
Ich wollte sie besuchen, meine Mutter
ließ (mich) aber *nicht.*
— Sie hat Fieber, *sagte sie.* Ihr Kopf
schmerzt. Ihr Gesicht und ihre Augen
sind feuerrot.
Sie hat auch keinen *Appetit.*
Es ist klar, daß sie sich sehr erkältet hat.
Nach Kranken zu sehen ist sehr gut, (es
ist) eine Menschenpflicht.
Aber sich zu schützen, ist auch nötig.
Meine Tante (brannte =) lag *3 Tage
und 3 Nächte* im Fieber.
Jeden Tag kam der Arzt.
Arzneien *wurden genommen,* Injektionen
gegeben.
Meine Mutter gab *auch uns* vorbeugen-
de Arzneien, *tröpfelte* Tropfen *in unsere
Nase.*
Auch ich *war neugierig: Ich öffnete den
kleinen Arzneischrank* in unserem Haus.
Als mein Vater sah, daß ich die Arz-
neien im Schrank einzeln in die Hand
nahm und betrachtete, *trat er* zu mir:
„Wenn nichts gebraucht wird, wollen
wir den Schrank schließen, mein Sohn",
sagte er.
Nach einer Woche war meine Tante
genesen.
Daß *ihre Krankheit* niemanden ansteckte, (darüber) freute sie sich mehr
als wir.

(Aus Yeni Okuma Kitabı 3, İstanbul,
herausgegeben vom Erziehungsministerium der Türkischen Republik).

c) Übersetzen Sie ins Türkische:

1. Ich habe ihn gefragt, aber er hat nicht geantwortet.
2. Wir haben sie gefragt, aber sie haben nicht geantwortet.
3. Warum haben Sie gestern nicht gearbeitet? Waren Sie krank?
4. Ich war krank.

8. Lektion

5. Wo sind Sie gewesen?
6. Ich bin im Kino gewesen.
7. Herr Beyatlı war mit der Arbeit des Angestellten nicht zufrieden.
8. Haben Sie den Direktor benachrichtigt?
9. Wo haben Sie zuletzt gewohnt?
10. Mehmet ist gestern nach Izmir gefahren.
11. Sind die Studenten ins Museum gegangen?
12. Wem hast du einen Brief geschrieben?
13. War die Tür offen?
14. War das Museum nicht geschlossen?
15. Gestern war Dienstag. Das Wetter war gut.
16. Eines Tages kochte der Hodscha Suppe.
17. Sein Sohn füllte die Suppe in eine Schüssel und stellte sie auf den Tisch.
18. Das Kind wartete nicht auf seinen Vater, nahm einen Löffel Suppe und aß.
19. „Mein Sohn, hast du geweint?" fragte er.
20. Um 6^{20} Uhr erwachte der kleine Cemil. Er sprang sofort aus seinem Bett. Er lief, wusch sich die Hände und das Gesicht (= seine Hände und sein Gesicht).
21. Er kämmte sich das (= sein) Haar, frühstückte und ging in die Schule.
22. War ich es? Warst du es? War er es?
23. Haben Sie sich die Altstadt angesehen?
24. Haben Sie die letzten Nachrichten gehört?
25. Haben Sie die Zeitung gelesen?
26. Ali hat bei der Lösung (= lösend) der Rechenaufgabe zwei Fehler gemacht.
27. Am 19. Mai des Jahres 1919 landete Mustafa Kemal Pascha in Samsun.
28. Die Türkei schloß mit England und Frankreich ein Abkommen.
29. Am 29. Oktober 1923 gründete Atatürk die Republik.
30. Atatürk starb im Jahre 1938.
31. Liebe Hörer, Sie hörten die Zusammenfassung unserer letzten Nachrichten. Unsere dritte Sendung ist beendet. Gute Nacht.
32. Am Ende des Ersten Weltkrieges kam es (olmak) in Europa zu großen Veränderungen.
33. Vergangene Nacht hatte ich einen schönen Traum: Ich war am Ufer des Marmarameers. Am Himmel waren keine Wolken. Die Sonne lachte (yor-Form). Das Wetter war schön.
34. Lieber Kollege! (= Mein ...)
Ihren Brief vom 18. November habe ich erhalten.
Vielen Dank!
Ich bin jetzt in Istanbul.
Haben Sie meine Karte aus Izmir nicht bekommen?
Sie schrieben nichts (= nicht etwas) davon.
Freundliche Grüße. (= Meine fr. Gr. unterbreite ich)
35. Er kam, setzte sich (aber) nicht.
„Morgen abend komme ich wieder vorbei", sagte er (und) ging.
36. Unterwegs (= auf dem Wege) tranken wir in dem Dorf Osmanlar Kaffee.
37. Ich hatte keine Zeitung bei mir.
38. Ali beendete seine Arbeit und ging.
39. Wir aßen, sprachen ein wenig (und) legten uns hin.

129   8. Lektion

Vokabeln

zu b)

1.

rüya	Traum
vaki [ɑː] olmak	geschehen
ki [⁻ḳɪ̣ǀ]	daß
işte	sieh da; da
ırmak (-ğı)	Fluß
(-in) yanında	neben, an *D*
semiz	fett
inek (-ği)	Kuh
saz	Schilf
otlanmak	weiden, grasen
çirkin	häßlich
cılız	mager
kenar	Ufer
uyanmak	erwachen
uykuya varmak	
od. dalmak	einschlafen
sap	Halm, Stiel
dolgun	voll, prall
başak (-ğı)	Ähre
bitmek	wachsen
şark	Osten, Ost-
rüzgâr	Wind
[ryz'ɡ̱aːɹ] (-ı)	
yanmış	verbrannt
yutmak (yutar)	verschlingen

2.

hazret	*Ehrentitel, etwa*: heilig; Exzellenz
kurucu	Begründer
İslâm [ɪslaːm]	Islam; Mohammeda-ner
din [diːn]	Religion
peygamber	Prophet
kabile [iː]	Stamm
-ce	von *beim Passiv*
mevlût (-dü)	Geburt(stag) des Propheten
kutlanmak	gefeiert werden
doğum	Geburt
-den evvel	vor *D*
öksüz	mutterloses Kind, Waise
yetim	vaterloses Kind, Waise
amca	Onkel *(Bruder des Vaters)*
yanına	(zu seiner Seite =) zu sich
fakir [fɑ'ḳiːɹ]	arm
yiğit [jiːɪt] (-di)	mutig, unverzagt
cömert (-di)	freigebig

3.

'teyze	Tante
soğuk	Kälte
artmak (-ar)	zunehmen
çoğalmak	sich vermehren
tanıdık	Bekannte(r)
grip	Grippe

bronşit	Katarrh, Bronchitis
yatmak (-ar)	zu Bett liegen, danie-derliegen (-den/ an)
giyinmek	sich anziehen
yemek (-ği)	Essen
üstüne almak	etw. überziehen
üstüne 'almadan	ohne ... überzuziehen
kendin çağırmış olursun	(wirst du selbst geru-fen haben =) ziehst du dir zu
geçen akşam	neulich abend
neşesiz	mißmutig
çekilmek	sich zurückziehen
ateş	Feuer; Fieber
ağrımak	schmerzen
iştah [ɪʃtɑx] (kendini)	Appetit
üşütmek	sich erkälten
yoklamak	besuchen, nach *j-m* sehen
vazife [iː]	Pflicht
korunmak	sich schützen
ilâç [ɪlatʃ] (-cı)	Arznei
alınmak	genommen werden
iğne [iːnɛ]	Nadel; Injektion
yapılmak	gemacht werden
koruyucu	Schutz-, vorbeugend
burun (burnu, *Akk.* burunu)	Nase
damla	Tropfen
damlatmak	tröpfeln
merak etmek	gerne etw. wissen wol-len, neugierig sein
evimizdeki	in unserem Haus (seiend)
dolaptaki	in unserem Schrank (seiend)
alıp baktığımı	daß ich nahm ... und betrachtete
yanıma	zu mir, neben mich
kapıya'lım	laßt uns zumachen
iyileşmek	genesen
iyileşmişti	war genesen
bulaşmak	anstecken (-e/ *A*)
diye	sagend; *hier*: daß
bizden çok	mehr als wir
sevinmek	sich freuen

zu c)

benachrichtigen	haber vermek (-e)
zuletzt	en son
sich etw. ansehen	gezmek (-i)
lösen	çözmek (çözer)
Rechenaufgabe	aritmetik problemi
Fehler	yanlış
landen	çıkmak (in/ -e)
gründen	kurmak (kurar)
gute Nacht	iyi geceler (geceniz hayrolsun)
	(= sei gut, gesegnet)
Veränderung	değişiklik
vergangen	geçen

Lehrbuch Türkisch   9

8. Lektion   130

lieber	aziz	freundlich, herzlich	samimî
Postkarte	kartpostal	unterbreiten	sunmak (sunar)
darüber, davon	bu hususta	vorbeikommen	uğramak (-e/ bei)

Sorular

1. İkinci Dünya Savaşı nasıl başladı ve nasıl sona erdi?
2. 'Hangi tarihte Fransa ve İngiltere Almanya'ya karşı savaşa girdiler?
3. Hangi tarihte Mussolini harp ilân etti? Kime?
4. Hangi yılda Japonya Pasifik'teki Amerikan filosuna baskın yaptı?
5. Hangi yılda Ruslar toprakların büyük bir bölümünü geri aldılar?
6. Hangi yılda İngilizler ve Amerikalılar Sicilya'ya çıkartma yaptılar?
7. Atatürk hangi tarihte (ve) nerede doğdu?
8. Atatürk hangi tarihte nerede öldü?
9. II. Mehmet ne zaman saltanat sürdü?
10. Muhammet hangi yılda doğdu? Nerede doğdu?
11. Birinci Dünya Savaşı ne zaman başladı ve ne zaman sona erdi?
12. Firavun rüyasında ne gördü?

Europäische Wörter im Türkischen

İtalyan:	it.	italiano	'Rusya:	it.	Russia
İ'talya:	it.	Italia	Ja'ponya:	it.	Giappone
Po'lonya:	it.	Polonia	Pasifik:	frz.	Pacifique
'Fransa:	it.	Francia, frz. France	Amerikan:	engl.	american, it.
İngil'tere:	it.	Inghilterra			americano
İngiliz:	it.	inglese	'filo:	frz.	file Reihe, Zug
Dani'marka:	it.	Danimarca	Rus:	it.	russo
Nor'veç:	it.	Norvegia	Afrika:	it.	Africa
Hol'landa:	it.	Olanda, frz. Hollande	atom:	gr., frz.	atome
Lüksemburg:	frz.	Luxembourg	'bomba:	it.	bomba
Eritre:	it.	Eritrea	grip:	frz.	grippe
Yugo'slavya:	it.	Jugoslavia	bronşit:	frz.	bronchite
			kartpostal:	frz.	carte postale

Anm.: Die aus dem Italienischen entlehnten Wörter haben im Türkischen ihren ursprünglichen Akzent bewahrt.

Sie haben in dieser Lektion folgendes Suffix kennengelernt:

> **-di**

-dim -din -di -dik -diniz -di(ler)

Formeln

Size Süleyman beyden selâm getirdim.	*Ich soll Ihnen Grüße von Herrn Süleyman bestellen.*
Kırıldı.	*Es ist kaputt.*
Susadım.	*Ich bin durstig.*
Hoşuma gitti.	*Es gefällt mir. Es hat mir gefallen.*

131   8./9. Lektion

Şaştım.   *Ich bin erstaunt.*
Bu yemekten vazgeçtim.   *Ich verzichte auf dieses Essen.*
Üşüdüm. *a.* Soğuk aldım.   *Ich bin erkältet.*
(Rundfunk)
Bugünkü yayınımız sona erdi.   *(Damit)* ist unsere heutige Sendung
                                 beendet.

9. Lektion

1.   Okuma sanatı

Bir metni sesli olarak okumak istediğimiz zaman şu noktalara dikkat etmeliyiz:
1. Kelimeleri doğru ve açık söylemeli.
2. Kelimeleri uygun tarzda gruplandırmalı.
3. Yüz ve vücut hareketlerine | manaya uygun bir şekil vermeli.

Sessiz okuma sırasında da şu cihetlere dikkat etmek faydalı olur:
1. Dudak hareketleri yapmamalı; hatta içten[1]) okumamalı. Çünkü bunlar | okumanın hızını azaltır.
2. Kelimeleri parmak, kalem ve saire ile takip etmemeli. Bunlar | insanı | keli'me okuyucusu haline getirir. Bu yüzden sürat düşer ve manayı kavramak güçleşir[2]).
3. Mümkün olduğu kadar süratli okumalı.
4. Manası bilinmeyen kelime ve fikirler üzerinde durmalı.

Okumada sürat işi mühimdir. Manadan kaybetmemek şartiyle mümkün olduğu kadar süratli okumalıdır.
Mühim eserleri bir defa okumakla kalmamalıyız.
Böyle bir eser, 'ancak ikinci okunuştan sonra anlaşılır. İlk okuma dikkatli ve fakat çabuk olmalıdır. İkinci okuyuşta, evvelâ çıkan güçlüklerin[2]) kendiliğinden ortadan kalktığı görülür. Birinci okuyuş | bir nevi tanışma, istikamet tayini, ikinci okuyuş ise | asıl anlamak içindir.

Von: Fuat Baymur
Gekürzt aus: Güzel Türkçemiz, Sınıf: II, İnkılâp Kitabevi, İstanbul

2. Edebiyat hocası sınıfta diyordu ki:
— İnsan konuştuğu gibi yazmalı ...
Çocuklardan biri sordu:
— Efendim ya yazan kekeme olursa!

Erläuterungen:

Die Striche trennen nicht zusammengehörige Satzglieder und deuten eine kurze Pause an.
Man achte auf die Betonung: **'yapmamalı, o'kumamalı, 'etmemeli** (*sprich*: taki'bet-memeli), **kay'betmemek, 'kalmamalıyız.**

---
[1]) [-ʃt-] ⑬ D   [2]) [-ʃl-] ⑬ D

9*

9. Lektion   132

Bunlar insanı kelime okuyucusu haline getirir: Das macht (den Menschen =) einen zum (reinen) Wortleser.
Mühim eserleri ... Man darf es nicht dabei bewenden lassen, wichtige Werke einmal zu lesen.
Birinci okuyuş ... Die erste Lektüre ist eine Art Fühlungnahme, eine Festlegung der Richtung, die zweite Lektüre dagegen (dient dazu), das Wesentliche zu verstehen.

Vokabeln

1.

okuma	Lesen
sanat	Kunst
metin (-tni)	Text
sesli *(Adj.)*	laut
sesli olarak *(Adv.)*	laut
istediğimiz zaman	wenn wir wollen
nokta	Punkt
açık	*hier*: deutlich
söylemek	*hier*: aussprechen
söylemeli	man muß aussprechen
uygun	passend (-e/ zu), angemessen (-e/ *D*)
tarz	Art und Weise
gruplandırmak	gruppieren
vücut [u:] (-du)	Körper
hareket	Bewegung
sessiz	stumm; leise
sırasında	bei, während
cihet	Richtung; Gesichtspunkt
faydalı	nützlich
dudak	Lippe
'yapmamalı	man darf nicht, man soll nicht
hatta	sogar, selbst
içten [ıʃ'tɛn] ⑧ D (*od.* içinden) okumak	leise vor sich hin lesen
hız	Schnelligkeit
azaltmak	verringern, herabsetzen
parmak (-ğı)	Finger
ve saire [ɑ:] (v.s.)	usw.
okuyucu	Leser
haline getirmek	machen zu
bu yüzden	aus diesem Grunde
sürat (-ti), *s.* ⑧ 4.	Geschwindigkeit
düşmek (düşer)	fallen; sinken
kavramak	erfassen
güçleşmek [g.yʃlɛʃ-] *s.* ⑧ D	schwer sein, werden
mümkün olduğu kadar	nach Möglichkeit, möglichst
süratli	schnell
manası bilinmeyen	... deren Bedeutung man nicht weiß
üzerinde durmak	e-r S. nachgehen, *etw.* zu klären suchen
mühim (-mmi) = önemli	

şart (-tı)	Bedingung
... şartiyle	unter der Bedingung, unter der Voraussetzung
eser	Werk
kalmak	*hier*: es dabei bewenden lassen
böyle bir	solch ein
ancak ['ɑn⁻dʒɑk]	nur; erst
okunuş	(Gelesen-werden =) Lektüre
anlaşılmak	verständlich werden
dikkatli	aufmerksam
ve 'fakat	aber
çabuk	schnell
okuyuş	Lesen, Lektüre
evvelâ ['ɛvɛlɑ:]	zuerst, anfänglich
çıkan	auftretend, *die anfänglich* aufgetretenen
görülür	man merkt, es zeigt sich
ortadan kalkmak	verschwinden
kendiliğinden	spontan, von selbst
ortadan kalktığı [-i:i] *s.* ④	... daß (die Schwierigkeiten von selbst) verschwinden
nevi (nev'i)	Art
tanışma	Kennenlernen, *hier etwa*: Fühlungnahme
tayin [ta:ji:n]	Festlegung, Bestimmung
istikamet [ɑ:]	Richtung
asıl (aslı)	Grundlage; das Wesentliche

2.

edebiyat [-ja:t] (-tı)	Literatur
edebi'yat hocası	*etwa*: der Türkischlehrer
di'yordu ki	sagte einmal (unter anderem)
insan	*hier*: man
konuştuğu gibi	wie man spricht
e'fendim	*hier*: Herr Lehrer
ya	aber; und ... wenn
yazan	Schreiber
kekeme	Stotterer
olursa	wenn er ist (*s. L.* 7 *O*)

133   9. Lektion

Grammatik
Die Notwendigkeitsform (Gereklik)   **A**

Ein dem deutschen Modalverb *müssen* entsprechendes Verb besitzt das Türkische nicht. Die Modalität *müssen* wird im Türkischen durch folgende
Mittel wiedergegeben:
1. durch das Suffix **-meli (-malı)**
2. durch verschiedene Ausdrücke

-e mecbur olmak   *gezwungen sein, müssen*
-mek mecburiyetinde kalmak   ⎱
oder: mecburiyetinde(yim)   ⎰   *gezwungen sein*

               ⎧ lâzım   ⎫
Verbalsubstantiv + ⎨ gerekir ⎬ *es ist nötig* (Näheres s. L. 19 A, B)
               ⎩ icap ediyor ⎭

                                                             B
Der Gebrauch von **-meli** ist beschränkt. An **-meli** treten gewöhnlich nur:
1. die Personalendungen des **iz**-Types für das Präsens;
2. die Suffixgruppe **-ydi** mit den Personalendungen des iz-Types für die bestimmte Vergangenheit *(s. L. 8 D)*,
   sowie die Suffixgruppe **-ymiş** mit den Personalendungen des iz-Types für
   die unbestimmte Vergangenheit *(s. L. 14 F)*;
3. das Suffix **-se** *wenn*.
Einen Infinitiv der **meli**-Form gibt es nicht. Er muß durch die Ausdrücke
unter 2. ersetzt werden.

Bedeutung der meli-Form

1. In der Aussage: *müssen; sollen*

Kelimeleri doğru ve açık   Wir **müssen** die Wörter richtig und
söyle**meli**yiz.   deutlich aussprechen.
Mümkün olduğu kadar süratli   Man **muß (soll)** nach Möglichkeit
oku**malı.**   schnell lesen.

2. In der Frage: *müssen, sollen*

Ne zaman havaalanında   Wann **muß** ich auf dem Flugplatz
ol**malı**yım?   sein?
Bir hasta sık sık açık havada gez-   **Soll (Muß)** ein Kranker häufig in der
meli mi(dir)?   frischen Luft spazierengehen?

3. In verneinten Sätzen: *nicht dürfen, nicht sollen*

Ateşle oyna**mamalı**yız.   Mit dem Feuer **dürfen** wir **nicht** spie-
                                                         len.

4. In der verneinten Frage: *nicht müssen, nicht sollen*

Oku**mamalı** mıyım?   **Soll** ich **nicht** lesen?
Bir çocuk okula git**memeli** mi?   **Muß** ein Kind **nicht** in die Schule
                                                         gehen?

-meli drückt wie das deutsche *müssen* auch eine starke Vermutung aus:
Burada bir dizgi yanlışı ol**malı**dır.   Hier **muß** (= **dürfte**) ein Druck-
                                                         fehler vorliegen.

9. Lektion   **134**

C

Eine in der Vergangenheit wahrscheinlich nicht erfüllte Pflicht *(hätte sollen)* wird durch die Form **-meliydi-** ausgedrückt, die — regelmäßig — auch *mußte* bedeutet.

Eve git**meliydiniz**.   Sie **mußten** nach Hause gehen.
                                Sie **hätten** nach Hause gehen **sollen**.

Die dritte Pers. Sing. hat zwei Bedeutungen: *er, sie, es muß* und *man muß*:

      gelmeli   er **muß** kommen; **man muß** kommen
      okumalı   er **muß** lesen od. lernen; **man muß** lesen od. lernen

In dem Lesestück Okuma sanatı ist **-meli** meist durch *man muß* zu übersetzen.

Formen   **D**

ich muß *kommen*	*muß ich kommen?* *(soll ich kommen?)*	*ich darf nicht* *kommen*	*muß ich (soll ich)* *nicht kommen?*
gel**meli**yim	gel**meli** miyim?	gel**meme**liyim	gel**meme**li miyim?
gel**meli**sin	gel**meli** misin?	gel**meme**lisin	gel**meme**li misin?
gel**meli**(dir)	gel**meli** mi?	gel**meme**li	gel**meme**li mi?
gel**meli**yiz	gel**meli** miyiz?	gel**meme**liyiz	gel**meme**li miyiz?
gel**meli**siniz	gel**meli** misiniz?	gel**meme**lisiniz	gel**meme**li misiniz?
gel**meli**ler	gel**meli**ler mi?	gel**meme**liler	gel**meme**liler mi?

ich muß *lesen*	*muß ich lesen?* *(soll ich lesen?)*	*ich darf nicht* *lesen*	*muß ich (soll ich)* *nicht lesen?*
oku**malı**yım	oku**malı** mıyım?	oku**mamalı**yım	oku**mamalı** mıyım?
oku**malı**sın	oku**malı** mısın?	oku**mamalı**sın	oku**mamalı** mısın?
oku**malı**(dır)	oku**malı** mı?	oku**mamalı**	oku**mamalı** mı?
oku**malı**yız	oku**malı** mıyız?	oku**mamalı**yız	oku**mamalı** mıyız?
oku**malı**sınız	oku**malı** mısınız?	oku**mamalı**sınız	oku**mamalı** mısınız?
oku**malı**lar	oku**malı**lar mı?	oku**mamalı**lar	oku**mamalı**lar mı?

Akzent: Der Hauptton liegt bei den Aussageformen auf **li (lı)**, ein spürbarer Nebenton auf **me (ma)**: gel⁻me'liyim, oku⁻ma'lıyım.
Bei der verneinten Form liegt der Ton regelmäßig auf der Silbe vor memeli (mamalı), ein Nebenton auf **li (lı)**:

        'gelmeme⁻liyim,   o'kumama⁻lıyım

ich mußte *kommen*	*mußte ich kommen?* *sollte ich kommen?*	*ich durfte nicht* *kommen*	*mußte ich* *(sollte ich)* *nicht kommen?*
gel**meli**ydim	gel**meli** miydim?	gel**meme**liydim	gel**meme**li miydim?

ich mußte *lesen*	*mußte ich lesen?* *sollte ich lesen?*	*ich durfte nicht* *lesen*	*mußte ich* *(durfte ich)* *nicht lesen?*
oku**malı**y- dım	oku**malı** mıydım?	oku**mamalı**ydım	oku**mamalı** mıydım?

135   **9. Lektion**

Die verneinte Frageform ist nicht sehr häufig; sie drückt meist Unschlüssigkeit aus:

Dansa gitmeli miyim, gitmemeli miyim? Bilmiyorum.	**Soll ich tanzen gehen oder nicht? Ich weiß es nicht.**

Wortstellung   **E**

Im folgenden werden auf Grund des bisher erarbeiteten Stoffes die wichtigsten Regeln für die Reihenfolge der Wörter in Gruppen und einfachen Sätzen zusammenfassend dargestellt.

Über das für den praktischen Gebrauch so wichtige Gebiet der türkischen Sprache liegen bisher keine wissenschaftlichen Untersuchungen vor, auf die sich die folgende Darstellung hätte stützen können.

1. Wortgruppen   **F**

Beifügungen (Attribute) aller Art stehen v o r dem Wort, das näher bestimmt wird:

	Attribut	bestimmtes Wort	
Adj.	yüksek	dağlar	*hohe Berge*
Su. im Gen.	trenin	hareketi	*die Abfahrt des Zuges*
Su. mit Präp.	trenle	bir yolculuk	*eine Reise mit dem Zug*
Adv.	çok	modern	*sehr modern*
Su. im Gen.+Adj.	yeryüzünün ayrı	kısımları	*die verschiedenen Teile der Erdoberfläche*

2. Einfache Sätze   **G**

Für die neutrale Stellung der Satzglieder gilt folgendes Schema:

Subjekt	Umstandsbestimmung		a-(dan-) Objekt	(i-)Objekt	Prädikat
	Zeit	Ort			
Ahmet			bana	bir kitap	verdi.
	Dün		ona	kitabı	verdim.
Atatürk	1881'de	Selânik'te			doğdu.
Sen	dün	sinemada-			ydın.
Biz	bu hafta		size	bir hikâye	anlatıyoruz.

Man vergleiche die Wortfolge im Deutschen:

> *Ahmet gab mir ein Buch.*
> *Gestern gab ich ihm (ihr) das Buch.*
> *Atatürk wurde 1881 in Saloniki geboren.*
> *Du warst gestern im Kino.*
> *Diese Woche erzählen wir euch eine Geschichte.*

In der Praxis wird das obige Schema mehr oder minder stark abgewandelt und/oder erweitert.

Bei fester Endstellung des Prädikats gibt es zwei Schwerpunkte:

1. **die Stelle vor dem Prädikat.** Das Wort an dieser Stelle ist betont, es hat also den größten Mitteilungswert.

9. Lektion   136

Dün ona **kitabı** verdim.	Ich gab ihm gestern **das Buch.**
Dün kitabı **ona** verdim.	**Ihm** gab ich gestern das Buch.
Kitabı **dün** verdim.	**Gestern** gab ich ihm das Buch.
Oğlu çorbayı **tasa** boşaltır.	Sein Sohn füllt die Suppe in **die Schüssel.**
Bu evi bana **babam** verdi.	Dieses Haus schenkte mir **mein Vater.**
Bizim komşu bütün malını **Kızılaya** bıraktı.	Unser Nachbar hinterließ sein gesamtes Vermögen **dem Roten Halbmond.**

2. die erste Stelle des Satzes. Hier stehen:
— das Subjekt, besonders wenn es bestimmt oder bekannt ist;
— andere Satzglieder, die vorher genannt wurden. Sie erfüllen eine satzverbindende Aufgabe.
— Umstandsangaben aller Art;
— Konjunktionen.

Man achte in diesem Punkt auf die Ähnlichkeiten mit dem Deutschen!

Subjekt

Bay Erinç yazı masasına oturuyor.	**Herr Erinç** setzt sich an den Schreibtisch.
Dağların yamaçlarından coşkun **nehirler** akarlar.	Von den Abhängen der Berge fließen sprudelnde **Flüsse.**
Nehirler düzlüklerde sakin sakin akarlar.	**Die Flüsse** fließen ruhig in den Ebenen dahin.

Objekt

Yetim ve öksüz kalan Muhammet'i amcası Ebutalip yanına aldı.	**Den vater- und mutterlosen M.** nahm sein Onkel E. zu sich.

Umstandsangaben des Ortes

Yeryüzünün ayrı kısımlarında tabiat (doğa) pek çeşitlidir.	**In den einzelnen Teilen der Erdoberfläche** ist die Natur sehr verschiedenartig.
Dağların yamaçlarından coşkun nehirler akarlar.	**Von den Abhängen der Berge** fließen sprudelnde Flüsse.

der Zeit

Karısının vefatından sonra bir gün Hoca çorba pişirir.	**Eines Tages nach dem Tode seiner Frau** kocht der Hodscha eine Suppe.
10 haziran 1940'ta Mussolini Fransa ve İngiltere'ye harp ilân etti.	**Am 10. Juni 1940** erklärte M. Frankreich und England den Krieg.

der Art und Weise

Böylece Amerika Birleşik Devletleri de savaşa katılmış oldu.	**Auf diese Weise** (= somit) waren die USA in den Krieg hineingezogen.

des Grundes

Bu yüzden sürat düşer.	**Aus dem Grunde** (= deshalb) sinkt die Geschwindigkeit.

Konjunktionen

Çünkü bunlar okumanın hızını azaltır.	**Denn** das verringert die Leseschnelligkeit.

137   9. Lektion

3. **Die Stelle unmittelbar vor dem Prädikat** wird meistens besetzt
— durch kurze Umstandsangaben der Art und Weise, die mit dem Begriff
des Verbs eng verbunden sind (Verstärkung durch *sehr*, Artergänzung durch
als, Instrumentalergänzung z. B. *telefonisch*),
— durch Fragewörter aller Art.

Umstandsangaben

Rahmetli annesi bu çorbayı **pek çok** severdi.	Seine selige Mutter liebte diese Suppe **ungemein.**
Sıcak çorba çocuğun ağzını ve boğazını **adamakıllı** yakar.	Die heiße Suppe verbrennt dem Kind den Mund und Schlund **ganz gehörig.**
Annen bana senin gibi bir veledi **yadigâr** bıraktı.	Deine Mutter hat mir einen Schlingel wie dich **als Andenken** hinterlassen.

Fragewörter

Bunu sana **kim** öğretti?	**Wer** hat dir das beigebracht?
Meseleyi **kime** açmalı?	**Wem** soll man diese Angelegenheit anvertrauen?
Okulunuz **hangi aylarda** kapalıdır?	**In welchen Monaten** ist eure Schule geschlossen?
Sonbaharda havalar '**nasıldır**?	**Wie** ist das Wetter im Herbst?
Yeni yıl **ne zaman** başlar?	**Wann** beginnt das neue Jahr?
Ankara **nerede**dir?	**Wo** liegt Ankara?

Eine Ortsbezeichnung steht meist regelmäßig nach dem Fragewort der Zeit:

Ne zaman hava alanında olmalıyım?	*Wann muß ich auf dem Flugplatz sein?*

Die Form des Prädikats   **H**

Das Prädikat kann bestehen aus
— einem einfachen Verb (mit allen möglichen Suffixen),
— einem zusammengesetzten Verb (**Wort** + **etmek** *od.* **-de bulunmak**; etmek,
   -de bulunmak dienen als Verbalisierungselement),
— einem verbalen Ausdruck (Wort + Vollverb, z. B. **vermek**),
— einem Wort mit Verbalsuffix.

> Die Bestandteile des Prädikats werden nie getrennt.

Siz bana her şeyi **söylemediniz.**	Sie **haben** mir **nicht** alles **gesagt.**
Şu noktalara **dikkat etmeliyiz.**	Wir **müssen** auf diese Punkte **achtgeben.**
Bay Demiralp ona **cevap veriyor.**	Herr Demiralp **antwortet** ihm.
Bazı yerlerde kum tepeleri **meydana gelir.**	An einigen Stellen **entstehen** Sandhügel.
Türkiye **büyüktür.**	Die Türkei **ist groß.**
Siz **çok modern bir adamsınız.**	Sie **sind ein sehr moderner Mensch.**

9. Lektion

Übungen

a) Aşağıdaki cümleleri tamamlayınız (Ergänzen Sie die folgenden Sätze):

1. Geceleri ok- veya iş yap- ışığı daima sol omuzumuzun üstünden al-.

Wenn wir nachts lesen oder arbeiten, müssen wir das Licht immer von links über (unsere =) die Schulter bekommen.

2. Lamba ve ampulü gözümüze girecek şekilde karşımıza koy-.

Die Lampe und die Birne dürfen wir nicht so zu uns stellen, daß (uns) das Licht in die Augen fällt.

3. Ateşle oyna-.

Mit dem Feuer dürfen wir nicht spielen.

4. Odamızın sıcaklığının 16 dereceden az ve 25 dereceden çok olmamasına dikkat et-.

Wir müssen darauf achten, daß die Temperatur unseres Zimmers nicht weniger als 16 Grad und nicht mehr als 25 Grad beträgt.

5. Mangal kömürünü açık havada yak- ve kömür kor haline gelmeden içeri al-.

Wir müssen die Holzkohle in der freien Luft anzünden und dürfen sie nicht hineinbringen, ohne daß die Kohle durchgeglüht ist.

Aus Hayat Bilgisi, Sınıf 2,
von Halil Ötüken, Ulun Yayınevi

Hayatta başarı nasıl sağlanır?

Wie sichert man sich im Leben Erfolg?

Hayatta hepimiz başarı sağlıyabiliriz.

Im Leben können wir alle erfolgreich sein.

6. Çalışmanın yolunu bil-.

Wir müssen den Weg (das Ziel) der Arbeit kennen.

7. Fırsat icat et-.

Wir müssen uns Gelegenheiten schaffen.

8. Kendi talihimizi kendimiz yap-.

Wir müssen unser eigenes Glück schmieden (= machen).

9. Tuttuğumuz işin üstüne düş-.

Wir müssen beharrlich das durchführen, was wir angepackt haben.

10. „Vakit nakittir" sözünü her zaman hatırda tut-.

Das Sprichwort „Zeit ist Geld" müssen wir jederzeit im Gedächtnis behalten.

b) Übersetzen Sie folgende Verbformen ins Türkische:

1. müssen (sollen) wir lesen?
2. müßt (sollt) ihr nicht kommen?
3. ihr müßt deutlich sprechen
4. mußten sie nicht geben?
5. ihr mußtet gruppieren
6. mußtet ihr schreiben?
7. Sie mußten warten
8. soll (muß) ich warten?
9. sie müssen spazierengehen
10. ich durfte es nicht hören
11. solltest du das Feuer nicht anmachen?
12. du darfst nicht lügen
13. ihr hättet wählen sollen
14. mußte er warten?
15. wir dürfen nicht vergessen
16. es mußte schnell geschehen (erfolgen)
17. wir mußten helfen
18. muß (soll) sie nicht helfen?
19. ihr dürft nicht zurücktreten
20. sie dürfen uns nicht belästigen
21. mußtest du nicht bitten?
22. wir durften uns nicht unterhalten
23. Sie müssen telefonieren
24. mußten Sie nicht antworten?

139   9. Lektion

25. mußtest du gehen?
26. mußt du kommen?
27. müssen (sollen) sie nicht lesen?
28. soll ich nicht beginnen?
29. du mußt beginnen
30. müssen wir verzichten?
31. du hättest aufpassen sollen
32. er hätte sich entschuldigen sollen
33. mußt du dich nicht entschuldigen?
34. ich muß dich daran erinnern
35. solltest du mich daran erinnern?
36. mußte er uns nicht daran erinnern?

37. Sie dürfen sie (*pl.*) nicht daran erinnern
38. Sie hätten mich daran erinnern sollen
39. ich muß es Ihnen erklären
40. mußtest du es mir nicht erklären?
41. ich durfte es ihm nicht erklären
42. man mußte suchen
43. mußte man nicht suchen?
44. muß man arbeiten?
45. ihr hättet arbeiten sollen
46. mußtet ihr nicht arbeiten?
47. es muß sich entwickeln
48. muß (soll) es sich nicht entwickeln?

c) Übersetzen Sie ins Türkische:

1. Wo muß ich aussteigen?
2. Wo muß ich umsteigen?
3. Sie müssen geradeaus gehen.
4. Sie müssen nach links gehen (= wenden).
5. Ich möchte 3 Karten für die Vorstellung heute abend bestellen.
6. Bis wann muß ich die Karten abholen (= nehmen)?
7. Sie müssen sich an diesen Schalter wenden.
8. Sie dürfen den Zimmerschlüssel nicht vergessen.
9. Die (= Seine) Form gefällt mir nicht. Sie muß hierzu passen.
10. Sie müssen auf jeden Fall kommen.
11. Wir müssen uns setzen und sprechen.
12. Sie müssen mir aus Adana eine Ansichtskarte schicken.
13. Ich muß am 6. Oktober wieder in Ankara sein.
14. Ich muß leider gehen. Auf Wiedersehen, Fräulein Berker.
15. Sie müssen nicht links (soldan), (sondern) rechts gehen.
16. Es (= die Luft) ist kalt, wir müssen das Fenster schließen.
17. Ihr müßt dem Schofför danken.
18. Mußten (sollten) Sie nicht die Karten abholen (= nehmen)?
19. Man darf nicht lügen.
20. Diesen Fehler muß man sofort berichtigen.
21. Sie müssen zu einem Entschluß kommen.
22. Steigen Sie ins Flugzeug, man (= der Mensch) muß sich seiner Zeit anpassen; unsere Zeit (da) verlangt (= will) auf Reisen Schnelligkeit. (Nurrullah Ataç)
23. In der Klasse darf man keinen Lärm machen.
24. Solch ein Wort darf man nicht sagen.
25. Die Jungen müssen die Alten immer achten (saymak).
26. Nach dem Mittagessen muß ich dort sein.
27. Unser Haus muß einen Garten haben.
28. Der Mensch muß geduldig sein.
29. Ich muß (es) ihr erklären.
30. Mußten Sie mich daran erinnern?
31. Soll ich heute abend ins Kino gehen oder nicht?
32. Um die Prüfung zu bestehen, muß ich viel arbeiten.
33. Ich darf es nicht so (= böyle) belassen, ich muß (es) ihm erklären.
34. Wir müssen rechtzeitig aufbrechen.
35. Ich muß mich entschuldigen.

9. Lektion 140

36. Wie lange muß ich warten?
37. Ich muß diesen Brief bis heute abend beenden.
38. Ich muß sofort mit Ihnen sprechen.
39. Sie müssen mich anhören.
40. Jetzt hat sie auch meinen Ring genommen.
41. Diesen Ring muß ich unbedingt zurückbekommen.
42. Sie müssen mir helfen.
43. Sie müssen mir den Ring beschaffen, sie müssen (es unbedingt).
44. Diese Angelegenheit überlasse ich Ihnen.
45. Teilen Sie mir Ihr Ergehen telegrafisch mit.
46. Ich kaufte meinem Sohn ein Buch.
47. Ich brachte das Kind in die Schule.
48. Mir hat er sein Geheimnis anvertraut.
49. Ich empfehle Ihnen diesen Kollegen.
50. Ich zeigte ihm meine Bücher.

Vokabeln

zu a)

omuz	Schulter
(G) üstünda	über ... hinweg
lamba [lamba]	Lampe
... girecek şekilde	in einer ... eindringen-den Weise: so daß (es) dringt (fällt)
sıcaklık (-ğı)	Temperatur; Wärme
... dereceden az (çok)	weniger (mehr) als ... Grad
... 'olmama(sı)	(„das Nichtsein" =) daß nicht beträgt
mangal	Kohlenbecken
man'gal kömürü	Holzkohle
kor	Glut
kor haline gel-meden	ohne in den Glut-zustand zu kommen
hepimiz	wir alle
sağlamak	sicherstellen, sichern
sağlıyabiliriz	wir können sichern
çalışma	das Arbeiten, Arbeit
fırsat (-tı)	Gelegenheit
icat [i:dʒɑːd...] etmek	erfinden; schaffen
talih [tɑːlıχ]	Glück; Schicksal
tuttuğumuz iş	die Arbeit, die wir an-packen (angepackt haben)
(G) üstüne düş-mek	beharrlich betreiben
nakit(-kdi) [nɑ'kıt]	Geld
⑩ 4	
tutmak	(be)halten

zu b)

sich entschuldigen	özür dilemek

zu c)

umsteigen	aktarma yapmak
sich wenden	dönmek
Vorstellung	temsil
heute abend	hier: bu akşamki ...

Schalter	gişe
sich wenden an	-e müracaat [-rɑː] etmek
Schlüssel	anahtar
Form, Fasson	biçim
gefallen	hoşuna gitmek
es gefällt ihm (dir)	hoşuna gidiyor
es gefällt mir	hoşuma gidiyor
auf jeden Fall	'her halde
illustriert	resimli
Ansichtskarte	resimli kartpostal
Schofför	şoför
berichtigen	düzeltmek
kommen	varmak (zu/ -e)
Entschluß	karar [kɑrɑː]
sich anpassen	uymak (D/ -e)
Lärm	gürültü
solch ein	böyle
Alte(r)	ihtiyar [ɑː]
haben	olmak
geduldig	sabırlı
erklären	anlatmak
erinnern	hatırlatmak (j-n an etw./ -e -i)
Prüfung	imtihan [ɑː]
gewinnen; be-stehen	kazanmak
rechtzeitig	vaktinde
aufbrechen	yola çıkmak
beenden	bitirmek
Ring	yüzük (-ğü)
unbedingt	muhakkak
zurückbekommen	geri almak
beschaffen	temin [teːmiːn] etmek
(unbedingt) müssen	mecbur [uː] olmak
Angelegenheit	iş
Ergehen	sıhhat (-ti)
telegrafisch	telegrafla
mitteilen	bildirmek
Geheimnis	sır (-rrı)
anvertrauen	açmak (j-m etw./ -e -i)

141   9./10. Lektion

Europäische Wörter im Türkischen

grup *od.* gurup (-pu): Gruppe   gişe: *frz.* guichet
gruplandırmak: gruppieren   şoför: *frz.* chauffeur
lamba: *neugr.* lamba,   telgraf: *frz.* télégraphe
                      it. lampa

Sie haben in dieser Lektion das Modalsuffix -meli kennengelernt.

	-meli
verneint	-memeli

Fragen

1. Sesli okuma sırasında neler yapmalı?
2. Sessiz okumada nelere dikkat etmeli?
3. Süratli okuma için ne yapmalı? Süratli okumada neye dikkat etmeli?
4. Mühim eserleri okurken nasıl hareket etmeli?

Formel

Her halde gelmelisiniz.   *Sie müssen bestimmt kommen.*

10. Lektion

1. Posta   İki mektup

Mecmuamız için gösterdiğiniz ilgiye ve iltifatlarınıza pek çok teşekkürler.
,,Bu kadar haberi, yazıyı, fotoğrafı bir haftada nasıl toparlıyor ve bize güzel
bir şekilde sunabiliyorsunuz?" diye soruyorsunuz.
Anlatması çok uzun. Tabiî biz de bir hayli yoruluyoruz. Ama | meslek
aşkı | ve siz değerli okuyucularımızı memnun etmek arzusu, her türlü
yorgunluğumuzu unutturuyor. Ahmet Sezgin'den sık sık bahsediyoruz.
Bir müddet önce, kendisinin arka kapakta renkli olarak resmi bile çıkmıştı.
Onu pekâlâ camlatabilirsiniz. Mektubunuzu aşağıdaki adrese göndere-
bilirsiniz.   Selâmlar
                                              (Aus Perde, 6 Eylül)

2. Gönül postası   Anî kararlar.

Bir hanım okuyucumuz yazıyor:
Sarışın, uzun saçlı bir 'kızım. İki yıl önce bir hava assubayı ile tanıştım.
Kendisiyle birkaç defa buluştuk. Bir hatam oldu. Ben çok mahcup olduğum
için konuşmayı kestim. Bir daha da buluşamadık. Buna çok üzüldüm. O
zamandan sonra kendisini bir daha da bulamadım. Daima bulunduğu
yerlerde görünmüyor. Bana ne tavsiye edersiniz?
Cevap: Önce anî kararlarla işlerinizin gidişini değiştirmekten çekininiz.
Bu hava assubayı yerini değiştirmiş olmalıdır. Size karşı alâka duyuyorsa,
her halde sizi arayacaktır.
                                              (Aus Hayat, 9 Eylül)

10. Lektion   142

3.   **Doktorun el yazısı**

Bazı doktorların el yazıları güç okunur. Baştan savar gibi çırpıştırdıkları reçeteleri ancak eczacılar okuyabilir, çok defa onlar da sökemezler.
Bir gün, bir eczaneye genç, güzel bir kız girip, çekinerek eczacıya:
— Affedersiniz, dedi, sizden bir ricada bulunabilir miyim?
Eczacı saygıyle cevap verir:
— Hayhay, emredersiniz. Güzel kız biraz kızardı.
Sonra bir mektup uzatarak:
— Şey ... dedi; nişanlım | doktordur. Bana gönderdiği şu mektubu lütfen okur musunuz?

4.   **Robinson adada**

Memleketi iyice tanımak, yaşamaya elverişli, güzel, havadar bir yer bulabilmek, eşyalarımı yerleştirebilmek için, münasip bir yer aramaya çıktım. Tüfeklerimden ancak birini alabildim. Sarp ve yüksek bir dağın tepesine güçlükle tırmanabildim. Yorgunluktan ayaküstü duramıyordum. Anladım ki, ben bir adadayım.   *(Robinson Kruso adlı kitaptan)*

Erläuterungen:

zu 1. ... -a çok teşekkürler: vielen Dank für ...
... toparlıyor(sunuz) ve sunabiliyorsunuz: Sie fragen: „Wie bringen Sie so viele Nachrichten ... zusammen und wie können Sie (sie) uns in einer (so) schönen Form bieten."
Im Deutschen indirekter Fragesatz: Sie fragen, wie wir so viele Nachrichten ... in einer Woche sammeln und sie Ihnen in einer so schönen Form darbieten können.
meslek aşkı: die Liebe zum Beruf
siz ... memnun etmek arzusu: der Wunsch, Sie, liebe Leser, zufriedenzustellen. Nur bei okuyucularımızı Akkusativ, nicht bei siz!
kendisinin ... resmi: das Bild desselben = sein Bild, ein Bild von ihm
zu 2. Kendisiyle ... buluştuk: (Wir trafen ... =) Ich traf mich einige Male mit ihm. Cevap: Vermeiden Sie es, den Lauf (Ihrer Angelegenheiten =) der Dinge durch plötzliche Entschlüsse zu ändern.
zu 3. Bir gün...: ... betritt ein schönes Mädchen die Apotheke und sagt zögernd zu dem Apotheker.
zu 4. Um das Land gründlich kennenzulernen, um eine zum Leben günstige schöne und luftige Stelle ausfindig zu machen, ... ging ich auf die Suche nach einem geeigneten Platz.
Anladım ki ... Ich begriff(!) Ich bin auf einer Insel: Ich begriff, daß ich auf einer Insel war.

Vokabeln

1.			
		teşekkür	Dank (-e/ für)
posta	Post, *hier*: Briefkasten	bu kadar	soviel
	in einer Zeitschrift	fotoğraf	Foto
mecmua [u:], *neu*	Zeitschrift	toparlamak	zusammenbringen,
a. dergi			zusammenstellen
gösterdiğiniz	das Sie zeigten	sunmak	(dar)bieten
ilgi	Interesse	anlatması	sein Erzählen = das
iltifat (-tı)	Liebenswürdigkeit		zu erzählen
iltifatlar	*hier*: freundliche	tabiî	selbstverständlich,
	Worte		natürlich

143　　10. Lektion

bir 'hayli	ordentlich, ganz gehörig
yorulmak	sich anstrengen, sich Mühe geben
meslek	Beruf
aşk (-kı)	Liebe
değerli	geschätzt
memnun [uː] etmek	zufriedenstellen
arzu	Wunsch
her türlü	jede Art, all-
yorgunluk	Müdigkeit
unutturmak	vergessen lassen
bahsetmek [baxs-]	sprechen (-den/ von, über)
müddet	Frist, Zeit
(-den) önce	*Präp.* vor
bir müddet önce	vor einiger Zeit
kendisinin	von ihm selbst = sein
arka	Rücken; Rück-, hinter-
kapak	Deckel, Umschlagseite
resim (-smi)	Bild
bile	sogar
çıkmıştı	war herausgekommen, war erschienen
'pekâlâ	sehr gut
camlatmak	mit einem Glasrahmen versehen lassen, einrahmen lassen
perde	Vorhang; *hier: Name einer Illustrierten*

2.

gönül (-nlü)	Herz, Seele
anî	plötzlich
hanım	Frau, Fräulein
hanım okuyucu	Leserin
sarışın	(hell)blond
saçlı [saʃłi] ⑨ D	mit ... Haar (*s. L.* 7P)
kız	Mädchen
assubay	Unteroffizier [zier]
hava assubayı	Luftwaffenunteroffi-
tanışmak	bekannt werden, kennenlernen
defa	Mal
buluşmak	sich treffen
hata	Fehler
mahcup (-bu) [max'dʒuːp]	schüchtern
olduğum için	weil ich bin
kesmek	(ab)schneiden; *Gespräch* abbrechen
bir daha da	noch einmal
üzülmek	betrübt sein (-e/ über); leid tun
bulamadım	*hier:* traf ich leider nicht
bulunduğu yerlerde	an den Plätzen, an denen er zu finden war, dort, wo er sich aufhielt
tavsiye [taūsıjɛ] etmek	empfehlen
gidiş	Gang, Verlauf
değiştirmek	ändern

(-den) çekinmek	(es) vermeiden; j-n meiden
yer	Standort
değiştirmiş olmalı	muß wohl gewechselt haben
alâka [alaːka]	Interesse, Zuneigung (-e karşı/ zu)
-e karşı	gegenüber, zu; *hier:* für
duymak	fühlen
'her halde	jedenfalls, sicherlich
arayacaktır	er wird suchen
hayat	Leben; *hier: Name einer Illustrierten*

3.

'el yazısı ⑨ B 4	Handschrift
okunur	(wird gelesen =)lesbar
baştan savar gibi	so flüchtig, wie von ungefähr
çırpıştırmak	hinkritzeln
çırpıştırdıkları ...	die sie wie *von ungefähr* hingekritzelt
reçete	Rezept [haben⌡
eczacı [ɛzːaːdʒi][1])	Apotheker
sökmek (-er)	herausnehmen; entziffern
eczane [ɛzːanɛ][1])	Apotheke
çekinmek	sich genieren; zögern
-de bulunmak	*höfliches Stützverb:* haben, sein, machen, tun
ricada bulunmak	eine Bitte richten (-den/ an)
saygı	Achtung
'hayhay	aber gewiß, sehr gern
emretmek	befehlen
emredersiniz	(befehlen Sie! =) was steht zu Diensten?
kızarmak	rot werden
uzatmak	(hin)reichen
şey	*hier Verlegenheitsausdruck:* äh, hm, ja ...; *zuweilen:* Dingsbums
nişanlı	verlobt; Verlobte(r)
bana gönderdiği	den er mir geschickt hat

4.

'iyice	gründlich
tanımak	kennenlernen
yaşamak	leben
yaşama	Leben
elverişli	passend, günstig
havadar	luftig
yerleştirmek	unterbringen
münasip [aː] (-bi)	geeignet
çıkmak	ausziehen
aramaya (D von arama)	zu suchen
tüfek	Gewehr
sarp (-pı)	steil
tırmanmak	hinaufklettern, erklimmen
ayaküstü [a'jakysty]	stehend; aufrecht, auf den Beinen
adlı	betitelt, mit dem Titel

[1]) *s.* ⑨ *D.*

10. Lektion   144

Grammatik

können — nicht können   **A**

Dem deutschen Modalverb *können* entsprechen im Türkischen Suffixe oder Suffixgruppen.

gel-e-bil-mek   gelebilmek   kommen **können**
gel-e-me-mek   gelememek   **nicht** kommen **können** *(-e s. Lektion 6 D)*.
Das **e** in **-ebil-** hat schwachen,
das erste **e** in **-eme-** starken Hochton.

gelebilmek kommen **können**		yazabilmek schreiben **können**	
görebilmek sehen	**können**	okuyabilmek lesen	**können**
gelememek **nicht** kommen **können**		yazamamak **nicht** schreiben **können**	
görememek **nicht** sehen	**können**	okuyamamak **nicht** lesen	**können**

An **vokalische** Stämme tritt   -yebil-   -yeme-
                                 -yabil-   -yama-

e und **a** des vokalischen Stammes bleiben wie die übrigen Vokale unverändert; früher schrieb man nach der Aussprache auch i bzw. ı:

beklemek	bekleyebilmek	bekleyememek
ältere Orthographie	(bekliyebilmek)	(bekliyememek)
anlamak	anlayabilmek	anlayamamak
ältere Orthographie	(anlıyabilmek)	(anlıyamamak)

eme	vor **y**	emi	gelemiyorum	ich **kann nicht** kommen
ama		amı	konuşamıyorum	ich **kann nicht** sprechen

r-Präsens   **B**

ich kann kommen	*kann (darf) ich kommen?*	*ich kann nicht kommen*	*kann (darf) ich nicht kommen?*
gelebilirim	gelebilir miyim?	gelemem	gelemez miyim?
gelebilirsin	gelebilir misin?	gelemezsin	gelemez misin?
gelebilir	gelebilir mi?	gelemez	gelemez mi?
gelebiliriz	gelebilir miyiz?	gelemeyiz	gelemez miyiz?
gelebilirsiniz	gelebilir misiniz?	gelemezsiniz	gelemez misiniz?
gelebilirler	gelebilirler mi?	gelemezler	gelemezler mi?

ich kann schreiben	*kann ich schreiben?*	*ich kann nicht schreiben*	*kann ich nicht schreiben?*
yazabilirim usw.	yazabilir miyim? usw.	yazamam usw.	yazamaz mıyım? usw.

Betonung

ge‾lebi'lirim	ge‾lebi'lir miyim?	**ge'lemem** gele'mez miyim
ya‾zabi'lirim	ya‾zabi'lir miyim?	**ya'zamam** yaza'maz mıyım
‾e, ‾a haben leichten Hochton,		in allen **mez** betont mit Aus-
-ir starken Fallton.		Formen **e, a** nahme der 3. Pers. Plur.
		betont. gelemez'ler mi.

145   **10. Lektion**

C

Am häufigsten tritt die Möglichkeitsform im r-Präsens auf. Mit den bisher gelernten Zeit- und Modalsuffixen ergeben sich folgende Formen. Es genügt, die 1. Pers. Sing. anzuführen, da die Bildung der übrigen Personalformen regelmäßig ist:

yor-Präsens

ich kann kommen	*kann (darf) ich kommen?*	*ich kann nicht kommen*	*kann (darf) ich nicht kommen?*
ge'lebili'**yorum**	ge'lebili'**yor muyum?**	ge'lemi'**yorum**	gelemi**yor muyum?**

di-Vergangenheit

ich konnte kommen	*konnte (durfte) ich kommen?*	*ich konnte nicht kommen*	*konnte (durfte) ich nicht kommen?*
gelebil**dim**	gelebil**dim mi?**	geleme**dim**	geleme**dim mi?**

Mit dem Suffix **-meli-** ergibt sich eine Form der gemilderten Notwendigkeit, die im Deutschen einfach mit *ich muß (wirklich)* oder *ich müßte* wiedergegeben wird.

ebilmeli-Form

ich müßte kommen	*müßte ich kommen?*	*ich müßte nicht kommen*	*müßte ich nicht kommen?*
gelebil**meli**yim	gelebil**meli** miyim?	geleme**meli**yim	geleme**meli** miyim?

nicht zu brauchen   **D**

Neben der -eme-Form gibt es auch die regelmäßige Verneinung **-meyebil-** (-me-y-ebil-), die sich nur auf das Grundverb bezieht, z. B. **gelmeyebilmek** „*nicht-kommen*" können.

Im Deutschen wird diese Form am besten durch *nicht brauchen* wiedergegeben: **gelmeyebilirsin** *(du kannst | nicht-kommen, du kannst wegbleiben =) du brauchst nicht zu kommen.*

E

In der Verwendung der Möglichkeitsform ist das Türkische genauer als das Deutsche, z. B.:

İstasyona nasıl gidebilirim?   *(Wie kann ich zum Bahnhof gehen =) Wie komme ich zum Bahnhof?*

İstasyonda taksi bulabilir miyim?   *(Kann ich ... finden =) Finde ich am Bahnhof ein Taxi?*

İngilizce konuşabiliyorum.   *(Ich kann ... sprechen =) Ich spreche Englisch.*

... yaşamıya elverişli, güzel havadar bir yer bulabilmek ...   *... um eine zum Leben günstige, schöne, luftige Stelle (finden zu können =) ausfindig zu machen.*

Lehrbuch Türkisch 10

10. Lektion 146

F

Zuweilen muß die türkische Möglichkeitsform im Deutschen durch andere Mittel, z. B. durch das Adverb *leider* ausgedrückt werden:

Bir daha da buluşamadık.

Wir haben uns **leider** nicht wieder getroffen.

O zamandan sonra kendisini bir daha da bulamadım.

Seit dieser Zeit habe ich ihn **leider** nicht mehr getroffen.

Bir haftadan beri onu göremiyorum.

Seit einer Woche habe ich ihn **leider** nicht gesehen.

Wortbildung   **G**

1. -ce (-ca)
2. -ci (-cü, -cı, -cu) } gemäß ⑫ -çe -çi

1. Das Suffix '-ce (unbetont, nur schwacher Hochton)

a) bezeichnet eine Sprache:

'Türkçe   *das Türkische, türkisch*
Al'manca   *das Deutsche, deutsch*

b) bildet Adverbien:

garp'lıca   *europäisch, nach europäischer Art*
(garplı *Europäer*; *europäisch*)
'böylece   *auf diese Weise, so*

c) wandelt die Bedeutung eines Adjektivs oder Adverbs geringfügig ab (oft verstärkend oder abschwächend).

'hoşça   *recht angenehm*
(hoş *angenehm*)
'iyice   *gründlich, gehörig*; *ganz nett*

d) drückt das *von* beim Passiv aus:

İslâmlarca *von den Mohammedanern* (vgl. L. 8 Ü b 2)

2. Das Suffix -ci dient zur Bezeichnung einer handelnden Person; häufig einer Person, die einen Beruf ausübt oder eine bestimmte Eigenschaft hat; auch eines Besitzers.

badanacı   *Maler, Anstreicher*
dinleyici   *Hörer*
eczacı   *Apotheker*
elektrikçi   *Elektriker*
vgl. weiter:
gazeteci, hizmetçi, işçi, kurucu, meyvacı, okuyucu, öğrenci, saatçı, yolcu.

Übungen

a) Übersetzen Sie die folgenden Verbformen ins Türkische (r- und yor-Präsens!):

1. Ich kann (es) erklären
2. kannst du (es) erklären?
3. wir können nicht schlafen
4. ich kann mich nicht erinnern
5. er (sie) kann lange (uzun süre) leben
6. es kann sein (= es ist möglich)
7. wir konnten nicht subtrahieren
8. konntet ihr subtrahieren?
9. ich konnte (es) nicht machen
10. wir konnten nicht kommen
11. warum konntet ihr nicht kommen?
12. wir konnten nicht lesen
13. konntet ihr lesen?
14. du kannst warten
15. sie konnten nicht warten [rühren)⎫
16. Sie können es nicht anfassen (= be-⎭

147   10. Lektion

17. können Sie nicht trinken?
18. du kannst gehen
19. können Sie mir sagen?
20. ich kann Ihnen nicht sagen
21. kannst du es kaputtmachen?
22. er kann es nicht kaputtmachen
23. wir konnten nicht zählen
24. konntet ihr zählen?
25. können sie nicht zählen?
26. konnten sie nicht zählen?
27. können Sie schreiben?
28. ich konnte nicht schreiben
29. du konntest schreiben

30. dürft ihr spazierengehen?
31. wir konnten nicht spazierengehen
32. er kann essen
33. konntet ihr nicht essen?
34. können Sie antworten?   [ren)?⎫
35. können sie nicht gehen (marschie-⎰
36. du konntest finden
37. sie konnte nicht finden
38. können wir nicht finden?
39. ich kann telefonieren
40. kannst du telefonieren?
41. wir konnten nicht telefonieren
42. konntet ihr nicht telefonieren?

b) Setzen Sie die passenden Formen in der Bedeutung von „können" oder „nicht können" ein.

1. Çok aradım, ama hiç bir yerde rast gel-; bul-

Ich suchte sehr, konnte (es) aber nirgends finden.

2. Hayatını kazan- için çırpınıyor.

Er rackert sich sehr ab, um sein Leben zu (verdienen zu können =) fristen.

3. O gece erken yat-; fakat rahat uyu-.

An jenem Abend legte ich mich früh hin, aber ich konnte nicht ruhig schlafen.

4. 'Eğer sıkılıyor- işinizi çabuk gör-.

Wenn es Sie bedrückt, können wir Ihre Angelegenheit schnell erledigen.

5. — Böyle yüksek sesle konuş-! de-. Kapı —, hizmetçiler duy-.

„Sprechen Sie doch nicht so laut!" sagte sie. „Die Tür ist ja offen, (und) die Dienstboten können (Sie) hören."

6. Bir dakika konuş- için bugün sabahtan beri evin önünde hep seni bekle-.

Um (dich) eine Minute sprechen zu können, wartete ich seit heute morgen ununterbrochen vor dem Haus auf dich.

7. Üç tane elma. Bu gibi takımlarda tane kelimesi söylen-: Üç elma, beş karpuz.

Drei (Stück) Äpfel. In solchen Ausdrücken braucht das Wort Stück nicht gesagt zu werden: Drei Äpfel, drei Wassermelonen.

8. Akıllı bir adam tartışmaya giriş-, ama sen sus.

Ein vernünftiger Mensch kann zu diskutieren anfangen, du aber schweig!

9. — Kim o? diye seslen-, hafifçe.
— B-. Uyu-? Gireyim mi?

„Wer ist es?" antwortete ich leise.
„Ich bin es. Hast du geschlafen? Darf (Soll) ich hineinkommen?"

— Nüzhet! Gece yarısı Nüzhet! Gir! di-.

„Nüzhet! Nüzhet um Mitternacht!" Ich konnte nicht sagen: Komm herein!

10. — Uyu-, de-.
— Ben de —.
— Sen niçin —?
— Sen — —?

„Ich konnte nicht schlafen", sagte sie.
„Auch ich konnte nicht schlafen."
„Warum konntest du nicht schlafen?"
„(Und du), warum konntest du nicht schlafen?"

— Ben bir şeyler düşün-.
— Ben — — — —.

„Ich dachte an so allerlei."
„Auch ich dachte an so allerlei."

10*

10. Lektion
148

— Sen ne düşün-?	„Woran hast du gedacht?"
— Sen — —?	„(Und du), woran hast du gedacht?"
Nüzhetin bir kahkahası daha.	Und wieder das Gelächter Nüzhets.
— Böyle giderse sabaha kadar konuş-, dedi.	„(Wenn es so geht =) So können wir doch nicht bis morgen früh reden", sagte sie.

9. und 10. aus 9-uncu Hariciye Koğuşu (Neunter Saal der Station für äußere
Krankheiten) von Peyami Safa (geb. 1899).

Zwei Scherzfragen:

11. Hangi yolda insanlar yürü-?	Auf welcher Straße können die Menschen nicht gehen?
˙(ɐpunɪoʎuɐɯɐS)	
12. Hangi kuşağı insanlar kuşan-?	Welchen Gürtel können die Menschen nicht umbinden?
˙(ıʒɐśnʞọ̣Ọ)	

c) Übersetzen Sie ins Türkische:

1. Das kann ich machen.
2. Das können wir nicht machen.
3. Sie können weiterarbeiten (= Ihre Arbeit fortsetzen).
4. Kann ich leichte Arbeit(en) verrichten (= machen)?
5. Ja, Sie können leichte Arbeit(en) verrichten.
   Nein, Sie dürfen keine Arbeit verrichten.
6. Wo können wir etwas essen (= yemek yemek)?
7. Heute (ist) Sonntag. Sie können die Briefe nicht bekommen.
8. Kann ich um 3 Uhr kommen?
9. Darf ich Ihren Paß sehen?
10. Danke, Sie können passieren.
11. Können Sie meine Sachen vom Bahnhof holen lassen?
12. Wo (= wohin) können wir unser Gepäck lassen?
13. Sie können in ein Konzert gehen.
14. Kann ich eine Eintrittskarte bekommen?
15. Dürfen wir dieses Buch nehmen?
16. Kann ich diese Bücher von Ihnen beziehen?
17. Das Zimmer kann 100 Personen fassen (= nehmen).
18. Wir können nicht weg (= weggehen, aufbrechen).
19. Es (Bu) ist wirklich so, du kannst mir glauben.
20. Ich konnte [es] ihm nicht erklären.
21. Ich konnte meine Stimme nicht mehr beherrschen (-yordum).
22. Wir konnten ihnen nicht sofort antworten.
23. Ich kann nicht schlafen.
24. Können wir diesen Traum nicht verwirklichen?
25. Wo kann ich meine Wäsche reinigen (waschen) lassen?
26. Sie können Geld in die Türkei schicken.
27. Können Sie meinen Wagen abschleppen?
28. Habe ich Anschluß (= Kann ich das Umsteigen schaffen?)
29. Darf ich hier mein Zelt aufschlagen?
30. Kann ich Herrn Demiralp sprechen (= sehen)?
31. Meine Uhr ist kaputt.
    Dieser Uhrmacher konnte meine Uhr nicht machen.
32. Ich suchte den Löffel. Ich konnte [ihn] nicht finden.
33. Wo bekomme ich Sportartikel (= kann ich finden)?

149   **10. Lektion**

34. Wann kann ich die Bilder (= Photos) abholen (= nehmen)?
35. Die Bilder können Sie morgen abholen.
36. Können Sie diese Sachen waschen und bügeln?
37. Im Leben können wir (uns) alle (= hepimiz) (einen Erfolg sichern =) erfolg-
    reich sein.
38. Über mich (benim için) können Sie so etwas (böyle bir şey) nicht sagen.
39. Darf man photographieren (= darf photographiert werden)?
40. Osman kann nicht allein (yalnız) gehen, da er den Weg nicht weiß.
41. Ich habe (es) gesagt, konnte mir aber kein Gehör verschaffen.
42. Für Kleinbusse, für alle Fahrzeuge gesperrt (Übersetze: „Kleinbus, Fahrzeug
    darf nicht hineingehen").
43. Mit diesem Geld langen wir nicht bis Ende des Monats (= können wir den
    Monat nicht auskommen).
44. Der Kranke konnte den Winter nicht überstehen.
45. Ich konnte diesen Worten *(= Sing.!)* nichts entnehmen.
46. Sie konnten diese Schrift nicht entziffern.
47. Konntet ihr sie entziffern?
48. Es ist kalt, dazu kommt, daß ich unpäßlich bin; ich kann deshalb nicht
    kommen.
49. Das Kind kann noch nicht sprechen (-yor).
50. Ich habe mich gestern abend mit meinem Kollegen (arkadaş) getroffen (= wir
    haben ...), aber Ihre Angelegenheit haben wir nicht besprechen können.
51. Können Sie mir Ihren Koffer zeigen?
52. Können Sie mir den Koffer da bringen?
53. Wenn der Tee sehr heiß ist, können Sie (ihn) nicht trinken.
54. Wenn wir wollen, können wir alles kaputtmachen.
55. Wenn Sie wollen, können wir das machen.
56. Wenn das Wetter schlecht ist, können wir nicht baden (= nicht ins Meer
    gehen).
57. Wenn es kalt ist, kann ich nicht spazierengehen.
58. Wenn ihr kein Geld habt, könnt ihr nicht reisen (= die Reise nicht machen).
59. Wenn wir kein Geld haben, können wir das Auto nicht kaufen.
60. Wenn sie keine Zeit haben, können sie die Briefe nicht schreiben.
61. Wenn ihr nicht aufpaßt, könnt ihr nichts lernen.
62. Wenn er die Frage nicht versteht, kann er nicht antworten.

**d) Mit den Ihnen bekannten Wörtern und dem Suffix -ci können Sie Wörter mit
folgender Bedeutung selbst bilden:**

1. Kutscher, Stellmacher
2. Helfer, Gehilfe
3. Nachtarbeiter; Nachtschwärmer
4. Gartenbesitzer
5. Wasserverkäufer
6. Kartenverkäufer; Schaffner
7. Förster
8. Rohrleger
9. Färber; Farbverkäufer
10. Verlader, Spediteur
11. Zuckerfabrikant, Zucker(waren)verkäufer
12. Kaffeeverkäufer, Kaffeekellner

10. Lektion　　　　　　　　　　　　　　　150

13. Maschinist, Maschinenbauer
14. Papier- (und Schreibwaren-)Händler
15. Kohlenhändler; Heizer
16. Bote; Spion (= Nachrichtenmann)
17. Suppenverkäufer, „Brötchengeber"
18. Seefahrer, Matrose; Wassersportler
19. Fabrikant
20. Augenarzt; Beobachter

Vokabeln

zu b)

hiç bir yerde	nirgendwo
rast gelmek (-e)	finden, antreffen
çırpınmak	zappeln; sich abrackern
rahat	Ruhe; ruhig
sıkılmak	bedrückt sein
sıkılıyorum	es ist mir unangenehm, es bedrückt mich
görmek	*eine Sache* erledigen
hizmetçi	Diener, Dienstmädchen
-den beri	seit
-in önünde	vor
hep	immer; ununterbrochen
bu gibi	solch(e)
takım	Gruppe, Fügung, *hier:* Ausdruck
karpuz	Wassermelone
akıllı	vernünftig, klug
tartışmak	diskutieren
girişmek (-e)	beginnen
seslenmek	laut rufen, antworten
hafif	leicht; schwach
hafifçe	*Adv.* schwach, leise
gireyim mi	soll (*od.* darf) ich eintreten?
Nüzhet	*Mädchenname*
bir şeyler	allerlei
kahkaha	lautes Gelächter
hariciye	Station für äußere Krankheiten
koğuş [kɔːuʃ]	Krankensaal; Schlaf-⎫
samanyolu (-yolunu)	Milchstraße　　[raum⎭
kuşak (-ğı)	Gürtel
kuşanmak	umbinden
gökkuşağı	Regenbogen

zu c)

(etwas) essen	yemek yemek

bekommen	almak
passieren	geçmek
holen lassen	alıp getirtmek
Sachen, Gepäck	eşya
Konzert	konser
Eintrittskarte	giriş bileti
beziehen	temin etmek
von Ihnen	sizden
(*Raum*) fassen	almak
weggehen	hareket etmek
wirklich, ernstlich	cidden ['dʒɪdːɛn]
glauben	inanmak (-e)
beherrschen	idare etmek
verwirklichen	hakikat [hɑkiːkat] ⑩ 5 yapmak
Wäsche	çamaşır(lar)
reinigen (waschen) lassen	temizletmek (yıkatmak)
abschleppen	yedekte çekmek
Umsteigen	aktarma
schaffen	yetişmek (-e)
Zelt	çadır
aufschlagen	kurmak (kurar)
kaputt	bozuk
Uhrmacher	saatçı
Löffel	kaşık (-ğı)
Sportartikel	spor eşyası
morgen	'yarın
photographieren	fotoğraf çekmek
photographiert werden	fotoğraf çekilmek
sich Gehör verschaffen	dinletmek
Kleinbus	minibüs
auskommen; *Winter* überstehen; entnehmen; entziffern	çıkarmak
dazu kommt noch	kaldı ki ... da
unpäßlich	rahatsız
besprechen	konuşmak (-i)

Sorular

1. Hangi yazıları (bu derste) okudunuz? — Posta, Gönül Postası ... adlı yazıları ...
2. Bu metinleri iyi anlayabilmek için ne yapmalıyız? — 9'uncu derse bakınız *(Siehe ...)*
3. Bütün cümleleri anlayabildiniz mi? Evet, hemen hemen ...
4. Perde'nin gazetecisi neye teşekkür ediyor?

151   **10. Lektion**

5. Mecmuanın (Derginin) okuyucusu ne soruyor? — Bu kadar ...
6. Gazeteci bütün özellikleri *(Einzelheiten)* anlatabiliyor mu? Ne diyor? — Anlatması ...
7. Gazeteciler niçin o kadar yoruluyorlar? Çünkü okuyucu ... istiyorlar.
8. Kimden bahsediyorlar?
9. Okuyucu nereye mektubunu gönderebilir?
10. İkinci mektubu kim yazdı?
11. Kim ile tanıştı? Ne zaman?
12. Niçin konuşmayı kesti? ... olduğu için *oder* Çünkü ...
13. Buna üzüldü mü?
14. Bir daha da buluştular mı?
15. Niçin buluşamadılar? Çünkü hava assubayı ... görünmedi.
16. Gazeteci genç kıza ne tavsiye ediyor (eder)?
17. Doktorların el yazıları kolay okunur mu? — Bilâkis *(im Gegenteil)*, ekseriyetle *(meistens)* ...
18. Doktorlar reçeteleri nasıl yazarlar? — Baştan savar gibi ... tırırlar.
19. Siz bu reçeteleri okuyabilir misiniz?
20. Onları kim okuyabilir?
21. Eczacılar bu reçeteleri daima sökebilirler mi (çıkarabilirler mi)?
22. Bir gün, bir eczaneye kim girdi?
23. Eczacıya ne dedi?
24. Niçin çekindi? Çünkü *(schüchtern)* ...
25. Eczacı ne cevap verdi?
26. Genç kız niçin kızardı? *(Weil sie ihren Wunsch —* arzusunu *— nicht sagen wollte)*.
27. Eczacıya ne uzattı?
28. Bu mektubu uzatarak ne dedi?
29. Robinson nerede idi?
30. Bulunduğu adayı iyice tanımak istedi mi?
31. Ne yaptı? Ne aramaya çıktı?
32. Bütün eşyalarını alabildi mi? Hayır, ...
33. Dağın tepesine tırmanabildi mi? Evet, fakat güç ...
34. Çok yorgun muydu?
35. Ne gördü, ne anladı?

Europäische Wörter im Türkischen

'posta:	*it.* posta	konser:	*frz.* concert
fotoğraf:	*frz.* photographe	spor:	*frz.* sport
reçete:	*vgl.* 'recipi, *dt.* Rezept	mini-:	*vgl. dt.* minimal, Mini-

Sie haben in dieser Lektion folgende Suffixe gelernt:

	Modalsuffix	Wortbildungssuffixe
	-ebil-	-ce
verneint	-eme-	-ci

10./11. Lektion

Formeln

-eme-

Buradaki insaların ne derece açgözlü, alçak, hileci olduğunu tasavvur edemezsiniz.

Sie können sich nicht vorstellen, wie habgierig, niederträchtig und hinterlistig diese Menschen hier sind!

Rundfunk

Yayınlarımızı her gün 17,40 (on yedi kırk) 18,20 (on sekiz yirmi) arası aynı metreler üzerinden dinleyebilirsiniz.

Unsere Sendung können Sie täglich zwischen 17 Uhr 40 und 18.20 auf den gleichen Wellenlängen hören.

11. Lektion

1.   Eşyalar konuşuyor

Orhan terziden gelen ceketini sevinerek giyiyordu. Ceket dile geldi, dedi ki: — Ben ceket olup, sen beni giyinceye kadar ne büyük emekler harcandı, biliyor musun? Bak, ben yünlü bir kumaştan yapıldım. Otlaklarda, yaylalarda, çayırlarda koyunlar beslendi. Sonra onların yünleri kırkıldı. Bu yünler dokuma fabrikasına geldi. Bu fabrikaya gelen yünler önce yıkanır, temizlenir. Sonra taranır. Bu işler makinelerle yapılır. Yıkanan, taranan yünler, iplik eğiren makinelere takılır. Bu makineler, bu yünlerden çeşitli incelikte yün ipliği eğirirler. Sonra bunlar renk renk boyanır. Boyandıktan sonra dokuma tezgâhlarına gönderilir. Dokuma tezgâhları bu ipliklerle kumaş dokur. Dokunan kumaşları kumaşçı mağazaları alır. Terziler de bu kumaşlardan elbiseler yapar. Görüyorsun ya Orhan, ben, senin yünlü kumaştan yapılma ceketin, ne büyük emeklerle meydana gelmişim ...

Von: Ramazan Gökalp Arkın in Hayat Bilgisi Türkçe, Sınıf: 3, İstanbul, BİR Yayınevi

2.   Ankara keçisi

Ankara'da büyüyen, yünü bol bir cins keçi. Bu cinse Tiftik Keçisi de denir. Etinden çok | derisi ve kılı için beslenir. Ankara keçisi uzun ve kıvrık boynuzlu, düşük kulaklıdır. İnce, uzun ve parlak olan kılları | dayanıklı ipeğe yakın bir yumuşaklıktadır. Ankara keçisi | yüksek illerde, yaylalarda beslenir. Bu cins keçilerden elde edilen tiftik, | kadife, yünlü paltoluk, mantoluk kumaşların yapılmasında kullanılır. En iyileri | Ankara ve dolaylarında yetiştirilenleridir.

İyi bakılmış bir keçiden, yılda 2,5 kilo kadar tiftik alınır.

Aus: Çocuk Ansiklopedisi, Nebioğlu Yayınevi, İstanbul

3.   Asıl zalim bizleriz!

Timurlenk, her uğradığı memleketin ulemasını ve eşrafını huzuruna çağırarak:

153   **11. Lektion**

— Ben âdil miyim? Yoksa zalim miyim?
diye sorar, âdilsin yahut zalimsin diyeni de keserdi.
Akşehire yeni geldiği zaman Hocaya da bu suali sordu.
Hoca da:
— Siz ne âdilsiniz ve ne de zalimsiniz. Siz Allahın adalet kılıcısınız. Kahhar
olan Allah | cezaya lâyık olan ve asıl zalim bulunan bizlere seni musallat
etmiştir, diyerek hayatını kurtardı ve Timurlengi de pek ziyade memnun
etmiştir.

Erläuterungen

1. sevinerek: mit Freuden
dokunan kumaşları ...: die gewebten Stoffe *(Akk.)* kaufen die großen Stoffläden.
ben, ..., ne büyük emeklerle, meydana gelmişim ...: mit wieviel Mühe bin ich doch,
dein aus Wollstoff gemachtes Jackett, zustande gekommen!

2. yünü bol bir cins **keçi: ihre** Wolle viel | eine **Ziegenart** = eine Ziegenart, **deren**
Wolle viel (ist) = eine Ziegenart mit reichem Wollkleid
etinden **çok: mehr als** ihr Fleisch: Sie wird mehr wegen ihres Felles und ihres
Haares als wegen ihres Fleisches gehalten.
uzun boynuzlu, düşük kulaklı: mit langen Hörnern und Hängeohren *oder* **hat**
lange Hörner ... *(s. L. 7 P)*
... yumuşaklıkta: **von** einer seidenartigen Weichheit
bu cins keçilerden **elde edilen** tiftik: der von dieser Art Ziegen **gewonnene** Mohair
paltoluk, mantoluk kumaş: Stoff **zu** Herren- und Damenmänteln *(s. L. 7 P)*
yetiştirilmek: gezüchtet werden
yetiştirilen: gezüchtet werdend; der (die, das) gezüchtet wird
yetiştirilenler(i): die gezüchtet werden
En iyileri ... yetiştirilenleridir: Die besten (Ziegen) sind die(jenigen), die in Ankara
und Umgebung gezüchtet werden.

3. bizleriz: biz + 'ler + iz wir sind
diye sorar: *s. L. 6 H*
... diyeni: den „du bist gerecht" Sagenden ... = denjenigen, der sagte, daß er
gerecht oder grausam sei, ließ er töten.
kahhar olan Allah: Gott, der allmächtig ist
cezaya lâyık olan: der Strafe würdig seiend = die Strafe verdienen, der Straffällige
asıl zalim bulunan: eigentlich grausam seiend = die eigentlich grausam sind
... bizlere: Gott, der allmächtig ist, hat dich, **uns** (Menschen) *(Dativ!)*, die wir
Strafe verdienen und eigentlich grausam sind, als Heimsuchung geschickt [... hat
uns durch dich heimsuchen lassen].

Vokabeln

1.		ceket	Jackett
terzi	Schneider	dile gelmek	anfangen zu sprechen
gelen	kommend; gekommen (seiend)	giyinmek	sich ankleiden; sich etw. anziehen

11. Lektion   154

sen beni giyinceye kadar	bis du mich angezogen hast, *hier*: anziehen konntest
emek	Mühe
harcamak	aufwenden; ausgeben
yünlü	wollen
kumaş	Stoff
otlak	Weide
'yayla	Alm; Hochebene
çayır	Wiese
koyun	Schaf
beslemek	ernähren; *Tier* halten
yün	Wolle
kırkmak	scheren
dokuma	Weben; Gewebe
yıkamak	waschen
iplik (-ği)	Faden, Garn
eğirmek	spinnen
takmak	montieren, (auf)legen
incelik	Feinheit
renk renk	verschiedenfarbig
boyamak	färben
boyandıktan sonra	nachdem sie gefärbt worden sind, nach dem Färben
tezgâh [tɛzgₐaːx]	Werktisch; Webstuhl
dokumak	weben
doku'ma tezgâhı	Webstuhl
kumaşçı	Stoffhändler
mağaza	Laden; Lager
ya [jɑː]	*Anredepartikel*
yapılma	*hier*: angefertigt
gelmişim	ich bin (doch, wohl) gekommen

2.

keçi	Ziege
Ankara keçisi	Angoraziege
büyümek	aufwachsen; gedeihen
bol	reichlich, viel
cins	Art, Gattung
tiftik	Angoraziege; Mohair
et	Fleisch
deri	Fell; Haut
kıl	(Ziegen)Haar
için	*hier*: wegen
kıvrık	gewunden
boynuz	Horn
düşük	gefallen; Hänge-*(Ohr)*
parlak	glänzend
dayanıklı	fest, haltbar
ipeğe yakın	seidenartig
yumuşaklık	Weichheit
il	Bezirk, Gebiet

elde etmek	erzielen, erlangen; *hier*: gewinnen
kadife	Samt
palto	Herrenmantel
manto	Damenmantel
yapılma	(Hergestelltwerden =) Herstellung
en iyi	best-
dolay	Umgebung
yetiştirmek	züchten
bakılmış	gepflegt, gehalten
kadar	etwa

3.

Timurlenk (-gi)	Timurlenk, auch Tamerlan genannt (1336—1405)
asıl	eigentlich, im Grunde genommen
zalim [zɑːlɪm]	grausam, tyrannisch
her uğradığı memleket	jedes Land, das er berührte *od.* in das er kam
ulema [ɑː]	*mohammedanischer pl.* von âlim *(ar.)*
eşraf [ɛʃrɑːf]	(Gottes)Gelehrte(r) Honoratioren
huzur [-uːɹ]	Gegenwart
huzuruna çağırmak	zu sich rufen
yoksa	(wenn nicht =) oder
âdil	gerecht
kesmek	umbringen, köpfen
keserdi	pflegte er umzubringen (vgl. L. 8 B)
yeni	*Adv.* kürzlich, vor kurzem, gerade
geldiği zaman	als er (= Hodscha) gekommen war
sual sormak	eine Frage stellen (-e/ j-m)
ne ... ne ...	weder ... noch
adalet	Gerechtigkeit
kılıç (-cı)	Schwert
kahhar [-ɑːɹ]	allmächtig
ceza	Strafe
lâyık [laːʲik] (-kı)	würdig, wert (-e/ *G*)
lâyık olmak	*Strafe usw.* verdienen
musallat	losgelassen (-e/ auf)
musallat etmek	zur Strafe, als Stimme des Gewissens, als Mahner schicken
kurtarmak	retten (-den/ vor)
ziyade	mehr; zuviel
pek ziyade	äußerst

Grammatik

Passiv und Reflexivform   A

Das Passiv und die Reflexivform werden im Türkischen durch Suffixe ausgedrückt. Die Form des Suffixes richtet sich nach dem Stamm.

155   **11. Lektion**

Passivsuffixe   **B**

1. Stamm auf Konsonant (außer l)	+ **il** (ül, ıl, ul)	gönderilmek
2. Stamm auf Vokal	+ **n**	yıkanmak
3. Stamm auf l	+ **in** (ün, ın, un)	alınmak

Beispiele:

1.		2.	
gönderilmek	geschickt werden	temizlenmek	gereinigt werden
elde edilmek	erzielt werden	beslenmek	ernährt werden
yetiştirilmek	gezüchtet werden	yıkanmak	gewaschen werden
örtülmek	bedeckt werden	taranmak	gekämmt werden
yapılmak	gemacht werden	boyanmak	gefärbt werden
kırkılmak	geschoren werden	harcanmak	ausgegeben werden
takılmak	montiert werden	dokunmak	gewebt werden
kullanılmak	verwendet werden	3.	
konuşulmak	gesprochen, be-	alınmak	genommen,
	sprochen werden		empfangen werden
		bulunmak	gefunden werden

Reflexivsuffixe   **C₁**

1. Stamm auf Konsonant + **in** (ün, ın, un)		giyinmek
2. Stamm auf Vokal	+ **n**	yıkanmak

1.		2.	
sevinmek	sich freuen	beslenmek	sich ernähren
görünmek	sich zeigen	korunmak	sich schützen
bakınmak	sich umblicken	yıkanmak	sich waschen
bulunmak	sich befinden	taranmak	sich kämmen

C₂

Das reziproke Suffix **-iş** (**-üş, -ış, -uş**), nach Vokal **-ş**, verändert die Bedeutung des Verbs oft stark. Es ist deshalb in die Liste der Wortbildungssuffixe aufgenommen:

döğmek schlagen; döğüşmek miteinander kämpfen *(s. 12 Ü)*
sevmek lieben;   sevişmek sich lieben
gelmek kommen;   gelişmek sich entwickeln *(L. 8)*

D

Daneben wird das rückbezügliche Verhältnis, besonders wenn es hervorgehoben werden soll, durch **(kendi), kendine, kendini** *sich (selbst)* wiedergegeben.

kendim *ich selbst*	kendimiz *wir selbst*	kendi(si)	*er, sie, es (selbst)*
kendin *du selbst*	kendiniz *ihr selbst*	kendileri	*sie (selbst)*

kendime *mir*	kendimize *uns*	
kendimi *mich*	kendimizi *uns*	
kendine *dir*	kendinize *euch*	kendi(si)ne, kendilerine *sich*
kendini *dich*	kendinizi *euch*	kendi(si)ni, kendilerini *sich*

Ebenso mit **-den**: kendim**den**, kendin**den** usw.

11. Lektion 156

kendine: Kendi kendine ... diyor.	Er sagt zu **sich selbst** (L. 4).
O, kendine güveniyor.	Er verläßt sich auf **sich selbst**.
Ben, kendime güveniyorum.	Ich verlasse mich auf **mich selbst**.
Kendinize bir hastalık sigorta belgesi alınız.	Holen Sie **sich** einen Krankenschein!
kendini: Kendimi iyi bulmuyorum.	Ich fühle **mich** nicht wohl (L. 8 Ü b 3).
Belli ki kendini çok üşütmüş.	Es ist klar, daß sie **sich** sehr erkältet hat (L. 8 Ü b 3).

E

Bis auf das **il-**Suffix sind Passiv- und Reflexivformen gleich. Die Übersetzung ins Deutsche kann aus der türkischen Form allein nicht erschlossen werden. Der naheliegende Sinn und der allgemeine Gebrauch müssen bei der Wahl der deutschen Übersetzung helfen:

Çamaşır yıkandı.	Die Wäsche **wurde** gewaschen.
Çocuk yıkandı.	Das Kind wusch **sich**.
oder:	Das Kind **wurde** gewaschen.

F

Auch reine Passivformen mit **-il-** müssen im Deutschen oft mit anderen Mitteln wiedergegeben werden:

yormak *ermüden, mitnehmen*

Bu iş beni **yordu.** Diese Arbeit hat mich ermüdet.

yorulmak *(mitgenommen werden =) sich anstrengen, abgespannt sein*

Bugün epey **yoruldum.** Heute habe ich mich ordentlich angestrengt.

oder: Heute bin ich ganz abgespannt.

Einige Verben bilden das Passiv auch mit doppeltem Suffix:

istenmek od. iste**nil**mek	*gewünscht, verlangt werden*
yenmek od. ye**nil**mek	*gegessen werden*
denmek od. de**nil**mek	*gesagt werden, heißen*
(konmak) ko**nul**mak	*gesetzt werden* (von koymak, s. L. 5 J)

konmak bedeutet meistens *sich setzen* (von Vögeln); *landen*; in einem Hotel *absteigen*

Reihenfolge der Suffixe   **G**

Stamm **Passivsuffix**	Modalsuffix	Tempussuffix	Personalsuffix

iç-**il**-iyor: içiliyor ⎱ iç-**il**-ir: içilir ⎰	*es wird getrunken*	Merke die Aufschriften:
iç-**il**-mez: içilmez	*es wird nicht getrunken*	**Sigara İçilir** *Raucher* **Sigara İçilmez** *Nichtraucher*
çal-**ın**-maz: çalınmaz	*es wird nicht geläutet,* *es darf nicht geläutet werden* (s. L. 10 B)	**Klâkson Çalınmaz** *Hupverbot*
yap-**ıl**-ır: yapılır	*es wird gemacht*	
yap-**ıl**-maz: yapılmaz	*es wird nicht gemacht*	

157   11. Lektion

yıka-n-ır:	yıkanır	*es wird gewaschen*
kırk-ıl-dı:	kırkıldı	*es wurde geschoren*
yap-ıl-dım:	yapıldım	*ich wurde gemacht, hergestellt*
ayr-ıl-mış-tır:	ayrılmıştır	*es ist geteilt worden = ist eingeteilt*
bildir-il-meli-ydi:	bildirilmeliydi	*es mußte mitgeteilt werden*

Merke:

gid-il-ebil-ir:

> gidilebilir *es kann gegangen werden* = **man** kann gehen
> Das deutsche „man" wird im Türkischen oft durch die Passivform der dritten Person ausgedrückt.

edilmek und olunmak   H

Das Passiv von mit **etmek** zusammengesetzten Verben lautet regelmäßig **edilmek** oder **olunmak**, zuweilen auch einfach **olmak**. In einzelnen Fällen hat **olmak** auch reflexive und kausative Bedeutung:

işgal **etmek**	işgal **edilmek** oder **olunmak**
besetzen	besetzt **werden**
esir **etmek**	esir **olmak**
gefangennehmen	gefangen **werden**, in Gefangenschaft geraten
rahatsız **etmek**	rahatsız **olmak**
stören, belästigen	gestört **werden, sich** stören **lassen**
tıraş **etmek**	tıraş **olmak**
rasieren	sich rasieren **(lassen)**

Beispiele mit Personalsuffixen   I

1. gönderiliyorum	**ich** werde (gerade) geschickt; *(Text:)* yapıldım **ich** bin gemacht worden
2. beslenirsin	**du** wirst (immer) ernährt (*a.* du ernährst dich)
3. soruldu	**es** wurde gefragt
alınmıştır	**es** ist genommen worden
1. görüldük	**wir** wurden gesehen
2. bulundunuz	**ihr** wurdet gefunden
3. aranıyorlar	**sie** werden gesucht
1. seviniyorum	**ich** freue mich
2. sıkılırsın	**du** langweilst dich
3. bulunur	**er** befindet sich (= ist vorhanden)
görünmüştür	**es** hat sich gezeigt
1. beslendik	**wir** ernährten uns
2. korundunuz	**ihr** schütztet euch
3. yıkanıyorlar	**sie** waschen sich (gerade)

Merke: bulunur = *vorrätig, ist zu haben*
Soğuk bira bulunur. *Kühles Bier vorrätig, ist (hier) zu haben.*

11. Lektion   158

„von" beim Passiv   J

„von" beim Passiv heißt **tarafından** oder **-ce (-ca), -çe (-ça)** (s. 10 G). Das
Wort vor tarafından und -ce steht in der Grundform. Wörter auf Vokal
haben **-nce (-nca).**

Bu kitap Millî Eğitim Bakanlığı **tarafından** (od. Millî Eğitim Bakanlığınca) ders kitabı olarak kabul edilmiştir.	Dies Buch ist **von** dem Nationalen Erziehungsministerium als Schulbuch genehmigt worden.
Her sene aynı gün İslâmlarca Mevlût günü olarak kutlanır. (s. L. 8 Ü. b 2.)	Jedes Jahr wird derselbe Tag **von** den Mohammedanern als Geburtstag gefeiert.

Merke: **tarafımdan** von mir *usw.*

-mekte- (-makta-)   K

Der Infinitiv im Lokativ stellt eine zweite Form des bestimmten Präsens
dar (s. L. 3 C). Er findet sich besonders häufig in Zeitungsartikeln, wissenschaftlichen Aufsätzen und amtlichen Verlautbarungen. (Symbol: —).

Bu yazılar dünyanın her tarafında herkes tarafından beğenil**mekte**dir.	Diese Artikel (= Aufsätze) **werden** (in jeder Gegend der Welt =) überall in der Welt von jedermann **geschätzt.**

                                                                                 L
                                        nach Vokal

1. **Partizip Präsens Aktiv**	**-en (-an),**	**-yen (-yan)**
2. **Partizip Präsens Passiv**	**Passivsuffix + -en (-an),**	**-yen (-yan)**

Zu 1. **gelen** *kommend*   **yapan** *machend*   M
       büyüyen *gedeihend*   **başlayan** *beginnend*

Anm. Vor dem Suffix **-yan, -yen** stehende weite Vokale (a, e) werden wie
ı, i gesprochen. Dieser Tatsache wurde bisher auch in der Orthographie
Rechnung getragen:

Man schrieb: başlıyan — söyliyen.

Nach dem Regelbuch von 1966 bleiben die Stammvokale unverändert,
also: başlayan, söyleyen.

Das Partizip Präsens Aktiv hat einen großen Anwendungsbereich. Im
Deutschen wird es wiedergegeben durch

a) das erste Partizip (auch substantivisch):

Tramvay demir raylar üzerinde giden, elektrikle işleyen bir taşıttır.	Die Straßenbahn ist ein auf Schienen **fahrendes,** elektrisch **betriebenes** Verkehrsmittel.
Hükümet başında olanlar ...	Die an der Spitze der Regierung **Stehenden** ...

b) einen Relativsatz:

	Die Straßenbahn ist ein Verkehrsmittel, **das** auf Schienen fährt und elektrisch betrieben wird.

159   **11. Lektion**

Der Relativsatz ist im Deutschen häufig zwingend:

Bunu gören ve için için gülen yaramaz ...	Der Taugenichts, **der** das sieht und innerlich lacht, ...
Ağlam**ayan** çocuğa meme vermezler.	(Dem nicht weinenden Kind =) Dem Kind, **das** nicht weint, gibt man nicht die Brust.

Viel gebraucht wird das Partizip Präsens (Aktiv und Passiv) z. B. in erklärenden Wörterbüchern (Beispiel s. weiter unten).

c) Korrelativsätze, wenn sie im Türkischen substantivisch gebraucht werden (s. a. unter Part. Präs. Passiv):

Ucuz al**an** pahalı alır. *(Sprichwort)*	(Der billig **Kaufende** = der, der ... =) **Wer** billig kauft, kauft teuer.
Pahalı al**an** aldanmaz. *(Sprichwort)*	**Wer** teuer kauft, wird nicht betrogen.
Çok konuş**an** çok yanılır.	**Wer** viel redet, irrt sich viel.

d) Substantive. Auch im Türkischen haben diese substantivisch gebrauchten Partizipien meist eine fest umrissene Bedeutung:

gönder**en**	*Absender (eines Briefes)*
getir**en**	*Überbringer*
yaz**an**	*Verfasser*
yaya (yürüyen)	*Fußgänger*

Im Deutschen muß im Relativsatz oft die durch das türkische Partizip nicht ausgedrückte Zeitstufe des Verbs des Hauptsatzes oder die durch die Umstände erforderliche Zeitstufe erscheinen:

Melek gibi bir kadın ol**an** rahmetli annen ölürken bana senin gibi bir veledi yadigâr bıraktı.	Als deine selige Mutter, die eine Frau wie ein Engel **war**, starb, hinterließ sie mir einen Rangen wie dich als Andenken.

Zu 2. göster**ilen** *gezeigt*	yıkan**an** *gewaschen*	**N**
öd**enen** *bezahlt*	taran**an** *gekämmt*	

Eine genau dem türkischen Partizip Präsens Passiv entsprechende Form fehlt im Deutschen. Man kann den Sinn dieses Partizips durch „werdend" behelfsmäßig andeuten:

göster**ilen** *gezeigt (werdend)*
yıkan**an** *gewaschen (werdend)*

In den meisten Fällen genügt im Deutschen als Übersetzung das zweite Partizip Perfekt. Eine genauere (und oft nur die einzig mögliche) Übersetzung erfordert einen Relativsatz mit „werden".

Yıkan**an**, taran**an** yünler iplik eğiren makinelere takılır.	Die **gewaschene** und **gekämmte** Wolle (wird in die Spinnmaschinen gelegt =) kommt in die Spinnmaschinen.
En iyileri Ankara ve dolaylarında yetiştir**ilen**leridir.	Die besten (Ziegen) sind die in Ankara und Umgebung **gezüchteten**. *oder:* ... diejenigen, **die** in Ankara und Umgebung **gezüchtet werden**.

Beispiel für eine im Türkischen nicht seltene Kette von Partizipien (aus Türkçe Sözlük):

11. Lektion   160

Türk:

Eski ve zengin kültürü,
yiğitliği, ağırbaşlılığı
yurtseverliği ve gönül
yüceliğiyle
tanınan (2),
çok eski çağlardan beri
Orta Asya'daki anayurdundan
türlü yönlere dalga dalga
yayılarak büyük devletler
kuran (3)
ve bugün Balkanlardan
Çin içlerine kadar
uzanan alanda
yerleşmiş bulunan (4)

bir budunun adı (1)
ve bu budundan olan kimse (5).

Türke:
Name eines Volksstammes (1),
der durch seine alte u. reiche Kultur,
seine Tapferkeit, seine Besonnenheit,
seine Vaterlandsliebe und seine
Hochherzigkeit
bekannt ist (2),
der seit alten Zeiten
sich von seiner Heimat in Zentralasien
nach verschiedenen Richtungen in Wellen ausgebreitet und große Staaten
gegründet hat (3),
und heute auf einem vom Balkan
bis in das Innere Chinas
sich **erstreckendes** Gebiet
(sich angesiedelt befindenden =)
siedelt (4)

sowie (jemand, der ist von ...) ein
Angehöriger dieses Volksstammes (5).

Wortbildungssuffixe   O

-le (-la) bildet Verben aus Substantiven und Adjektiven

baş	*Kopf:*	başlamak	*anfangen*
hatır	*Gedächtnis:*	hatırlamak	*sich erinnern*
fırça	*Bürste:*	fırçalamak	*(aus)bürsten*
imza	*Unterschrift:*	imzalamak	*unterschreiben*
kuru	*trocken:*	kurulamak	*(ab)trocknen*
kürek	*Schaufel, Ruder:*	küreklemek	*schaufeln*
tamam	*vollständig:*	tamamlamak	*vervollständigen*
tekrar	*wieder:*	tekrarlamak	*wiederholen*
temiz	*sauber:*	temizlemek	*reinigen*
zor	*Zwang:*	zorlamak	*zwingen*

-le + n (-la + n)

fayda	*Nutzen:*	faydalanmak	*Nutzen ziehen aus; benutzen*
kuru	*trocken:*	kurulanmak	*sich abtrocknen*
kuvvet	*Kraft:*	kuvvetlenmek	*erstarken*
ses	*Stimme:*	seslenmek	*laut rufen, antworten*

-leş (-laş) bildet Verben, die meist ein Werden od. eine Entwicklung bezeichnen:

güç	*schwer:*	güçleşmek	*schwer werden od. sein*
iyi	*gut:*	iyileşmek	*sich bessern; genesen*
haber	*Nachricht:*	haberleşmek	*sich (gegenseitig) benachrichtigen*
yer	*Ort:*	yerleşmek	*Fuß fassen; (sich an)siedeln*

161   **11. Lektion**

Übungen

a) Verwenden Sie in den folgenden Sätzen das Passiv:

1. Adresi biz yazmalıyız.
2. Mektupları kim getirdi?
3. Mektubu siz yazdınız.
4. Elbiseleri terzi yapar.
5. Yaya gidebilirler (Sie ... = Man ...).
6. Bakan bu teklifi kabul etti.
7. Biz bu teklifi reddettik.
8. Genel kurul 12 temsilciyi seçti.
9. Köprüyü ne zaman yaparlar?
10. İşçiler yünleri yıkarlar, temizlerler, sonra tararlar.
11. Başka işçiler yün ipliklerini renk renk boyarlar.
12. Kızlar yün ipliklerini dokuma tezgâhlarına gönderirler.

aa) Konjugieren Sie die folgenden Sätze in der yor-, ir- und di-Form:

1. Soğuk su ile yıkanıyorum (Ich wasche mich mit kaltem Wasser).
2. Temiz havlu ile kurulanıyorum (Ich trockne mich mit einem sauberen Handtuch ab).
3. Giyinmeliyim (*Nur ein Präsens, s. L. 9D*; Ich muß mich anziehen).
4. Yeni bir tarak ile taranıyorum (Ich kämme mich mit einem neuen Kamm).
5. Bu habere pek seviniyorum (Ich freue mich sehr über diese Nachricht).
6. Onunla çok münakaşada bulunuyorum (Ich streite mich *od.* Ich diskutiere oft mit ihm *od.* ihr).

b) Setzen Sie an Stelle der Striche das passende Suffix:

Bilgi Özü	*Grundwissen*
1. İnsanların haberleşmesini kolaylaştır- başlıca araçlar: Mektup, telgraf, telefon.	Die Hauptmittel, die die gegenseitige Benachrichtigung der Menschen erleichtern, sind: der Brief, der Telegraf und das Telefon.
2. En çabuk araç telefon, telgraf, en geç araç da mektup-.	Das schnellste Mittel ist das Telefon (und) der Telegraf, das langsamste der Brief.
3. Mektuplar üç şekilde ver-: Adi, taahhütlü, iadeli taahhütlü.	Briefe werden in drei Formen (auf)gegeben: (Als) gewöhnliche, eingeschriebene, (und) per Einschreiben mit Rückschein.
4. Adres yazılı bir zarfın üzerine 50 kuruş- pul yapıştır- **postaneye bırak-** mektup | adi mektuptur.	Ein Brief, **der**, nachdem man auf einen Umschlag mit Adresse eine 50-Kurusch-Briefmarke geklebt hat, **der Post überlassen wird**, ist ein gewöhnlicher Brief.
5. İki misli, yani 100 kuruş- pul yapıştır- ver- mektup, taahhütlü mektup olur.	Briefe, die nach Frankierung mit dem doppelten (Porto), d. h. mit 100 Kurusch, aufgegeben werden, sind Einschreibebriefe.
Bununla birlikte, posta memuru da mektup sahibine bir makbuz verir.	Dabei gibt der Postbeamte dem Eigentümer des Briefes (noch) eine Quittung.

Lehrbuch Türkisch 11

11. Lektion   162

6. Üç misli, yani 150 kuruş ile gönder-mektuplar iadeli taahhütlü-.

Die mit dem dreifachen (Porto), d. h. mit 150 Kurusch, versandten Briefe sind Einschreibebriefe mit Rückschein.

7. Zarf üstleri şöyle yaz-.

(Die Außenseite des Umschlags wird so geschrieben =) Auf den Umschlag schreibt man folgendes:

Bay Akgün Tan

İstanbul Caddesi, Çakmak Sokağı No: 5

Konya

8. Zarfın sol köşesine de gönder- adresi yaz-.

In die linke Ecke des Umschlags wird noch die Adresse des Absenders geschrieben.

Sprichwörter

9. Düğüne — oynar, ölüye — ağlar.

Wer zur Hochzeit geht, tanzt, wer zum Toten geht, weint.

10. Görün- köy kılavuz istemez.

Das Dorf, das sichtbar ist (wird), braucht keinen Führer.

11. — çok yaşar.

Wer lacht, lebt lange.

12. At bul- meydan bul-, meydan bul- at bul-.

Das Pferd ist vorhanden, Platz ist nicht vorhanden; Platz ist vorhanden, das Pferd ist nicht da.

13. Yularsız ata bin-.

Ein halfterloses Pferd besteigt man nicht.

Aufschriften

14. 1inci mevki bileti ver-.

(1.-Klasse-Fahrkarten werden gegeben =) Verkauf von Fahrkarten 1. Klasse.

15. Bu umumî telefonla aşağıda göster- 50 kuruşluk jötonla konuş-.

Durch diesen öffentlichen Fernsprecher spricht man mit (Hilfe) der unten gezeigten 50-Kurusch-Marke.

16. Jötonlar PTT gişelerinden, PTT bayilerinden, ve aşağıdaki adreslerden temin —.

Die Marken (werden von den Postschaltern, den Postverkaufsstellen und den folgenden Adressen beschafft =) sind an den Postschaltern usw. erhältlich.

17. Zarf ve kâğıt parasından tasarruf etmek istiyor- iç ve dış uçak mektuplarınız için gişelerimizde sat- hava mektuplarından (aerogram) faydalan-.

Wenn Sie an dem Geld für Umschlag und Papier sparen wollen, können Sie die für Ihre Inlands- und Auslandspostbriefe an unseren Schaltern verkauften Luftpostbriefe benutzen.

18. Fiziğin konusu ve metodu.

Aufgabe und Methode der Physik.

Isın- bir cismin hacmi büyür, parlak bir yüzeye düş- ışık yansır, bir telden geç- elektrik akımı bu teli ısıtır.

Das Volumen eines sich erwärmenden Körpers wird größer, das auf eine glänzende Oberfläche fallende Licht wird reflektiert, der durch einen Draht gehende elektrische Strom erhitzt diesen Draht.

Bütün bunlar ve bu türlü olaylar birer fizik olayıdır.

All diese und ähnliche Erscheinungen sind (jede einzelne) physikalische Erscheinungen.

163   11. Lektion

19. Uy- (Tatbik —) sözleri çiziniz.

c) Übersetzen Sie:

(Wörter, die nicht passen oder die
nicht angewendet werden können ... =)
Nichtzutreffendes streichen!

1. Muß ich umsteigen?
   Nein, es gibt einen Kurswagen (= direkt gehenden Wagen).
2. Wieviel muß für jedes[1] weitere[2] (= mehr seiend) Kilo gezahlt werden?
3. An welchem Kai liegt (= befindet sich) der Dampfer nach Bandırma (= der
   nach B. gehende Dampfer)?
4. Wird der Campingplatz nachts bewacht?
   Nein, er wird nicht bewacht.
5. Kann man das Wasser trinken?
   Nein, das Wasser ist nicht trinkbar (= kann man nicht ...).
6. Man kann zu Fuß gehen.
7. Ist dieser Tisch frei?
   Nein, er ist reserviert.
8. Wieviel Porto (= wieviel Kurusch) kostet (= ist) dieser Brief nach Deutschland?
9. Sind Sie bestohlen worden (= eine Ihre Sache wurde gestohlen)?
10. Man hat mir meine Tasche gestohlen (= Meine Tasche ist gestohlen worden).
11. Dieses Abkommen wurde von allen Staaten unterzeichnet.
12. — Ihnen wird in der Kantine heißes Essen gegeben.
13. — Für Sie ist schon (= evvelce) ein Krankenschein ausgestellt (gegeben)
    worden.
14. — Sie wurden zum 14. Juli gesund geschrieben.
15. Die Zahl der in deutschen Betrieben (= Firmen) arbeitenden Türken nimmt
    zu (= ist im Zunehmen).
16. — Wie hoch sind die Abzüge vom Bruttolohn für die Sozialversicherung (=
    Vom ... wieviel wird ... abgeschnitten)?
17. — Wann wird das Museum geschlossen?
18. — Ist dies der Weg nach Erdek (= der nach Erdek gehende Weg)?
19. — Wo bekommt man Karten für das Konzert (= werden verkauft)?
20. Die Packung ist angebrochen (= geöffnet worden).
21. Der Brief war kurz. Drei Zeilen: Geben Sie demjenigen, der Ihnen diesen
    Brief (= dem Ihnen den Brief Überbringenden) überbringt, bitte sofort 100 Lira.
22. Der Verstand kann nicht mit Geld verkauft werden (= wird nicht mit Geld
    verkauft; Sprichwort).
23. Er fühlte sich gar nicht wohl.
24. Nach einer kalten Dusche fühlte ich mich sehr wohl (gesund).
25. Ich sagte zu mir selbst: Schau dich an, wie wohl du dich fühlst (—) (*Übers.*:
    Zu mir selbst: Schau ... ich sagte).
26. Dieser Text ist in der Sendung „Tagesereignisse" von dem Publizisten (Re-
    dakteur) verlesen (= gelesen) worden.
27. Die Sitzung wurde von dem Klubvorsitzenden eröffnet (= geöffnet).
28. Eine Nachricht wird telegrafisch sehr schnell übermittelt (= geschickt).
29. Die Krim-Fürsten wurden von dem osmanischen Reich gewählt (*ir-Form,
    vgl. L. 8 C*).
30. Die erste Funkmeldung wurde im Jahre 1897 von Marconi übertragen.

11*

11. Lektion

164

Vokabeln

zu a)

yaya	zu Fuß; Fußgänger
bakan	Minister
teklif [i:]	Vorschlag
kabul etmek	annehmen, akzeptie-
[-bu:l]	ren; genehmigen
'reddetmek	ablehnen
genel	General-
kurul	Versammlung; Komitee
temsilci	Vertreter
seçmek	wählen

zu aa)

havlu	Handtuch
kurulanmak	sich abtrocknen
tarak	Kamm
münakaşa [-na:-]	Streit; Diskussion

zu b)

bilgi	Wissen
öz	Kern, Wesen
haberleşmek	sich gegenseitig benachrichtigen
haberleşme	gegenseitige Benachrichtigung, Kommunikation
kolaylaştırmak	erleichtern
'başlıca	hauptsächlich, Haupt-
telgraf	Telegraf
'en çabuk	schnellst-
geç	spät; *hier*: langsam
'en geç	langsamst-
adi	gewöhnlich
taahhütlü	eingeschrieben
iadeli taahhütlü	per Einschreiben mit Rückschein
zarf	Briefumschlag
yapıştırmak	kleben
postane	Post(amt)
misil (-sli)	Gleiche(s); -fache(s)
iki misli	Zweifache(s), Doppelte(s)
pul	Briefmarke
bununla birlikte	damit zusammen, dabei
memur [mε:mUɹ]	Beamte(r)
sahip [a:] (-bi)	Inhaber, Eigentümer
makbuz	Quittung
üst	Oberseite, Außenseite
düğün [dy(j)yn]	Hochzeit(sfeier)
oynamak	spielen; tanzen
ölü	Tote(r)
kılavuz [k'łaẃuʒ] ⑨ B	Führer
gülmek (-er)	lachen
at (atı)	Pferd
meydan	Platz
yularsız	ohne Halfter
binmek	besteigen (*A*/-e)
mevki (mevkii)	Klasse
PTT (Posta, Telgraf ve Telefon)	Post(verwaltung)

bayi	Verkäufer
temin [tε:mi:n]	beschaffen; sicherstellen
etmek	
tasarruf etmek	sparen (-den/ an)
iç	Innere(s); inländisch
dış	äußere(r) Teil; Auslands-
faydalanmak	profitieren (-den/von); benutzen
fizik (-ği)	Physik
konu	Thema, Gegenstand, Aufgabe
metot (-du)	Methode
cisim (-smi)	Körper
hacim (-cmi)	Volumen
yüzey	Oberfläche
ışık	Licht
yansımak	reflektiert werden
tel	Draht
akım	Strom
ısıtmak	erhitzen
uymak (-ar)	passen zu
tatbik [tatbi:ḳ] (-ki) ⑩ 4	(praktische) Anwendung
tatbik etmek	(praktisch) anwenden
çizmek (-er)	ausstreichen; liniieren

zu c)

direkt	doğru
mehr, weiter	fazla
Kilo	kilo
bezahlen	ödemek
Kai	rıhtım
Raucher	sigara içen
bestimmt	mahsus (für/ -e)
Campingplatz	kamp sahası
nachts	geceleyin
bewachen	gözetmek (-ir)
reserviert, besetzt	meşgul
stehlen	çalmak
Kantine	kantin
vorher, schon	evvelce
zum, *hier*: von ... ab	-den itibaren
gesund	sağlam [sa:łam]
brutto	brüt
Lohn	ücret
Sozialversicherung	sosyal sigorta
Erdek, *Kreisstadt am südlichen Ufer des Marmarameeres*	Erdek (-ği)
Packung	paket
Zeile	satır
Verstand	akıl (-klı)
sich wohlfühlen	kendini iyi hissetmek
Dusche	duş
gesund, wohl	sıhhatli
wie ...!	ne kadar
Sendung	emisyon, yayın
Publizist, Redakteur	yazar

165   11. Lektion

Sitzung	oturum	osmanisch	osmanlı
Vorsitzende(r), Präsident	başkan	Osmanisches Reich	Osmanlı Devleti
Krim	Kırım	Funkmeldung	telsiz mesajı
Fürst, Khan	han	übertragen	nakletmek, iletmek

Einen Teil der Vokabeln dieser Lektion haben Sie leicht erlernen können, da Sie die Stämme oder erweiterte Formen dieser Vokabeln schon aus den vorausgegangenen Lektionen kennen.

Vergleichen Sie:

Bekannte Wörter	Neue Wörter und Wendungen in dieser Lektion	Bekannte Wörter	Neue Wörter
akıllı	akıl	güle güle, gülüm-	
baş, başkent, baş-		semek	gülmek
şehir, başöğret-		haber	haberleşmek
men, başlangıç,			haber vermek
başlamak	başlıca	ince	incelik
bilmek	bilgi	kıvrık	kıvrım
boya	boyamak	meydana gelmek,	
büyük, büyüklük	büyümek	meydana getir-	
dalgalı	dalga	mek	meydan
dil	dile gelmek	otlanmak, otlu	otlak
düşmek	düşük	ölmek	ölü
el	elde etmek	özellik, özet	öz
-den evvel, evvelâ,		posta	postane
evvelki	evvelce	sıhhat	sıhhatli
faydalı	faydalamak	başkanlık	başkan
geceyarısı, gece-		yazmak, yazan	yazar
niz hayrolsun	geceleyin	oturmak	oturum
göz, gözetlemek,		ısı, ısınmak	ısıtmak
gözlük	gözetmek		

d) Erinnern Sie sich?

1. Die Achsenmächte, die Griechenland und Jugoslawien besetzten, erklärten Rußland den Krieg. *(L. 8: 1941)*
2. Später wurden sie jedoch von den Engländern zurückgeworfen. *(L. 8: 1942)*
3. Mussolini wurde gezwungen, das Präsidium niederzulegen, und verhaftet. *(L. 8: 1943)*
4. Deutschland wurde völlig besetzt. *(L. 8: 1945)*
5. Sieben Tage werden eine Woche genannt. *(L. 7, 1)*
6. Die Monate werden folgendermaßen geordnet. *(L. 7, 1)*
7. Die Vorrichtungen, die den Tag und Monat der Menschen, den Aufgang und den Untergang der Sonne angeben, heißen Kalender. *(L. 7, 1)*
8. Zwischen den Ziffern sind feine Striche gezogen. *(L 7, 2)*
9. Eine Stunde ist in 60 gleiche Teile eingeteilt. *(L. 7, 2)*
10. An einigen Stellen jedoch erstrecken sich Grasflächen (Grassteppen). *(L. 5, 1)*
11. Dort reifen Dattelbäume, Zuckerrohr und sehr wertvolle (*ergänze*: seiende) andere Pflanzen. *(L. 5, 1)*
12. An den Orten, an denen er immer (zu finden) war, zeigt er sich nicht (erscheint er nicht, taucht er nicht auf). *(L. 10, 2)*

Europäische Wörter im Türkischen

ceket:	*frz.*	jaquette	sosyal:	*frz.*	social
palto:	*frz.*	paletot		*(dt.*	sozial)

11. Lektion   166

telgraf:	*frz.*	télégraphe	konzer:	*frz.*	concert
ray:	*frz.*	rail [raj]	paket:	*dt.*	Paket
kültür:	*frz.*	culture		*engl.*	packet
Çin:	*it.*	Cina	brüt:	*frz.*	brut
kilo:	*frz.*	kilo	duş:	*frz.*	douche
kamp:	*frz., engl.*	camp		*(dt.*	Dusche)
kantin:	*frz.*	cantine	emisyon*:	*frz.*	émission
			mesaj:	*frz.*	message

* *mst.* yayın

Sie haben in dieser Lektion folgende Suffixe gelernt:

Passiv	-il,	-n,	-in			-le
Reflexiv		-n,	-in	Wortbildung		-len
Partizip Präsens	-en					-leş

Formeln

Passiv

basılıyor

... açıklanmıştır.

(wird gedruckt =) ist im Druck
Es wurde erklärt ...

Passiv + -ebilir

Nerede balık avlanabilir?

Wo kann man angeln?

Nerede futbol ⎫
  golf
  hokey ⎬ oynanabilir?
  kiy
  tenis ⎭

Wo kann man Fußball,
  Golf,
  Hockey spielen;
  kegeln,
  Tennis spielen?

Nerede bisiklete binilebilir?

Wo kann man radfahren?

Nerede ata binilebilir?

Wo kann man reiten?

Milli bayram günleri

19 Mayıs 1919'da Samsun'a çıkan Atatürk ve arkadaşları, Ankara'da 23 Nisan 1920'de Büyük Millet Meclisini kurdular.

Nationalfeiertage

Atatürk und seine Kameraden, die am 19. Mai 1919 in Samsun landeten, gründeten am 23. April 1920 in Ankara die Große Nationalversammlung.

19 Mayıs Bayramı

19 Mayıs, Spor ve Gençlik Bayramıdır.

Der 19. Mai

Der 19. Mai ist der Tag des Sportes und der Jugend.

23 Nisan Bayramı

23 Nisan, milletin kendi idaresini eline aldığı (*s.* L. 13 E, F) gündür.

Der 23. April

Der 23. April ist der Tag, an dem die Nation ihre Führung selbst in die Hand nahm.

Cumhuriyet Bayramı

29 ekim günüdür.

Tag der Republik

ist der 29. Oktober.

Anayasanın en önemli maddesi olan, „Türkiye Devletinin hükümet şekli Cumhuriyettir" maddesi Ankara'da Büyük Millet Meclisi binasında kabul edildi.

Der Artikel „die Regierungsform des Türkischen Staates ist die Republik", der der wichtigste Artikel der Verfassung ist, wurde in der Großen Nationalversammlung in Ankara angenommen.

167   11./12. Lektion

1923 yılı 29 ekim günü saat 20,30'da Cumhuriyet, top sesleriyle bütün yurda ve bütün dünyaya ilân edildi.

Bütün Türkiye'de her yıl Artırma ve Yerli Malı Haftası açılmıştır.

Am 29. Oktober 1923 um 20 Uhr 30 wurde dem ganzen Lande und der ganzen Welt mit Kanonendonner die Republik verkündet.
In der ganzen Türkei wird jedes Jahr die Woche des Sparens und der inländischen Waren (*od.* der einheimischen Produkte) eröffnet.

12. Lektion

1. Yıldızınız ne diyor?

Koç burcu: 21 Mart — 20 Nisan (yirmi bir Mart'tan yirmi Nisan'a kadar). Uzaktan bir haber alacak, biraz sıkılacaksınız. İşleriniz de karışacak. Dikkatle çalışmanız lâzım.

Boğa burcu: 21 Nisan — 21 Mayıs İhmalciliğinizin cezasını bugün göreceksiniz. Ama bunu eski bir dost halledecek. Siz de sevineceksiniz.

İkizler burcu: 22 Mayıs — 21 Haziran Malî durumunuz gün günden düzelecek. Ama sizin de sebatla çalışmanız lâzım. Sağlığınız: İyi.

Yengeç burcu: 22 Haziran — 23 Temmuz Fikirleriniz tereddütle karşılanacak. Cesaretinizi kırmayınız, her şey yoluna girecek.

Arslan burcu: 24 Temmuz — 23 Ağustos Bir arkadaşınıza yardım mutluluğunu duyacaksınız. Ama o bunun kıymetini bilmeyecek.

Başak burcu: 24 Ağustos — 23 Eylül Bugün iş arkadaşlarınızdan faydalı şeyler öğreneceksiniz. İş ile çok şey halledeceksiniz.

2. Meteoroloji

İstanbul'da hava.

Parçalı bulutlu geçecek, günün en yüksek sıcaklığı 29, gecenin en düşük sıcaklığı ise 18 derece civarında bulunacaktır.

Hava sıcaklıkları Marmara, Ege, Karadeniz, Akdeniz, İç Anadolu ve Doğu Anadolu bölgelerinde biraz azalacak.

Güneydoğu Anadolu bölgesinde değişmeyecek, rüzgârlar genel olarak kuzey ve doğu yönlerden hafif, yer yer orta kuvvette esecektir.

3. Ziya Gökalp'ın bir mektubu

Kızım Hürriyet,

Sevgili kızım, insan için hürriyetsiz yaşamak çok güç. Benim iki hürriyetim var ki, bugün ikisinden de uzağım. Birincisi 'sensin; sana kavuşacağım[1]

12. Lektion   168

zaman öteki hürriyetime de kavuşacağım². Senin adın da senin gibi iyidir. Bir zaman gelecek ki, bütün insanlar, bütün milletler hür olacak; akıllar hür olacak; vicdanlar hür olacak. İnsaniyetin bu kara günleri sonuna yaklaşmıştır. Hak kuvvete galebe çalacaktır. Nasıl bu gördüğümüz mavi gökte parlak bir güneş varsa, ruhların manevî semasında da ondan daha parlak bir güneş vardır ki, doğmak üzeredir. Bu güneş hürriyettir ki hararet muhabbettir; vazifesini sorarsan adalettir, sevgili kızım.

Ziya Gökalp (1875—1924), kızına gönderdiği bu mektubu, Malta'da sürgünde iken (1919—1921) yazmıştır.

4. Kuranı Kerim'den

102'nci sure	102. Sure
Esirgeyen, bağışlayan Allah	(Ich beginne mit dem Namen des
adıyla başlarım.	beschützenden, vergebenden Gottes
	=) Im Namen Gottes, des Allerbar-
	mers!

(1) Çoğunluk olmak kuruntunuz sizi o kadar oyaladı ki (2) kabirleri ziyaret ettiniz.
(3) Hayır! İş öyle değil.
Yakında bileceksiniz. (4)
Hayır! Dikkat edin. Yakında bileceksiniz.
(5) İş öyle değil. Şüphe etmeyerek yaptığınızın neticesini kesin olarak bir bilseniz. (6) And olsun ki, siz o cehennemi göreceksiniz.
(7) And olsun ki, onu gözlerinizle göreceksiniz.
(8) Yine and olsun ki, o gün size verilmiş nimetler yüzünden sorguya çekileceksiniz.

Euer Wahn, die Fülle zu haben, beschäftigt euch (so, daß ihr die Gräber besuchtet =) bis in den Tod.
Nein, so ist die Sache nicht.
Bald werdet ihr (es) wissen.
Nein, gebt acht! Bald werdet ihr (es) wissen.
So ist die Sache nicht. Wenn ihr nur, ohne zu zweifeln, das Ergebnis dessen, was ihr tatet, sicher wüßtet. Wahrlich, ihr werdet die Hölle sehen.
Wahrlich, ihr werdet sie mit euren eigenen Augen sehen.
Und nochmals: Wahrlich, ihr werdet an diesem Tage wegen der euch gewährten Freuden ins Verhör genommen werden.

Erläuterungen zu 3.: [g̩ˌœkɑɫbɨn] ⑮ B b5
1. [kɑw̆ʊʃɑdʒɑːˈim]   2. [kɑw̆ʊʃɑˈdʒɑːm]
Nasıl ... bir güneş varsa: So wie es an diesem blauen Himmel, den wir sehen, eine strahlende Sonne gibt, so gibt es auch am geistigen Himmel (der Seelen) eine noch glänzendere Sonne (als jene), die im Begriff ist, aufzugehen.
... ki hararet muhabbettir **die: ihre** Wärme ist die Liebe = und ihre Wärme ist die Liebe od. deren Wärme die Liebe ist.

Vokabeln

1.		dikkat	Aufmerksamkeit; Sorgfalt
yıldız	Stern	çalışmanız	Ihr Arbeiten
koç	Widder	boğa	Stier
burç (-cu)	Burgturm; Tierkreiszeichen	ihmalcilik	
		[ıxmaːldʒılıķ]	Nachlässigkeit
karışmak	durcheinandergeraten, nicht glattgehen	dost	Freund

12. Lektion

halletmek	lösen, in Ordnung bringen, erledigen
ikiz	Zwilling
malî	finanziell
durum	Lage
gün günden	
od. günden güne	von Tag zu Tag
düzelmek	sich bessern
sebat	Ausdauer
sağlık [sa:lik]	Gesundheit, Wohlbefinden
yengeç	Krebs; (*medizinisch*: kanser)
fikir	Gedanke
tereddüt	Unschlüssigkeit
karşılamak	aufnehmen
cesaret	Mut
kırmak	*hier:* sinken lassen
yola gelmek (*od.* girmek)	in Ordnung kommen, gehen
her şey	alles
arslan	Löwe
mutluluk	Glück
kıymet	Wert
başak	Jungfrau

Zusätzliche Vokabeln, die übrigen Tierkreisbezeichnungen:

terazi	Waage
akrep	Skorpion
yay	Bogen; *hier:* Schütze
oğlak	Steinbock
kova	Eimer; *hier:* Wasser-⎱
balık	Fische [mann⎰

2.

meteoroloji	Wetterkunde; *hier:* Wetterlage
parçalı	teilweise; *bei Wetterangaben*: stellenweise
geçmek	sein, werden
en yüksek	höchst-
en düşük	niedrigst-
civarında	um, etwa
'Marmara	Marmarameer
'Ege	Ägäis
'Akdeniz	Mittelmeer
'İç Anadolu	Inneranatolien
doğu	Osten; östlich, Ost-
azalmak	abnehmen, sinken
güney	Süden; südlich, Süd-
değişmek	sich ändern
genel olarak	im allgemeinen
yön	Richtung, Gegend
yer yer	gebietsweise
orta	mittler-
kuvvet	Kraft, Stärke; Macht, Gewalt
esmek	wehen

Zusätzliche Vokabel:

batı	Westen; westlich, West-

3.

kız	Tochter

hürriyet	Freiheit; *a. Mädchen-*⎫
sevgili	geliebt, lieb [*name*⎭
ki	*Relativpartikel:* die, welche
kavuşmak	wiedersehen, treffen (*D/A*)
kavuşacağım zaman	wenn ich wiedersehen werde
öteki	der, die, das andere *von zweien*
ki	da, wo
hür	frei
millet	Nation, Volk
vicdan [vɪʒ'da:n]	Gewissen
® D	
insaniyet	= insanlık
kara	schwarz; dunkel, unheilvoll
hak (-kkı)	Recht
galebe	Sieg
galebe çalmak	siegen (-e/ über *A*)
mavi	blau
nasıl ... -se	(so) wie, ... (so)
ruh	Seele; Geist
gördüğümüz	(den) wir sehen
manevî	geistig; seelisch
sema [-a:]	Himmel *bsd. fig.*
ondan daha parlak	noch glänzender als jene (= *die Sonne*)
üzere	im Begriff *sein*
hararet	Wärme
muhabbet	Liebe
gönderdiği	*der Brief*, den er schickte
Malta	*Insel* Malta
sürgün	Verbannung

4.

esirgemek	beschützen
çoğunluk	Mehrheit, Mehrung, Fülle
kuruntu	Wahn, Einbildung
oyalamak	beschäftigen, ablenken
kabir	Grab
ziyaret [a:] etmek	besuchen
öyle	so
yakında	bald
şüphe etmek	zweifeln (-den/ an)
netice	Ergebnis
yaptığınızın	(des euer Getanhabens =) dessen, was ihr getan habt
kesin	entscheidend, endgültig, sicher
bir	*hier:* nur
andetmek	geloben
and olsun ki	(es sei gelobt, daß =) wahrlich
cehennem	Hölle
verilmiş	gegeben
nimet	Wohltat; *hier:* (sinnliche) Freude
yüzünden	wegen
sorgu	Verhör, Vernehmung
sorguya çekilmek	ins Verhör nehmen

12. Lektion 170

Grammatik
Futursuffix -ecek (-acak)   A
Formen

Verbstamm auf Konsonant: -ecek (-acak) ⎫ ⎧ + Personalsuffixe des Typs 2
       auf Vokal: ⎬ -yecek (-yacak) ⎨ *(s. L. 8 D)*
Verneinter Verbstamm: ⎭ ⎩

ich werde kommen	*ich werde nicht kommen*	*werde ich kommen?*
1. geleceğim	'gelmeyeceğim	gelecek miyim?
2. geleceksin	'gelmeyeceksin	gelecek misin?
3. gelecek(tir)	'gelmeyecek(tir)	gelecek mi?
1. geleceğiz	'gelmeyeceğiz	gelecek miyiz?
2. geleceksiniz	'gelmeyeceksiniz	gelecek misiniz?
3. gelecekler(dir)	'gelmeyece'kler(dir)	gelecekler mi(dir)?

werde ich nicht kommen?

1. gelmeyecek miyim?	1. gelmeyecek miyiz?
2. gelmeyecek misin?	2. gelmeyecek misiniz?
3. gelmeyecek mi?	3. gelmeyecekler mi(dir)?

ich werde finden	*ich werde nicht finden*	*werde ich finden?*
1. bulacağım	bulmayacağım	bulacak mıyım?
2. bulacaksın	bulmayacaksın	bulacak mısın?
3. bulacak(tır)	bulmayacak	bulacak mı?
1. bulacağız	bulmayacağız	bulacak mıyız?
2. bulacaksınız	bulmayacaksınız	bulacak mısınız?
3. bulacaklar(dır)	bulmayacaklar(dır)	bulacaklar mı(dır)?

werde ich nicht finden?

1. bulmayacak mıyım?	1. bulmayacak mıyız?
2. bulmayacak mısın?	2. bulmayacak mısınız?
3. bulmayacak mı?	3. bulmayacaklar mı(dır)?

Betonung: immer -e'cek, -a'cak, aber -ece'kler, -aca'klar.

Aussprache: -eceğim [-ɛ'dʒeˑĭm],   meist [-ɛ'dʒɛm]
    s. a. ④   -eceğiz [-ɛ'dʒeˑĭz̧],   meist [-ɛ'dʒɛz̧]
           -acağım [-ɑ'dʒɑˑĭm],   meist [-ɑ'dʒɑm]
           -acağız [-ɑ'dʒɑˑĭz̧],   meist [ɑ'dʒɑz̧]

Die weiten Endvokale mehrsilbiger Verbstämme (söyle-, başla-) und der Verneinungssuffixe -me, -ma werden vor -ecek (-acak) wie -i- bzw. -ı- gesprochen, was bis vor kurzer Zeit auch in der Orthographie seinen Ausdruck fand:

       söyliyecek   heute nur: söyleyecek
       başlıyacak   başlayacak

Futur der Möglichkeitsform   B

-ebilecek ⎫ *werden können*	-emeyecek ⎫ *nicht werden können*
-abilecek ⎭	-amayacak ⎭

12. Lektion

ich werde kommen können	*ich werde nicht kommen können*
gelebileceğim	ge'lemeyeceğim
gelebileceksin	gelemeyeceksin
gelebilecek	gelemeyecek
usw.	*usw.*

ich werde finden können	*ich werde nicht finden können*
bulabileceğim	bu'lamayacağım
bulabileceksin	bulamayacaksın
bulabilecek	bulamayacak
usw.	*usw.*

werde ich finden können?	*werde ich nicht finden können?*
bulabilecek miyim?	bulamayacak mıyım?
bulabilecek misin?	bulamayacak mısın?
bulabilecek mi?	bulamayacak mı?
usw.	*usw.*

Merke: olacağım *ich werde sein* od. *ich werde werden*

Reihenfolge der Suffixe   C

1.	2.	3.	4.	5.
Verbstamm	Passiv	Verneinung Möglichkeit Nichtmöglichkeit	Futur	Person

1. 2. 3. 4. 5.

görülmeyecekler:	gör-ül-me-yecek-ler	*sie werden nicht gesehen werden*
görülebileceksin:	gör-ül-ebil-ecek-sin	*du wirst gesehen werden können*
görülemeyeceksiniz:	gör-ül-eme-yecek-siniz	*ihr werdet nicht gesehen werden können*

Bedeutung des Suffixes -ecek   D

In der Verwendung des Futurs verlangt das Türkische größere Genauigkeit als das Deutsche.

İzmir'e ne zaman varacağız?   *Wann kommen wir in Izmir an?*

Zuweilen muß das türkische Futur im Deutschen durch ein Modalverb wie *sollen, müssen, wollen* wiedergegeben werden.

Katletmeyeceksin (*od.* Öldür-
    meyeceksin).   Du **sollst** nicht töten.

Daha çok bekleyecek miyim?   **Muß** ich noch lange warten?

Pazar günü çalışacak mıyız?   **Müssen** wir am Sonntag arbeiten?

der Autobusschaffner fragt:

İnecek var mı? (Einen Aussteigen-
    werdenden gibt es, =)   (**Möchte** *od.*) **Will** jemand aussteigen?

12. Lektion   172

Funktionen des Suffixes -ecek   E

-ecek tritt auf
1. als selbständiges Verb mit Personalformen

O, kızına kavuşacak.   Er **wird** seine Tochter **wiedersehen.**

2. als Partizip, adjektivisch
a) aktivisch   gel**ecek** hafta   (die Woche, die kommen wird =)
                                          kommende od. nächste Woche
b) passivisch   otur**acak** yer   (Platz, auf dem gesessen wird =)
                                          Sitzplatz
                (ayakta) dur**acak** yer   (Platz, auf dem gestanden wird =)
                                          Stehplatz
                oku**yacak** kitap   ein Buch (, das gelesen werden kann
                                          =) **zum Lesen,** ein **zu lesendes** Buch
3. als Partizip, substantivisch
a) İnecek var mı?   (Ist einer da, der aussteigen wird =)
                                          Will jemand aussteigen?
       Başka gelecek var mı?   **Will** noch jemand mitkommen?
b) içecek   (was getrunken werden kann =)
                                          Getränk
4. als suffigiertes Partizip und substantivierter Infinitiv
Sana kavuşacağım zaman ...   (dich wiedersehen-werden-mein Zeit
                                          =) wenn ich dich wiedersehen **werde**

Die durch -dik- und -ecek gekennzeichneten suffigierten Partizipien und Infinitive werden das Hauptthema der nächsten Lektionen bilden. Als Vorbereitung auf diese Konstruktionen, die einer indogermanischen Sprache wie dem Deutschen völlig fremd sind und das Türkische als Sprache ganz eigener Art entscheidend prägen, dienen einige in den bisherigen Lektionen verstreut gegebene Wortgruppen dieses Typs, die im Zusammenhang mit dem übrigen Text zunächst als feststehende Ausdrücke erlernt worden sind.

Die suffigierten Partizipien und Infinitive auf -dik und -ecek erfordern von dem Lernenden mehr als die übrigen Eigenarten des Türkischen eine Abkehr von den herkömmlichen grammatischen Modellen des Deutschen.

Ohne die Beherrschung dieser Konstruktionen ist es nicht möglich, richtig Türkisch zu sprechen oder Türkisch zu verstehen. Die Aneignung dieser grammatischen Formen, deren anfängliche Schwierigkeiten durch den Reiz des Neuen und Fremdartigen wettgemacht werden, befähigen den Lernenden, tiefer in das Wesen der türkischen Sprache einzudringen.

Die Partikel ki   F

Die Partikel ist persischen Ursprungs und dient dazu, zwischen zwei Sätzen eine dem Türkischen an sich fremde Verknüpfung herzustellen. Ihr Funktionsbereich ist ziemlich weit und unbestimmt; da mit der Partikel jedoch indogermanische Konstruktionen nachgeahmt werden, lassen sich die wesentlichen Funktionen mit den Mitteln des Deutschen leicht darstellen.

Die Eigenart der Konstruktion wird durch Ton und Rhythmus der Partikel **ki** deutlich. Nach dem in ansteigendem Ton gesprochenen **ki** tritt eine kleine,

173   **12. Lektion**

im Türkischen zuweilen durch ein Komma bezeichnete Pause ein, bevor
der nächste Satz folgt. Am nächsten kommt man den wahren Verhältnissen,
wenn man das **ki** als Signal, etwa als einen gesprochenen Doppelpunkt,
auffaßt.

ki hat die Funktion

a) einer allgemeinen Relativpartikel (Relativpronomen, Relativadverb)

... bir güneş var **ki,** doğmak üzeredir.

(... es gibt eine Sonne: Sie ist im
Begriff aufzugehen =)
... es gibt eine Sonne, **die** aufzugehen
im Begriff ist.

Bir zaman gelecek **ki,** insanlar hür
olacak.

(Es wird eine Zeit kommen: Alle
Menschen werden frei sein =)
Es wird eine Zeit kommen, **da** (od.
wo) alle Menschen frei sein werden.

Benim iki hürriyetim var **ki,** bugün
ikisinden de uzağım.

(Ich habe zwei Freiheiten: Heute bin
ich ja von beiden weit entfernt =)
Ich habe zwei Freiheiten, von **denen**
(beiden) ich heute ja weit entfernt
bin.

Bu güneş hürriyettir **ki** harareti muhabbettir.

(Diese Sonne ist die Freiheit: Ihre
Wärme ist die Liebe =) Diese Sonne
ist die Freiheit, **deren** Wärme die
Liebe ist *od.* und ihre Wärme ist die
Liebe.

b) der Konjunktion **daß** nach Verben wie bilmek, anlamak und des Sagens
und Denkens.

Herkes bilir **ki,** dünya yuvarlaktır.
Anlaşıldı **ki,** bu işi yapan | 'odur.*

Jeder weiß, **daß** die Erde rund ist.
Es stellte sich heraus, **daß** (diese
Sache Machender er ist =) e r diese
Sache gemacht hat.

Ümit ediyorum **ki,** bütün derslerden
tam numara alacağım.

Ich hoffe, **daß** ich in allen Fächern
eine sehr gute Note bekommen
werde.

Im Türkischen **direkte Rede:**	Im Deutschen **indirekte Rede:**
Bana de**di ki** hastayım.	Er sagte zu mir (: „*ich bin krank*" =), **daß** er krank sei (ist).

Wegen weiterer Beispiele s. 17 B, C.

Das Suffix -ki   **G**

Mit dem Suffix **-ki** (nur -kü, sonst unverändert) werden attributiv oder
substantivisch gebrauchte Adjektive gebildet, die den Ort, die Zeit, den
Besitz und andere Verhältnisse anzeigen.

---

* Diese Konstruktion wird gewählt, um das Pronomen, hier **o,** zu betonen.

12. Lektion   174

-ki   adjektivisch und substantivisch

şimdi	*jetzt*	şimdiki	*gegenwärtig, der (die,das) Gegenwärtige*
bugün	*heute*	bugünkü	*heutig, der (die, das) Heutige*
yarın	*morgen*	yarınki	*morgig, der (die, das) Morgige*
hususunda *betreffs*		hususundaki *betreffend, betreffs*	

-de + ki

bahçedeki ağaçlar	die Bäume **im Garten**
odanızdaki telefon	das Telefon **in Ihrem Zimmer**
önümüzdeki hafta	die (vor uns seiende =) **nächste** Woche
bahçedekiler	diejenigen, die im Garten sind
odanızdakiler	diejenigen, die in Ihrem Zimmer sind
... hususundaki ısrar	das Beharren **betreffs** ..., auf ...
	(husus *Betreff, Angelegenheit*)

-in (-ün, -ın, -un) + ki

nur substantivisch

benimki	*das Meinige*	bizimki	*das Unsrige*
seninki	*das Deinige*	sizinki	*das Eurige, Ihrige*
onunki	*das Seinige*	onlarınki	*das Ihrige*
	das Ihrige		
benimkiler	*die Meinigen*	bizimkiler	*die Unsrigen*
		usw.	

Ziya'nınki	*das, was Ziya gehört*
arkadaşınızınki	*das(jenige) Ihres Kameraden*

Adverbien   **H**

1. Wie schon in Lektion 1, Abschnitt D ausgeführt, sind Adjektiv und Adverb meist formengleich, z. B.:

Siz güzel konuşuyorsunuz. Sie sprechen **gut.**

2. Häufige Mittel, ein Wort als Adverb oder adverbiale Bestimmung zu kennzeichnen, sind **olarak** *(s. 6 F)*, **'-ce** *(s. 10 G)* und **'-le:**

dikkatle	sorgfältig, aufmerksam,	sabırla	geduldig
	bedächtig,	sebatla	ausdauernd
	mit Bedacht	tereddütle	zögernd

Mit dem Suffix **'-leyin** [-le·ın] werden einige Zeitadverbien gebildet:

ak'şamleyin	abends	sa'bahleyin	morgens
ge'celeyin	nachts		

3. Die Endung eines alten Instrumentals **'-in** erscheint in:

'kışın	im Winter	'yarın	morgen
'güzün	im Herbst	'gündüzün	am Tage
'yazın	im Sommer		

4. Aus dem Arabischen findet die Akkusativform auf **'-an, '-en** Verwendung zur Bildung adverbialer od. präpositionaler Ausdrücke:

'naklen	*(Rundfunk:)* übertragen, in einer Übertragung (von)
'nazaran	im Vergleich zu
-den itibaren	von ... an

12. Lektion

Zusammenstellung der wichtigsten Adverbien

Adverbien der Zeit
akşam(ları) abends
bu od. o arada inzwischen
arada bir, arasına hin und wieder
bir 'yıldır voriges Jahr
'çabucak, 'çarçabuk blitzschnell; sofort
çok geçmeden bald darauf, kurz danach
çoktandır (seit) lange(m)
daha schon; noch
daima immer
'demin gerade, eben; vorhin
'derhal sofort, unverzüglich
dün gestern
'ekseriya meistens
erken früh
bu gece heute nacht
geceleri, ge'celeyin nachts
geç spät
   er geç früher oder später
   geçenlerde neulich
   geçen yıl voriges Jahr
'bugün heute
evvelsi gün vorgestern
'öbür gün übermorgen
ötey gün vorgestern
'gündüzün am Tage
hâlâ schon; noch
'hemen sofort
   'hemen şimdi jetzt gleich, auf der
   Stelle
henüz schon; noch
'her an jederzeit
'her zaman immer, jederzeit
ikide bir häufig
iler(i)de künftig
-'lerce (-'larca):
   aylarca monatelang
   günlerce tagelang
   haftalarca wochenlang
   saatlarca stundenlang
   yıllarca jahrelang
'nerdeyse gleich, auf der Stelle
öğleden sonra nachmittags
öğleleri, öğleyin mittags
biraz önce kurz vorher, zuvor
sabah akşam morgens und abends
   bu sabah heute morgen
   sa'bahleyin morgens

sonra danach; darauf
   biraz sonra kurz darauf, bald danach
   ondan sonra dann
şimdi jetzt
'şimdicik jetzt gleich
'şimdilik vorläufig, augenblicklich
kimi vakit bisweilen
   bir vakitler einst, ehemals
yakında bald
'yarın morgen
hiç bir zaman niemals
   kimi zaman bisweilen
   bir zamanlar einst, ehemals

Adverbien des Ortes

Viele Wörter, die den Ort oder die Richtung angeben, werden mit dem Suffix -re, -ra, -eri oder -arı gebildet.

arkada hinten
arkadan von hinten
arkaya nach hinten
aşağı(ya) hinunter, hinab, nach
   unten, abwärts
aşağıda unten
aşağıdan von unten (her)
burada hier
buradan von hier
buraya hierher
dışarı hinaus, heraus; draußen
dışarıda draußen
dışarıdan von draußen
dışarıya hinaus, nach außen
geri zurück; hinten
geride hinten
geriden von hinten
içerde drinnen, drin
içerden heraus, von innen
içeri hinein, herein
içeriye hinein
ileri nach vorn, vorwärts
iler(i)de vorn
ileriden von vorn
ileriye nach vorn, vorwärts
orada dort (in der Ferne)
oradan von dort, dorther
oraya dorthin
önde vorn

12. Lektion 176

önden von vorn
sağa nach rechts
sağda rechts
sağdan von rechts
sola nach links
solda links
soldan von links
şurada da gleich
şuradan von dort, dorther
şuraya dorthin
sağ tarafa nach rechts
  sol tarafa nach links
  'her tarafta überall
  sağ tarafta rechts
  sol tarafta links
  sağ taraftan von rechts
  sol taraftan von links
yakında in der Nähe
yan tarafta seitlich
  yana zur Seite
  yanda seitlich
  yandan seitlich, von der Seite
'her yerde überall
  hiç bir yerde nirgendwo
  hiç bir yerden nirgendwoher
  hiç bir yere nirgendwohin
yukarı oben; nach oben, aufwärts
yukarıda oben
yukarıdan von oben (herab)
yukarıya (doğru) nach oben, aufwärts

Adverbien der Art und Weise

*vgl. a. die präpositionalen Ausdrücke
und die Steigerung der Adjektive L. 16.*

'asla überhaupt nicht, keineswegs *(mit
  verneintem Verb)*
'ayrıca außerdem; insbesondere
be'hemehal auf jeden Fall
'belki vielleicht
bir daha, bir kere *(od.* kez) daha noch
  einmal
böyle so
bu suretle auf diese Weise, so
çok sehr, viel
  çok kere *od.* kez oft, häufig
çokça ziemlich, recht
'elbet, 'elbette sicher, gewiß
'fazla zuviel, übermäßig
'fevkalade außerordentlich
'gayet äußerst
'her halde auf jeden Fall
hiç gar nicht, überhaupt nicht *(mit
  verneintem Verb)*
iki kere *od.* kez zweimal
ikide bir oft, häufig
'mutlaka unbedingt
o kadar (öyle) ... ki grenzenlos, unsäg-
  lich, ungemein, ungeheuer
o suretle auf diese Weise, so
olağanüstü außerordentlich
öyle so
pek sehr, viel
şöyle so
şu suretle auf diese Weise, so
şüphesiz unzweifelhaft; natürlich,
  selbstverständlich
'tekrar wiederum, noch einmal
'yine wieder, erneut, noch einmal

Übungen

a)

I. Konjugieren Sie die Sätze unter 11 aa) im Futur!

II. Bilden Sie die verneinte Form dieser Sätze!

III. Bilden Sie von diesen Sätzen die bejahende und verneinende Frageform der
     2. Pers. Sing. und Plur.!

IV. Übersetzen Sie:

1. Ich werde mich mit warmem Wasser waschen können.
   Wirst du dich mit warmem Wasser waschen können?
   Wird er sich nicht ... waschen können?
   Werden wir uns nicht ... waschen können?
   Ihr werdet euch (od. Sie werden sich) ... waschen können.
   Werden sie sich ... waschen können?

177   12. Lektion

2. Ich werde den Vorschlag annehmen können *(usw. wie unter IV. 1.)*.

3. Ich werde von dem Komitee gewählt werden können *(usw. wie unter IV. 1.)*.

4. Ich werde mich mit einem elektrischen Rasierapparat rasieren können *(usw. wie IV. 1.)*.

b) Ergänzen Sie die fehlenden Verbformen und Wörter:

1. Bir gün bir toplantıda bulunanlardan biri Yusuf Kâmil Paşaya:

— İnsanlar harp yapmaktan ne zaman vaz-? diye sordu.
Paşa: — Horozlar ne vakit döğüşmekten vaz-, dedi.

Eines Tages fragte einer der auf einer Versammlung Anwesenden Yusuf Kamil Pascha:
— Wann werden die Menschen darauf verzichten, Krieg zu führen?
Der Pascha sagte: Wenn die Hähne darauf verzichten, (miteinander) zu kämpfen.

2. **Oyuna başlarken**
Çan, çan, çan çikolata.
'Hani bize limonata?
Limonata bit-.
Hanım kızı git-.
Nereye git-?
İstanbul'a git-.
İstanbul'da ne yap-?
Terlik, pabuç al-.
Terliği, pabucu ne yap-?

Düğünlerde şıngır
mıngır giy-.

Bei Spielbeginn (Abzählreim)
Bim bam, bim bam Schokolade.
Kriegen wir denn keine Limonade?
Die Limonade ist ausgegangen.
Das Fräulein Tochter ist weggegangen.
Wohin ist sie gegangen?
Nach Istanbul ist sie gegangen.
Was wird sie in Istanbul machen?
Sie wird Pantoffeln und Schuhe kaufen.
Was wird sie (die =) mit den Pantoffeln und Schuhen machen?
Sie wird sie auf Hochzeitsfesten klappklapp tragen.

3. İzmir, 28 — 1966
Sevgili yavrum,
İzmir'- işlerim bitmedi. Bir hafta daha burada kal-. Onun için yıl başında aranızda ol-. Yeni yılınız kutlu olsun! Anne- her zaman- gibi yardım ediyorsun, — —? Gözlerinden öperim, sevgili oğlum.

Babam
Ahmet Tütüncü

Izmir, den 28. Dezember 1966
Mein lieber Junge,
meine Geschäfte in Izmir sind noch nicht abgeschlossen. Ich muß (= werde) noch eine Woche hier bleiben. Deshalb werde ich zu Neujahr bei Euch sein können. Ein gesegnetes neues Jahr für Euch! Du hilfst Deiner Mutter wie immer, nicht wahr? Ich grüße Dich herzlich, mein lieber Sohn,

Dein Vater A. T.

4. — Ne yap-?
— Redd-.
— İyi düşün- —?
— Evet. — şartlar altında çalış-.

— Was wirst (*od.* willst) du machen?
— Ich werde ablehnen.
— Hast du (das) auch gut überlegt?
— Ja. Unter den heutigen Bedingungen kann ich nicht arbeiten.

5. Kadının biri bir erkeğe sordu: — 'Acaba ihtiyar oluncaya kadar yaş- —? Erkek cevap verdi: — Eğer otuz-geçmemek hususunda- ısrarınıza devam

Eine Frau fragte (einmal) einen Mann:
— Werde ich wohl leben können, bis ich alt werde? Der Mann antwortete:
Wenn Sie (mit Ihrem Beharren betreffs

Lehrbuch Türkisch 12

12. Lektion 178

— ihtiyar olmanıza imkân yoktur.

6. — Arkadaşlar- gel-, otur-, biraz derslerine çalış- ve git-.

— Biraz daha kalmak — —?

— İş- var, otur-, de-.

— Peki yine gel- —?
— Bil-.

7. Onların teklif- kabul —. — hafta bizim spor alan- bir futbol maçı yap-.

8. Bu sınıfta daha büyük sayıları öğren-.

9. O, banka- yeni vazife- yıl başında —.

10. Artık bundan sonra eskisi gibi yaş-.

11. Sen yardım et-, ben hiç bir şey bul-.

12. Ara-, o zaman bul-.

des Nichtüberschreitens Ihrer Dreißig fortfahren =) sich weiter darauf versteifen, die Dreißig nicht zu überschreiten, besteht keine Möglichkeit für Sie, alt zu werden.

— Unsere Kameraden kamen, setzten sich, lernten etwas ihre Aufgaben und gingen.
— Wollten sie nicht noch etwas bleiben?
— Sie sagten: Wir haben zu tun, wir werden nicht (sitzen =) bleiben können.
— Gut. Werden sie wiederkommen?
— Ich weiß nicht.

Wir nahmen ihren Vorschlag an. In der nächsten Woche werden wir auf unserem Sportplatz einen Fußballwettkampf austragen.

In dieser Klasse wirst du größere Zahlen lernen.

Er wird seine neue Stellung in der Bank Anfang des Jahres antreten (= beginnen).

Dann werden wir nicht mehr wie früher leben können.

Wenn du nicht hilfst, werde ich nichts finden können.

Suchet, so werdet ihr finden!

c) Übersetzen Sie:

1. Wie lange wird es dauern?
2. Wird es lange dauern?
3. Wo (= Wohin) wird der Zug aus Konya (= der Konya Zug) eintreffen (= kommen)?
4. Wie lange habe ich (haben wir) Aufenthalt (= werde ich warten)?
5. Ich bleibe eine Woche *(Fut.!)*.
6. Ich bin (= komme) in (nach) zwei Stunden zurück *(Fut.!)*.
7. Fahrkarten bekommen Sie am (= vom) Schalter *(Fut.!)*.
8. Sonnabends wird nicht gearbeitet *(Fut.!)*.
9. Heute arbeiten wir eine Stunde länger.
10. Morgen fangen wir eine Stunde früher an.
11. Werden Überstunden gemacht? Ja, morgen machen wir Überstunden.
12. Der Urlaub (= das Urlaubsgeld) wird bezahlt *(Fut.!)*.
13. Das Mittagessen wird in der Kantine (aus)gegeben *(Fut.!)*.
14. Wann bekomme ich Krankengeld?
15. Vom nächsten Tage an bekommen Sie Krankengeld.
16. Wo (= Von wo) bekomme ich einen Krankenschein *(Fut.!)*?

179   12. Lektion

17. Der Vorschuß wird bei der nächsten Auszahlung (= von Ihrem Geld) abge-
    zogen (= abgeschnitten) werden.
18. Wird die Miete im voraus bezahlt *(Fut.!)*?
19. Die Wäsche *(Plur.!)* wird vom Betrieb gewaschen werden.
20. Wir werden kein gutes Ergebnis erzielen können.
21. Wird Ihre Tochter mir den Plattenspieler bringen?
22. Wird der Fachmann (= Instandsetzer) den Plattenspieler nicht längere Zeit
    (uzun müddet) behalten?
23. Ich werde fünf Lira zahlen können.
24. Werden Sie nicht auch fünf Lira zahlen können?
25. Du sollst nicht stehlen!
26. Du sollst Deinen Nächsten (= Nachbarn) lieben wie Dich selbst.

Vokabeln

zu a)

Rasierapparat	tıraş makinası	düşünmek	überlegen
		... altında	unter *D*
zu b)		'acaba	wohl, denn *in der Frage*
toplantı	Versammlung	oluncaya kadar	(bis zum Werden =)
paşa	Pascha *(hoher Titel für Beamte u. Offiziere im osmanischen Reich)*		bis ich ... werde
		... hususunda	hinsichtlich, betreffs
		ısrar	Beharren
		olma	Werden
horoz	Hahn	imkân [ımḳaːn]	Möglichkeit (-e/ zu)
döğüşmek	(miteinander) kämp- fen	çalışmak	lernen (-e/ *A*)
çan	große Glocke; *laut- malendes Wort, etwa* bim, bam	'peki (pek iyi)	gut; in Ordnung
		spor alanı	Sportplatz
		futbol	Fußball
çiko'lata	Schokolade	maç (-çı)	Wettkampf, Spiel
hani ['hanı]	wo ist denn ...?	'banka	Bank
limo'nata	Limonade	vazife	Stellung
hanım kızı	das Fräulein Tochter	eskisi gibi	wie früher
terlik (-ği)	Pantoffel	o zaman	so *(im Nachsatz)*
pabuç (-cu)	Schuh	**zu c)**	
şıngır mıngır	klappernd; klirrend	lange *Adv.*	uzun
yavru	Junge(s); kleine(s) Kind; Liebling	wie lange	ne kadar
		länger *Adv.*	fazla
onun için	deshalb	früher	'önce (= vorher)
aranızda	zwischen euch; *hier:* bei euch	Überstunden	fazla mesai [mɛsaːı]
		Urlaub;	
kutlu	glücklich, gesegnet	Genehmigung	izin (izni)
olsun	es sei, möge sein	Mittagessen	öğle yemeği [œːˈlɛ]ɛ- meˑï]
gözlerinden öperim	(ich küsse es von Dei- nen Augen =) ich grüße Dich herzlich		
		Krankengeld	hastalık parası
		Vorschuß	avans
(gözlerinizden öperim	*Grußform eines Älteren od. Höherstehenden:* ich verbleibe mit vor- züglicher Hochach- tung ergebenst)	Auszahlung	ödeme
		Miete	kira [kıraː]
		im voraus	peşin
		Plattenspieler	pikap (-bı)
		Fachmann; *hier:* „Instandsetzer"	tamirci

d) Erinnern Sie sich?

1. — Untenstehend werden Sie (werdet ihr) eine Zusammenfassung der Ereignisse
     des zweiten Weltkrieges finden. *(L. 8)*

12*

12. Lektion 180

2. — Japan überfiel die amerikanische Flotte im Stillen Ozean. *(L. 8)*

3. — Die Engländer und Amerikaner nahmen die italienischen und deutschen Einheiten in Nordafrika gefangen. *(L. 8)*

4. — Ich öffnete den kleinen Arzneischrank in unserem Haus. *(L. 8 Ü.b 3)*

5. — Und am Ende von zwei Jahren geschah es, daß Pharao einen Traum hatte. *(L. 8 Ü.b 1)*

6. — Es ist klar, daß sie sich sehr erkältet hat. *(L. 8 Ü.b 3)*

7. — Wenn er für Sie eine Zuneigung empfindet, wird er Sie auf jeden Fall suchen. *(L. 10, 2)*

8. — Ich begriff, daß ich auf einer Insel war. *(L. 10, 4)*

9. — Es ist kalt, dazu kommt noch, daß ich unpäßlich bin. *(L. 10 Ü.c)*

Europäische Wörter im Türkischen

meteoroloji:	*frz.*	météorologie	futbol:	*engl.*	football
çikolata:	*it.*	cioccolata	maç:	*engl.*	match
limonata:	*it.*	limonata	banka:	*it.*	banca
spor:	*frz.*	sport	avans:	*frz.*	avance
			pikap:	*engl.*	pick-up

Sie haben in dieser Lektion folgende Suffixe gelernt:

-ecek	**-ki**

Formeln

demek ki *od.* **demek** oluyor ki
Bu işe girişmişler, **demek oluyor ki** kuvvetlerine güveniyorlar.
Diyecek yok.
Söyleyecek ne var ki?

daß heißt also, eben
Sie haben diese Sache unternommen, sie verlassen sich eben auf ihre Kräfte.
Dagegen läßt sich nichts sagen.
Was wäre denn zu sagen?

-da bulunmak
Sana bir açıklamada bulunacağım.

Ich muß dir etwas erklären (eröffnen, gestehen).

Rundfunk
Sayın dinleyiciler,
Anadolu ajansından 'naklen Türkiye haberleriyle programımıza [*mst.* proɡrɑmːi'zɑ] devam ediyoruz.

Sehr geehrte Hörer,
wir setzen unser Programm mit Nachrichten (aus) der Türkei in einer Übertragung von der Nachrichtenagentur Anadolu fort.

Şimdi de, sayın dinleyiciler, Türkiye muhabirimizin basın özetlerini dinleyeceksiniz.

Und jetzt, verehrte Hörer, hören Sie die Presseschau unseres Türkei-Korrespondenten.

13. Lektion

1. İki fatura

Orhan on yaşına basmıştı. Bir gün iki tüccar arasında geçen bir konuşmayı dinledi. Onlardan duyduğu şeyler hoşuna gitti. Eve gelir gelmez bir haftadan beri yaptığı işleri bir kâğıda yazdı. Bunların karşılığını annesinden istemeye karar verdi. Hazırladığı fatura şöyle idi:

Annesinin oğluna borcu

	Kuruş
Altı defa kömür almağa gittiğim için	15
Birçok defalar odun taşıma karşılığı	15
Alışverişlerde anneme yardım ettiğim için	10
Daima annemin istediği gibi olmam için	10
	50

Anne, bu şaşılacak faturayı hiç bir şey söylemeden aldı. Orhan, akşam sofraya oturduğu sırada, faturası ile birlikte elli kuruşu tabağının içinde buldu. Büyük bir sevinçle parayı cebine koyarken tabağının yanında kendi faturasına benzeyen başka bir fatura gördü:

Çocuğunun annesine borcu

Bahtiyar bir evde geçirdiği on yıl için	Hiç bir şey
On yılda yiyip içtiklerinin karşılığı	Hiç bir şey
Hastalıklarında dikkatle bakıldığı için	Hiç bir şey
On yıldan beri çocuğuma iyi bir anne olabildiğim için	Hiç bir şey
	Hiç bir şey

Orhan bu faturayı okuyunca, utancından donakaldı.

Sonra, gözleri yaşlarla dolu, heyecandan dudakları titreye titreye annesine koştu. Onun kolları arasına atıldı. Elli kuruşu geri vererek:

— Beni affedin sevgili anneciğim! dedi. Sizin bana hiç borcunuz yok. Ama anlıyorum ki, ben size olan borçlarımı hiç bir zaman ödeyemeyeceğim. Bundan sonra bütün dediklerinizi, karşılık beklemeden, seve seve yapacağım.

2. Tavşan ile kaplumbağa

Koşmakla hiç bir şey elde edilemez. Tavşanla kaplumbağa bir gün iddiaya girişmişlerdi.

Bir yarışma sonunda kararlaştırdıkları yere tavşan çok daha önce varacağını iddia ediyordu.

Kaplumbağa bunu kabul etti ve yarış başladı. Tavşan hedefe dört adımda varacağını zannediyordu.

Onun için kaplumbağa yola çıktığı halde tavşan eğlencesine daldı.

Kaplumbağa yavaş yavaş hedefe varıyordu ki, tavşan bir hamlede ileri fırladı.

Ama kararlaştırılan yere vardığında, kaplumbağa çoktan iddiayı kazanmıştı.

13. Lektion 182

3. Aus der Zeitung

VATAN 30 kasım 1960

Memleketine gitmemek için intihara kalkıştı.

İngiltere'den kaçan Iraklı bir öğrenci | İstanbul'a gelmiştir. Akıl hastası olduğu tahmin edilen Kasım | dün memleketine gönderilmek üzere | Emniyet Müdürlüğüne getirilmiştir. Pasaport işlemi yapıldığı sırada | taşkın hareketlerde bulunan, sağa sola saldıran ve üçüncü kattan kendini boşluğa atmak isteyen genç | güçlükle zaptedilmiştir. Kasım Irak'a gitmek istemediğini söylemiş ve ağlamağa başlamıştır. İngiltere'den kaçışı ile Irak'a gitmek istemeyişinin sebebi öğrenilememiştir. Kasım öğleden sonra uçakla Irak'a gönderilmiştir.

Erläuterungen

1. Onlardan duyduğu şeyler ...	Die Dinge, die er von ihnen hörte ...
Eve gelir gelmez ...	Sobald er zu Hause war ... *od.* Kaum war er zu Hause, als ...
... yaptığı işleri ...	... die Arbeiten, die er gemacht hatte ...
Hazırladığı fatura ...	Die Rechnung, die er aufstellte, ...
... almağa gittiğim için	dafür, daß ich ... geholt habe ...
... anneme yardım ettiğim için	dafür, daß ich meiner Mutter geholfen habe
... annemin istediği gibi	... wie meine Mutter (es) gewollt hat
... oturduğu sırada ...	als er sich (zu Tisch) setzte ...
... geçirdiği on yıl için	für die zehn Jahre, die er verbracht hat ...
... içtiklerinin karşılığı	... der Gegenwert dessen, was er getrunken hatte.
... bakıldığı için	... dafür, daß er gepflegt wurde
... iyi bir anne olabildiğim için	... dafür, daß ich eine gute Mutter sein konnte
... bütün dediklerinizi	... alles, was Sie gesagt haben (*hier:* was du gesagt hast) ...

Wegen der Überschriften Annesinin oğluna borcu *s. Gr. M*

2. ... kararlaştırdıkları yer	... der Platz, den sie vereinbarten *od.* der von ihnen vereinbarte Platz
... yere çok daha önce varacağını iddia ediyordu.	Er behauptete (sein-Viel-Eher-Ankommen an dem Platz =), daß er viel eher an dem Platz ankommen werde.
... hedefe dört adımda varacağını zannediyordu.	Er glaubte, daß er sein Ziel in vier Schritten erreichen werde.
... kaplumbağa yola çıktığı halde	während (*od.* obgleich) sich die Schildkröte auf den Weg machte.
... yere vardığında	(Bei seinem Ankommen an dem Platz =) Als (der Hase) an dem Platz ankam, ...
3. Akıl hastası olduğu tahmin edilen Kasım	Kasim, (der =) von dem vermutet wird, daß er geisteskrank ist = der vermutlich geisteskranke K.
Pasaport işlemi yapıldığı sırada ...	(Bei dem Paßformalitäten-Gemacht-werden =) Als die Paßformalitäten erledigt wurden ...

183   13. Lektion

taşkın hareketlerde bulunan ..., ... sal-
dıran ... atmak isteyen genç ...

K. Irak'a gitmek istemediğini söylemiş ...

... Irak'a gitmek istemeyişinin sebebi
öğrenilememiştir.

der junge Mann, der sich in einem erregten Zustand befand, rechts und links
um sich schlug und sich vom dritten
Stockwerk hinunterstürzen wollte, ...
K. sagte (sein Nach-Irak-Nicht-zurück-
kehren-wollen =), daß er nach dem
Irak nicht zurückkehren wolle.
(die Ursache seines nach Irak-Nicht-
zurückkehrenwollens ... =) Warum er
nicht nach dem Irak zurückkehren
wollte, hat nicht in Erfahrung gebracht
werden können.

Vokabeln

1.

basmak	(hin)treten; *Alter* erreichen
basmıştı	war ... geworden
tüccar [aː]	Kaufmann; Kaufleute
karşılık (-ğı)	Erwiderung; Gegen-wert, Entgelt
istemek	*hier*: fordern
karar vermek [karaːr]	beschließen (-e/ zu)
hazırlamak	vorbereiten; *Rechnung* aufstellen
borç (-cu)	Schuld
almağa gitmek	holen
odun	Holz
taşıma	Tragen [sorgung]
alışveriş	Geschäft, Arbeit, Be-]
şaşmak	staunen, sich wundern
şaşılacak	erstaunlich
hiç bir şey	nichts
hiç bir şey söy'le-meden	ohne ein Wort zu sagen
sofra	Tisch
akşam	*Adv.* abends
ile birlikte	zusammen mit
tabak (-ğı)	Teller
sevinç (-ci)	Freude
cep (-bi)	Tasche
bahtiyar [baxtıjaːɹ]	glücklich
geçirmek	*Zeit* verbringen
dikkatli	sorgfältig, sorgsam
bakmak	*Kranke* pflegen
bakılmak	gepflegt werden
utanç (-cı)	Scham
do'nakalmak	tief betroffen sein (-den/ vor)
heyecan [aː]	Aufregung
titremek	zittern (-den/ vor)
atılmak	sich werfen
arasına	zwischen *A*, *hier*: in
karşılık bek'le-meden	ohne auf einen Gegen-wert zu warten

2.

tavşan [taūʃan] ⑥	Hase

kaplumbağa [kɑp'ɫumbɑːɑ]	Schildkröte
iddia [ı'dːɑ]	Behauptung; Wette
iddiaya girişmek	eine Wette eingehen
iddiaya girişmiş-lerdi	sie waren eine Wette eingegangen
yarışma	Wettlauf
kararlaştırmak	beschließen; verein-]
daha önce	früher, eher [baren]
iddia etmek	behaupten
yarış	Wettkampf
hedef	Ziel
adım	Schritt
'zannetmek	glauben [machen]
yola çıkmak	sich auf den Weg]
-diği halde	obwohl; während
eğlence	Vergnügen
dalmak	untertauchen, ver-sinken
eğlenceye dalmak	sich amüsieren, seinen Spaß haben
ki	*hier*: als
hamle	Angriff; Anlauf
ileri fırlamak	losstürzen, losstürmen
çoktan	schon lange
kazanmıştı	hatte gewonnen

3.

intihar [aː]	Selbstmord
intihara kalkmak (*od.* kalkışmak)	einen Selbstmordver-such unternehmen
kaçmak (-ar)	flüchten
Iraklı	Iraker
öğrenci	Student
akıl hastası [a'kɩhastasi]	geisteskrank
tahmin [iː] etmek	vermuten, annehmen
emniyet	Sicherheit; Polizei-wesen
emniyet müdür-lüğü	Polizeipräsidium
işlem	Formalitäten
taşkın	erregt
hareket	Bewegung; Verhalten
saldırmak	anfallen, angreifen; *hier*: ausschlagen

13. Lektion 184

kat	Stockwerk	is'temeyiş	Nichtwollen
boşluk	Leere	sebep (-bi)	Grund
zaptetmek	bändigen, überwälti-	öğrenmek	erfahren; in Erfahrung
kaçış	Flucht [gen]		bringen

Grammatik

-dik- (-diğ-) und -eceğ-Formen   A

Allgemeines

Auf Grund ihrer Funktion kann man die obigen Formen zwei grammatischen Kategorien der herkömmlichen Grammatik zuordnen:

und   a) den Partizipien
       b) den Infinitiven.

                                                  B

a) Bis auf einige erstarrte (meist verneinte) Formen kommt das -dik-Partizip nur mit Possessivendungen vor; das -ecek-Partizip tritt auch ohne Endungen auf (s. Lektion 12 E).

tanıdık	*bekannt; Bekannte(r)*
Yazarların hakları var:	*Die Schriftsteller haben recht:*
hayat beklenmedik şeylerle o kadar dolu ki ...	*Das Leben ist ja (ki ...!) so voll von unerwarteten Dingen!*
gör(ül)medik şey	*(eine unerhörte Sache =) etwas Unerhörtes*

Für die Partizipien mit Possessivendungen gibt es keine einheitliche Bezeichnung. In den deutsch geschriebenen Grammatiken findet man Verbaladjektiv, suffigiertes Partizip, doppelt bezügliches Partizip. Da das Possessivsuffix das hervorstechendste Merkmal dieser Partizipien ist, wählen wir die Bezeichnung **Possessivpartizip**.

Das substantivierte Possessivpartizip kann auch Kasusendungen annehmen.

                                                  C

b) Die Infinitive auf -dik (-diğ-) und -eceğ- sind Substantive mit verbaler Kraft (vgl. deutsch *das Trinken*). Sie kommen bis auf ...dikte und ...dikten **sonra** (s. L. 14 P) nur mit den Possessivsuffixen vor.

Aus den Fügungen der -diğ- und -eceğ-Formen mit anderen Wörtern und Wortgruppen geht hervor, ob sie als Partizipien oder Infinitive fungieren. Die folgenden Tabellen und Beispiele, in denen die türkischen und deutschen Konstruktionen nebeneinandergestellt werden, veranschaulichen den Anwendungsbereich der obigen Formen.

Wiedergabe des deutschen Relativsatzes   D
im Türkischen

(ohne das Relativpronomen im Genitiv)

Türkisch   Deutsch

Possessivpartizip	Relativsatz
1. Anknüpfung: *Keine;* nur einfache Nebeneinanderstellung	Anknüpfung durch *Relativpronomen* im Akkusativ und Dativ

185   13. Lektion

2. weitere Beziehungsmittel: *keine* (zuweilen adverbiale Ausdrücke vor dem Partizip)	weitere Beziehungsmittel: *Präpositionen*
3. Possessivsuffix	Personalpronomen im Nominativ (Subjekt des Relativsatzes)
4. **Genitiv**konstruktion (s. L. 5 E)	Substantiv oder betontes Personalpronomen im **Nominativ** (Subjekt des Relativsatzes)
5. **-diğ-**: Zeit unbestimmt	Präsens oder Vergangenheit
6. **-eceğ-**: *Zeit:* Futur; *Modus oft:* sollen, wollen	(Präsens); Futur; „sollen"

1. **Yazdığım** mektup nerede?

Bavulumu **verdiğim** hamal nerede?

2. **Oturduğum** ev Büyükada'dadır.

Geldiğim günü hatırlıyor musunuz?

Üzerinde yaşadığımız yeryüzü kuru ve sade bir geometri yüzeyi gibi değildir.

3. **Yazdığım** (-dığın, -dığı, -dığımız, -dığınız, -dıkları) mektup nerede?

4. Onların **yazdıkları** mektup nerede?
Müdürün yazdığı mektup nerede?

5. **okuduğum** kitap

6. (bizim) **soracağımız** sual

Wo ist der Brief, **den ich** geschrieben habe?
Wo ist der Gepäckträger, **dem ich** meinen Koffer gegeben habe?
Das Haus, **in dem ich** wohne, liegt auf Büyükada.
Erinnern Sie sich des Tages, **an dem ich** kam?
Die Erdoberfläche, **auf der wir** leben, ist nicht wie eine nackte, einfache geometrische Fläche.
Wo ist der Brief, **den ich (du, er, sie, wir, ihr, Sie, sie)** geschrieben habe (hast, hat, haben, habt, haben)?
Wo ist der Brief, **den sie** geschrieben haben?
Wo ist der Brief, **den der Direktor** geschrieben hat?
das Buch, **das ich lese**
             das ich las
die Frage, die wir **stellen werden (sollen)**

Die Suffixe -diğ- und -eceğ- mit den Personalsuffixen   E

Der Brief, den ich schreibe (den ich schrieb, geschrieben habe) usw.

Der Brief, den ich schreiben werde (den ich schreiben will, soll) usw.

yazd**ığım** yazd**ığın** yazd**ığı** yazd**ığımız** yazd**ığınız** yazd**ıkları**	mektup	yaza**cağım** yaza**cağın** yaza**cağı** yaza**cağımız** yaza**cağınız** yaza**cakları**	mektup

Die Betonung liegt immer auf dem Personalsuffix.

13. Lektion 186

Unterscheide:

mektup yazacağım [jɑzɑˈdʒɑ·m]	*ich werde einen Brief schreiben.*
yazacağım mektup [jɑzɑdʒɑːˈim]	*der Brief, den ich schreiben werde.*

Der Tag, an dem ich komme (kam, gekommen bin)	*Der Tag, an dem ich kommen werde (kommen will, soll)*
geldiğim geldiğin geldiği geldiğimiz $\Big\}$ gün geldiğiniz geldikleri	geleceğim geleceğin geleceği geleceğimiz $\Big\}$ gün geleceğiniz gelecekleri

Für -diğ- gilt das Lautgesetz ⑫.

Die Funktionen von -diğ- und -eceğ- **F**
Zusammenfassende Tabelle

türkische Konstruktion	deutsche Konstruktion
Partizip 1. -diğ- $\Big\}$ + Substantiv -eceğ-	Relativsatz: *der, die, das*; zuweilen Partizip Perfekt Passiv
2. *feste Verbindungen m. Substantiv* -diğ- $\Big\}$ + zaman (Zeit), -eceğ- takdirde (Fall) *usw.*	Konjunktionalsatz: *wenn, als* usw.
substantiviertes Partizip 3. -diğ- $\Big\}$ + Verb -eceğ- -diğinin $\Big\}$ + Substantiv*) -eceğinin	Korrelativsatz: *das, was* usw. *dessen, was*

substantivierter Infinitiv
(Verbalsubstantiv)
4. -diğ- $\Big\}$ + Verb
   -eceğ-
 	
5. -diğinin $\Big\}$ + Substantiv*)
   -eceğinin
6. -diği- $\Big\}$ + -(n)de, -(n)den;
   -eceği-   Postposition
	a) Konjunktionalsatz: *daß*-Satz (Objekt- und Subjektsatz)
	b) indirekter Fragesatz: *wer, was, wie, wo, woher, wann*
	
	Substantiv + *daß*-Satz
	
	Konjunktionalsatz: *weil, wie, als, wenn* usw.; Pronominaladverb (z. B. *dafür, darum), daß.*

---

*) Diese Form gilt für die 3. Pers. u. 2. Pers. Sing. Die übrigen Personen lauten entsprechend: -diğimin, -diğimizin, -diğinizin, -diklerinin.

187   13. Lektion

Partizip, attributivisch   G

1. Bir haftadan beri **yaptığı işleri**
bir kâğıda yazdı.

Die Arbeiten, die er seit einer Woche
machte, schrieb er auf einen Zettel.
Die von ihm seit einer Woche **gemachten Arbeiten ...**

Kızımın getireceği pikabı tamir
edecek.

Er wird den **Plattenspieler** reparieren, **den meine Tochter** (ihm) **bringen
wird.**

Feste Verbindungen mit Substantiv

2. **Akşehire yeni geldiği zaman**
Hocaya da bu suali sordu.

Als er (= Timurlenk) nach Aksche-
hir **gekommen war,** stellte er auch
dem Hodscha diese Frage.

Sana **kavuşacağım zaman** öteki hürriyetime de kavuşacağım.

Wenn ich dich **wiedersehen werde,**
(so) werde ich auch die andere Freiheit wiedersehen.

Partizip, substantivisch   H

3. **Bütün dediklerinizi** seve seve
yapacağım.

(Alles von Ihnen Gesagte =) **Alles,
was Sie gesagt haben,** werde ich gern
tun.

Bütün diyeceklerinizi yapacağım.

Alles, was Sie sagen werden, werde
ich tun.

On yılda **yiyip içtiklerinin**
karşılığı.

Der Gegenwert (des von ihm Geges-
senen u. Getrunkenen =) **dessen, was**
er in zehn Jahren **gegessen und getrunken hat.**

On yılda **yiyip içeceklerinin** karşılığı.

Der Gegenwert **dessen, was er in zehn
Jahren essen und trinken wird.**

substantivierter Infinitiv   I

Subjektsatz

4. a) İkinci okuyuşta, evvelâ çıkan
güçlüklerin kendiliğinden ortadan·
kalktığı görülür.

(Bei der zweiten Lektüre ... das Verschwinden der ... Schwierigkeiten
zeigt sich =) Es zeigt sich, daß die
anfänglich aufgetretenen Schwierigkeiten bei der zweiten Lektüre von
selbst **verschwinden.**

Objektsatz

Annenin gelm**eyeceğini söyledi.**

(Er sagte das Nichtkommenwerden
deiner Mutter =) Er sagte, **daß** deine
Mutter **nicht kommen werde.**

indirekter Fragesatz

4. b) Kim ol**duğumu,** nereden gel-
diğimi sordu.

Er fragte (mein Wer-sein, mein Wo-
her-kommen =), **wer** ich **sei** (und)
woher ich **käme.**

13. Lektion 188

Yanmakta olan bir binadan insanların nasıl kurtarılacağını öğreniriz.

Wir erfahren (das Wie-gerettet-werden-werden $=$), **wie** Menschen aus einem brennenden Haus **gerettet werden** (*genau:* werden werden).

5. Geldiklerinin haberini aldım.

Ich erhielt **die Nachricht** (ihres Gekommenseins $=$), **daß** sie gekommen sind.

Geleceklerinin haberini aldım.

Ich erhielt **die Nachricht** (ihres Kommenwerdens $=$), **daß** sie kommen werden.

6. Altı defa kömür almaya **gittiğim** için.

(Für mein Kohlen-nehmen-gehen $=$) **Dafür, daß** ich sechsmal Kohlen geholt habe. **Weil** ich sechsmal Kohlen geholt habe.

Erkenden kalkıp yola çıkacağım için seninle bir daha görüşemeyiz.

Da ich am frühen Morgen aufstehen und aufbrechen muß, können wir uns leider nicht mehr sehen (*wörtl.:* wir können uns nicht mehr mit dir sehen).

J

7. Das kausale Verhältnis wird häufig auch durch den Ablativ **(-den)** oder durch **-den dolayı** ausgedrückt:

Erkenden kalkıp yola çıkacağım**dan (dolayı)** seninle bir daha görüşemeyiz.

K

8. Der selbständige Lokativ **(-de)** bezeichnet meist eine punktuelle (in einem Augenblick stattfindende) Handlung in der Vergangenheit:

Ama kararlaştırılan yere vardığında, kaplumbağa çoktan iddiayı kazanmıştı.

Aber **als er** an dem vereinbarten Ort **ankam,** hatte die Schildkröte die Wette schon lange gewonnen.

Die -diğ- und -eceğ-Formen L
mit der Grundform des bestimmenden Substantivs

In einigen Fällen steht das die -diğ- und -eceğ-Form bestimmende Substantiv in der Grundform (feste Genitivverbindung, s. L. 5 E).

Die Grundform des Substantivs wird verwendet:

1. bei olduğ-, wenn dies *es gibt, sich befinden, stattfinden* bedeutet und das Substantiv (das Subjekt des deutschen Objekt- oder Subjektsatzes) unmittelbar vor **olduğ-** steht.

Taht salonunda bir **toplantı olacağını** hatırlattı.

Er erinnerte daran, **daß** im Thronsaal eine **Versammlung stattfinden solle.**

Aber:

Türkiye'**nin** büyük **olduğunu** bilirim.

Ich weiß, daß die Türkei groß ist.

2. wenn das Substantiv mit dem Verb einen Begriff bildet (das Verb ist nur Stützverb):

Yolcular timsaha **ateş edileceğini** anladılar. (ateş etmek *feuern*)

Die Reisenden begriffen, **daß** auf das Krokodil **geschossen werden sollte.**

Barış yapıldığını bilmiyor muydunuz?		Wußten Sie nicht, daß Frieden geschlossen wurde?	
(barış yapmak *Frieden schließen*)			

3. wenn die **-diği-** oder **-eceği-**
Form mit Substantiven wie **zaman, vakit, takdirde, halde, sırada** oder Postpositionen wie **için, gibi** eine feste Gruppe bildet (vgl. 13 F 2):

Kaplumbağa yola **çıktığı halde** tavşan eğlencesine daldı.	**Obwohl** sich die Schildkröte auf den Weg machte, gab sich der Hase seinem Vergnügen hin.
(*nicht:* Kaplumbağanın)	
Pasaport işlemi yapıldığı **sırada** genç taşkın hareketlerde bulunuyordu.	**Während** die Paßformalitäten erledigt wurden, befand sich der junge Mann in erregtem Zustand.
(*nicht:* ... işleminin)	
Yol uzun ve zahmetli **olduğu için** sadece birkaç kişiyle seyahate çıktım.	**Da** der Weg lang und beschwerlich war, machte ich mich lediglich mit einigen Leuten auf die Reise.
(*nicht:* yolun!)	

Wechselseitiges Possessivsuffix oder Janus-Konstruktion   **M**

Die engere Beziehung zwischen zwei zu einer Gruppe gehörigen Personen (z. B. Verwandten), die in einem Satz oder einer Wortgruppe stehen, wird im Deutschen durch ein Possessivpronomen vor dem zweiten Glied ausgedrückt:
1. Das Kind schrieb **seiner** Mutter einen Brief.
2. Die Mutter schrieb **ihrem** Kind einen Brief.

Im Türkischen müssen dagegen beide Glieder ein Possessivpronomen annehmen. Den Gebrauch eines solchen wechselseitigen Possessivsuffixes nennt man auch Janus-Konstruktion.

> 1. **Çocuğu annesine** bir mektup yazdı.
> (**Ihr** Kind schrieb **seiner** Mutter einen Brief.)
> 2. **Annesi çocuğuna** bir mektup yazdı.
> (**Seine** Mutter schrieb **ihrem** Kind einen Brief.)

Durch die obige Erläuterung wird der Sinn der Überschriften in den beiden Rechnungen klar (Text 1):

Annesinin oğluna borcu	*Die Schuld (seiner =) der Mutter ihrem Sohn gegenüber.*
Çocuğunun annesine borcu	*Die Schuld (ihres =) des Kindes seiner Mutter gegenüber.*

Wortbildung   **N**

	-siz (-süz, -sız, -suz)	-los, Miß-, ohne ..., un-	
karşılık	Erwiderung; Aufnahme	karşılıksız	**unerwidert**
muvaffakiyet	Erfolg	muvaffakiyetsizlik	**Miß**erfolg
neşe	Heiterkeit, gute Laune	neşesiz	**miß**mutig
(ök	Stütze *im heutigen Türkisch nicht mehr gebräuchlich*)	öksüz	(ohne Stütze =) mutter**loses** Kind, Waise

13. Lektion   190

rahat	Ruhe, Behaglichkeit; ruhig	rahatsız	unpäßlich; gestört, belästigt
ses	Stimme; Ton	sessiz	stumm, leise
suç (-çu)	Schuld	suçsuz [sʊ(t)s:ʊʒ]	schuldlos
taraf	Seite	tarafsız	neutral; unparteilich
tel	Draht	telsiz mesajı (telsiz = drahtlos)	Funkmeldung
ümit (-di)	Hoffnung	ümitsiz	hoffnungslos
		ümitsizlik	Hoffnungslosigkeit
yular	Halfter	yularsız	ohne Halfter

Übungen

a) Bilden Sie mit den Sätzen des Lesestückes der 1. Lektion Sätze nach folgendem Muster: Ich weiß, daß die Türkei groß ist. Wissen Sie nicht, daß die Türkei groß ist? usw.

aa) Bilden Sie mit den Sätzen des ersten Lesestückes der 5. Lektion Sätze nach dem Muster wie unter a).

b) Ergänzen Sie die fehlenden Suffixe:

1. Ebu Hasan, misafirine göster- nezaket için teşekkür etti.

Ebu Hasan dankte seinem Gast für die [ihm] erwiesene Freundlichkeit.

2. Bana göster- konukseverliği karşılıksız bırak-.

Die Gastfreundschaft, die du mir erwiesen hast, werde ich nicht unerwidert lassen.

3. Söndür- ateşi yakma.

Zünde nicht (ein) Feuer an, das du nicht wirst löschen können.

4. Onun ölümünde suçsuz ol- nasıl ispat edecekler?

Wie sollten sie beweisen, daß sie an seinem Tod unschuldig waren?

5. Otur- sokakta iyi bir doktor vardı.

In der Straße, in der sie wohnten, gab es einen guten Arzt.

6. Hatta kimin oğlu ol- söyledim.

Ich sagte sogar auch, wessen Sohn ich sei.

7. Kadı efendiye söyle- var.

Ich habe dem Herrn Richter etwas zu sagen. (*Futur!*)

8. Sizin de- pekâlâ anladım.

Ich habe sehr gut verstanden, was Sie sagten.

9. Yap- yap!

Tu, was du nicht lassen kannst. (*Übers.:* tun willst)

10. Ye- ve iç- doğruca midemize gider.

Das, was wir gegessen und getrunken haben, geht geradewegs in unseren Magen.

11. Neyse sen yine gid- ondan özür dile, dedi.
Sosyete hayatında nasıl hareket edilbil- sanabilir.

Ganz egal, geh wieder hin und bitte ihn um Verzeihung, sagte sie.
Er (kann denken =) denkt sonst, daß du nicht weißt, wie man sich (im Gesellschaftsleben =) in der Gesellschaft benimmt.

191   13. Lektion

12. Ebu Hasan bu memleketin hüküm-
darı ol- söyledi.

13. Ebu Hasan, hükümdar ol- inandı.

14. Bu han- Hasan Hoca'nın ol- söyle-
diler.

15. Bu- bir eşek iskeleti ol- gördü.

16. Ebu Hasan uyanık ol- iyice anladı.

17. Bu- kaza ol- kimse inanmaz.

18. Teyzem, el çantasını kaybet- çok
üzüldü.

19. Bundan sonra gel- tahmin eder
misin?

20. İş- fena bir sonuç al- gördü.

21. Kar tanelerini bir büyüteçle incele-
zaman, onlar- süslü ve çeşitli yıldızlara
benze- görürüz.

22. (Hastalık) soğuk algınlığından ileri
gel- söyledi.

23. Sevilay, dünyada (sağlık) en büyük
zenginlik ol- öğrendi.

24. İnsanları ol- gibi kabul edeceksin.

25. Şehir halkı ile görüşmemeğe yemin
(et-) — davet (et-) kimseler Bağdat'a
o gün yeni gelen yolcular oluyordu.

26. Sabah namazı yaklaş- —, Ebu Hasan mışıl mışıl uyumağa devam ediyordu.

27. Onunla alay (et-) sandı.

28. Etrafımda konuşulanları duy- göre
uyanığım.

29. Şu halde gör- rüya değil, gerçeğin
(Gen.!) ta kendisi.

30. Erkenden kalkıp yola çık- — seninle
bir daha görüşemeyiz, dedi.

31. Büyük anneniz-, büyük babanız-
anlat- masal ve hikâyelerin hayalinizde
canlandır- *(Fut.!)* gibi resmini yapınız.

Ebu Hasan sagte, daß er der Herrscher
dieses Landes sei.

Ebu Hasan glaubte, er wäre der Herrscher.

Sie sagten, daß das Gasthaus dem
Hodscha Hasan gehöre.

Er sah, daß dies ein Eselsskelett war.

Ebu Hasan begriff sehr wohl, daß er
wach war.

Niemand glaubt, daß dies ein Unfall ist.

Meine Tante war sehr betrübt darüber,
daß sie ihre Handtasche verloren hatte.

Nimmst du an, daß er danach kommen
wird?

Er sah, daß die Sache ein schlechtes
Ende nehmen wird.

Wenn wir die Schneeflocken mit einem
Vergrößerungsglas untersuchen, sehen
wir, daß sie kunstvollen und verschie-
denartigen Sternen ähneln.

Er sagte, daß die Krankheit von einer
Erkältung herrühre.

Sevilay erfuhr, daß die Gesundheit der
größte Reichtum in der Welt ist.

(Du sollst =) Man soll die Menschen
so nehmen, wie sie sind.

Da er geschworen hatte, mit den Leuten
der Stadt nicht zu verkehren, pflegten
die Personen, die er einlud, an jenem
Tag in Bagdad neu eingetroffene Reisende zu sein.

Obwohl die Zeit des Morgengebetes
herankam, schlief Ebu Hasan ruhig
weiter.

Er glaubte, daß er sich über ihn lustig
machte.

Da ich um mich herum das Gesprochene höre, bin ich (also) wach.

(In diesem Fall =) Demnach ist das,
was ich sehe, kein Traum, es ist die
reine Wirklichkeit.

Da ich am frühen Morgen aufbrechen
muß, (so können **wir uns** mit dir nicht
mehr sehen =) so werden wir uns leider
nicht mehr sehen, sagte er.

Zeichnet Bilder, so wie ihr euch die
Märchen und Geschichten, die eure
Großmutter und euer Großvater er-
zählten, in eurer Phantasie vorstellt.

13. Lektion   192

32. İste- kadar alınız.

33. Türkçe bil- için, ne de- anlamadım.

34. Hangi otobüs- önce gel- bil- için, her iki durağa yakın bir yerde bekle-meğe başladık.

35. Yabancı ol- anladı.

36. Anla- görünce, eliyle işaretler yaptı.

37. Otobüs- burada dur- söylemek istiyordu.

38. Biz de burada niçin bekle- anlata-madık.

39. Köln-Wahn havaalanına var- anda, Batı Almanya'nın başkenti Bonn'a 20 km, ve Düsseldorf şehrine 41 mesa-fedesiniz.

40. Çocuk alti aylık ol- vakit ilk dişler belirir.

41. Kardeşim, dedi, hacca (git-) bili-yorsun.

42. Hava boz- cihetle uçak postaları işlemiyor.

bb)

Elektrik ampulünün mucidi Thomas A. Edison, bitkilerden yeni bir tabiî kauçuk kaynağı elde etmek uğruna bir düzüye tecrübeler yapıyordu.

50.000 inci muvaffakiyetsizlikten sonra ümitsizliğe kapılan asistanı

— Bay Edison, tam 50.000 tecrübe yap- —, tek bir müsbet netice elde (et-), dedi.

Büyük mucit kahkahayı bastı.

— Ne diyorsun, dedi.
Fevkalâde neticeler elde ettik. Şimdi bize iste- neticeyi ver- tam 50.000 metot biliyoruz.

Nehmt, soviel ihr wollt!

Da ich nicht Türkisch konnte, verstand ich nicht, was sie sagten.

Da wir nicht wußten, welcher Autobus zuerst kommen würde, begannen wir an einem den beiden Haltestellen nahen Platz zu warten.

Er verstand, daß wir Fremde waren.

Als er sah, daß wir [ihn] nicht verstan-den, machte er Zeichen mit der Hand.

Er wollte sagen, daß der Autobus dort nicht halte (= halten werde).

Und wir konnten nicht erklären, wes-halb wir dort warteten.

In dem Augenblick, in dem Sie auf dem Flugplatz Köln-Wahn eintreffen, sind Sie von Bonn, der Hauptstadt West-deutschlands, 20 km und von der Stadt Düsseldorf 41 km entfernt.

Wenn das Kind 6 Monate alt ist, zeigen sich die ersten Zähne.

Mein Bruder, sagte er, du weißt, daß ich eine Wallfahrt nach Mekka unter-nehmen will.

Da sich das Wetter verschlechtert hat, geht keine Luftpost.

Der Erfinder der elektrischen Glüh-lampe, Th. A. Edison, machte, um eine neue natürliche Gummiquelle aus Pflan-zen zu gewinnen, ununterbrochen Ver-suche.

Nach dem 50 000. Mißerfolg sagte sein völlig verzweifelter Assistent:

— Herr Edison, obgleich wir genau 50 000 Versuche gemacht haben, haben wir nicht ein einziges positives Ergebnis erzielen können.

Der große Erfinder brach in ein Ge-lächter aus:

— Was sagst du, sagte er. Wir haben außergewöhnliche Ergebnisse erzielt. Jetzt kennen wir genau 50 000 Metho-den, die uns das von uns gewünschte Ergebnis nicht werden geben können.

193   13. Lektion

c) Übersetzen Sie ins Türkische:

1. Ich suche das Buch, das ich geschrieben habe, das du geschrieben hast, das er geschrieben hat, das wir geschrieben haben, das ihr geschrieben habt, das sie geschrieben haben.

2. Ist das der Weg, den du mir gezeigt hast, den er dir gezeigt hat, den ihr uns gezeigt habt, den sie euch gezeigt haben?

3. Wo sind die Zeitungen, die ich dir gestern gab, die du ihm gestern gabst, die er mir gestern gab, die wir ihnen gestern gaben, die ihr ihm gestern gabt, die Sie uns gestern gaben, die sie Ihnen gestern gaben?

4. Ist der Ort, wohin (zu dem) du gehst *(Fut.!)*, wohin er geht, wohin wir gehen, wohin ihr geht, wohin sie gehen, weit entfernt (— uzak)?

5. Ich bin sehr erfreut (memnun) über alles (-e), was du sagtest, was er sagte, was Sie sagten, was sie sagten.

6. Er glaubt nicht [an das], was ich sage, was du sagst, was sie sagt, was wir sagen, was ihr sagt, was sie sagen (demek).

7. Wie du weißt, wie er weiß, wie ihr wißt, wie sie wissen, ist meine Tante erkältet.

8. Ich kam an dem Ort, den wir vereinbart hatten, viel früher an.

9. Du kamst an dem Ort, den ihr vereinbart hattet, viel früher an.

10. Die Dinge, die ich von dir hörte, gefielen mir.

11. Die Dinge, die wir von euch hörten, gefielen uns.

12. Die Dinge, die sie von uns hörten, gefielen ihnen.

13. Die von mir (von dir, von ihr, von uns, von euch, von ihnen) aufgestellte Rechnung war folgendermaßen.

14. Ich wähle eine Arbeit, die ich werde machen können. Du wählst eine Arbeit, die du wirst machen können. Er wählt eine Arbeit, die er wird machen können. usw.

15. Vergiß nicht, was ich sagte, was er sagte, was wir sagten, was sie sagten.

16. Ich behauptete, daß ich viel früher ankommen würde. Du behauptetest, daß du viel früher ankommen werdest usw.

17. Ich sagte, daß ich nicht in die Türkei zurückkehren wolle. Du sagtest usw.

18. Ich habe begriffen, daß ich alle meine Bedürfnisse nicht werde befriedigen können.
    Du hast begriffen, daß du alle deine Bedürfnisse nicht wirst befriedigen können. usw.

19. Da ich nicht Türkisch konnte, verstand ich nicht, was sie sagten. Da du nicht Türkisch konntest, verstandest du nicht, was sie sagten. usw.

20. Da ich nicht wußte, welcher Autobus zuerst kommen würde, begann ich an einem den beiden Haltestellen nahen Platz zu warten. Da er nicht wußte ..., sie nicht wußten ...

21. Als er sah (-ünce), daß ich (ihn) nicht verstand, daß du ihn nicht verstandest, daß er ihn nicht verstand, daß ihr ihn nicht verstandet, daß sie ihn nicht verstanden, machte er mit seiner Hand Zeichen.

22. Auch ich konnte nicht erklären, weshalb ich dort wartete. Auch du ..., Auch er ..., Auch Sie ..., Auch sie ...

23. Obwohl ich genau 50 000 Versuche gemacht habe, habe ich nicht ein einziges positives Ergebnis erzielen können. Obwohl du ..., er ..., ihr ..., sie ...

24. Als ich im Dorf ankam (Als du ... usw.), war es Abend geworden (olmuştu).

Lehrbuch Türkisch 13

13. Lektion   194

25. Als ich an dem vereinbarten Ort ankam, hatte er die Wette schon lange ge-
    wonnen.

    Als du ..., Als wir ..., Als ihr ..., Als sie ...

Vokabeln

zu b)	
misafir [ɑː]	Gast
nezaket [ɑː]	Freundlichkeit
konukseverlik	Gastfreundschaft
(-ği)	
karşılıksız	unerwidert
söndürmek	löschen
yakmak	anzünden
ölüm	Tod
suçsuz [sʊ(t)sːʊʐ]	unschuldig (an D/ -de)
kadı	Richter
doğruca	geradewegs
['dɔːrʊdʒɑ]	
mide [iː]	Magen
neyse	(was wenn) wie dem auch sei, ganz egal
sosyete	(bessere) Gesellschaft
hareket etmek	sich benehmen
sanmak	glauben, annehmen
hükümdar [-dɑːɹ]	Herrscher
han	Gasthaus, Han
hoca	Lehrer; Priester
eşek	Esel
iskelet	Skelett
uyanık	wach
'iyice	sehr wohl
'el çantası	Handtasche
sonuç (-cu)	Ergebnis, Ende
'kar tanesi	Schneeflocke
büyüteç	Vergrößerungsglas
incelemek	untersuchen
süslü	kunstvoll
benzemek	ähneln (D/ -e)
so'ğuk algınlığı	Erkältung
ileri gelmek	herrühren
'en büyük	größte(r)
zenginlik	Reichtum
halk [hɑłk] (-kı)	Volk
görüşmek	sich sehen; verkehren
yemin etmek	schwören
davet etmek	einladen
Bağdat [bɑːdɑt] (-dı)	Bagdad
namaz	Gebet
mışıl mışıl	friedlich, ruhig

alay etmek	sich lustig machen (über A/ ile)
etrafımda	um mich
göre	nach, gemäß
-diğine göre	da ... (also)
şu halde	in diesem Fall, dem- nach
gerçek (-ği)	Wirklichkeit
ta kendisi	(er) selbst
erkenden	am frühen Morgen
büyük anne	Großmutter
büyük baba	Großvater
masal (-lı)	Märchen
hikâye [hıќɑːʝɛ]	Geschichte
hayal (-li)	Phantasie
canlandırmak	beleben; sich vorstel- len
önce	zuerst
yabancı	fremd
havaalanı [-'vɑ-]	Flugplatz
mesafe	Entfernung
... mesafededir	er ist ... entfernt
... aylık	... Monate alt
belirmek	sich zeigen
hac (-ccı)	Wallfahrt nach Mekka
bozmak	sich verschlechtern; zerstören
-diği cihetle	da, weil
uçak postası	Luftpost
mucit [uː] (-di)	Erfinder
kauçuk	Gummi
kaynak (-ğı)	Quelle
... uğruna	zum Zwecke, um ... zu
bir düzüye	dauernd, ununter- brochen
tecrübe	Versuch
muvaffakiyetsiz	Mißerfolg
ümitsizlik (-ği)	Hoffnungslosigkeit
kapılmak	ergriffen sein (von/ -e)
asistan	Gehilfe, Assistent
tek bir	ein einzige(r)
zu c)	
erfreut	memnun (über/ -e)
befriedigen	*hier:* temin etmek

d) Erinnern Sie sich?

1. Ich habe (= es gibt) eine dreiteilige Bronzestatue, die ich aus Indien mitgebracht habe.

2. Der kleine Zeiger (Stundenzeiger) zeigt, wieviel Uhr es ist.

3. Wir setzen die dritte und letzte türkische Sendung des Tages, die wir auf Kurz-
   welle im 31,55; 25,12 und 19,06 Meterband bringen, fort.

4. Wie hoch ist der Geldbetrag, den der Elektriker ausgegeben hat?

13. Lektion

5. Die Russen eroberten einen großen Teil der Gebiete, die sie verloren hatten, zurück.
6. Als mein Vater sah, daß ich die im Schrank stehenden Arzneien einzeln in die Hand nahm und betrachtete, trat er zu mir.
7. Wenn wir einen Text laut lesen wollen, müssen wir auf folgende Punkte achten.
8. Unter der Bedingung, daß man von der Bedeutung [nichts] verliert, muß man [ihn] möglichst (= so wie es ist möglich) schnell lesen.
9. Der Mensch muß (so) schreiben, wie er spricht.
10. Wir müssen die Arbeit, die wir angepackt haben, beharrlich betreiben.
11. Nur die Apotheker können die Rezepte lesen, die sie wie von ungefähr hingekritzelt haben.
12. Recht vielen Dank für die freundlichen Worte und das Interesse, das Sie für unsere Zeitschrift zeigen.
13. Weil ich sehr schüchtern bin, habe ich das Gespräch abgebrochen.
14. Dort, wo er sich immer aufhielt, läßt er sich nicht (mehr) sehen.
15. Würden Sie bitte diesen Brief (vor)lesen, den er mir geschickt hat?
16. Timurlenk rief die Gottesgelehrten und Honoratioren jedes Landes, in das er kam, zu sich.
17. So wie es an diesem blauen Himmel, den wir sehen, eine strahlende Sonne gibt, so gibt es auch am geistigen Himmel der Seelen eine noch glänzendere Sonne als jene.
18. Diesen Brief, den Ziya Gökalp seiner Tochter schickte, schrieb er in der Verbannung auf Malta.
19. Wenn ihr nur das Ergebnis dessen, was ihr tatet, sicher wüßtet!

Sorular

Orhan kaç yaşında idi? *od.* Orhanın yaşı kaçtı?
Bir gün ne dinledi?
Duyduğu şeyler hoşuna gitti mi?
Eve gelir gelmez ne yaptı?
Annesinden ne istedi?
Hazırladığı faturanın başlığını (başlık *Titel*) hatırlıyor musunuz?
Ne için 15 krş. hesap etti?
Antwort: ... gittiği için; ... karşılığı olarak.
Annesi, bu faturayı nasıl aldı?
Orhan, akşam sofraya oturduğu sırada, 'ne buldu?
Parayı cebine koyarken, tabağının yanında 'ne gördü?
Bu faturayı 'kim yazdı?
Çocuğun(un) annesine borcunu söyleyiniz.
Orhan bu faturayı okuyunca, memnun oldu mu, sevindi mi?
Sonra ne yaptı?
Elli kuruşu geri verdi mi?
Annesine ne dedi?

Europäische Wörter im Türkischen

sosyete: *frz.* société *Gesellschaft*
iskelet: *frz.* squelette; *dt.* Skelett
asistan: *frz.* assistant

13./14. Lektion   **196**

Formeln

Ondan öğrendiğime göre ...	*Wie ich von ihm erfuhr ...*
Arzu ettiğiniz gibi. İstediğiniz gibi.	*Wie Sie wünschen.*
gördüğümüz gibi	*wie wir sehen*
Rundfunk	
Dün yaptığı konuşmada ...	*In der gestern gehaltenen Rede ...*
bildirildiği gibi	*wie (mitgeteilt wurde =) verlautet*
bildiğiniz gibi	*wie Sie wissen*
dediğim gibi	*wie ich sagte*
Bir Türk sözcüsünün (10 G) belirttiğine göre ...	*Wie ein türkischer Sprecher erklärt, ... Der Erklärung eines türkischen Sprechers zufolge ...*
Gazetenin eklediğine göre ...	*wie die Zeitung hinzufügt, ...*
Gazetelerin yazdıklarına göre ...	*wie die Zeitungen schrieben (schreiben) ...*
Bugün dinleyicilerimizden Ahmet Anıl ve Selâhattin Filiz doğum günlerini kutluyorlar.	*Heute feiern von unseren Hörern Ahmet Anil und Selahattin Filiz ihren Geburtstag.*
Biz de dinleyicilerimize B. Aksoy'un söyleyeceği [sœɪlɪjɪdʒɪː] *od.* [sœɪleˑdʒɪː] ④ bir şarkı armağan ediyoruz.	*Und wir schenken unseren Hörern ein Lied, das B. Aksoy singen wird; od.: Wir möchten unsere Hörer mit einem von B. Aksoy gesungenem Lied erfreuen.*
Bu şarkıyı ayrıca Hamburg'tan Can Ersoy için çalıyoruz.	*Wir spielen dieses Lied außerdem für Can Ersoy aus Hamburg.*
Almanya'daki Türkler için hazırladığımız program burada sona eriyor.	*Damit geht unser für die Türken in Deutschland zusammengestelltes Programm zu Ende.*

14. Lektion

1. Hocanın Feylesofluğu

Hoca bir gün, biraz gezmek ve hava almak için evinden **çıkmış**. Tanıdıklarından birinin bostanına **gitmiş**. Bostanda büyük bir ceviz ağacı var**mış**. Yaz sıcağında yürüyüp yorulan Hoca, bu ağacın serin gölgesine otur**muş**. Başından kavuğunu çıkarıp bir tarafa koy**muş**. Yorgunluğu biraz geç**miş**. Gözüne bostandaki iri balkabakları iliş**miş**. Bunlar, bostanın şurasında burasında sık sık görülü**yormuş** (—). İçlerinden bazıları iri lahana kadar büyük**müş**. Hatta bir kısmı büyücek kazan kadar ol**muş**.

Hoca bunları seyret**tikten sonra**, ceviz ağacının altına uzan**mış**. Bu sefer de cevizler gözlerine iliş**miş**. Hoca, kocaman bir ağacın üstünde ufacık bir cevizi ve küçücük bir nebatın üzerinde de kocaman kabakları uygun görme**miş** ve kendi kendine:

— Allah'ın bazı öyle yaptığı işler var ki, insanın aklı bir türlü almaz. Kocaman ceviz ağacında küçük bir meyva ve küçük bir nebat üstünde de davul

197   14. Lektion

kadar bir kabak yaratmış. Doğrusu bu, hiç uygun düşmemiş. Ben olsaydım,
balkabağını ceviz ağacının üstünde ve cevizi de balkabağı fidanı üzerinde
yaratırdım. Tabiî bu daha uygun düşerdi.
Diye düşünüyormuş (—). Bu esnada olgun bir ceviz ağaçtan[1]) düşmüş ve
Hocanın kafasına isabet etmiş. Canı yanan Hoca, yerinden fırlamış ve tan-
rıya şükürler ederek:
— Allahım! Sen yine bildiğin gibi yap! Eğer bana uyup da balkabağını
ceviz ağacında yaratmış olsaydın, şimdi benim halim ne olurdu? ...
Demiş.

2. Kurtla Tilki

Aslan kocamış, hastalanmış, ininden çıkamaz olmuş. Bütün hayvanlar birer
birer gelip hatırını sormuşlar. Ama tilki gözükmemiş.
Kurt, tilkiyi hiç sevmezmiş. Aslana:
— Sen, demiş, hepimizin efendi'sisin. Öyleyken tilkinin sana bile saygısı
yok. Baksan a, bir kere gelip hatırını sordu mu?
O sırada tilki de kapıdan giriyormuş (—). Kurdun dediklerini işitmiş. Aslan,
tilkiyi görünce öfkesinden öyle bir kükremiş ki, yer gök inlemiş. Ama tilki
kendini suçsuz göstermenin yolunu bulmuş:
— Evet, demiş, hepsi buraya hatır sormaya gelmişler. Ama bir tanesi seni
iyileştirmeye çalışmış mı? Ben gelmedim, ama kapı kapı dolaştım. Her
hekimden ilâç sordum. En sonunda ilâcı da öğrendim.
Aslan:
— Neymiş o ilâç? diye sormuş.
Tilki:
— Bir kurdu diri diri yüzüp derisine bürünmeliymişsin. Hekim böyle söylüyor, demiş.
Aslan bunu duyar da durur mu? Hemen kurdu yüzdürmüş, derisine sarın-
mış.
Başkalarına tuzak kurmaya kalkanlar, çok zaman o tuzağa kendileri düşer-
ler. Bu masal onu gösteriyor.   AISOPOS

                                              (N. ATAÇ tercümesinden)

3. Bu Adam Kim?

Bu adam kimdi? Nereden gelmişti? Hele o adı ne demekti? Bunu da bilen
yoktu. Hapis miydi? Yoksa Trablus'tan, Fas'tan, Afrika'nın kim bilir nasıl
meçhul bir diyarından uzun ve dolaşık merhaleleri aşa aşa İzmir'e mi düş-
müştü. Hele ismi? Arapça mıydı? Bilinmeyen bir iklimin tanınmayan bir
dilinden miydi? Hatta asıl ismi 'bu muydu? Belki de ona bu adı, arkasından bağıra bağıra onu kovalayan sokak çocukları takmıştı.

                              Halit Ziya Uşaklığıl (1866—1945)
                              (Orta Okul Kitapları. Temel Dilbilgisi Sınıf 1)
Erläuterungen:

1. Hoca bunları seyrettikten sonra ...   Nachdem der Hodscha sie betrachtet
                                          hatte, ...

Allah'ın bazı öyle yaptığı işler var ki ...   Es gibt Dinge, die Gott so geschaffen
                                          hat, daß ...

---

[1]) ağaçtan ⑳ D [a:aʃtan].

14. Lektion   198

2. Aslan kocamış, hastalanmış ...

Der Löwe war alt und krank (geworden) ...
-miş *weist auf eine abgeschlossene, bis in die Gegenwart reichende Handlung*, s. Gr. B 2.

... ininden çıkamaz olmuş.

(Es war das Nicht-verlassen-können ... =) ... und er konnte seine Höhle nicht mehr verlassen.

... kendini suçsuz göstermenin yolunu bulmuş.

Aber der Fuchs (fand den Weg des sich-unschuldig-Zeigens =) verstand sich darauf, unschuldig zu erscheinen.

... bürünmeliymişsin

Du müßtest einen Wolf lebendig abhäuten und dich in sein Fell einwickeln.

... duyar da durur mu? Hemen ...

(Der Löwe hört es, und geduldet er sich *od.* bleibt er untätig? =) Kaum hat der Löwe das gehört, als er auch schon dem Wolf das Fell abziehen ließ ...

3. Bilinmeyen bir iklimin tanınmayan bir dilinden miydi?

War (der Name) aus einer fremden Sprache eines unbekannten (Klimas =) Erdteils?

Vokabeln

1.

feylesofluk (-ğu)	Philosophie
hava almak	Luft schöpfen
bostan	(Gemüse-)Garten
ceviz	Walnuß
ceviz ağacı	Nußbaum
sıcak (-ğı)	Hitze
yorulmak	ermüden
kavuk	Turban
çıkarmak	*Hut* abnehmen
bir tarafa koymak	zur Seite legen
iri	riesig
'balkabağı (-nı)	Melonenkürbis
ilişmek	hängenbleiben
gözüne ilişmek	in j-s Auge springen, *etw.* plötzlich bemer-\ [ken]
-in şurasında, burasında	hier und da in
sık sık	ziemlich dicht stehend
lahana ['lahana]	Kohlkopf
içlerinden	davon, darunter
kazan	Kessel
kadar	wie, so ... wie
büyücek	ansehnlich, stattlich
uzanmak	sich hinlegen
bu sefer	diesmal
kocaman	riesig, enorm
ufacık	winzig
küçücük	ganz klein
nebat (-tı)	Pflanze
kabak	Kürbis
bir türlü	einfach *nicht*

meyva	Frucht
davul	Pauke
yaratmak	schaffen
doğrusu	offengestanden
uygun düşmek	sich als geeignet erweisen
ben olsaydım	wenn ich es wäre
fidan	Pflanze, Sproß
yaratırdım	ich würde erschaffen, anbringen
daha uygun düşerdi	wäre geeigneter *od.* praktischer gewesen
bu esnada	in diesem Augenblick
olgun	reif
kafa	Kopf
isabet [aː] etmek	treffen (*A*, auf/ -e)
canı yanmak	tief betrübt sein
fırlamak	aufspringen
tanrı	Gott
uymak	sich richten (-e/ nach)
-ip de	und (*enge Verbindung zweier Satzglieder*)
yaratmış olsaydın	wenn du erschaffen hättest
olurdu	wäre
2.	
kurt	Wolf
tilki	Fuchs
aslan	Löwe
kocamak	alt werden
hastalanmak	krank werden

199   14. Lektion

in	Höhle
hatır	Befinden, Ergehen; Gedächtnis
gözükmek	sich zeigen
öy'leyken	(so seiend =) obwohl dem so ist, trotzdem
bile	überhaupt nicht
e (a)	*Imperativpartikel nach dem Suffix* -sen (-san)
baksan a	sieh, schau mal
o sırada	in diesem Augenblick, gerade da
kapıdan girmek	in die Tür treten
öfke	Wut
kükremek	brüllen
öyle bir ... ki	derart, daß
inlemek	widerhallen
-in yolunu bulmak	sich auf etw. verstehen, es verstehen, zu ...
hatır sorma	das Fragen nach dem Befinden
bir tanesi	einer
iyileştirmek	heilen
-e çalışmak	sich bemühen
kapı kapı dolaş- mak	von Tür zu Tür gehen, überall anfragen
hekim	Arzt
en sonunda	zu guter Letzt, schließlich
diri diri	lebendig
yüzmek	abhäuten
bürünmek	sich einwickeln

yüzdürmek	das Fell abziehen, abhäuten lassen
sarınmak	sich einhüllen
tuzak (-ğı)	Falle, Schlinge
tuzak kurmak	eine Falle stellen (j-m/ -e)
tuzağa düşmek	in die Falle gehen, hereinfallen

3.

'hele	nur, überhaupt (*in der Frage*)
hapis (hapsi)	Sträfling
'Trablus	Tripolis; Tripoli
Fas	Marokko; Fes
meçhul (-lü) [mɛtʃhuːl]	unbekannt
diyar [ɑː]	Land
dolaşık	gewunden
merhale	Etappe; Tagesreise
aşmak	überschreiten, passieren
düşmek	*hier:* geraten
A'rapça	arabisch, (das) Arabische
iklim	Klima
asıl	*hier:* eigentlich, wirklich
'belki	vielleicht
arkasından	hinter seinem Rücken; hinter ihm her
kovalamak	verfolgen
takmak	anhängen

Grammatik

Das Suffix -miş (-müş, -mış, -muş)   A

Mit dem Suffix **-miş** werden finite Verbformen und infinite Verbformen
(Verben mit Personalendung und Verben ohne Personalendung) gebildet.
Zu der ersten Gruppe gehören die **miş-Vergangenheit**, die im Deutschen
durch das Perfekt und das Imperfekt — zum Teil unter Verwendung von
Füllwörtern — wiedergegeben wird, und die **mişti-Vergangenheit**, die dem
deutschen Plusquamperfekt entspricht.

Die miş-Vergangenheit   B

1. a) hat den Sinn einer **subjektiven** (vom Sprecher getroffenen) **Feststellung**. Oft ist mit dieser Feststellung eine Milderung oder der Ausdruck des
Erstaunens verbunden;
b) hierzu gehört auch die Kategorie der deutschen **indirekten Rede**, in der
Angaben anderer Personen wiedergegeben werden.
2. bezeichnet eine **abgeschlossene** oder vom Sprecher als abgeschlossen
empfundene **Handlung**, die bis in die Gegenwart reicht. Im Deutschen steht
in diesen Fällen das **Perfekt**. Die **passive Form** entspricht dem deutschen
Zustandspassiv (–) oder einem prädikativ gebrauchten Adjektiv.
3. wird in der dritten Person konventionell sehr häufig in Fabeln, Märchen,
Geschichten, Anekdoten, Humoresken und Witzen verwendet und im
Deutschen durch das **Imperfekt** wiedergegeben.

14. Lektion   200

Beispiele

zu 1 a)

Sabahleyin Gülçin pencereden bakınca „Aaaa! İlk kar yağmış" diye sevincinden ellerini çırptı.	Am Morgen sah Gülçin aus dem Fenster und klatschte vor Freude in die Hände: „Oh, es hat ja geschneit!" (Der erste Schnee ist gefallen.)

Das Kind trifft hier eine subjektive Feststellung und drückt zugleich sein Erstaunen (über eine abgeschlossene Handlung) aus. Im Deutschen dienen diesem Zwecke die sogenannten Füllwörter *ja, eben, doch, denn* usw.

zu 1 b)

Daha fazlasını bilmediğini söyledi.	Er sagte, daß er nicht mehr wisse.
Odacı bile, bay şefe yardım etmek istiyordu.	Selbst er, der Diener, möchte dem Herrn Chef gern helfen.
Çünkü şef, iyi ve adil bir insanmış.	Denn der Chef **sei** ein guter und gerechter Mensch.
Ama adam nasıl yardım edeceğini de bilmiyormuş.	Aber man **wisse** auch nicht, wie man helfen solle.

zu 2.

Eine Beanstandung im Restaurant bringt der Gast dem Kellner gegenüber folgendermaßen zum Ausdruck:

Hata yapmışsınız.	Sie haben sich geirrt. *(oder gemildert:)* Sie müssen sich wohl geirrt haben.
Radyatör bozulmuş (—|).	Der Kühler **ist defekt**. (= ist zerstört; bozulmak *zerstört werden*)
Akümülatör boşalmış (—|).	Die Batterie **ist leer**. (= ist geleert; boşalmak *geleert werden*)
Sigorta yanmış (—|).	Die Sicherung **ist durchgebrannt**. (yanmak [*zu Ende*] *brennen*)

zu 3.

Beispiele für den konventionellen Gebrauch der miş-Vergangenheit liefern die beiden Lesestücke *Hocanın Feylesofuluğu* und *Kurtla Tilki*.

-'yormuş   C

Die Suffixgruppe **-yormuş** beschreibt innerhalb einer in der miş-Vergangenheit geschriebenen Erzählung entweder einen **Zustand** oder eine Handlung, die länger als die weiterführende Haupthandlung andauert. Die yormuş-Vergangenheit bildet oft einen Rahmen, innerhalb dessen sich eine andere Handlung abspielt. Selbständig gebraucht, bezeichnet **-yormuş** eine vorsichtige Feststellung im **Präsens**.

Beispiele:

Gözüne bostandaki iri balkabakları ilişmiş (·).	Plötzlich **bemerkte er** riesige, im Garten befindliche Melonenkürbisse.
Bunlar, bostanın şurasında burasında sık sık görülüyormuş.	Diese **waren** hier und da (im Garten) in dichter Menge **sichtbar**. *Symbol* ∽.

14. Lektion

O sırada tilki de kapıdan giriyormuş (—). Kurdun dediklerini işitmiş (·).	Gerade da **trat** der Fuchs in die Tür. Er **hörte** *(nämlich beim Eintreten)* das, was der Wolf sagte. *Symbol:* ⌐.
Öğretmen:	
— Demek ki, dedi, denize girmeden de insan iyi bir tatil geçirebiliyormuş.	Der Lehrer sagte: Das heißt also, auch ohne baden zu gehen, **kann man** doch schöne Ferien **verleben**.
Bakın, Jale ne kadar toplanmış, kuvvetlenmiş.	Schaut, wie Jale sich **rausgemacht hat**, wie sie **stark geworden ist**!

-'irmiş (verneint -'mezmiş)   D

bezeichnet eine Handlung oder einen Zustand, die zur Gewohnheit geworden sind, meist innerhalb einer miş-Erzählung.

| Kurt, tilkiyi hiç sev**mezmiş**. | Der Wolf **liebt** ja den Fuchs **keineswegs**. |

Das Plusquamperfekt   E

hat als Kennzeichen die Suffixgruppe **-mişti** (aus -miş + di) und wird ähnlich wie das deutsche Plusquamperfekt verwendet.

| Nereden gel**mişti**? | Woher **war er gekommen**? |
| Afrika'nın kim bilir nasıl meçhul bir diyarından İzmir'e düş**müştü**. | Wer weiß, aus welchem unbekannten Lande Afrikas er nach Izmir **geraten war**. |

-imiş   F

-imiş besteht aus dem Verbstamm **i-** (s. Lektion 6 D, vgl. iken, idi) und dem Suffix **-miş**. Nach einem Vokal kann auch **-ymiş** oder **-miş** stehen.

In der Verbindung mit **i-** ist der Ausdruck der Unsicherheit meist stärker. In der deutschen Übersetzung kommt diese Schattierung durch Verwendung des Modalverbs „*sollen*" oder durch Füllwörter (*ja, doch*, in der Frage *denn*) zum Ausdruck. Die von **-imiş** gedeckte Zeitspanne reicht von der Vergangenheit bis zum Präsens.

Beispiel:

| Aslan: — Ney**miş** o ilâç? diye sormuş. | (Was ist das wohl jenes Heilmittel:) „Was ist denn das für ein Heilmittel?" *od.* „Was **soll** das für ein Heilmittel **sein**?" fragte der Löwe. |

-ecekmiş   G

bezeichnet die in der Zukunft vermutlich eintretende Handlung. Im Deutschen steht das einfache Futur, das oft den Sinn der Vermutung hat, besonders wenn es von „wohl", „schon" oder „sicher" begleitet ist. Auch „sollen" mit dem Infinitiv des Präsens kann das türkische **-ecekmiş** wiedergeben.

| Vapur yarın gelecek**miş**. | Der Dampfer **wird wohl** morgen **ankommen**. *od.* Der Dampfer **soll** morgen **ankommen**. |
| Mektubu bulacak**mış**sın. | Du **wirst** den Brief **schon finden**. |

14. Lektion

| -miş gibi *oder* -mişçesine als ob | **H** |

-miş gibi tritt an den einfachen oder durch -yor, -ir, -ecek usw. erweiterten aktiven oder passiven Stamm eines Verbs oder an ein Nomen, **-mişçesine** nur an den aktiven oder passiven Stamm eines Verbs. An den Anfang eines ...gibi-Satzes kann zur Verdeutlichung die Konjunktion **sanki** stehen oder **güya** (früher gûya).

-cesine

kann direkt mit einem Nomen oder auch mit dem -ir-Stamm eines Verbs verbunden werden.

Beispiele:

Birdenbire, sarhoş ol**muş gibi**, yerinden kalktı.	Plötzlich stand er von seinem Platz auf, **als ob** er betrunken wäre.
Sanki gece ol**muş gibi** (*od.* Gecey**miş gibi**).	**Als ob** es Nacht wäre.
Çocuk büyük i**miş** (*od.* büyük**müş**) **gibi** konuşuyor.	Das Kind spricht, **als ob** es ein Erwachsener wäre.
Kadehleri dolduruyor**muş gibi** yaptı.	Er tat, **als ob** er die Gläser gefüllt hätte.
Kış bitmeyecek**miş gibi** kar yağıyor.	Es schneit, **als ob** der Winter nicht zu Ende ginge.
İrene yatıyor, bu ciddî bakışlarla hipnotize edil**miş gibi** kımıldamıyordu (—).	Irene lag da und rührte sich nicht, **als ob** sie durch diese ernsten Blicke hypnotisiert (worden) wäre.
Orhan annesine özür diler**cesine** (*od.* diliyor**muş gibi**) baktı.	Orhan schaute seine Mutter an, **als ob** er um Verzeihung bäte.

Übersicht über die Formen der miş-Vergangenheit   **I**

gelmişim etwa: *ich bin (wohl, doch, ja) gekommen* usw.
görmüşüm   *ich habe (wohl, doch, ja) gesehen* usw.
almışım   *ich habe (wohl, doch, ja) gekauft* usw.
okumuşum   *ich habe (wohl, doch, ja) gelesen* usw.

gel**miş**im	gör**müş**üm	al**mış**ım	oku**muş**um
gel**miş**sin	gör**müş**sün	al**mış**sın	oku**muş**sun
gel**miş**	gör**müş**	al**mış**	oku**muş**
gel**miş**iz	gör**müş**üz	al**mış**ız	oku**muş**uz
gel**miş**siniz	gör**müş**sünüz	al**mış**sınız	oku**muş**sunuz
gel**miş**ler	gör**müş**ler	al**mış**lar	oku**muş**lar

-miş ist betont

Aussprache oft: **-miş**sin [-'mɪsːɪn], *s.* ⑳ *D.*

verneint

'gel**mem**işim   'gör**mem**işim   'al**mam**ışım   o'ku**mam**ışım

203   14. Lektion

fragend

| gelmiş miyim? | görmüş müyüm? | almış mıyım? | okumuş muyum? |
| gelmiş misin? | görmüş müsün? | almış mısın? | okumuş musun? |

verneint fragend

| gelmemiş miyim? | görmemiş miyim? | almamış mıyım? | okumamış mıyım? |

J

Alle obigen Formen können mit dem Suffix **-dir** versehen werden. Das **-dir** verleiht den Formen in der 1. und 2. Person eine subjektive (von der Person ausgehende) Nachdrücklichkeit, in der dritten Person entspricht es der objektiven mit dem Suffix **-di** gebildeten Vergangenheit (s. Lektion 8 A, B).

| gelmiş**im**dir | *ich bin* (auf jeden Fall) *gekommen* |
| gelmiş**sin**dir | *du bist* (auf jeden Fall; doch sicher) *gekommen* |

| gelmiş**tir** | *er kam (er ist gekommen)* |

| gelmiş**iz**dir | *wir sind* (auf jeden Fall) *gekommen* |
| gelmiş**siniz**dir | *ihr seid* (auf jeden Fall; doch sicher) *gekommen* |

| gelmiş**ler**dir | *sie kamen (sie sind gekommen)* |

K

Übersicht über die Formen der mişti-Vergangenheit (Plusquamperfekt)

| gelmiştim | ich **war** gekommen | almıştım | ich **hatte** genommen, gekauft |
| görmüştüm | ich **hatte** gesehen | okumuştum | ich **hatte** gelesen |

gelmiştim	görmüştüm	almıştım	okumuştum
gelmiştin	görmüştün	almıştın	okumuştun
gelmişti	görmüştü	almıştı	okumuştu
gelmiştik	görmüştük	almıştık	okumuştuk
gelmiştiniz	görmüştünüz	almıştınız	okumuştunuz
gelmişlerdi	görmüşlerdi	almışlardı	okumuşlardı
od.	*od.*	*od.*	*od.*
gelmiştiler	görmüştüler	almıştılar	okumuştular

verneint

| 'gelmemiştim | 'görmemiştim | 'almamıştım | o'kumamıştım |

fragend

| gelmiş miydim? | görmüş müydüm? | almış mıydım? | okumuş muydum? |

verneint fragend

| gelmemiş miydim? | görmemiş miy-dim? | almamış mıydım? | o'kumamış mıy-dım? |

Von dem i-Stamm lauten die Formen entsprechend: **L**

imişim *ich bin (wohl) gewesen* usw.

verneint

değil imiş oder değilmiş *er ist (wohl) nicht gewesen*

Das Plusquamperfekt kann auch mit der selbständigen Form **imiş** gebildet werden: gelmiş **idim** usw.

14. Lektion

Das miş-Partizip M

Die mit **miş** gebildete indefinite Verbform ist ein Partizip der Vergangenheit, das im Unterschied zu den finiten Verbformen keine von der Person ausgehende Bedeutungsschattierungen enthält. Im Türkischen muß der aktive und passive Sinn des Partizips zum Ausdruck kommen. Im Deutschen hängt der aktive oder passive Sinn des Perfektpartizips davon ab, ob das Verb transitiv oder intransitiv ist (aktiv: *die eingetroffenen Waren: die Waren, die eintrafen* [gelmiş olan mallar] — passiv: *die gelieferten Waren: die Waren, die geliefert wurden* [teslim edilmiş olan mallar]).

Das miş-Partizip steht

— **allein**

dolmuş	gefüllt; Sammeltaxi (von dolmuş *gefüllt werden*)
geçmiş	vergangen; Vergangenheit (von geçmiş *vergehen*)

— **als Begleiter eines unbestimmten Nomens.** Dieser Gebrauch ist am häufigsten:

aktiv

geçmiş zaman	vergangene Zeit; Vergangenheit (Gr.)
çok okumuş bir adam	(ein Mann, der viel gelesen hat =) ein belesener *oder* gebildeter Mann

passiv

doldurulmuş yumurta	gefüllte Eier (von doldurmak *füllen*; doldurulmuş *gefüllt* [*worden seiend*])
pişmiş et	gekochtes Fleisch (von pişmek *gekocht werden*; da das Verb bereits passive Bedeutung hat, ist das Passivsuffix im Partizip überflüssig)

— **als Begleiter eines bestimmten Nomens.** In diesem Fall muß das Präsenspartizip **olan** oder — bei Betonung des Zustandes — **bulunan** hinzutreten:

Bu sabah Ankara'dan **gelmiş olan** uçak	das heute morgen aus Ankara **eingetroffene** Flugzeug

— **mit olan als bestimmtes Substantiv:**

Türkiye'ye gitmiş olanları	die in die Türkei **Gefahrenen**

— **mit dem Possessivpartizip olduğ- oder bulunduğ-,** um den Begriff der Vergangenheit genauer festzulegen, da das **diğ**-Suffix nicht eindeutig genug ist (s. Lektion 13 B).

-miş olduğ- gibt das deutsche Plusquamperfekt und zuweilen das Perfekt wieder; **-miş bulunduğ-** das gleiche unter Betonung des Zustandes.

Orhan'ın hazırlamış olduğu fatura şöyle idi: ...	Die Rechnung, die Orhan **ausgestellt hatte**, war folgendermaßen: ...

N

Das **miş**-Partizip dient in Verbindung mit **olmak** oder **bulunmak** zur Bildung weiterer Verbformen. Mit diesen zusammengesetzten Verbformen können Zeitstufen und Handlungsarten in feinsten Abstufungen ausgedrückt werden.

14. Lektion

Beispiele:

Böylece okulun açıldığı günden bugüne kadar dört mevsimi de görmüş
oluruz.

Bu 15 önemli kanun tasarısı da, tam
manasiyle „yangından mal kaçırırcasına" çıkmış olacak.

Somit **haben** wir tatsächlich vom
Tage des Schulbeginns bis heute vier
Jahreszeiten **erlebt**.

Und diese 15 wichtigen Gesetzentwürfe **werden** in des Wortes wahrer
Bedeutung in überstürzter Hast
durchgebracht werden.

(*vollendete Handlung; eigentlich:* ...
durchgebracht worden sein)

Anm. yangından mal kaçırırcasına
oder kaçırır gibi

etwa: als ob man die Waren durch
das Feuer schmuggeln würde.

Ergänzende Bemerkungen zu dem Partizip -ecek   O

Der zwischen den Partizipialformen **-miş** und **-miş olan** bestehende Unterschied gilt auch für das **ecek**-Partizip. In der Umgangssprache jedoch wird
die Bestimmtheit des folgenden Nomens kaum beachtet, und man benutzt
in beiden Fällen -miş bzw. -ecek.

Derhal İzmir'e gid**ecek olan** uçak
bu mudur?

Ist das das Flugzeug, das gleich nach
Izmir **abfliegen wird?**

Verbstamm mit Suffixgruppen   P

-dikten sonra   nachdem ...

Der in Lektion 13 C erwähnte Infinitiv auf **-dik** mit der Postposition **-den
sonra** entspricht in der Bedeutung dem mit *nachdem* eingeleiteten deutschen
Konjunktionalsatz. Die in der türkischen Wortgruppe nicht ausgedrückte
Zeit ergibt sich im Deutschen aus der Zeit des Hauptsatzes (Plusquamperfekt oder Perfekt). Die Fügung **-dikten sonra** wird im Türkischen sehr
häufig verwendet.

İplikler, boyan**dıktan sonra** dokuma
tezgâhlarına gönderilir.

Nachdem die Fäden **gefärbt worden
sind,** werden sie in den Webstuhl
geschickt. *od.* ..., gehen sie in den
Webstuhl.

Hoca bunları seyret**tikten sonra,**
ceviz ağacının altına uzanmış.

Nachdem der Hodscha sie **betrachtet
hatte,** legte er sich unter einen Walnußbaum.

'-meden *od.* -meksizin   ohne zu ..., ohne daß
'-meden (önce *od.* evvel)   bevor

Q

Beispiele:

Saat hiç durmak bil**meden** işler.

Die Uhr geht, **ohne** stehenbleiben **zu**
können.

Çalış**maksızın** hiç bir iş
başarılamaz.

Ohne zu arbeiten, kann man nichts
erreichen.

Cevap ver**meden önce** arkadaki iza-
hatı okuyunuz.

Bevor Sie antworten, lesen Sie die
Erklärungen auf der Rückseite.

14. Lektion

Die **meden**-Gruppe kann auch ein Subjekt zu sich nehmen, das absolut vorangestellt wird:

Oyun bitmeden evvel kalkıp gitti.

Bevor das Stück zu Ende gespielt war, stand er auf und ging.

Zwischen **-den** und **önce (evvel)** kann eine Zeitbestimmung treten:

Yola çıkmadan bir sabah önce bir bankaya geldi. *Aber auch:* **Bir sabah yola çıkmadan önce** ...

An einem Morgen, bevor er aufbrach, ging er zu einer Bank.

Wortbildung R

Das Diminutivsuffix -cik (-cük, -cık, -cuk)

Es tritt an Substantive und Adjektive und gibt ihnen eine Färbung des Zärtlichen, Kleinen, der persönlichen Wertung und Anteilnahme. Auslautendes k, das in der früheren Sprache ausfiel, wird heute meist beibehalten. Das Suffix ist unbetont; **-çik** *usw.* nach ⑫ C 2.

Beispiele:

'anne**cik** *Mutti*	'ufa**cık,** ufak**çık**	*winzig* (ufak *klein, unbedeutend*)
'baba**cık** *Papa, Vati*	'küçü**cük,** küçük**çük**	*ganz klein*;
'ev**cik** *Häuschen*		*niedlich* (küçük)

Die längere Form **-cağız, -ceğiz** hat neben der bei **-cık** genannten Schattierung noch den Sinn des Bemitleidenswerten:

adam**cağız** der **gute** Mann; der **arme** Mann

çocuk**çağız** das **arme** Kind

Übungen

a) Setzen Sie in den Abschnitten 1 und 2 das dik-Partizip und in dem Abschnitt 3 die fehlenden Verben ein:

Bu da hayat mı?

1. New York'lu vergi tahsildarları, at yarışlarında para kazanıp bu kazancının üzerinden vergi vermemekle itham et- Bill Hughes'i kıskıvrak yakalazannediyorlardı.

2. 50 yaşındaki tersane işçisi, 56 dolarlık haftalığından 16.800 dolar tasarruf et- itiraf etmesine etti, ama bu işi şu şekilde yap- söyledi.

3. Ömrü boyunca şekerleme —, sigara ve içki —, kadınlarla —, büyükanasına yüzde 12 faizle para ödünç —, gece mesaisi —, ayakkabı köselesini aşındırmamak için uyuyarak vakit geçiren babasının ayakkabılarını gizlice ödünç alarak sokağa —; tam 13 yıl yeni elbise —, hayatında yalnız bir kere şinemaya —, çamaşırları dahil her

Ist das ein Leben?

New Yorker Steuerbeamte glaubten, Bill H. ganz sicher erwischt zu haben, den sie beschuldigten, beim Pferderennen Geld gewonnen und von diesem Geld keine Steuern (gegeben =) gezahlt zu haben.

Der fünfzigjährige Werftarbeiter gestand zwar, von seinem Wochenlohn von 56 Dollar 16 800 Dollar gespart zu haben, sagte aber, daß er dies in folgender Weise gemacht habe:

Sein Leben lang hatte er keine Süßigkeiten gegessen, nicht geraucht und keinen Alkohol getrunken, hatte nicht mit Frauen verkehrt, seiner Großmutter Geld zu 12 Prozent Zinsen geliehen, hatte Nachtarbeit gemacht; er hatte, um seine Schuhsohlen nicht abzunutzen, heimlich die Schuhe seines Vaters geborgt, während dieser gerade schlief,

şeyini kendi —, tatillerinde 56 centten fazlasına mal olacak hiç bir gezintiye —.

Zu 3.: Das reine Zeitsuffix -di erscheint in diesem Satz nur einmal am Schluß.

und war (auf die Straße gegangen =) ausgegangen; ganze 13 Jahre hatte er sich keinen neuen Anzug machen lassen, war in seinem Leben nur einmal ins Kino gegangen, hatte einschließlich seiner Wäsche alles selbst geflickt und hatte in seinem Urlaub keinen Ausflug gemacht, der mehr als 56 Cent kostete.

b) Ergänzen Sie die fehlenden Verbformen und Wörter:

1. Yağmur damlalarının — ve patlahaline kar denir.

Der gefrorene und geplatzte Zustand von Regentropfen heißt Schnee.

2. Bahçede ipe as- çamaşırlar kuru-.

Die im Garten an einer Leine aufgehängte Wäsche ist trocken.

3. Bu ciltte yazarın hikâyeleri arasında en çok sev- — bulacaksınız.

In diesem Band werden Sie unter den Erzählungen des Schriftstellers seine beliebtesten finden.

4. Yalnız Jale değil, hepiniz büyü-, serpil-.
Güneş, su, cimnastik, sağlığınıza çok yara-.

Nicht nur Jale, ihr alle seid größer geworden, habt euch herausgemacht.
Die Sonne, das Wasser, die Gymnastik sind eurer Gesundheit gut bekommen.

5. Binbir Gece Masallarından çocuklar için özenerek — ve özel bir şekilde yeniden kaleme — örnekler sunuyoruz.

Wir legen Muster vor, die aus den Märchen von Tausendundeiner Nacht sorgfältig für Kinder ausgewählt und eigens neu bearbeitet wurden.

6. Yolların iki yanında — halk kahraman Mehmetçikleri — alkışladı.

Das an beiden Seiten der Straßen (aufgereihte =) Spalier stehende Volk bejubelte ununterbrochen die heldenmütigen türkischen Soldaten.

7. Şimşek, bulutlardaki elektrikleşmelerin görünüşüdür.
Bazan yeryüzündeki elektrik ile bulutlardaki elektrik — görünür.

Der Blitz ist eine Erscheinung der elektrischen Vorgänge in den Wolken.
Zuweilen scheint es, als ob sich die Erdelektrizität mit der Wolkenelektrizität vereinigt hätte.

Biz buna ,,yıldırım düştü" deriz.

Wir sagen dazu: Der Blitz hat eingeschlagen.

8. Sabah vizitesine çıkan beyazlar — doktor hareketsiz, taşlaş- bir halde kalıyordu.

Der zur Morgenvisite herausgetretene, weißgekleidete Arzt verharrte in einem bewegungslosen, versteinerten Zustand.

9. Sarar- yaprakların dökül- kaldırımları süpür- bir çöpçü resmi yapınız.

Zeichnen Sie einen Straßenfeger, (der die Gehsteige, auf die vergilbte Blätter gefallen sind, kehrt) der die mit welken Blättern bestreuten Gehsteige kehrt.
(Drei verschiedene Partizipien!)

10. Böylece gelecek ders yılına girmeye — —.

So werdet ihr vorbereitet sein, in das nächste Schuljahr zu gehen (od. So seid ihr jetzt vorbereitet ...).

14. Lektion 208

11. Sıcak bir yaz gününde yapraklar arasına — parlak renkli meyvaya erişeceğiz.

An einem heißen Sommertag werden wir die zwischen den Blättern versteckten leuchtenden bunten Früchte erreichen.

12. Birden fazla kelimeden — sıfatlara bileşik sıfat denir.

Aus mehr als einem Wort gebildete (= gemachte) Adjektive heißen zusammengesetzte Adjektive.

13. Kitaba seçilen parçalar öteden beri —, — ve üzerinde durul- parçalardır.

Die für das Buch ausgewählten Stücke sind Stücke, die von jeher bekannt und beliebt sind und mit denen man sich beschäftigt hat.

14. Öldüğü zaman birkaç çocuk bırakan adam öl- sayılır. (Fars atasözü).

Ein Mann, der, wenn er stirbt, mehrere Kinder hinterläßt, gilt als nicht gestorben. *(Persisches Sprichwort)*

15. Mayısın sonunu alıp da hazirana girdik mi yaz mevsimi — demektir.

Haben wir das Ende des Mai erreicht und sind wir in den Juni gegangen, so heißt das, daß die Sommerzeit begonnen hat.

16. Geçen günlerimiz bir daha geri gelmeyeceğine göre, günlerimizi iyi bir şekilde — — için neler yapmalıyız?

(Was müssen wir machen, da die vergangenen Tage nie wiederkommen, um unsere Tage in einer richtigen Form verwendet zu haben? =) Die vergangenen Tage kommen nie wieder; was müssen wir nun machen, damit wir unsere Tage in einer richtigen Form verwenden?

17. Ancak — bulundu.

Er war jedoch schon hinausgegangen.

18. Zira masalları bilenler, kendilerinden bunları dinlemeğe — — koca adamlara deli gözüyle bakıyorlardı.

Denn die, die die Märchen kannten, schauten die erwachsenen Männer, die gekommen waren, um sie von ihnen zu hören, (mit irrem Auge =) verständnislos an.

19. Dünyaya bu derece kıymetli bir hazinenin kapılarını — — Grimm kardeşler, Hanau'lu hukukçunun altı evlâdının ilk ikisiydiler.

Die Brüder Grimm, die der Welt die Tore zu einem derart wertvollen Schatze geöffnet hatten, waren die ersten beiden von sechs Kindern eines Hanauer Juristen.

20. Daima astımdan ve kalp rahatsızlıklarından — — — Wilhelm ise Jacob kardeşinden dört yıl önce öl-.

Wilhelm jedoch, der sich ständig über Asthma und Herzbeschwerden beklagt hatte, war vier Jahre vor seinem Bruder Jacob gestorben.

21. Kendini — bir İngiliz, bir İskoçyalı ile konuşuyordu.

Ein (sich selbst gefallen habender =) selbstgefälliger Engländer sprach mit einem Schotten.

22. İlk kütüphanem elime — — bir ayakkabı kutusu olmuştu.

Mein erster Bücherschrank war ein Schuhkarton, den ich zufällig gefunden hatte.

209   14. Lektion

23. Geleceğini önceden — — için kendisini büyük bir iltifatla karşıladılar.

Da er sein Kommen vorher mitgeteilt hatte, empfing man ihn mit großer Freundlichkeit.

24. Nihayet — — kervanla birlikte Halebe geldi.

Schließlich kam er mit der Karawane, der er sich angeschlossen hatte, nach Aleppo.

25. *Aus der Zeitung:*
İvediliğe geliyor

(Es kommt in die Hast, *etwa:*) Es wird überstürzt

Ayın kaçı bugün? 2 Nisan. Bir ajans haberine göre Büyük Millet Meclisinde bulunan 13 önemli tasarı 15 Nisana kadar —. Nerdeyse, günde bir tane.

Der wievielte ist heute? Der 2. April. Einer Agenturmeldung zufolge sollen die 13 wichtigen in der Großen Nationalversammlung befindlichen Gesetzentwürfe bis zum 15. April Gesetzeskraft erlangt haben. Also unverzüglich jeden Tag einer.

O da, eğer Meclis her gün toplanırsa ...

Und das, wenn die Nationalversammlung jeden Tag zusammentritt.

Kısacası, bu 15 önemli kanun tasarısı da, tam manasiyle „yangından mal kaçırcasına" —.

Kurzum, auch diese wichtigen Gesetzentwürfe werden in des Wortes genauer Bedeutung in überstürzter Hast durchgebracht werden.

26. — düşünme, görme —.
(Ziya Gökalp)

Denke nicht, ohne zu hören, sieh nicht, ohne (zu wittern =) wahrzunehmen.

27. Türk misafirleri rahat bir gece — hemen ertesi günden itibaren civarı gezmeğe koyuldular.

Nachdem die türkischen Gäste eine ruhige Nacht verbracht hatten, machten sie sich gleich am folgenden Tag daran, sich die Umgebung anzusehen.

28. Birçok ormanlar ve göller —, dağlık çok ağaçlı bir bölgeye geldiler.

Nachdem sie an vielen Wäldern und Seen vorbeigefahren waren, kamen sie in eine gebirgige waldreiche Gegend.

c) Übersetzen Sie ins Türkische:

1. Ich habe ihn auf jeden Fall gesehen.
2. Der Anzug ist abgetragen.
3. Wir fanden das Glas zerbrochen.
4. ²Mein Bruder schrieb mir aus Deutschland, ¹daß er ein billiges Zimmer gefunden habe.
5. Nachdem ich die Zeitung gelesen hatte, gab ich (sie) zurück.
6. Auf dem Flugplatz ist ein aus Athen eingetroffenes Flugzeug.
7. Hast du die Schüler gesehen, die an der Feier teilgenommen haben?
8. Aus Wolle, Baumwolle und Seide gemachte Kleider sind auf dem Markt zu haben.
9. Es ist gefährlich, ein nicht durchgeglühtes Kohlenbecken ins Zimmer zu nehmen.
10. Die Frau, die ihre Handtasche verloren hat, muß sich an das Fundbüro wenden.
11. Wir lasen ausgewählte Werke dieses Schriftstellers.
12. Ich habe erfahren, daß *(ki)* der Träger ihn aufsuchte (= fand) und das Geld zurückgab.

Lehrbuch Türkisch 14

14. Lektion 210

13. In Ankara waren wir Gäste eines anderen türkischen Kollegen von mir gewesen.
14. Jetzt, da ich mich von Ihnen trenne (oder Abschied nehme) (-rken), bin ich traurig, als ob ich mich von meinem eigenen Lande trenne (oder Abschied nehme).
15. Der Dampfer soll (oder wird) gleich abfahren.
16. Er wird (oder soll) morgen aufbrechen.
17. Seine Tante soll krank (gewesen) sein.
18. Demnächst werden Sie (sollen Sie) nach Ankara fahren.
19. Sie müssen es doch wohl schreiben oder haben es doch wohl schreiben müssen.
20. Wann hatte eure Schule angefangen (= hattet ihr mit der Schule angefangen)?
21. Nachdem der Hodscha das gesagt hatte, setzte er sich in den kühlen Schatten eines Baumes.
22. Nachdem er auch Obst gegessen hatte, kam die Reihe an den Wein.
23. Nachdem er für die (ihm) gezeigte Freundlichkeit gedankt hatte, sagte er: Ich habe keinen Wunsch.
24. Ohne sich zu genieren, antwortete er dem Sultan.
25. An einem Abend, bevor er aufbrach, ging er zu einem Kaufmann.
26. Nachdem er die Kaaba besucht hatte und ein Hadschi (Mekkapilger) geworden war, ging er (çıkmak), um sich die dortigen Märkte anzusehen.
27. Hatten Sie sich angemeldet? (od. Sind Sie bestellt?)
28. Nachdem wir den Fotoapparat eingestellt haben, drücken wir auf den Knopf.
29. Hatten Sie Ihre Ankunft angemeldet?
30. Hatten Sie (ein) Zimmer bestellt?
31. (Es sind) alles gebrauchte Sachen.
32. Das ist nicht gut gewaschen.
33. Das ist mein Platz, ich hatte ihn (vorher) belegt.
34. Dieser Film ist überbelichtet.

Vokabeln

zu a)

vergi	Steuer
tahsildar [-si:lda:ɹ]	Steuereinnehmer
yarış	Wettkampf; Rennen
kazanç (-cı)	Gewinn
itham [ɑ:] etmek	beschuldigen (bir şeyle / einer Sache)
'kıskıvrak	ganz fest od. sicher
yakalamak	ergreifen; erwischen
tersane [ɑ:]	Werft
haftalık	Wochenlohn
itiraf [i:tıra:f] etmek	gestehen
-e etmek	(Einschränkung) zwar etw. tun, (aber) ...
ömür (-mrü)	Alter
... bo'yunca	während, im Verlauf
şekerleme	Süßigkeiten
içki	(alkoholisches) Getränk
si'gara içmek	rauchen
gezmek	verkehren (...ile / mit)

büyükana od. büyükanne	Großmutter
faiz [fa:ız]	Zins(en)
ödünç vermek	leihen (-e/ j-m)
ödünç almak	leihen, (sich) borgen
gece mesaisi [-sa:i:sı]	Nachtarbeit
ayakkabı	Schuh
kösele	Schuhleder, -sohle
aşındırmak	abnutzen, abtragen
'gizlice	heimlich
... dahil	einschließlich
yama(la)mak	flicken
mal olmak (-e)	kosten

zu b)

yağmur [ja:muɹ]	Regen
patlamak	platzen, explodieren
ip	Leine; Faden
asmak	aufhängen
kurumak	trocken werden
cilt (-di)	Band
yazar	Schriftsteller

211   14. Lektion

hikâye	Erzählung	karşılamak	empfangen
hepiniz	ihr alle	kervan	Karawane
büyümek	größer werden	katılmak	sich anschließen
serpilmek	sich gut entwickeln,		(-e/ D)
	sich herausmachen	ivedilik (-ği)	Eile, Hast
yaramak	bekömmlich sein, be-	ajans	Agentur
	kommen	Büyük Millet	Große Nationalver-
özenmek	sorgfältig ausführen	Meclisi	sammlung
özel	besonder-	[mɛʒlısı] ⑩ D	
kaleme almak	zu Papier bringen,	tasarı	Entwurf, Antrag
	niederschreiben	kanunlaşmak	Gesetzeskraft erlangen
örnek (-ği)	Muster	nerdeyse	
sıralamak	in Reihen aufstellen,	(od. nerede ise)	gleich, auf der Stelle
	ordnen	toplanmak	zusammentreten
sıralanmak	Spalier bilden	kı'sacası	kurzum
kahraman	Held; hier: heldenhaft	yangın	Brand
Mehmetçik	türkische(r) Soldat	mal	Ware
alkışlamak	bejubeln	kaçırmak	durchbringen; durch-
şimşek	Blitz		schmuggeln
elektrikleşme	Elektrifizierung	sezmek	ahnen, wittern, wahr-
görünüş	Erscheinung		nehmen
bazan ['baːzan]	zuweilen	ertesi	folgend-, nächst-
birleşmek	sich vereinigen	civar [aː]	Umgebung
yıldırım	Blitz(schlag)	koyulmak	sich daranmachen
'vizite	(Arzt)Besuch		(-e/ zu)
beyazlar giyinmek	sich weiß kleiden	zu c)	
taşlaşmak	versteinern	sich abtragen	eskimek
sararmak	verwelken	Athen	Atina
dökmek	(aus)gießen; (be-)	Feier	tören
	streuen	teilnehmen	katılmak (-e/ an)
kaldırım	Gehsteig	Baumwolle	pamuk
süpürmek	ausfegen; kehren	Seide	ipek
çöpçü	Straßenfeger	Handtasche	çanta
gizlenmek	sich verbergen	Fundbüro	kayıp eşya bürosu
erişmek	erreichen	Träger	hamal
sıfat	Adjektiv	sich trennen	ayrılmak
bileşik	zusammengesetzt	(Heimat)Land	yurt (-du)
öteden beri	von jeher	demnächst	yakında
... üzerinde dur-	sich für etw. interes-	Wein	şarap (-bı)
mak	sieren, sich mit etw.	Kaaba	Kâbe [ķaːbɛ]
	beschäftigen	Mekkapilger	hacı
saymak	meinen, erachten	Markt	çarşı
zira	denn	dortig = der	
koca	groß, hier: erwachsen	jener Stelle	
deli	irre, verrückt	jene Stelle	ora¹
hazine [iː]	Schatz	sich anmelden	randevu almak
hukukçu	Jurist	Fotoapparat	makina
evlât [-laːt] (-dı)	Kind, Sprößling	einstellen	ayarlamak
astım, 'astma	Asthma [keit]	drücken	basmak, Präs. basar
rahatsızlık	Störung, Unpäßlich-/		(-e/ auf)
şikâyet [ʃıķaːjɛt]	sich beklagen (-i od.	Ankunft	geliş
etmek	-den/ über)	bestellen = ser-	
İskoçyalı	Schotte	vieren lassen	
kütüphane	Bücherschrank	das ist = die hie-	
eline geçirmek	zufällig etw. finden,	sige Stelle	
	stoßen auf	hier, hiesige Stelle	'bura(sı)¹
kutu	Schachtel, Kasten	belegen	daha önce tutmak
'önceden	vorher	überbelichten	fazla poz vermek (-e)

d) Erinnern Sie sich?

1. gepflegt, gehalten *(L. 11)*. — 2. befestigt *(L. 7)*. — 3. Wenn du, ohne etwas überzuziehen, aus dem Warmen ins Kalte gehst, wirst du dir eine Krankheit zu-

¹ *Merke*: Burası Ankara radyosu (Die hiesige Stelle =) Hier ist Radio Ankara.

14*

14. Lektion 212

ziehen (⊣, *L. 8)*. — 4. Nach einer Woche war meine Tante genesen *(L. 8)*. — 5. Somit waren auch die Vereinigten Staaten von Amerika in den Krieg hineingezogen *(L. 8)*. — 6. Dieser Luftwaffenunteroffizier muß wohl seinen Standort gewechselt haben *(L. 10)*. — 7. Vor einiger Zeit war auf der letzten (= hinteren) Umschlagseite ein farbiges Bild von ihm erschienen *(L. 10)*. — 8. Du siehst, Orhan, mit welchen Mühen ich, dein aus (Wollstoff =) Wolle gemachtes Jackett, zustande gekommen bin ... *(L. 11)*. — 9. Die Mutter nahm diese erstaunliche Rechnung, ohne etwas zu sagen *(L. 13)*. — 10. (Danach =) Von jetzt an werde ich alles, was (Sie sagen =) du sagst, ohne einen Gegenwert zu erwarten, mit Freuden tun *(L. 13)*. — 11. Der Hase und die Schildkröte waren eines Tages eine Wette eingegangen *(L. 13)*. — 12. Es ist klar, daß sie sich sehr erkältet hat *(L. 8)*.

Hocanın feylesofluğu hakkında sorular

1. Hoca, niçin evinden çıkmış?
2. Nereye gitmiş?
3. Bostanda ne varmış?
4. Hoca yorulmuş mu?
5. Niçin yorulmuş? Hava ... olduğundan dolayı.
6. Nereye oturmuş?
7. Kavuğu (ile) ne yaptı?
8. Yorgunluğu geçmiş miydi?
9. Hocanın gözüne ne ilişmiş?
10. Bu balkabakları nerede ve hangi bir şekilde görülüyormuş?
11. Bunların bazıları ne kadar büyükmüş?
12. Hoca ne zaman ceviz ağacının altına uzanmış?
13. Şimdi (O anda?) ne görmüş?
14. Hoca, Allahın yaptığı bütün şeyleri uygun mu görmüş? Hiç bir suretle (keineswegs) ...
15. Mesela, Allah ne yaratmış?
16. Hoca, ne dedi? Hoca, Allahın yerinde olsaydı (wäre), ne yapardı (was täte er)?
17. Bu esnada ne vuku bulmuş (was geschah?) Hocanın kafasına iri bir balkabağı mı isabet etmiş? Hayır, ...
18. Bundan sonra Hocanın ne dediklerini söyleyiniz. Kime teşekkür etmiş?

hakkında über, betreffend.

Europäische Wörter im Türkischen

sigara:	*span.*	cigarro; *vgl. ngr.* σιγάρο(ν) „Zigarette"
elektrikleşme:	*frz.*	électrique (+ leşme, *s. L.* 11 O; 19 A, B)
vi'zite, vizita:	*it.*	visita; *vgl. dt.* Visite
astım, astma:	*frz.*	asthme, *dt.* Asthma
İskoçyalı = İskoçya + lı:	*it.*	Scozia, *engl.* Scotch
ajans:	*frz.*	agence
mermer:	*gr.*	μάρμαρο(ν), *vgl. dt.* Marmor
randevu:	*frz.*	rendez-vous
ma'kina *od.* makine:	*it.*	'macchina

feylesofluk = felsefe   feylesof + luk, *aus dem Griechischen über das Arabische,*
          = filozofi   *neuere Entlehnung aus dem Französischen*
iklim: *aus dem Griechischen über das Arabische, vgl.* Klima

213   **14./15. Lektion**

Formeln

-miş

Bir varmış, bir yokmuş   *Es war einmal*
'olmamış   *unreif, nicht ausgereift*
                                        es hat wohl nicht geklappt; es ist nichts
                                        daraus geworden
Her halde görmüşsünüzdür.   *Sie haben es sicherlich gesehen.*

-meden

çok geçmeden   *sehr bald*
Bu 'vize 'olmadan Almanya'da çalışa-   *Ohne dieses Visum (zu haben) können Sie*
maz ve ikamet edemezsiniz.   *in Deutschland nicht arbeiten und wohnen.*

-dik-

Kısa dalga 31,55 (otuz bir virgül elli beş),
          25,12 (yirmi beş virgül on iki),
          19,06 (on dokuz virgül sıfır altı)
metrelerden yaptığımız günün üçüncü ve son Türkçe yayınına arkadaşımız tarafından hazırlanmış olan haftalık spor mektubu ile devam ediyoruz.
Wir setzen die dritte und letzte auf den Kurzwellen im 31,55 ... Meterband von uns
ausgestrahlte türkische Tagessendung mit dem von unserem Mitarbeiter verfaßten
Wochensportbericht fort. (BBC).

15. Lektion

Wiederholung der attributiven und konjunktionalen Beziehungsmittel

Die bisher erworbenen grammatischen Kenntnisse befähigen Sie, die erste
längere türkische Geschichte ohne größere Schwierigkeiten zu verstehen.
Die einfache Handlung und die klaren Situationen bieten eine gute Gelegenheit, sich der Suffixe und postpositionalen Ausdrücke bewußt zu werden,
die der Türke zur Anknüpfung und Verknüpfung zwischen Wortgruppen
verwendet.
Wiederholen Sie die in den Lektionen 6, 11, 12, 13 und 14 gelernten Aus-
drucksmittel, übersetzen Sie die folgende Geschichte ins Deutsche und er-
gänzen Sie im türkischen Text die fehlenden Suffixe, Suffixgruppen und
konjunktionalen Ausdrücke.
Es kommen folgende Suffixe und Ausdrücke vor, die nur mit hellen Vokalen
gegeben sind:

1. -miş	8. -memiştim	15. *viermal* -yormuş gibi
2. *viermal* -erek	9. -ecek	16. -(y)ip
3. *zweimal* -mişti	10. -ip ...-enlere	17. -diği
4. -eceğini	11. *zweimal* -dikten	18. -iken
	sonra	
5. *zweimal* -en	12. -(i)mişsin gibi	19. -ince
6. -meyen	13. -mediği halde	20. -diğim
7. *dreimal* -diğini	14. *viermal* '-meden	21. -irken

15. Lektion   **214**

Vezirin ziyafeti

Eskiden Bağdat'ta Şakabak adında bir dilenci vardı. Açıkgöz adamdı. Sokak köşelerinde gel- geç- el aç-[1] yerde, şehir büyüklerinin, zengin kimselerin kapısını çalardı. Bir gün dolaş-[2] saray kadar muhteşem bir konakla karşılaştı. Kapıcıya konağın kime ait ol-[3] sordu. Uşak hayretle baktı.

— Sen nerden geliyorsun babalık; Bermekilerin konağını bil-[4] yoktur! Diye dilenciyle alay etti.

Bermeki ailesinin zenginliğiyle cömertliğini bil-[5] Şakabak kapıcıdan sadaka istedi.

Öteki,

— İçeriye gir, efendimizden iste; dedi. O, hiç kimseyi boş çevirmez.

Dilenci, talihin ona bu kadar güleryüz göster- hiç umma-[6]. Kapıcıya teşekkür ed-[7] bahçeye daldı. Mermer merdivenden zengin halılarla döşeli bir sofaya çıktı. Tam karşıya gel-[8] bir sedirde, sırma ve incilerle işlen-[9] yastıklar arasında orta yaşlı, heybetli bir adam oturuyordu. Bu, padişahın baş veziri ve Bermeki ailesinin büyüğüydü.

Şakabağa „Hoş geldin!" de- —[10] istediğini sordu.

— Fakirim ... Senin gibi büyük, asil beyin merhametine muhtacım!

Bermeki bunu duy-[11] üzüldü. Ellerini göğsüne vur-[12], — Yazıklar olsun! ... Ben Bağdat'ta-[13] senin gibi bir adam sıkıntıda olamaz! diye bağırdı.

Şakabak um-[14] bir saadete kavuşmanın sevinci içinde vezirin önünde eğilip eteğini öpüyor, sağlığına dua ediyordu (—).

Sonra,

— Halim öyle acıklı ki, bu saata kadar ağzıma bir lokma ekmek girmedi; diye sızlandı.

— Ne diyorsun oğlum! ...

Vezir ellerini birbirine çarp-[15],

— Hadi uşaklar, bize suyla peşkir getirin! ... diye seslendi. Ellerimizi yıka-[16] yemeğe oturalım.

Su getiren olmadı. Fakat vezir, sanki birisi ona su dök- —[17], ellerini uğuşturuyor, sonra da peşkirle kurula- —[18] hareketler yapıyordu. Üstelik Şakabağa da dönerek,

— Leğene yaklaş, sen de ellerini yıka, demez mi (s. 20 K 2):

Şakabak, büyük vezirin şakacı bir adam ol-[19] anladı. Zenginlerin yüzüne gülmenin faydasını dilene dilene öğren-[20]. Kendisi de tabiatça neşeli bir adamdı. Bunun için hiç yadırga-[21] vezirin şakasına katıldı. O da ellerine yıka- —[22] yaptı.

Bermeki,

— Tamam. Artık yemeğimizi getirsinler, dedi, tekrar ellerini çırptı.

Bu sefer de bir şey getiren ol- —[23] ağzına sanki yemek götürüp çiğne- —[24] hareketler yapmağa başladı.

215   **15. Lektion**

Şakabaka,
— Sen de buyursan a! dedi. Evinde- —, hiç çekin-[25] ye!
— Allah ömürler versin efendim. Çekin-[26] filan yok. Ağzım dur-[27] işliyor görüyorsunuz ya!
Bermeki yemeklerini övmeğe başladı.
— Şu kar gibi beyaz ekmeği nasıl buldun Şakabak?
Dilenci hiç boz-[28],
— Bunun gibisini hiç ye-[29]! cevabını verdi.
Vezir kapıya bak-[30] görünmez uşaklarına öbür yemeği getirmelerini söyledi.
— Şu keşkeğe ne dersin Şakabak? Yarma pirinç pişe pişe pamuk gibi oldu.
— Pek nefis! Efendimiz izin verirlerse bundan biraz daha almak isterdim.
Keşkekten sonra terbiyeli kaz getirildi. Bermeki, kazın terbiyesinin neyle yapıl- anlat- —[31] öbür yemeklere de yer bırakması için bir buttan fazla yememesini tembih etti.

(Devamı var / Fortsetzung folgt)

Übersetzungshilfen

1. anstatt den (Kommenden und) Vorübergehenden die Hand zu öffnen
2. Als er eines Tages umherschlenderte ...
3. ... fragte er, wem ... (es) gehöre.
4. Jeder kennt doch den Palast der Bermeki.
5. Schakabak, der ... kannte *(Beachten Sie L. 11 M 1.d)*
6. Er hatte nicht gehofft, daß das Schicksal ... zeigen würde.
7. Er dankte ... und ...
8. Auf einer Polsterbank, die ihm genau gegenüber (kam =) war
9. mit Goldfäden und Perlen bestickte Kissen.
10. Nachdem er ... willkommen gesagt hatte, ...
11. Als B. das hörte ...
12. Er schlug seine Hände vor die Brust und ...
13. Solange ich in Bagdad bin ...
14. (ein) Glück, das er nicht erhofft hatte ...
15. Der Wesir schlug die Hände ineinander und ...

16. Waschen wir unsere Hände und ...
17. ... als ob jemand ihm Wasser darauf gösse
18. ... als ob er (sie) mit einem Handtuch abtrocknete *(Beachte L. 3 N!)*
19. ... begriff, daß (er) ein Witzbold war.
20. Er hatte bei seinem vielen Betteln den Nutzen „des Ins-Gesicht-der-Reichen-Lächelns" gelernt
21. ohne Umstände zu machen *od.* ohne sich zu genieren
22. ... als ob er sich die Hände wüsche.
23. obwohl auch diesmal ein „etwas Bringender" nicht da war
24. ... als ob er kaute
25. Iß, ohne dich zu genieren, als ob du zu Hause wärest
26. etwas, weswegen ich mich geniere
27. ohne Unterbrechung
28. ohne die Fassung zu verlieren
29. ich hatte nie gegessen
30. der Wesir schaute zur Tür und
31. nachdem B. erklärt hatte, womit die (Soße) gemacht worden war ...

Vokabeln

ziyafet	Gastmahl	-ecek yerde	anstatt
eskiden	früher	çalmak	klopfen an *A*
Bağdat ['baːdat]	Bagdad	dolaşmak	spazierengehen,
dilenci	Bettler		umherschlendern
açıkgöz	pfiffig	muhteşem	prächtig

15. Lektion   216

konak	Herrenhaus, Palast	lokma	Bissen
karşılaşmak	treffen (ile/ auf *A*)	ekmek (-ği)	Brot
kapıcı	Pförtner, Portier	sızlanmak	klagen
ait [aːıt] olmak	gehören (-e/ *D*)	çarpmak	stoßen, schlagen;
uşak	Diener		klatschen
hayret	Erstaunen	'hadi *od.* haydi	los, vorwärts
babalık	Väterchen, Alter	peşkir	Handtuch; Serviette
Bermeki	*Name einer Familie*	oturalım	setzen wir uns!
aile [aːılɛ]	Familie	birisi	jemand
cömertlik	Freigebigkeit	uğuşturmak	
sadaka	Almosen	*a.* ovuştur- *s.* ⑨	aneinander reiben
içeri(ye) gitmek	hineingehen, eintreten	kurulamak	
çevirmek	*hier*: zurückschicken	(kuruluyor)	abtrocknen
güleryüz	lächelndes Gesicht;	üstelik	obendrein, überdies
	hier: 'hold	leğen [lɛjɛn]	Waschschüssel
ummak	hoffen	şakacı	Witzbold; witzig
mermer	Marmor-	fayda	Nutzen
merdiven	Treppe	tabi'atça	von Natur aus
halı	Teppich	neşeli	fröhlich
döşeli	möbliert, bedeckt	yadırgamak	scheu sein; sich genie-
sofa	Halle; Steinbank		ren, Umstände
sedir	Polsterbank		machen
sırma	Goldfaden	şaka	Scherz
inci	Perle	katılmak	*hier*: eingehen (-e/ auf)
işlemek	(be)sticken	tamam [tamam	in Ordnung, gut (so)
yastık	Kissen	*od.* -maːm]	
or'ta yaşlı	mittleren Alters	getirsinler	sie mögen herbeibrin-
heybetli	würdevoll		gen
padişah [aː, aː]	Sultan, König	çırpmak	leicht schlagen, klat-⎱
'baş vezir	Großwesir	çiğnemek [tʃiːnɛ-]	kauen [schen⎰
hoş geldin	willkommen	ömür (-mrü)	Leben
asil [iː]	edel	filan [fılan]	das und das, etwas
merhamet	Mitleid	övmek	loben
muhtaç [aː] (-cı)	brauchen, angewiesen	bozmak	*hier*: die Fassung ver-
olmak	sein (-e/ auf *A*)		lieren
göğüs [g͜œːys]		bunun gibisi	(dieses Wie-sein =)
(-ğsü)	Brust		so etwas (wie dies)
vurmak	schlagen	'öbür	ander-, weiter-
yazık	schade; Schuld	keşkek	Weizengrieß mit
yazıklar olsun!	pfui; das ist ja ein		Fleisch
	Jammer!	yarma	grobkörnig
sıkıntı	Bedrängnis, Not	pirinç (-ci)	Reis
saadet [saaːdɛt]	Glück	pamuk	Baumwolle; Watte
kavuşma	Treffen, Finden	nefis	vorzüglich
eğilmek	sich verbeugen	terbiye	*eine Art* Soße
etek (-ği)	Saum	kaz	Gans
öpmek	küssen	yer bırakması için	um Platz zu lassen
dua [aː] etmek	Gottes Segen erflehen	but	Keule
	für	tembih [-biːx]	anregen
acıklı	betrüblich	etmek	

Übungen

Übersetzen Sie dies auch türkischen Kindern aus Schulbüchern bekannte Grimmsche Märchen ins Türkische!

Der Nagel

Ein reicher Bauer ging in die Stadt. Er verkaufte seine Waren (und) steckte sein Geld *(Plural!) (yerleştirmek)* in die (= seine) Doppeltasche. Er stieg aufs (= sein) Pferd und *(-ip)* machte sich auf den Weg. Vor Einbruch der Dunkelheit (= bevor die Dunkelheit einbrach) wollte (—) er in seinem Dorf ankommen. Gegen Mittag aß

217   15. Lektion

er an einem Platz (Essen) (und) ruhte sich aus. Als *(sırada)* er sich wieder auf den Weg machen wollte *(-ecek)* sagte einer der Reisenden:

— Kamerad, am Hufeisen des linken Hinterfußes des Pferdes fehlt ein Nagel.

— Was liegt schon daran, antwortete der Bauer *(Wortstellung: Der Bauer: Was ... Antwort gab)*. Wie dem auch sei, ich habe noch einen Weg von fünf bis sechs Stunden (= mein fünf-sechs-Stunden-Weg blieb). Bis dahin (= zu jener Zeit) fällt das Hufeisen nicht ab. Ich habe jetzt keine Zeit, zum Hufschmied zu gehen (... zum Hufschmied gehend-werdende Zeit ...).

Er setzte seinen Weg fort. Als (*...iken)* er nachmittags seinem Tier (= *Pferd)* Futter gab, sagte ein Mann:

— Mein Freund, das Hufeisen des linken Hinterfußes des Pferdes *(Tieres)* ist abgefallen. *(Wenn du zum Hufschmied gehst, tust du gut =)* Du tätest gut daran, zum Hufschmied zu gehen.

Der Bauer sagte: — Soll es doch abgefallen sein *(od.* Na, und wenn schon). Ich habe nun noch *(şurada)* einen Weg von ein bis zwei Stunden. Mein Pferd geht bis zum Dorf auch ohne Hufeisen.

Aber das Pferd konnte nicht (mehr) *(sehr bequem =)* richtig gehen *(yürümek)* (—). Kurz *(biraz)* danach fing es an zu hinken *(...mağa)*. Schließlich *(blieb es an einer Stelle zusammengebrochen =)* brach es an einer Stelle zusammen. Der Bauer sagte zu sich selbst: — Die Ursache dieses Unglücks ist allein der Nagel da *od.* ist nur ein einziger Nagel *(hep o bir tek ...)*.

Man *(= der Mensch)* muß sich beeilen. Aber vor allen Dingen *(= vor jeder Sache)* muß man die Mängel beheben *(tamamlamak)* *(od. das Fehlende ergänzen)*.

Vokabeln

Nagel	çivi	wie dem auch sei	nasıl olsa
Doppeltasche	heybe	Hufschmied	nalbant (-dı)
gegen Mittag,		nachmittags	ikindi üzeri
mittags	öğle üzeri [œː'lɛyzɛrı]	Futter	yem
Dunkelheit	karanlık	soll er doch ab-	
einbrechen	*hier:* basmak	gefallen sein	varsın düşsün
sich ausruhen	dinlenmek	bequem	rahat
wieder	'tekrar	hinken	topallamak
Hufeisen	nal	zusammenbre-	
fehlend, fehlt	eksik	chen	yıkılmak
was liegt schon		Unglück	felâket [fɛlaːk̆ɛt]
daran	varsın olsun	einzig, allein	tek
antworten	cevap vermek	sich beeilen	acele etmek

Formeln

Hoş geldiniz.   (Seien Sie) willkommen!

Antwort: Hoş bulduk.   *etwa:* Danke, freut mich sehr.

16. Lektion

1. Sahne dekoru

(Nora *od.* Bir Bebek Evi)

Rahat, zevkle döşenmiş, fakat **içinde** lüks eşya **bulunmayan** bir salon.
Geride sağ tarafta hole açılan bir kapı; sol tarafta Helmer'in çalışma odasına açılan diğer bir kapı.
Her iki kapının ortasında bir duvar piyanosu.
Soldaki duvarın orta yerinde bir kapı; bu kapının ilerisinde ve ön tarafta bir pencere.
Bu pencerinin yakınında, **etrafında** birkaç koltuk ve bir küçük kanape **bulunan** yuvarlak bir masa.
Sağdaki duvarın biraz gerisinde bir kapı, aynı duvarın daha ziyade ön kısmında, **etrafında** birkaç koltuk ve **önünde** sallanır bir iskemle **bulunan** çini soba.
Soba ile yandaki kapı arasında ufak bir masa. Duvarlarda gravürler.
Üzerinde porselen eşya ile küçük sanat eserleri **duran** bir etajer.
İçinde lüks ciltlenmiş kitaplar **bulunan** küçük bir dolap.
Yerde bir halı.
Sobanın içinde ateş gözükür.
Kış günü.

2. Sıfatlarda Derece

1 — Yüksek, hızlı, sevimli ... belirli bir yoğunluğu aşmayan nitelikleri belirtirler.
Buna mukabil, **daha** yüksek, **daha** hızlı, **az** yüksek, **az** hızlı, **onun kadar** yüksek, başka insanların, başka hayvanların, başka şeylerin nitelikleri ile kıyaslanan nitelikleri belirtirler. Bunlar niteliklerin derecesini bildirirler.
2 — Dereceler şöyledir:
Üstünlük gösterebilirler: **Daha** yüksek, **daha** güzel, **daha** faydalı gibi. **En** üstünlük gösterebilirler: **En** iyi, gibi.
Noksanlık gösterebilirler: **Az** yüksek, **az** güzel, **az** faydalı gibi.
Eşitlik gösterebilirler: ... **kadar** yüksek, ... **kadar** faydalı, ... **kadar** hızlı gibi.
3 — Aşağıdaki cümlelerde üstünlük belirten niteleme sıfatlarını bul: Bu hikâye kitabı o şiir kitabından **daha** ilgi çekici. Buna mukabil **daha az** heyecanlı. — Babamın yeni otomobili eskisinden **daha** hızlı. Biçimi de eskisinden **daha** güzel. — Amcamın bahçesi bizimkinden **daha** küçük. Ama amcam bahçesine bizden **daha** fazla ilgi gösterdiği için çiçekleri bizimkinden **daha** güzel. — Aydın, Zaferden **daha** çalışkan. Fakat **Zafer kadar** intizamlı değil. —

3. Hocanın Kapısı

Nasreddin Hoca çocukken bile muzipti. Bir gün annesi ona:
,,Yavrum, dereye çamaşır yıkamaya gidiyorum. Ben **gelinceye kadar** sakın kapının önünden ayrılma." dedi.
Biraz sonra amcası geldi. Nasreddin'e annesinin nerede olduğunu sordu.
Nasreddin, annesinin dereye çamaşır yıkamaya gittiğini söyleyince amcası:
,,Git annene haber ver. Akşama size geleceğiz."

219   **16. Lektion**

Küçük Nasreddin, amcası gider gitmez hemen evin kapısını çıkarıp sırtına yükledi. Derenin yolunu tuttu. Annesi, oğlunu sırtında kapı ile görünce büyük bir şaşkınlık içinde sordu:
— Oğlum bu kapı ne?
,,Anneciğim, bu akşam amcamlar bize gelecek. Onu haber vermeye geldim. Bana kapıdan ayrılma dememiş mi idin? İşte kapıdan ayrılmadım."

Erläuterungen:

1. içinde lüks eşya bulunmayan (←) bir salon.
etrafında birkaç koltuk ... bulunan (←) ... bir masa.
etrafında birkaç koltuk ve önünde sallanır bir iskemle bulunan çini soba.
Üzerinde porselen eşya duran bir etajer.
içinde kitaplar bulunan bir dolap.

im Wohnzimmer, **in dem** sich keine Luxusgegenstände befinden.
ein Tisch, **um den** einige Sessel ... stehen.
ein Kachelofen, **um den** einige Sessel und vor dem ein Schaukelstuhl steht.
ein Ständer, **auf dem** Porzellansachen stehen.
ein Schrank, **in dem** sich Bücher befinden.

Vokabeln

1.

sahne [sɑxnɛ]	Bühne
dekor	Dekoration
rahat	behaglich
zevk (-ki)	Geschmack
döşemek	möblieren, einrichten
lüks	Luxus; elegant, prächtig
salon	Wohnzimmer
geri	Hintergrund
hol (-lü)	Vorraum, Diele
duvar piyanosu	Klavier [vor]
ileri	Vordergrund; weiter]
ön	Raum davor; Vorder-
yakın	Nähe
koltuk	Sessel
kanape	Sofa
aynı	selb-
daha ziyade	mehr
sallanır iskemle	Schaukelstuhl
çini	Kachel
ufak	klein
gravür	Stich
porselen	Porzellan
etajer	Ständer
ciltlemek	(ein)binden
gözükmek	sichtbar sein, werden

2.

sıfatlarda derece	Steigerung der Adjektive
hızlı	schnell, rasch
sevimli	nett
belirli	bestimmt
yoğunluk	Größe, Umfang
nitelik	Eigenschaft [men]
belirtirmek	bezeichnen, bestim-]
buna mukabil	dagegen

az	wenig(er)
onun kadar ...	so ... wie er
kıyaslamak	vergleichen (ile/ mit)
üstünlük	Komparativ
daha yüksek	höher
en üstünlük	Superlativ
en iyi	der, die, das Beste
noksanlık	Mangel
eşitlik	Gleichheit
... kadar yüksek	so hoch wie ...
nitelemek	qualifizieren
ilgi çekici	interessant
heyecanlı	spannend
Aydın	*Vorname*
çalışkan	fleißig [liebend]
intizamlı	ordentlich, ordnungs-]

3.

muzip [uː]	Schelm, Spaßvogel
yavrum	mein liebes Kind
dere	Bach
yıkamaya	zu waschen
gelinceye kadar	bis ich wiederkomme
sakın	ja (Verstärkung beim Imperativ)
kapının önünden	von (der Vorderseite) der Tür
gider gitmez	kaum war (sein Onkel) gegangen
çıkarmak	herausnehmen
sırt	Rücken
yüklemek	laden (-e/ auf A)
-in yolunu tutmak	sich auf den Weg machen nach
şaşkınlık	Verblüffung
bu kapı ne?	was soll die Tür?
amcamlar	Onkel u. Tante
onu haber vermeye	um das zu melden, mitzuteilen

16. Lektion 220

Grammatik
Wiedergabe der Relativpronomina dessen, deren im Türkischen A

Um die türkische Konstruktion, die dem deutschen Relativsatz mit Relativpronomen im Genitiv entspricht, verstehen zu können, muß man sich über die Funktion der deutschen Relativpronomina *dessen, deren* klar werden.

Die Relativpronomina erfüllen zwei Aufgaben:

1. Sie hängen von einem Verb ab, das den Genitiv regiert, z. B.

Das Gerät, *dessen* wir uns bedienen, arbeitet gut.

Dieses ist ein echtes Relativpronomen, das auf gleicher Stufe mit den Relativpronomina in den übrigen Kasus (*der, dem, den* usw.) steht. Eine vergleichbare Konstruktion ist im Türkischen nicht möglich, da es Verben, die den Genitiv regieren, im Türkischen nicht gibt. Für die anderen Fälle gilt das unter L. 13 D Gesagte.

2. Sie hängen von einem Substantiv ab, das zu einem anderen Substantiv im Genitivverhältnis steht. Dieses Pronomen ist im Deutschen in Wirklichkeit ein „Possessivrelativpronomen", z. B.

Das Gerät, *dessen* Einzelheiten ich kenne, arbeitet gut.

Dieses *dessen* hat zwei Komponenten:

a) Es stellt eine Genitivbeziehung zwischen Gerät und Einzelheiten her: die Einzelheiten **des** Geräts (kenne ich)

Zum Verständnis der türkischen Konstruktion beachte man die sehr volkstümliche Wendung: dem Gerät **seine** Einzelheiten.

b) Es leitet einen Relativsatz ein:

Das Gerät, *dessen Einzelheiten ich kenne*, arbeitet gut.

Da im Türkischen das Relativverhältnis nicht durch ein Pronomen ausgedrückt wird (s. L. 13 D), bleibt nur die erste Komponente, das Genitivverhältnis, erhalten, das durch das Possessivpronomen der dritten Person bezeichnet wird:

Ayrıntı**larını** (*od.* tafsilât**larını**) bil**diğim** araç iyi işliyor.
(**Seine** Einzelheiten ich-kenne Gerät ...)

Rechts- und linksläufige Konstruktion B

Diese auf einen Vergleich mit dem Deutschen gestützte Betrachtung muß durch eine Untersuchung der türkischen Konstruktion von rein türkischer Warte erweitert werden.

In den bisherigen Beispielen war das türkische Partizip, das den deutschen Relativsatz wiedergeben muß, an das folgende Wort gekettet:

hasta‿olan‿çocuk ...   *das Kind, das krank ist, ...*

Da **olan** mit dem folgenden Wort in enger Beziehung steht, kann man von einer rechtsläufigen Verkettung sprechen. Man betrachte dagegen folgende Wortgruppe:

babası‿hasta‿olan çocuk
(sein-Vater krank seiend Kind ...)

221   **16. Lektion**

In diesem Fall ist **olan** mit babası verkettet, das Subjekt zu **olan** ist. Die gesamte Gruppe *sein-Vater-krank-seiend* bestimmt als komplexes Attribut das Kind näher:

das Kind, dessen Vater krank ist, ...

olan gehört als Verb zu **babası**, nicht zu çocuk. Während zwischen **olan** und **çocuk** im ersten Fall (hasta olan çocuk) eine direkte Verbindung besteht, wird im zweiten Fall die Verbindung erst durch **babası** geschaffen. In der gewöhnlichen Genitivverbindung steht das Grundwort rechts (çocuğun **babası**), hier steht es links vom Bestimmungswort: Diese Verkettung ist also linksläufig.

babası‿hasta‿olan çocuk ...

Die Partizipien können im Türkischen also nach zwei Seiten hin wirken; sie blicken nach rechts und nach links oder nach vorn und zurück. Sie haben einen Januskopf.

Es bedarf sehr langer Übung, ehe man sich an diesen doppelten Richtungsverlauf gewöhnt hat, so daß man gleich beim ersten Hören erfaßt, ob das Partizip rechtsläufig oder linksläufig ist. Die linksläufige Konstruktion ist auch ohne Verb möglich:

rechtsläufig:	→ küçük‿ev	*das kleine Haus*
linksläufig:	kapısı‿küçük ← ev	*das Haus, dessen Tür klein ist, ... (seine Tür klein-das Haus)*

Weitere Beispiele:

Manası bilinmeyen kelime ve fikirler üzerinde durmalı *(s. L. 9).*	Wörter und Gedanken, **deren** Bedeutung man nicht kennt, muß man besonders beachten.
Azarya (Harpagon) çok zengin, karısı ölmüş bir adamdır.	Harpagon ist ein sehr reicher Mann, **dessen** Frau gestorben ist.
Fakat Hirodes, bunu işittiği zaman, dedi ki: Başını kestiğim Yahyadır; o kıyam etmiştir.	Als Herodes das aber hörte, sagte er: Es ist Johannes, **dessen** Kopf ich abschlug; er ist auferstanden.

Linksläufige Konstruktion mit postpositionalen Ausdrücken   **C**

Dieselbe Konstruktion wird gebraucht, wenn vor dem Partizip ein postpositionaler Ausdruck und ein Substantiv steht, das zu dem folgenden Partizip Subjekt ist:

içinde bir dolap bulunmayan bir oda
(darinnen ein Schrank sich-nicht-befindend ein Zimmer =)
ein Zimmer, in dem sich kein Schrank befindet

Tatsächlich liegt auch hier ein Possessivverhältnis zu Grunde, denn **içinde** besteht aus dem Substantiv **iç** *das Innere* + Possessivsuffix **-i** + Lokalsuffix **-(n)de**, also:

in-seinem-Inneren-ein-Schrank-sich-nicht-befindend ein Zimmer =
ein Zimmer, (in dessen Inneren =) in dem sich kein Schrank befindet

Anm. Der postpositionale Ausdruck kann auch fehlen, vgl. L. 13 D.

16. Lektion 222

Einfache linksläufige Konstruktion   D

Vor dem Partizip steht ein Substantiv, das im Deutschen Subjekt des Relativsatzes ist. An Stelle eines Relativpronomens tritt oft ein Relativadverb *(wo, wohin)*:

Güneş girmeyen yere hekim girer.
   (Zu dem Platz, an den die Sonne nicht kommt =) **Wohin** die Sonne nicht kommt, kommt der Arzt.

„haben" im Relativsatz   E

Das deutsche *haben* im Relativsatz wird ebenfalls durch die linksläufige Konstruktion mit **olmak** ausgedrückt *(vgl. L. 5 G)*.

Yol‿listesi‿olan bir şehir planı istiyorum.
   Ich möchte einen Stadtplan, der ein Straßenverzeichnis **hat** *(od.* **mit** einem Straßenverzeichnis).

Steigerung der Adjektive und Adverbien   F

Die erste Stufe der Steigerung, der **Komparativ**, wird durch **daha** *noch, mehr* ausgedrückt, die zweite Stufe, der **Superlativ**, durch stark betontes **en**.

Positiv	Komparativ	Superlativ
yüksek	**daha** yüksek	**en** yüksek ['ɛnjyksɛk]
hoch	*höher*	*höchst- am höchsten*

Adjektive und Adverbien sind auch in den Steigerungsstufen formengleich (vgl. L. 1 D).

Komparativ   G

Der Komparativ kann wie im Deutschen auch absolut (ohne Vergleichsglied mit *als*) gebraucht werden:

Bu krem sizi **daha güzel** yapar.   Diese Krem macht sie **schöner**.

als nach dem Komparativ ist im Türkischen **-den**:

Aydın, Zafer**den daha çalışkan**(dır).   Aydın ist **fleißiger als** Zafer.
İstanbul, Ankara**'dan daha büyük**tür.   Istanbul ist **größer als** Ankara.

daha kann fehlen, wenn **-den** voraufgeht. Bei absolutem Gebrauch (s. oben) muß es stehen.

Bedava sirke bal**dan** tatlıdır.   Geschenkter Essig ist **süßer als** Honig *(Sprichwort)*.

kadar   H

Verglichen werden zwei Eigenschaften im Türkischen mit Hilfe der einfachen Konjunktion **kadar**, im Deutschen durch *so ... wie*.

Aydın, Zafer **kadar** intizamlı değil.   Aydın ist nicht **so** ordnungsliebend **wie** Zafer.

Superlativ   I

En çabuk araç telefon, telgraf, **en geç** araç da mektuptur.
   Das **schnellste** Mittel ist das Telefon (und) der Telegraf, das **langsamste** der Brief.

16. Lektion

Adverbial:

En çok Almanya ile alışveriş yapıyoruz.	**Am meisten** treiben wir mit Deutschland Handel.

Der Wendung *einer der* (z. B. *besten* ...) oder *zu den* (z. B. *besten* ...) *gehören* entspricht im Türkischen **-lerinden biri(dir)** oder **-lerinden(dir)**:

Zafer, sınıfın **en çalışkan** öğrencilerinden biri(dir).	Zafer ist **einer der fleißigsten** Schüler der Klasse.
Elektrik son yüzyılın **en önemli** buluşlarındandır.	Die Elektrizität **gehört zu den wichtigsten** Erfindungen des letzten Jahrhunderts.

J

kadar ohne folgendes Adjektiv heißt *so groß wie, so viel wie, so umfangreich wie, so hoch wie*. Fürwörter stehen vor **kadar** im Genitiv:

Borneo aşağı yukarı Anadolu **kadardır**.	Borneo ist etwa **so groß wie** Anatolien.
senin **kadar** bir çocuk	ein Kind **so groß** (*od.* **so alt**) **wie** du
şunun kadar iyi	**so gut wie** der hier

wie = gibi oder **kadar?**	**K**

gibi	**kadar**
bezeichnet Art und Ähnlichkeit	bezeichnet Größe, Maß, Menge, Grad
aslan gibi bir adam ein Mann **wie ein Löwe**	**aslan kadar kuvvetli** **so stark wie** ein Löwe
	bacak kadar çocuk (ein Kind **so groß wie ein Bein** =) ein Dreikäsehoch
	bu (*od.* **şu** *od.* **o**) **kadar** *so, derartig, so viel*

L

Merke: Vor Partizipien, die noch als verbal empfunden werden, steht **en çok**:

en çok beğenilen	*der, die, das Beliebteste, die Beliebtesten*

viel vor dem Komparativ heißt **çok**:

çok daha çabuk	*viel* schneller

Wichtige Komparative   **M**

daha çok	*länger, mehr*	**-den** (daha) **çok**	*mehr als;* *länger als*
daha ziyade	*mehr*		
daha az	*weniger*	**-den** (daha) **az**	*weniger als*
		-den (daha) **önce**	*früher, eher als*
		-den fazla	*mehr als*

16. Lektion   224

Wichtige Superlative   **N**

en çok en ziyade en fazla	*der, die, das meiste, die meisten*; *am meisten*; zeitlich: *meistens*; Maß: *höchstens*
en az	*der, die, das wenigste, die wenigsten*; *am wenigsten*

Merke: -in çoğu, çoğu, 'ekser, 'ekseri *die meisten*

      Ekseri insanları,

      çoğu insanları,

      insanların çoğunu   Die meisten Menschen werden seekrank.

      deniz tutar.

Elativ oder absoluter Superlativ   **O**

Für den Elativ oder absoluten Superlativ, im Deutschen durch den einfachen Superlativ, durch Adverbien wie *ganz, sehr, äußerst, höchst, aufs (tief)ste* oder durch charakterisierende Bestimmungswörter (**knall**rot, **kreuz**fidel) dargestellt, gibt es im Türkischen folgende Ausdrucksmöglichkeiten:

1. **pek, pek çok, çok, son derecede**   *im höchsten Maß, überaus*

    pek taze bir yumurta   ein **ganz** frisches Ei

    pek çok lezzetli bir yemek   ein **sehr** schmackhaftes Essen

    çok güzel   **sehr** schön

2. Verdoppelung der ersten Silbe + **m, p, s, r**; silbenschließendes **-r** fällt aus. Die erste Silbe ist stark betont.

yassı *flach:*	'yamyassı	**ganz** platt
sarı *gelb, blaß:*	'sapsarı	**toten**blaß
yumru *knollenförmig:*	'yusyumru	**kugel**rund
kırmızı *rot:*	'kıpkırmızı	**knall**rot
yeni *neu:*	'yepyeni	**nagel**neu

3. Verdoppelung des ganzen Wortes:

    kırmızı kırmızı elmalar   **ganz** rote Äpfel

    yeşil yeşil ağaçlar   **ganz** grüne Bäume

P

Verkleinerungen werden durch **-cik** *(s. L. 14 R)*, **-ce** *(s. L. 10 G)* und Abschwächungen durch **-imtrak** *s.* ③ *4.*, **-imsi** bewirkt:

acı	*bitter:*	acımtırak su	**etwas** bitteres Wasser
tatlı	*süß:*	tatlımsı erik	**süßliche** Pflaume
ekşi	*sauer:*	ekşimtırak ayran	**säuerlicher** Ayran *(Joghurt-Getränk)*

-r,   -mez

Q

Der positive Stamm des **r**-Präsens (L. 5 J, K, M, N) ergibt mit dem ihm folgenden Stamm einen konjunktionalen Ausdruck, dem im Deutschen mit *sobald, kaum ... (als)* eingeleitete Nebensätze entsprechen:

Tatil ol**ur** ol**maz** köyüme gideceğim.   **Sobald** es Ferien gibt, werde ich in mein Dorf fahren.

Şakabak sözlerini biti**rir** biti**rmez**, vezir kahkahalarla gülmeğe başladı.   **Kaum** hatte Schakabak diese Worte (beendet =) gesagt, **als** der Wesir schallend zu lachen begann.

225   **16. Lektion**

| **-inceye kadar** | **R** |

Dem Verbaladverb **-ince** (L. 6 G) mit folgendem **-e kadar** entspricht im
Deutschen ein Nebensatz mit *bis*; vor **-inceye kadar** tritt wie vor *-ince*
(s. L. 6 G) oft ein eigenes Subjekt:

O gelinceye kadar bekleyeceğim.   Ich werde warten, **bis** er kommt.

Persische und arabische Bestandteile   **S**

Divan-ı Lûgat-it-Türk ist ein osmanischer Ausdruck, der persische und
arabische Beziehungsmittel (Konstruktionsmerkmale) aufweist, wörtlich:
„Die Sammlung *(Genitiv)* Wörter-türkischen".

a) **-i (-ü, -ı, -u)** ist persisches Zeichen des Genitivs. Diese Konstruktion
nennt man die **Izafet-Konstruktion.** Izafet heißt wörtlich arab. „Zusatz,
Anfügung".

b) **-it** ist der arabische Artikel **el (il),** dessen l an das folgende t von Türk
assimiliert (angeglichen) ist. Im Arabischen steht das attributive Adjektiv
nach dem zugehörigen Substantiv.
Siehe Übung b) Satz 27.

Übungen

a) Untenstehend finden Sie die 16 größten Städte der Türkei.

Bilden Sie in türkischer Sprache Vergleiche nach folgendem Muster:

1. Istanbul ist größer als Ankara. 2. Ankara ist größer als Izmir. usw.

16. Ankara ist nicht so groß wie Istanbul. 17. Izmir ist nicht so groß wie Ankara.
usw.

32. Mersin ist kleiner als Izmit. 33. Izmit ist kleiner als Diyarbakır. usw.

Aus der Übersetzung c) ersehen Sie die Lage und einige Einzelheiten der Städte.

(1963 sayımına göre *nach der Zählung von 1963*)

1. İs'tanbul *(etwa 1½ Mill.)*	9. 'Kayseri *(102 700)*
2. 'Ankara *(650 000)*	10. 'Sivas (Sı'vas) *(94 000)*
3. İzmir *(380 000)*	11. 'Erzurum *(91 000)*
4. 'Adana *(230 000)*	12. 'Samsun *(87 300)*
5. 'Bursa *(153 000)*	13. Ma'latya *(84 000)*
6. Es'kişehir *(152 000)*	14. Di'yarbakır *(81 000)*
7. Ga'ziantep *(125 000)*	15. 'İzmit *(73 700)*
8. 'Konya *(123 000)*	16. 'Mersin *(68 500)*

b) Ergänzen Sie die fehlenden Wörter und Endungen

1. Van Gölünden sonra — — İç Anadolu bölgesindeki Tuz Gölüdür.

Nach dem Vansee ist der Salzsee im
Gebiet Inneranatoliens *unser größter*
See.

2. — yeri 2 metredir. Dünyanın —
gölüdür.

Die tiefste Stelle ist 2 Meter. Er ist *der
salzigste* See der Welt.

Lehrbuch Türkisch 15

16. Lektion   226

3. Bir kaşık, bir santilitre- — mı, yoksa — mı alır?

Faßt ein Löffel *mehr als* ein Zentiliter oder *weniger?*

4. Sinemaskop'un perdesi eski perdeler- — — ve -tir.

Die Cinemaskopleinwand ist *größer* und *breiter als* die alten Leinwandarten.

5. Bu şarkı ders yılı boyunca öğrendiğimiz — — —.

Dieses Lied ist *das schönste* der Lieder, die wir während des Schuljahres gelernt haben *(= das schönste Lied, das ...).*

6. Eski çağlardan beri bilinen çekirgeler bugün — — Asya ve Afrika'da yaşarlar.

Die seit alten Zeiten bekannten Heuschrecken leben heute *mehr* in Asien und Afrika.

7. Avrupa'da çekirgeye — — rastlanır.

In Europa trifft man die Heuschrecke *weniger.*

8. Deve, Araplar için — — hayvandır.

Das Kamel ist für die Araber *das nützlichste* Tier.

9. Balina: — — —, denizde yaşayan, fakat balık olmayan bir yaratıktır.

Der Walfisch: Es ist *das größte* (der) Lebewesen, ein Geschöpf, das im Meer lebt, aber kein Fisch ist.

10. Bitkilerin hayatı hayvan ve insanlarınki- — -dur.

Das Leben der Pflanzen (ist =) dauert *viel länger* als das (-ki) der Tiere und Menschen.

11. Almanya'nın — — bir şehri olan Köln'e bir uçak bileti almakla iki avantaja daha sahip olacaksınız.

Dadurch, daß Sie eine Flugkarte nach Köln, *der zentralsten* Stadt Deutschlands, lösen, werden Sie in den Besitz zweier weiterer Vorteile kommen.

12. Bu adada çok mu maymun vardır? — Evet, — —, — — — — kadar; — — orangutanlardır.

Gibt es auf dieser Insel viele Affen? Ja, *sehr viele, von den kleinsten* bis zu *den größten (Sing.!) ; die furchtbarsten* sind die Orang-Utans.

13. Orangutanların boyları Afrika ortalarındaki — — değildir, ama kuvvetleri şaşılacak derecededir.

Der Wuchs der Orang-Utans ist nicht *so hoch wie* der der *Gorillas* in Zentralafrika, aber ihre Kraft ist von einem erstaunlichen Maß.

14. Kadınların erkekler- — ihtiyarladıkları söylenir.

Man sagt, daß die Frauen *früher als* die Männer altern.

Bu acaba gerçekten böyle midir?

Ist das nun wirklich so?

15. Erginlik çağındaki çocuklar arasında kızların erkekler- — — geliştikleri bilinen bir olaydır.

Es ist eine bekannte Tatsache, daß unter den Kindern in der Reifezeit die Mädchen sich *schneller als* die Jungen entwickeln.

16. Fakat otuz yaşından sonra bu fark tamamen ortadan kalkar.

Nach dem 30. Jahr jedoch verschwindet dieser Unterschied völlig.

Yaşlı görünmek — — insanın davranışlarına bağlıdır.

Das Altaussehen hängt *mehr* von der Lebensweise des Menschen ab.

17. Otuz beş yaşındaki bir kadın, hayatını türlü zevkler ve maceralarla geçirmiş otuz yaşındaki bir erkek- — — — görünür.

Eine Frau von 35 Jahren sieht *viel jünger als* ein 30jähriger Mann aus, der sein Leben mit verschiedenen Vergnügen und Abenteuern verbracht hat.

227   16. Lektion

18. Bütün Dünya size dünyanın her dilinden — — — yazıları getirmektedir.
19. Bizim ülkemizde rastlanan çekirgeler sıcak ülkelerden gelen çekirgeler — — — değildir.

20. Bir taksi tutarsanız — — olur.

21. Göründüğü — — değil.
22. Tabancanın şeraresini neden patlamayı duyma- — görürüz?
23. Işık, sese nazaran — — — seyrettiği için.
24. Saydıklarımız içinde yurdumuza — — gelir sağlayanlar tütün, pamuk, üzüm, incir, krom ve canlı hayvanlarımızdır.

25. — — Birleşik Amerika, Almanya, İtalya, İngiltere ve Fransa ile alışveriş yapıyoruz.
26. *(Schild vor einem Gasthaus)*: — — ahçının pişirdiği yemekler yalnız buradadır. İçeriye buyurun!
27. XI. yüzyılda Kaşgârlı Mahmut tarafından yazılan „Divan-ı Lûgat-it-Türk"* adlı sözlük Türkçe'nin — — — bir dil olduğunu göstermektedir.

28. Her türlü banka muamelelerini — — ve — bir şekilde halleder, ayrıca tasarruflarınızın Türkiye'ye havale işlerini yaparız.

29. Bu şiirin güzelliği manasın- — edasındadır.

30. — — Korsikalı kimdi?

Hangi kuşlar — -lerden uçar?

Andların üzerinden uçan kondor.

bb)

1. İnsanlar da — -dıkları çevrenin iklimine uyarlar.

---
* *osmanisch, s. Grammatik 16 S.*

15*

B. D. bringt Ihnen aus allen Sprachen der Welt *die beliebtesten* Artikel.
Die in unseren Gebieten vorkommenden Heuschrecken sind nicht *so schädlich wie* die aus den heißen Ländern kommenden Heuschrecken.
(Wenn Sie ein Taxi nehmen, ist es am besten, =) *Am besten,* Sie nehmen ein Taxi.
Er ist nicht *so dumm, wie* er aussieht.
Warum sehen wir den Funken eines Revolvers *eher, als* wir den Knall hören?
Weil sich das Licht im Vergleich zum Schall *viel schneller* fortpflanzt.
Unter den von uns aufgezählten (Gütern) (sind die unserem Lande die meisten Einkünfte verschaffenden =) verschaffen Tabak, Baumwolle, Weintrauben, Feigen, Chrom und lebendes Vieh unserem Lande *die meisten* Einkünfte.
Am meisten treiben wir Handel mit den USA, Deutschland, Italien, England und Frankreich.
Speisen, vom *größten Meisterkoch* gekocht, gibt es nur hier. Schauen Sie mal herein!
Das im 11. Jahrhundert von Mahmut aus Kaschgar verfaßte Wörterbuch mit dem Titel „Sammlung türkischer Wörter" zeigt, daß das Türkische eine *ebenso reiche* Sprache *wie das Arabische* war.
Wir erledigen in der *zuverlässigsten* und *schnellsten* Weise alle Arten von Bankgeschäften, insbesondere führen wir die Überweisung Ihrer Ersparnisse in die Türkei durch.
Die Schönheit dieses Gedichtes liegt *mehr* in seinem Stil als in seiner Bedeutung.
Wer war der berühmteste Korse? — Napoleon —
Welche Vögel fliegen (über die höchsten =) am höchsten?
Der Kondor, der über die Anden fliegt.

Auch die Menschen passen sich dem Klima der Umwelt an, *in der sie leben.*

16. Lektion   228

2. Marma'ris, — — — tepelik çok güzel bir koy içinde yer alır.

3. — sıcak, — ılık — iklimi sayesinde burada portakal ve mandarin(a) iyi yetişir.

4. — şimdi konuş- adamı tanıyor musunuz?

5. — — -de || elektrik enerjesi veren alternatör, dinamo gibi makinaları harekete getirmek için || kömür ya da petrole baş vurulur.

(6—8 ohne Postposition):

6. Otomatik telefon — şehirlerde — kimselerin telefon numaraları santral memurlarından istenmez.

7. Telefon makinasının önünde 1'den 0'a kadar numaralar — bir döner daire vardır.
Bu numaraların deliğine parmak sokularak — *(vgl. L. 11 L, N)* numaralar çevrilir.

8. Böylece konuşmak — kimselerin telefon zili çalmaya başlar, araya kimse girmeden telefonla konuşulur.

9. Tatili yan- geçir- akrabalarınız sizin neyiniz oluyorlar?

10. Bankacı, güneşli havada size şemsiyesini veren, fakat yağmur (başlamak) geri istiyen adamdır. (Mark Twain)

11. Sen Türkçe ödevini (yazmak) ben tarih dersimi hazırlayacağım.

12. Eline para (geçmek) kitap satın alır.

13. Kapı (açmak) ölü, külçe — üzerine yıkıldı.

Marmaris liegt in einer sehr schönen, hügeligen Bucht, *deren Umkreis mit Wäldern bedeckt (ist)*.

Dank seinem Klima, *dessen Sommer* heiß, (und) *dessen Winter* mild *sind*, gedeihen hier Apfelsinen und Mandarinen gut.

Kennen Sie den Mann, *dessen Vater* jetzt *spricht?*

(An den Plätzen, an denen =) *Dort, wo* jedoch *kein Wasser ist*, greift man zur Kohle oder zum Erdöl, || um Strom erzeugende Maschinen wie Wechselstromgeneratoren und Dynamomaschinen zu betreiben. ||

In Städten, *in denen sich* automatische Telefone *befinden*, verlangt man die Nummern von Personen, *mit denen man sprechen will* (= zu sprechen werdenden Personen), nicht von den Fernsprechbeamten.

Vor dem Telefonapparat ist eine drehbare Scheibe, *auf der* die Nummern von 1 bis 0 *verzeichnet* (sind).

Man steckt den Finger in das Loch der Nummern und dreht die gewünschten Nummern.

So beginnt die Telefonglocke der Personen, *mit denen man* zu sprechen *wünscht*, zu läuten; ohne daß jemand sich einschaltet, spricht man durch das Telefon.

Was sind das für Verwandte von euch, *bei denen* ihr die Ferien *verbracht habt* (wörtl. eure Verwandten euer-Was sind)?

Der Bankier ist ein Mann, der Ihnen bei sonnigem Wetter seinen Schirm gibt, *sobald es* aber zu regnen *anfängt*, (ihn) zurückfordert.

Bis du deine Türkisch-Aufgabe *geschrieben hast*, werde ich meine Hausarbeit in Geschichte fertig machen.

Sobald er Geld *bekommen hat*, kauft er sich Bücher.

Kaum hatte sich die Tür *geöffnet*, als ihm der Tote wie ein (Klumpen =) Sack entgegenfiel.

229   16. Lektion

14. Pencereler, batan güneşin ışınları altında, karanlık (basmak) pırıl pırıl yanardı.

15. Yanına (yaklaşmak) çığlığı bastı: Aman ne yaptım!

16. İmlâsından ince veya kalın okunacağ- belli ol- k ve l seslilerinin nasıl okunacağı bildirilmiştir.

Die Fenster blinkten in den Strahlen der untergehenden Sonne, bis die Dunkelheit *hereinbrach*.
Kaum hatte er sich ihm *genähert*, als er laut jammerte: O weh, was habe ich getan!
Wie die Laute k und l, deren helle oder dunkle Aussprache (*wörtl*. Gelesenwerden-sollen) aus der Orthographie nicht sichtbar ist, zu lesen sind, ist bezeichnet worden.

c) Übersetzen Sie ins Türkische:

1. Der Kizilirmak ist der längste Fluß der Türkei.
2. Welches ist der längste Tag des Jahres? Und (ya) der kürzeste?
3. Ali ist sehr fleißig; er ist der fleißigste Schüler der Klasse.
4. Der Van-See ist der größte See der Türkei.
5. Der Everest ist der höchste Berg (tepe) der Welt.
6. Der Februar ist der kürzeste Monat des Jahres.
7. Ein Hund ist intelligenter als eine Katze.
8. Zeigen Sie mir eine billigere (bessere) Qualität (cins)!
9. Diese Seife macht Sie jünger, anziehender und schöner.
10. Borneo ist nach Australien und Neuguinea die größte Insel der Erde (= dünya).
11. Sie ist etwa (aşağı yukarı) so groß wie unser Anatolien.
12. Dieser Füller ist wertvoller als unserer.
13. Dieser Füller schreibt nicht so gut wie der hier (şu).
14. In meinem Leben habe ich nicht einen so faulen Menschen gesehen.
15. Es gibt auf der Welt keine so romantische Frau wie ich.
16. Ein kleines (ufak) Geschenk ist wertvoller als ein großes Versprechen.
17. Wenn du das (bunlara) beachtest (önem vermek), halten die Rohre und der Ofen länger.
18. Das Auto gehört zu den wichtigsten Erfindungen des letzten Jahrhunderts.
19. Die heftigen Erschütterungen dauerten nicht länger als ein bis zwei (bir iki) Minuten.
20. Die Wälder gehören zu den wichtigsten Einnahmequellen eines Landes.
21. Die Gesundheit ist der größte Schatz.
22. Welches ist der nächste Weg nach Yeşilköy (= nach Y. gehende Weg)?
23. Gibt es einen besseren, kürzeren Weg?
24. Wo ist die nächste Tankstelle?
25. Schwarzmeer-Klima: Jede Jahreszeit niederschlagsreich. Die meisten Regenfälle (yağmur) im Herbst, die wenigsten im Frühjahr; die Winter wenig kalt.
26. Landklima: Niederschläge gering. Die meisten Regenfälle im Frühjahr (*Plural!*). Winter sehr kalt und schneereich, Sommer heiß.
27. Istanbul: Die größte Stadt der Türkei.
28. Ankara: Hauptstadt (= Zentrale) der türkischen Republik und zweitgrößte (= zweite große) Stadt unseres Landes.
29. Izmir: Eine der drei großen Städte der Türkei und ein großer Handelshafen (*s. L. 7*).
30. Adana: Größte Stadt der Mittelmeerzone (bölge) der Türkei.
31. Bursa: Eine der wichtigsten Städte Anatoliens. Sie wurde im Jahre 1326 von

16. Lektion   230

Orhan Gazi erobert und wurde die Hauptstadt des sich neu entwickelnden
osmanischen Staates.

32. Eskişehir: Eine Kreisstadt im nordwestlichen Teil Inneranatoliens. Sie ist die
sechstgrößte Stadt der Türkei.

33. Gaziantep: Eine Kreisstadt ebenfalls im südwestlichen Anatolien.

34. Konya: Eine der wichtigsten (başlıca) Städte Inneranatoliens; nach der Zählung von 1945 die achte Stadt der Türkei. Konya gehört zu den ältesten Kul-
turzentren Anatoliens.

35. Kayseri: Ist eine unserer Bezirkshauptstädte (... bir şehrimizdir) im Südosten
Inneranatoliens. Kayseri ist eine der ältesten Städte Anatoliens und (-ip) erhielt
seinen Namen aus der Zeit (çağ) des Römischen Reiches.

36. Erzurum: Bekannteste Stadt Ostanatoliens und Bezirkshauptstadt.

37. Sivas: Eine Kreisstadt in der ostanatolischen Hochebene. Sie nimmt in der
altanatolischen Geschichte einen sehr wichtigen Platz ein (tutar).

38. Malatya: Eine der wichtigsten Städte Ostanatoliens.

39. Diyarbakir (alter Name: Âmid): Wichtige Stadt Südostanatoliens. In der
osmanischen Zeit (= Zeit der Osmanen) war D. eine der wichtigsten Kreis-
städte des Ostens.

40. Samsun: Samsun, (das vom Meer eine schöne Ansicht hat =) das schön am
Meer gelegen ist, ist einer unserer größten Schwarzmeerhäfen (Karadenizdeki)
und (-ip) ist mit Zentralanatolien durch (eine) Eisenbahn verbunden.

41. Izmit: Kreisstadt des Regierungsbezirkes Kodjaeli (Kocaeli) im Marmara-
Gebiet. Die in alter Zeit den Namen Nikomedeia (Nikomedya) tragende Stadt
ist von Istanbul 91 km entfernt.

42. Adapazari: Es wurde in der großen Ebene gegründet, die der Fluß Sakaria
(Sakarya) durchfließt, bevor er in das Schwarze Meer mündet.

43. Mersin: Stadt, die Mittelpunkt des Regierungsbezirks Içel an der Küste des
Mittelmeeres ist. Sie ist mit der Stadt Adana durch (eine) Eisenbahn und
eine schöne Autostraße (67 km) verbunden.

44. Warte, bis ich komme!

45. Sobald er seine Mutter sah, fiel er ihr um den Hals (= umarmte er ihren Hals).

46. Bis du deine Aufgabe fertiggemacht hast, wird das Essen kalt (Fut.!).

cc)

1. Das (işte) ist der Mann, dessen neue Adresse wir nicht wußten.

2. Das sind die Frauen, deren neue Adressen wir nicht wußten.

3. Die Frau, deren Kinder im Garten spielen, arbeitet in einer Fabrik.

4. Das Kind, dessen Hand verwundet ist, ißt mit Appetit.

5. Ich habe den Mann, dessen Haus groß ist, gesehen.

6. Die Läden, deren Lampen angezündet sind, sind geöffnet.

7. Wie heißen die breiten Wege, in deren Mitte sich Bäume und Blumen befinden?
(Cadde, bulvar, sokak?)

8. Wir sprachen mit den Vertretern der Länder, deren Industrie nicht entwickelt
ist.

9. Der Junge, dessen Vater (Dativ!) ich das Buch gegeben habe, ist in der sechsten
Klasse.

10. In der Türkei, dessen Hälfte mit Weiden bedeckt ist, nimmt die Viehzucht
einen wichtigen Platz ein.

11. Blech: dünnes Eisenblatt, dessen Oberseite verzinnt ist.

16. Lektion

12. Nach dem Ersten Weltkrieg war ein Völkerbund gegründet worden, dessen Zentrale Genf (Cenevre) war.
13. Arzneien, deren Geschmack *(Plur.)* und Geruch *(Plur.)* unangenehm sind, werden in Kapseln eingeschlossen (koymak) und mit etwas Wasser (getrunken werdend verwendet =) eingenommen.
14. Bilde drei Sätze, in denen Possessivpronomen vorkommen.
15. Wer wenig Fehler hat (Derjenige, dessen Fehler gezählt sind), ist (ein) großer Mensch.
16. (Von einem Platz, an dem es kein Feuer gibt, steigt auch kein Rauch auf =) Wo es kein Feuer gibt, ist auch kein Rauch.

d)

1. Bilden Sie nach dem Muster bir melek gibi güzel engelsschön (od. schön wie ein Engel) mit den folgenden Wörtern Vergleiche. Sie müssen das passende Adjektiv aus der rechten Spalte selbst ermitteln.

a) bal *Honig*	acı *bitter*	f) kuzu *Lamm*	korkak *furchtsam*
b) arı *Biene*	sadık *treu*	g) zehir *Gift*	tatlı *süß*
c) kan *Blut*	çalışkan	h) tavşan *Hase*	sert *hart*
d) buz *Eis*	kırmızı	i) köpek	sabırlı *geduldig*
e) ok *Pfeil*	soğuk	j) demir	hızlı

2. Bilden Sie den Elativ von

a) başka (+ m)
b) açık (+ p)
c) beyaz (+ m) *weiß*
d) boş (+ m) *leer*
e) bütün (+ s)
f) çabuk (+ r)
g) doğru (+ s)
h) yeşil (+ m)
i) uzun (+ p)

j) kara (+ p)
k) taze (+ p)
l) dolu (+ p) *voll*
m) siyah (+ m) *schwarz*
n) temiz (+ r)
o) mavi (+ s) *blau*
p) kuru (+ p) *trocken*
q) tamam (+ s)

e) Übersetzen Sie die Fortsetzung der Geschichte von Lektion 15 ins Deutsche und ergänzen Sie die Lücken im türkischen Text mit Hilfe der hinzugefügten deutschen Übersetzung:

1. Açlıktan — karar-, — kazın- Şakabak oyunu bozmadan Bermekinin hayalî yemeklerini övmeğe devam ediyordu. Vezirin keyfi yerindeydi.
... dessen Augen vor Hunger schwarz wurden und dessen Magen sich (vor Hunger) abschabte ...

2. — Şakabak, dedi. Kısmetli adamsın. Ahçımın yemek- — — —, şamfıstıklı kuzu dolmasını yaptığı günde geldin. Bak işte, getirdiler! ... Dur, en lezzetli yerini sana kendi elimle vereyim.
... (mein Koch) eines seiner besten Gerichte (gemacht hat)

3., 4. Vezir, bir et parçası tut- —, elini Şakabağın ağzına götürdü. Şakabak, vezirin ikram ettiği parçayı al- — boynunu uzattı, ağzını şapırdatmağa başladı. Sonra,
... als ob er (ein Stück Fleisch) hielte ...; als ob er ... nähme ...

— Enfes! ... Doğrusu hepsi de hakanlara lâyık yemekler! dedi. Öyle doydum ki, bir lokma daha alsam patlayacağım!

16. Lektion 232

Vezir, hayal yemeklerinden sonra misafirine ayni çeşit meyvalar, tatlılar ikram etti. Sonunda, görünmez hizmetkârlarına şarap getirmelerini emretti. Şakabak ömründe şarap içmediğini söyledi ama konuksever ev sahibi, — Canım, ben de her zaman içmem ama misafirimle kadeh tokuşturmaktan zevk duyarım; diye ısrar etti.
— İzin ver de şarap yerine su içeyim. Belki alışık olmadığım için saygıda kusur ederim.

5. Fakat vezir dediğinden dönmedi. Kadehleri doldur- — yaptı.
... (tat so), als ob er (die Gläser) füllte ...

6., 7. — Hadi sıhhatime iç!
Şakabak kadehi alıp elini kaldırdı. Şarabın rengine bak- — yaptı. Sonra dilini şaklat- — içmeğe başladı.
... als ob er (die Farbe des Weins) betrachtete ...; tüchtig (mit der Zunge) schnalzend
— Efendi Hazretleri, dedi; şarabınızın tadı güzel ama biraz kuvvetsiz ...
Vezir güldü.

8. — Bir de şaraptan anla- söylüyorsun. Al, bir de şunun tadına bak!
... daß du (vom Wein) nichts verstündest ...

9., 10., 11. Şakabakın kadehine — başka bir şarap doldurdu. Dilenci bu seferki şarabı beğen- —. Çünkü üstüste birkaç kere de kadehini kendisi doldurdu. Sonra, birdenbire, sarhoş ol- — yerinden kalktı, sallana sallana vezire yaklaşıp kafasına bir yumruk indirdi. Öyle şiddetli vurdu ki, Bermeki yere yuvarlandı. Şakabak bir daha vuracaktı ama vezir ayağa kalktı, öfkeyle,
— Sen çıldırdın mı be adam! diye bağırdı.
... als ob ...; (dem Bettler) mußte wohl (diesmal der Wein) geschmeckt haben; als ob er betrunken wäre ...

12. — Efendi Hazretleri, suç benim değil. Kuluna eşsiz bir konukseverlik gösterdin, sofranda — — — yedirdin. Ama, bana içki verirsen saygıda kusur edeceğimi önceden söylemiştim. Özür dilerim.
... die schönsten Speisen ...

13. Şakabak sözlerini (bitirmek), vezir kızacağı yerde kahkahalarla gülmeğe başladı.
Kaum hatte Schakabak seine Worte beendet, als ...
— Sen tam benim hoşuma gidecek bir adamsın!
Şakam biraz acı olduğu halde sonuna kadar sabırla dayandın. Bana attığın dayağı affediyorum. Ayrıca, bundan sonra evimi kendi evin bilmeni istiyorum. Hadi şimdi sahiden yemeğe oturalım.
(ich will, daß du weißt mein Haus dein Haus =) ich will, daß du dich wie zu Hause fühlst
Vezir uşaklarını çağırıp sofranın hazırlanmasını emretti. Şakabak önce hayalinde tattığı nefis yemeklerin hepsinden yeyip karnını doyurdu. Üstelik cömert Bermekinin elinden bir kesecik altın da aldı.

Vokabeln

zu b)		sinemaskop	Cinemaskop
tuz	Salz	perde	Leinwand (im Deutschen o. pl.!)
tuzlu	salzig		
kaşık	Löffel	'ders yılı	Schuljahr
santilitre	Zentiliter	çağ	Zeit(abschnitt)

233   16. Lektion

çekirge	Heuschrecke
rastlamak	antreffen (-e/ A)
deve	Kamel
Arap	Araber
ba'lina	Walfisch
canlı	Lebewesen
yaratık	Geschöpf
merkezî	zentral
uçak bileti	Flugkarte
avantaj	Vorteil
(-e) sahip olmak	haben, besitzen, in den Besitz kommen
maymun	Affe
korkunç	furchtbar
orangutan	Orang-Utan
boy	Wuchs, Größe
ortalar	zentrale Gebiete
şaşılacak derecede	(in einem Maß, über das man staunen muß) in einem erstaunlichen Maße
ihtiyarlamak	altern
gerçekten	wirklich
erginlik	Reife, Pubertät
fark	Unterschied
görünmek	aussehen, *(alt, jung)* wirken
davranış	Vorgehen; Lebensweise
bağlı [ba:łi]	abhängig (-e/ von)
zevk ⑦ 1	Genuß, Vergnügen
macera [ma:dʒɛra:]	Abenteuer
beğenilen	beliebt
yazı	Artikel
zarar verici	schädlich
ülke	Gebiet
budala	dumm, dusselig
tabanca	Revolver
şerare	Funke
patlama	Knall
nazaran	im Vergleich (-e/ zu)
hızlı	schnell, rasch
seyretmek	*hier:* fortpflanzen, ausbreiten
saymak	aufzählen
gelir	Einkommen
tütün	Tabak
üzüm	Weintraube(n)
incir	Feige
krom	Chrom
canlı hayvanlar	lebendes Vieh
alışveriş	Handel
ahçı	Koch
üstat (-dı)	Meister
sözlük	Wörterbuch
muamele [a:]	Geschäft; Formalität
emin [i:]	zuverlässig
tasarruf	Ersparnis
havale [-va:-]	Überweisung
güzellik	Schönheit
eda [a:]	Stil

Korsikalı	Korse
meşhur	berühmt
kuş	Vogel
uçmak (-ar)	fliegen
Andlar	Anden

zu bb)

çevre	Umwelt, Milieu
uymak (-ar)	anpassen (-e/ D)
etraf	Umkreis, Umgebung
tepelik	hügelig
koy	Bucht
yer almak	gelegen sein; stattfinden
ılık	milde
-in sayesinde	dank
portakal	Apfelsine
manda'rin(a)	Mandarine
elektrik	Elektrizität
enerji	Energie, Kraft
alternatör	Wechselstromgenerator
di'namo	Dynamomaschine
harekete getirmek	betreiben, antreiben
petrol (-ü)	Erdöl
baş vurmak	sich wenden (-e/ an *A),* greifen (-e/ zu *D)*
otomatik	automatisch
santral	Zentrale
döner daire [a:]	drehbare Scheibe
sokmak	hineinstecken
zil	Glocke
çalmak	läuten
araya girmek	sich einschalten
akraba	Verwandte
yanında	bei ihm
yanlarında	bei ihnen
bankacı	Bankier
şemsiye	Schirm
hazırlamak	fertigmachen
eline geçmek	bekommen
sa'tın almak	kaufen
külçe	Klumpen
batmak	untergehen
ışın	Strahl
pırıl pırıl yanmak (-ar)	blinken
çığlık [tʃi:łik]	Geschrei
çığlık basmak	laut jammern
aman	o weh
imlâ [ımla:]	Orthographie
ince	hell *(Vokal)*
kalın	dunkel
belli	sichtbar
sesli	Laut

zu c)

Kızilirmak	Kızılırmak
fleißig	çalışkan
intelligent	akıllı
Qualität	cins
Seife	sabun
anziehend	cazip [a:]

16. Lektion   234

Australien	Avustu'ralya	Fehler	kusur
Neuguinea	Yeni Gine	gezählt	sayılı
etwa, ungefähr	aşağı yukarı	Rauch	duman
Anatolien	Anadolu	aufsteigen	çıkmak
wertvoll	değerli, kıymetli		
romantisch	romantik		
Geschenk	hediye	**zu e)**	
Versprechen	vait (va'di)		
	od. vaat [aː] (-di)	açlık [aʃɬik]	Hunger
beachten	önem vermek (-e)	kararmak	schwarz werden (-dan/
halten (haltbar			vor)
sein)	dayanmak	kazımak	abschaben
Jahrhundert	yüzyıl	hayalî	Phantasie-
Erfindung	buluş	keyif (-yfi)	Laune
heftig	hızlı	'şamfıstığı (-nı)	Pistazie
Erschütterung	sarsıntı	dolma	*Art* Roulade, Gefülltes
Tankstelle	benzin istasyonu	lezzetli	schmackhaft
niederschlagsreich	yağışlı	yer	*hier*: Stück
Land, Kontinent	kara	vereyim [vɛ'rɪːm]	ich möchte geben
schneereich	karlı	'et parçası	Stück Fleisch
Hauptstadt, Zen-		ikram [ɑː] etmek	anbieten, reichen
trale; Provinz-		uzatmak	ausstrecken
hauptstadt,		şapırdatmak	schmatzen
Kreishauptstadt	*hier*: (il, kaza) merkez	enfes	vorzüglich
Handelshafen	ticaret limanı	hakan	Herrscher
erobern	zaptetmek	doymak	satt werden
nordwestlich	kuzey batı	lokma	Stück
südwestlich	güney batı	alsam	wenn ich nähme
Kulturzentrum	medeniyet (*od.* kültür)	aynı çeşit	gleicher Art
	merkezi	tatlı	Süßigkeit
Südosten	güney doğu	hizmetkâr [-ķaːr]	Diener
Römisches Reich	Roma İmparatorluğu	getirmelerini	(ihr — Bringen =) zu
Geschichte	tarih		bringen
die Osmanen	Osmanlılar	konuksever	gastfreundlich
Epoche	devir (-vri)	canım	mein Lieber
Ansicht	görünüş	kadeh	Glas, Kelch
Eisenbahn	demiryolu	tokuşturmak	anstoßen
verbunden	bağlı	zevk duymak	sich freuen (-den/an *D*)
Regierungsbezirk	vilâyet; il	ısrar [ɑː] etmek	bestehen (-de/ auf)
münden	dökülmek	izin vermek	gestatten
Küste	kıyı	yerine	statt
Autostraße	şose	de ... içeyim	daß ich trinke
umarmen	sarılmak (-e)	alışık olmak	gewöhnt sein
Hals	boyun	kusur etmek	es fehlen lassen (-de/
			an *D*)
zu cc)		dönmek	abgehen (-den/ von)
		şaklatmak	klatschen lassen;
verwunden	yaralamak		schnalzen
entwickeln	geliştirmek	Efendi Hazretleri	*etwa*: hoher Herr
Weide	çayır	kuvvetsiz	fade
Viehzucht	hayvancılık	bir de	und *(beim Gegensatz)*
Blech	te'neke	üstüste	nacheinander
Eisenblatt	demir yaprak	birdenbire	plötzlich
verzinnen	kalaylamak	sarhoş	betrunken
Völkerbund	milletler cemiyeti	sallanmak	wanken, schwanken
	od. uluslar kurumu	yumruk	Faust(schlag), Puff
Genf	Ce'nevre	indirmek	niedergehen lassen =
Geschmack	tat (-dı)		*Schlag* versetzen
Geruch	korku	şiddetli	heftig
unangenehm sein	hoşa gitmemek	yere yuvarlanmak	zu Boden kollern
Kapsel	kapsül (-lü)	vuracaktı	er wollte zuschlagen
Possessiv-		çıldırmak	verrückt werden
pronomen	iyelik zamiri [iː]	be!	he!
bilden	kurmak	be adam!	Menschenskind!
vorkommen	bulunmak	suç (-çu)	Schuld

235   **16. Lektion**

kul	Sklave	oturalım	setzen wir uns ...!
eşsiz [ɛsːɪz̧]	unvergleichlich, ohne-	hazırlanmasını	*(das Vorbereitet wer-*
	gleichen		*den =)* den *Tisch* zu
yedirmek	(essen lassen:) auf-		decken
	tischen	tatmak	kosten
kızmak	wütend werden	nefis	köstlich
-acağı yerde	anstatt zu ...	karın (-rnı)	Bauch, Leib
dayanmak	ertragen	üstelik	außerdem
dayak (-ğı)	Prügel, Puff, Schubs	kesecik	Beutelchen
sahiden ['sɑːhɪdɛn]	richtig	altın	Gold

f) Erinnern Sie sich?

1. Als er eines Tages umherschlenderte, traf er auf ein Haus *so* prächtig *wie* ein Palast.
2. Ich bin auf das Mitleid eines großen, edlen Herrn, *wie du* (einer bist), angewiesen.
3. Solange ich in Bagdad bin, darf ein Mann *wie du* nicht Not leiden.
4. Wie fandest du dieses *schneeweiße* Brot?
5. *So etwas* hatte ich noch nie gegessen!
6. Er regte an, nicht *mehr als* eine Keule zu essen.
7. Aber *später* wurden sie von den Engländern wieder zurückgeworfen.
8. Die *besten* (Ziegen) sind diejenigen, die in Ankara und Umgebung gezüchtet werden.
9. Stellenweise wird es wolkig sein; die *höchste* Temperatur des Tages wird 29, die *niedrigste* der Nacht dagegen etwa 18 Grad betragen.
10. *Sobald* er nach Hause kam, schrieb er die seit einer Woche verrichteten Arbeiten auf einen Zettel.
11. Der Hase behauptete, daß er am Schluß des Wettlaufs an dem vereinbarten Ort *viel früher* ankommen werde.
12. Sevilay erfuhr, daß die Gesundheit *der größte* Reichtum in der Welt ist.

Europäische Wörter im Türkischen

dekor:	*frz.* décor	santilitre:	*frz.* centilitre
lüks:	*frz.* luxe	sinemaskop:	*engl. (amer.)* Cinema-
			scope
salon:	*frz.* salon	ba'lina:	*lat., it.* balena
hol:	*engl.* hall	avantaj:	*frz.* avantage
piyano:	*it.* piano	'taksi:	*engl., dt.* 'taxi, 'Taxi
kanape:	*frz.* canapé	enerji:	*frz.* énergie
gravür:	*frz.* gravure	alternatör:	*frz.* alternateur
porselen:	*frz.* porcelaine	di'namo:	*dt., frz.* Dy'namo, dyna-
etajer:	*frz.* étagère		mo

Formel

Demek göründüğü kadar aptal değilmiş.

Er ist also nicht so dumm, wie er aussieht.

17. Lektion

1. Kırkçeşme suyu

Kanunî Sultan Süleyman kırlarda gezmeyi çok severdi (— — —). Vakit buldukça İstanbul'dan çıkar Kâğıthane taraflarında dolaşırdı (— — —). Bir gün buralarda bir kaynağa rastladı (.). Bundan faydalanmayı düşündü (.). Çünkü o çağlarda İstanbul'un suyu pek azdı. Mimar Sinan'a, Kâğıthane'deki suların İstanbul'a getirilmesini emretti (.).
Büyük Mimar çalışmağa başladı (.).

Padişah bir gün kalktı (.), Kâğıthane'ye gitti (.). Su yolları kazılıyor, künkler döşeniyordu (—). Mimar Sinan, Padişahı görünce selâma durdu (.). Sonra dereleri, kaynakları dolaştılar (.). Padişah, duru suların akışını görünce pek ferahladı (.). Büyük Mimara:

— Benim isteğim, dedi (.), bu su her mahalleye getirilsin. Çeşme yapılacak yerlere çeşme yapılsın. Çeşme yapılamayacak yerlerde kuyular kazılsın. Bunlara su uğrasın. Çeşmelerden, kuyulardan, | yaşlılar, zayıflar, kimsesiz kadınlar, küçük yavrular, | testilerini, bardaklarını doldurup devletime dua etsinler ...

Su yollarının tamamlanması dokuz yıl sürdü (.). Çeşmelerde suyun boşuna akmaması için burma musluklar icat edildi (.).

Kanunî Sultan Süleyman, birçok armağanlarının arasına Kırkçeşme suyunu da katmıştı (—|).

2. Bitki nefes alır

Bitkilerin nefes aldığını hiç aklına getirmiş miydin? Bitki nefes alırken havanın oksijenini içine çeker ve dışarıya karbon gazı atar.

Küçük bir deney yapalım. Üç tane, oldukça büyük kavanoz alalım. Birinci kavanozu boş bırakalım. İkinci kavanozun içine saksıya dikili bir fasulye koyalım. Sonra da bu kavanozun üstünü, güneş ışınlarının girmesini önlemek için siyah kâğıtla örtelim. Üçüncü kavanozun içine de herhangi bir bitkinin filizlenmiş tohumunu koyalım. Kavanozları iyice kapatarak bir gün bir gece bekleyelim.

Bu zamanın geçmesinden sonra kavanozlardan her birinin içine | yanar bir mum koyalım. Mumun birinci kavanozda yanmaya devam ettiğini, diğer iki kavanozda ise söndüğünü görürüz.

Bunun sebebi nedir? İkinci ve üçüncü kavanozdaki bitki ile tohum nefes aldıklarından kavanozlardaki havanın oksijenini bitirmişlerdir. Nefes verirken dışarıya attıkları karbon gazı mumları söndürmüştür.

Bitkinin nefes alma organları nelerdir?

Bitkiler yapraklarındaki ufak deliklerin aracılığı ile nefes alıp verirler.

Aus Renkli İlkokul Ansiklopedisi,
Arkın Kitabevi, Istanbul 1964

17. Lektion

3. Tatlı dil

Selim'le Leylâ iki kardeştiler. Büyüğü küçüğüne takılmayı pek severdi
(— — —). Küçüğü de buna kızar, ağlardı (— — —). Annesi niçin ağladığını
sorunca:
— Ağabeyim bana takılıyor, derdi (— — —).
Annesi **her** defasında:
— Sen de onun şakalarını hoş karşılarsın, ne olur? derdi.
Bir gün Leylâ, annesinin söylediğini den**emeye karar verdi.** İki kardeş
kahvaltı ediyorlardı (—). Selim dedi ki:
— Sütümü i**çeyim** de senin bebeğini şu dolaba kapayayım.
Leylâ tatlı tatlı güldü:
— Sahi, ne güzel olur? Bebeğim cansız olduğu için hiç sıkılmaz. Biz de
ba**şka şeyle** oynarız.
Selim şaşırdı kaldı. Sonra:
— Sen soğuk almışsın, dedi. Annem bugün seni misafirliğe götürmez.
— Zararı yok. Ben de oturur, kitaplarımı okurum.
— Siz kızlar **hep** sulu gözlüsünüz. Hemen ağlayı**verirsiniz.** Hem de pek
korkaksınızdır.
Leylâ yine kızmadı. **Hiç bir şey** olmamış gibi:
— Ben de erkek çocuk olmak isterdim, dedi.
Selim etrafına baktı. Hırçın hırçın:
— Benim portakalım seninkinden büyük! diye bağırdı.
— Afiyetle ye, ağabeyciğim.
Selim dayanamadı, a**ğlamağa başladı.** Anneleri içeri girdi:
— Ne ağlıyorsun, oğlum? diye sordu.
Selim:
— Anne, dedi, ben Leylâ'ya takılıyorum. Ama o hiç kızmıyor.

Erklärungen

zu 1. ... suların ... getirilmesini ...	daß das Wasser geleitet werde (*wörtl.* das Gebrachtwerden des Wassers).
Su yollarının tamamlanması ...	(das Vollendetwerden ...) die Vollendung der Kanäle
2. üç tane [yʃtanɛ]	
3. ağabeyciğim [a:bɪ'dʒiːm]	lieber Bruder

4.   112. İhlâs Suresi

Konusu: İhlâs suresi Allah'ın birliği prensibini en açık şekilde anlatan
suredir.
Surede putperestliğin **her** türlüsü ve Allah'a eş koşan **bütün** itikatlar reddedilir.

Esirgeyen, bağışlayan
Allah adıyla başlarım.

(1) De ki: O Allah **birdir, tekdir.**
(2) Ona **her şey** ve **herkes** muhtaçtır. Onun zevali yoktur.
   Hiç bir şeye muhtaç değildir.
(3) Doğurmamıştır ve doğmamıştır.
(4) Onun **hiç bir şey** dengi ve benzeri olmaz, yoktur.

17. Lektion 238

114. Nâs Suresi

Esirgeyen, bağışlayan
Allah adıyla başlarım.

(1) De ki: İnsanların Rabbine sığınırım.
(2) İnsanların sahibine.
(3) **Bütün** insanların ilâhına.
(4) Vesvese veren vesvesecinin şerrinden.
(5) O insanların içine vesveseler verir.
(6) İnsandan **olsun** cinden **olsun** bu gibi **kimselerin** şerrinden.

Vokabeln

1.

kanunî [kɑːnuːniː]	gesetzlich; *hier*: Gesetzgeber
Kanunî Sultan Süleyman	Sultan Süleyman der Gesetzgeber (*in deutschen Geschichtsbüchern*: der Prächtige *oder* der Große, 1520—1566)
kır	das freie Feld
kırlarda	auf dem Land
buldukça	immer wenn er fand
Kâğıthane	*Ortschaft etwa 4 km nordöstl. vom Goldenen Horn*
-i düşünmek	*hier*: den Plan fassen zu
mimar [miːmɑːɾ]	Baumeister
su yolu (*pl.* su yolları)	Kanal
kazmak	(aus)graben, ausheben
künk (-gü)	Abflußrohr *(aus Ton)*
döşemek	*hier*: legen
dolaşmak	besichtigen (-i/ A)
duru	kristallklar
akış	Lauf
ferahlamak	froh werden
istek (-ği)	Wunsch
mahalle	Stadtviertel
çeşme	(Spring)Brunnen
kuyu	Schöpfbrunnen
uğramak	*hier*: (heraus)fließen (-e/ in)
zayıf	gebrechlich
kimsesiz	alleinstehend
testi	Tonkrug
bardak	Kanne
doldurmak	füllen
tamamlama	Vollenden
boşuna	vergebens
akmaması için	damit (es) nicht floß
burma musluk (-ğu)	Wasserhahn
armağan	Stiftung, Wohltat
katmak (-ar)	hinzufügen

2.

nefes vermek	ausatmen
aklına getirmek	sich (etw.) ins Gedächtnis rufen
hiç	*in der Frage*: je(mals)
oksijen	Sauerstoff
içine çekmek	*einziehen*: aufnehmen
karbon gazı	Kohlensäure(gas)
dışarıya atmak	*hinauswerfen*: abgeben
deney	Versuch, Experiment
oldukça	ziemlich
kavanoz	Glasgefäß
boş	leer
saksı	Blumentopf
dikili	eingepflanzt
fa'sulye	Bohne
ışın	Strahl
önlemek	verhindern
'herhangi bir	irgendein
filizlenmek	Triebe ansetzen, keimen
tohum	Same
kapatmak	= kapamak
geçme	Verlauf, Ablauf
her biri	(ein) jeder
yanar	brennend *(s. Lekt. 5 J)*
mum	Kerze
sönmek	erlöschen *(itr.)*
bitirmek	*hier*: verbrauchen
nefes alma organı	Atmungsorgan
aracılık (-ğı)	Vermittlung

3.

tatlı dil	sanfte Sprache, freundliche Worte
takılmak	necken (-e/ A)
kızmak (-ar)	sich ärgern (-e/ über)
ağabey [ɑːbı]	älterer Bruder
hoş	*hier*: friedlich
ne olur	wie wäre es
sahi(h) ['sɑːhiː]	tatsächlich
cansız	leblos
sıkılmak	bedrängt werden
sıkılmaz	*hier*: tut es (ihr) nicht weh

239

17. Lektion

şaşırmak	verdattert sein
soğuk almak	sich erkälten
misafirlik [aː]	Besuch
misafirliğe gitmek	zu Besuch gehen
zararı yok	das schadet nichts
sulu gözlü	(mit wäßrigen Augen =) weinerlich
ağlayıvermek	gleich losheulen
hem	außerdem
korkak	ängstlich
erkek çocuk	Junge
etrafına bakmak	um sich sehen
hırçın hırçın	voller Wut *(s. Lekt. 16 O 3.)*
afiyet [aː]	Appetit
dayanmak	(es) ertragen

112. Sure

ihlâs	fester Glaube; Aufrichtigkeit
prensip (-bi)	Prinzip
putperestlik (-ği)	Götzendienst

itikat [iːtıkaːt] (-dı)	fester Glaube
reddetmek	zurückweisen
zeval (-li)	Vergehen, Tod; Sinken *der Sonne*
doğurmak	erzeugen, gebären
denk (-gi)	gleichartig; Gegengewicht
benzer	ähnlich

114. Sure

nâs	*ar.* Menschen (*vgl.* insan)
sığınmak (sığınır)	Zuflucht suchen (-e ... -den/ bei ... vor)
ilâh [ılaːx] (-hı)	Gott, Gottheit
vesveseci	Zweifler; *hier*: Versucher
vesvese	Versuchung, Verlockung
şer (-rri)	Böse(s), Schlechtigkeit
olsun	sei es
cin (-nni)	böser Geist

Grammatik

Optativ, Wunschform oder Konjunktiv   A

Die heute unter dieser Gruppe zusammengefaßten gebräuchlichen Formen stellen eine Mischung aus dem Imperativ und dem eigentlichen Optativ (Konjunktiv) dar.

Für den praktischen Gebrauch ergibt sich folgendes Schema, in dem die Imperativ-Formen (2. und 3. Person) vorherrschen:

1.	geleyim	ich möchte (soll, will) kommen
2.	gel	komm! *(s. Lekt. 6)*
3.	gelsin	er soll (möge) kommen, er komme (doch)
1.	gelelim	kommen wir!, laßt uns kommen!
2.	gelin, geliniz	kommt!, kommen Sie! *(s. Lekt. 6)*
3.	gelsinler	sie sollen (mögen) kommen

Entsprechend:

göreyim	yapayım	konuşayım
gör	yap	konuş
görsün	yapsın	konuşsun
görelim	yapalım	konuşalım
görün(üz)	yapın(ız)	konuşun(uz)
görsünler	yapsınlar	konuşsunlar

Aussprache: **-eyim, -ayım** lauten [-ɪˑm], [-ɨˑm]

also   geleyim [g̶ɛˈlɪˑm], yapayım [jaˈpɨˑm]

Betonung: gelelim [g̶ɛlɛˈlɪm]

-sin (**-sün, -sın, -sun**) hat fallenden Ton, die Silbe davor Hochton. Beim sehr deutlichen Sprechen ist **-sin** betont; bei schnellem Sprechen wird die Betonung schwächer; der Vokal in **-sin** wird fast zum Flüstervokal: gelsin [ˉg̶ɛlˈsɪn, ˉg̶ɛlsɪn].

17. Lektion   240

Frage

1. geleyim mi?	**Darf (Soll)** ich kommen?
2. —	
3. gelsin mi?	**Soll** er kommen?
1. gelelim mi?	**Wollen (Sollen)** wir kommen?
2. —	
3. gelsinler mi?	**Sollen** sie kommen?

verneint	verneint fragend
gelmeyeyim ['g̸ɛlmɛjɪm]	gelmeyeyim mi?
gelme	—
gelmesin	gelmesin mi?
gelmeyelim	gelmeyelim mi?
gelmeyin(iz)	—
gelmesinler	gelmesinler mi?

B

Reine Optativ-Formen sind nur die 1. Pers. Sing. und Plur. Doch gibt die
erste Pers. Plur. auch den Imperativ „*laßt uns ...*" usw. wieder.
Die sehr beschränkt gebräuchlichen Optativ-Formen der 2. und 3. Pers.
werden durch das betonte Suffix **-(y)e-** gebildet; es ergibt sich folgendes
Schema, das mehr theoretischen als praktischen Wert hat:

geleyim	gelmeyeyim	
gelesin	gelmeyesin	
gele	gelmeye	**Frage:** gelmeyeyim mi?
gelelim	gelmeyelim	usw.
gelesiniz	gelmeyesiniz	
geleler	gelmeyeler	

Die 2. und 3. Pers. werden noch in einigen stehenden Wunschformeln ge-
braucht. Die 3. Pers. erfüllt, doppelt gesetzt, die in Lekt. 6 beschriebenen
Aufgaben. Die 2. Pers. Sing. und Plur. wird außerdem in Verbindung mit
ki ... und **... diye** gebraucht. Die letztgenannte Konstruktion gibt meist das
Finalverhältnis *damit, um ... zu* wieder, zuweilen auch eine Folge ... *daß*.
Für diese Konstruktion ergibt sich folgende Verteilung der Formen:

			damit,
... ki {	-eyim, -esin, -sin	} od. diye	um ... zu
... de {	-elim, -esiniz, -sinler		*oder* ... daß;
			de *auch* und ...

Beispiele:

Meseleyi size anlatayım.	Ich **möchte** Ihnen die Sache erklären.
Söyleyeyim mi?	**Soll** *(Darf)* ich es sagen?
Gelsin.	Er **soll** kommen.
Gelsin mi?	**Soll** er kommen?
Küçük bir deney yapalım.	**Machen** wir einen kleinen Versuch!
Küçük bir deney yapalım mı?	**Wollen** wir einen kleinen Versuch machen?

241   17. Lektion

Bahtiyar olasın!	**Mögest** du glücklich sein!
'Rasgele	(er **möge** treffen =) viel Glück!, *a.*
	der erste beste, ein beliebiger
Kolay gele (*od.* **gelsin**)!	Es **möge** Ihnen (dir) leicht von der
	Hand gehen.
Uğurlar ola (*od.* **olsun**)!	Alles Gute auf den Weg! **Kommen**
	Sie gut hin!

C

Wegen **bakayım, bakalım** beim Imperativ s. *Lektion 6 C.* In der Frage
entspricht es dem deutschen verstärkenden *denn, wohl:*

İşim olacak mı **bakalım?**	Ob meine Sache **wohl** klappt?
Kitabı çocuklar o'kumasın **diye**	Ich habe das Buch versteckt, **damit**
sakladım.	die Kinder (es) nicht lesen.
Sizi gö**reyim diye** geldim.	Ich kam, **um** Sie **zu** sehen.
Unutmayasın **diye** söylüyoruz.	Wir sagen (es), **damit** du (es) nicht
	vergißt.
Oturdum **ki** biraz dinle**neyim.**	Ich setzte mich, **um** mich etwas aus-
	zuruhen.
Bir kitap alay**ım da** okuy**ayım.**	Ich möchte ein Buch nehmen (kau-
	fen) **und** lesen.
Gazeteyi hızlı (= yüksek sesle) oku	Lies die Zeitung laut vor, **damit** ich
da ben **de** dinle**yeyim** (dinleyim).	auch (= etwas) höre.

Formelhafte Wendungen mit -sin   **D**

Geçmiş **olsun.**	(es **sei** vorüber =) Gute Besserung!
Kal**sın.**	Lassen Sie es nur! *od.* Nicht so
	wichtig!
az kal**sın**	fast, beinahe
olsun ... **olsun**	*Konjunktion:* sei es ... sei es
Az **olsun** öz **olsun.**	(Wenig **sei** es, echt **sei** es =) Wenig,
	aber gut.
Afiyet **olsun.**	Guten Appetit!
Başınız sağ **olsun.**	*etwa:* Meine herzliche Anteilnahme!
Bayramınız kutlu **olsun.**	Glückliches Bayramfest!
Allah ver**sin!**	*(zu Bettlern:)* Gott **möge** (dir) geben!
Allah ömürler ver**sin!**	Gott schenke Ihnen ein langes Leben!
Allah rahatlık ver**sin!**	Schlafen Sie gut!
Hatırına bir şey gel**mesin.**	Ich habe mir nichts Böses dabei ge-
	dacht.
Var**sın olsun!**	Was liegt schon daran! *(vgl. L. 15*
	Çivi)

Anmerkung: In Verwünschungen trifft man das heute sonst kaum noch ver-
wendete Suffix **-esi (-ası)** (häufig + **ce, ca**), mit dem früher ein Futur gebildet
wurde:

Kör olas**ı(ca)!**	Möge er erblinden!
Yere batas**ı(ca)!**	Möge er in den Erdboden versinken!

Lehrbuch Türkisch 16

17. Lektion 242

Kausativ   E

Reichlichen Gebrauch macht das Türkische von Suffixen, die beim Verb
die Bewirkung eines Vorgangs ausdrücken. Auch das Deutsche verfügt über
solche Mittel, z. B. ist *fällen* Kausativum von *fallen*: Ich fälle den Baum =
Ich bewirke (veranlasse), daß der Baum fällt.

Dem kausativen Verb entspricht im Deutschen:

     — ein Verb mit *lassen:* unut**tur**mak vergessen **lassen**
     — ein transitiv gebrauchtes Verb: pişmek *kochen* (itr.)
                              pişirmek *kochen* (tr.)
     — ein besonderes Verb: ölmek *sterben*
                         öldürmek *töten*

Das Türkische hat fünf Kausalsuffixe:

-er (-ar)	**-ir** (-ür, -ır, -ur)
-it (-üt, -ıt, -ut)	**-dir** (-dür, -dır, -dur)
-t	

1. **-er (-ar)** nur in folgenden Verben:

     çık-ar   hinausgehen **machen**: herausziehen usw.
     çök-er   niederknien **lassen**
     gid-er   gehen **machen**: beseitigen; Durst löschen
     kop-ar   abbrechen, abreißen
     on-ar   besser werden **lassen**: ausbessern, reparieren

2. **-it** tritt an einsilbige Stämme, die meist auf **-k** enden   **-k + it**

     ak-ıt   fließen **lassen**
     kok-ut   mit Geruch **erfüllen** (kokmak *riechen*)
     kork-ut   ängstigen (korkmak *sich fürchten*)
     sap-ıt   abbiegen **lassen**; vom richtigen Weg abkommen
     sark-ıt   hinunterhängen, hinaushängen **lassen**
     ürk-üt   einen Schreck einjagen (ürkmek *scheuen*)

3. **-t** tritt an mehrsilbige Stämme auf **Vokal**, **l** oder **r**   — — (Vokal) / — — l / — — r   **+ t**

anla-t	verstehen **lassen**; erklären	otur-t	sitzen **lassen**;
bekle-t	warten **lassen**		setzen, stellen
düzel-t	verbessern	söyle-t	sagen, sprechen
hatır-la-t	*j-n* erinnern (vgl. L.11 O)		**lassen**

4. **-ir** an einsilbige Stämme   **— + ir**

bat-ır	untergehen **lassen**; versenken	iç-ir	trinken **lassen,** zu trinken geben
bit-ir	enden **lassen,** beenden	kaç-ır	entweichen **lassen**; vertreiben, entführen
doğ-ur	gebären		
düş-ür	fallen **lassen,** zu Fall bringen	piş-ir	kochen (tr.)
geç-ir	vorbeigehen **lassen,** verbringen	yat-ır	ins Bett legen

243   **17. Lektion**

5. -dir (-dür, -dır, -dur, *s. Phon.* ⑨ B 3) häufigstes Suffix, das nicht an mehrsilbige Stämme auf **-l, -r** tritt

$$\left.\begin{array}{l} - \text{-l} \\ - \text{-r} \end{array}\right\} \quad \textbf{kein -dir!}$$

don-dur	gefrieren **lassen,**	**ye-dir**	zu essen **geben,**
	zum Gefrieren bringen		auftischen
öl-dür	sterben **lassen,** töten	**et-tir**	*von etmek,* z. B.

terfi ettir-mek befördern *(dagegen* terfi etmek *befördert werden)*

Folgende Verben gehören auch in diese Gruppe, zeigen aber Unregelmäßigkeiten:

gel-	**getir**	(kommen **lassen** =) bringen
gör-	**göster**	(sehen **lassen** =) zeigen
ısın-	**ısıt**	(warm werden **lassen** =) erwärmen
kalk-	**kaldır**	aufstehen **lassen,** emporheben
öğren-	**öğret**	(lernen **lassen** =) lehren

Anreihung mehrerer Suffixe ist nicht selten:

bulmak	*finden*
bul**un**mak	*vorhanden sein*
bul**undur**mak	*veranlassen, daß vorhanden ist = anbringen*
bul**undurul**mak	*angebracht werden*
ölmek	*sterben*
öl**dür**mek	*töten*
öl**dürt**mek	*töten lassen*

Der Täter oder die Sache, durch den oder die etwas geschieht, steht im Deutschen bei „lassen" im Akkusativ, im Türkischen beim kausativen Verb im Dativ:

Anne Orhana (ona) mektubu yazdırdı.	Die Mutter ließ Orhan (ihn) den Brief schreiben (... ließ durch Orhan den Brief schreiben).

-'dikçe   **F**

Diese Suffixgruppe gibt eine Beziehung der Zeit oder des Verhältnisses an, die im Deutschen durch Konjunktion

immer wenn, wenn; in dem Maße, wie ...,
je ... desto; in zunehmendem Maße, immer + Komp.

hergestellt wird.

Das Hauptverb weist eine Form des unvollendeten Aspekts auf (-r, -rdi, -yor, -yordu).

Vakit bul'**dukça** İstanbul'dan çıkar Kâğıthane taraflarında dolaşırdı.	**Immer wenn** er Zeit fand, **pflegte** er Istanbul zu verlassen und in der Umgebung von Kagitane spazierenzugehen.
Cilt karar**dıkça** kararır.	Die Haut wird **in zunehmendem** Maße (*od.* **immer**) dunkler.

Merke: oldukça   *ziemlich, einigermaßen*
           gittikçe   *allmählich*

16*

17. Lektion   244

Indefinitpronomen   G

Substantivisch		Adjektivisch	
başka biri ⎫ başka birisi ⎭	ein anderer *usw.;* etwas anderes	az	wenig, wenige
başkası	ein anderer *usw.*	başka	der, die, das andere;
başkaları	andere		andere
başka bir şey	etwas anderes		
biri ⎫ birisi ⎭	einer, der eine, die eine; (irgend-)jemand	bazı [bɑːzɨ]	*mit Sing.:* manche(r), manches; *mit Plur.:* einige, manche
biri ... biri *od.* öbürü *od.* öteki	der eine ... der andere		
'birazı	ein wenig davon	'biraz	ein wenig, etwas
bir başkası	jemand anders		
birçoğu	ziemlich viel	'birçok	*mit Sing. od. Plur.:* (ziemlich) viele, zahl- reiche, eine ganze Reihe (von)
bir kimse	jemand; *mit Vernei- nung:* niemand	'birkaç	nur *mit Sing.:* einige, mehrere
bir şey	etwas; *mit Verneinung:* nichts	'birtakım	*mit Plur.:* einige, eine Anzahl
bazısı	mancher	bütün	*mit Sing. u. Plur.:* ganz, alle, sämtliche
bazımız	manche(r) von uns	çeşitli	*mit Plur.:* verschiedene
bazınız	manche(r) von euch		
bazıları, bazı kimseler	einige		
çoğu	meist- *(s. L. 16 N)*	çok	*mit Sing. u. Plur.:* viel,
çoğumuz	viele von uns		viele
diğer biri	*s.* başkası	diğer	*s.* başka
falan(ca), filan(ca)	der und der, die und die, das und das, so und so; ein gewisser *usw.;* Dingsbums, Dingsda	falan(ca), filan(ca), falan filan ⎬	der u. der, die u. die, das u. das; ein gewisser, eine gewisse, gewisse u. ähnliche *usw.,* Dings- bums
hepsi	alles		
hepimiz	wir alle		
hepiniz	ihr alle		
her biri	(ein) jeder, (eine) jede	her	*mit Sing.:* jeder, jede, jedes; alle
her birimiz	jede(r) von uns	her çeşit	*mit Sing.:* jede Art von, verschiedene
her biriniz	jede(r) von euch		
her ikisi	(alle) beide	her iki	beide
'herkes	jeder, jedermann		
her şey	alles		
herhangi bir ⎫ herhangi bir kimse ⎭	irgendwer, irgendeiner	herhangi bir	irgendein(e)

245   17. Lektion

Substantivisch		Adjektivisch	
herhangi bir şey	irgend etwas		
hiç	*Verstärkung der Verneinung:* gar, keinerlei, irgend-; nichts *(in der Antwort)*	hiçbir	(gar) kein(e)
hiç biri	keiner		
hiç birimiz	keiner von uns		
hiç (bir) kimse	*mit Verneinung:* niemand		
hiç bir şey	*mit Verneinung:* nichts		
kimi, kimisi, kimimiz	*s.* bazısı		
kimi ... kimi	die einen ... die anderen		
kimse	jemand; *mit Verneinung:* niemand		
muhtelif	verschiedene		
öbürü, öteki	der, die, das andere	öbür, öteki	*s.* başka
tek bir	ein einziger, eine einzige; *mit Verneinung:* kein(er), kein einziger, keine einzige	'rasgele	der erste beste, jeder beliebige
tek bir kişi		türlü	*mit Plur.:* verschiedene
		tek bir	ein einziger, eine einzige, ein einziges

Adverbial: hep *alle, alles*

Die Unbestimmtheit eines Begriffs kann auch dadurch ausgedrückt werden, daß man das betreffende Wort mit dem Anlaut **m-** wiederholt. Der erste Konsonant fällt dabei weg (vgl. deutsch doppelt ge**m**oppelt):

oyun	moyun	*Spiele und dergleichen*
tarla	marla	*Felder usw.*
kalem	malem	*Federhalter und Ähnliches*
soğuk	moğuk	*wohl ziemlich kalt*
sıcak	mıcak	*wohl ziemlich heiß*

Die Aktionsarten (Aspekte) in der Erzählung   H

Die Erzählung „Das Vierzigbrunnen-Wasser" bietet ein gutes Beispiel für die Verwendung der wichtigsten Aktionsarten in der Vergangenheit, deren Formen und Symbole in L. 8 B angeführt sind.

Die Form **-rdi** (— — —) stellt die gewohnheitsmäßige, sich regelmäßig wiederholende Handlung heraus, im Deutschen in gewissen Fällen durch „pflegen" bezeichnet:

> Sultan Süleyman ... İstanbul'dan **çıkar** Kâğıthane taraflarında dolaşı**rdı**.

Innerhalb dieses durch die **-rdi**-Form skizzierten großen Rahmens werden neue Geschehnisse und Tatsachen, die die Handlung weiterführen, durch die **-di-Vergangenheit** (.) festgestellt. Ein Zeitadverb wie *bir gün, sonra* betont oft die Einmaligkeit, die in einem Punkt verdichtete Handlung.

17. Lektion 246

Das durch die Form **-yordu** (—) dargestellte **unvollendete Imperfekt** schildert eine über einen gewissen Zeitraum andauernde Handlung, in deren Verlauf sich meist neue Vorgänge und Tatsachen abspielen. Beschreibungen aller Art wie Naturschilderungen stehen gewöhnlich in dieser Form.

Im Unterschied zu der **-rdi**-Form, die durch die Erfassung eines großen Zeitraumes oft zum Mittel der Rückblende wird, beschränkt sich die **yordu**-Form auf den Entwurf eines kleinen Rahmens. Sie ist weniger selbständig als die **-rdi**-Form; sie kann im Vergleich zu der perfektiven **-di**-Vergangenheit als sekundär betrachtet werden:

Padişah bir gün kalktı (.),	Der Sultan **machte sich** eines Tages
Kâğıthane'ye gitti (.).	**auf** (und) **ging** nach K.
Su yolları kazılıyor,	Kanäle **wurden ausgehoben**, Abfluß-
künkler döşeniyordu (—).	rohre **gelegt**.

Schema:

1. Lebensgewohnheiten des Sultans *(pflegen, „immer")*: — — — — — —
2. Was er tat, was er dachte,
   was der Baumeister Sinan tat,
   was geschah *(dann, eines Tages)* (.) (.) (.) (.) usw.
3. Was neben den Handlungen von
   (2) vor sich ging, vorher und
   nachher, inzwischen *(gerade dabei, immer noch)* ...

Das gleiche Schema gilt entsprechend für den dritten Text „Freundliche Worte".

Infinitiv -mek I
-me

Beide Infinitive können substantivisch gebraucht und dekliniert werden. Im Deutschen steht meist der Infinitiv mit **zu**. Der Kasus im Türkischen hängt von dem folgenden Wort ab. Vor **başlamak** und **karar vermek** steht **-e (-a)**:

Bir şarkı $\left\{ \begin{array}{l} \text{söylemeğe} \\ \text{söylemeye} \end{array} \right\}$ **başladı.**   Er begann ein Lied zu singen.

Merke: söylemek *Dat.* söylemeğe
söyleme „ söylemeye

In türkischen Schulbüchern (und allen anderen schriftlichen Zeugnissen) finden sich z. B. vor başlamak beide Formen. Sie werden heute in diesen Fällen unterschiedslos gebraucht. Weitere Formen s. 19. Lektion.

Übungen

a)

1. **Bilden Sie aus der Grundform der folgenden Verben die kausative Form. Alle kausativen Verben sind Ihnen bereits bekannt.**

pişmek *(kochen itr.)*	*Wege gehen; scheuen; sich*	durmak
boşalmak *(sich leeren)*	*drücken vor)*	işlemek
öğrenmek	kalkmak	bilmek
uyanmak	dolmak *(sich füllen, voll*	basmak
kaçınmak *(-den / aus dem*	*werden)*	geçmek

247   17. Lektion

çıkmak	uzamak	yapışmak *(kleben, haften*
tanımak	yerleşmek	*itr.)*
damlamak *(tropfen)*	getirmek	ısınmak
azalmak	temizlemek	canlanmak *(aufleben;*
hatırlamak	yıkamak	*belebt werden)*
bitmek	dinlemek	iyileşmek
düzelmek	yetişmek	kararlaşmak *(bestimmt,*
anlamak	kolaylaşmak *(leichter*	*vereinbart werden)*
unutmak	*werden, bald fertig*	sönmek *(verlöschen)*
değişmek	*sein)*	doğmak

2. Bilden Sie in den Sätzen des zweiten Lesestückes, die -elim enthalten, die Frageform der 1. Pers. Sing. und die Befehlsform der 3. Pers. Sing. und Plur.

3. Ergänzen Sie ki oder diye mit der entsprechenden Verbform:

a) Arzu ederim — bir evim (olmak).

b) Biraz (kestirmek) — kompartımanımda uzandım.

c) Yedi kız, Ebu Hasan sıcaktan (bunalmak) — yelpazelerini sallamağa başladılar.

d) Size ne verebileceğimi şimdiden bil- *(ich möchte mitteilen)* —, sonra sizinle oynadığımı iddia (etmemek) *(... damit Sie später nicht behaupten ...).*

e) Küp büyücekti: Ali Hoca, içindeki paralar (şıngırdamak) —, üstünü zeytin dol-, kapa-.

Ergänzen Sie die Verbform:

f) — Kışlık paltonuza güvelerin girmemesi için bir şey yaptınız mı, Poldi?
— Gayet tabiî, içeri (girmemek) — düğmelerini ilikledim.

g) Bayramınız kutlu —!
Allah muvaffak (eylemek).

h) Bu çamaşır (yıkanmak) ve (ütülenmek).

i) Çok (olmak), çeşit *(= vielerlei)* (olmamak).

j) Fakat su çok sıcak (olmamak).

k) Kulaklar açıkta *(frei)* (kalmak).

l) Biraz daha çay (vermek)? *(Darf ich ...)*

b) Setzen Sie die fehlenden Wörter und Verbformen ein, deren Bedeutung aus der deutschen Übersetzung hervorgeht.

1. Elektrik kullanılan yerlerde elektrik sigortaları —.	Wo elektrischer Strom verwendet wird, werden elektrische Sicherungen angebracht.
2. Köyün en büyüğü olan ve — dilediğini — bu adam yolcuları dostlukla karşıladı.	Dieser Mann, der der Größte des Dorfes war und jeden (das tun ließ, was er wollte =) nach seinem Willen beschäftigte, empfing die Reisenden freundlich.
3. Bu boa günlerden beri bizi korku--yordu.	Diese Boa hat uns seit Tagen vor Angst zittern lassen.
4. — kişiyi de —.	Einige Personen hat sie sogar getötet.
5. Düşmanlar Osmanlı — Sevr Barışını kabul —.	Die Feinde (ließen das Osmanische Reich [= Staat] den Frieden von Sèvres annehmen =) zwangen das O. R. zum Frieden von Sèvres.

17. Lektion 248

6. Anlaşılmayan bir sözü — için efendim denir.

Um ein Wort, das man nicht verstanden hat, wiederholen zu lassen, sagt man: Wie bitte?

7. Fakat sadaka verdiğin zaman, sol elin sağ elinin ne yaptığını bil-.

Wenn du aber Almosen gibst, so laß deine linke Hand nicht wissen, was deine rechte tut.

8. Gelin, kerpiç yap- ve onları iyice pişir-.

Kommt, laßt uns Ziegel machen und sie tüchtig brennen.

9. — yeryüzü üzerin- dağıl- —, gelin, kendimize bir şehir ve başı göklere erişecek bir kule bina et-, ve kendimize bir nam yap-. (Tekvin, bap 11)

Damit wir nicht über die ganze Erde zerstreut werden, kommt, laßt uns eine Stadt und einen Turm bauen, dessen Spitze bis an den Himmel reichen soll, und laßt uns uns einen Namen machen. (Schöpfungsgeschichte, 11)

10. — çalışır ki durumunu düzelt-.

Jeder arbeitet, um seine Lage zu verbessern.

11. — Her ne ise şimdi — — isteğiniz var mı? — — — kalmadı.

Nun gut, haben Sie jetzt einen anderen Wunsch?
Ich habe keinen (nichts) mehr.

Size yüz altını aldığıma dair bir senet (vermek).

Ich möchte Ihnen einen Schein darüber geben, daß ich 100 Goldstücke erhalten habe.

12. Hengeleci birden eliyle bir hareket yaptı: — Hayır ben senet — istemem, lüzum yok.

H. machte plötzlich mit der Hand eine Bewegung: Nein, einen Schein oder so was will ich nicht, ich brauche es nicht.

13. *(Adverb = Adjektiv)*
— dikiş bilen anne, — masrafsız çocuklarını gayet şık ve temiz —.

Eine Mutter, die etwas nähen kann, kleidet ihre Kinder ohne irgendwelche Unkosten chic und sauber.

14. — malumat almak istiyorum, kime müracaat —?

Ich möchte gern einige Auskünfte haben, an wen kann ich mich wenden?

15. Bırakın — dinle-.

Lassen Sie (das), (denn) ich möchte hören.

16. Gel — sana aldığım şeyleri göster-.

Komm, ich will dir zeigen, was ich gekauft habe.

17. Üstü sizde kal-!

Beim Bezahlen: („Der Rest bleibe bei Ihnen" =) Stimmt so!

18. Üstümde kal-.

(es bleibe nicht auf mir:) Ich möchte nicht die Verantwortung dafür haben.

19. — olduğu yerde kal-.

Jeder bleibe an dem Platz, wo er ist.

20. Bunu kabul edebilen kabul —.

Wer es fassen kann, der fasse es!

21. Kimin geldiğini haber —?

Wen darf ich melden?

22. Size ne kadar yağ —?

Wieviel Öl soll ich Ihnen geben?

23. Nelere dikkat —.

Auf was alles wir achten sollen.

Bol meyva —.

Essen wir reichlich Obst!

Meyva çekirdeklerini yut-.

Schlucken wir die Obstkerne nicht hinunter!

Meyva kabuklarını yollara at-.

Werfen wir die Obstschalen nicht auf die Straße(n)!

Meyvaları yıkayarak, kabuklarını soyarak —!

24. Cimrinin ziyafet hazırlığı.
Molière'in Cimri piyesinde Harpagon, cimri tipini can-.

Perde III, Sahne I
Harpagon: Hadi — buraya gelin — size akşam için emirlerimi —, — — yapacağınız işi —.
Yaklaş —, Claude kadın, evvelâ senden —.
(Kadının elinde süpürge vardır.)
Âlâ, işte silâh elde, hazırsın.

25. Yolcular ırmakta ilerliyor, yerliler beyazların geldiklerini — koşup yollarının kıyılarına diziliyor ve şaşkın şaşkın onlara bakıyorlardı.

26. Kıyıya — yolcular daha çok merak ve heyecan duyuyorlardı.

27. Dünyadan — solunumun da güçleştiği görülür.

28. — — güneşte yanarken cildinde neler olur?

Kahverengi bir boya teşekkül eder.
29. Melanin adlı bu madde teşekkül edince de cilt karar- —.

30. — —, melanin teşekkül edene kadar ancak az güneşte kalmağa dikkat etmedikleri takdirde, yanarlar.

Essen wir die Früchte, nachdem wir sie gewaschen und ihre Schalen entfernt haben!

Festvorbereitung des Geizigen.
In Molière's Stück „Der Geizige" verkörpert Harpagon den Typ des Geizigen.

3. Akt, 1. Szene
Nun kommt alle her, damit ich euch für den Abend Befehle erteile (und euch) die Arbeit sage, die jeder von euch zu machen hat.
Komm mal her, Madame Claude, fangen wir bei dir an.
(Die Frau hat einen Besen in der Hand.)
Großartig, schon die Waffe in der Hand, du bist bereit.
Die Reisenden fuhren auf dem Fluß weiter, und immer wenn die Einheimischen die Weißen kommen sahen, liefen sie herbei, stellten sich an den Ufern ihrer Wege auf und betrachteten sie ganz erstaunt.
Je näher wir dem Ufer kamen, desto neugieriger und aufgeregter wurden die Reisenden.
In dem Maße, wie man sich von der Erde entfernt, merkt man, daß auch das Atmen schwerer wird.
Was geschieht in seiner Haut, wenn jemand in der Sonne (braun brennt =) einen Sonnenbrand bekommt?
Es bildet sich eine braune Farbe.
Während sich dieser Melanin genannte Stoff bildet, wird die Haut immer dunkler.
Einige verbrennen nun, falls sie nicht darauf achten, sich nur wenig, bis zur Bildung von Melanin, in der Sonne aufzuhalten.

bb) Man setze die fehlenden Indefinitpronomina ein.

Es kommen in den Sätzen 1—10 folgende vor: **biraz, 2× kimse, çok, öbür, birtakım, herkes, biri ... biri, birisi, öteki.**

1. — adam ne dedi?
2. — kâğıt verir misiniz?
3. İçten ve dıştan Bursa'ya — turist gelir.
4. İçerde — yok galiba, dedim.

17. Lektion 250

5. — bu yana gitti, — öte yana.
6. — geldi, sizi sordu.
7. — bunu bilir.
8. Bunu beğenmedim, — isterim.
9. Yürüyen — yok.
10. Bu eserde de — eksikliklere rastlanması tabiî görülmektedir.

In den Sätzen 11—20 fehlen folgende Indefinitpronomina: 3× **kimse, öteki,**
2× **herkes, hiç bir,** 4× **falan, başka bir şey.**

11. Size elma, armut — getirmiş.
12. — kunuşmadık.
13. Bu saatte — (*Akk.!*) bulamazsın.
14. — kaşık yapar ama sapını ortaya getiremez *(Sprichwort)*.
15. — tarihte, — yerde — kişi ile gezerken, sizi gördüm.
16. Dün toplantıda tanıdıklardan — görmedim.
17. — kendi memleketinde peygamber olmaz *(a. im Türkischen sprichwörtlich)*.
18. — gider Mersine, biz gideriz tersine *(Redensart)*.
19. Aradığım kitabı — yerde bulamadım.
20. Bu kalemi değil, — kalemi veriniz.

c) Übersetzen Sie ins Türkische:

1. Wohin wollen wir gehen?
2. Sollen sie kommen?
3. Was soll ich machen, was betreiben (işlemek), wie soll ich mein Brot (= mein Leben) verdienen?
4. Und (bir de) was sehe ich (= soll ich s.) (da)?
5. Übergehen (geçmek) wir diese (o) Angelegenheit!
6. Weiter (geç)! Sprechen wir von etwas anderem (= A. andere Sachen)!
7. Der Zug hält, steigen wir aus, rufen wir (einen) Gepäckträger, und lassen wir unsere Koffer in einen Wagen stellen!
8. Gehen wir ein bißchen in den Straßen spazieren.
9. Ich möchte etwas stehenbleiben, mir die Schaufenster ansehen.
10. „Fragen wir einen Wissenden" = „Briefkasten" *in türkischen Zeitungen.*
11. Wollen wir spielen? Gut, was wollen wir spielen? Verstecken? Gut, spielen wir Verstecken! Aber zuerst soll sich Bob verstecken. Soll ich mich verstecken? Gut, dann (öyleyse) will ich mich zuerst verstecken.
12. Ich bin bereit, wenn Sie wollen, gehen wir!
13. Wir möchten unsere verehrten Leser noch daran erinnern, daß ...
14. Soll ich Ihnen die (= Ihre) Haare waschen?
15. Sollen wir noch warten?
16. Was sollen wir zu den Streichen (oyun) sagen, die du uns gespielt (yapmak) hast?
17. Ich möchte es versichern lassen.
18. Wo kann ich die Wäsche waschen lassen?
19. (Wie soll ich dich glauben machen =) Wie soll ich es dir begreiflich machen?
20. Was hast du gesehen? Nichts.
21. Niemand kann zwei Herren dienen;
22. denn entweder (ya) verabscheut er den einen und liebt den anderen, oder (yahut) er hängt dem einen an (und) verachtet den anderen.
23. Du setztest dich, um dich etwas auszuruhen.

251   17. Lektion

24. Ihr setztet euch, um ...
25. Du kamst, um ihn zu sehen.
26. Ihr kamt, um sie zu sehen.
27. Er scheut keinen Dienst (drückt sich vor keinem Dienst).
28. *Aus einer Reklame:*
    Dieser Apparat ist ein Radio, das die Nachtigallen zum Schweigen bringt.
29. Die Polizei ließ eine Blutprobe bei dem Mörder (*Übers.:* die Blutprobe des
    Mörders) machen.
30. Schweigen Sie, ein anderer soll antworten.
31. Nach einigen Jahren errichtete (yapmak) er eine Gesellschaft, und schließlich
    gründete er eine Fabrik.
32. Für die Türken in Deutschland beginnen wir mit unserer türkischen Sendung.
    Ihnen allen herzliche Grüße, liebe Hörer.
33. Es lebe die Türkei! Es lebe die Republik!
34. Frohe Feiertage (Ihr Bayramfest sei gesegnet)!
35. Ich sage (es), damit du es nicht vergißt.
36. Ich habe die Tür geschlossen, damit ihr euch nicht erkältet.

Vokabeln

zu a)

arzu etmek	wünschen
kestirmek	ein Schläfchen machen
bunalmak	umkommen (-den/ vor)
'yelpaze [ɑː]	Fächer, Wedel
sallamak	schwenken
küp (-pü)	Tonkrug
şıngırdamak	klirren, klappern
üstünü doldurmak	den oberen Teil anfüllen, darauf füllen
kışlık palto	Wintermantel
güve	Motte
gayet [ɑː]	sehr
gayet tabiî	und ob!
iliklemek	zuknöpfen
muvaffak	erfolgreich
eylemek	*lit.* für etmek
ütülemek	bügeln, plätten

zu b)

dilemek	wünschen
kerpiç (-ci)	Ziegel
dağılmak	sich auflösen; zerstreut werden
-e erişmek	erreichen, reichen bis zu
kule	Turm
bina [ɑː] etmek	bauen
nam [ɑː]	Name
'her ne ise	nun gut, lassen wir das
altın	Goldstück
-e dair [ɑː]	betreffs, über
senet (-di)	Schein, Beleg
lüzum [uː]	Notwendigkeit
masraf	Kosten, Ausgabe
şık	chic
giydirmek (*tr.*)	kleiden

malumat [mɑːluːmɑːt]	Auskunft, Information
kabul [-uːl] etmek	*a.* fassen, begreifen, akzeptieren
haber vermek	melden
yağ [jɑː]	Öl
çekirdek	Kern
yutmak	hinunterschlucken
kabuk	Schale, Hülse
soymak	abschälen
cimri	geizig
hazırlık (-ğı)	Vorbereitung
piyes	(Theater)Stück
tip	Typ
perde	Akt
sahne	Szene
emir	Befehl
süpürge	Besen
âlâ [aːlaː]	sehr gut
silâh [sılaːx]	Waffe
ilerlemek	vorwärts gehen, weiterfahren
yerli	Eingeborene(r)
dizmek	aufreihen, ordnen
şaşkın	erstaunt
merak [ɑː]	Neugier; Interesse
uzaklaşmak	sich entfernen
solunum	Atmen
güçleşmek	schwerer werden
cilt (-di)	Haut
kahverengi	(kaffee)braun
teşekkül etmek	sich bilden
madde	Stoff, Materie
melanin	Melanin

zu bb)

dış	Äußere(s), Ausland
turist	Tourist

17. Lektion 252

galiba ['gɑːlɪbɑ:]	wohl, wahrscheinlich	verabscheuen,	
öte	ander-	hassen	-den nefret etmek
eksiklik (-ği)	Mangel, Lücke	anhängen	tutmak *(A)*
armut (-du)	Birne	verachten	hor görmek
ters	umgekehrt, entgegen-	scheuen	kaçınmak (-den/*A*)
	gesetzt	Dienst	hizmet
		Apparat	makina
zu c)		Nachtigall	bülbül
verdienen	kazanmak	zum Schweigen	
Gepäckträger	hamal	bringen	susturmak
Koffer	çanta	Polizei	polis
Schaufenster	vitrin	Mörder	katil [ɑː]
Verstecken	saklambaç	Blutprobe	kan tahlili [-liːlɪ]
sich verstecken	saklanmak	Gesellschaft	şirket
versichern	si'gorta etmek	Sendung	yayın
dienen	*hier*: kulluk etmek	herzlich	kalpten

d) Erinnern Sie sich?

1. Dieses Lied ist das schönste Lied, das wir während des Schuljahres gelernt haben. *(L. 16b)*
2. Wenn nichts gebraucht wird, wollen wir den Schrank schließen, mein Sohn. *(L. 8b, 3)*
3. Darf ich hineinkommen? *(L. 10b, 9)*
4. Ein gesegnetes neues Jahr für Euch! *(L. 12b, 3)*
5. Die Handschriften einiger Ärzte sind schwer lesbar. *(L. 10, 3)*
6. Nur eins meiner Gewehre (-den) konnte ich mitnehmen. *(L. 10, 4)*
7. Niemand glaubt, daß dies ein Unfall ist. *(L. 13b)*
8. Er läßt keinen unbeschenkt wieder weggehen. *(L. 15)*
9. Das ist ja ein Jammer! *(L. 15)*
10. Aber der Wesir rieb seine Hände aneinander, als ob einer ihm Wasser darüber gösse. *(L. 15)*
11. Ich habe ja keinen Grund, mich zu genieren. *(L. 15)*
12. Wenn der Herr erlauben, möchte ich noch etwas davon nehmen. *(L. 15)*
13. Entgelt für mehrmaliges Holztragen. *(L. 13)*
14. Da der Weg lang und beschwerlich war, machte ich mich lediglich mit einigen Leuten auf die Reise. *(Gr. L. 13)*

e) Unterstreichen Sie in der Geschichte Vezirin ziyafeti (Lektionen 15 und 16) die Verbindungen **-di, -rdi** und **-yordu** und versehen Sie diese mit den Symbolen der Aktionsarten. Durch solche Übungen gewinnen Sie allmählich ein Gefühl für die Verwendung der Aktionsarten, in der das Türkische genauer als das Deutsche ist.

Europäische Wörter im Türkischen

oksijen:	*frz.*	oxygène		'palto:	*frz.*	paletot
karbon:	*frz.*	carbone		piyes:	*frz.*	pièce
		(Kohlenstoff)		tip:	*frz.*	type
gaz:	*frz.*	gaz		melanin:	*dt.*	Melanin *(Kunstwort)*
fa'sulye:	*ngr.*	fasuli (φασούλι)		turist:	*frz.*	touriste; *dt.* Tourist
prensip:	*frz.*	principe		vitrin:	*frz.*	vitrine
				polis:	*frz.*	police

253   17./18. Lektion

Sie haben in dieser Lektion folgende Suffixe gelernt:

-eyim	-elim	-er	-ir
-esin	-esiniz	-it	-dir
-e		-t	

Formeln

-e (-a)
hayır ola *od.* hayrola

(möge es etwas Gutes sein =) nanu? was denn? was ist los?

-eyim
Kim diyeyim?

Wen darf ich melden?

-elim
gene görüşelim

wir wollen uns bald einmal wieder sprechen; auf baldiges Wiedersehen!

-sin
Yolunuz açık olsun!

Gute Reise!

Bu iş olacak gibi değil, ama ne yapsın, ümit dünyası.

Dies ist nicht, wie es sein soll, aber was hilft's, man darf die Hoffnung nicht aufgeben.

18. Lektion

1. Ayastefanos andlaşması ve Berlin kongresi (1878)

Ayastefanos andlaşması Osmanlı, Rus murahhasları arasında yapıldı. Bununla:

1. Karadeniz'den Egedenizine kadar uzanan bir Bulgaristan kurulacak, Sırbistan, Karadağ, Romanya tam bağımsız olacaklardı.
2. Bosna-Hersek muhtariyet kazanacaktı.
3. Doğudaki Ermeniler'e imtiyazlar verilecekti.
4. Batum, Kars, Ardahan, Bayazıd Ruslar'a terkedilecek; ayrıca 30 milyon sterling harp tazminatı verilecekti.
Bu andlaşma Balkan meselesini Rusya'nın lehine hallediyordu.

Bundan memnun olmayan İngiltere ve Avusturya bunu tanımak istemediler. Almanya'yı da ikna ederek yeni bir andlaşmanın tanzimi hususunda Rusya'yı zorladılar. Rusya yeni bir harbe sürüklenmek istemediğinden teklifi kabul etmek zorunda kaldı. Bismark'ın reisliğinde Berlin'de bir kongre toplandı. Berlin kongresi kararlarına göre:

1. Ayastefanos barışiyle kurulan büyük Bulgaristan üç kısma ayrılarak bir parçası olan Make'donya, ıslahat yapılmak suretiyle Osmanlı devletine terkedildi. Diğer parçası olan Doğu Rumeli, padişahın idaresinde imtiyazlı bir vilâyet haline getirildi. Balkan dağlarının kuzeyinde kalan kısımda da muhtar ve küçük bir Bulgaristan kuruldu.

18. Lektion 254

2. Karadağ, Sırbistan, Romanya tam bağımsızlıklarını kazandılar.
3. Bosna-Hersek Avusturya'nın askerî işgali **altında** bırakılarak Osmanlı imparatorluğunda kaldı.
4. Doğu Anadolu'da Ermeniler'in oturdukları yerlerde ıslahat yapı**lacaktı.**
5. Kars, Ardahan, Batum Ruslar'a terkolun**acaktı.**

2. Aus der Zeitung

Başına odun düştü — gözleri açıldı

Üç **yıldan beri** gözleri görmeyen Abdullah Söyler adında bir genç, başına odun düşünce görmeye başlamıştır. Ovacık ilçesinin Gündüz küyünden olan genç, odun yığınları **altında** otururken **üzerine** odunlar düşmüştür.

Bundan üç yıl kadar[1]) **önce** şiddetle bir baş ağrısı **ile** gözleri kör olan Abdullah Söyler, odun yığının **altından** çıktığında, gözlerinin açıldığını görerek sevincinden ağlamıştır.

Abdullah, gözlerinin açılmasına sebep olan odunları evinin yatak odasında saklamaktadır.

Aus: Tercüman 21 Mart

Maraş bir hafta karanlıkta kalacak

Şiddetli yağışlar **yüzünden** Ceyhan nehrinin kabarması **ile**[2]) sel sularının etkisi **altında** kalan[3]) hidroelektrik santralının bir **haftaya kadar**[4]) güçlükle onarılabileceği ifade edilmiştir. İlgililer, Maraş'ın 'en az bir hafta karanlıkta kalacağını bildirmişlerdir.

Aus: Tercüman 21 Mart

3. Aus der Zeitschrift

Karacabey'in yeni Fatin Hocası

Karacabey: Aya, yıldızlara ve güneşe bakarak tahminler yapan ayaklı rasathane Tahsin Ağa, 20 **yıldır** köylülere hava raporu vermektedir.

İsmetpaşa köyünün 65 yaşındaki Tahsin Türkeş'i, yanılmayan hava tahminleriyle bütün çevrede ün yapmıştır. Köylülerin **ekim öncesi** başvurup[5]) hava durumu **hakkında** bilgi aldıkları Tahsin Ağa, bugüne **kadar** yaptığı tahminlerin doğru çıkıp çıkmadığını kontrol[6]) için kendisine özel bir defter tutarak 20 yıllık hava raporlarının arşivini yapmıştır.

Tahsin Türkeş, Kandilli Rasathanesi kurucusu Fatin Hoca ile dostluğu olduğunu da söylemektedir.

Aus: Hayat 3 Nisan

Erklärungen:

1. etwa drei Jahre (vor diesem =) davor
2. ile ist hier Konjunktion: und
3. das unter der Wirkung der ... steht = das von dem Anschwellen des Flusses Ceyhan und den herabstürzenden Wassermassen infolge der ... betroffen ist.
4. innerhalb einer Woche
5. Aga Tahsin, *an den* sich die Bauern wandten und *von dem* sie ... (siehe Lektion 13, Gr. D 1, 2)
6. *hier verbal:* çıkıp çıkmadığını kontrol etmek *mit davorstehendem Akkusativ:* zur Kontrolle, um zu kontrollieren, ob die ... Vorhersagen sich als richtig erwiesen.

255   18. Lektion

Vokabeln

1.

Aya'stefanos	San Stefano
andlaşma	Abkommen; *hier a.* Friede
kongre	Kongreß
murahhas	Delegierte(r)
'Egedenizi	Ägäisches Meer
Bulgaristan	Bulgarien
Sırbistan	Serbien
Ka'radağ	Montenegro
Ro'manya	Rumänien
bağımsız	unabhängig
'Bosna-'Hersek	Bosnien und die Herzegowina
muhtariyet [aː]	Autonomie
Ermeni	Armenier
imtiyaz [aː]	Privileg
Batum	*heute: Stadt in der Sowjetunion* (Batumi)
Kars, Ardahan, Bayazıd (*heute* Doğubayazıt)	*türk. Städte in Ostanatolien*
'terketmek	abtreten (an/ -e)
tazminat [-miːnɑːt], -ı	Entschädigungen
mesele	Angelegenheit, Problem
-in lehine	zugunsten
tanımak	anerkennen
ikna [aː] etmek	überreden
tanzim [iː] etmek	ausfertigen, aufstellen, regeln
sürüklemek	hineinziehen (-e/ in)
reislik (-ği)	Vorsitz
karar [-rɑːı]	Beschluß
ayırmak (*Pass.* ayrılmak)	aufteilen
Make'donya	Mazedonien
ıslahat [-ɑːhɑːt]	Reformen
-mek suretiyle	dadurch daß, indem
Doğu Rumeli	Ostrumelien
idare [aː]	Verwaltung
imtiyazlı [aː]	privilegiert
... haline getirmek	machen zu, den Status geben
muhtar	autonom
bağımsızlık [baːm-]	Unabhängigkeit

2.

gözleri açılır	er gewinnt sein Augenlicht wieder
gözü görmeyen	blind
adında	mit Namen
Ovacık	*Bezirksname*
ilçe	Bezirk
Gündüz	*Dorfname*
yığın	Stoß, Haufen
baş ağrısı	Kopfschmerzen
odun yığının altından	unter dem Holzhaufen hervor
sebep olmak	verursachen (-e/ *A*)
gözlerinin açılması	die Wiederherstellung seines Augenlichts
yatak odası	Schlafzimmer
saklamak	aufbewahren
Maraş	*Stadt in Südanatolien*
yağış [jaːiʃ]	Regen
yüzünden	infolge
kabarma	Anschwellen
sel	Sturzbach
etki	Wirkung
hidroelektrik santralı	Wasserkraftwerk
güçlük	Mühe
onarmak	reparieren
ifade etmek	äußern, erklären
ilgili	zuständig

3.

Karacabey	*Stadt westl. von Bursa*
tahmin [iː]	Vermutung; Vorhersage
ayaklı	wandelnd
rasathane [-haːne]	Sternwarte
20 yıldır	seit zwanzig Jahren
hava raporu	Wetterbericht
yanılmak	sich irren
yanılmayan [jaˈniɫmijan]	unfehlbar
çevre	Umgegend
ün	Ansehen, Ruhm
ekim	Feldbestellung
doğru çıkıp çıkmadığını	ob (sie sich) als richtig erweisen
arşiv	Archiv
Kandilli	*Ort am Ostufer des Bosporus*

Grammatik

-ecekti   A

Aufgrund der Bestandteile (-ecek und -di) kann die Form als Futur der Vergangenheit oder als 2. Futur bezeichnet werden. Im Vergleich zum deutschen Futur II wird die türkische Form wegen ihres großen Bedeutungsumfanges oft verwendet.

18. Lektion   256

Sie bezeichnet:

1. die Absicht, etwas zu tun; (gerade) etwas tun wollen:

Telgraf çekecektim, unuttum.   Ich **wollte** ein Telegramm schicken,
                                      vergaß es aber.

2. eine Vermutung in der Vergangenheit, dem deutschen Futur II entsprechend:

Aydınlıkta yola devam etmeyecek-   Sie **werden** (sicher) nicht bei Tages-
lerdi, çünkü görülmekten korkuyor-   licht **weitergezogen sein**, denn sie
lardı.   hätten sich davor gefürchtet, gesehen
                                      zu werden.

3. eine von anderer Seite erwünschte oder angeordnete Handlung, dem
deutschen *sollte, sollten* entsprechend; häufig in Verträgen *(s. Text 1)*:

Bosna-Hersek muhtariyet kaza-   Bosnien und die Herzegowina **sollten**
nacaktı.   die Autonomie erhalten.

Bu kadar çok şeker kullan-   Soviel Zucker **solltet** ihr nicht ver-
mayacaktınız.   brauchen (hättet ihr nicht verbrau-
                                      chen **sollen**).

4. etwas Angenommenes, nicht Verwirklichtes. Die Voraussetzung, die in
einem wenn-Satz stehen müßte, ist nicht ausgesprochen (s. Lektion 7 0):
ich täte, würde tun, (wenn ...); *ich hätte getan:*

Utancımdan yerin dibine   Vor Scham **wäre** ich in (die Tiefe der
geçecektim.   Erde) die Erde gesunken.

5. die angenommene, gedachte Verpflichtung (Punkt 3 und 4): *ich hätte
tun sollen, (wenn)* ...:

O zaman ben ne yapacaktım?   Was **hätte** ich da tun **sollen**?

Die **-yordu-** *od.* **-rdi-**Form wird oft in gleicher Bedeutung gebraucht wie
-ecekti:

Biz de şimdi size geli**yorduk** *od.*   Auch wir **wollten** jetzt zu euch kom-
gele**cektik**.   men *od.* auch wir **wären** jetzt zu euch
                                      gekommen.

Onlar kurtarılabilirler**di**.   Sie **hätten** gerettet werden **können**.
(*Analyse:* kurtar-ıl-abil-ir[ler]di).

Formen

1.	-(y)ecektim	-(y)ecektik
2.	-(y)ecektin	-(y)ecektiniz
3.	-(y)ecekti	-(y)ecektiler
verneint	-meyecekti	*fragend* -(y)ecek miydi?
	verneint fragend	-meyecek miydi?

-ip ... -mediği-   **B**

Der obigen Konstruktion entspricht im Deutschen das einen Fragesatz
einleitende **ob**:

(Onun) ge**lip** gel**mediğini** bilmiyorum.   Ich weiß nicht, **ob** er gekommen ist.

Im Türkischen wird also der die Bedeutung tragende Bestandteil zweimal —
bejahend und verneint — gesetzt: ge**lip** gel**mediğini**.

257   18. Lektion

Im Türkischen steht im Gegensatz zum Deutschen oft eine durch die Partikel
mi gekennzeichnete direkte Frage:

Bilmem ki lüzum var **mı** diye sordu.   *(„Ich weiß nicht: Ist es nötig?" fragte*
                                          er): Ich weiß nicht, **ob** es nötig ist,
                                          fragte er.

Übersicht über die Postpositionen   C

mit dem Nominativ des Substantivs, d. h. also mit der Grundform, *dem*
Genitiv des Pronomens:

için	für; wegen; über; betreffend; bei; auf *(einige Stunden)*	**gibi**	wie *(s. Lekt. 16 K)*
		kadar	wie *(s. Lekt. 16)*
		-siz	ohne
		üzere	auf ... hin, nach, entsprechend; *s. a. L. 19.*
ile	mit; durch		

Merke: **ile** kann auch anreihende Konjunktion sein.
       Siehe a. die präpositionalen Ausdrücke mit 0!

mit dem Dativ

-e binaen	infolge, wegen, auf Grund	**-e istinaden** [ɑ:]	auf Grund
-e dair	betreffs, über	**-e karşı**	gegen, gegenüber, zu, für, auf ... hinaus
-e dayanarak	auf Grund		
-e değin, **dek**	bis (zu)	**-e karşılık**	gegen; entgegen
		-e karşın =	**-e rağmen**
-e doğru	gegen, auf ... zu, in Richtung auf	**-e mukabil**	gegen, für, an Stelle
-e gelince	mit Bezug auf, betreffend, was ... anbetrifft	**-e 'nazaran**	nach, gemäß; im Vergleich zu
		-e 'nispeten	im Vergleich zu
-e göre	nach, gemäß; wie	**-e rağmen**	trotz
-e kadar	bis (zu); innerhalb	**-e nispetle**	im Vergleich zu

mit dem Akkusativ

-i mütaakıp [-tɑɑ:-]	gleich nach	**mütecaviz** [ɑ:]	mehr als, über

mit dem Ablativ

-den başka	außer	**-den maada** [mɑ:ɑdɑ:]	außer
-den beri	seit	**-den öte**	jenseits
-den dolayı	wegen	**-den ötürü**	wegen
-den itibaren	von ... an	**-den yukarı**	oberhalb

mit dem Ablativ oder der Grundform

(-den) evvel	vor	**(-den) sonra**	nach
(-den) önce	vor		

Lehrbuch Türkisch 17

18. Lektion   **258**

— Zeitdauer:	*Grundform:* önce	äußerliches Merkmal: Grundzahl-
	sonra	wort, Adjektiv + Substantiv
	bir müddet **önce**	**vor** einiger Zeit
	bir müddet **sonra**	**nach** einiger Zeit
	iki yıl önce	**vor** zwei Jahren
• Zeitpunkt:	*Grundform:* -den önce	Bestimmungswort, Demonstrativ-
	-den sonra	pronomen, Ordnungszahl + Sub-
		stantiv
	Birinci Dünya savaşından	**nach** dem ersten Weltkrieg
	sonra	
	O zamandan **sonra**	**nach** jener, dieser Zeit

Postpositionale Ausdrücke   **D**

Es sind Substantive, die im Dativ, Lokativ oder Ablativ stehend, eine Lage
oder ein Verhältnis bezeichnen. Im Deutschen entspricht diesen Ausdrücken
meist eine Präposition. Das Wort vor dem postpositionalen Ausdruck steht,
wenn es bestimmt ist, im Genitiv, wenn es unbestimmt ist, in der Grundform. Man beachte, daß die Personalpronomen, wenn sie der Betonung
oder der Klarheit wegen gesetzt werden, immer im Genitiv stehen. Den
deutschen Personalpronomen entsprechen im Türkischen Personalsuffixe:

(benim) önümde	*vor mir*	(benim) üzerimde	*über mir*	
(senin) önünde	*vor dir*	(senin) önüne	*vor dich*	
(onun) önünde	*vor ihm*	(onların) aralarında	*unter ihnen*	
(bizim) önümüzde	*vor uns*	(bizim) karşımıza	*auf uns zu,*	
			uns gegenüber	
(sizin) önünüzde	*vor euch,*	(sizin) uğrunuza	*für Sie*	
	Ihnen		*(euch), zu*	
			Ihren (euren)	
(onların) önlerinde	*vor ihnen*		*Gunsten*	

Eine 0 gibt an, daß die präpositionale Wendung das Wort in der Grundform verlangt; s. weiter unten bakımından usw.

Eine Genitivverbindung bleibt vor dem postpositionalen Ausdruck unverändert:

Bosna-Hersek **Avusturya'nın askerî**
işgali *altında* bırakılarak Osmanlı
imparatorluğunda kaldı.

Bosnien und die Herzegowina wurden
unter der militärischen Besatzung
Österreichs belassen, verblieben aber
im Osmanischen Reich.

Die häufigsten türkischen Substantive, mit denen postpositionale Ausdrücke
gebildet werden, sind:

    baş *Kopf*   **üst, (üzeri)** *Oberseite*   **baş** *Kopf*

	ön *Vorder-*	**iç, içeri** *Innen-*	**arka** ⎫	
	seite	*raum*	**art (-dı)** ⎬	*Rückseite*
karşı	**ileri** *weiter*	**orta** *Mitte*	**geri** ⎭	
Gegen- ←	*vorn liegen-*			*rückwärtiger*
seite	*der Raum*			*Raum*
	yan *Seite,*	**ara** *Zwischen-*	**yan**	*Seite, Flanke*
	Flanke	*raum*		

259   18. Lektion

                        alt   *Unterseite*
                        dip (-bi) *Grund*
        ↑ _____ **etraf**   *Umkreis* _____ ↑
                    dış, dışarı   *Außenseite*
                        | · **yakın** *Nähe*

üzer kommt nur noch mit dem Personalpronomen vor: **üzeri.**

üzerine, üstüne   auf *A (a. fig.)*, über *A*
üzerinde, üstünde   auf *D*, über *D*
üzerinden, üstünden von ... herab, über ... hinweg; über, via *(z. B. München)*

altına   unter *A (a. fig.)*
altında   unter *D*
altından   unter ... hervor

dibine   unter *A*, unten an *A*
dibinde   unter *D*, unten an *D*, am Fuße ...
dibinden   unter (aus der Tiefe) ... hervor; ganz unten an

önüne   vor *A*
önünde   vor *D*
önünden   (vorn) an ... vorbei

ilerisine   weiter vorn, vor *A* ... (hin)
ilerisinde   weiter vorn, vor *D* ... (her)
ilerisinden   weiter vorn, vorn an ... vorbei

arkasına, ardına   hinter *A*
arkasında, ardında   hinter *D*
arkasından, ardından hinter *D* ... hervor

gerisine   weiter (hinten), hinter *A*
gerisinde   weiter (hinten), hinter *D* ... (her)
gerisinden   weiter (hinten), hinten, an ... vorbei

yanına   neben *A*, an *A* ... (heran), zu
yanında   neben *D*, an *D*, bei, nahe bei, in der Nähe von
yanından   von ... weg

içine (içerisine)   in *A*, in ... hinein
içinde (içerisinde)   in *D*, in ... hin
içinden (içerisinden) aus ... heraus, über ... hinweg

ortasına   in die Mitte, mitten in ... hinein; zwischen *A*
ortasında   in der Mitte, mitten in *D*; zwischen *D*
ortasından   mitten durch

arasına   zwischen *A*   ⎫
arasında   zwischen *D*, unter *D*; während ⎬ oft (0) **arasına** *usw.*
arasından   durch, aus ... hervor   ⎭

dışına (dışarısına)   über die Grenzen ... hinweg
dışında (dışarısında)   außerhalb
dışından (dışarısından)   (draußen) an ... vorbei, außerhalb

17*

18. Lektion   260

karşısına	(auf) ... zu; gegenüber
karşısında	gegenüber (*a. fig.*); angesichts
karşısından	von ... gegenüber
yakına	in der Nähe *G*, nahe an
yakında	in der Nähe *G*, nahe bei
yakından	in der Nähe

Folgende Substantive werden nur mit einem oder zwei Kasussuffixen verwendet:

0 bakımından	hinsichtlich, mit Bezug auf, an (*z. B.* reich *an*); vom Standpunkt
başına	(oben) an *A*; für je
başında	an *D*, bei
etrafında	um ... herum; bezüglich, über
0 sırasında	während, bei, im Verlauf
yerine, yerinde	(an)statt, an Stelle von
0 yoluna, yolunda	für; um ... willen
0 uğruna, uğrunda	für, zugunsten, um ... willen
0 yüzünden	wegen, infolge

An Stelle der rein türkischen Ausdrücke werden auch folgende arabischer Herkunft verwendet:

aleyh: **aleyhine** = karşısına
dahil: **dahiline, dahilinde, dahilinden** = içine, içinde, içinden
hariç: **haricinde** = dışında
leh: **lehine** = uğruna   Merke: lehte ve aleyhte *pro und contra*
zarf: **zarfında** = içinde

Mit **-(i)nce** (aus -[i] + n + ce) sind gebildet:

0 boy**unca**	entlang; während, im Verlauf, ...lang
0 devam**ınca**	im Verlauf
0 gereğ**ince** = mucib**ince**	kraft, gemäß, auf Grund

Einige postpositionale Ausdrücke haben **ile** als Bestandteil, z. B.:

dolayısiyle	anläßlich; wegen; infolge
yardımiyle	mit Hilfe von
0 yolu ile	= üzerinden

Folgende postpositionalen Ausdrücke sind mit arabischen und persischen Bestandteilen gebildet:

0 esnasında	(*ar.*)	während
0 hakkında	(*ar.*)	über, hinsichtlich
hesabına	(*ar.*)	für Rechnung, zugunsten
0 hariç	(*ar.*)	ausgenommen, außer
0 hususunda	(*ar.*)	betreffend, hinsichtlich
0 marifetiyle	(*ar.*)	(*selten*) vermittels
0 münasebetiyle	(*ar.*)	anläßlich, im Zusammenhang mit

261   18. Lektion

0 sayesinde	*(pers.)*	dank
0 sebebiyle	*(ar.)*	infolge
0 tarafından	*(ar.)*	von *beim Passiv (s. Lekt. 11 J)*
0 tarikiyle	*(ar.)*	= üzerinden = yolu ile = über, via
0 vasıtasiyle	*(ar.)*	durch, mittels

-dir als Zeitbestimmung   E

bedeutet: *(schon) seit*. Im Türkischen steht das Präsens, während im Deutschen oft das Perfekt gebraucht wird.

| 5 sen**edir** onu görmüyorum. | Ich habe ihn **schon seit** 5 Jahren nicht gesehen. |
| Tahsin Ağa 20 yıl**dır** köylülere hava raporu vermektedir. | **Schon seit** 20 Jahren liefert Aga Tahsin den Bauern Wetterberichte. |

Präpositionen   F

Als einzige Präposition wird heute das aus dem Arabischen stammende **ilâ** *bis* verwendet. Es steht zwischen zwei Zahlen:

        8—12: sekiz **ilâ** oniki   **von** acht **bis** zwölf

Dafür auch: sekizden on ikiye kadar *oder:* sekiz ile oniki arasında.

Beispiele:

namusum hakkı **için**   **bei** meiner Ehre

için = **hakkında:**

Bu mesele **için** ne düşünüyorsunuz?   **Was** denken Sie **über** diese Angelegenheit?

İbrahim Şinasi *(berühmter türk. Schriftsteller v. 1824—1871)* **için** şöyle diyor: ...
Über Ibrahim Schinasi sagte er folgendes: ...

isteği **üz(e)re**   **auf** seinen Wunsch **hin**, seinem Wunsch **entsprechend**

buna **binaen**   **aus** diesem Grunde

edebiyata **dair** bir konuşma   ein Vortrag **über** die Literatur

buraya **değin**   **bis** hierher

sabaha **değin**   **bis** zum Morgen

Akşama **dek** çalıştı.   Er arbeitete **bis** abends.

dağa **doğru**   **auf** den Berg **zu**

akşama **doğru**   **gegen** Abend

Bana **göre** halıların ikisi de bir.   **Nach** meiner Ansicht sind beide Teppiche gleich.

bir haftaya **kadar**   **innerhalb** einer Woche

Bu listenin üzerinde sayılar, birden on ikiye **kadar** gidiyor.
Die Zahlen auf dieser Liste gehen **von** 1 **bis** 12.

mektubunuza **istinaden**   **auf Grund** Ihres Schreibens

Size **karşı** alâka duyuyorsa, her halde sizi arayacaktır. *(Lekt. 10)*
Wenn er Interesse **für** Sie hat, so wird er sie auf jeden Fall zu treffen suchen.

Biz bahçeye **karşı** otururuz.   Wir wohnen **auf** den Garten **hinaus.**

Buna **karşılık** kirpikler bol rimellenmelidir.
Dagegen müssen die Wimpern reichlich geschminkt werden.

18. Lektion 262

buna mukabil
Bu ötekine nispeten çok iyi.

Yağmura rağmen çıktı.
dersi mütaakıp
iki ayı mütecaviz bir zamandan beri

Bunu sizden başka herkes bilir.
Çoktan beri görüşemiyorduk.

Doğruluğundan dolayı çok sevilir (od.
ötürü).
Gelecek günden itibaren hastalık parası
alacaksınız.
Evde benden maada kimse yok.
İzmir'den ötede yağmur yok.

Senden önce (od. evvel) geldi.
bir yıl önce, iki hafta önce.
Senden sonra geldi.
bir yıl sonra, iki hafta sonra.

demgegenüber; dafür
Dies ist im Vergleich zu dem anderen
sehr gut.
Trotz des Regens ging er aus.
gleich nach der Stunde
nach einer Zeit von mehr als zwei Monaten
Das weiß außer Ihnen jeder.
Seit langem haben wir uns leider nicht
gesehen.
Wegen seiner Rechtschaffenheit wird er
sehr geliebt.
Vom nächsten Tag an bekommen Sie
Krankengeld.
Außer mir ist niemand zu Hause.
Jenseits (auf der anderen Seite) von
Izmir regnet es nicht.
Er ist vor dir gekommen.
vor einem Jahr, vor zwei Wochen
Er ist nach dir gekommen.
nach einem Jahr, nach zwei Wochen

Paketleri masanın üzerine koyarlar.
bunun üzerine
dil üzerine bir yazı (ohne Gen.!)
Masanın üzerinde hiç bir şey yok.
Kimya üzerinde araştırmalar (ohne
Gen.!) (= üzerine)
Kuş damın üzerinde uçuyor.
Paris üzerinden geldim.
Kuş damın üzerinden uçarak geçiyor.
tepelerin üzerinden
köprünün altına
Tencerenin altında ateş var.
köprünün altından
Kapının önüne gelmiştik.

Pencererenin önünde kim var?
Bu evin önünden geçerdik.

Okul binasının arkasına gitmiştim.

Okulun arkasında bir bahçe var.
Arkasından kapıyı kapadı.
Ardımdan gel.
Köşkün biraz gerisinde duruyorduk.

Die Pakete legten sie auf den Tisch.
daraufhin
ein Artikel über die Sprache
Auf dem Tisch liegt nichts.
(Untersuchungen über die Chemie =)
chemische Untersuchungen
Der Vogel fliegt über dem Dach.
Ich bin über Paris gekommen.
Der Vogel fliegt über das Dach (hinweg).
über die Hügel hinweg
unter die Brücke
Unter dem Topf ist Feuer.
unter der Brücke hervor
Wir waren (vor der Tür) bis vor die Tür
gekommen.
Wer steht vor dem Fenster?
An diesem Haus pflegten wir vorbei-
zugehen.
Ich war hinter das Schulgebäude ge-
gangen.
Hinter der Schule ist ein Garten.
Er machte die Tür hinter sich zu.
Komm nach mir!
Wir blieben etwas weiter hinter dem
Gartenhaus stehen.

263   18. Lektion

Yetim ve öksüz kalan Muhammedi amcası Ebutalib **yanına** aldı.

Ben masanın **yanındayım.**

Evin **yanından** geldi.

Başındaki parantezin **içine** — x — işareti koyunuz.

Her kavanozun **içinde** yanar bir mum vardı.

evin **içinden**

çayırın **içinden**

Araba tarlanın **içinden** geçti.

Odanın **dışında** bekledik.

O, bu antlaşmanın **dışında** kaldı.

Su, tarlanın **dışından** geçiyor.

Kaleler şehrin **dışarındadır.**

Her iki kapının **ortasında** bir duvar piyanosu.

Orhan onun kolları **arasına** atıldı.

Soba **ile** yandaki kapı **arasında** ufak bir masa var.

Den vater- und mutterlosen Mohammed nahm sein Onkel Abu Talib **zu** sich.

Ich stehe **neben (an) dem** Tisch.

Er kam **von** dem Haus **her** *od.* **aus** der Richtung des Hauses.

Setzt das Kreuz **in die** davorstehende Klammer.

In jedem Glasbehälter befand sich eine brennende Kerze.

aus dem Haus **heraus, durch das** Haus

über die Wiese

Der Wagen fuhr **über (durch) das** Feld.

Wir warteten **(außerhalb des** Zimmers) **draußen vor dem** Zimmer.

Das blieb **außerhalb dieses** Abkommens.

Das Wasser fließt **außerhalb des** Feldes, **draußen an dem** Feld **vorbei.**

Die Festungen sind **außerhalb der** Stadt.

(In der Mitte) **zwischen den** beiden Türen ein Klavier.

Orhan warf sich **(zwischen =)** in ihre Arme.

Zwischen dem Ofen und der Seitentür steht ein Tischchen.

Merke:

Dem verbindenden *und* nach *zwischen* entspricht im Türkischen **ile**; die Genitivendung fehlt.

Bulutlar **arasından** ay göründü.

Karşımızda bir bay oturuyordu.

Yakınımızda oturuyorlar.

Bilim **bakımından** haklısınız.

Kelime **başına** ne ödeniyor?

Sobanın **etrafında** birkaç koltuk var.

Sessiz okuma **sırasında** ... *(s. Lekt. 9)*

Senin **yerine** o gitsin.

vatan **yolunda** *od.* **yoluna** vatan **uğrunda, uğruna**

Yağmur **yüzünden** geciktim.

Bügün **dahil,** ayrılalı beş gün oldu.

memleket **dahilinde**

evin **haricinde**

Zwischen den Wolken kam der Mond hervor.

Uns **gegenüber** saß ein Herr.

Sie wohnen in unserer Nähe **(nahe bei** uns).

Vom Standpunkt der Wissenschaft haben Sie recht.

Was wird **für** je ein Wort gezahlt?

Um den Ofen stehen einige Sessel.

Während des leisen Lesens ..., **beim** leisen Lesen ...

Statt deiner soll er gehen.

um des Vaterlandes **willen, für** das Vaterland

Ich habe mich **wegen des** Regens verspätet.

Einschließlich heute waren es fünf Tage seit der Trennung.

innerhalb des Landes

außerhalb des Hauses

18. Lektion   264

Turgut **hariç,** hepimiz kalacağız.

Bu andlaşma Balkan meselesini Rusya'nın **lehine** hallediyordu.

Bu müddet **zarfında** gelmezse, ona ihtar edeceğim.

Bu şarkı ders yılı **boyunca** öğrendiğimiz şarkıların en güzeli. *(Lekt. 16b)*

vazifem **mucibinde** *(od.* **gereğince)**
Bu proje **gereğince** Babaeski-Kırklareli-Dereköy-Malko-Turnovo hattı boyunca asfalt bir yol yapılacaktır.

Yolculuk **dolayısiyle** acele satılık ev.

birinci dünya savaşı **esnasında**
Bugün **onun hakkında (hakkınızda)** yeni bir şey daha öğrendim.

Bu kitapta dizgi ve düzeltme **hususunda** titiz (bir şekilde) davranılmıştır.

İzmir Enternasyonal Fuarı **münasebetiyle.**

Kan vücudumuzda kalbimiz ve damarlarımız **sayesinde** hareket eder.

Hastalık **sebebiyle** dışarıya çıkamadım.

Mektubu sizin **vasıtanızla** (çocuk **vasıtasiyle)** göndermek istedi.

Außer Turgut werden wir alle bleiben.

Dieses Abkommen löste das Balkanproblem **zugunsten** Rußlands.

Wenn er nicht **innerhalb** dieser Frist kommt, werde ich ihn mahnen.

Dieses Lied war das schönste Lied, das wir **während** des Schuljahres gelernt hatten.

kraft meines Amtes
Auf Grund dieses Projekts soll entlang der Linie Babaeski usw. eine Asphaltstraße angelegt werden.

Ein **wegen** Reise dringend zu verkaufendes Haus.

während des ersten Weltkrieges
Heute habe ich wieder etwas Neues **über ihn, sie (über euch, Sie)** erfahren.

Dieses Buch ist **mit Bezug auf** den Satz und die Korrekturen sorgfältig hergestellt worden.

anläßlich der Internationalen Messe in Izmir.

Das Blut bewegt sich in unserem Körper **dank** unserem Herzen und unseren Adern.

Infolge meiner Krankheit konnte ich nicht ausgehen.

Er wollte den Brief **durch** Sie **(durch** das Kind) schicken.

Übungen

a) Setzen Sie die fehlenden Postpositionen ein.

1. İkisinin a... geçti *(zwischen ... hindurch).*
2. Ormanlar (o) memleketin iklimi ü... de etki yapar.
3. Kulübeler- önler- taraçalar vardı.
4. İlk yağmurlar kışın geleceğini haber verince göçmen kuşlar sıcak ülkeler- — yola çıkarlar.
5. Telefon- ö... yazılı bir döner daire var.
6. İşimin (çokluk)- d... sizi arayamadım *(wegen).*
7. Türk Dil Kurumu 1945'te Türkçe Sözlük adı a... bir eser yayınlamıştı.
8. Elektrik taşıyan telleri tutan direkler- üs... „Dikkat Ölüm Tehlikesi" yazısı vardır.
9. Zaman o- aleyh- çalışmaktadır.
10. Hocanın evi- a... bir bodrum varmış.
11. Kocanızı (talebelik)- b... tanırım.
12. Yurdumuz Orta Akdeniz ve Karadeniz ü... bulunan alçak basınç sistemlerinin etkisi a...dır.
13. K... *(uns gegenüber),* beş altı dönümlük kocaman bir bahçe- i... yarı kaybolmuş eski bir ev vardı.

265   18. Lektion

14. Tavanın direkleri a... *(aus* ... *hervor)* kıvılcım saçan gözlerle o- d... *(zu ihm hin)* bakan kocaman bir yılan gördü.
15. Hep *(alle)* dışarı çıktılar ve kulübe ö... uyuyan yerlileri uyandırdılar.
16. Bilgin: — Yardıma gelin, dedi; kulübe- i... bir yılan var, çıkarmak lâzım.
17. Eskiden kuzeyden gelen istilâcılar İtalyan toprağının mümbitliği ve ikliminin tatlılığı d... cezbediliyorlardı.
18. Elden giden mühr- r... yine de mesuttu, memnundu.
19. Bütün bunlar- r... Süleyman'ın gerçeği anlayacağın- d... olan ümidini kaybetmemeşti.
20. 1 Nisan'- i... haftada iki defa, Salı ve Cuma günleri Kolonya'ya ulaşmak imkânına sahipsiniz.
21. Bu konuşmalar e... araba ilerlemiş ve artık Mister Kuk'un evi- ö... gelmişti.
22. İstanbul, dünyanın diğer büyük şehirleri a..., tarihinin çeşitliliği, zenginliği, tabiî güzelliğinin eşsizliği — *(durch)* tanınır.
23. Bu basit hakikat- k..., bizim „okuma oburları" mız, korkunç bir psikotekniğin, propagandanın baskısı a... okudukça cahilleşiyor.
24. En büyüğün- en küçüğün- k... her ev, bu büyük dikkat s... meydana gelir.
25. Sağnak yağışlar s... şehrin bazı alçak bölgelerindeki evlerin alt katlarını su basmıştır.
26. Bu yeni serimiz, adına lâyık bir ciddiyetle ele alınarak en yetkili mütehassıslara hazırlatılmış, dizgi ve düzeltme h... *(mit Bezug auf)* elden geldiği kadar titiz davranılmıştır.
27. Orkestra- y... dört kişilik bir masa istiyorum.
28. Erkekler kadınlar h... ne diyor? Kadınlar erkekler h... ne diyor?
29. Bütün hayatım b... her işte Will Glass'in bana verdiği bu nasihati tatbik ettim.
30. Bir hafta- b... şirkete uğramıyordu.
31. Belki dört saat- b... yürüyordum.
32. Hamburg polisi yaptığı bir arama-tarama s... sahte pasaport taşıyan altı yabancı işçiyi yakalamıştır.
33. Biraz sonra, hükümdarın buyruğu ü..., grupa birkaç delikanlı katıldı.
34. Yavuz Sultan Selim (1467—1520) Mısır'- d... ilerliyordu.
35. Amcası, bu sözler k... hayrette kaldı.
36. Maç 2 — O (iki — sıfır) *(für uns)* bitti.
37. Bu sesler radyo dalgaları- y... boşluğa aktarılır.
38. *(Auf dem)* demir halka bulunan bir taş göründü.
39. Yabancı taşı kaldırdı, *(darunter)* aşağı- — *(nach)* uzanan dik bir merdiven vardı.

b) Man setze die fehlenden Verbformen und Postpositionen ein!

1. Son savaşlarımızdan birindeydi. Bir süvari subayımız kumandanından emir almıştı: hayvanlara ot bul-.
2. Kadı efendi, az kalsın b... y... *(meinetwegen)* bir masuma kıy-; kambur cüceyi öldüren benim.
3. Bankadaki memuriyet, bana, aynı zamanda, bu yolda ayak basacağım merdivenin ilk basamağı ol-.
4. Gazi Osman Paşa (1832—1897) son kararını verdi: ya düşman ordularını yarıp çık-, ya şerefle öl-.
5. Versay andlaşması (28 Haziran 1919) Almanya ile yapıldı. Sar bölgesi 1935 yılında yapılacak bir plebisite kadar milletler cemiyeti t... idare ed-, kömür madenleri de Fransız'lar t... işletil-. Lehistan devleti yeniden kurul-, Poznan

18. Lektion 266

ve yukarı Silezya'yı al-. Danzig serbest şehir ol-. Almanya harp tazminatı öde-, sömürgeleri galip devletlerin mandası a... geç-.
6. Paslı bir dil, doktorlara — *(zufolge)* fazla bir şey ifade etmez. Fakat diliniz rengi ve başka özellikleri — *(durch)* doktora dizanteri —, kızıl —, tifo — olduğunuzu, vitaminsiz —, kansız — kaldığınızı, yoksa özel bir sinir bozukluğuna — yakalandığınızı söyler.

c) Übersetzen Sie ins Türkische:

1. Der Weihnachtsbaum steht in der Ecke neben dem Klavier.
2. Auf dem Sofa liegen *(-dir)* die Kleider Noras.
3. Sie ist allein im Zimmer, unruhig (in einem unruhigen Zustand) geht sie hin und her *(-dir)*.
4. Schließlich bleibt sie vor dem Sofa stehen und *(-erek)* nimmt ihren Mantel.
5. Sie wirft den Mantel wieder auf das Sofa.
6. Der Platz war zwischen einigen Bäumen.
7. An (nahe) der Brücke war ein Haus.
8. Darüber will (werde) ich nicht mehr nachdenken.
9. Auf dem Berg war eine Hütte.
10. Über den Segeln war eine lange rote Fahne.
11. Wegen (infolge) der Wolken konnten sie den Gipfel des Berges nicht sehen.
12. Wir gingen hinter das Haus.
13. Dann kam er hinter der Tür hervor *(dışarı çıkmak)*.
14. Ich will (= werde) Ihnen [etwas] über *(dair)* einen ganz großen Mann erzählen.
15. Wir können darauf (= auf jenen Dingen) mit unbewaffnetem Auge (= ohne Mikroskop) keine Mikroben sehen.
16. Legen Sie das Tuch auf die Wunde!
17. In alten Zeiten wußten (—) die Ärzte (Doktoren) nichts über Mikroben.
18. Im Laufe einer Woche verbrauche *(kullanmak)* ich (gewöhnlich) 15 Stück Eier.
19. Er zählt mir die Eier vor (*Ü.:* zählt ... vor mir).
20. Hinter den Infanteristen waren (gab es) zwanzig Mann zu Pferd (= auf Pferden).
21. Sie folgten ihm durch *(ara-)* den Wald.
22. Sie folgten ihm über (die) Hügel und durch *(içi-)* (die) Flüsse.
23. Über ihnen wehte ein heißer Wind.
24. Außerhalb der Stadt war eine große Ebene.
25. Trag sie *(pl.)* durch die Wälder und über die Hügel!
26. Aische saß (—) draußen vor ihrem Haus (*Ü.:* außerhalb ihres Hauses).
27. Außer ihrem Vater hatte sie keinen Menschen gesehen.

cc) Übersetzen Sie ins Türkische:

Mein Zimmer

1. Mein Zimmer hat (= ist) ungefähr 24 Quadratmeter. 2. Links von der Tür steht (befindet sich) ein Radioapparat mit *(= -li)* Plattenspieler. 3. Daneben steht auf einem kleinen Tisch ein Tonbandgerät. Mit diesem nehme ich interessante Rundfunksendungen in türkischer Sprache auf. 4. Rechts von der Tür steht ein Bücherschrank mit *(= -li)* fünf Brettern (Etagen). 5. Ein [ihm] ähnlicher Bücherschrank befindet sich auch *(= de)* an (= vor) derselben Wand nahe am Fenster. 6. Zwischen den beiden Bücherschränken steht eine Couch, davor

267   **18. Lektion**

ein Tisch mit *(= ile)* einem Stuhl. 7. Vor dem Fenster sehen wir einen Schreibtisch, der eine Schublade und zwei Schränkchen hat. 8. Auf dem Schreibtisch liegen *(var)* viele Bücher, einige Bleistifte, Kugelschreiber und ein Radiergummi. 9. Der Boden zwischen dem Schreibtisch und der Tür ist mit einem Perserteppich bedeckt (= auf dem Boden ... ist ausgebreitet). 10. Das Zimmer wird von *(ile)* verschiedenen Lampen beleuchtet. 11. Eine Lampe hängt an *(-de)* der Decke; zwei Lampen sind rechts und links vom Fenster an der Wand (angebracht), und eine Lampe steht *(= dir)* auf dem Schreibtisch. 12. Beheizt wird das Zimmer von einem Heizkörper der Zentralheizung, der sich unter dem Fenster befindet.

d) Übersetzen Sie ins Türkische:

1. Er wollte heute kommen, kam (aber) nicht (Sie wollten heute ...).
2. Wir wollten morgens mit dem ersten Dampfer zurückkehren (Ich wollte ...).
3. Er wollte sowieso in die Stadt hinuntergehen, und *(de)* ich habe mir ein paar Kleinigkeiten mitbringen lassen.
4. Als sie den regungslos auf der Erde liegenden buckligen Zwerg sah, wäre sie beinahe in Ohnmacht gefallen (Als ich ...; als wir ...).
5. Übrigens, ich wollte Ihnen noch etwas sagen.
6. Wir wollten einen Ausflug machen, aber wir kamen zu spät (Ich wollte ...).
7. Und dann *(peki sonra)*, was würde (daraus) werden?
8. Auf keinen Fall[2] würde sie nochmals[1] *(bir daha)* in das Haus ihres Geliebten gehen.
9. Wir wollten zu dem Autobus, der zuerst kam *(Ü.: dem ersten kommenden)*, laufen (Ich wollte zu dem Autobus, ...).
10. In kurzer Zeit bist du in deiner Arbeit vorangekommen. Das habe ich auch ein wenig euch zu verdanken (das ein wenig auch dank eurer war). Ihr habt mir trotz allem *(jeder Sache)* eine Freude am Leben *(Lebensfreude)* und den Wunsch voranzukommen gegeben. Bei euch (od. in eurer Nähe) fühle ich mich wie ein ganz anderer *(çok daha başka)*.

e) Übersetzen Sie ins Türkische:

1. Er fragte, ob er (sie) glücklich sei.
2. Ich weiß nicht, ob er kommen wird.
3. Schließlich *(sonra)* wissen wir nicht genau *(iyice)*, ob der Mann gestorben ist (oder nicht).
4. Ich habe gefragt, ob der Autobus abgefahren ist.
5. Würden Sie bitte nachsehen *(kontrol etmek)*, ob dieser Schein echt ist.
6. Ob Sie jedoch *(ise)* Ihr möglichstes getan haben, wissen Sie nur *(ancak)* selbst.
7. Ob die Fische Geruchssinne haben, ist noch nicht bekannt *(Ü.: wird nicht gewußt)*.
8. [3]Er schaute sich um *(etrafına)*, [2]um festzustellen *(anlamak)*, [1]ob er auch niemanden belästigt habe.
9. Wir fragten die Frau. die die Tür öffnete, ob ich meine Briefe bekommen könne *(Fut.!)*.
10. Beiß mich ins Ohr *(Ü.: von meinem Ohr)*, sagte er. Ich will feststellen *(anlamak)*, ob ich wach bin.
11. Warten Sie! Ich wiederhole (es), ich habe mich noch nicht entschlossen; ich kann es jetzt noch *(şimdiden)* nicht voraussehen, ob ich Ihre Frau werde (oder nicht).
12. Seit sechs Jahren habe ich in Deutschland eine gute Stellung *(Ü.: bin ich ein guter Arbeitsbesitzer)*.

18. Lektion 268

Vokabeln

zu a)

üzerine etki yap-mak	einwirken auf *A*
kulübe	Hütte
ta'raça	Veranda
göçmen kuş	Zugvogel
ülke	Land
yazılı	beschrieben
aramak	aufsuchen [verein]
Türk Dil Kurumu	Türkischer Sprach-]
yayımlamak	veröffentlichen
direk	Pfeiler
tehlike	Gefahr
-in aleyhine	gegen
bodrum	Keller
talebelik	Studienzeit
alçak	niedrig, tief
basınç (-cı)	Druck
alçak basınç	Tiefdruck
dönüm	*hist. Flächenmaß* = 919 qm
yarı	halb
tava ·	Zimmerdecke
kıvılcım	Funken
saçmak	streuen; verbreiten
yılan	Schlange
dışarı çıkmak	hinausgehen
bilgin	Wissenschaftler
istilâcı [ısti:la:dʒi]	Eindringling
mümbitlik	Fruchtbarkeit
tatlılık	Milde
cezbetmek	anziehen
elden girmek	verlieren, einbüßen
mühür (mührü)	Stempel
mesut [u:]	glücklich
Ko'lonya	Köln
ulaşmak	erreichen (-e/ *A*)
eşsizlik [ɛs:ız-]	Unvergleichlichkeit
basit	einfach, klar
okuma oburu	Leseratte
obur	Vielfraß
psikoteknik (-ği)	Psychotechnik
propaganda	Propaganda
baskı	Druck
cahilleşmek	verdummen
sağnak [sɑːnɑk]	Wolkenbruch
basmak	eindringen (*A*/ in *A*)
su basmak	überschwemmt werden (von)
seri	Reihe, Serie
ciddiyet	Ernst
ele almak	in Angriff nehmen, anpacken, beginnen
yetkili	kompetent, tüchtig erfahren
mütehassıs	Spezialist
hazırlatmak	bearbeiten lassen, zur Bearbeitung geben
dizgi	(*typografisch*) Satz
düzeltme	Korrektur
elden geldiği kadar ...	möglichst, so ... wie möglich

titiz	genau, gründlich
davranmak	handeln; behandeln, besorgen
or'kestra	Orchester
nasihat [iː] (-tı)	Rat
tatbik [iː] (-kı)	Verwirklichung
tatbik etmek	verwirklichen; *hier*: befolgen
uğramak	*hier*: gehen in, besuchen
arama-tarama	Durchsuchung
sahte	gefälscht
taşımak	(bei sich) tragen
yakalamak	festnehmen
buyruk	Befehl
delikanlı	Bursche
yavuz [jɑvuʐ, jɑẘuʐ]	rücksichtslos, streng; *Beiname des Sultans Selim*: der Gestrenge
ilerlemek	auf *etw.* zu marschieren
hayrette kalmak	erstaunt sein (... karşısında/über)
boşluk (-ğu)	Leere; Raum
aktarmak	übermitteln; *hier*: senden
halka	Ring
taş	Stein
dik	steil
uzanmak	sich erstrecken; *hier*: führen

zu b)

süvari [-vɑːriː]	Reiter; Reiterei, Kavallerie
ot (-tu)	Kraut; Gras
kumandan	Kommandeur
masum [mɑːsuːm]	unschuldig
kıymak	hinrichten (-e/ *A*)
kambur	bucklig
cüce	Zwerg
memuriyet	Stellung
ayak basmak	betreten
basamak	Stufe
yarıp çıkmak	durchbrechen
şeref	Ehre
Versay	Versailles
Sar	Saar
plebisit	Volksabstimmung
kömür madeni [ɑː]	Kohlengrube
işletmek	betreiben
Lehistan, Po'lonya	Polen
'Poznan	Posen
Si'lezya	Schlesien
galip [ɑː], -bi	siegreich; Sieger-Mandat; Auftrag
manda	Mandat; Auftrag
pas	Rost; Zungenbelag
özellik	Eigenschaft
dizanteri	Ruhr

269   **18. Lektion**

kızıl	Scharlach	Perserteppich	İran halısı
'tifo	Typhus	ausgebreitet	serili
vitamin	Vitamine	beleuchten	aydınlatmak
kansız	blutarm	hängen	asılı olmak
sinir	Nerv	Heizkörper	radyatör
bozukluk	Störung; Leiden	Zentralheizung	kalorifer
yakalamak	packen; befallen	beheizen	ısıtmak

zu c)

Weihnachtsbaum	Noel ağacı
Klavier	pi'yano
unruhig	huzursuz
hin- und hergehen	dolaşmak
Segel	yelken
Fahne	bayrak
Gipfel	zirve
Mikroskop	mikroskop
Mikrobe	mikrop
Tuch	bez
Wunde	yara
Ei	yumurta
Infanterist	piyade [aː]
Ebene	ova

zu cc)

ungefähr	ta'kriben [iː]
Quadratmeter	metre kare
Tonbandgerät	teyp
aufnehmen	*hier*: banda almak
Brett (Etage)	raf
Bücherschrank	kitap dolabı
Couch	kanape
Stuhl	san'dalye
Schublade	çekmece
Bleistift	kurşun kalem
Kugelschreiber	tükenmez kalem
Radiergummi	lastik silgi

zu d)

morgens	sabahleyin
	[sa'baxleˑın]
sowieso	zaten ['zaːˑtɛn]
Kleinigkeiten	ufak tefek
sich mitbringen lassen	ısmarlamak
regungslos	hareketsiz
am Boden liegen	yatmak
in Ohnmacht fallen	bayılmak
übrigens	gerçek
zu spät kommen	geç kalmak
auf keinen Fall	'asla (+ *Verneinung*)
Geliebte(r)	âşık (-ğı)
vorankommen	ilerlemek
Lebensfreude	yaşama sevgisi

zu e)

glücklich	mesut
nachsehen	kontrol etmek
Schein	bankı'not
echt	hakikî [hakiːkiː]
sein möglichstes	elinden gelen
Geruchssinn	koku hassası [hasːaːsi]
sich umschauen	bakınmak
beißen	ısırmak
sich entschließen	karar vermek
vorausehen	kestirmek

f) Erinnern Sie sich?

1. Nach dem Tode seiner Frau kocht Hodscha eines Tages Suppe. *(L. 5)*
2. Sitz in einem offenen Lastkraftwagen (und Wagen =) oder in einem Wagen nicht auf der Ladung! *(L. 6b)*
3. Zwischen den Zahlen sind feine Striche gezogen. *(L. 7)*
4. In der Mitte und auf der unteren Seite einiger Uhren befinden sich auf einem kleinen Kreis Striche, bis 60 im Abstand von zehn angegebenen Zahlen sowie ein kleiner Zeiger. *(L. 7)*
5. Nach dem ersten Weltkrieg erstarkte Deutschland in sehr kurzer Frist wieder. *(L. 8)*
6. Die deutsche und italienische Regierung unterzeichneten ein Freundschaftsabkommen zwischen Deutschland und Italien. *(L. 8)*
7. Auf die Besetzung Polens hin traten Frankreich und England am 3. September gegen Deutschland in den Krieg. *(L. 8)*
8. Pharao stand am Fluß. *(L. 8b)*
9. Aus dem Fluß kamen sieben fette und schöne Kühe und weideten inmitten des Schilfs. *(L. 8b)*
10. Mohammeds Vater starb kurz vor dessen Geburt. *(L. 8b)*
11. Vor einiger Zeit war sogar ein farbiges Bild von ihm auf der hinteren Umschlagseite erschienen. *(L. 10)*

18. Lektion 270

12. Vor zwei Jahren lernte ich einen Luftwaffenunteroffizier kennen. *(L. 10)*
13. Nach dieser Zeit habe ich ihn leider nicht noch einmal getroffen. *(L. 10)*
14. Wenn er Ihnen gegenüber *(od.* für Sie) Interesse bezeigt, wird er auf jeden Fall nach Ihnen suchen. *(L. 10)*
15. Seit einer Woche habe ich ihn leider nicht gesehen. *(L. 10F)*
16. Auf den Umschlag mit Adresse wird eine 50-Kurusch-Marke geklebt. *(L. 11b)*
17. Auf den Umschlag schreibt man folgendes. *(L. 11b)*
18. Ihr werdet an diesem Tage wegen der euch gewährten Freuden ins Verhör genommen werden *(L. 12)*
19. Deshalb werde ich zu Neujahr nicht (unter =) bei euch sein können. *(L. 12b)*
20. Unter den heutigen Bedingungen kann ich nicht arbeiten. *(L. 12b)*
21. Orhan fand zusammen mit seiner Rechnung fünfzig Kurusch in seinem Teller. *(L. 13)*
22. Neben seinem Teller sah er eine andere seiner eigenen Rechnung ähnliche Rechnung. *(L. 13)*
23. Sein Leben lang hatte er keine Süßigkeiten gegessen. *(L. 14a)*
24. Er hatte einschließlich seiner Wäsche alles selbst geflickt. *(L. 14a)*
25. Einige darunter waren wohl so groß wie ein riesiger Kohlkopf. *(L. 14)*
26. Nachdem Hodscha sie betrachtet hatte, legte er sich unter einen Nußbaum. *(L. 14)*
27. Hodscha hielt (= sah) eine winzige Nuß an (= auf) einem riesigen Baum und riesige Kürbisse an (= auf) einer ganz kleinen Pflanze nicht für angemessen. *(L.14)*
28. Bis zur Stunde ist kein Bissen Brot in meinen Mund gelangt. *(L. 15)*
29. Ein solches Werk wird erst nach der zweiten Lektüre verständlich. *(L. 9)*

Europäische Wörter im Türkischen

kongre:	*frz.* congrès		'tifo:	*it.*	'tifo
hidroelektrik:	*frz.* hydroélectrique		vitamin:	*frz.*	vitamine
santral:	*frz.* centrale		Noel:	*frz.*	Noël
rapor:	*frz.* rapport		pi'yano:	*it.*	piano
arşiv:	*frz.* archives *(pl.)*		mikroskop:	*frz.*	microscope
ta'raça:	*it.* te'rrazza		mikrop:	*frz.*	microbe
psikoteknik:	*frz.* psychotechnique		metre kare:	*frz.*	mètre carré
propa'ganda:	*it.* propa'ganda		teyp:	*engl.*	tape
seri:	*frz.* série		kanape:	*frz.*	canapé
or'kestra:	*it.* or'chestra		lastik:	*neugr.*	'lasticho [-xɔ]
kuman'dan:	*it.* coman'dante		radyatör:	*frz.*	radiateur
plebisit:	*frz.* plébiscite		kalorifer:	*frz.*	calorifère
manda:	*frz.* mandat		kontrol:	*frz.*	contrôle
dizanteri:	*frz.* dysenterie		bankı'not:	*engl.*	banknote

Formeln

sözüm meclisten[1] dışarı *(od.* hariç) ...
açıklandığına göre

mit Verlaub zu sagen
wie verlautet, erklärt wird

Ticaret

— Bey evde yok. Bir şey mi istediniz?

Geschäft

Der Herr ist nicht zu Hause. Wollten (od. *Möchten) Sie etwas?*

---

[1] *wörtl. mein Wort außerhalb der Sitzung.*

271   18./19. Lektion

— Biraz görüşecektim.   *Ich wollte ihn mal sprechen.*
— Ticaret işi mi?   *Geschäftlich?*
— Evet. Kızını istiyecektim.   *Ja. Ich wollte um seine Tochter anhalten.*

Ondan sonra **elden geldiği kadar** bütün   *Ich werde (dir) dann alle Fragen,* **so gut**
sorularını cevaplandırırım.   **es geht,** *beantworten.*

19. Lektion

1. Ahlâk

Bence ahlâkın bir kökü vardır: ,,Sana yapıl**masını** istemediğini sen de başkalarına yapma!" Bu buyruğun doğru olduğunu içinize sindiriniz; ona uyuyor musunuz, artık korkmayın, ahlâklı bir insansınız: kimseye kötülük etmezsiniz.
Sana yapıl**masını** istemediğini sen de başkalarına yapma! Kolay gibi gözükür, ama kolay değildir bu ... Size yapıl**masını** istemediğiniz işi siz de başkasına yapmayacaksınız, yani kendinizi onun *yerine* koyacaksınız, benciliğinizden silkineceksiniz; sizin bir etiniz, kemiğiniz olduğu gibi onun da bir eti, kemiği olduğunu, onun da acılar duyabileceğini düşüneceksiniz. O kadar da değil; sizin, size yapıl**masını** istemediğiniz birtakım şeyler var, siz de onları kimseye yapmıyorsunuz, yetmez ki bu. Belki o adam başka şeylerin de yapıl**masını** istemiyor, sizin aldırmayacağınız bazı şeylerden de sinirleniyor; kendinizi onun yerine koyacaksınız, o sinirlen**meyi** anlayacaksınız, acısını düşüneceksiniz, artık o adama o işleri de yapmayacaksınız.
Siz yapmayacaksınız, ama sizin yap**mamanız** da yetmez. O adama başkalarının eziyet et**mesine** katlanıyorsanız, ,,Bana dokunmuyorlar ya, bana ne?" diyorsanız, kendinizi gerçekten onun yerine koymuyorsunuz demektir; size yapıl**masını** istemediğinizi siz başkasına yapıyorsunuz demektir. Çünkü siz bir haksızlığa uğrarsanız başınıza bir sıkıntı, bir felâket gelirse, size istemediğiniz bir şey yapıl**masına** çevrenizdekilerin kayıtsız kal**ması** gücünüze gider, bütün dünyada yalnız kalmış olursunuz. Öyle ise size yapıl**masını** istemediğinizi siz başkasına yap**mamakla** yetinmeyeceksiniz, başkasının uğradığı, çektiği sıkıntıyı, sizin yüzünüzden olmasa dahi, gider**meye**, hafiflet**meye** çalışacaksınız; hiç olmazsa onun acılarını siz de duyup ona yapayalnız olmadığını bildireceksiniz.
Ahlâk, sadece kötülük et**mekten** çekinmek değildir; başkalarının edecekleri kötülükleri de önle**meye** çalışmaktır.

                                                    Nurullah ATAÇ
                                                       (* 1898)

2. Atatürk'ün okul yılları

Mustafa, pek küçük yaşta öksüz kaldı. Ailenin geçineceği olmadığı için, anası oğlunu okuldan alarak, Lankaza taraflarında kardeşinin çiftliğine gittiler. Dayısı, Mustafa'yı çiftlik işlerinde yetiştir**meğe karar verdi.** Mustafa işe yaramıyor değildi. Kız kardeşi ile beraber karga konmasın diye bakla tarlası bekçiliği ettiğini hiç unutmamıştır. Devlet Başkanlığı zamanında bir

19. Lektion 272

arkadaşı bu tarla bekçiliği hikâyesini misafirlere anlattığı zaman içlerinden biri:
— Aman Efendimiz ... diye hikâyeye **inanmamazlık göstermesi** üzerine, Atatürk:
— Evet, doğrudur. Ben de herkes gibi doğdum, büyüdüm. Doğuşumda ayrılık varsa, Türk olarak **doğmaklığımdan** ibarettir, demişti.

3. Ankara, 3—11—1961

Faik Anbarcıoğlu
Ulus Meydanı No. 5
Ankara

Bay Dr. Osman Nebioğlu
Nebioğlu Yayınevi

Babıâli

İstanbul

Sayın Bay,

Göndermiş olduğunuz sirkülerden „Okul Kitapları Türk Limited Ortaklığı" adında bir ortaklık kurulduğunu öğrendim. Ortaklığınıza taşra kitapçılarından da **girmek istiyenler** olursa, alıp alamayacağınızı **bildirmenizi** ve ortaklığınız hakkında etraflıca bilgi **vermenizi** veya olabilirse ortaklık tüzüğünü **göndermenizi rica eder** sevgi ve saygılarımı sunarım.

Çankaya Kitabevi Sahibi
Faik Anbarcıoğlu

4. Bütün Dünya'dan

Londra'nın mesken bürosuna geçenlerde Fred Shearer adında birinin yazmış olduğu bir mektup gelmişti. Fred Shearer evlenmek istediğini bildiriyor ve mesken bekleyenlerin sırasına kendi adının da katılmasını rica ediyordu. Büro kendisine tehacüm yüzünden daha bir müddet **beklemesi** icap ettiğini bildirdi. Bunun üzerine bir müddet sonra Fred Shearer'den ikinci bir mektup geldi: „Tehacümü bildiğim için erken müracaat ettim zaten. **Beklemek** umurumda değil, zira henüz sekiz yaşındayım ...".

Erläuterungen

zu 1:

sana yapılması-nı istemediğini ...: *(dein Nicht-wollen dir Getan-werden =)* was du nicht willst, daß man dir tue ...

o sinirlenmeyi ...: *(sein Davon-gereizt-werden =)* ... daß er davon gereizt wird

sizin yapmamanız: *(Ihr Nicht-tun)* daß ihr sie (die Dinge) nicht tut

... kayıtsız kalması: das Gleichgültig bleiben *(Eurer Umgebung)*

zu 2:

Ailenin geçineceği olmadığı için: *wegen des Nichtseins ...:* weil die Familie nicht durchkommen konnte

Mustafa işe yaramıyor değildi: Nicht, daß Mustafa zu der Arbeit nicht taugte.

konmasın diye: *s. Lektion 17 B*

Devlet Başkanlığı zamanında: zur Zeit, da (Atatürk) Präsident war

273   19. Lektion

içlerinden biri: *sagte* einer von ihnen
diye hikâyeye inanmamazlık göstermesi üzerine: *(um zu zeigen die Nichtgläubigkeit)*
indem er so tat, als ob er die Geschichte nicht glaubte ...
Doğuşumda ayrılık varsa ... doğmaklığımdan ibarettir: Wenn es einen Unterschied
in meiner Geburt gibt, so besteht er in *(-den)* meinem Geborenwerden (-meklik!) ...

Vokabeln

1.

ahlâk (-kı)	Moral; Ethik, Sittenlehre
'bence	nach meiner Ansicht
kök (-kü)	Wurzel; Grundlage
sindirmek	verdauen, assimilieren; hineindrängen
içine sindirmek	sich einprägen
uymak	befolgen (-e/ *A*)
ahlâklı	moralisch, sittenstreng
kötülük	Schlechtigkeit, Böse(s)
gözükmek	aussehen, scheinen; sichtbar werden
bencillik (-ği)	Egoismus
silkinmek	abschütteln; *fig.* von sich abschütteln|
kemik (-ği)	Knochen [(-den)\]
acı	Kummer, Schmerz
birtakım	einige
yetmek	genügen
aldırmamak	keine Beachtung schenken, nicht tragisch nehmen
sinirlenmek	nervös werden, beunruhigt werden (-e, -den/ von)
eziyet etmek	quälen (-e/ *A*)
katlanmak	sich abfinden (-e/ mit)
dokunmak	stören (-e/ *A*)
bana ne?	was geht das mich an?
gerçekten	in Wirklichkeit
haksızlık (-ğı)	Ungerechtigkeit
uğramak	betroffen werden (-e/ von) [raten in\]
başına ... gelmek	über j-n kommen, ge-\]
kayıtsız kalmak	gleichgültig bleiben (-e/ gegenüber)
gücüne gitmek	beleidigen, kränken, treffen
yalnız kalmış olursunuz	ihr wäret verlassen
öyle ise	somit, also
yetinmek	sich begnügen
yüzünüzden	euretwegen, Ihretwegen
gidermek	beseitigen
hafifletmek	erleichtern
hiç olmazsa	wenigstens
'yapayalnız	ganz allein
'sadece [ɑ:]	einfach

2.

geçinmek	leben, durchkommen
ana	Mutter

çiftlik (-ği)	Landgut, Farm
dayı	Onkel *(Bruder der Mutter)*
yetiştirmek	ausbilden
karga	Krähe, Rabe
konmak	*s. L. 11 F*
bakla	Saubohne
bekçilik	Wachdienst [schaft|
başkanlık	Präsidium; Präsident-\]
Efendimiz	„unser Gebieter", *hier etwa*: unser Atatürk
inanmamazlık göstermek	so tun, als glaube man es nicht [wachsen|
büyümek	groß werden, heran-\]
doğmaklık (-ğı)	Geborensein
ayrılık	Unterschied
ibaret [ɑ:]	bestehend (-den/ aus)

3.

Babıâli [bɑ:b(i)a:lı]	*(ar., pers.) wörtl.*: Tür-hohe: Hohe Pforte, *in osm. Zeit Gebäudekomplex, in dem sich das Ministerpräsidium (Großwesirat), das Innen- u. Außenministerium u. der Staatsrat befanden. Izafet-Konstruktion* Bab-ı âli, *s. L. 16 S.*
sirküler	Rundschreiben
ortaklık (-ğı)	(Handels)Gesellschaft
limited ortaklık	G.m.b.H.
taşra	Provinz
kitapçı	Buchhändler
-e girmek	beitreten
etraf'lıca [ɛtrɑ:f-]	ausführlich (*s. L.* 10 G)
bilgi	Auskunft, Angaben
tüzük (-ğü)	Statuten

4.

mesken, *neuer*: konut	Wohnung, Wohnungs-
mesken bürosu	Wohnungsamt
geçenlerde	kürzlich, neulich
mesken bekleyen	*hier*: Wohnungssuchende(r)
katılmak	aufnehmen (-e/ in *A*)
tehacüm [ɑ:]	Andrang
icap etmek	nötig sein
umur [u:]	Angelegenheiten
-mek umurunda olmamak	sich nicht viel aus *od.* daraus machen, zu

Lehrbuch Türkisch 18

19. Lektion 274

Grammatik

Substantivierte Infinitive   A

Während im Deutschen der durch substantivierte Infinitive (besonders auf -ung) geprägte Nominalstil starker Kritik ausgesetzt ist, bildet er im Türkischen einen festen Bestandteil der Sprache; selbst die Umgangssprache zieht oft nominale verbalen Gefügen vor:

gitmem lâzım *(mein Gehen ist nötig)* „ich muß gehen" hört man häufiger als gitmeliyim.

Man unterscheidet vier substantivierte Infinitive:

den **gewöhnlichen** Infinitiv auf	**-mek** (-mak)
den **kurzen** Infinitiv auf	**-me** (-ma)
den **langen** Infinitiv auf	**-meklik** (-maklık)
den **modalen** Infinitiv auf	**-iş** (-üş, -ış, -uş)

Verwendung der Infinitive   B

-mek ist Kennzeichen des Verbs und des substantivierten Verbs. Seine Verwendung als Substantiv ist dadurch beschränkt, daß es **kein Genitivsuffix, kein Pluralsuffix** und **keine Personalsuffixe** annehmen kann.

Das Verbalsubstantiv auf **-mek** kann ein Subjekt zu sich nehmen. Diese Konstruktion, die man als

infinitivische Subjektgruppe

bezeichnen kann, findet sich besonders bei passiven Verben:

Bu barış ile Türk ulusu **yokedilmek** isteniyordu.

Durch diesen Frieden *(das die türkische Nation Vernichtetwerden wurde gewollt)* wollte man die türkische Nation vernichten.

-me
-meklik } werden nur substantivisch gebraucht.
-iş

-me bezeichnet oft das Ergebnis einer Handlung. Es bildet auch Substantive und Adjektive, die fester Bestandteil der Sprache sind, z. B.:

dondur**ma** *das zum Gefrieren Gebrachte:* Speiseeis

yaz**ma** *das Geschriebene:* Manuskript

dol**ma** *das Gefüllte:* mit Reis usw. gefüllte Weinblätterröllchen

Es wird dekliniert, behält jedoch seine verbale Kraft, d. h. es kann Objekte jeder Art zu sich nehmen.

Es ist häufig von **söylemek, istemek, emretmek, rica etmek** und Verben ähnlicher Bedeutung abhängig und wird im Deutschen bei verschiedenem Subjekt durch *sollen*, sonst durch den Infinitiv wiedergegeben:

Aydının bizimle gelmesi imkânsız.   Es ist unmöglich, daß **Aydın** mit uns geht.

Das türkische Genitivattribut ist hier im Deutschen Subjekt.

275   19. Lektion

-me-Infinitiv als Subjekt:

Reklamasyon için bu makbuzun ge-
tirilmesi rica olunur.

Bei Beanstandungen *(das Mitge-
brachtwerden dieser Quittung wird
erbeten)* wird darum gebeten, daß
diese Quittung mitgebracht wird od.
diese Quittung mitzubringen.

-me-Infinitiv als Gleichsetzungsnominativ mit Akkusativobjekt:

İlmin bir hizmeti de iyi ile fenayı
göstermesidir.

Eine Aufgabe der Wissenschaft (ist
auch das Zeigen **das** Gute und
Schlechte) besteht auch darin, das
Gute und Schlechte zu zeigen.

-meklik erfüllt etwa dieselben Aufgaben wie **-me**, wird heute aber — im
Gegensatz zu früher — nur noch **selten** gebraucht.

Bisweilen steht diese Form der Deutlichkeit halber:

gitmem kann bedeuten *ich gehe nicht* und *mein Gehen*

gitmem lâzım   ⎫
gitmekliğim lâzım ⎭   *ich muß gehen*

-iş bezeichnet die Art der Handlung; diese Bedeutungsschattierung kommt
aber nur in einigen zu reinen Substantiven gewordenen Wörtern zum Ausdruck, z. B.:

bakış   *die Art des Anschauens: das Blicken, der Blick; die Ansicht*
gidiş   *das Hin- und Hergehen; Benehmen, Verhalten;* aber auch: *der Gang,
der Besuch*

tiyatroya gidiş *der Gang ins Theater, ein Theaterbesuch*

Deklination der substantivierten Infinitive   C

Nom.	gitmek	gitme	gitmeklik	gidiş
Gen.	—	gitmenin	gitmekliğin	gidişin
Dat.	gitmeğe	gitmeye	gitmekliğe	gidişe
	[-ɛjɛ]	[-ɛjɛ]		
Akk.	gitmeği [-ɛjɪ]	gitmeyi [-ɛjɪ]	gitmekliği	gidişi
Lok.	gitmekte	gitmede	gitmeklikte	gidişte
Abl.	gitmekten	gitmeden	gitmeklikten	gidişten

Nom.	almak	alma	almaklık	alış
Gen.	—	almanın	almaklığın	alışın
Dat.	almağa [-ɑ:]!	almaya [-ɑja]	almaklığa	alışa
Akk.	almağı [-ɑ:]!	almayı [-ɑji]	almaklığı	alışı
Lok.	almakta	almada	almaklıkta	alışta
Abl.	almaktan	almadan	almaklıktan	alıştan

Die obigen substantivierten Infinitive werden auch mit anderen Suffixen
verbunden, z. B.:

bir uçak bileti almakla ...
(Lekt. 16b)

dadurch, daß Sie einen Flugschein
lösen ...

18*

19. Lektion   276

Man merke sich:
Gelmesiyle gitmesi bir oluyor. (Sein Kommen und sein Gehen ist
                                      eins =) Er kommt und geht sofort
                                      wieder.

Alle substantivierten Infinitive können auch von den erweiterten Stämmen
gebildet werden:
yaratmak *schaffen*   yaradılış *(Geschaffen-werden =) Schöpfung*
Die Dativ- und Akkusativformen -meğe, -meği
                                      -mağa, -mağı einerseits,
und   -meye, -meyi
                                      -maya, -mayı andererseits
werden heute oft vermischt.

Verneinte Formen   **D**

'gitmemek	'gitmeme	'gitmemezlik	'gitmeyiş
'almamak	'almama	'almamazlık	'almayış

Infinitive auf -me mit Possessivsuffixen   **E**

gitmem „mein Gehen", daß ich   almam „mein Nehmen", daß ich
            gehe *usw.*   nehme *usw.*
gitmen   alman[1])
gitmesi   alması
gitmemiz   almamız
gitmeniz   almanız
gitmeleri   almaları

                                                                                                F

Der Fall, in dem der substantivierte Infinitiv steht, wird von dem folgenden
Wort bestimmt. Sehr häufig kommen die folgenden Verbindungen vor:
reiner Infinitiv auf **-mek**
-mek + Substantiv: **-mek** ümidiyle in der Hoffnung, zu ...
-mek + Substantiv + etmek

  verbalisiertes Substantiv: **-mek arzu etmek** wünschen, zu ...
z. B.:

-mek arzusu	der Wunsch, zu ...
-mek imkân(ı)	die Möglichkeit, zu ...
-mek lüzum(u)	die Notwendigkeit, zu ...
-mek arzu etmek	wünschen, zu ...
-mek umurunda olmamak	sich nichts daraus machen, zu
-mek istemek	tun wollen
-mek için	um ... zu
-mek amaciyle	um ... zu, zwecks
-mekle beraber	obgleich
-mek maksadiyle	um ... zu, zwecks

---

[1]) Gleichlautend sind:
alman *dein Nehmen, daß du nimmst*
Alman *deutsch, Deutscher*

277   19. Lektion

-mek şartiyle	unter der Bedingung, daß
-mek suretiyle	dadurch, daß; indem
-mek imkânsız	unmöglich, zu
-mek kabil olmak	möglich sein, zu
-mek mümkün	möglich, zu

im Dativ:

-meğe başlamak	beginnen zu
-meğe çalışmak	sich bemühen, zu
-meğe devam etmek	fortfahren, zu ...; *etw.* weiter tun
-meğe değer	es lohnt sich, zu
-meğe gelmek	kommen zu
-meğe gitmek	gehen (+ *Infinitiv ohne zu)*
-meğe izin vermek	erlauben zu
-meğe hakkım var	ich habe ein Recht, zu
-meğe göndermek	schicken, zu
-meğe hazır olmak	bereit sein, zu
-meğe ikna etmek	j-n überreden, zu; j-n dazu bringen
-meğe karar vermek	sich entschließen, zu
-meğe mecbur olmak	gezwungen sein, zu
-meğe utanmak	sich schämen, zu
-meğe yemin etmek	schwören, zu
-meğe yaramak	(dazu) dienen, zu
-meye imkân	Möglichkeit, zu

im Ablativ:

-mekten çekinmek	vermeiden, zu
-mekten vazgeçmek	darauf verzichten, zu

im Nominativ mit Personalsuffix: -mem, -men, -mesi, -memiz, -meniz, -meleri:

-me- için: -mem için *usw.*	weil; dafür, daß
-me- icap eder	
-me- lâzım	es ist nötig, zu tun; müssen
-me- gerek, gerekir, gerekiyor	
-me- imkânsızdır	es ist unmöglich, zu
-me- yasaktır *od.* menedilir	es ist verboten, zu

im Akkusativ:

-meyi istemek	wollen, *(meist)*, *daß ein anderer etw. tut (meist verschiedenes Subjekt)*; auffordern; bitten; zu
-meyi rica etmek	bitten, zu
-meyi emretmek	befehlen; anweisen, zu
-meyi söylemek	sagen, daß ein anderer etw. tun soll
-meyi menetmek	verbieten; daran hindern, etw. zu tun
-meyi önlemek	verhindern, daß
-meyi tavsiye etmek	empfehlen; raten, zu
-meyi tembih etmek	anregen, zu

19. Lektion   278

-meyi unutmak	vergessen, zu
-meyi arzu ederim	ich möchte gern; ich hätte gern, daß
-meyi sevmek	es lieben, zu; etw. sehr gern tun
-meyi düşünmek	gedenken, zu

Merke: Vor **başlanmak** *begonnen werden* steht das Verb im Passiv:
-ilmek başlanmak.

Beispiele

-mek

Gitmeğe değer mi?
Yetkili seyahat acenteniz size her türlü bilgiyi vermeğe hazırdır.

Ahlâk, sadece kötülük etmekten çekinmek değildir.

(wert =) Lohnt es sich, hinzugehen?
Ihre zuständige Reiseagentur ist bereit, Ihnen jede Art von Auskünften zu geben.
Die Ethik besteht nicht darin, einfach zu vermeiden, Böses zu tun.

-me

Nominativ + Personalsuffix

Sizin yapmamanız yetmez.

Hastalara sigara içmeleri, hatta sigara dumanlı yerlere gitmeleri menedilir.

Gönderinin isim ve adresini bildirmeniz icap ediyor.

(Euer Nicht-tun genügt nicht =) Es genügt nicht, daß ihr (es) nicht tut.
Den Kranken ist es verboten, Zigaretten zu rauchen, ja sogar Räume mit Zigarettenrauch aufzusuchen.
Sie müssen Name und Adresse des Absenders angeben.

(Beachte: adres steht *vor* bildir**meniz** *im* **Akkusativ.** Bildirme *hat also noch verbale Kraft, s. Abschnitt B.)*

Bunun kaynatılmaması gerekir.
Daima annemin istediği gibi olmam için.

Das darf nicht gekocht werden.
Dafür, daß (weil) ich immer so bin, wie meine Mutter es wünscht.

Akkusativ

Sana yapılmasını istemediğini sen de başkalarına yapma.

Doktor yorulmamamı emretmişti.

(Dein-nicht-wollen das dir nicht-getan--werden ...) Was du nicht willst, daß man dir tut, das tue du auch nicht anderen.
Der Arzt hatte (mein Nichtanstrengen) verordnet, daß ich mich nicht (über)-anstrengen solle.

Dativ

O adama başkalarının eziyet etmesine katlanıyorsanız ...

Başkasının uğradığı sıkıntıyı gidermeye, hafifletmeye çalışacaksınız.

(Wenn ihr euch mit dem Quälen der anderen jenen Menschen abfindet ...) Wenn ihr euch damit abfindet, daß andere jenen Menschen quälen ...
Ihr müßt euch bemühen, das Leid, von dem ein anderer betroffen wurde, zu beseitigen und zu erleichtern.

19. Lektion

Lokativ

Okumada sürat işi mühimdir.

Beim Lesen ist die Frage der Geschwindigkeit wichtig.

Genitiv

Bunlar okumanın hızını azaltır.

Dilin öz kurallarını göstererek doğru konuşmanın, düzgün yazmanın yollarını bize dil bilgisi öğretir.

Das verringert die Schnelligkeit des Lesens.

Indem die Grammatik uns die richtigen Regeln der Sprache zeigt, lehrt sie uns die Methode, richtig zu sprechen und korrekt zu schreiben.

-iş

Genitiv

Güneşin, baktığımızda ufak görünüşünün sebebi, uzakta oluşudur.

(Die Ursache des Winzig-Erscheinens der Sonne bei unserem Betrachten ist ihr in-der-Ferne-sein =) Daß die Sonne in unserer Sicht winzig erscheint, liegt daran, daß sie weit entfernt ist.

Ablativ

Böyle bir eser, ancak ikinci okunuştan sonra anlaşılır.

Ein solches Werk wird erst nach der zweiten Lektüre verständlich.

-(me)mezlik	**G**

Das Verbalsubstantiv auf **-memezlik** ist praktisch beschränkt auf die Verben der sinnlichen Wahrnehmung:

görmek, işitmek, bilmek, bakmak, tanımak und **inanmak.**

Sie werden meist im Ablativ (**-ten**), selten im Dativ mit folgendem **gelmek** oder selten **vurmak** und **göstermek** gebraucht; im Nominativ mit **etmek.**

Das Gefüge **-memezlikten gelmek (vurmak)** bringt eine Vortäuschung, eine Verstellung zum Ausdruck. Anstelle der doppelten Verneinung wird auch die einfache Form **-mezlik** gebraucht, die nach einigen türkischen Grammatiken (Puristen) die bessere ist.

Beispiele:

Bana bil**memezlikten gelmeyin.**

Spielen Sie mir gegenüber nicht den Unwissenden.

İşit**memezlik ediyor.**

Er tut so, als ob er nicht hörte. Er hört absichtlich nicht.

H

Die Unmöglichkeitsform **-(y)ememezlik** bilden einige feste Substantive, z. B.:

anlaşılmamazlık

mangelndes Einvernehmen

görmemezlikten gelmek

so tun, als ob man nicht sähe

duymamazlığa vurmak

so tun, als ob man nicht höre; sich taub stellen

19. Lektion   **280**

I

Bemerkenswert sind noch folgende Konstruktionen mit **gelmek** und **tutmak**:

-eceği gelmek	Lust haben zu, am liebsten etw. tun wollen
-eceği tutmak	auf den Gedanken kommen, zu; den Einfall haben, zu

Beispiele:

Ağlayacağım geliyor.	Ich möchte am liebsten weinen.
Seni çok göreceğim geliyor.	Ich möchte dich gar zu gern wiedersehen; es ist wirklich Zeit, dich mal wiederzusehen.
Bugün gezeceğim tuttu.	Heute hatte ich den Einfall spazierenzugehen. Ich wollte heute nun mal spazierengehen.

Merke besonders:

aptes almak	1. rituelle Reinigung vornehmen
aptesi gelmek	2. austreten müssen

-mektense (-mekten ise) anstatt zu; als	**J**

Aç **gezmekten ise** tok ölmek yeğdir.	Es ist besser, satt zu sterben, **als** hungrig zu leben.
Yağmurda ıslan**maktansa** postahaneye girelim.	**Anstatt** im Regen naß zu werden, laßt uns in die Post gehen.

Zusammengesetzte Verben   **K**

Durch Anfügung gewisser Verben an einen anderen türkischen Verbstamm kann die Handlung oder der Vorgang näher bezeichnet werden. Diese Bildungsweise ist im heutigen Türkischen ziemlich eingeschränkt. Die durch das angefügte türkische Verb bewirkte Bedeutungsschattierung muß im Deutschen durch Adverbien oder adverbiale Wendungen wiedergegeben werden.

-i(ü, ı, u)vermek	schnell (sofort, gleich) etw. tun
-e(a)kalmak ⎫	
-e(a)gelmek ⎬	*bezeichnen die andauernde oder fortgesetzte Handlung:* weiter(hin), immer noch etw. tun
-e(a)durmak ⎭	
heute selten:	
-e(a)yazmak	fast, nahe daran sein, etw. zu tun

Beispiele:

Üzülür diye söyle**yivermekten** çekindim.	Ich schämte mich, **so ohne weiteres** „betrüblich" gesagt zu haben.
Gençsiniz; yorulmadan okula gidip anla**yıverir**siniz.	Ihr seid jung, geht unermüdlich in die Schule und ihr begreift es **sofort**.
Yorgundum; uyu**yakalmış**ım.	Ich war müde; ich schlief **weiter (immer noch)**.
Bu hal öteden beri ola**gelmektedir**.	Dieser Zustand besteht schon **seit eh und je**.
Ayağım kaydı; düş**eyazdım** (*heute mst.* ...az kalsın düştüm).	(Mein Fuß =) Ich rutschte aus; ich wäre **fast** gefallen.

281   19. Lektion

... üzere   **L**

Die Verbindung des Infinitivs mit **üzere** hat folgende Bedeutungen:
1. *im Begriff sein*
Gelmek üzeredir.   Er **ist im Begriff** zu kommen.
                                          Er kommt **gerade**.
2. *um ... zu*
Gitmek üzere kalktı.   Er stand auf, **um zu** gehen.

3. *falls*
Akşama geri **vermek üzere** bu kitabı   **Falls** Sie das Buch bis abends wieder
alabilirsiniz.   zurückgeben, können Sie es nehmen.

4. *wie*
yukarda yazıldığı **üzere**   **wie** oben beschrieben, erwähnt

5. *wobei ... sind, davon*
İkisi kız **olmak üzere** üç çocuğu   Sie hat drei Kinder, **wobei** zwei
vardır.   Mädchen **sind** *od.* **von denen** zwei
                                          Mädchen sind.

Merke den Briefschluß:
(Sizinle) **görüşmek üzere** samimî se-   Herzliche Grüße (in der Hoffnung)
lâmlar   auf ein Wiedersehen

| **derken** | **M** |

aus **de-** (demek) + **r** + **(i)ken** entstanden, wird als Konjunktionaladverb
gebraucht und hat folgende Bedeutungen:

A. **nebenordnend**
   1. mittlerweile, inzwischen   3. (soll) zwar ... aber
   2. da, in diesem Augenblick   4. ... aber da ... (schon)

B. **unterordnend**
   1. (gerade) als ...
   2. obwohl (wenn auch) die Absicht besteht ..., so ... (doch); obwohl
      ... soll

Beispiele:
Derken, oğlu delikanlı olmuş.   **Mittlerweile (inzwischen)** wurde sein
                                          Sohn zum Jüngling.
Yazı yazıyordum, **derken** misafir   A. Ich schrieb einen Artikel (war
geldi.   dabei, einen Artikel zu schreiben),
                                          da (in diesem Augenblick) kamen
                                          Gäste.
                                          B. **Gerade als** ich einen Artikel
                                          schrieb, kamen Gäste.

Akşamdan önce varacağız **derken**   A. Wir wollten **zwar** noch vor dem
ancak gece yarısı varabildik.   Abend eintreffen, konnten **aber** erst
                                          um Mitternacht da sein.

19. Lektion 282

Yeni havaalanı bitti bitiyor[1]) **derken**
hâlâ bitmedi.

B. Wenn wir **auch** beabsichtigten,
vor dem Abend einzutreffen, **so**
konnten wir **doch** erst um Mitternacht da sein.

A. Der neue Flugplatz **soll zwar** gerade fertig sein, ist **aber** noch nicht
fertig.

B. **Obwohl** der neue Flugplatz fertig
sein **soll**, ist er es noch nicht.

Das Verbaladverb auf -eli   N

Es bezeichnet die Dauer einer Handlung von einem bestimmten Zeitpunkt
an; im Deutschen entspricht diesem Suffix die Konjunktion *seit, seitdem*.
-(y)eli (-[y]alı) kann durch **beri** oder **-den beri** erweitert werden. Das gleiche
Zeitverhältnis drücken aus: **-dim (-dın** usw.) ... **-(y)eli**, z. B. **başladı başlayalı.**

Beispiele:

Dersler başlayalı (*od.* başlayalı **beri**,
başlayalıdan beri) gece gündüz çalışıyor.

Seitdem der Unterricht begonnen
hat, arbeitet er Tag und Nacht.

Übungen

**a) Bilden Sie Substantive auf -iş aus folgenden Verben; fügen Sie die deutsche
Übersetzung hinzu:**

açılmak, almak, anlamak, atılmak, atmak, bakmak, binmek, bulmak, çıkmak,
demek, dikmek, doğmak, durmak, duymak, düşmek, gelmek, girmek, görmek,
göstermek, gülmek, inanmak, inmek, okumak, olmak, öpmek, söylenmek, titremek, uçmak, vermek, almak_vermek, vurmak, yağmak, yapmak.

Konjugieren Sie auf türkisch:

1. Ich muß mich beeilen, du mußt dich ... etc.
2. Wieviel muß ich zahlen, mußt du zahlen etc.?
3. Muß ich aussteigen, mußt du aussteigen etc.?
4. Wohin muß ich mich wenden, mußt du dich wenden etc.?
5. Leider muß ich jetzt gehen, mußt du jetzt gehen etc.
6. Ich mußte mit dem Autobus fahren, du mußtest ... etc.

aa) Man ergänze die fehlenden Stellen und übersetze die Texte ins Deutsche:

Rahip vaız veriyordu. Cemaate hitap ederek cennete gitmek isteyenler- ayağa —
söyledi. Bir adam- — herkes ayağa kalktı.
Rahip fena kızmıştı. Gürledi: Sen cennete — — — *(willst du nicht ins Paradies
kommen? Übers.: gehen).* Adam cevap verdi: Hiç acelem yok.

b)

1. İskele üzerine otomobil ve arabalar-
— yasaktır (girmek).

Es ist verboten, daß Autos und Wagen
auf die Landungsbrücke fahren (Das
Befahren der Landungsbrücke ...).

---

[1]) **Merke:** bitti bit**iyor** *ist gerade beendet, fertig*

283   19. Lektion

2. Öğrenciler- okul disiplinine — gerekir.

3. Onlar- buraya — bile bir iltifat sayılır.

4. Eyüplüler „Bizim semtimiz İslâm âleminin Kâbeden sonra ikinci büyük ziyaretgâhıdır. — — gerekir" dediler.

5. Halbuki bir kere evlendikten sonra romantik heyecanlar-, daha olgun ve istikrarlı bir sevgi bağına yer — — — (icap etmek).

6. Telgraf ve telefon — kolaylaştıran çok önemli araçlardır.

7. Hemen — — bir haber telgrafla pek çabuk gönderilir.

8. Eski Türklerde — efsanesi.

9. Mikrofon ve kulaklık bir elektrik akımı içinde olduğu için bu -iş elektrik akımının düzenini bozar ve — kuvvetine göre, devredeki elektrik akımı az ya da çok kuvvetli olur.

10. 'Kışın bitkiler ne yapar? Bitki- — — mümkün olmadığından onlar da çeşitli çarelere baş vururlar.

11. Bunun üzerine Ebu Hasan her gün akşam yemeğine bir misafir — — —.

12. Şehir halkı ile — — —.

13. Onun ardınca — — — ya! (icap etmek)

14. Keşiflerin en önemli sebeplerinden biri şudur: Yeni bir Hint yolu — —.

15. Başbakan, valilere birer genelge göndererek, mahallî ihtiyaç-, sosyal ve

Die Schüler müssen die Schulordnung befolgen.

Daß sie hierher kommen, wird sogar als Entgegenkommen betrachtet.

Die Eyüper (die Bewohner von Eyüp) sagten: „Unsere Gegend ist nach der Kaaba der zweitgrößte Wallfahrtsort der islamischen Welt. Wir müssen (ihn) pflegen (= etwas für ihn tun)."

Es ist jedoch nötig, daß, nachdem man einmal verheiratet ist, die romantischen Gefühle einer reiferen und festeren Liebesbindung Platz machen.

Telegraf und Telefon sind sehr wichtige, die gegenseitige Benachrichtigung erleichternde Mittel.

Eine Nachricht, die sofort übermittelt werden soll, schickt man sehr schnell telegrafisch (*Konstr.*: deren Übermitteltwerden gewollt werdende ...).

Die Schöpfungslegende (... Erschaffenwerden) bei den alten Türken.

Da sich Mikrofon und Hörer in einem elektrischen Stromkreis befinden, stören diese Schwingungen die Harmonie (Gleichmäßigkeit) des elektrischen Stromes, und je nach der Stärke der Schwingung wird der elektrische Strom in dem Stromkreis (weniger oder mehr) mehr oder minder stark.

Was machen die Pflanzen im Winter? Da sich die Pflanzen nicht bewegen können *(das Bewegungmachen der Pflanzen ...)*, bedienen sie sich *(greifen sie zu, wenden sie sich an ...)* verschiedener anderer Mittel.

Darauf beschloß Ebu Hasan, jeden Abend einen Gast zum Abendessen einzuladen.

Er schwor, mit den Leuten der Stadt nicht (mehr) zu verkehren.

Sie brauchen ihm ja nicht unmittelbar zu folgen (... hinter ihm zu gehen).

Einer der wichtigsten Gründe für die Entdeckungen war: der Wunsch, einen neuen Weg nach Indien zu finden.

Der Ministerpräsident hat an die Gouverneure je ein Rundschreiben gesandt

19. Lektion   284

ekonomik ihtiyaç- 20 sayfayı geçmeyen birer raporla, en kısa zamanda Başbakanlığa — —.

16. Coğrafyanın — ve bügünkü anlamda bir ilim haline — ancak yüzyıllardan sonra, zamanımıza yakın tarihlerde mümkün olabilmiştir.

17. İlk çağlardan beri üzerinde — rağmen coğrafyanın bügünkü manasını almakta bu kadar — 'bilhassa iki sebepten ileri gelir:

a) Dünyanın keşfinin çok geç —;

b) Coğrafyaya malzeme veren, tabiat hadiselerini izahta ona yardım eden diğer ilim- — ve — ancak son yüzyıllarda mümkün olabilmesi.

18. Bügün çok işim vardı: mektup — l..., kardeşimi doktora — g... Bunların hepsini yapamadım. Benim bir günlük plan — ve ona göre hareket — l... *(alle Formen auf -meklik!)*.

19. Şama giden kervan Kudüsten geçti. Böylece Ali Hoca bir müddet de orada — — —.

20. Y... — dilerdim.

bb)

1. Başkalarına nasihat —, kendi marifetini göstermeliydin.

2. Bu kadar —, yavaş yavaş gitmek daha iyidir.

und (sie) aufgefordert, dem Ministerpräsidium in kürzester Frist jeweils in einem 20 Seiten nicht überschreitenden Bericht die örtlichen Bedürfnisse (sowie) die sozialen und wirtschaftlichen Bedürfnisse mitzuteilen. *(Konstr.: Der M. hat das Mitgeteiltwerden der Bedürfnisse ... gefordert.)*

Die Entwicklung der Geographie und ihr Eintritt (= Kommen) in das Stadium einer Wissenschaft im heutigen Sinne ist erst nach Jahrhunderten, ja (erst) in unserer Zeit nicht fernen Tagen möglich geworden.

Obwohl seit den ersten Geschichtsepochen daran gearbeitet worden ist (= trotz des Gearbeitetwerdens), rührt die große Verzögerung in der Erlangung der heutigen Bedeutung der Geographie besonders aus zwei Gründen her:

Daher, daß die Entdeckung der Erde sehr spät verwirklicht werden konnte (= das Verwirklicht-werden-können).

Daher, daß die anderen Wissenschaften, die der Geographie ihren Stoff lieferten und ihr bei der Erklärung der Naturereignisse halfen, erst in den letzten Jahrhunderten entstehen und sich entwickeln konnten (*Konstr.*: das Möglich-können-sein *des Entstehens* und *des Sichentwickelns* der anderen Wissenschaften).

Heute hatte ich viel zu tun: ich mußte Briefe schreiben, meinen Bruder zum Arzt bringen. All das konnte ich nicht schaffen. Ich muß einen Tagesplan aufstellen (= machen) und diesem gemäß verfahren.

Die nach Damaskus gehende Karawane kam über Jerusalem. So war Ali Hodscha gezwungen, auch eine Zeitlang dort zu bleiben.

Ich wünschte, Sie hätten (das) nicht geschrieben.

Anstatt anderen Ratschläge zu erteilen, hättest du dein Können zeigen sollen.

Es ist besser, langsam zu gehen, als so zu laufen.

285 19. Lektion

3. Yorgundum; -mışım.

4. Bu hal öteden beri —.

5. Koca maymun çok geçmeden -di.

6. Bugün rahat evlerde —, yünlü veya pamuklu elbiseler —, aile, köy, şehir, millet gibi topluluklar içinde -yız.

7. Fakat insanlar öteden beri bu şekilde -mişlerdir.

8. Sen — onların yaşadıkları hayat değil, bir rüya, bir rüya-yı hayattır *(s. L. 16 S)*. (Cenap Şahabettin, 1879—1934).

9. Beni — çok oluyor mu?

10. Dünya k... k... bitkiler kendilerini mahveden hayvanlara karşı çeşitli şekilde silâhlanmışlardır.

11. Biz de tayin — üç yıl bitti, dördü sürüyoruz.

Ich war müde; ich habe dann eben weiter geschlafen.
Dieser Zustand besteht schon seit eh und je.
Der große Affe war kurz darauf verschwunden (kaybolmak).
Heute wohnen wir in bequemen Häusern, ziehen wollene und baumwollene Kleidung an und leben in Gemeinschaften wie Familie, Dorf, Stadt und Nation.
Aber nicht immer (von jeher) haben die Menschen in dieser Weise gelebt.
Seitdem du fortgegangen bist, ist es für sie kein Leben, es ist ein Traum, der Traum eines Lebens (... kein Leben, das sie leben ...).
(Ist es schon lange, seitdem man mich erwartet?) Erwartet man mich schon lange?
Seit die Welt geschaffen (*Übers.*: gegründet) wurde, haben sich die Pflanzen in verschiedener Weise gegen die sie vernichtenden Tiere bewaffnet.
Seitdem wir versetzt worden sind, sind drei Jahre vergangen, (und) wir sind jetzt im vierten.

c) **Übersetzen Sie:**

1. Dafür müssen Sie Zoll zahlen.
2. Ich möchte zwei Plätze[2] erster Klasse[1] *(Nom.!)* für (= in) den Zug nach Ankara vorbestellen, der übermorgen um 8 Uhr abfährt.
3. Muß ich (Müssen wir) Zuschlag zahlen?
4. Wann muß ich (müssen wir, müßt ihr) auf dem Flugplatz sein?
5. In welcher Richtung muß ich (müssen wir) gehen?
6. Kann man zu Fuß gehen oder muß man fahren?
7. Sie müssen geradeaus gehen.
8. Helfen Sie mir (Helfen Sie uns ...; Helfen Sie ihnen ...) die Zündkerzen auswechseln. (= meinem, unserem, ihrem die Zündkerzen — Auswechseln).
9. Er liebte es (—), Bücher über Philosophie zu lesen.
10. Er liebte es (— —), in den Wald zu gehen.
11. Die Mutter sagte Orhan, daß er das Holz ins Haus tragen solle.
12. Der Vater sagte Orhan, daß er das Holz fürs Feuer hauen (kesmek) solle.
13. Dieser Anzug muß chemisch gereinigt werden.
14. Ich möchte den (= mit dem) Direktor sprechen.
15. Bitte erlauben Sie mir, daß ich mit dem Herrn spreche.
16. Warum bittest du mich, freundlich zu ihm zu sein (= willst du von mir mein Freundlichsein ...)? Warum bittet ihr uns, freundlich zu ihnen zu sein (warum wollt ihr unser Freundlichsein ...)?

19. Lektion   286

17. Gestatten Sie mir, daß ich mich vorstelle?
18. Du darfst ihnen keine Gelegenheit geben (Ihr dürft ihnen ...), dich zu sehen (= Gelegenheit zu ihrem Sehen dich).
19. Willst du, daß ich offen spreche? (= du willst mein Offen-Sprechen)?
20. Schön zu sein, ist das Recht jedes jungen Mädchens.
21. Fliehen und laufen ist nicht dasselbe *(Spanisches Sprichwort)*.
22. Der Sauerstoff in der Luft *(...daki)* sorgt für die Verbrennung (= das Verbrennen).
23. Die Zahl unserer Sinnesorgane ist fünf (Wir haben ...): der Tastsinn (Berühren), der Geschmackssinn (kosten), der Geruchssinn (Geruch-nehmen), der Gesichtssinn (Sehen) und der Gehörsinn (Hören).
24. Daß Aydın *(männlicher Vorname)* mit uns kommt, ist unmöglich; denn seine Aufgabe ist sehr lang und schwer.
25. Daß das so wird, wollte ich nicht (— — —).
26. Er sagte, daß man sein Gepäck (= seine Sachen) in das Strandhotel bringen solle.
27. Ich bitte Sie, (mir) an *(-e)* meine untenstehende Adresse das Wörterbuch gegen Nachnahme *(s. Lektion 6F)* zu schicken.
28. Jetzt[1] muß ich wirklich[2] in die Stadt gehen (lâzım).
29. Dieses Warten ist auch für mich sehr lästig; auch ich möchte (isterdim), daß alles (= jede Sache) möglichst rasch erledigt (gelöst) wird.
30. Du hast uns gestern gesehen, aber du tatest, als hättest du (uns) nicht gesehen.
31. Es waren acht Franzosen anwesend, von denen einer (ein) Offizier war.
32. Vergessen Sie nicht, von ihrem Kolonialwarenhändler eine Broschüre anzufordern (istemek).
33. Ich möchte eine kinderlose, verwitwete Dame heiraten.
34. Ich möchte gern, daß sie mindestens eine Absolventin einer Elementarschule, Hebamme oder Krankenschwester ist.
35. Wir müssen auch noch einige Worte über den Ingenieur sagen.
36. Ihr sollt (ich will, daß ihr) das wissen.

cc) Übersetzen Sie:

1. Ich bleibe nicht lange *(Übers.:* spät), ich komme sofort.
2. Zögern Sie nicht länger, schreiben Sie sofort.
3. Er öffnete die Tür nicht gleich.
4. Wenn er nicht gleich kommt, was machen wir dann?
5. Das Glas war fast entzweigegangen.
6. Anstatt ins Kino zu gehen, laßt uns einen Ausflug nach Eyüp machen.
7. In diesem Augenblick zeigte sich ein weißer Rauch. Im Dorf war Feuer ausgebrochen.
8. Wir wollten (—) am liebsten weinen; *od.* wir hätten am liebsten geweint.
9. Sie wollte am liebsten weinen.
10. Sie wollten am liebsten weinen.
11. Es war Zeit, daß wir uns (mal) wiedersehen.
12. Als er so seiner Mutter ins Gesicht *(Übers.:* in das Gesicht seiner Mutter) schaute (-dikçe), hätte er am liebsten geweint.
13. Heute hatten wir mal den Einfall, ins Kino zu gehen.
14. Er weint und lacht in einem Atem (Sie weinten und lachten ...).

287   19. Lektion

15. Sie taten so, als ob sie nicht hörten.
16. Tu uns gegenüber nicht so, als ob du nichts wüßtest.
17. Er tat so, als ob er uns nicht sähe.
18. Seitdem der große französische Dampfer Hinterindien verlassen hatte, waren viele (birçok) Tage vergangen.

d) Übersetzen Sie den Text und ergänzen Sie die fehlenden Wörter:

Bay ...   Ankara, 27 — X — 1966
Ticaret Evi Sahibi
                          ANKARA
Sayın Bay,
1966 yılında Ankara Ticaret Lisesini bitirdim. Halen (şu sırada) askerliğimi yapıyorum, üç gün sonra terhis olacağım. Ticaret evinize bir muhasip alınacağını öğrendim. Üç gün sonra iş- — —¹) ticaret evinizde açık olan muhasipliğe —²) rica eder, saygı ve selâmlarımı sunarım.

                                          Yenişehir, Uçar
                                          Sokak No. 5 de
                                          Faik Dinç

e) Man ergänze die fehlenden Suffixe und übersetze den Text ins Deutsche:

PTT'nin ricaları

1. Bu makbuz- gönderici tarafından okunaklı olarak doldurulduktan sonra gönderilecek madde ile birlikte gişeye ver-.
2. Makbuz- mutlaka mürekkepli veya kopya kalemi ile yaz-.
3. Kullanılmayan kıymet haneleri- kalın bir çizgi ile iptal —.
4. Yazı ve rakamlarda hiç bir silinti ve kazıntı yap-.
5. Ücreti malûm olan müraselât- üzerlerine pulları yapıştırılmış olduğu halde gişelere ver-.
6. Reklamasyon için bu makbuz- getir- rica olunur.
7. Maddenin nev'i sütunu ile makbuz numarası ve ücret kısımları memur tarafından doldurulacaktır.

In den Sätzen 1—5 ergänze **rica olunur** *es wird gebeten.*

Zu 1. gönderilecek madde *das zu versendende Postgut.* Bu makbuz- ... ver- (Passiv): *Das Aufgegebenwerden der Quittung*

Zu 4. yap- (verneint!)

Zu 5. üzerlerine ... olduğu halde: hier rein attributiv (nicht konzessiv!): „*in einem-die-Postwertzeichen-darauf-aufgeklebt-worden-seienden Zustand*" = *mit Postwertzeichen versehen.*

f) Ergänzen Sie die folgenden Stellen durch passende Infinitive sowie Verbformen, und übersetzen Sie den Text ins Deutsche:

                          Televizyon

Televizyonla; konuşan kimsenin, hem sesinin —, hem de resminin — sağlanır. *(Gehörtwerden — Gesehenwerden).* Televizyonu radyodan ayıran en önemli fark,

---
¹) *wobei ich anfangen könnte*
²) *zu nehmen, anzunehmen (= mein Angenommen-werden)*

19. Lektion   288

televizyon yayınlarının ancak verici antenin görebildiği ufuk çevresi içinde — —
(ist das Verfolgtwerden-können).
Televizyon alıcısında resimlerin net olarak — — yayınların düz bir alan üzerinden
— — *(für das Gesehenwerden-können — das Gemachtwerden-können ist nötig)*.
Çünkü dağlık yerlerde televizyon yayını yapılmaz. Televizyonun yayın alanı
bugün için otuz beş, kırk kilometre arasındadır. Halbuki radyo yayınları binlerce
kilometre uzakta bile takip edilebilir.
Televizyon Amerika'da, İngiltere'de, birçok Avrupa memleketlerinde radyo ve
sinema kadar yayılmıştır. Hatta İngiltere'de televizyonda çocuklar için yayınlar
bile — *(werden gemacht, vgl. L. 11)*. Bu yayınlarda kuklalar oynatılıp filimler —,
çocuklara faydalı bilgiler — *(werden gezeigt — werden gegeben)*.
Televizyon perdesindeki şekiller mavimsi renkte görülür. Bununla birlikte son
yıllarda renkli televizyon yayınları — — *(es ist begonnen worden zu machen)*.

Merke: bir yayın yapmak   *eine Sendung bringen, durchführen,*
                               verbreiten

Vokabeln

zu aa)	
rahip [aː] (-bi)	*christl.* Geistlicher, Pfarrer; Mönch
vaız (-a'zı)	Predigt
vaız vermek	eine Predigt halten
cemaat [-maːat] (-ti)	Gemeinde
hitap [aː] etmek	eine Rede halten
cennet	Paradies [men]
cennete girmek	in den Himmel kom-]
ayağa kalkmak	aufstehen
gürlemek	donnern *(a. fig.)*
zu b)	
is'kele	Landungsbrücke
yasak	verboten
okul disiplini	Schulordnung
semt	Gegend
âlem	Welt
ziyaretgâh [zıϳaːretɡaːx]	Wallfahrtsort
itina [iːtınaː] etmek	pflegen
heyecan	Begeisterung
istikrarlı [aː]	solide, fest
bağ	Bindung
yer vermek	Platz machen
ulaştırmak	übermitteln
efsane [aː]	Sage, Legende
yaratılmak	erschaffen werden
yaradılış	Schöpfung
mikrofon	Mikrophon
kulaklık	Hörer
düzen	Ordnung, Harmonie
bozmak (-ar)	stören
devre	Kreis
ya da	oder
hareket etmek	sich bewegen
çare [aː]	Mittel, Hilfsmittel
çağırmak	einladen

ardınca	unmittelbar hinterdrein
keşif	Entdeckung
Hint, Hindistan	Indien
başbakan	Ministerpräsident
vali [aː]	Gouverneur
genelge	Rundschreiben
mahallî	örtlich
sosyal	sozial
ekonomik	wirtschaftlich
anlam	Sinn, Bedeutung
... haline gelmek	in das Stadium ... treten
tarih [aː]	Datum; Geschichte
'bilhassa	besonders
gecikmek	sich verzögern
gerçekleştirmek	verwirklichen
malzeme	Material, Stoff
hadise	Ereignis
izah [iːzaːx]	Erklärung
doğmak	entstehen
plan	Plan
Şam	Damaskus; Syrien
Kudüs	Jerusalem
zu bb)	
nasihat vermek	Ratschläge erteilen
marifet [aː]	Geschicklichkeit; Können
topluluk	Gesellschaft
rüya-yı hayat	Traum eines Lebens
'mahvetmek	vernichten
silâhlanmak	sich bewaffnen
tayin [taːjiːn] etmek, atamak	festsetzen; ernennen; *hier:* versetzen
sürmek	*mit Grundzahl:* im -ten Jahr stehen
onaltıyı sürüyor	er steht im 16. Lebensjahr, er wird bald 16 Jahre alt

289   19. Lektion

zu c)

übermorgen	öbür gün
Zuschlag	fark
fahren	vasıtaya binmek
Zündkerze	buji
auswechseln	değiştirmek
chemisch *(adv.)*	kimyevî olarak
sich vorstellen	kendini takdim etmek
Gelegenheit, An-laß geben	meydan vermek (zu/-e)
spanisch	İspanyol
dasselbe	aynı şey
sorgen für	sağlamak (-i)
Sinnesorgan	duygu organı
riechen	koku almak
Strand	plaj
wirklich	hakikaten ['ki:] *(velares k!)*
lästig	sıkıcı
möglichst rasch	bir an [ɑ:] önce
Offizier	subay
anwesend sein	hazır bulunmak
Kolonialwaren-händler	bakkal
Witwe, verwitwet	dul
mindestens	en az
Absolventin	mezun [me:zu:n]
Hebamme	ebe
Kranken-schwester	hemşire

zu cc)

zögern	gecikmek
entzweigehen	kırılmak
Feuer (= Brand)	yangın
ausbrechen	çıkmak
sich wiedersehen	görüşmek

zu d)

ticaret evi	Handelsgeschäft, Firma
ticaret lisesi	Handelsoberschule
askerlik (-ği)	Militärdienst
terhis [i:] olmak	entlassen werden *(vgl. L. 11 H)*

muhasip [ɑ:] (-bi), *neu*: sayman	Buchhalter
muhasiplik (-ği), *neu*: saymanlık	Buchhalterposten
saygı	Hochachtung

zu e)

gönderici	Absender
okunaklı	leserlich
madde	Stoff; Artikel; Postgut
'mutlaka	unbedingt, auf jeden Fall
mürekkep (-bi)	Tinte
kopya kalemi	Kopierstift
hane [ɑ:]	Rubrik
kalın	dick
iptal [a:] etmek	ungültig machen
silinti	Streichung
kazıntı	Radierung, Rasur
ücret	Gebühr
malum [u:]	bekannt
mürasele [ɑ:]	Postsendung
müraselât [myrɑ:sela:t] (-tı)	*alter (ar.)* Plur. Post-sendungen
reklamasyon	Beanstandung(en)

zu f)

ayırmak	trennen
verici anten	Sendeantenne
ufuk	Horizont, Gesichts-kreis
alıcı	Empfänger
net	klar
düz	eben
dağlık	gebirgig
binlerce	Tausende
hatta	darüberhinaus
kukla	Puppe
oynatılmak	veranlassen, daß ge-spielt wird
perde	Leinwand, Schirm
mavimsi [ɑ:], mavimtırak	bläulich
bununla birlikte	daneben

g) Erinnern Sie sich?

1. Die demokratische Volksgemeinschaft kommt allerdings durch Sprechen, durch Hören und durch Sehen voran. *(L. 6)*
2. Die indische Bronzestatue will die Menschen von Unfrieden und Klatsch fernhalten. *(L. 6)*
3. Der kleine Zeiger vollendet dagegen mit einer einmaligen Umdrehung nur eine Stunde. *(L. 7)*
4. Zum Essen kam sie auch nicht. *(L. 8b)*
5. Nach Kranken zu sehen, ist sehr gut. Aber man muß sich auch schützen. *(L. 8b)*
6. Meine Tante lag drei Tage und drei Nächte im Fieber. *(L. 8b)*
7. Wir müssen darauf achten, daß die Temperatur unseres Zimmers nicht weniger als 16 Grad und nicht mehr als 25 Grad beträgt. *(L. 9a)*
8. Das zu erklären *od.* erzählen (dauert) lange. *(L. 10)*

Lehrbuch Türkisch 19

19. Lektion 290

9. Dieser Mohair wird bei der Herstellung von Damenmantelstoffen verwendet. *(L. 11)*
10. Sie müssen sorgfältig arbeiten. *(L. 12)*
11. Ohne Freiheit zu leben, ist für den Menschen sehr schwer. *(L. 12)*
12. Es gibt eine ... Sonne, die im Begriff ist, aufzugehen. *(L. 12)*
13. Wenn Sie sich weiterhin darauf versteifen, die Dreißig nicht zu überschreiten, besteht keine Möglichkeit für Sie, alt zu werden. *(L. 12b)*
14. Aber der Fuchs verstand sich darauf, sich schuldlos zu zeigen (den Schuldlosen zu spielen). *(L. 14)*
15. Bei seinem vielen Betteln hatte er gelernt, daß es nützlich ist, den Reichen ins Gesicht zu lächeln. *(L. 15)*
16. Um für weitere Gerichte Platz zu lassen, regte er an, nicht mehr als eine Keule zu essen. *(L. 15)*
17. Sofort heult (weint) ihr los. *(L. 17)*
18. Der Große mochte die Kleine allzu gern necken. *(L. 17)*
19. Eines Tages entschloß sich Leyla, das, was ihre Mutter gesagt hatte, auszuprobieren. *(L. 17)*
20. Sultan Süleyman, der Gesetzgeber, liebte es sehr, auf dem Lande spazierenzugehen. *(L. 17)*
21. Er faßte den Plan (Er gedachte), diese auszunutzen. *(L. 17)*
22. Er befahl dem Baumeister Sinan, das Wasser von Kagithane nach Istanbul zu leiten. *(L. 17)*
23. Es dauerte neun Jahre, die Kanäle fertigzustellen. *(L. 17)*
24. Damit das Wasser nicht umsonst aus dem Springbrunnen floß, wurden Wasserhähne erfunden. *(L. 17)*
25. Bedecken wir die Außenseite dieses Glasgefäßes mit schwarzem Papier, um zu verhindern, daß die Sonnenstrahlen eindringen! *(L. 17)*
26. Nach Ablauf dieser Zeit stellen wir in jedes der Glasgefäße eine brennende Kerze. *(L. 17)*
27. Wir sehen, daß die Kerze in dem ersten Glasgefäß weiterbrennt, in den anderen beiden jedoch erlischt. *(L. 17)*
28. Welches sind die Atmungsorgane der Pflanzen? *(L. 17)*

Europäische Wörter im Türkischen

is'kele:	*it.* scala *(Treppe)*	plan:	*frz.* plan
disiplin:	*frz.* discipline	buji:	*frz.* bougie
mikrofon:	*frz.* microphone	İspanyol:	*frz.* espagnol
sosyal:	*frz.* social	plaj:	*frz.* plage
ekonomik:	*frz.* e'conomique	reklamasyon:	*frz.* réclamation

Formeln

Rundfunk:

Yarın 'tekrar buluşmak üzere hoşça kalın, sevgili dinleyiciler.

etwa: (In der Hoffnung) uns morgen wieder zu treffen *od.* Sie morgen wieder begrüßen zu können, leben Sie wohl (*od.* verabschieden wir uns von Ihnen), liebe Hörer.

Yarın yeniden buluşmak ümidiyle esen kalınız, sevgili dinleyiciler.

In der Hoffnung, uns morgen wieder zu begegnen, bleiben Sie gesund ...

20. Lektion

1. Konuşkan Yoldaşlar

(Auszug)

Ertesi sabah pazar ... Karımdan gelen mektupları almak için, bir tercüman arkadaşımla Yazarlar Birliği'ne gittim. Pazar olduğundan kapalıydı. Zili çaldık. Kapıyı açan kadına mektuplarımı alıp alamayacağımı sorduk. „Bugün pazar ... Alamazsınız" ya da „Kapalı" diye kestirip atmadı. Önce bizi içeri aldı. Beş dakika kadar bir şeyler anlattı. Sonra yanımıza bir adam katıp içeriye, başkasının yanına gönderdi. Çok merak ettiğim mektupları alacağım diye umutlanmıştım. Adam:
— Bugün, biliyorsunuz, pazar ... dedi.
— Evet ... dedim.
— Pazar günleri burası kapalıdır ... dedi.
Kısa kesip dönmek için:
— Dasvidanya ... dedim. (Allahaısmarladık!)
Ama o, konuşacak birini bulmuş, kolay kolay kaçırmak istemiyordu elinden.
— Pazardan başka bir gün gelseydiniz, mutlaka alırdınız mektuplarınızı ...
— Şüphesiz ...
— Size yardım edemediğim için çok üzgünüm.
— ... (Çok teşekkür ederim). Dasvidanya ...
— Biliyorsunuz, dün Cumartesiydi.
— Evet ...
— Dün gelseydiniz, alırdınız mektuplarınızı.
— Tabiî ...
— Ama dün öğleden önce gelmeniz lâzımdı. Cumartesileri öğleden sonra kimse bulunmaz çünkü ... Tabiî, mektuplarınız gelmişse alabilirdiniz. Mektuplarınız gelmemişse, neyi alacaksınız?
— Çok teşekkür ... Dasvidanya ...
— Şimdi ben size bir şey söyleyeyim: Yarın Pazartesidir.
— Biliyorum ...
— Yarın gelirseniz alırsınız mektuplarınızı ...
— Sonsuz teşekkürler ...
— Ama dokuzdan önce gelmeyiniz ... Beşten sonra da kimse bulunmaz ...
Saat üçte gelebilir misiniz? ... Yarın işiniz varsa salı, ya da çarşamba günü de gelseniz olur.
Rus, konuşacak birini eline geçirdiğinden memnun, bir türlü yakamı bırakmak istemiyordu. O kadar tatlı ve yardım etmek istercesine konuşuyordu ki, kızamıyordum.
Adamdan sökülür gibi ayrıldım. Arkamdan hâlâ sesleniyordu: — Eğer mektubunuz gelmişse, yarın mutlaka alırsınız ...
Ertesi gün Pazartesi, Satir tiyatrosunun önünde bir Rus arkadaşımla buluşacaktım. Arkadaşım: „Satir Tiyatrosu, kaldığınız otele çok yakın" demişti.
Otelden çıktım. Sonradan öğrendim: Satir Tiyatrosu, kaldığım Pekin otelinin tam karşısındaymış. Ama ben bilmiyorum. Kiril alfabesini bilmediğimden karşımdaki koskoca „Teatr Satir" yazısını da okuyamıyordum.

20. Lektion 292

Otelin önünde birisine:
— Affedersiniz, Satir tiyatrosu nerede? Diye sordum.
Bir Türk olsa, parmağını uzatıp gösterirdi:
— İşte, karşıda!
Ama konuşkan ve yardımsever Rus öyle yapmadı, anlatmaya başladı:
— Sağdan yürüyün üçyüz metre kadar. Hemen önünüzde bir yeraltı geçidi göreceksiniz. Yeraltı geçidinden karşıya geçin ...

Von Aziz Nesin
in Akbaba 8 Eylül 1965

2. Vücudumuz

Ayaklar bir gün vücudun öteki organlarına demişler ki: — Biz 'olmasak sizin haliniz ne olur? Hiç bir yere gidemezsiniz, hiç bir işinizi göremezsiniz. Bizim değerimizi bilmelisiniz.

Kollar:
— Ya biz 'olmasak, demişler, siz ne işe yararsınız? Sizin işlerinizi asıl biz görürüz. Yemeğinizi biz yediririz; sizi biz yıkar, biz temizleriz; biz koruruz. Biz 'olmasak siz bir yudum su bile içemezsiniz.

Baş:
— Yanlış düşünüyorsunuz, demiş. Vücudun hiç bir organı ötekinden daha üstün değildir. Bakınız, bende göz, kulak, burun, dil var. Bundan başka, hepinizi idare eden beyin de bendedir. Öyleyken ben kibirleniyor muyum? Gözler 'olmasa siz ne yaparsınız? İyiyi, kötüyü, güzeli, çirkini gören, gözlerdir. Gözsüz, ömrümüz karanlık içinde geçerdi. Kulağa gelince, sesleri duyan, şarkıları dinliyen, odur. Dil de yiyeceklerimizin tadını anlamamıza yarar. O 'olmasa acıyı, tatlıyı, ekşiyi, tuzluyu nasıl anlardık? Burun 'olmasa kokuları nasıl duyardık? Baş, daha birçok haklı şeyler söylemiş. Ondan sonra, kollarla bacaklar böbürlenmekten vazgeçmişler.

Aus Yeni Okuma Kitabı 2

3. Can'ın rüyası

1. Geçen gece rüyamda
iki sevimli cüce
dolaştılar odamda.
Dediler: „Bilmeyiz, neden
Bu gece çok ağladın sen.
Ne istersen vereceğiz;
Dile bizden ne dilersen.

2. Gözlerini açıp gülen
taş bebekler mi istersin?
Yoksa, uçmasını bilen
Kelebekler mi istersin?
Bu dünyada her ne varsa
iste, hiç çekmeden tasa.
Bulup getiririz sana,
Gümüş olsa, altın olsa.

3. İçime bir sevinç doldu;
Sanki dünya benim oldu.
Dedim ki: „Ne taşbebekler
ne de renk renk kelebekler
Gönlüme vermiyor tasa.
Başka dileğim olmasa,
'Elbet bunları isterdim.

4. Ama şimdi var bir derdim:
Ne istiyorum, bilseniz ...
Bir okul, aydınlık, temiz ...
İyi kalpli arkadaşlar ...
Bir de sevgili öğretmen.
Başka bir şey istemem ben."

Aus Yeni Okuma Kitabı 3

293   20. Lektion

Vokabeln

1.

konuşkan	gesprächig
yoldaş	Kollege; Genosse
tercüman	Dolmetscher
zil	Klingel
kestirip atmak	abschließend regeln, es bewenden lassen
'önce	vorher, zuvor
katmak	als Begleiter mitschikken, rufen (-e/ zu)
merak etmek	gespannt, versessen sein (-i/ auf)
umutlanmak	(er)hoffen
kısa kesmek	es kurz machen
dönmek	umkehren; *hier*: weggehen
kaçırmak	*hier*: weglassen, loslassen
üzgün	betrübt
olur	möglich, es geht
ele geçirmek	zu fassen bekommen, erwischen
yakasını bırakmamak	sich wie eine Klette an j-n hängen
sökmek	wegreißen, abbrechen
kiril	zyrillisch
alfabe	Alphabet
'koskoca	riesig
affedersiniz	Verzeihen Sie!
yardımsever	hilfsbereit

'hemen	direkt, unmittelbar
'yeraltı geçidi	Unterführung

2.

ya	und, aber
yaramak	dienen (-e/ zu)
asıl	Grundlage, Basis
'asıl	hauptsächlich
korumak	schützen (-den/ vor)
yudum	Schluck
yanlış	Fehler; falsch
daha üstün	überlegen (-den/ D)
beyin (beyni)	Gehirn
kibirlenmek	hochmütig sein
karanlık	Finsternis
ekşi	sauer
böbürlenmek	sich wichtig machen

3.

Can	*männlicher Vorname*
sevimli	drollig
taş bebek (-ği)	Puppe
kelebek (-ği)	Schmetterling
tasa	Sorge, Kummer
tasa çekmek	sich Sorgen machen
gümüş	Silber
dolmak	sich füllen
renk renk	bunt
'elbet	sicher(lich)
aydınlık	hell
iyi kalpli	gutherzig

Grammatik

A

Bağlıcın görevi — Aufgabe des Bindewortes *(Konjunktionaladverbien)*	Suffixe u. Konjunktionalgruppen *(bağ-fiiller Konjunktionalverben)*
a) anreihende Konjunktionen *(bağlama)*	
aynı veçhile desgleichen 'ayrıca ferner, außerdem bazen ... bazen bald ... bald bir (taraftan) einerseits ... ... diğer (taraftan) andererseits bir ... bir (ein)mal ... (ein)mal bundan başka außerdem, zudem, dazu bununla birlikte daneben dahi ebenfalls, auch ... de (da) auch; und; dann	-erek und *(s. L. 6)* -ip und

20. Lektion

... değil, ...	nicht nur ..., sondern auch
'derken	mittlerweile, inzwischen; da, in diesem Augenblick
'evvelâ	zuerst, zunächst
fazla olarak	außerdem, zudem, dazu
gerek ... gerek	sowohl ... als auch
hem	und, umso mehr als
hem ... ve hem de	sowohl ... als auch
ile	und
ilkin	zuerst, zunächst
ne ... ne	weder ... noch
'nihayet	endlich, schließlich
olsun ... olsun	sei es ..., sei es; ob nun ... oder
'önce	zuerst, zunächst
'şimdilik	zuerst, vorläufig
ve	und
ya ... ya	entweder ... oder
yalnız değil ... aynı zamanda da	nicht nur ..., sondern auch
bir yandan ... 'öbür yandan	einerseits ... andererseits

b) disjunktive (ausschließende) K. (yoksa bağlıcı)		*Suffixe und Konjunktionalgruppen*
veya, veyahut [-'ja:-]	oder	
ya da	oder	*keine*
yahut ['ja:-]	oder	

c) adversative K. (karşıtlık)			
'amma, 'ama	aber, dagegen	-diği halde	während
'ancak	nur	iken, -ken	aber
bi'lâkis	im Gegenteil		
buna mukabil	dagegen		
'fakat	aber, dagegen		
hal'buki, 'oysa	jedoch, dagegen, indessen; in Wirklichkeit, nämlich, *s. a. unter e)*		
ise	jedoch		
'meğer	jedoch, dagegen, indessen		
ya	(ja) aber		

20. Lektion

d) bedingende K. (şart)			
aksi takdirde	sonst, anderenfalls	-diği takdirde	falls; im Fall, daß
yoksa	sonst, anderenfalls	(eğer) ... -se	wenn, falls
		-mek şartiyle	unter der Bedingung (Voraussetzung), daß
		-mek üzere	falls
		şayet ... -se	falls

e) begründende K. (sebep)			
bu sebepten dolayı	deswegen	-diği cihetle	da, angesichts der Tatsache, daß
çünkü	denn	-diği için	weil, da
değil mi (ki)	da ja	-diğinden dolayı	weil, da
ma'demki	da ja, denn ... ja	-diğine göre	weil, da
'nasıl ki	zumal, besonders da	-mesi için	weil; dafür, daß
'oysa	denn, nämlich		
'yani	nämlich		
'zira	denn		

f) zeitliche K. (zaman)			
bunun üzerine	dann, darauf	-diği sırada	als; wenn
evvelce	vorher, zuvor	-diği zaman	als; wenn
ondan sonra	dann, darauf	-diğinde	als; in dem Augenblick, da ..., wenn
o zamandan beri	seitdem	-erek	während; indem; nachdem
önce	vorher, zuvor	-ince	als; sobald; wenn; nachdem
		-inceye kadar	bis
		-(i)ken	während
		-meden (önce, evvel)	bevor
		-mekten sonra	nachdem
		-r ... -mez	sobald, kaum ... als

g) folgernde K. (netice)			
böylece	also, somit	...ecek kadar	zu ..., als daß; so ..., daß
buna göre	folglich		
bundan dolayı	infolgedessen	...ecek şekilde	so ..., daß
bunun için	darum, deswegen	o kadar ... ki ⎱	so ..., daß
bu suretle	somit, sonach	öyle ... ki ⎰	
demek ki	also, das heißt		
'imdi (veraltet)	demgemäß		
öy'leyse	dann ... (also), also, demnach		
'şimdi	nunmehr		
şu halde (o halde)	demnach, folglich		

20. Lektion   296

h) zweckanzeigende K. (amaç, maksat)			
bu maksatla	dazu, zu diesem Zweck	**-me için**	um ... zu, damit
		-me üzere	um ... zu, damit
bunun ⎫ **için** **onun** ⎭	darum, deshalb	**-mek uğruna**	um ... zu, zwecks
		-sin diye	damit

i) einräumende K. (bağdaşma)			
buna rağmen	trotzdem	**-diği halde**	obwohl, obgleich, wenn auch
bununla beraber	trotzdem		
derken	zwar ... aber; wenn auch die Absicht bestand, so ... doch	**-ken**	obwohl, wenn auch
		-mekle beraber	obwohl, obgleich, wenn auch
'filhakika	zwar		
hatta	sogar		
mamafih	gleichwohl		

j) Art und Weise (tarz)			
böyle(ce)	so	**-mekle**	indem
böylelikle	dadurch	**-diğine göre**	wie
'nitekim	(genau) wie, und ... ja	**-erek**	indem
bu suretle	dadurch		
öyle(ce)	so		

k) vergleichende K.			
aynı suretle	ebenso wie	**-cesine**	als ob
kadar	ebenso wie	**... gibi**	wie (s. L. 16 K)
'nasıl ki	ebenso, genau (wie)	**... kadar**	wie (s. L. 16 K)
		-miş gibi	als ob
		güya, sanki	als ob

l) des Verhältnisses (proportionale)			
daha	um so, desto	**'ne kadar ... -se,**	
şu kadar daha	um so, desto	**'o kadar**	je ... desto

m) einschränkende K.			
o bakımdan	in dieser Hinsicht	**-diği kadar (derecede)**	(in)soweit, inwiefern
o noktaya ka- dar	insofern	**-eceği kadar (derecede)**	(in)soweit, inwiefern
şu hususta	insofern	**yalnız ... ki**	nur, daß

n) *das Mittel anzeigende K.*				
bununla	damit	**-e ... -e**	durch viele(s); da-	
bu suretle	damit, dadurch		durch, daß viel	
bu vasıta ile	damit, dadurch	**-erek**	dadurch, daß; in-	
			dem	
onunla	damit	**-mek suretiyle**	dadurch, daß	
şununla	damit	**-mekle**	dadurch, daß	

o) *verneinende K. (verschiedene Beziehungen)*			
bile değil	geschweige denn	**-eceğine**	anstatt zu
değil	nicht	**-ecek yerde**	anstatt zu
		'-meden	ohne zu, ohne daß
		-'meksizin	ohne zu, ohne daß
		-mektense	anstatt zu
		-meyerek	nachdem nicht; in-
			dem ... nicht; ohne
			... zu *(s. L. 6)*

Bedingungssätze   B

Die Bedingungssätze gehören zu den wenigen Satzgefügen im Türkischen, die dem Deutschen durch ihre Gliederung in Haupt- und Nebensätze ähnlich sind. Wie im Deutschen kann man einen durch *wenn* (-se) gekennzeichneten Nebensatz und einen Hauptsatz unterscheiden.
Im Türkischen steht der -se-Satz auch vor einem fragenden oder imperativischen Hauptsatz.

Der reale Bedingungssatz   C

oder der wenn-Satz der Wirklichkeit kann im Türkischen durch folgende Formeln beschrieben werden:

deutsch	*wenn*		*Hauptsatz*
Gegenwart	(eğer)	-rse	-r, -ecek
	zuweilen -se		
	(eğer)	-yorsa	-r, -yor, -ecek *u. a.*
Vergangenheit (*a.* sollte)	(eğer)	-diyse	-r, -rdi
	(eğer)	-mişse	-r, -rdi, -ecek
Gegenwart	(eğer)	-ecekse	-r, -ecek
	-ecek	olursa	-miş olur

Die oben angegebenen Formen sind die häufigsten. Daneben finden sich noch viele andere Kombinationen. Wie im Deutschen werden auch im Türkischen die von Grammatikern festgesetzten Normen nicht immer befolgt.

20. Lektion

In Hauptsätzen, die einen Befehl oder eine Modalität enthalten, stehen entsprechend die Imperativ-, Optativ- oder Modalformen. Für eine als Beispiel gesetzte *(nehmen wir an ...)*, nahe bevorstehende Handlung, im Deutschen meist durch die Adverbien *jetzt, nunmehr, nun* näher umrissen, wird die Formel **-ecek olursa** verwendet. Im Hauptsatz steht meist die des **-r**-Präsens.

Beispiele:

Gegenwart

Çalışırsa kazanır.	Wenn er arbeitet, verdient er.
Çalışıyorsa dokunmayın.	Stören Sie ihn nicht, **wenn** er (gerade) arbeitet.
İnsan zengin olursa, lüzumundan fazla dostu var.	Wenn man reich ist, hat man mehr Freunde als nötig.
Size karşı alâka duyuyorsa her halde sizi arayacaktır.	Wenn er Interesse für Sie hat, so wird er bestimmt nach Ihnen suchen.

Vergangenheit

Anlamadınızsa daha açık konuşamam.	Wenn Sie nicht verstanden haben, deutlicher kann ich nicht sprechen.
Tabiî, mektuplarınız gelmişse alabilirdiniz.	Natürlich, **wenn** Ihre Briefe (gekommen sein sollten) kommen sollten, könnten Sie sie (auch) bekommen.
Eğer mektubunuz gelmişse, yarın mutlaka alırsınız.	Wenn Ihr Brief gekommen ist *od.* kommen sollte, können Sie ihn morgen unbedingt bekommen.

Futur (im Deutschen meist Gegenwart)

Kalacaksam haber göndereyim.	Wenn ich (dort) bleiben werde (muß), gebe ich schon Bescheid.
Bir fasulyeyi alıp su dolu bir tasın içinde birkaç saat bırakalım. Şimdi fasulyeyi elimize alacak olursak, üstünü kaplamakta olan kabuğun açıldığını ve içindeki tanelerin ortaya çıktığını görürüz.	Nehmen wir eine Bohne und lassen sie einige Stunden in einer mit Wasser gefüllten Schale. **Wenn** wir jetzt (nunmehr) die Bohne in die Hand nehmen, sehen wir, daß die Schale, deren Oberseite geschlossen war, sich geöffnet hat, und daß die Kerne darin zum Vorschein gekommen sind.

Merke: zannedersem *ich glaube (wohl)*

Zannedersem, gitti.	**Ich glaube,** er ist weggegangen.
Zahmet olmazsa ...	**Wenn** es Ihnen keine Mühe macht ...

20. Lektion

Der irreale Bedingungssatz   D

oder wenn-Satz (-se-Satz) der Unwirklichkeit wird durch folgende Formeln gekennzeichnet:

deutsch	*wenn*	
Gegenwart *(selten Vergangenheit)*	-se	-r, -rdi
Vergangenheit *(zuweilen Gegenwart)*	-seydi -seymiş	-rdi, -ecekti -rmiş
ausdrückliche Vergangenheit	-miş olsaydı	-miş olurdu -miş olacaktı
Gegenwart (+ sollte) *(Futur nicht üblich)*	-ecek olsa	-r

Anstelle der Gruppe -seydi kann auch der Optativ des Imperfekts gebraucht werden:

$$-(y)e + idi = -(y)eydi$$

Diese Form findet sich häufiger in Wunsch- als in wenn-Sätzen (s. weiter unten).

Beispiele:

Çalışsa, kazanır (kazanırdı).

Bir Türk olsa, parmağını uzatıp gösterirdi.

Biz 'olmasak sizin haliniz ne olur?

Eve gitsek nasıl olur?

Çalışsaydı (çalışaydı) kazanırdı. *od.:* Çalışsaymış kazanırmış. Abdülhamit zekî adamdı. Bu zekâsını iyiye kullansaydı, memleket çok istifade edecekti.

Çalışmış olsaydı kazanmış olurdu (*od.* olacaktı). Senin okuma kitabın leke dolu. Bizim öğretmenimiz görecek olsa, çok azarlar.

Wenn er arbeitete, würde er verdienen.

Wenn es ein Türke wäre, würde er den Finger ausstrecken und zeigen. *Deutsch besser:* Wenn es ein Türke gewesen wäre, hätte er den Finger ausgestreckt und gezeigt.

Was wäre mit euch, wenn wir nicht wären?

Wie wäre es, wenn wir nach Hause gingen?

Wenn er gearbeitet hätte, hätte er verdient.

Abdülhamid war ein intelligenter Mann. Wenn er seine Intelligenz zum Guten verwendet hätte, hätte das Land einen großen Gewinn (daraus) gezogen.

Wenn er gearbeitet hätte, hätte er verdient.

Dein Lesebuch ist voller Flecke. Wenn das unser Lehrer sähe, würde er dich sehr tadeln. (... sehen sollte, ...)

20. Lektion 300

Merke:

Absolut oder mit einem Fragepronomen gebraucht, drückt die **-se**-Form
Unschlüssigkeit oder Ratlosigkeit aus:

Bir mektup yazsam (olmaz mı)?	Wenn ich (nun) einen Brief schriebe?
	Sollte ich etwa einen Brief schreiben?
Ne yapsam?	Was sollte (*od.* könnte) ich tun?

Wunschsätze   E

entstehen durch den absoluten Gebrauch von **-se** in der Gegenwart und
von **-seydi (-eydi)** in der Vergangenheit. Zur Verdeutlichung und Verstärkung
kann der Satz durch **'keşke** ['kɛʃ⁻kɛ] eingeleitet werden.

(keşke)	-se	Gegenwart	Konj.: *z. B.* wäre, hätte
„	-seydi	Vergangenheit	gewesen wäre,
„	-eydi	„	gehabt hätte
„	-miş olsaydı	genaue Vergangenheit	

Ah, bir iş bulsam!	Ach, **wenn** ich doch eine Arbeit fände! Fände ich doch eine Arbeit!
Keşke gelseler!	**Wenn** Sie doch kämen!
Keşke haber gönderseydik (göndereydik) (**göndermiş olsaydık**)!	**Wenn** wir doch eine Nachricht geschickt hätten!

-di mi, -se mi   F

Die Fragestellung anstelle des einleitenden *wenn* im deutschen Bedingungssatz hat im Türkischen eine Entsprechung in der Verwendung der Fragepartikel **mi,** die nur nach dem Vergangenheitssuffix **-di** steht: **-di mi**

a) **İnsan, madun [mɑːduːn] mevkide oldu mu** öyle olur olmaz kimseleri kırmamaya, hakikaten dikkat etmelidir.   Ist man in einer untergeordneten Stellung, so muß man unbedingt darauf achten, in keiner Weise irgend jemanden zu kränken.

b) Absolut gebraucht erfüllt die Formel **-di mi** die Aufgabe einer Verstärkung:

Gördünüz mü!   (Haben Sie es gesehen? =) Nun, sehen Sie! Sie sehen es ja!

c) Durch **-se mi** wird eine Frage gestellt, die Vorsicht und Unschlüssigkeit des Sprechers ausdrückt:

Gitsem mi?   (Wenn ich ginge? =) Ob ich gehe? Soll ich wohl gehen?

-ise de *od.* bile   G

Das dem Suffix **-se** nachgestellte **de** oder **bile** verleiht dem Satz konzessiven
Sinn *(wenn auch, selbst wenn)*:

Kâğıt paranın saymaca değeri varsa da, gerçek değeri yoktur.	**Wenn** das Papiergeld **auch** einen nominellen Wert hat, so hat es doch keinen tatsächlichen Wert.
Yemin etse bile, inanmam.	**Selbst wenn** er (es) beschwören würde, würde ich (es) nicht glauben.

301   20. Lektion

Verallgemeinernde Relativsätze   H

Steht im -se-Satz ein Pronomen oder ein Adverb, so erhält der Satz verallge-
meinernden Sinn. Die Wiedergabe im Deutschen ist aus den Beispielen
ersichtlich:

hangi *(adjektivisch)*	welcher ... auch immer; alle ... die
kim	wer (auch immer)
ne	was (auch immer)
ne kadar	wie, so (sehr) (auch immer), wie viele
-se (-sa), -ise	(auch immer)
(her) nasıl	wie (auch immer), so wie
(her) nerede	wo (auch immer)
ne zaman, vakit	wann (auch immer)
ne kadar ... -se ... o kadar	je ... desto

Verstärkt wird die Verallgemeinerung durch den Zusatz von **her** vor **hangi,
ne** usw. oder durch Zusatz des Verbs in der entsprechenden Optativform:

	hangi ...se	...sin	kim olur**sa** ol**sun** *wer er auch sei*
2. Pers. Sg.	**hangi** ...sen	... *Verbal-*	kim olur**san** ol *wer du auch*
		stamm	*seiest*
2. Pers. Pl.	**hangi** ...seniz	-in(iz)	kim olur**sanız** ol**un(uz)** *wer Sie*
			auch seien

Beispiele:

Hangi kitabı açsanız, bulursunuz (=
açacağınız her kitapta veya bütün
kitaplarda bulursunuz).

Kim çalışırsa, kazanır.
Ne bulduysa (buldu ise), aldı.

Beni uyardığın için **ne kadar** teşekkür etsem az.

Bu dünyada **her ne** varsa, iste ...

,,**Kim** olur**sa** ol**sun**, kötü okuyor!
...'' dedi.

Welches Buch Sie **auch immer** aufschlagen, Sie finden es; *od.* Sie finden
es in jedem Buch, das Sie aufschlagen.
Wer arbeitet, verdient **(auch)**.
(Alles, was) **Was** er fand, nahm er
(mit).
*(Dafür, daß du mich gewarnt hast,
wie sehr ich dir auch dankbar bin,
[es ist] wenig =)* **Wie sehr** bin ich
dir dankbar, daß du mich gewarnt
hast.
Wünsche dir alles, **was** es auf dieser
Welt gibt ...
,,**Wer** es **auch immer** sei, er liest
(lernt) miserabel'', sagte er.

Merke: ne de olsa *wie dem auch sei, immerhin*

Die Hauptbedeutungen von de (da)   I

1. **auch:**

Onu ben **de** gördüm.
Ben onu **da** gördüm.
Onu ben gördüm **de**.

Auch ich habe ihn gesehen.
Auch ihn habe ich gesehen.
Ich habe ihn **auch** gesehen (nicht nur
gehört).

20. Lektion   302

2. Verstärkung und Betonung eines Gegensatzes, besonders nach Adverbien, Pronomen und Partikeln:

Bu iş hiç de doğru değil. — Diese Sache ist **ganz und gar** nicht richtig.

Ne de güzel şey. — **Was für** eine schöne Sache!

Ne o geldi, ne de öbürü. — **Weder** er **noch** der andere kam.

Yorulmak da lâf mı, canım çıktı. — Abgespannt sein ist **gar kein** Ausdruck, ich bin halbtot.

3. **und** zwischen zwei Verben (oder Adjektiv und Verb):

Bir defa ağzını açtı mı, söyler de söyler. — Hat er mal seinen Mund aufgemacht, dann redet **und** redet er.

Çalışmış da kazanmış. — Er hat gearbeitet **und** verdient.

Şunu al da sakla. — Nimm es **und** hebe es auf!

Çabuk koş da gel. — Lauf schnell **und** komm!

Hava sıcak da terledim. — Es war heiß, **und** ich schwitzte.

4. Gegensatz **aber**, zuweilen **und**:

Gördü de selâm vermedi. — Er sah (mich, uns), grüßte **aber** nicht.
Er sah uns **und** grüßte nicht.

Gezdi de çalışmadı. — Er ging spazieren **und** arbeitete nicht.

Merke: zuweilen *und ... dadurch, deswegen*

Okudum da öğrendim. — Ich las **und** lernte dadurch.

Üşüdüm de paltomu giydim. — Ich fror **und** zog deshalb den Mantel an.

5. **daß**

Ne iyi ettin de geldin. — Wie gut tatest du, **daß** du kamst.

Yemin edecek de gitmeyecek. — Er wird schwören, **daß** er nicht geht.

Mustafa bey, siz nasıl oldu da böyle geciktiniz? — Herr Mustafa, wie (wurde =) kommt es, **daß** Sie sich so verspätet haben?

ne ... ne ...   J

bejahende Verbform steht:

1. wenn ne ... ne ... sich auf zwei Verben bezieht:

Onu ne gördüm, ne tanıdım. — Ich habe ihn **weder** gesehen **noch** gekannt.

2. wenn das Verb zwischen zwei Subjekten oder Objekten steht:

Ne bana bu sözü söylesinler, ne başkasına. — **Weder** zu mir **noch** zu einem anderen sollen sie dieses Wort sagen.

3. bei den Verbaladverbien auf **-ip, -erek, -erken**:

Ne araba ne otomobil yürürken ... — Es fuhren **weder** Wagen **noch** Autos und ...

In allen übrigen Fällen ist das Verb meist verneint, zuweilen sind beide Formen möglich:

Ne İzmir'e, ne Bursa'ya hiç gitmemiş. — Er ist **weder** nach Izmir **noch** nach Bursa gefahren (ist gewesen).

Bu sabah ne kahve ne çay içtim (içmedim). — Heute morgen habe ich **weder** Kaffee **noch** Tee getrunken.

303   20. Lektion

Die Partikel mi   K

ist 1. Fragepartikel, 2. Verstärkungspartikel, 3. in gewissen Fällen Ersatz
für -se.

1. Im ersteren Fall steht **mi** nach dem Gegenstand der Frage:

a) Eve gidiyor **musun**?   Gehst du nach Hause? (oder was tust
                                         du sonst?)
b) Eve **mi** gidiyorsun?   Gehst du **nach Hause**? (oder woan-
                                         dershin?)

Beim Verb steht **mi** immer nach der Form der dritten Person Singular oder
Plural. In den anderen Personen tritt die Personalendung an **mi**:

Yazıyor **mu**?   Schreibt er?
Yazıyorlar **mı**?   Schreiben sie?
Yazıyor **musunuz**?   Schreiben Sie? Schreibt ihr?

Die Suffixe **-di, -se, -eyim (-elim)** lassen keine Trennung von dem Personalsuffix durch **mi** zu:

Geldiniz mi?   Sind Sie gekommen?
Gelelim mi?   Sollen wir kommen?
Gelsek mi?   Ob wir kommen? Sollen wir wohl
                                         kommen?

c) In der Aufforderung zur Wiederholung des Verbs (Wiederholungsfrage)
steht **mi** nach dem Personalsuffix.

Man vergleiche:

Sinemaya gidecek **miydiniz**?   Wollten Sie ins Kino gehen?
Gidecektiniz **mi**?   Sie wollten gehen (oder was)?

2. Als Verstärkungspartikel drückt **mi** nach bejahenden Verbformen Verwunderung oder Einwand aus (Form wie 1 a):

Bu su içilir **mi**?   wie unter 1 a): (Trinkt man dieses
                                         Wasser? =) Kann man dieses Was-
                                         ser trinken?

Verwunderung: Dieses Wasser soll man trinken kön-
                                         nen?

Einwand: Dieses Wasser kann man doch nicht
                                         trinken!

Nach verneinten Formen bewirkt **mi** einen Aussagesatz:

Kardeşim okula gitmez olur **mu**!   Natürlich geht mein Bruder in die
                                         Schule!

Leğene yaklaş ... demez **mi**!   ... und sagt doch: „Komm an das
                                         Waschbecken ...".

mi zwischen zwei gleichen Verbformen
a) entspricht dem Verbaladverb **-ince**;
b) hebt eine Handlung im unbestimmten Präsens subjektiv hervor, bezeichnet eine Geringschätzung im Sinne von *angeblich* beim bestimmten
Präsens:

Nuri geldi **mi** geldi bana haber   Sobald Nuri gekommen ist, sag mir
verin.   Bescheid.

20. Lektion 304

Rüzgâr eser **mi** eser.	Der Wind weht **und** weht. Es weht, und wie.
Bizim çocuk okula gidiyor **mu** gidiyor.	Unser Kind geht, **wie man so sagt,** in die Schule.

c) Zwischen zwei Adjektiven mit -dir, -di hat **mi** dieselbe Funktion wie unter b):

Bir zamanlar yoksul bir prens vardı.	Es war einmal ein armer Prinz.
Ülkesi küçük mü küçüktü.	Sein Land war ganz klein, *od.* war ja so klein.

mi nach verneinter Verbform ist ebenfalls gleichbedeutend mit -ince:

Akşamları güneş batmıyor **mu** (*od.* batmaz mı) içime bir hüzün çöker.	Sobald (Immer wenn) abends die Sonne untergeht, senkt sich Trauer in mein Herz.

Übungen

a) Konjugieren Sie auf türkisch:

1. Wenn ich nicht tüchtig arbeite, bleibe ich sitzen (*Futur:* dönmek). Wenn du ..., wenn er ... *usw.*
2. Wenn ich Zeit habe, komme ich.
3. Wenn ich krank bin, gehe ich sofort zum Arzt.
4. Wenn ich komme, bringe ich den Brief mit.
5. Wenn (eğer) ich jeden Tag eine Stunde (bir ders) nehme, werde ich bald (yakında) Türkisch lernen.
6. Wenn (eğer) ich etwas gut gelernt habe, weiß ich es.
7. Wenn ich arbeitete (arbeiten würde), würde ich verdienen.
8. Wenn ich gearbeitet hätte, hätte ich verdient *(allgemeine und genaue Form!).*
9. Wenn ich es wüßte, würde ich (es) sagen.
10. Wenn ich es gewußt hätte, hätte ich es gesagt.
11. Wenn ich krank wäre, ginge ich sofort zum Arzt.
12. Wenn ich gekommen wäre, hätte ich den Brief mitgebracht.

b) Setzen Sie die fehlenden Wörter und Verbformen ein, deren Bedeutung aus der deutschen Übersetzung hervorgeht.

1. Acele —, geride kal-.	Wenn wir uns nicht beeilen, bleiben wir zurück.
2. Bunlara önem ver-, borular ve soba daha çok dayan-.	Wenn du diesem Beachtung schenkst, so halten Rohre und Ofen länger.
3. Toprağın eksikleri var-, onları gidermek mümkün —.	Wenn es Bodenmängel gibt, ist es möglich, sie zu beseitigen.
4. Telefon telleri ol-, birbirimizden haberimiz ol-.	Wenn die Telefondrähte nicht wären, hätten wir voneinander keine Nachricht.
5. Seni görünce ne kadar memnun oldum —.	Wenn du wüßtest, wie froh ich war, als ich dich sah.
6. Evinde kalır ve dışarda çok gezbaşına felâket gel-.	Wenn du zu Hause bleibst und nicht viel draußen spazierengehst, trifft dich kein Unheil.

305   20. Lektion

7. Şayet sıkışık bir zamanında bunları alıp kullan-, ziyanı yok, bana açıkça söyle; paran olduğu zaman ödersin.

Wenn du sie in Zeiten der Not genommen und verbraucht hast, so schadet es nichts; sage es mir offen; wenn du Geld hast, zahlst du.

8. Ayşe onunla — başına devlet kuşu kon-.

Wenn Aische ihn heiratet, wird sie den Glücksvogel abschießen, wird sie ihr Glück machen *(wörtl.: ... wird sich der Glücksvogel auf ihren Kopf setzen)*.

9. Demin Prensle konuştuklarımızı dinle-, Ayşe'nin bir tek sözü ile benden yana olmadığını da fark- *(-miş-Formen!)*.

Wenn Sie gehört haben, was wir vorhin mit dem Prinzen gesprochen haben, so haben Sie doch wohl auch bemerkt, daß Aische mir nicht mit einem Wort zur Seite gestanden hat.

10. Bir isim çoğul eki de, iyelik eki de al- —, o, gene yalın haldedir: evler, evim.

Wenn ein Substantiv das Pluralsuffix oder ein Personalsuffix angenommen hat, so steht es ebenfalls in der Grundform (Nominativ).

11. Bu isimleri, yapıları bakımından —, taş: köktür, sevinç: köküne, yapı eki getirilerek türemiş bir gövdedir.

Wenn wir diese Substantive auf ihre Bildung hin untersuchen, so ist taş eine Wurzel und sevinç ein durch Anfügung eines Wortbildungssuffixes an die Wurzel abgeleiteter Stamm.

12. Seneye kısmet ol-, onların, çalıştıkları fabrikalarda imal ettikleri araçları fuara getir-.

Wenn das Schicksal es in diesem Jahr will, werden wir die Geräte, die sie in den Fabriken, in denen sie arbeiten, hergestellt haben, auf die Ausstellung bringen.

13. Etken ve edilgen çatılıları şöylece ayırt edebiliriz: Özne, işi yap- fiil etkendir: Orhan camı kırdı. Özne, işten etkilen- fiil edilgendir: Cam kırıldı.

Verben mit der aktiven und passiven Handlungsform können wir folgendermaßen unterscheiden: Wenn das Subjekt die Handlung ausführt, ist das Verb aktiv: Orhan hat die Scheibe zerbrochen. Wenn das Subjekt von der Handlung betroffen wird, ist das Verb passiv: Die Scheibe wurde zerbrochen.

14. Ama meseleyi, durumu — — gör- ki suçum var- — bu, sırf size mümkün olduğu kadar iyilik yapmak istediğimden.

Aber wenn Sie die Angelegenheit, die Lage jetzt einmal untersuchen, werden Sie sehen, daß, selbst wenn ich schuld habe, so nur deshalb, weil ich Ihnen nach Möglichkeit Gutes tun wollte.

15. Bir daha itiraz etmeğe (kalkmak) yaşına bakmadan sana bir tokat yapıştırırım.

Wenn du es wagst, noch einmal zu widersprechen, so werde ich dir ohne Rücksicht auf dein Alter eine runterhauen.

16. Siz benim yerimde —, çok merak —.

Wenn Sie an meiner Stelle gewesen wären, hätten Sie sich große Sorgen gemacht (*od.* wären Sie sehr neugierig gewesen).

Lehrbuch Türkisch 20

20. Lektion   306

17. Siz onun yerinde —, ne —? Sen ...

Was täten Sie, wenn Sie an seiner Stelle wären? Was tätest du ...

18. Dileğimin yerine geleceğini —, Tanrıdan tek bir şey —.

Wenn ich wüßte, daß mein Wunsch erfüllt würde, so erbäte ich von Gott nur eine Sache.

19. İçinde altın — yine orada —.

Wenn Gold darin gewesen wäre, wäre es ja noch da.

20. Altın teslim — altın iste- hakkın —.

Wenn du das Gold abgeliefert hättest, hättest du ein Recht, das Gold zu verlangen.

21. Senin gibi namlı bir tüccarı mahkemeye —, ayıp — —, itibarın — —?

Wenn ich einen so bekannten Kaufmann wie dich dem Gericht übergäbe (vermek), wäre es nicht eine Schande, würde das nicht dein Ansehen erschüttern *(Pass.!)*?

22. Orangutanı (yakalamak) yahut da — ne iyi olurdu.

Wie gut wäre es (wäre es gewesen), wenn wir den Orang-Utan (fingen) gefangen oder getötet hätten!

23. Bu yemek ne zahmetlerle pişti. — bozul-, kız- —? Kız- tabiî ... Halbuki bir buzdolabınız — yemeğiniz günlerce taptaze —.

Mit wieviel Mühe wurde dieses Essen gekocht! Wenn es nun verdorben ist, ärgern Sie sich dann nicht? Natürlich ärgern Sie sich ... Aber wenn Sie einen Kühlschrank hätten, bliebe Ihr Essen tagelang taufrisch.

24. Ne sen, ne ben sokağa çık-, bu manzara ile karşılaş-.

Wenn weder du noch ich auf die Straße gegangen wären, (wären wir mit diesem Anblick nicht konfrontiert =) hätten wir einen solchen Anblick nicht erlebt.

25. Tercih elinizde —, ne yapmağı iste-? Kuş kisvesine girmeniz icap —, hangi kuş olmağı iste-?

Was würden Sie tun (wollen), wenn Sie wählen könnten (*wörtl.*: die Bevorzugung in Ihrer Hand wäre)? Welcher Vogel möchten Sie sein, wenn Sie das Aussehen eines Vogels annehmen müßten?

26. Periler el'an mevcut —, doğrusu ya, hakikaten birini — — ve bana bir şey ihsan etmesini vad-, ne istemek lâzım geldiğini ben — ve çarçabuk —.

Wenn es noch Feen gäbe, so möchte ich offengestanden wirklich mal eine kennenlernen, und wenn sie verspräche, mir eine Gefälligkeit zu erweisen, so wüßte ich, was zu wünschen nötig wäre und würde es blitzschnell sagen.

27. Düşünün bir kere: zaten size diş bileyen akrabalarınız bunu bir duy-, haliniz ne —!

Stellen Sie sich einmal vor: Wenn Ihre Verwandten, die sowieso einen Pik auf Sie haben, das (mal =) irgendwie erfahren würden, in welcher Lage Sie wären!

28. Acaba bir şekil — da bunu dışardan —, ne dersin?

Wenn wir vielleicht eine Form fänden und es von (außen =) anderen erführen — was meinst du dazu?

20. Lektion

29. Bana bir kerecik olsun danış-, hiç razı — —.

Wäre ich wohl je einverstanden gewesen, wenn du mich nur ein einziges Mal um Rat gefragt hättest?

30. Kocası tut-, devril-.

Hätte ihr Mann (sie) nicht festgehalten, wäre sie umgesunken.

31. Bunu hemen şimdi — ...

Wenn wir es doch jetzt gleich machen könnten ... Wir sollten es jetzt gleich machen.

32. — — de hürriyetime kavuş-, dedi.

Wenn du doch stürbest und ich meine Freiheit wiedererlangen würde, sagte sie.

33. Şu önümüzdeki kısa zaman içinde de, — — lüzumlu — —, gene borçlanmayacağız.

Und auch in der kurzen vor uns liegenden Zeit wollen wir, wie nötig es auch immer sei, keine Schulden machen (nicht in Schulden geraten).

34. H- n- bir eve girer-, o yerden çıkıncıya kadar orada kalın. (Markos 6, 10.)

Wo (immer) ihr in ein Haus geht, da bleibt, bis ihr von dannen zieht. (Markus 6, 10.)

35. Dünyada — — altın —, hepsine sahip olmak istiyordum.

Wieviel Gold es auch in der Welt geben möge, ich wollte es alles besitzen.

36. Ağını suya bir kere at; çıkaracağın şey — — —, sana yüz altın vereceğiz.

Wirf dein Netz nochmals ins Wasser; was immer du herausholst, wir werden dir hundert Goldstücke geben.

37. Büyük bir servetin sahibi olacağı için o zaman — — evlenebilir.

Da sie ein großes Vermögen besitzen wird, kann sie dann den heiraten, den sie will (*od.* heiraten, wen immer sie will).

38. Zaten — — heyecanlı ol- ol- gerçekte böyle akılsızca bir evlenme teklifi yap-.

Und überhaupt, wie aufgeregt Sie auch immer gewesen sein mochten, einen so unvernünftigen Heiratsantrag hätten Sie in Wirklichkeit doch nicht machen können.

39. Deyimler — kelime ile -yor-, o kelimeye alınmış ve alfabe sırasına göre sıralanmıştır.

Die Redensarten sind unter dem Wort, mit dem sie beginnen, aufgenommen und alphabetisch eingereiht worden (*wörtl.* mit welchem Wort die Redensarten auch immer beginnen, dem Wort sind sie zugeteilt).

40. Mıknatıs iki parçaya böl- gene iki ucu olan iki küçük mıknatıs elde edilmiş olur.

Şu halde bir mıknatıs, — — çok parçaya ayrılır- —, her parçası gene tam bir mıknatıs halini alır.

Wenn man einen Magneten in zwei Stücke teilt, bekommt man wieder zwei kleine Magnete mit zwei Enden.

Also: In wieviele Stücke ein Magnet auch immer geteilt wird, jedes Stück davon wird wieder ein vollkommener Magnet.

41. Bunları da evinde bir günden fazla misafir etmez, — — — — (hoşlanmak), bir daha evine çağırmazdı.

Er nahm sie auch in seinem Haus nicht länger als einen Tag als Gast auf, (und) wie sehr er (sie) auch schätzte, noch einmal pflegte er sie nicht einzuladen.

20. Lektion 308

42. Berlin kongresi Rusyan'ın Balkanlar'da kurmak istediği nüfuzun kısmen — — — Osmanlı Devleti için pek kârlı olmadı.

43. Onu niyetinden vazgeçirmek için — — dil dök- — fayda etmedi.

44. Anlattığın masallara — —, bir daha sana para vermeğe tövbe!

45. Duy- — beni neyle suçlandır-?

Beni suçlandır- ne hakkınız var?

46. Kapıdan dinlediniz, öyle mi? Evet, dinledim, — aptalın biri —.

47. Şimdi, küçük, büyük, yaşımız — — —, yeni bir görüşle hayata bakıyoruz.

48. Kızıl saçlı genç kadın: Ben yaz'ım, dedi. Olgunum, güçlü, kuvvetliyim. Gündüzlerim uzundur, gecelerim kısa. Ben sıcağım, ama sıcaklığım —, — yemişler kızarıp —, — sebzeler yenebilecek hale —, — de buğday —. Güneş, hiç bir mevsimde bendeki kadar olgunlaştırıcı, yaratıcı değildir. Ben —, suları, denizleri iyice —, çocuklar yıkanmak için denize — —. Ben —, sen Ayşe, açlıktan —.

Wenn der Berliner Kongreß auch teilweise den Einfluß eindämmte, den sich Rußland auf dem Balkan verschaffen wollte, so war er für das Osmanische Reich doch nicht sehr gewinnbringend.

So sehr ich auch in ihn drang, auf seine Absicht zu verzichten, es hatte keinen Zweck.

Selbst wenn ich die Märchen, die du erzählst, glaubte, — dir noch einmal Geld zu geben, das verhüte Gott (od. nie wieder)!

Selbst wenn Sie es gehört hätten, wessen könnten Sie mich anklagen?

Welches Recht haben Sie, mich zu beschuldigen?

Sie haben (es) durch die Tür gehört, nicht wahr? Ja, ich habe es gehört. Wenn ich es nicht gehört hätte, wäre ich ein schöner Dummkopf.

Jetzt schauen wir, ob klein oder groß, *was immer* unser Alter *sein mag*, mit einem neuen Blick auf unser Leben.

Ich bin der Sommer, sagte die rothaarige junge Frau. Ich bin reif, stark und kräftig. Meine Tage sind lang, meine Nächte kurz. Ich bin heiß, aber wenn meine Wärme *nicht wäre, könnte weder* das Obst sich färben und *reifen, noch* das Gemüse in einen eßbaren Zustand *geraten* (= kommen), *noch* auch das Getreide wachsen. In keiner Jahreszeit fördert die Sonne Reife und Wachstum so wie in meiner. Wenn ich *nicht wäre*, wenn ich die Gewässer und Meere nicht richtig *erwärmte, könnten* die Kinder *nicht einmal* ins Meer *gehen*, um zu baden. Wenn ich *nicht wäre, würdest du*, Aische, vor Hunger *sterben*.

bb) Man setze die passenden Bedingungsformen ein und übersetze ins Deutsche:

real

1. — genç orangutanı ele (geçirebilmek biz), çok iyi olur.
2. Yalnız timsah onu su kenarında (görmek), kıstırmağa çalışır.
3. Kuşların taşıdıkları tohumlar eğer iklimlere (uymak), yetişir, (uymamak), şüphesiz çürür, gider.
4. Bana gösterdiğin eşsiz konukseverliği karşılıksız (bırakmak), çok üzülürüm. Ne olur, bir arzun — söyle bana.

309   20. Lektion

5. Tekin İsviçre'de okumuş; yanlış (anlamamak, *-di-Form*).
6. Terakkilerinizden (İlerlemelerinizden) dolayı sizi (kutlamak) memnun olur musunuz?
7. Bir fasulye tanesi iki parçadan meydana gelir. Bir büyüteçle *(wenn wir ihn nun betrachten)* — —, ikiye ayrılmış bir fasulye tanesinin içinde şunları seçebiliriz: küçük bir kök, küçücük bir gövde, iki ufak yaprak ve bir tomurcuk.
8. Bu akşam yorgunum; sinemaya *(wenn ich jetzt gehen sollte)*, yarın çok uykusuz kal- —.

irreal

9. Galiba bir şey oldu? dedi. Yoksa yangın mı var? Hayır, yangın —, duman görün- *(würde sich zeigen)*.
10. Çok şükür ki, dedi, bu evceğizler tahtadan yapılmış. Büyük bir şehir *(wäre es [gewesen])*, şimdi tuğladan ve taştan binalar hep yıkılıp gitmişti.
11. Annesi ondan nefret —, daha memnun —.
12. — vaktiyle *(nicht gesät worden wäre)*, biz şimdi arpayı nereden bul-?

Wunsch

13. Kartopu mu oynadınız? Ah, — ben de beraber oyna-!
14. Zavallı yabancı, başına geleceği bil-!
15. — denizde öl- (ben)!
16. — bütün mallarım çalın- da bu zavallının canına kıy-.
17. Ne yap-, bilmem ki.

verallgemeinernd

18. Hasanlara 'tekrar git, dedi. Bir altından başla, razı etmek için — — *(was sie auch verlangen mögen)*, ver, o elması satın al.
19. Allah senden razı olsun, komşum, dedi. Kocamın yarın ilk attığı ağdan — — balık çıkar-, hepsi sizin olsun. Sözüm söz.
20. Hem siz, ne — — *(was immer sie sagen mögen)* hepsini rüyada gördüğünüzü açıkça söyleyin.
21. Akşama doğru şehirde — — doktor var- *(wieviel Ärzte auch immer waren)* toplanarak bir konsültasyon yaptılar.
22. Öğrenci h- — yaşta ol- ol-, onlara geleceğin büyükleri gözüyle bakılmalı ve öyle muamele edilmelidir.
(Ölmez sözleri, Atatürk)

konzessiv

23. Kuyumcunun karısı elli bin altına razı — — ben yüz binden dönmedim.
24. Asaf Akçıl, bunu bir ayıp gibi, karısından — — — *(wenn ... auch verbergen wollte)*, muvaffak olamadı.
25. Bezi yavaş yavaş çözerken kıvrımlar arasından Saatinin keseciği — — *(kommt doch heraus)*.
26. Bugün yolda filana r- — *(treffe ich doch)*.

c) Übersetzen Sie ins Türkische:

1. Verbessern Sie (mich) bitte, wenn ich Fehler (yanlış *Sing.*!) mache!
2. Wenn jemand nach mir fragt (= wenn es einen mich Fragenden gibt), sagen Sie, daß ich frühstücke.
Wenn jemand nach uns ...

20. Lektion   310

3. Wenn ich etwas Kaltes trinke, tut mir dieser Zahn weh (= schmerzt mich dieser mein Zahn) (acımak). Wenn er ...
4. Wenn (Eğer) Sie an etwas anderes denken, können Sie meine Worte nicht verstehen.
5. Wenn du an etwas anderes denkst, kannst du unsere Worte nicht verstehen.
6. Wenn Orhan an etwas anderes denkt, kann er nicht verstehen, was seine Mutter sagt.
7. Wenn mein Bruder vor mir stirbt, wird das Haus mir gehören.
8. Wenn du die Bilder aufmerksam ('iyice) betrachtest, kannst du vielleicht die Antwort auf diese Frage (*Übers.:* die Antwort dieser Frage) selber (kendiliğinden) geben.
9. Wenn Sie wollen, kommen Sie abends, aber nach meiner Ansicht lieber nicht (*Übers.:* nach mir wenn Sie nicht kämen, besser).
10. Wenn Sie dieses Buch nicht gelesen haben, bitte lesen Sie es!
11. Wenn Ihr nicht geht, gehen wir auch nicht. Wenn du ...
12. Wenn Sie zum Morgengebet rechtzeitig dasein (yetişmek) wollen, dürfen Sie nicht länger (artık) schlafen.
13. Wenn Sie mich nicht dorthin (an den Ort) bringen, wohin ich will, werde ich (Ihnen) gar kein Geld geben.
14. Wenn sie nicht verdorben sind, muß man die Oliven wenigstens essen.
15. Wenn er seine Waren nach Ägypten brächte und sie verkaufte, würde er einen mehrfachen Gewinn erzielen (= machen).
16. Arbeitet man, so gelingt einem alles.
17. Hast du den Brief gelesen, so verstehst du alles.
18. Wenn es Ihnen keine Mühe macht, so bringen Sie (mir) doch bitte etwas Wasser.
19. Und ob er (es) macht. Er macht es ganz bestimmt.
20. Reich, und wie!

cc)

1. Wenn ich das gewußt hätte, hätte ich es nicht getan.
   — hätte ich ihm geschrieben.
   — wäre ich hinausgegangen.
   — hätte ich euch eingeladen.
   — wäre ich in die Türkei gefahren.
   — hätte ich die Fahrkarte gleich gelöst.
   — wäre ich in Deutschland geblieben.
   — wäre ich am Sonntag nicht nach Hause zurückgekehrt.
2. Wenn wir das gewußt hätten, ...
   ...
3. Wenn er einen Brief schriebe, würde ich antworten.
4. Wenn du einen Brief schriebest, würden wir antworten.
5. Würdest du mir antworten, wenn ich einen Brief schriebe?
6. Wenn mein Kollege gekommen wäre, hätten wir uns unterhalten.
7. Wenn ich es wäre, wüßte ich, was ich mir wünschte (= wünschen werde: -eceğ-).
8. Wenn er nicht (gewesen) wäre, wäre ich reich (gewesen).
9. Wenn er nach Deutschland ginge, würde er mehr Geld verdienen.
10. Wenn wir nach Deutschland gegangen wären, hätten wir mehr Geld verdient.

311   20. Lektion

11. Wenn ich ihn (kendisi) sähe (sehen sollte), würde ich (es ihm) sagen.
12. Wenn mein Kollege käme (kommen sollte), würden wir plaudern; — würde ich mich freuen (freue ich mich).
13. Wenn ich es gesehen hätte, hätte ich es gesagt.
14. Wenn Sie gekommen wären, wären wir zusammen (beraberce) spazierengegangen.
15. Wenn ich Ihre Hilfe nicht gehabt hätte, hätte diese Angelegenheit nicht erfolgreich durchgeführt werden können (= wäre sie nicht gelungen).
16. Er ging ins Café; vielleicht hätte ich besser getan, wenn ich mit ihm gegangen wäre (*Übers.:* vielleicht wenn ...).
17. Wenn das Wetter schön gewesen wäre, hätte ich dich eingeladen *(3 Formen)*.
18. Wenn ich nicht krank gewesen wäre, wäre ich mit dir ins Kino gegangen.
19. Wenn ich Zeit hätte wie Sie, könnte ich einen Spaziergang machen. Wenn ich Zeit gehabt hätte, hätte ich ...
20. Wie gut wäre es gewesen, wenn wir ihren Wunsch erfüllt hätten!
21. Wenn ich Geld hätte, würde ich beginnen zu handeln (= Handel beginnen).
22. Wenn es an mir gelegen hätte (= in meiner Hand gewesen wäre), wäre ich nicht hierher gekommen.
23. Wenn Sie vernünftig gefragt hätten *(genaue Vergangenheit!)*, hätten Sie eine Antwort darauf bekommen (... eine Antwort darauf = **die** Antwort).
24. Wenn ich doch nicht gekommen wäre!
25. Wenn Sie doch gestern zu mir gekommen wären!
26. Wäre ich doch zu Hause geblieben!
27. Hätte ich das früher gewußt!
28. Hätten wir doch ein Auto genommen! *(genaue Vergangenheit!)*
29. Wenn ich doch wenigstens den Dampfer nicht verpaßt hätte!
30. Wie dem auch sei (immerhin), er ist erfahrener als wir.
31. Wer[2] immer das[1] sagt, ist ein Lügner.
32. Aber wie dem auch sei (*od.* immerhin), eine angenehme Sache ist es nicht.
33. Welche Rolle man (ihm) auch gibt, 'er (= o *am Ende*) spielt sie.
34. Alles, was du brauchst (ihtiyacın var), kannst du auf dem Toilettentisch finden: Bürste, Seife, Handtuch, was du willst, ist da.
35. Wünsch dir von mir, was du wünschst. Wünscht euch von uns, ...
36. Auch wenn er um Entschuldigung bittet, hat es keinen Zweck.
37. Auch wenn es ein Scherz ist, so ist es ein sehr unangebrachter Scherz (da *nach* Scherz!).
38. Selbst wenn er es sagte, ist es zwecklos.
39. Obgleich (wenngleich) er lief, konnte er (ihn) nicht einholen.
40. Wenn andere es auch nicht wissen, 'er weiß es.

d) Ergänzen Sie die fehlenden Wörter:

Bostancıya tere satılmaz.

Dem Gärtner verkauft man keine Kressen.

Hoca bir sabah, el ayak uyurken, bir bostana dalar.

Eines Morgens gerät der Hodscha, als alles noch im Schlafe war, in einen Gemüsegarten.

Bu ne domates; bu ne patates ... — —, doldurur çuvalına.

Ob nun Tomaten oder Kartoffeln, was er findet, das stopft er in seinen Sack.

20. Lektion 312

Bakın belâya, tam omuzlayacağı sırada, nerede var, nerede yok, bostancı — —!

Adamcağız — çuvalın ağzına bakar, — Hoca'nın yüzüne bakar.

Sonra: „Ne arıyorsun burada, babalık?" diye sorar.
Oldu bir kere, Hoca ne desin:

„Hiç, — yitirdim ki, — arayayım! Bir rüzgâr attı beni buraya ..." der.

Bostancı bıyık altından gülerek: ‚Haydi seni bir rüzgâr attı, diyelim; ya bunları kim yoldu, kim kopardı?" diye sorar.

Hoca bu defa da:
„Vallahi sorma; bu rüzgâr — bir rüzgârdı —, beni oradan oraya savurdu. — tutmak —, koptu, elimde kaldı", der.

Bostancı buna da inanmış görünerek: „Bostancıya tere satılmaz ama, haydi bu da öyle olsun, diyelim; ya şunları çuvala kim doldurdu?" Deyince Rahmetli: „İlâhi evlât, der; işte ben de bu çuvalın başında onu düşünüp duruyorum ya."

Aber seht nur den Pechvogel, gerade als er ihn aufschultern wollte, taucht doch, wer weiß woher, plötzlich (-gelmek!) der Gärtner auf.
Der gute Mann schaut mal auf die Öffnung des Sackes, mal auf den Hodscha.
Dann fragt er: „Mann, was suchst du denn hier?"
So war es nun mal, und was soll der Hodscha da sagen:
„Nichts, was habe ich hier denn verloren, was ich suchen sollte? Ein Windstoß hat mich hierher verschlagen," sagt er.
Der Gärtner lacht verschmitzt und fragt: „Na ja, der Wind hat dich hierher verschlagen, (sagen wir mal so), gut; aber wer hat sie denn gerupft und abgepflückt?"
Und diesmal sagt der Hodscha:
„Bei Gott, frag nicht! Der Wind war ein solcher Wind, daß er mich hin und her schleuderte. Alles, woran ich mich festhalten wollte, brach ab und blieb in meiner Hand", sagt er.
Der Gärtner tat so, als ob er auch das glaubte und sagte: „Kressen kann man dem Gärtner nicht verkaufen, aber nun gut, auch das mag hingehen; aber wer hat sie denn in den Sack gefüllt?" Darauf sagt der Selige: „Weiß Gott ja, darüber denke ich auch gerade hier neben dem Sack nach."

e) Ergänzen Sie die fehlenden Konjunktionen und Partikeln:

Doğurduğuna inanıyorsun da ...

Günün birinde, Hoca komşudan bir kazan ister; işi bitince de götürür verir —, kazanın içine bir — tencere yerleştirir.

Komşusu: „Bu ne?" der gibi yüzüne bakınca, „Ne olacak, doğurdu senin kazan!" der.

Du glaubst zwar, daß er ein Kind bekommen kann ...
Eines schönen Tages bittet der Hodscha den Nachbarn um einen Kessel; (nachdem er die Arbeit beendet hat) nach Gebrauch bringt er (ihn) zurück, in den Kessel aber stellt er (außerdem =) noch einen Topf.
Sein Nachbar blickt ihn an, als wolle er sagen: „Was soll das?", worauf der Hodscha meint: „Was es wohl soll, dein Kessel hat ein Kind bekommen."

313   20. Lektion

Aradan üç ay — geçer, üç yıl — geçer;
bir gün Hoca gene o kazanı ister, kom-
şusunun yüzü güler: „Galiba, bizim
kazan bir tencereye daha gebe kaldı!"
der içinden —, bir bekler, kazan gelmez;
iki bekler, kazan gelmez; üçüncüsünde
varır Hoca'nın kapısını çalar!

Hoca merhum, kazan lafını duyunca:
„Vallahi komşu, söylemeğe dilim var-
mıyor, senin kazan sizlere ömür ..." der.

Adamcağız:

„Aman Hoca, bu ne biçim söz! Kazan
ölür — hiç" deyince, Hoca — taşı
gediğine yerleştirir:

„Bre, köftehor, der; kazanın doğurduğuna inanıyorsun —, öldüğüne ne
diye inanmıyorsun?"

Darüber vergehen nicht Monate, sondern Jahre; eines Tages bittet der
Hodscha wieder um den Kessel; sein
Nachbar strahlt über das ganze Gesicht: „Vielleicht geht unser Kessel wieder mit einem Topf schwanger!" sagt
er bei sich; (aber) er wartet etwas, der
Kessel kommt nicht; er wartet noch
etwas, der Kessel kommt nicht; schließlich geht er und klopft an Hodschas Tür!
Der Hodscha hört das Gerede vom
Kessel und sagt: „Ach Gott, Nachbar,
ich scheue mich fast, es zu sagen, dein
Kessel, hab' ihn selig ..."
Als unser guter Mann nun sagt:

„Ach, Hodscha, was sind das für ko-
mische Worte! Ein Kessel stirbt doch
nicht", ist der Hodscha um eine Antwort nicht verlegen:

„Na, du bist ja ulkig; du glaubst zwar,
daß der Kessel ein Kind bekommen
kann, warum glaubst du denn nicht,
daß er sterben kann?"

f) Setzen Sie die folgenden Konjunktionen an die passende Stelle (de, lâkin, yahut, halbuki, ancak, hatta, sanki):

1. Bir kelime unutur, — manasını ararız. Sözlük olmasaydı nasıl bulurduk. (Reşat Nuri Güntekin).
2. İs'viçre'de herkes, — çocuklar bile durmadan çalışır.
3. Düşünmek ve söylemek kolaydır; — yapmak ve başarı ile sonuçlandırmak çok güçtür. (Ziya Gökalp)
4. Bir bakımdan kalem kılıca benzer. — onu iyi kullanmak gerektir. (İbrahim Alâettin Gövsa)
5. Eşitlik içinde olmayan ulusta hürriyet — olmaz.
6. Bugün yirmi uçüncü yıl dönümünü tamamlıyoruz. — (dennoch) Ordu Müfettişi Mustafa Kemal, Samsun'a — bu sabah ayak basmıştır.   (Falih Rıfkı Atay)

Vokabeln

zu a)		'demin	vorhin
sitzenbleiben	dönmek	-den yana olmak	j-m zur Seite stehen
		farketmek	bemerken
zu b)		çoğul eki	Pluralsuffix
eksiklik (-ği)	Mangel; Lücke	iyelik eki	Personalsuffix
birbirimizden	voneinander	yalın hal	Grundform
dışarda	draußen	türemek	abgeleitet werden
sıkışık	bedrängt, schwer, ...	yapı eki	Wortbildungssuffix
	der Not	gövde	Stamm
ziyan [a:]	Schade	kısmet	Schicksal
devlet kuşu kon-	sein Glück machen	-e kısmet	Glück für
mak		imal [-a:l] etmek	herstellen
		etken	aktiv

20. Lektion
314

edilgen	passiv
çatı	Handlungsform
'şöylece	folgendermaßen
ayırt etmek	unterscheiden
özne	Subjekt
cam	Scheibe
etkilenmek	betroffen werden
sırf	nur, lediglich
iyilik	Güte; gute Tat, etwas Gutes
itiraz [i:tɪraːʒ] etmek	widersprechen (-e/ D)
kalkmak (kalkar)	wagen
tokat	Ohrfeige
yapıştırmak	an-, zukleben; versetzen
merak [ɑː] etmek	sich sorgen, neugierig sein
-in yerine gelmek	erfüllt, ausgeführt werden
dilek (-ği)	Wunsch
teslim [iː] etmek	abliefern
namlı [ɑː]	bekannt, berühmt
mahkeme [maxkˌɛmɛ]	Gericht
ayıp	Schande
itibar [iːtɪbaːɹ]	Ansehen
sarsmak (-ar)	erschüttern
yakalamak	fangen
zahmet [zaxmɛt]	Mühe
bozulmak	verderben
bozulmuş	verdorben
'buzdolabı	Kühlschrank
karşılaşmak	antreffen, konfrontiert werden (-le/ mit)
tercih [iːχ]	Bevorzugen
kisve	Kleidung; Aussehen
peri	Fee
mevcut [uː] olmak	vorhanden sein, existieren
ihsan [ɑː] etmek	gewähren
vaat [aː] etmek od. vadetmek [aː]	versprechen
çarçabuk	blitzschnell
diş bilemek	einen Pik haben (-e/
bir	einmal [auf)|
bir kerecik	ein einziges Mal
danışmak	um Rat fragen (-e/ j-n)
razı [ɑː] olmak	einverstanden sein (-e/ mit)
koca	Ehemann
devrilmek	umsinken
lüzumlu	nötig
borçlanmak	Schulden machen
ağ [ɑː]	Netz
çıkarmak	herausholen
servet	Vermögen
heyecanlı	aufgeregt
akılsızca	unvernünftig
evlenme teklifi	Heiratsantrag
deyim	Redensart
sıralamak	einreihen
mıknatıs	Magnet
bölmek (-ür)	teilen
uç (ucu)	Spitze, Ende

şu halde	demnach, also
... hali almak	werden (zu)
kurmak	*hier*: verschaffen
nüfuz [uː]	Einfluß
önüne geçmek	eindämmen
'kısmen	teilweise
Osmanlı Devleti	osmanisches Reich
kârlı [k̟aːrl̟i]	gewinnbringend
niyet	Absicht
vazgeçirmek	abbringen (j-n von/ -i -den)
dil dökmek	alle Beredsamkeit aufbieten, in j-n dringen
fayda etmek	Zweck haben
tövbe	Bußgelöbnis
-e tövbe!	Gott verhüte ...
suçlandırmak [suʃl̟an-] ⑩ D	anklagen (-i -le/ j-n e-r S.)
aptal	dumm
aptalın biri	Dummkopf
görüş	Blick
kızıl	rot
saç (-çı)	Haar
güçlü	stark
kuvvetli	kräftig
yemiş	Obst
buğday [buːdaj]	Getreide, Weizen
olgunlaşmak	reifen
olgunlaştırıcı	Reife verursachend
yaratıcı	Hervorbringer, Wachstumsförderer
ısıtmak	erwärmen
yıkanmak	baden

zu bb)

timsah [tɪmsax]	Krokodil
kıstırmak	in die Enge treiben
tohum	Samenkorn
çürümek	verfaulen
gitmek	zugrunde gehen
üzülmek	betrübt sein, es bedauern
İs'viçre	Schweiz
terakki [tɛrakːiː] ⑩ 5 od. ilerleme	Fortschritt
kutlamak	beglückwünschen
tane	*hier*: Same
meydana gelmek	bestehen (-dan/ aus)
büyüteç (-ci)	Lupe
seçmek	feststellen, erkennen
tomurcuk	Knöspchen
uykusuz	unausgeschlafen
çok şükür ki	Gott sei Dank, daß
tuğla [tuːl̟a]	Ziegel
bina [aː]	Gebäude
yıkılmak	zusammenstürzen
nefret etmek	hassen (-den/ j-n)
ekmek (-er)	säen
arpa	Gerste
kartopu	Schneeball
zavallı	arm
yabancı	Fremde(r)
başa gelmek	in eine böse Lage geraten; zustoßen

315   20. Lektion

can | Leben
kıymak | zugrunde richten (-e)
Hasanlar | die Hasans, Familie Hasan
razı [a:] etmek | zufriedenstellen
Allah senden razı olsun | Gott möge es dir danken
konsültasyon | Beratung
gelecek | Zukunft
büyük | *hier*: Erwachsener
muamele [a:] etmek | behandeln
kuyumcu | Juwelier
çözmek (-er) | losbinden
kıvrım | Falte
rastlamak [rasłamak] | treffen (-e/ j-n)

do'mates | Tomate
çuval | Sack
belâ [-la:] | Plage, Unglück; Pechvogel
omuzlamak | aufschultern
çıkmak | auftauchen
babalık | Vaterschaft; Stiefvater; *hier Anrede*: Mann!
yitirmek | verlieren
bıyık altından gülmek | verschmitzt lachen
yolmak | rupfen
kopmak | abreißen
vallahi ['vał:a:hı] | bei Gott!
savurmak | schleudern
i'lâhi | mein Gott!

zu c)

verbessern | düzeltmek
fragen | sormak (-i/ nach j-m)
wehtun | acımak
Morgengebet | sabah namazı
wenigstens | bari [a:]
mehrfach | birkaç kat fazla
Gewinn | kâr [ķa:ı]
gelingen | başarmak
es gelingt mir | başarırım

zu cc)

sich unterhalten | görüşmek
Handel | ticaret [a:]
vernünftig | akıl'lıca
früher | evvelden, ev'velce
verpassen | kaçırmak
erfahren | tecrübeli
Lügner | yalancı
angenehm | hoş
Toilettentisch | tuvalet masası
Bürste | fırça
Zweck haben | faydası olmak
unangebracht | yersiz
es ist zwecklos | faydası yok
einholen | yetişmek

zu d)

bostancı | Gärtner
tere | Kresse
el ayak | *hier*: alle (Leute)
dalmak | geraten (-e/ in)

zu e)

'tencere | Topf
yerleştirmek | stellen, unterbringen
ne olacak | was soll das?
gebe kalmak | schwanger werden
bir ... bir ... üçüncüsünde | etwas ... noch etwas ..., schließlich
laf | Gerede
dili varmamak | etwas kaum über sich bringen, sich fast scheuen
sizlere ömür | Gott erhalte euch am Leben! = er ist gestorben
biçim | Mähen; Art
bu ne biçim söz! | Was sind das für komische Worte!
gedik (-ği) | Lücke, Bresche
taşı gediğine koymak (yerleştirmek) | *(den Stein in die Bresche, Lücke legen =)* um eine Antwort nicht verlegen sein
köftehor | komischer Kauz
ne diye | warum

zu f)

sonuçlandırmak [-ʃł-] ⑩ D | zu Ende führen
ulus | Nation
yıl dönümü | Jahrestag
müfettiş | Inspektor
ayak basmak | seinen Fuß setzen (-e/ auf)

---

g) Erinnern Sie sich?

1. Man muß schreiben, **wie** man spricht *(L. 9, 2)*.

2. **Wenn** wir nachts lesen oder arbeiten, müssen wir das Licht immer von links über die Schulter bekommen *(L. 9a)*.

3. Die Lampe und die Birne dürfen wir nicht so zu uns stellen, **daß** uns das Licht in die Augen fällt *(L. 9a)*.

20. Lektion 316

4. **Wenn** Sie an dem Geld für Umschlag und Papier sparen wollen, können Sie die für Ihre Inlands- und Auslandsluftpostbriefe an unseren Schaltern verkauften Luftpostbriefe benutzen *(L. 11b)*.

5. **So wie** es in diesem blauen Himmel, den wir sehen, eine strahlende Sonne gibt, gibt es auch an dem Himmelszelt des geistigen Lebens eine noch glänzendere Sonne, die im Aufgang begriffen ist *(L. 12, 3)*.

6. Werde ich wohl leben können, **bis** ich alt bin *(L. 12b)*?

7. **Wenn** ich es wäre, ließe ich die Melonenkürbisse auf dem Walnußbaum und die Walnüsse auf der Kürbispflanze wachsen *(L. 14)*.

8. **Wenn** du dich nach mir gerichtet und die Melonenkürbisse auf dem Walnußbaum erschaffen hättest, in welchem Zustand wäre ich jetzt *(L. 14)*?

9. Am besten, Sie nehmen ein Taxi *(L. 16b)*.

10. **Haben wir** das Ende des Mai erreicht und **sind wir** in den Juni gegangen, so heißt das, daß die Sommerzeit begonnen hat *(L. 14b)*.

11. **Wenn** wir das Jahr nach Wochen bezeichnen wollen, **so** sagen wir: ein Jahr hat 52 Wochen *(L. 7, 1)*.

12. **Indem** (dem =) im Februar ein Tag hinzugefügt wird, kommt der Februar auf 29 Tage *(L. 7, 1)*.

13. **Wenn** wir den Wandkalender (näher) betrachten, **so** sehen wir auf jedem Blatt folgendes *(L. 7, 1)*.

14. Der Minutenzeiger **hingegen** hat mit einer Umdrehung nur eine Stunde vollendet *(L. 7, 2)*.

15. **Somit** waren auch die Vereinigten Staaten von Amerika in den Krieg hineingezogen *(L. 8)*.

16. **Auch** zum Essen kam sie nicht *(L. 8b 3)*.

17. Es ist klar, daß sie sich sehr erkältet hat *(L. 8b 3)*.
    Aber schützen muß man sich **auch** *(L. 8b 3)*.

18. **Als** mein Vater sah, daß ich die im Schrank befindlichen Arzneien einzeln in die Hand nahm und betrachtete, trat er zu mir und sagte: **Wenn** nichts gebraucht wird, wollen wir den Schrank schließen, mein Sohn *(L. 8b 3)*.

19. **Wenn** wir einen Text laut lesen wollen, müssen wir folgende Punkte beachten *(L. 9, 1)*.

20. **Unter der Voraussetzung, daß** man von dem Sinn nichts verliert, soll man möglichst schnell lesen *(L. 9, 1)*.

21. Ihr seid **weder** gerecht **noch** grausam *(L. 11, 3)*.

22. **Auch** Ihre Angelegenheiten werden nicht glatt gehen *(L. 12, 1)*.

23. **Auch** Sie werden sich freuen *(L. 12, 1)*.

24. **Kaum** war er nach Hause gekommen, **als** er die seit einer Woche verrichteten Arbeiten auf ein Blatt Papier schrieb *(L. 13, 1)*.

25. **Deshalb** gab sich der Hase dem Spiel hin, **während** sich die Schildkröte auf den Weg machte *(L. 13, 2)*.

26. **Als** er aber an der vereinbarten Stelle eintraf, hatte die Schildkröte die Wette schon lange gewonnen *(L. 13, 2)*.

27. **Während** die Paßformalitäten erledigt wurden, wurde der junge Mann ... mit Mühe überwältigt *(L. 13, 3)*.

317   20. Lektion

28. **Obwohl** die Zeit des Morgengebetes herankam, schlief Ebu Hasan ruhig weiter *(L. 13b)*.
29. **Da** ich am frühen Morgen aufstehen und aufbrechen muß (*Übers.*: werde), so sehen wir uns leider nicht mehr *(L. 13b)*.
30. Nehmt, **soviel** ihr wollt! *(L. 13b)*
31. **Angesichts der Tatsache, daß** sich das Wetter verschlechtert hat, geht keine Luftpost *(L. 13b)*.
32. Der Erfinder der elektrischen Glühlampe, Th. A. Edison, machte, **um** eine natürliche Gummiquelle aus Pflanzen **zu** erschließen, ununterbrochen Versuche *(L. 13bb)*.
33. Sie zwangen Rußland **zur** Schaffung eines neuen Abkommens *(L. 18, 1)*.
34. Ostrumelien wurde **zu** einem privilegierten Regierungsbezirk (gemacht) *(L. 18, 1)*.
35. **Als** Baumeister Sinan den Sultan sah, blieb er zum Gruße stehen *(L. 17, 1)*.
36. Wir sehen, daß die Kerze in dem ersten Glasbehälter weiterbrennt, in den anderen beiden Glasbehältern **jedoch** erlischt *(L. 17, 2)*.
37. Dieses Geschichtenbuch ist interessanter als das Gedichtbuch da. **Dagegen** ist es weniger spannend *(L. 16, 2)*.
38. Geh ja nicht von der Tür weg, **bis** ich wiederkomme *(L. 16, 3)*.
39. **Kaum** war der Onkel weg, **als** der kleine Nasreddin die Haustür herausnahm und auf seinen Rücken lud *(L. 16, 3)*.
40. **Anstatt** den Vorübergehenden an den Straßenecken die Hand zu öffnen, klopfte er an die Türen der Großen und der Reichen der Stadt *(L. 15)*.
41. Mein Zustand ist **so** betrüblich, **daß** bis zur Stunde kein Bissen Brot in meinen Mund gelangt ist *(L. 15)*.
42. Komm an das Waschbecken und wasch dir **auch** die Hände, meint er (sagt er doch tatsächlich) *(L. 15)*.
43. **Obwohl auch** diesesmal niemand etwas brachte, begann er Bewegungen zu machen, **als ob** er Speise zum Munde führte und kaute *(L. 15)*.
44. Iß, **als ob** du zu Hause wärest, **ohne** dich **zu** genieren *(L. 15)*.
45. Ich bin **so** gesättigt, **daß, wenn** ich noch ein Stück nähme, ich platzen (werde =) würde *(L. 16e)*.
46. Dann begann er, **tüchtig** mit der Zunge **schnalzend,** zu trinken *(L. 16e)*.
47. Er schlug **so** heftig zu, **daß** Bermeki zu Boden kollerte *(L. 16e)*.
48. **Kaum** hatte Schakabak ausgesprochen, **als** der Wezir, **anstatt** wütend zu werden, schallend zu lachen begann *(L. 16e)*.
49. **Obwohl** mein Scherz etwas hart war, hast du ihn bis zu Ende geduldig ertragen *(L. 16e)*.

Europäische Wörter im Türkischen

alfabe: *frz. alphabet*
mıknatıs: *aus dem Griech. über des Arab., vgl. dt.* Magnet
İs'viçre: *it.* 'Svizzera
konsültasyon: *frz.* consultation
tuvalet: *frz.* toilette
do'mates: *ngr. pl.* domátes *(dies aus dem Span.)*

21. Lektion

318

21. Lektion

1. Mühür

Zusammenfassung des ersten Abschnittes:

Asaf Akçıl, ein Zollbeamter von etwa 55 Jahren, von seinen Vorgesetzten wegen seines Fleißes und seiner Rechtschaffenheit geschätzt, hatte seit 23 Jahren ununterbrochen Dienst getan, war aber seit 6 Jahren nicht befördert worden. Er führte natürlich darüber Klage, daß sein Gehalt immer noch unverändert war. Doch eines Tages ...

Der folgende Auszug ist einem der Hauptwerke von **Bekir Sıtkı Kunt**, geb. 1905, entnommen: **Yataklı Vagon Yolcusu** (1948) „Der Reisende im Schlafwagen".

a) Günlerden bir gün, Asaf Akçıl, masasına kocaman bir defter açmış, rakam döküyordu. Bir aralık odacı içeri girdi ve kendisini müdür beyin istediğini haber verdi. Bu istemeler günde belki on defa vaki olduğu için, bunda bir fevkaladelik hissetmedi. Ve her zamanki gibi, başını eğdiği **defterden** kaldırdı. Kalemini hokkanın yanına bıraktı. Gözlüklerini kutusu**na** koyup mendili cebine yerleştirdi ve yeri**nden** kalkıp, sakin ve endişesiz adımlarla, müdürün odasına doğru yürümeye başladı. Kapıyı vurmadan girdi. Müdür onu güler yüzle karşıladı. Bu karşılama her zamankinden farklıydı. Zaten Asaf Akçıl'ın kulağı daha önceden kirişteydi. Bu itibarla işi sezinlemekte **gecikmedi.** Heyeca**ndan** yüzüne kan hücum etti. Mesut ve oldukça aptal bir suratla, gülümsedi.

Müdür:

b) Buyurun Asaf bey, diye ona iltifat etti, buyurun, oturun, şimdi emriniz geldi. Bir derece terfi ederek „........" memurluğu**na** tayin edildiniz. Tebrik ederim. Allah muvaffak eylesin. Hemen emrinizi yazdırıp size tebliğ ederim.

c) Asaf Akçıl üst üste teşekkür etti. Yüreği heyeca**ndan** pat pat atıyordu. Altı yıldır, beklediği gün nihayet gelmişti. **Ah,** bu terfi günleri! memurların hayatında ne mühim bir yer tutar. Bu bir nevi düğün, bayram gibidir. Şimdi bütün daire arkadaşları onu **tebrik edecekler,** uzaklardaki tanıdıklarından alacağı mektupların, kartların ardı sırası kolay kolay kesilmiyecekti. Bu arada, belli etmeden, şüphesiz, kıskananlar da olacaktı. Hatta kendisi gibi uzun boylu beklemeyip hemen terfi edivenler bile. Bu dünya, garip bir dünyadır **vesselâm!** ...

d) Hiç bir işte görülmeyen bir süratle, terfi emri yazılıp hemen Asaf Akçıl'a tebliğ edildi. O da elindeki işleri, çabucak bir arkadaşına „devir ve teslim" etti. Sıra, yeleğinin sol alt cebindeki memuriyet mühürüne geldiği zaman, Asaf Akçıl'ın eli, nedense biraz ağır davrandı. Mühürü, takılı bulunduğu kordondan söküp çıkarırken, bayağı üzüntü duydu. **Hey gidi** mühür **hey!** ... Bununla **az mı**[1]) evrak mühürlemişti. Ve bu mühür yüzünden, bütün o kâğıtlar nasıl itibar kazanmış, devlet işlerini yürütmüştü.

e) Asaf Akçıl'ı üzen şey, kordondan sökülen mühür yerine artık bir başkasının takılmayacağı idi. Şimdiki memuriyeti daha yüksek olmakla beraber, mühürsüz bir memuriyetti.

---

[1]) *s. L. 20 K 2*

21. Lektion

319

Paydostan sonra evine dönüp terfi müjdesini karısına verdiği zaman, Asaf Akçıl, sol yelek cebinin boşalmış olmasından dolayı bütün vücudunda garip bir eksiklik hissediyordu. Fakat karısının ilk sevinci ve ilk gururu, onu okşuyor, ona teselli veriyordu.

Elden giden mühüre rağmen yine de mesuttu, memnundu. Terfi işini içine sindire sindire düşündüğü zaman, bunun gerçekten hayatında mühim bir hadise olduğunu, yeni memuriyetinde salâhiyetlerinin arttığını, âdeta amir derecesine yükseldiğini biliyor ve bu suretle, daha yüksek mevki ve makamlara çıkmak için, esaslı bir adım attığına **kanaat getiriyordu.** Adam sen de ... **Varsın mühürü olmasın ...**

f) Geceliğini giymek için sırtından ceketini çıkardı. O sırada, yeleğindeki kordonun ağırlığını kaybeden ucu, aşağıya doğru sarkıp boşlukta sallandı. Asaf Akçıl, bunu bir ayıp gibi, karısından **saklamak** istediyse de, muvaffak olamadı. Safiye Hanım işin farkına vardı. Kaşları birden çatıldı, ve:

g) — Mühürü ne yaptın?

diye sordu. Asaf Akçıl mümkün olduğu kadar tabiî olmaya çalışarak ehemmiyetsiz bir şeymiş gibi:

— Ha ... Mühür mü? ... Şey ... diye cevap verdi ... Şey ... O mühür tabiî eski memuriyetime aitti. İşlerimi devrederken, mühürü de verdim elbette ...

Şimdi Safiye Hanımın karşısında kocası, tramvay kazasında bir azasını, bir kolunu veya bacağını kaybetmiş zavallı bir adam gibi perişan duruyordu.

Karısı telâş ve heyecan içinde:

— Peki, onun yerine başkasını vermeyecekler mi?

diye sordu. Asaf Akçıl, karısını büsbütün çileden çıkarmamak, şimdilik olsun yatıştırmak için:

— Evet, tabiî verecekler, dedi, ama henüz almadım.

Asaf Akçıl müşkül bir mevkide olduğunu hissediyor, müthiş canı sıkılıyordu. Mühürsüz kaldığı için o da üzülmüyor değildi. Ama kendisi ,,vaziyetin icabını" takdir edebiliyordu. Ne yapmalı. Devlet, her memuruna, tabiî, bir mühür veremez. Fakat **gel de** bunu karıya anlat.

h) Asaf Akçıl'a, o geceden sonra, her günü, her gecesi âdeta zehir oldu. Safiye Hanımın yüzü gülmüyor, asıl daha fenası, çenesi hiç durmuyordu. Vır vır vır ... Zır zır zır ... Adamcağızın başının etini yiyordu.

— Seni atlattılar, ,,terfi ettiriyoruz" diye elinden devletin canım mührünü aldılar. Vermemeliydin, ayak diremeliydin. Bana bir kerecik olsun danışsaydın, hiç razı olur muydum[1]). Kendi başına buyruk herif ... İşte şimdi kuyruğu güdük bir imzacığa kaldın. Böyle imzaları mahallenin bekçisi de atar. Bütün komşularımız, ahbaplarımız arasında, kocası mühür sahibi bir ben vardım. Ben bununla **iftihar ederdim.** Eline geçen devletin kadrini, kıymetini bilmedin. Eski vezirler bir mühür için baş verirlermiş. Sebepsiz değil tabiî ... Çünkü ,,Mühür kimdeyse Süleyman odur".

i) O zamana kadar sakin ve sevgiyle **dolu** geçen hayatları bu yüzden altüst oluyordu. Asaf Akçıl, sabahları, şafak sökerken canını sokağa dar atıyor, dairede surat bir karış oturuyor, akşamları geç vakit evine, bir işkence yeriymiş gibi, istemeye istemeye, ayaklarını zorla sürüyerek, dönüyordu. Ne etmişler de onu terfi ettirmişlerdi.

---

[1]) s. L. 20 K 2

21. Lektion

320

k) Zavallı adam ne yapacağını, ne edeceğini bilmiyordu. Artık çıplak başını yanlardan uzayan beş on tel saçla, bir taç gibi örtmüyor, her gün sinekkaydı tiraş olmuyor, kıravatına altın iğnesini **takmıyordu.** Günden güne çöktüğünü, zayıfladığını gören arkadaşları:

— **Yahu,** hasta mısın, geçmiş olsun.

diye hal hatır soruyorlar, onu çekemeyenler de:

— Öküz herife terfi yaramadı.

diye arkasından alay edip gülüyorlardı.

l) Evet, ne etmişler de onu terfi ettirmişlerdi. Vaziyetin icabı bu. Devlet her memuruna ayrı bir mühür veremez. Bu muhakkak ... Fakat, ölümden başka her şeye çare vardır. Acaba bunun da bir çaresi bulunamaz mı? **Ah,** bir çaresi bulunsa ... Asaf Akçıl, bunun için ne fedakârlıklara katlanmaz ...

m) Artık her hakarete, istiskale, gülünç olmaya **razı olarak** müdürün odasına girdi. Meseleyi olduğu gibi müdüre **anlattı.** Olmazsa, terf**iden vazgeçerek,** eski vazifesine iade edilmesini, tek, eline bir mühür verilmes**ini rica etti.** Bunları söylerken, utancı**ndan,** nohut iriliğinde ter döküyor, soluk mavi gözleri, şefkat ve merhamet dilenen bakışlarla, müdürün gözlerinde değil, odanın eşyasında falan geziniyordu.

n) Müdür, meğer halden anlar bir adammış. Bıyık altından güldü ve işi derhal kavradı ... Bir çaresine bakacağı**na dair söz verdi.** Hemen o gün, ,,...'' memurluğunun mutlaka bir mühüre **ihtiyacı olduğunu,** işlerin böyle bir mühürü icap ettirdiğini yukarıya yazdı. Dereceden dereceye geçerken bu mühür işi, hakikî ve resmî bir lüzum halini aldı. Günün birinde mühürün Darphane'ye ısmarlandığına, gelince hemen gönderileceği**ne dair cevap geldi.**

o) Asaf Akçıl, madem ki bir yolu varmış, neye bu kadar kahır çektim? diye hayıflanıyor, karısına her gün yeminlerle teminat veriyor ve günleri iple çekiyordu.

Çok geçmeden, ,,mühür'' bir bez kese içinde postadan çıkıp Asaf Akçıl'ın imdadına yetişti. Bu tabiî hiç kullanılmamış, yepyeni bir mühürdü.

p) Asaf Akçıl, bu çepçevre yazılar kazılı, sarı pirinçten, altın gibi parıl parıl yanan mühürü avucunun içine aldı. Sevdi, okşadı. Sonra, aylardan beri, kordonunun boş ucuna, bir nişan gibi takıp yeleğinin sol cebine, dikkatli dikkatli yerleştirdi. Eve dönünce, karısı kim bilir ne kadar sevinecekti.

Safiye Hanım hakikaten çok sevindi. Hatta sevinç gözyaşları bile döktü. Sanki bir felâketten kurtulmuşlardı.

(Bekir Sıtkı Kunt, Yataklı Vagon Yolcusu, 1948)

2. Kurban Bayramı

Kurban bayramı!

O ne telâş! — Peştamal nerde? — Tülbendi getirin, ödağacı yakın, gül suyu serpin. Çengeli tak! Çukuru kaz! Bıçaklar haniya! Masat! Masat! Verin masadı! Çocuklar, mutfağa bakın! — 'Ayol! Küçük hanım! Dadı! Teyze! Anne! Satır nerede? — Ay şaşırdım! İlâhi kör ol kedi! yiyemez ol! Şimdi ha! — Baksana, Ahmet Ağa! Şu oğlana böbreği çıkarıver! — Ahçı kadın! Büyük tencere ne cehenneme gitti? — Huu! Efendi kahve istiyor! — Hah! İşte sırası! Aman! ... Tütününden, kahvesinden bıktım. İşte bitiyor, işimiz var.

Ahmet Rasim (1865—1932)

21. Lektion

Vokabeln

1. a)

defter	Register
rakam	Zahl
dökmek	*hier*: niederschreiben, eintragen
bir aralık	irgendwann; da
odacı	Bürodiener
isteme	Aufforderung
'fevkaladelik [la:]	etwas Außergewöhnliches
eğmek	beugen
hokka	Tintenfaß
kutu	Etui
endişesiz	sorglos
güler	lächelnd
farklı	verschieden
zaten	ohnehin
kiriş	Saite; Sehne
kulağı kirişte	gespannt, voller Erwartung
bu itibarla [i:tıba:r-]	in dieser Hinsicht; übrigens
sezinlemek	ahnen, schwanen
hücum [u:]	Angriff; *hier*: Andrang
surat	Gesicht

b)

iltifat [a:] etmek	sich freundlich wenden (-e/ an)
terfi [i:] (-fii)	Beförderung
terfi etmek	befördert werden
terfi ettirmek	befördern
memurluk	Beamtenstellung
muvaffak etmek	
od. eylemek	Erfolg verleihen
tebliğ [i:] etmek	bekanntmachen; zustellen, übermitteln

c)

üst üste	immer wieder, wiederholt
yürek (-ği)	Herz
pat pat atmak	pochen
bayram	Bayramfest
daire	Abteilung
uzaklardaki	auswärtig
ardı sıra	nacheinander; Reihe
bu arada	darunter
belli etmek	zu erkennen geben
kıskanmak	neidisch sein
uzun boylu	lange (Zeit)
garip [i:]	sonderbar
vesselâm ['vɛs:ɛla:m]	und damit basta

d)

'çabucak	umgehend, sofort
devir ve teslim etmek	übergeben, „die Übergabe vollziehen"
yelek (-ği)	Weste
ne'dense	irgendwie

davranmak – sich benehmen

davranmak	sich benehmen
ağır	schwer
takılı	hängend, befestigt
kordon	Schnur; Kette
sökmek	abnehmen, abreißen
'bayağı	fast
evrak [a:] (-kı)	Papiere
mühürlemek	abstempeln
yürütmek	voranbringen

e)

üzmek	bekümmern
takmak	befestigen
paydos	Büroschluß, Feierabend
müjde	frohe Nachricht
boşalmak	sich leeren
boşalmış	leer
gurur [guru:ɹ]	Stolz
okşamak	liebkosen; besänftigen
teselli [i:]	Trost
teselli vermek	trösten
sindire sindire	so richtig, ordentlich
salâhiyet [-la:]	Befugnis, Kompetenz
artmak	steigen, größer werden, sich erweitern
âdeta ['a:-]	fast
amir [a:]	Leiter, Chef
bu suretle	somit
esaslı	wesentlich
mevki (-kii)	Stellung
makam [a¯ka:m]	Amt
bir adım atmak	einen Schritt tun
kanaat [-na:-] getirmek	überzeugt sein (-e/ von)
adam sen de!	Ach was!, Wichtigkeit!
var	*s. Interjektionen*

f)

gecelik (-ği)	Nachthemd, Schlafanzug
sırtından çıkarmak	ablegen
o sırada	dabei
ağırlık (-ğı)	Gewicht
sarkmak	herabhängen
boşluk (-ğu)	leerer Raum
sallanmak	baumeln; wackeln
-in farkına varmak	dahinterkommen
kaş	Augenbraue
çatmak (çatar)	gegeneinander stellen
kaşlarını çatmak	die Stirn runzeln

g)

ehemmiyetsiz = önemsiz	unwichtig
devretmek	übergeben
kaza	Unglück, Unfall
âza [a:za:]	Organ, Glied; Glieder

Lehrbuch Türkisch 21

21. Lektion 322

bacak (-ğı)	Bein
zavallı	arm, hilflos
perişan [-iːʃaːn]	verstört
telâş [-laːʃ]	Aufregung
'peki	und ... also
'büsbütün	ganz und gar
çile	Drangsal, Mühe
çileden çıkarmak	verärgern
şimdilik olsun	fürs erste
yatıştırmak	beschwichtigen
müşkül	schwierig
müthiş	furchtbar
canı sıkılmak	sich bedrückt fühlen
vaziyetin icabı	Erfordernis der Lage = das Unabänderliche
takdir [iː] etmek	schätzen, anerkennen
gel de	Verstärkung des Imperativs, etwa: mal

h)

zehir (zehri)	Gift; Qual
asıl	ja ...
çene	Kinnlade; fig. Mundwerk
vır vır	ununterbrochen; lästig
zır zır	lautmalend: z, z, z, Gezischel
başının etini yemek	dauernd in den Ohren liegen
atlatmak	springen lassen; abwimmeln, vertrösten
canım	mein Leben!; als Adj. lieb, nett, schön
ayak diremek	fest bleiben
buyruk (-ğu)	Erlaß
başına buyruk	selbstherrlich, rücksichtslos
herif	Kerl, Mensch
kuyruk (-ğu)	Schwanz
güdük	gestutzt
kuyruğu güdük	heruntergeputzt, klein und häßlich
imzacık (-ğı)	Unterschriftenkleckser
kalmak	werden (-e/ zu)
mahalle	Vorstadt, Bezirk
bekçi	(Nacht-)Wächter
ahbap	Freund(e)
iftihar [aː] etmek	stolz sein (-le/ auf)
ele geçmek	erlangt werden, innehaben
kadir (-dri)	Wert; Größe, Höhe

i)

sevgi	Liebe
altüst (-tü)	durcheinander
şafak	Morgendämmerung
şafak söküyor	es dämmert
dar	Adv. kaum, gerade noch, mit Mühe und Not

canını (od. kendini)	
dar atmak	sich flüchten
bir karış	jeder Zoll
surat	mürrisches Gesicht
işkence	Marter
sürmek	schieben; schleppen
zor	Mühe

k)

çıplak	kahl
uzamak	sich hinziehen
taç (-cı)	Krone
sinekkaydı tıraş olmuş	sehr sorgfältig rasiert
kıravat (-tı)	Krawatte
çökmek (-er)	verfallen, herunterkommen
zayıflamak	abmagern
yahu	Mensch(enskind)
hal hatır sormak	sich nach dem Befinden erkundigen
çekememek	nicht leiden, ausstehen können
öküz	Ochse; Dummkopf

l)

ayrı	besondergewiß, sicher
muhakkak	gewiß, sicher
fedakârlık	Opfer(willigkeit)
katlanmak	auf sich nehmen (-e/ A)

m)

hakaret	Beleidigung
istiskal [-aːl] (-li)	Abfuhr
gülünç (-cü)	lächerlich
razı olarak	hier: bereit (-e/ zu)
olmazsa	wenn nicht anders
iade etmek	wieder einsetzen
tek	nur
nohut	Kichererbse
irilik (-ği)	Größe
ter	Schweiß
soluk	blaß
şefkat	Mitleid
gezinmek	hin- und herwandern, schweifen
eşya [aː]	Möbel

n)

'meğer	aber, indessen
halden anlar	verständnisvoll
kavramak	begreifen, kapieren
yukarıya	nach oben, an die vorgesetzte Stelle
derece	Stufe; Instanz
lüzum hali	Bedarfsfall
'darphane	Prägeanstalt

o)

ma'dem ki	da ja; nun da
kahır	Gram, Schmerz
hayıflanmak	jammern

323   21. Lektion

yemin [i:]	Eid
teminat	Beteuerungen
[te:mɪnɑ:t] (-tı)	
iple çekmek	herbeisehnen, *die Tage*
	zählen
kese	Beutel
imdadına yetiş-	
mek	zur Hilfe kommen
p)	
'cepçevre	ringsherum
kazılı	eingraviert
sarı	gelb
pirinç (-ci)	Messing
parıl parıl	glänzend
yanmak	leuchten
avuç (-cu)	Hand(fläche)
nişan [ɑ:]	Orden
'gözyaşı	Träne
2.	
peştamal	Schürze, Badeschurz
tülbent (-di)	Turbantuch

'ödağacı (-nı)	Aloeholz
gül	Rose
serpmek	streuen, sprühen
çengel	Haken
çukur	Grube
bıçak (-ğı)	Messer
'haniya	= hani
masat (-dı)	Wetzstein
mutfak (-gı)	Küche
'ayol	hallo
küçük hanım	Fräulein
dadı	Kinderfräulein
satır	Hackmesser
kör ol	*Fluch*: (sei blind =)
	verdammt
yiyemez ol	*Fluch*: (sei, [daß] sie
	nicht mehr fressen
	kann =) sie soll kre-
	pieren
böbrek (-ği)	Niere
hu!	heda, Ihr da, huhu!

Grammatik

Die wichtigsten Verben und Adjektive mit Kasusangabe und Präpositionen A bzw. Postpositionen.

abbrechen: Gespräch —
aberkennen *j-m etw.*
abgeben: sich — *mit*
abgehen: nicht — *von*
abgewöhnen *j-m etw.*
   sich —
abhängen *von*
ablenken *von*
abmelden *j-n bei*
   sich — *bei*
abonnieren *A*
abonniert sein *auf A*
abraten *j-m von*

achtgeben *auf A*
ähnlich *D*
amüsieren: sich — *über A*
anfangen *mit*
anfassen *A mit*
anfragen *bei*
angeklagt *e-r S. (G)*
angewiesen sein *auf A*
Angst haben *vor*
anklagen *j-n e-r S.*

kesmek
birini -den mahrum etmek
-le meşgul olmak
-den şaşmamak, ayrılmamak
birinin âdetini değiştirmek
-den vazgeçmek
-e bağlı olmak
-den çevirmek, vazgeçirmek
-in kaydını *-den* sildirmek
kendi gidişini bildirmek
-i abone etmek
-e abone olmak
-i -den caydırmak, vazgeçmeyi tavsiye
   etmek
-e dikkat etmek
-e benzer
-le eğlenmek, *-le* alay etmek
-den başlamak
-le tutmak
-e sormak; *-i* sorguya çekmek
-den sanık
-e muhtaç olmak
-den çekinmek
-i -le suçlamak, *-i -le* itham etmek

21*

21. Lektion   324

ankommen *in*	*-e* varmak
— *auf A*	*-e* bağlı olmak
anmelden: sich — *bei*	kendisini *-e* kaydettirmek, haber vermek
annähen *an A*	*-e* dikmek
anpassen: *D*	*-e* uydurmak, uyarlamak
sich *e-r S.* —	*-e* uymak, *-e* ayak uydurmak, uyarlanmak
anschließen: sich — *j-m, e-r S.*	*-e* katılmak
ansehen: sich *etw.* —	*-e* bakmak
anstecken *j-n (Krankheit)*	*-e* bulaşmak
antreffen *j-n*	*-e* rastlamak, rast gelmek
anvertrauen *j-m etw.*	*-e -i* açmak
ärgerlich *über A, auf A*	*-e* kızgın
arm *an*	*bakımından* fakir, yoksul
aufbrechen *nach, zu D*	*-e* yola çıkmak
auffordern *j-n zu*	*-i -e* çağırmak
aufhängen *etw. an A*	*-e* asmak
aufpassen *auf A*	*-e* bakmak
ausgerüstet *mit*	*-le* mücehhez, donatılmış
auskommen *mit*	*-le* geçinmek
ausschließen: sich — *von*	*-e* iştirak etmemek
aussteigen *aus D*	*-den* inmek
austreten *aus D*	*-den* çekilmek
auswählen *A*	*-i* beğenmek
auszeichnen *j-n, etw.*	*-le* taltif [-i:] etmek
bald *etw.* tun	*-mekte* gecikmemek
beachten *A*	*-e* önem vermek
beantworten *etw.*	*-i* cevaplandırmak, karşılamak
Beantwortung: in — Ihres Schreibens	yazınıza karşılık olarak *od.* ce'vaben
bedanken: sich — *bei D für A*	*-e -den* dolayı teşekkür etmek
bedauern *A*	*-e* acımak
sehr —, *daß*	*-den* dolayı üzgün olmak, *-den* müteessir olmak
befassen: sich — *mit*	*-le* uğraşmak
befestigen *etw. an D*	*-i -e* bağlamak
befinden: sich — *in D*	*-de* bulunmak
befreien *j-n, etw. aus, von*	*-den* kurtarmak
begeben: sich — *zu*	*-e* uğramak
begeistert sein *von*	*-e* bayılmak
beginnen *etw. od. mit*	*-e* başlamak
begleiten *A*	*-e* refakat etmek
beglückwünschen *j-n zu*	*bir kimsenin bir şeyini (od. -i -den dolayı)* tebrik etmek, kutlamak
behandeln *(Kranke)*	*-e* bakmak
behindern *A*	*-i* güçleştirmek
bekämpfen *A*	*-le* savaşmak
bekanntmachen *A*	*-e* tanıtmak
— *mit j-m*	*-le* tanıştırmak
beklagen: sich — *über*	*-i od. -den* şikâyet etmek
bemühen: sich — *um*	*-e* çalışmak

21. Lektion

beneiden *(j-n) um*
benutzen *A*
bereit *zu*
bereuen *(Geldausgabe)*
beschäftigen: sich — *mit*

beschließen *zu*
beschuldigen *j-n e-r S.*
beschützen *j-n vor*
beschweren: sich — *über*
besitzen *A*
besprechen *etw.*
bestehen: *Prüfung* —
bestehen *auf D*
— *aus*

— *in D*
bestehend *aus*
besteigen *A*
betrachten *A*
— *j-n, etw. als A*
betreffen *A*
betreiben (beharrlich) *A*
betreten *A*
— *Rasen*
betrübt sein *über A*
beurlauben *j-n*
bewahren *j-n, etw. vor*
bewerben: sich — *um*
bezichtigen *j-n e-r S.*
beziehen: sich — *auf (Schreiben)*
(Sache, Person)
bitten *um*
j-n um etw. —

um Entschuldigung —
bleiben *bei*
böse sein *j-m*
brauchen *A*
daniederliegen *an D*
danken *für*

denken *an*
— *von D, über A*
dienen *zu*
diskutieren *über*
drohen *mit*
drücken *auf A*
dulden *A*

bir şeyi kıskanmak
-den faydalanmak
-e hazır
-e acımak
-le meşgul olmak, *-le* uğraşmak,
-in üstüne düşmek, *üzerinde* durmak
-e karar vermek
-i -le suçlamak, *-i -le* itham etmek
-i -den korumak
-i od. -den şikâyet etmek
-e sahip olmak
-i konuşmak
-de muvaffak *(od.* başarılı) olmak
-de ısrar etmek
-den mürekkep (kurulu) olmak,
-den meydana gelmek, *-den* ibaret olmak
-den ibaret olmak
-den ibaret
-e binmek
-e bakmak
-i (+ Nom.) saymak
-e dokunmak
üstüne düşmek
-e girmek
-e basmak
-den üzülmek
-e izin vermek
-i -den saklamak, *-e* muhafaza etmek
-meğe çalışmak
-i -le suçlamak, *-i -le* itham etmek
-e istinat etmek
-in yerine geçmek
-i istemek
birinden -i rica etmek, ricada bulunmak,
istemek
özür dilemek
-e devam etmek
-e darılmak, *-e* kızgın olmak
-e ihtiyaç olmak, *-e* muhtaç olmak
-den yatmak
-e od. ...için od. -den dolayı teşekkür
etmek
-i düşünmek
... hakkında düşünmek
-e yaramak
hakkında tartışmak
-le korkutmak
-e basmak
-e göz yummak

21. Lektion

326

eifersüchtig sein *auf j-n, wegen*	*-i (wegen) -den (auf)* kıskanmak
eignen: sich — *für*	*-e* yaramak
einberufen *j-n, etw. zu*	*-i -e* çağırmak
einbiegen *in A*	*-e* sapmak
einbrechen *in A*	*-e* girmek
eindämmen	*(-in) önüne* geçmek
eindringen *in A (Wasser)*	*-i* basmak
eingehen *auf A*	*-e* katılmak
eingreifen *in A*	*-e* müdahale etmek
einladen *j-n zu*	*-i -e* çağırmak, davet etmek
einmischen: sich — *in e-e S. (A)*	*-e* karışmak
einsetzen *etw. in A*	*-i -e* takmak
einsteigen *in A*	*-e* binmek
eintragen *in A*	*-e* kaydetmek
eintreten *in A*	*-e* girmek
— *für*	*için* kefil olmak
einverstanden sein *mit*	*-e* razı olmak
empfehlen: sich *j-m* —	*-e* saygılarını sunmak
empören: sich — *über*	*-e* darılmak, kızmak
enden *auf A (z. B. einen Konsonanten)*	*-le* bitmek
entbehren müssen *A*	*-e* hasret kalmak
entscheiden: sich — *für*	*-e* karar vermek; *-i* seçmek
entschließen: sich — *zu*	*-e* karar vermek
entschuldigen: sich — *bei*	*-den* özür dilemek
entsprechend	*-e* lâyık, *-e* uygun
erfahren *in*	*-de* tecrübeli
erfreut *über*	*-e* memnun
erfrieren *vor*	*-den* donmak
ergriffen sein *von*	*-e* kapılmak, *bir şeyin* tesirinde kalmak
erinnern *j-n an etw.*	*-e -i* hatırlatmak
sich — *an*	*-i* hatırlamak
erkennen *an D*	*-den* tanımak
erkundigen: sich — *nach*	*-i* sormak, *hakkında* malûmat almak
Erlaubnis geben *zu*	*-e* müsaade etmek
ermächtigen *j-n zu*	*-e bir şey için* yetki vermek
ernennen *j-n zu*	*birini -e* tayin [tɑ:ji:n] etmek
erpressen *A*	*-e* gözdağı vermek, şantaj yapmak
erreichen *A*	*-e* varmak, *-e* erişmek
erschöpft sein *von*	*-den* bitmek, yorgun düşmek
erstaunt sein *über*	*-e* şaşmak, *-e* hayret etmek
erweisen: sich als geeignet —	uygun düşmek *od.* çıkmak
fähig *zu*	*-e* muktedir
fahren *mit*	*-e* binmek
fehlen lassen: es — *an D*	*-de* kusur etmek
fernhalten *j-n, etw.*	*-den* kaçındırmak, uzak tutmak
folgen *D*	*-i* takip etmek
forschen *nach*	*-i* öğrenmeğe çalışmak
fortsetzen *etw.*	*-e* devam etmek

327   21. Lektion

fragen *j-n nach*
  — *nach j-m*
freisprechen *j-n von*
Freude: eine — *an etw.* haben
freuen: sich — *an*
  sich — *über*
freundlich *zu*
führen: Krieg — *gegen*
fürchten *A*, sich — *vor*
geeignet *für*
gefallen: es gefällt *ihm*
gehen *in A*
  — *auf: fig. z. B. Fenster* —
  auf die Straße
gelingen *D*
  es gelingt mir

genesen *von*
genieren: sich — *vor*
genießen *etw.*
genug haben: ich habe genug *von*
gemacht *aus*
gewöhnen *j-n an*
  sich — *an*
gewöhnt *an*
gewöhnt sein *an*
gießen *etw. in*
glauben *etw.*, *j-m, an*
gratulieren *j-m zu*
greifen *zu*
  — *in A*
  — *nach*
grenzen *an*
gründen *etw. auf*
grüßen *j-n von*
haben *A*
  ich habe (hätte) eine Bitte an Sie
halten: *j-n — für*

etw. für angemessen —
  — *von D*
handeln *von*
  sich — *um*
hängen *etw. an*
hassen *A*
heiraten *A*
hereinlassen *A*
hervorheben *A*
hinauslehnen: sich — *aus*

-e (-den) bir şeyi sormak
-i sormak
-den beraet ettirmek
-den zevk duymak
-den zevk (sevinç) duymak
-e sevinmek, *-e* memnun olmak
-e karşı nazik
-le savaşmak
-den korkmak
-e uygun
-i beğenmek; *-in* hoşuna gitmek
-e girmek

-e bakmak
-i başarmak, *-e* muvaffak olmak
bunu başarıyorum, buna muvaffak
oluyorum
-den iyileşmek
-den çekinmek
-den faydalanmak
-den bıktım
-den yapılmış
-i -e alıştırmak
-e alışmak
-e alışık
-e alışık olmak
-i -e dökmek
-e inanmak
birinin bir şeyini kutlamak, tebrik etmek
-e başvurmak
-e elini sokmak
... *için* elini uzatmak
-e bitişik olmak
-i -e dayandırmak
-e -den selâm söylemek
-e sahip olmak; *s. L. 5 G; 16 E*
sizden (size) bir ricam var
-i (+ Nom.) zannetmek, sanmak,
bulmak
-i uygun görmek, bulmak
... *hakkında* düşünmek
-den bahsetmek
bahis konusu olmak
-i -e takmak, *-i -e* asmak
-den nefret etmek
-le evlenmek
-e kapı açmak
... *üzerinde* durmak
-den sarkmak

21. Lektion   328

hindern *an*
— *bei*
hingeben: sich *e-r S.* —
hinweisen *j-n auf j-n, etw.*

hören *über A, von D*
hüten *A*
  sich — *vor*
imstande sein *zu*
informieren *j-n über*
  sich — *über*
interessieren *j-n für*

  sich — *für*
interessiert sein *an*
Interesse zeigen *für*
Interesse haben *für*

kaufen *bei*
klagen *über*
  j-m über etw. sein Leid —
klopfen *an*
kosten
kümmern: sich — *um*
lachen *über*
laden *auf A*
landen *in*
lehren *j-n etw.*
leid: es tut einem — *um*
leihen *j-m A*
lernen *A*
machen: sich lustig — *über*
  sich auf den Weg — *nach*
  — *zu*
Mitleid haben *mit*
mögen *etw., j-n*
münden *in A*
nachdenken *über A*
necken *A*
nehmen *j-m A*
  auf sich — *A*
  wieder an sich —
  Abstand — *von*
pflanzen *etw. in A*
pflegen *(Kranke)*
prallen *gegen*
profitieren *von*

-e engel olmak
-rken engel olmak
-e dalmak
birine *-i* işaret etmek, *-e -in* dikkatini
çekmek
... *hakkında* işitmek
-e bakmak
-den sakınmak
-ecek halde olmak, *-e* muktedir olmak
-e ... *hakkında* bilgi (haber) vermek
... *hakkında* bilgi almak
-le -i ilgilendirmek, *-le* alâkadar olmak,
-e merak etmek, *üzerinde* durmak
-le ilgilenmek
-le ilgili olmak
-e (karşı) ilgi (alâka) göstermek
-e meraklı olmak; *s. sich interessieren*
für
-den (satın) almak
-den şikâyet etmek
birine *-den* dert yanmak
-i çalmak
-e mal olmak
-e karışmak
-e gülmek
-e yüklemek
-e çıkmak
-e bir şeyi öğretmek
-e acımak
-e ödünç vermek
-i öğrenmek, *-e* çalışmak
-le alay etmek
-in yolun tutmak
... haline getirmek
-e acımak
-i beğenmek
-e dökülmek
-i düşünmek
-e takılmak
-i -den almak
-e katlanmak
geri almak
-den vazgeçmek
-i -e dikmek
-e bakmak
-e çarpmak
-den faydalanmak

329   21. Lektion

rächen *j-n*
  sich — *an j-n für etw.*

Rat: *j-n um* — fragen
reich *an*
retten *vor*
richten: sich — *nach*
rufen: *zu* sich —
sagen *etw. über j-n*
satt haben
schaffen *A*
schätzen *A*
schuldig *G*
schütten *etw. in*
schwärmen *für*
sehen *nach*
sehnen: sich — *nach*
setzen: sich — *an A*
sicher *e-r S., e-r P.*
siegen *über*
sparen *an*
sprechen *von*
  — *mit j-m über*

stimmen *für (gegen)*
sterben *an*
stolz sein *auf*

  — *auf*
streng *zu*
streuen *etw. auf*
strömen *in, auf A*
stützen: sich — *auf*
suchen: Zuflucht — *bei j-m vor*
tauchen *in A*
teilnehmen *an*
treffen *A*
  — *auf A*
treiben *etw. in A (z. B. Pfahl in den Boden)*
treten *auf A, in A (Lebensjahr)*
treu *D*
  seinen Worten — sein
überzeugt sein *von*

umarmen *A*
umkommen *vor*
unschuldig *an D*
unternehmen *A*

birinin intikamını (öcünü) almak
bir kimseden bir şeyin öcünü (intikamını) almak
-*e* danışmak
... bakımından zengin
-*den* kurtarmak
-*e* uymak
... huzuruna çağırmak
b-nin için bir şey söylemek
-*den* bıkmak
-*e* yetişmek
-*i* beğenmek, -*i* saymak
-*den* suçlu
-*i* -*e* dökmek
-*e* bitmek
-*e* bakmak
-*i* özlemek
-*e* oturmak
-*den* emin
-*e* galebe çalmak, -*i* yenmek
-*den* tasarruf etmek
-*den* bahsetmek
-*le* ... *hakkında od. üzerine od. için* konuşmak
...*lehine* (...*aleyhinde*) oy vermek
-*den* ölmek
-*le* övünmek, -*le* iftihar etmek, -*den* kıvanç duymak
-*den* gurur, kıvanç
-*e* karşı haşin [i:], sert
-*i* -*e* dökmek
-*e* dökülmek
-*e* dayamak
-*e* -*den* sığınmak
-*e* dalmak
-*e* katılmak, -*e* iştirak etmek
-*e* rastlamak, rast gelmek
-*le* karşılaşmak
-*i* -*e* dikmek

-*e* basmak
-*e* sadık
sözünde sadık olmak
-*e* emin *od.* kani olmak, kanaat getirmek, kanmak
-*e* sarılmak
-*den* bunalmak, -*den* kırılmak
-*de* suçsuz
-*e* kalkmak

21. Lektion 330

verabscheuen *A*	*-den* nefret etmek
Verantwortung übernehmen *für*	*-den dolayı* bir mesuliyet kabul etmek
verbergen *vor*	*-den* saklamak, *-den* gizlemek
verbinden *mit (Telefon)*	*-e* bağlamak
verdächtig *e-r S. (G)*	*-den* sanık
verfallen: *darauf — zu*	*-e* kalkmak
vergleichen *mit*	*-le* kıyaslamak
verhindern *A*	*-i* önlemek, *-in* önüne geçmek
verkehren *mit*	*-le* görüşmek
verlassen *(Stadt usw.)*	*-den* ayrılmak
sich — *auf*	*-e* güvenmek, *-den* emin olmak
sich — können *auf*	*-den* emin olmak
verleiten: sich — lassen *von, durch*	*-e* kapılmak
verliebt *in*	*-e* aşık
vermeiden: *es — (zu)*	*-den* çekinmek
vermissen *A*	*-e* hasret olmak, *-i* özlemek
verpflichtet sein *zu*	*-i* yapmakla mükellef olmak
verschwinden *in*	*-e* dalmak
verstecken *vor*	*-den* saklamak, *-den* gizlemek
verstehen: sich *auf etw.* —	*-in* yolunu bulmak
— *von*	*-den* anlamak
verursachen *A*	*-e* sebep olmak
verurteilen *zu*	*-e* mahkum etmek, bir cezaya
	(... cezasına) çarptırmak
verzichten *auf*	*-den* vazgeçmek
voll *(von)*	*(-le)* dolu
vorbeikommen *bei*	*-e* uğramak
vorstellen: sich — *als*	... *diye* kendini tanıtmak
warten *auf A*	*-i* beklemek
wegfallen *(z. B. Wörter in e-m Satz)*	*-den* atılmak
weinen *über*	*-e* ağlamak
— *um*	*-e, ... yüzünden* ağlamak
— *vor*	*-den* ağlamak
wenden: sich — *an j-n*	*-e* dönmek, *-e* müracaat etmek, *-e* baş
	vurmak
sich — *zu*	*-e* dönmek
wert *G*	*-e* değer, *-e* lâyık
Wert legen *auf*	*-e* değer vermek
wiedersehen *A*	*-e* kavuşmak
wundern: sich — *über A*	*-e* şaşmak, hayret etmek
würdig *G*	*-e* lâyık
zögern *etw. zu tun, bei*	*-mekte* gecikmek
zufrieden *mit*	*-den* memnun
zugetan *D (a. Sache)*	*-e* aşık
zurückkehren *in A*	*-e* dönmek
zurücktreten *von*	*-den* istifa etmek
zweifeln *an*	*-den* şüphe etmek

331   **21. Lektion**

Weitere Verbformen   **B**

In diesem Buch wurden die gängigsten Verbformen angeführt und geübt. Durch Kombination von Suffixen kann eine fast unübersehbare Anzahl von Verbformen gebildet werden, deren heutiger Gebrauchswert jedoch gering ist.
Als Plusquamperfekt kommt neben der Suffixgruppe **-mişti** die Gruppe

> **-diydi**

vor:

> gel**diydi** *er war gekommen* (= gelmişti)
> oku**duydunuz** *Sie hatten gelesen* (= okumuştunuz)

Das Personalsuffix kann auch an das erste **-di** treten:
gel**dimdi** = gel**diydim** *ich war gekommen*

Formen

ich war gekommen		*ich war nicht gekommen*
geldiydim *od.*	geldimdi	gelmediydim *od.* gelmedimdi
geldiydin	geldindi	*war ich gekommen?*
geldiydi	geldiydi	geldim miydi? *od.* geldi miydim?
geldiydik	geldikti	*war ich nicht gekommen?*
geldiydiniz	geldinizdi	gelmedim miydi? *od.* gelmedi miy-
geldiydiler	geldilerdi	dim?

> **-mişmiş**

Doppeltes **-miş** (**-mişmiş**) betont die Unsicherheit einer Aussage; es ist in der Schriftsprache selten.

Bu kitabı okumuşmuşum.

> Ich habe (*od.* hatte) dieses Buch anscheinend gelesen. Ich **soll** dieses Buch gelesen haben.

Bu kitabı okumuşmuş.

> Er **soll** (*od.* sollte) (wie man sagt) das Buch gelesen haben.

> **-iyor idiyse, -iyorduysa**

> *zwar hat er ..., doch; wenn auch ..., so nur*

Ben bu kitabı oku**yor idiysem**, beğendiğim için okumuyordum.

> 1. **Zwar** habe ich in dem Buch gelesen, **doch** habe ich darin nicht gelesen, weil es mir gefiel.

Ben bu kitabı oku**yordumsa**, beğendiğim için okuyordum.

> 2. **Wenn** ich in dem Buch **auch** gelesen habe, **so** habe ich darin **nur** gelesen, weil es mir gefiel.

Anmerkung: Die durch -yor- ausgedrückte Handlungsart (s. 3 I, 17 H) kann im Deutschen durch eine präpositionale Ergänzung wiedergegeben werden.
Vgl.: Ich habe **das** Buch gelesen *(vollendet, perfektiv)*;
   Ich habe **in dem** Buch gelesen *(unvollendet, imperfektiv)*.

21. Lektion 332

| -seymiş | -se miymiş? |

wenn er ... hätte; hätte er doch ...

Amerika'yı bir kere olsun
görseymiş!

Wenn er Amerika **doch** ein einziges
Mal gesehen **hätte**!

| -miş idiyse |

1. wenn er ... hat, dann doch nur; zwar hat er ..., aber
2. da doch

Ben o kitabı okumuş idiysem,
beğendiğim için okumuşumdur.

1. **Wenn ich** dieses Buch gelesen
habe, dann habe ich es **nur** gelesen,
weil es mir gefiel.
2. **Zwar habe ich** dieses Buch gelesen, **doch nur**, weil es mir gefiel.

| -miş imişse, -mişmişse |

wenn nun wirklich ... sollte, ...

Ben sinemaya gitmiş imişsem
bundan ne çıkar?

Wenn ich **nun wirklich** ins Kino gegangen sein **sollte**, was wäre schon
dabei?

| -ecek idiyse, -ecektiyse |

wenn er hätte ... sollen; wenn er ... sollte

Ben bu kitabı okuyacak
idiysem, neden sakladınız?

Wenn ich nun das Buch **hätte** lesen
sollen *od.* lesen **sollte**, warum haben
Sie es versteckt?

| -ecekmişse [-ɛdʒɛkmısːɛ], -ecek imişse |

da er doch ... wollte; wenn er schon ... wollte

O beni ziyarete gelecek imişse,
neden gelmemiş?

Warum ist er denn nicht gekommen,
wenn er mich **schon** besuchen **wollte**?

| -meliydiyse, -meli idiyse |

da er doch ... mußte

Herkes gençliğinde çalışmalı
idiyse, o neye çalışmamış?

Warum hat er denn nicht gearbeitet,
da doch jeder in seiner Jugend arbeiten **mußte**?

| -meliymişse, -meli imişse |

da er doch ... mußte

Herkes ödevini yapmalı imişse
o neye yapmamış?

Da doch jeder seine Pflicht tun **mußte**, warum hat er sie nicht getan?

Übersicht über die Interjektionen C

a [ɑː]	1. oh; ach A, ne güzel! **Oh,** wie schön! 2. ..., a! ..., nicht! Ne münasebetsiz adam, **a!** Was für ein takt- loser Mensch, **nicht!** 3. *zur Verstärkung vor einem Substantiv* A çocuk! 'Kind!
a [a], **e** [ɛ] *nur* *nach* -sen, -seniz, *sonst* ya	1. *im Aussageton nach einem Prädikat:* eben, ja, doch Çocuktur, oynar **ya!** Es ist ein Kind und spielt **eben.** 2. im Frageton: was, wie, wirklich? *-se s. 20 K* Sen bu işten memnunsun **ya** *(selten* **a**)? Du bist mit dieser Sache **wirklich** zufrieden? O da işi anladı **ya!** Auch er hat die Sache **ja** begriffen!
adam sen **de!** *od.* **adam** [aˈdɑːm]	ach was!, was soll's?!
aferin [ˈɑːfɛrɪn]	bravo!
ah	ach!; oh! **Ah** ben ne ettim! **Ach,** was habe ich getan! **Ah** başım! **Oh,** mein Kopf!
aman	1. Hilfe! (*a.* **amanın**) 2. Pardon!, Gnade!, bitte bitte! 3. aber bitte! 4. zum Donnerwetter! *(Wut)*; 5. also, hör mal! *(als Aufmerksamkeitserreger)* 6. *auch:* **aman da**: oh *(Gefallen)*
ay	1. au, oh *(Schmerz)* **Ay,** dişim tuttu. **Au,** mein Zahn puckert. 2. was, ach *(Erstaunen)* 3. oh *(Gefallen)* 4. hu *(Furcht, Schaudern)*
be	*volkstümliche Bekräftigungs- und Anredepartikel* du (da), Sie (da), Mensch, doch Dur **be** çocuk! Bleib **doch** stehen, Kind! Yapma **be!** Tu das nicht („**Mensch**)! Daß du das nicht tust! Şunu söylesen e **be!** Nun sag das **doch!**

21. Lektion 334

ey [ɛj] [eːj]	1. *Vokativpartikel: zuweilen* hallo, du, Sie **Ey** arkadaş! **Hallo**, Kollege! **Ey** Türk gençliği! **(Du)** Türkische Jugend! *(Anrede)* 2. *(Überdruß)* zum Donnerwetter! **Ey**, artık çok oluyorsun. **Zum Donnerwetter**, jetzt reicht es aber!
eyvah [-ɑːx]	o weh!
gel de	*Zur Verstärkung eines Imperativs:* (ein)mal, doch; ja; *s. L. 21 g*
gidi	(Kuppler; Bursche, Bengel, *als Interjektion*): ach ja!
ha [a]	*zur Ermunterung:* nur; nun, na **Ha** gayret! **Nur** Mut! **Nur** 'ran!
ha [ɑː]	1. *zur Verstärkung:* wie, doch, nicht; nur, ja Amma güzel **ha**! **Doch** schön, **nicht**!? 2. a'ha, ach so! **Ha**, şimdi anladım! **Aha**, jetzt habe ich verstanden! 3. wie Sen geldin, **ha**? Du bist gekommen, **wie**? *Merke:* **ha bire** *in einem fort* **Ha bire** çene çalıyor. Er schwatzt **in einem fort**.
hah [hɑx]	**da**!; na endlich!
'haydi, hadi	1. *Ermunterung:* los!, auf! **Haydi** çocuklar, gezmeye gidelim! **Los**, Kinder, gehen wir spazieren! 2. schon gut, in Ordnung, einverstanden Ben eve gideyim mi? **haydi**, git! Kann ich nach Hause gehen? **Schon gut (in Ordnung)**, geh! 3. nehmen wir an; wenn nun ... **Haydi** öyle oldu, bundan ne çıkar! **Nehmen wir** **an**, es war so, was folgt daraus? 4. *meist* ['hɑdiː] *(Geringschätzung)* ach, ach was!, ach ja! **Hadi**, bunları başkasına anlat! **Ach was**, das erzähle einem anderen! 5. es mag hingehen, daß ...; wenn ... nun schon ... **Haydi** gelmedi, bari bir haber göndereydi! Hätte er wenigstens Bescheid gegeben, **wenn** er **nun schon** nicht gekommen ist! *Merke:* **hadi hadi** *um es kurz zu machen; reden* *wir nicht mehr; Schluß jetzt!* **Hadi hadi**, ben seni bilirim! **Schluß jetzt**, ich kenne dich!

335   **21. Lektion**

'hayhay	sehr gern!; bitte, gern!; aber gewiß!
'hayrola	nanu!
hey	1. hallo; du, ihr, Mensch **Hey**, çocuklar, gelin bakalım! **Hallo** (Ihr) Kinder, kommt mal her! 2. oh *(verschiedene Gefühle)*
hu [uː]	heda, hu hu! *besonders von Frauen gebraucht*
'inşallah	hoffentlich **'İnşallah** tekrar görüşürüz. **Hoffentlich** sehen wir uns mal wieder.
maşallah ['maːʃɑɫɑx]	1. großartig, wunderbar! 2. Bitte, gern! **Maşallah** hoş geldiniz. **Großartig**, daß Sie da sind.
mübarek [aː]	1. *Ausdruck der Anerkennung und des Erstaunens:* Donnerwetter! 2. *der Verstärkung:* zum Donnerwetter!, Heiliger Bimbam!, Menschenskind!
o [ɔː], [ɔ], [oːː]	oh!; pah! **O**, maşallah ['maː-], ne güzel! **Oh**, wunderbar, wie schön!
of	brr!, puh!; *als Verärgerung:* ach was!, äh! **Of**, ne sıcak! **Puh**, ist es heiß!
oh olsun	*(triumphierend, Schadenfreude ausdrückend):* siehst du wohl!; ja, ja! **Oh olsun**, benim sözümü niye dinlemedin! **Siehst du wohl**, warum hast du nicht auf meine Worte gehört!
şey	*als Verlegenheitswort:* hm, äh
uf	au **Uf**, parmağım yandı! **Au**, ich habe mir den Finger verbrannt!
var, **varın,** **varsın,** **varsınlar**	*(als Bezeichnung der Gleichgültigkeit)* was schon ..., nun gut (soll ...)
vesselâm	und Schluß; und damit basta; und fertig ist die Laube!

21. Lektion   336

ya [jɑː] *s. auch* **a**	oh, mein ...! *Vokativpartikel* **Ya Allah! Mein Gott!** **Ya medet! Hilfe!** Yürü ya mübarek! Vorwärts, **Menschenskind!** *od.* **zum Donnerwetter!** **Ya!** Was? Tatsächlich?
yarabbi! [ˈjɑːrabːi(ː)]	mein Gott!
yazık!	Schade!

Wortstellung   D

In der Umgangssprache und in der neueren literarischen Sprache ist die
Wortstellung freier, als es die Gesetze der herkömmlichen Schriftsprache
verlangen (s. Lekt. 9), die auch heute noch in amtlichen Verlautbarungen,
Zeitungen, Zeitschriften und wissenschaftlichen Werken befolgt werden.
In der Umgangssprache steht häufig nicht das Verb, sondern das Wort, auf
das der Nachdruck gelegt wird, am Ende des Satzes. Stehen ganze Verb-
gruppen nach dem Verb, so nimmt das Akkusativobjekt **(-i)** meist die Endstellung ein.

Wenn dem Türken beim Sprechen zunächst das Verb einfällt, so sagt er
vor dem Verb das Verlegenheitswort **şey** mit dem Akkusativzeichen und
nach dem Verb das richtige Objekt.

Şeyi ... gördüm **arkadaşınızı.**	Ich habe ... hm ... Ihren Kollegen gesehen.
Başka bir gün gelseydiniz, mutlaka alırdınız **mektuplarınızı** ...	Wenn Sie an einem anderen Tag ge-kommen wären, hätten Sie Ihre Briefe bestimmt bekommen ...
Kimse var mı **içerde?**	Ist jemand drinnen?
Kim var **orada?**	Wer ist dort?
Ne yapıyorsunuz **burada?**	Was machen Sie hier?
Rahat bırak **beni!**	Laß mich in Ruhe!
Beğendin **değil mi bu akşam yaptık-larını?**	Es hat dir gefallen, nicht wahr, was du heute abend gemacht hast?
Atın aklınızdan **bunu!**	Schlagen Sie sich das aus dem Kopf!
Yaz ne çabuk geçti! — Yaa okullar açılıyor **gene!**	Wie schnell ist der Sommer vergan-gen! — Ja, ja, die Schule fängt schon wieder an.
Hepsini biliyorum. Hepsinden haberim var **söylenenlerin.**	Ich weiß alles. Ich bin über alles, was gesprochen wird, im Bilde.
Susadım.	Ich bin so durstig.
Kovayla içmek istiyorum **suyu.**	Eimerweise möchte ich Wasser trin-ken.
Niçin almıyorsunuz **sözünüzü** geri?	Warum nehmen Sie Ihr Wort nicht zurück?

337   21. Lektion

Misafirin bilmiyor mu **evli bir kadın** **olduğunu?**	Weiß dein Gast nicht, daß du eine verheiratete Frau bist?
Bir de yazarmış diye tanıttı **herkese** **burada kendini!**	Und dazu stellt er sich hier jedem als Schriftsteller vor!

Auch Konjunktionen wie **çünkü, ama** usw. können am Ende des Satzes stehen:

Cumartesileri öğleden sonra kimse bulanmaz **çünkü** ...	Sonnabend nachmittags ist **nämlich** niemand da ... (*od.* weil Sonnabend ...).
Siz öyle sanmasanız da öyle olacak **ama!**	Selbst wenn Sie es nicht glauben, wird es **aber** (*od.* **dennoch**) so sein.

Asyndetische Fügungen   E

(Suffixlose Nebeneinanderstellung)

Die durch Kasussuffixe und Partizipialkonstruktionen bewirkte enge Verknüpfung der Wörter und Wortgruppen im Türkischen wird zuweilen zugunsten einer einfachen, unverknüpften Nebeneinanderstellung aufgegeben. Sie ist jedoch auf wenige Fälle beschränkt und kommt meist bei den Verben des Sagens und Denkens vor, z. B. sanmak, zannetmek, bilmek, demek usw.

Anlatmana lüzum yok **bilirim.**	Ich weiß, du brauchst es nicht zu erklären.
Memurlarına karıştığı gibi herkesin hayatına karışmaya hakkı var **sanır.**	Er glaubt, er hat das Recht, sich in das Leben eines jeden einzumischen, so wie er sich um seine Beamten kümmert.
Bu eser hakkındaki çalışmaları için Dr. Saffet Aykun'a mümkün olan bütün kolaylıkların gösterilmesi çok yararlı olacaktır **kanısındayız.** (kanı *Überzeugung* + -sı Possessivsuffix)	Wir sind davon überzeugt, daß es von großem Nutzen sein wird, Herrn Dr. Saffet Aykun für seine Arbeiten an diesem Werk alle nur mögliche Unterstützung (*wörtl.* Erleichterungen) zuteil werden zu lassen.
Oh, ne mutluyum bilemezsiniz!	Oh, Sie (können nicht wissen =) wissen ja nicht, wie glücklich ich bin.

Die Partikel ki satzabschließend   F

Niçin gelmedi **ki!**	Warum ist er **denn** nicht gekommen? Warum er **wohl** nicht gekommen ist?
Acaba başına bir hal mi geldi **ki!**	Ihm wird **doch wohl nicht** etwas zugestoßen sein! Ob ihm vielleicht **doch** etwas zugestoßen ist?
Öyle çalıştık **ki!**	Wir haben 'derartig *od.* ungeheuer gearbeitet! *od.* Haben wir gearbeitet!
Ona güvenilmez **ki!**	Auf ihn kann man sich **eben (ja)** nicht verlassen!
O kadar eğlendik **ki!**	Haben wir uns amüsiert! Wir haben uns prächtig amüsiert!

Lehrbuch Türkisch 22

21. Lektion   338

Öyle tatlı ki!	Ist das nett! Wie nett das doch ist! Ungeheuer nett!
Öyle para harcadı ki!	Hat der Geld ausgegeben! Der hat ungeheuer viel Geld ausgegeben.

(s. a. Lekt. 12 H, Adverbien)

Die Partikel ya   G

erfüllt drei Aufgaben:
1. als Interjektion (siehe 21 C)
2. als Konjunktion: ya ... ya
3. als Partikel mit folgenden Bedeutungen:

— und, aber ... nun

Bu ekmek yetişir diyorsunuz, **ya** yetişmezse?	Sie sagen, daß das Brot reicht, **und** wenn es nun nicht reichen sollte?

— und besonders, erst

O çocuğun terbiyesine, zekâsına, çalışkanlığına diyecek yok; **ya** inceliği.	Zu dem Benehmen, der Intelligenz und dem Fleiß des Kindes ist nichts zu sagen; **und erst** seine Höflichkeit!

— ja (schon), doch, gewiß, natürlich

Rahatsız mısınız yoksa? **Ya**, biraz başım ağrıyor.	Ist Ihnen etwa unwohl? **Ja schon**, ich habe etwas Kopfweh.

— unbedingt als Bestätigung

O da gelmeli imiş. — Gelmeli **ya**!	Auch er hätte doch kommen müssen! — **Unbedingt**!

— doch als Antwort (wie du weißt)

Çocuk nerede kaldı? 'Demin gelmiş **ya**!	Wo ist das Kind geblieben? Es ist **doch** vorhin gekommen!

— (ja) schon, aber als Bestätigung, die für weniger wichtig gehalten wird als die darauf folgende Aussage; ein „einräumendes ja":

Kardeşim de gelsin mi? Gelsin **ya**, ancak orasını da pek boş bırakmasın!	Soll mein Bruder auch kommen? **Ja schon**, aber er soll das dort auch nicht ganz unerledigt lassen!

Die Anrede im Türkischen   H

Allgemeines Anredewort als Ausdruck der Höflichkeit ist **efendim**, wörtlich *mein Herr*, das im Deutschen je nach der Situation wiedergegeben werden muß:

Hakkınız var, **efendim**.	Jawohl, Sie haben recht. *od.* Sie haben recht, Herr X, Frau X, Fräulein X.

Als Antwort auf einen Ruf:

Hasan!	Hasan!
Antwort: **Efendim!**	Hier! *od.* Ja(wohl)!

Zu der Telefonistin:

Alo, efendim!	Hallo, Fräulein!

339   21. Lektion

Im Frageton:

Efendim? *(s. Lektion 4)*   Wie bitte?
Bu, olacak şey değil! **Efendim?**   Das ist doch unerhört, nicht wahr?
                                      od. Das ist doch unerhört. Was sa-
                                      gen Sie dazu?

Das neutürkische **bay** und **bayan** *Frau, Fräulein* steht vor dem Vor- und
Nachnamen:

Bay Turgut   Herr Turgut
Bay Demiralp   Herr Demiralp
Bayan Ayşe   Frau, Fräulein Ayşe
Bayan Taşçı   Frau, Fräulein Taşçı
Bayan *alleinstehend*   Gnädige Frau, gnädiges Fräulein
Bayan, kimi aradınız?   Wen haben Sie verlangt, gnädige
                                      Frau?

Das im Osmanischen gebräuchliche **bey**, alleinstehend, nach dem männ-
lichen Vornamen und einem Titel, ist heute noch die häufigste Anrede. **Bey**
wird auch höflich als *Herr* von Dritten gesagt:

Ahmet **bey**   Herr Ahmet
Doktor **bey**   Herr Doktor
Müdür **bey**   Herr Direktor
aber: **sayın** profesör   Herr Professor
Bir **bey** sizi aradı.   Ein Herr hat nach Ihnen gefragt.

Hanım, hanımefendi *Frau, Fräulein* und **hanım kız** *Fräulein* werden allein-
stehend und nach dem Vornamen gebraucht:

hanımefendi   gnädige Frau, gnädiges Fräulein

Nach dem Vornamen:

Ayşe **hanım, hanımefendi**   Frau, Fräulein Ayşe
Ayşe **hanım kız**   Fräulein Ayşe

Betont höflich ist:

beyefendi   *etwa:* (Bitte sehr *od.* Jawohl) Herr X

Auch das Suffix **-im** *mein* findet im Türkischen häufiger als im Deutschen
in der Anrede Verwendung:

Evet, yüzbaş**ım**!   Jawohl, **Herr** Hauptmann!
komutan**ım**   **Herr** Kommandeur
kız**ım** (L. 12)   **liebe** Tochter
dostlar**ım**   **liebe** Freunde

Niçin bir işe girmiyorsun, be kar-   Warum nimmst du keine Arbeit auf,
deş**im**?   Kollege?
dost**um**   mein Lieber
komş**um**   Nachbar
Allah**ım**   Du lieber Gott!

22*

21. Lektion   340

Übungen

a) Übersetzen Sie ins Türkische:

1. Ich werde um Auskünfte über die Türkei bitten.
2. Ich bin an kaltes Wetter gewöhnt.
3. Sie ist an schwere Arbeit gewöhnt.
4. Wir sind nicht an türkische Sitten gewöhnt.
5. Wir sind daran gewöhnt, früh aufzustehen.
6. Sei zu deinem Sohn nicht so streng.
7. Wir müssen zu unseren Kollegen freundlich (nett) sein.
8. Die Katze war vor Kälte erstarrt (ganz erfroren).
9. Ich bin ärgerlich auf dich.
10. Sie ist meinem Kollegen böse.
11. Bist du ärgerlich (böse) auf mich?
12. Das Glas ist voll Milch.
13. Mein Korb ist voller Apfelsinen.
14. Ich habe genug von Ihren lauten Kindern.
15. (Hast du mich satt? =) Langweile ich dich?
16. Ich habe es satt, jeden Tag dieselbe Musik zu hören.
17. Dies interessiert mich nicht.
18. Ich habe ihn für Ihre Angelegenheit (iş) interessiert.
19. Für diese Sache habe ich mich sehr interessiert.
20. Darauf können Sie sich verlassen.
21. Er war mit sich zufrieden.
22. An ihren Früchten sollt ihr sie erkennen.
23. Das altgriechische Theater bestand aus drei Teilen.
24. Er starb an einem Herzleiden (*Übers.:* am Herzen).
25. Ich bin nicht wert, die Schnürsenkel seiner Ledersandale zu lösen.
26. [4]Worüber beklagen sich die [1]Ehefrauen und [2]Ehemänner [3]am meisten?
27. Die Türkei ist sehr reich an Erzen.
28. Der Motor ist mit speziellen Kugellagern ausgerüstet.
29. Ich habe im Alter von 60 Jahren angefangen zu rauchen und habe es vor meiner Mutter verborgen.
30. Er hat Izmir verlassen.
31. Ich bin meines Kollegen sicher (*od.* ich verlasse mich auf meinen Kollegen).
32. Ich bin überzeugt, daß dieses Wort gesagt worden ist (*mit* -diğ-).
33. Das Automobil ist gegen den Baum geprallt.
34. Seitdem wir (nach Irland gekommen sind =) in Irland sind, haben wir die Sonne entbehren müssen *od.* vermissen wir die Sonne.
35. Er geht von seiner Meinung (= von dem, was er weiß) nicht ab, reden Sie sich den Mund nicht fusselig!
36. Haben Sie ihm auch von der Reise abgeraten?
37. Diese Blume an das Klima Ankaras anzupassen, war, wie man glaubte, nicht schwierig (olmak).
38. Er trat aus der Partei aus.
39. Ich habe andere Dinge (zu tun), damit kann ich mich nicht befassen.
40. Nicht auf den Rasen treten (Treten Sie nicht ...)!

341   **21. Lektion**

41. Ich habe immer (hep) an Sie gedacht.
42. Ich habe lang und breit über die Angelegenheit nachgedacht, schließlich habe ich mich dazu entschlossen.
43. Sie haben sich von seinen Worten verleiten lassen.
44. In dieser Sache verlasse ich mich auf Sie.
45. Auf diesen Mann kann man sich nicht verlassen.
46. Vor ihm verberge ich kein Geheimnis (*Übers.:* Ihm mein ...).
47. Der Staatsmann ist verpflichtet, jederzeit Rechenschaft abzulegen.
48. Dann wandte sich der General an den Beamten.
49. Ich war sehr erfreut, Sie kennenzulernen.
50. Der ehemalige Außenminister ist von (-ce) dem Militärgericht zu fünf Jahren Gefängnis verurteilt worden.
51. Man fragte (= Sie fragten) Bacon, was er über das Geld denke; er antwortete: „Das Geld ist ein guter Diener, (aber) ein schlechter Herr."
52. Das junge Mädchen Fazilet sagte: „Indem ich ihn (den Mörder) getötet habe, habe ich meinen Vater gerächt."
53. Ich wollte meinen Vater rächen.
54. Hallo, ich möchte mit meiner Mutter sprechen, Fräulein! Gut, mein Kind (= Mädchen). Aber zunächst sag (mir) die Nummer deiner Mutter, damit (-eyim) ich dich mit ihr verbinden kann.
55. Dieses Kind ist wegen seiner Mutter auf seinen Bruder eifersüchtig.
56. Es kommt auf die Lage (den Fall) an.
57. Wir übernehmen für die Briefe, die wir in diesen Spalten veröffentlichen, und für die eingehenden (= kommenden) Antworten keine Verantwortung.
58. Die Kinder sind davon begeistert, mit einem Strohhalm zu trinken.
59. Sie sprachen (—) von diesem und jenem (şurdan burdan).
60. Worüber wollten (—) Sie mit mir sprechen?
61. Er schaute zur Tür.
62. Mehmet begann, über Schulbüchereien zu sprechen.
63. Sie werden sich sehr freuen, Sie zu sehen.

b) Ergänzen Sie die fehlenden Konjunktionen und Endungen:

1. Bu çocuk çok üzüyor beni, — yemek y- — de arkadaşları ile oyn-.

Dieses Kind macht mir große Sorge, es ißt weder, noch spielt es mit seinen Kameraden.

2. — çay — kahve iç- — rahat ettim.

Seitdem ich weder Tee noch Kaffee trinke, bin ich wieder ruhig.

3. — sen, — ben bu iş- karış-.

Wenn doch weder ich noch du uns in die Sache eingemischt hätten!

4. — beynin yüzü — — geniş olur-, — — iyi iş görür.

Denn je größer die Oberfläche des Gehirns ist, desto mehr leistet es.

5. Şans- inananlardanım; yalnız şu farkla: — — çok çalış-, — — şanslı olduğumu görüyorum.

Ich gehöre zu denen, die an das Glück glauben, nur mit folgendem Unterschied: Je mehr ich arbeite, desto mehr sehe ich, daß ich Glück habe.

6. Diğer bir kısım bitkilerde ise, üreme, — — olur.

Bei einem anderen Teil der Pflanzen jedoch erfolgt die Fortpflanzung durch Bestäubung (*od.* dadurch, daß sie bestäubt werden).

21. Lektion   342

7. Rüzgârlarla böcekler, tohumları bir çiçekten diğerine — — o bitkinin üremesini temin ederler.

Wind und Insekten sorgen dadurch, daß sie die Samen von einer Blüte zur anderen tragen, für die Fortpflanzung dieser Pflanze.

8. Halep, elimizden çık- — —, eser ve hatıralarının büyük kısmı itibariyle, el'an tam bir Türk şehridir.

Obwohl uns Aleppo verloren gegangen ist, ist es mit Bezug auf einen großen Teil seiner Denkmäler und Erinnerungen immer noch eine durchaus türkische Stadt.

9. Bölgemizdeki pirit yatak- faydalan- — yılda 300.000 ton sülfürik asit üretbir tesis için de çalışmalarımız vardır.

Indem (Während) wir die Pyritlager in unserem Bezirk ausbeuten, arbeiten wir auch an einer Anlage, die im Jahr 300 000 Tonnen Schwefelsäure erzeugen soll.

10. İşaret zamirleri, varlıkları, adlarını söylemeden, işaret — — göster- yarayan kelimelerdir.

Demonstrativpronomen sind Wörter, die dazu dienen, Dinge dadurch, daß man auf sie hinweist, zu zeigen, ohne deren Namen zu nennen.

11. Pilli portatifi — oturma odanızın baş köşesine yerleşterin, — yatak odanıza götürün.

Stellen Sie das Batteriegerät entweder in die Lieblingsecke Ihres Wohnzimmers, oder nehmen Sie es in Ihr Schlafzimmer mit.

12. Bu harflerden i, e sesleri yalnız başlarına söyle- —, k, m, s, y sesleri kendi başlarına -mektedir.

Während von diesen Buchstaben die Laute i, e allein gesprochen werden können, können die Laute k, m, s, y nicht für sich gesprochen werden.

13. Pekiştir- — kurulmuş zaman zarfı öbekleri: akşam akşam, sabah sabah ...

Zum Zwecke der Verstärkung gebildete Zeitadverbgruppen: Abend für Abend, Morgen für Morgen ...

14. Türk Dil Kurumu, sözlüğü yeni baştan ele alarak, — — yeni varlıklarzenginleştirmek, — — da ilk baskıdaki eksikleri tamamlamak, yanlışları düzeltmek için yıllarca çalışmıştır.

Der Türkische Sprachverein nahm das Wörterbuch erneut in Angriff und arbeitete daran, es einerseits mit neuen Erscheinungen zu bereichern (= es auf den neuesten Stand zu bringen), und andererseits die in der ersten Auflage vorhandenen Lücken zu schließen sowie die Fehler zu berichtigen.

15. Gerçek böyle — —, eksiklerin — nicelik, — nitelik bakımından önemli olduğu sanılmasın.

Wenn dem tatsächlich auch so ist, so glaube man nicht, daß die Lücken sowohl der Menge als auch der Art nach bedeutend sind.

16. Çok iyi yürekli — — henüz çok gençsiniz.

Sie sind zwar sehr gutherzig, aber noch sehr jung.

17. Bulutlar ne- meydana gelmiştir? Kendi sıkletleriyle düş- — minicik su damlalarından.

Woraus bestehen die Wolken? Aus Wassertropfen, die so winzig sind, daß sie durch ihr eigenes Gewicht nicht fallen können.

21. Lektion

18. Mikroplar, gözle gör- — ufak yaratıklarmış.

19. Radyo dalgaları (akıl) akl- — hızlıdırlar.

20. Evet, her halde, insanda, ihtiyaçlarını temin — — para olması iyi bir şey.

21. Hayret — — mükemmel, dediler.

22. Fakat düşün- — yorgun, gör- — bitkindi artık.

23. Bir memlekette ulaşım — — — ve — olur-, ticaret ve endüstri de — — — gelişir.

24. Türkçede beyaz eldivenli gibi ifadeler Almanca *mit* kullanmak — yapılır: Beyaz eldivenli bir kadın gördük.

25. Resmî veya özel bir müessesede — — gelen ve ücretini Türkiye'den alacak olanlar bu grupta gösterilecektir.

26. Ayakta dur- gel yanıma otur.

27. Ergani bakır, Divriği demir cevheri, Güleman krom, Raman petrol, Keçiborlu kükürt madeni — — — yerlerdir.

28. Sen fil, o sinek bile olsa, sen- — —.

29. Açıklama- — mi bilmem. Cahillik bilgisizlik- çok daha ötede bir şeydir. Bilgisiz- —, ama cahil- —.

30. O — bilmediğini bilmeyen —, bildiğ-, hatta yalnız kendisinin bildiğ-, gerçekleri ve hakikatleri tapulu malı yaptığ- inanandır. (Tarık Bugra in Tercüman 28. 3. 1969)

Die Mikroben sind so kleine Geschöpfe, daß man (sie) mit dem Auge nicht sehen kann.

Die Radiowellen sind unvorstellbar schnell (*Ü.:* so schnell, daß der Verstand [es] nicht faßt).

Ja, es ist auf jeden Fall gut, daß der Mensch soviel Geld hat, daß er seine Bedürfnisse befriedigen kann (*Ü.:* daß es ... befriedigt).

(So perfekt, daß man sich wundern muß =) Ganz erstaunlich perfekt, sagten sie.

Aber sie war zu müde, um noch zu denken, zu erschöpft, um noch etwas sehen zu können (*Ü.:* so ... daß nicht mehr ...).

Je leichter und schneller in einem Land der Verkehr wird, desto leichter entwickeln sich Handel und Industrie.

Ausdrücke im Türkischen wie beyaz eldivenli werden im Deutschen durch Verwendung von *mit* gebildet: Wir sahen eine Frau mit weißen Handschuhen.

Diejenigen, die (in die Türkei) einreisen, um in einem amtlichen oder privaten Unternehmen zu arbeiten und ihre Vergütung von der Türkei erhalten, sind unter dieser Gruppe aufzuführen.

Anstatt zu stehen, komm und setz dich zu mir!

(Die reichsten Plätze ...) Am reichsten an Kupfer ist Ergani, an Eisenerzen Divriği, an Chrom Güleman, an Erdöl Raman, an Schwefelerzen Keçiborlu.

Fürchte dich vor dem, der dich fürchtet (vor dem dich Fürchtenden), auch wenn du ein Elefant wärest, er eine Mücke wäre.

Ich weiß nicht, ob es einer Erläuterung wert ist (bedarf). Die Dummheit ist etwas ganz anderes als die Unwissenheit. Den Unwissenden bedaure, den Dummen fürchte!

(Er ist ein nicht-Wissender ... nicht =) Er weiß nicht nur nicht, daß er nichts weiß, sondern er glaubt, daß er etwas weiß, ja, daß er es ganz allein weiß, daß er die Wirklichkeiten und Wahrheiten mit Garantieschein erworben habe.

21. Lektion 344

31. Dil bilginleri deyimleri atasözleri dilin — — ve dilbilgisi bakımından açıkl-, çözüm- — —.

32. Yılmaz İnanç'ın babası Demir-Çelik Fabrikasında küçük bir ücretle çalış- — gerekli ameliyat masraflarını karşılayamamış, çare —, en sonunda başbakana müracaat aklına gelmiştir. Başbakan, Yılmaz'ın derdi — — ve ameliyat masraflarını üzerine alarak çocuğu Hacettepe Hastanesine yatırtmayı kararlaştırmıştır.

33. Fırtına kırdı, döktü, yıktı; — o ağaçlara verdiği zarar!

Die Sprachwissenschaftler betrachten die idiomatischen Redensarten und die Sprichwörter als Besonderheit der Sprache und halten es nicht für nötig, (sie) vom Standpunkt der Sprachwissenschaft zu erläutern und zu analysieren (*Ü.:* ihr Erläutertwerden und ihr ...). Da der Vater von Yılmaz Inanç mit einem kleinen Lohn in der Eisen-Stahl-Fabrik arbeitet, konnte er die notwendigen Operationskosten nicht aufbringen: über einen Ausweg nachdenkend (-ken), kam er zu guter Letzt auf die Idee, sich an den Ministerpräsidenten zu wenden. Der Ministerpräsident interessierte sich für die Sorgen des Yılmaz, übernahm die Operationskosten und ordnete an, das Kind in das Krankenhaus Hacettepe einliefern zu lassen. Der Gewittersturm wütete, prasselte nieder, tobte sich aus; und erst der Schaden, den er den Bäumen da zufügt!

bb) *wie bei b)*

1. Yer — — sallanıyordu — insan zor ayakta durabiliyordu *(so ... daß)*.

2. Ziya Paşa (1825—1880) bu sıralarda — — Farsça öğrenmeğe, — — şiir yazmağa başladı *(einerseits — andererseits)*.

3. Hayat Arkadaşı Servisi:

   Ev işlerini mükemmel yapabilen, görgülü, boyu 1.65'ten kısa olmayan, 22—26 (yirmi iki — yirmi altı) yaş arasında, mütenasip vücutlu, güzel, Avrupa yaşayış- — — (-ecek) *(die sich der europäischen L. anpassen kann)* bir bayan- — *(heiraten)* istiyorum.

4. *Aus der Zeitung:*

   Türk casusu olduğu iddia edilen bir adam 10 yıl- mahkûm oldu. Bir askerî mahkeme, Türkiye hesabına casusluk yapmak- sanık P.A.'yı 10 yıl ağır hapis ve 5 yıl da medenî hakların- mahrumiyet ceza- çarptırmıştır. Savcı, iddianamesinde P.A. için müebbet hapis cezası talep etmiştir. Duruşma sırasında memleketin ulusal güvenliğ- ilgilendiren bazı açıklamalar yapıldığından salon- dinleyici alınmamıştır.

5. Sen hayatı tanımazsın daha! Etrafında yüzüne gülen herkes- dost z...! *(du hältst jeden für ...)*.

6. Farkında değilim! 'Ben fark- — *(Aber ich weiß es)*! Kör değilim.

7. — Yazmaya hiç istidadım olmadığını ancak kırk yaşına geldiğim zaman anladım.
   — *(Was?)* Peki, vazgeçtiniz mi yaz-?
   — Hayır! Artık meşhurdum.

345   **21. Lektion**

c) **Übersetzen Sie:**

1. Die Schriftsteller haben recht: Das Leben ist ja so voller unerwarteter Dinge ...
2. Weder kann er Türkisch, noch ich Deutsch (= Er kann nicht Türkisch und ich nicht Deutsch).
3. Weder arbeitete er, noch ging er zum Unterricht.
4. Weder er noch Ahmet Cemil kamen.
5. Weder regnete es, noch hagelte es.
6. Weder der Spieß noch das Röstfleisch sollen verbrennen (*Redensart:* Keiner soll zu Schaden kommen).
7. Wir waren auf einem abgelegenen Weg, niemand kam und ging (*Ü.:* weder Kommende gab es noch Gehende).
8. Als ich mein Buch gefunden hatte *(-ince)*, freute ich mich so, daß ich es nicht beschreiben kann.
9. Die Pferde fingen so schnell zu laufen an, daß wir einen Unfall befürchteten *(od.* daß wir fürchteten, es würde ein Unfall geschehen; *Ü.: wir fürchteten ein Unfall-sein)*.
10. Eine Wurst könnten wir doch *(ki)* so leicht braten!
11. Wie die Eingeborenen sagten, sollte es nur an den Flußufern einige Gruppen wilder Menschen *(wild-Menschen-Gruppen)* geben.
12. Bleib *(oturmak)* zu Hause, damit *(amaç...)* du deine Arbeit fertigmachst.
13. Da (Angesichts der Tatsache, daß) es regnete, konnten wir nicht ausgehen.
14. Ich konnte (es) nicht sehen, genau wie Sie (es) ja auch nicht gesehen haben.
15. Ich werde verfahren, wie Sie wünschen.
16. Obwohl er derartig stark war, konnte er es doch nicht ertragen.
17. Als sie hinaustrat, war die Straße dunkel.
18. Je mehr sie gab, desto mehr *(... fazlası)* würden sie fordern.
19. Je mehr es ist, desto besser ist es.
20. Wenn sie es auch nicht glaubte, so stand (= war) sie doch unter (= in) dem Eindruck der Worte ihrer Mutter *(... beraber)*.
21. Die Tür war geschlossen, deshalb (aus diesem Grunde) konnten wir nicht ausgehen.
22. Soll ich Ihnen Wasser geben? Ja (*od.* gewiß), gib mein Kind (= Mädchen)!
23. Das Wetter ist heute sehr schön! Ja, (es ist) wirklich so.
24. Sie[2] wollten mir[3] doch[1] *(= hani)* das Buch bringen? Gewiß, ich hatte es auch (schon) zurechtgelegt *(Ü.: vorbereitet)*.
25. Soll ich auch kommen? (Komm) Unbedingt!
26. Sie wollten mir das Buch *(od.* die Bücher) bringen? — Ich habe (es) doch gestern gebracht.
27. Ach, wenn es doch mal *(bir)* regnen würde! Da, es regnet doch!
28. Ihr Kollege ist heute[1] nicht gekommen? — Er ist doch krank!
29. Donnerwetter, was für ein schöner Platz!
30. Wo warst du mit deinen Gedanken *(Ü.: Wo war dein Verstand)*, zum Donnerwetter?
31. Ach was (äh), ich begreife nicht, was du willst! *(asyndetisch)*
32. Nun (los), steh auf!
33. Nach meiner Ansicht ist die *(= o)* Frau[3] eines ganz anderen *(çok daha)* Lebens[1] würdig[2] (für ein ganz anderes Leben geschaffen).

21. Lektion   346

34. Er klagte mir in einem fort sein Leid darüber, daß er bei *(-de)* den Menschen
keine Innerlichkeit finden könne.
35. Oh, wie schön!
36. Ach, du warst 'hier!?
37. Ich bedaure sehr, daß ich an Ihrer Versammlung nicht habe teilnehmen können.

d) Man setze mit Hilfe der deutschen Übersetzungen die passenden Verbformen und
Postpositionen ein:

K. Radyo Acentesi   İstanbul
Necip Erses   1/11/1968
Karaköy Akın Han No. 5
İstanbul

Bay Yusuf Demir
Sosyal Han No. 21 de

> KIZILAY — ANKARA

Sayın Bay,

Acentamıza 1968 modeli çeşitli K. radyolarımız gelmiştir. Kızılay'da radyo
ticaret eviniz olduğunu ve bu semtte sizden başka radyo satan bulunmadığını
öğrendim. K. radyolarının birçok bakımlardan diğer radyolara üstünlüğü muhakkak olduğu ve bulunduğunuz yerde sizden başka radyo satan bulun-[1] —
sürümünün fazla olacağını umuyorum. Sat-[2]) parası gönderil- —[3]), % 15 iskonto
ile ticaret evinizde satıl- —[4]) bir miktar radyo gönder- —[5]). Bu teklifimi kabul
ettiğinizi bildir- —[6]), Antalya ambarı —[7]) ilk parti — —[8]) 20 radyo göndereceğimi
bildirir selâmlarımı sunarım.   K. Radyo Acentası sahibi
                                                       Necip Erses
e) Barometre

— Barometre düşünce hava bozulur, değil mi baba?
— Evet çocuğum.
— —[9]) hava bozacak. Demin yere düştü, kırıldı.

f) Kıtlığın sebebi   Die Ursache der Hungersnot

İki ahbap. Biri — — —. Öteki de —   Zwei Freunde. Der eine mager bis dort-
— —. Şişman zayıf- —:   hinaus. Der andere dick bis dorthinaus.
— Dostum, seni gören, memleket   Der Fette neckte den Dünnen: — Mein
açlık- — sanacak.   Lieber, wer dich sieht, wird glauben,
                                            daß das Land vor Hunger umkommt
                                            (asyndetisch!).
Öteki hemen cevabı yapıştırdı: Der andere versetzt darauf: — Und
— Seni görünce de bu kıtlığın sebebini   wenn er dich sieht, begreift er die
anlar.   Ursache der Hungersnot.

---

[1]) *da es nicht gibt.*
[2]) *in dem Maße, wie verkauft wird.*
[3]) *unter der Bedingung, daß das Geld überwiesen wird.*
[4]) *zum Verkauf in Ihrer Firma.*
[5]) *ich gedenke, bin bereit, ... zu schicken.*
[6]) *falls Sie mitteilen (mit -dik!)*
[7]) *durch die Speditionsfirma Antalya.*
[8]) *wovon, wobei dies die erste Partie ist.*
[9]) *Dann ... also.*

21. Lektion

g) İzin

— Yüzbaş-, bugün bana izin vermenizi rica ediyorum.
— Sebep?
— Babaannemin cenazesini kaldıracağız.
— Daha geçen ay ölmüştü babaannen!
— — —[1]), canlı gömmüşler, dirildi.

h) Sıcaklık

Marius, Afrika'da arslan avından torbasında bir tavşanla dönmüştü.
Arkadaşı Olive'e maceralarını anlatıyordu:
— Büyük Sahra'da yalnız üç gün kaldım, — (aber) sen bana sor. Isı yüz elli dereceydi.
— Üç gün kaldığına — (da), günde elli dereceydi demek. Şunu açıkça — — — (nun sag doch) dostum.

i) Balayı

Bir iki aydır gözden kaybettiği arkadaşını görünce sordu:
— (Menschenskind), ne zamandır seni gördüğüm yok[2]), nerelerdesin?
— Otomobille balayı yolculuğuna çıktığımı biliyorsun ...
— (Ach ja, richtig)! (Nun), nerede geçirdin balayını?
— Hastanede!

k) Camdan

Yeni evliler nikâh dairesinden çıktıkları zaman kadın (erkek)- —: (wandte sich die Frau an den Mann)
— Sana bir açıklamada bulunacağım.
— Nanu? (od. Was ist denn los?)
— Benim sağ gözüm camdandır.
— (Ach!) O halde ben de sana bir açıklamada bulunayım. Şu parmağına taktığım yüzük yok mu?
— (Na und?)
— Onun da taşı camdan.

Vokabeln

zu a)		Irland	İr'landa
schwer	zor	entbehren müssen	hasret kalmak
Sitte	âdet	sich den Mund	boşuna nefes tüket-
streng	haşin [iː]	fusselig reden	mek
Korb	sepet	Reise	yolculuk (-ğu)
laut, lärmend	gürültücü	Blume	çiçek (-ği)
altgriechisch	eski Yunan	lang und breit	uzun boylu
Herz	kalp [kalp] (-bi)	schließlich	sonunda
Schnürsenkel	bağ	sich verleiten	
Ledersandale	çarık (-gı)	lassen	kapılmak
Ehefrau	karı	jederzeit	'her an [hɛr ʔan]
Erz	maden [aː]	Rechenschaft ab-	
Motor	motor, motör	legen	hesap vermek
speziell	özel	General	general (-li)
Kugellager	bilyalı yatak	ehemalig	eski
zu rauchen an-		Außenminister	Dışişleri Bakanı
fangen	tütüne başlamak		

[1]) ja schon (= so), aber.
[2]) (welche Zeit mein dich-gesehen-haben ist nicht = wie lange habe ich dich nicht gesehen!)

21. Lektion

Militärgericht	askerî mahkeme	ötede bir şey	etwas ganz anderes
Gefängnis	hapis (hapsı), hapis-	tapu	Grundbuch
	hane	tapulu	ins Grundbuch einge-
schlecht	kötü		tragen
veröffentlichen	neşretmek	mal	Vermögen; Ware
Strohhalm	kamış	atasözü	Sprichwort
Bücherei	kitaplık	çözümlemek	analysieren
		ameliyat (-tı)	Taten; *med.* Operation
		masraflar	Kosten
zu b)		karşılamak	Kosten aufbringen
rahat etmek	seine Ruhe haben;	çare [ɑ:]	Ausweg
	sich ausruhen	aklına gelmek	auf die Idee kommen
iş görmek	leisten	müracaat [-rɑ:]	Hinwenden, *hier ver-*
üreme	Fortpflanzung		*bal:* sich zuwenden
tozlaşma	Bestäubung	dert (-di)	Kummer
böcek	Insekt	yatırmak	einliefern, (ins) Bett
Halep	Aleppo		bringen
hatıra	Erinnerung	kararlaştırmak	anordnen
el'an [ɑ:n]	immer noch	kırmak	zertrümmern
pirit	Pyrit	fır'tına	Gewittersturm
yatak	Lager	dökmek	gießen, niederprasseln
sülfürik asit (-di)	Schwefelsäure	yıkmak	niederreißen
üretmek	erzeugen, produzieren	zarar	Schaden
tesis [tɛ:si:s]	Anlage		
işaret zamiri	Demonstrativ-	**zu bb)**	
[-mi:rı]	pronomen		
varlık (-ğı)	Ding, Erscheinung	sallanmak	schwanken
pil	Batterie	ayakta durmak	stehen, sich auf den
pilli	mit Batterie		Beinen halten
pilli radyo, tran-		bu sıralarda	mittlerweile
sistörlü radyo,		hayat arkadaşı	Lebensgefährte
portatif	Koffergerät	hayat arkadaşı	Vermittlung von Le-
(kendi) başına,		servisi	bensgefährten; *etwa:*
pl. başlarına	allein, für sich		Heiratsanzeigen
pekiştirmek	verstärken	mükemmel	tadellos
zarf öbeği	Adverbgruppe	görgü	gutes Benehmen
dil kurumu	Sprachverein	mütenasip (-bi)	proportioniert
yeni baştan	erneut	casus [ɑ:]	Spion
ele almak	in Angriff nehmen,	medenî	bürgerlich
	sich befassen mit	mahrumiyet [u:]	Aberkennung (-den/*G*)
zenginleştirmek	bereichern	savcı [sɑwdʒi]	Staatsanwalt
baskı	Druck, Auflage	iddianame	Anklageschrift
eksik (-ği)	Lücke	[ıd:ɑnɑ:mɛ]	
yanlış	Irrtum	müebbet (-di)	ewig; lebenslänglich
nicelik	Menge	talep etmek	fordern
nitelik	Qualität, Eigenschaft	duruşma	Verhandlung
iyi yürekli	gutherzig	ulusal	national
sıklet	Schwere	güvenlik (-ği)	Sicherheit
minicik	winzig	farkında olmamak	keine Ahnung haben
hayret etmek	sich wundern	farkında olmak	es, Bescheid wissen
yorgun	müde	hiç + *Verneinung*	überhaupt (gar) kein(e)
bitkin	erschöpft	istidat [-i:dɑ:t]	
ulaşım	Verkehr	(-dı) (*a.* anıklık)	Talent
eldiven	Handschuh	'peki	*a.* also, nun ... also
ifade [ɑ:]	Ausdruck	... yaşına gelmek	... Jahre (alt) werden
resmî	amtlich		
ücret	Vergütung	**zu c)**	
bakır	Kupfer		
cevher	Erz	hageln	dolu yağmak
kükürt (-dü)	Schwefel	Spieß	şiş
fil	Elefant	Röstbraten	kebap
sinek	Mücke	abgelegen	sapa
açıklama	Erläuterung	beschreiben	tarif [tɑ:ri:f] etmek
cahillik [ɑ:]	Dummheit	Wurst	sucuk (-ğu)
bilgisizlik	Unwissenheit	wild	vahşî

349   **21. Lektion**

Gruppe	topluluk (-ğu)
dunkel	karanlık
glauben	kanmak
geschlossen	kilitli
Innerlichkeit	içtenlik [ıʃtɛn-] ⑩ D

zu d)

a'centa	Vertretung, Niederlassung
model	Modell
semt	Gebiet
sürüm	Absatz
is'konto	Rabatt
miktar [ɑː]	Menge, Posten
ambar	Speditionsfirma
parti	Partie, Posten

zu e)

baro'metre	Barometer

zu f)

kıtlık (-ğı)	Hungersnot
sıska	mager
şişman	fett, dick
cevap yapıştırmak	zur Antwort geben, versetzen

zu g)

yüzbaşı	Hauptmann
izin vermek	Urlaub geben
ba'baanne	Großmutter (väterlicherseits)
cenaze [ɑː]	Leichnam; Begräbnis
kaldırmak	wegschaffen
canlı	lebendig
gömmek [-mː-]	begraben

zu h)

av	Jagd
torba	Rucksack
büyük Sahra	Sahara
ısı	Hitze, Temperatur

zu i)

'balayı (-nı)	Flitterwochen, Hochzeitsreise
'sahi [ɑː]	richtig, stimmt
hastahane [hɑstɑːnɛ]	s. hastane

zu k)

cam	Glas
nikâh dairesi	Standesamt

1) Erinnern Sie sich?

1. Ich weiß **doch** nicht, **was** ich machen **soll**. *(L. 20bb)*
2. Wenn du wüßtest, wie froh ich war, **als** ich dich sah. *(L. 20b)*
3. Wir **setzen** die dritte und letzte türkische Sendung des Tages, die wir auf Kurzwelle 31,55; 25,12 und 19,06 m bringen, **fort**. *(L. 7a)*
4. Setzen Sie das Kreuz in die Klammer am Kopf **derjenigen** untenstehenden Antworten, **die** richtig ist. *(L. 7b)*
5. Von den Kameraden und Bekannten liegen einige **an** Grippe und Katarrh danieder. *(L. 8b 3)*
6. Darüber, daß ihre Krankheit niemand**en ansteckte,** freut sie sich mehr als wir. *(L. 8b 3)*
7. Herr Lehrer, und wenn **nun** der, der schreibt, ein Stotterer ist? *(L. 9,2)*
8. Sie müssen sich **an** diesen Schalter **wenden**. *(L. 9c)*
9. Die Form gefällt mir nicht. Sie muß **hierzu passen**. *(L. 9c)*
10. Man muß sich seiner Zeit **anpassen**. *(L. 9c)*
11. Mußten Sie **mich daran erinnern**? *(L. 9c)*
12. **Mir** hat er sein Geheimnis **anvertraut**. *(L. 9c)*
13. Ich **empfehle Ihnen** diesen Kollegen. *(L. 9c)*
14. **Von** A. Sezgin **sprechen** wir häufig. *(L. 10,1)*
15. **Darüber** war ich sehr **betrübt**. *(L. 10,2)*
16. Wenn er **zu** Ihnen **Zuneigung** hegt, wird er sicher nach Ihnen suchen. *(L. 10,2)*
17. Verzeihen Sie, darf ich eine **Bitte an** Sie **richten**? *(L. 10,3)*
18. Ich konnte mich **vor** Müdigkeit nicht auf den Beinen **halten**. *(L. 10,4)*
19. **Woran** hast du **gedacht**? *(L. 10b)*
20. Ich **dachte an** so allerlei. *(L. 10b)*
21. **Über** mich können Sie so etwas nicht **sagen**. *(L. 10c)*

21. Lektion   350

22. **Weißt du,** welche große Mühe aufgewendet wurde, bis ich ein Jackett wurde und du mich anziehen konntest? *(L. 11,1)*
23. **Nun Orhan,** du siehst, mit wieviel Mühe ich entstanden bin. *(L. 11,1)*
24. Wann werden die Menschen **darauf verzichten,** Krieg zu führen? *(L. 12b)*
25. **Wenn** die Hähne **darauf** verzichten, miteinander zu kämpfen. *(L. 12b)*
26. Er wird seine neue **Stellung** in der Bank Anfang des Jahres **antreten.** *(L. 12b)*
27. Orhan war **in** sein zehntes Lebensjahr **getreten.** *(L. 13,1)*
28. Er beschloß, **seine** Mutter **um** den Gegenwert dieser (Arbeiten) zu **bitten.** *(L. 13,1)*
29. Nachdem Orhan diese Rechnung gelesen hatte, war er **vor** Scham **tief betroffen.** *(L. 13,1)*
30. Dann lief er, (seine =) die Augen **voller** Tränen, mit **vor** Aufregung **zitternden** Lippen zu seiner Mutter. *(L. 13,1)*
31. Die Schriftsteller haben recht: Das Leben ist **ja** so **voller** unerwarteter Dinge! *(L. 13B)*
32. Wie sollten sie beweisen, daß sie **an** seinem Tod **unschuldig** waren? *(L. 13b)*
33. Er glaubte, daß er sich **über** ihn **lustig machte.** *(L. 13b)*
34. Abdullah bewahrt die Hölzer, die die Wiederherstellung seines Augenlichtes **verursacht hatten,** in dem Schlafzimmer seines Hauses auf. *(L. 18,2)*
35. Sultan Süleyman der Gesetzgeber hatte **seinen** vielen Stiftungen auch noch das Vierzigbrunnen-Wasser **hinzugefügt.** *(L. 17,1)*
36. Alles und jeder ist **auf ihn angewiesen.** *(L. 17,4)*
37. Er braucht **nichts** (ist **auf nichts angewiesen**). *(L. 17,4)*
38. Mein großer Bruder **neckt mich immer.** *(L. 17,3)*
39. Die Kleinere **ärgerte sich** immer **darüber** und weinte. *(L. 17,3)*
40. Er **machte sich über** den Bettler **lustig.** *(L. 15)*
41. Er **bat den** Pförtner **um** Almosen. *(L. 15)*
42. **Bitte** unseren Herrn (**darum**). *(L 15)*
43. Ich bin **auf** das Mitleid eines großen, edlen Herrn, wie du einer bist, **angewiesen.** *(L. 15)*
44. **Los** Jungs, bringt uns Wasser und Handtücher! *(L. 15)*
45. Daher **ging** er, ohne Umstände zu machen, **auf** den Scherz des Wesirs **ein.** *(L.15)*
46. Lang du **doch auch** zu, sagte er. *(L. 15)*
47. Sie sehen **doch** (*od.* ja), mein Mund arbeitet unaufhörlich. *(L. 15)*
48. Das sind alles Gerichte, die Herrschern **gebühren.** *(L. 16e)*
49. Ich habe eine **Freude daran,** mit meinem Gast anzustoßen. *(L. 16e)*
50. **Nun** (*od.* komm), trink auf meine Gesundheit! *(L. 16e)*
51. Du bist wohl verrückt geworden, **Menschenskind.** *(L. 16e)*
52. **Nun** wollen wir uns aber richtig zu Tisch setzen. *(L. 16e)*
53. Der Hodscha **hielt** eine winzige Nuß an einem riesigen Baum nicht **für angemessen.** *(L. 14)*
54. Das **erwies sich** keineswegs **als** geeignet. *(L. 14,1)*
55. Das wäre bestimmt geeigneter (praktischer) gewesen (... hätte sich **als** ... **erwiesen**). *(L. 14,1)*
56. **Sieh mal,** ist er einmal gekommen und hat **nach** deinem Befinden **gefragt?** *(L.14,2)*
57. Als der Löwe den Fuchs sah, brüllte er **derart vor Wut, daß** Himmel und Erde widerhallten. *(L. 14,2)*
58. **Jeden Arzt fragte** ich **nach** einer Arznei. *(L. 14)*

351   21. Lektion

Formeln

1. Das osmanisch-türkische Wort **bayram** bezeichnete ursprünglich nur die großen religiösen Feste des Islams. Jetzt wird das Wort auch für die weltlichen Feiertage verwendet (s. L. 11, Formeln).

kurban bayramı (*od.* **büyük bayram**): zilhicce ayının onunda başlayıp dört gün süren din bayramı.	**Das Opferfest:** Ein religiöses Fest, das am 10. des (islamischen) Monats Dhi'l-Hidschdsche beginnt und vier Tage dauert.
şeker bayramı *od.* **ramazan bayramı** (*od.* **küçük bayram**): ramazandan sonra gelen; şevval ayının birinde başlayıp üç gün süren din bayramı.	**Das Zuckerfest** *od.* **Ramadan-Fest** (*od.* **das kleine Fest**): Ein religiöses Fest, das auf den Monat Ramadan folgt, am 1. des (islamischen) Monats Schewwal beginnt und drei Tage dauert.
şevval [-a:l]: Kamer takviminin onuncu ayı, bayram ayı.	**Schewwal:** Der zehnte Monat des Mondkalenders, der Bayram-Monat.

Şeker Bayramı

Ne güzel geçti bu bayram! Oynayıp zıpladım üç gün.	Wie schön dieses Bayramfest verlief! Drei Tage habe ich getanzt, bin gesprungen.
Elini öptüm bütün komşuların.	Allen Nachbarn habe ich die Hand geküßt.
Öyle tatlı ki, sormayın, Şeker oldu içim, dışım.	Wie süß ich gegessen habe, fragt mich nicht! (Es wurde Zucker mein Inneres und Äußeres; *etwa:*) Es gab Bonbons in Hülle und Fülle.
Misafirlerle dolup taştı evimiz. Ne güzel oldum, görseydiniz, giyince bayramlık elbiselerimi.	Unser Haus wimmelte von Gästen. Wenn ihr gesehen hättet, wie hübsch ich war, als ich meine Festtagskleider an hatte.
Seni çok sevdim, şeker bayramı; Yine gel bize, e mi? Ş. E. Regü (Yeni okuma kitabı 2, 58)	Zuckerbayram, du hast mir sehr gefallen; du kommst bald wieder zu uns, nicht?

2. Ein kurzes Gespräch aus Kafkas Werk „Der Prozeß" in der meisterhaften Übersetzung von *Arif Gelen* zeigt Ihnen die praktische Verwendbarkeit der gelernten grammatischen Regeln mit den deutschen Übersetzungen:

	Originaltext
Kapıya varınca[1]), „Bayan Bürstner evde mi?" diye sordu. (*L 6 H*) Bayan Grubach, „Hayır", dedi ve bu kuru bilgiyi verirken[1]) (*L 6 I*) gecikmiş yerinde bir[2]) ilgiyle gülümsedi.	Bei der Tür fragte er noch: „Ist Fräulein Bürstner zu Hause?" „Nein", sagte Frau Grubach und lächelte bei dieser trockenen Auskunft mit einer verspäteten vernünftigen Teilnahme.

---

[1]) Das deutsche „bei" wird verbal ausgedrückt durch **-ince** und **-rken**.
[2]) *wörtl.* angebracht(en).

21. Lektion

352

„Tiyatroya gitti[1]). Ondan bir şey mi istiyecektiniz? *(L 20 K, 18 A 1)*
Kendisine bir şey söyleyeyim mi?"
(L 11 D, 17a)
„Hayır, hayır, kendisiyle biraz konuşacaktım yalnızca." *(L 18 A 1, 21 D)*
„Ne zaman geleceğini hiç bilemiyorum. *(L 13 F 4, 10 F)*
Tiyatroya gittiği[1]) vakitler *(L 13 F 6)* geç gelir hep[2])." *(L 21 D)*
„Zaten[3]) hiç önemli değil," dedi K. ve başı yere eğik halde, gitmek üzere *(L 19 L)* kapıya *(L 21 D)* döndü[4]).
„Bugün odasını kullandığım için *(L 13 F 6)* ondan özür dilemek istiyordum." *(L 21 B)*
„Hiç de gereği yok, Bay K., çok ince düşünüyorsunuz[5]) ..."

3. bu, olmaz bir iş değil ki
Özür dilerim, yalnızım, size yukarı buyurun diyemiyorum.

Bilmem, beni tanıyor musunuz.
Sanıyorum, pansiyonla pek ilgilenmiyorsunuz **ama.**

„Sie ist im Theater. Wollten Sie etwas von ihr?
Soll ich ihr etwas ausrichten?"

„Ach, ich wollte nur ein paar Worte mit ihr reden."
„Ich weiß leider nicht, wann sie kommt.

Wenn sie im Theater ist, kommt sie gewöhnlich spät."
„Das ist ja ganz gleichgültig", sagte K. und drehte schon den gesenkten Kopf der Tür zu, um wegzugehen.
„Ich wollte mich nur bei ihr entschuldigen, daß ich heute ihr Zimmer in Anspruch genommen habe."
„Das ist nicht nötig, Herr K., Sie sind zu rücksichtsvoll."

das ist doch nichts so Unmögliches!
Ich muß um Entschuldigung bitten, ich bin allein und *(kann Ihnen nicht sagen: „geruhen Sie nach oben"* =) kann Sie leider nicht nach oben bitten.
Ich weiß nicht, **ob** Sie mich kennen.
Sie kümmern sich **aber, wie** ich glaube, nicht viel um die Pension.

---

[1]) „sein" wird im Türkischen oft durch **gitmek** wiedergegeben: Nereye gittiniz? Wo sind Sie gewesen?
[2]) Die gewohnheitsmäßige Handlung *(L 5 Q)* wird durch **hep** verstärkt.
[3]) Das deutsche „ja" der zurückhaltenden Äußerung ist im Türkischen zuweilen **zaten.**
[4]) *wörtl.* und wandte sich zur Tür ... den Kopf in zur Erde gesenktem Zustand.
[5]) *wörtl.* Sie denken zu zartfühlend.

ÜBERSICHT ÜBER DIE DEKLINATION

Singular

	nach Konsonant	nach Vokal
Nominativ und unbestimmter Akkusativ	(O)	(O)
bestimmter Akkusativ	-i (-ü, -ı, -u)	-yi (-yü, -yı, -yu)
Genitiv	-in (-ün, -ın, -un)	-nin (-nün, -nın, -nun)
Dativ und Lokativ *(wohin?)*	-e (-a)	-ye (-ya)
Lokativ *(wo?)*	-de (-da); nach stimm-losem Konsonanten: -te (-ta)	-de (-da)
Ablativ und Lokativ *(woher?)*	-den (-dan); nach stimm-losem Konsonanten: -ten (-tan)	-den (-dan)

Plural

	nach Konsonant und Vokal
Nominativ und unbestimmter Akkusativ	-ler (-lar)
bestimmter Akkusativ	-leri (-ları)
Genitiv	-lerin (-ların)
Dativ und Lokativ *(wohin?)*	-lere (-lara)
Lokativ *(wo?)*	-lerde (-larda)
Ablativ und Lokativ *(woher?)*	-lerden (-lardan)

Singular:

das Haus	*das Auge*	*das Jahr*	*der Weg*
ev	göz	yıl	yol
evi	gözü	yılı	yolu
evin	gözün	yılın	yolun
eve	göze	yıla	yola
evde	gözde	yılda	yolda
evden	gözden	yıldan	yoldan

Lehrbuch Türkisch 23

Übersicht über die Deklination 354

das Fenster	die Brücke	die Suppe	die Frage
'pencere	köprü	çorba	soru
'pencereyi	köprüyü	çorbayı	soruyu
'pencerenin	köprünün	çorbanın	sorunun
'pencereye	köprüye	çorbaya	soruya
'pencerede	köprüde	çorbada	soruda
'pencereden	köprüden	çorbadan	sorudan

Plural:

die Häuser	die Augen	die Jahre	die Wege
evler	gözler	yıllar [jiɫ:ɑɹ]	yollar [joɫ:ɑɹ]
evlerin	gözlerin	yılların	yolların
evlere	gözlere	yıllara	yollara
evleri	gözleri	yılları	yolları
evlerde	gözlerde	yıllarda	yollarda
evlerden	gözlerden	yıllardan	yollardan

die Fenster	die Brücken	die Suppen	die Fragen
pencereler	köprüler	çorbalar	sorular
usw.	usw.	usw.	usw.

Demonstrativpronomen

bu *dieser hier* **şu** *dieser da* **o** *der da (jener)*

adjektivisch unveränderlich

substantivisch					
bu	bunlar	**şu**	şunlar	**o**	onlar
bunun	bunların	şunun	şunların	onun	onların
buna	bunlara	şuna	şunlara	ona	onlara
bunu	bunları	şunu	şunları	onu	onları
bunda	bunlarda	şunda	şunlarda	onda	onlarda
bundan	bunlardan	şundan	şunlardan	ondan	onlardan

bu gibi *ein solcher, eine solche, ein solches*
solch ein, solch eine

(wie dieser ... hier)	*(wie dieser ... da)*	*(wie der ... da)*
böyle bir	**şöyle bir**	**öyle bir**

bu gibi *solche*

böyle	**şöyle**	**öyle**
substantivisch		
böylesi	**şöylesi**	**öylesi**
böyleleri	**şöyleleri**	**öyleleri**

ÜBERSICHT ÜBER DIE KONJUGATION

Suffixverb *sein*

Präsens			di-Vergangenheit		
-(y)im,	-üm, -ım, -um	*ich bin*	**idim**	-dim, -düm, -dım, -dum	*ich war*
-sin,	-sün, -sın, -sun		**idin**	-din, -dün, -dın, -dun	
-dir,	-dür, -dır, -dur		**idi**	-di, -dü, -dı, -du	
-(y)iz,	-üz, -ız, -uz		**idik**	-dik, -dük, -dık, -duk	
-siniz,	-sünüz, -sınız, -sunuz		**idiniz**	-diniz, -dünüz, -dınız, -dunuz	
-dirler,	-dırlar		**idiler**	-diler, -düler, -dılar, -dular	

	-miş-Vergangenheit	
imişim	-mişim, -müşüm, -mışım, -muşum	*ich war wohl*
imişsin	-mişsin, -müşsün, -mışsın, -muşsun	
imiş	-miş, -müş, -mış, muş	
imişiz	-mişiz, -müşüz, -mışız, -muşuz	
imişsiniz	-mişsiniz, -müşsünüz, -mışsınız, -muşsunuz	
imişler	-mişler, -müşler, -mışlar, -muşlar	

	Bedingungsform			
Präsens			di-Vergangenheit	
isem	-sem, -sam	*wenn ich bin*	**idiysem** -diysem, -dimse	*wenn ich war*
isen	-sen, -san		**idiysen** -diysen, -dinse	
ise	-se, -sa		**idiyse** -diyse, -diyse	
isek	-sek, -sak		**idiysek** -diysek, -dikse	
iseniz	-seniz, -sanız		**idiyseniz** -diyseniz, -dinizse	
iseler	-seler, -salar		**idiyseler** -diyseler, -dilerse	

Präsens

verneint:	**değilim**	*ich bin nicht*
fragend:	**miyim? müyüm? mıyım? muyum?**	*bin ich?*
fragend verneint:	**değil miyim?**	*bin ich nicht?*

di-Vergangenheit

verneint:	**değil idim, değildim**	*ich war nicht*
fragend:	**mi idim (miydim)? mı idim (mıydım)?**	
	mü idim (müydüm)? mu idim (muydum)?	*war ich?*
fragend verneint:	**değil mi idim (değil miydim)?**	*war ich nicht?*

miş-Vergangenheit

verneint:	**değil imişim (değilmişim)**	*ich war wohl nicht*
fragend:	**mi imişim (miymişim)?**	*war ich wohl?*
	mü imişim (müymüşüm)?	
	mı imişim (mıymışım)?	
	mu imişim (muymuşum)?	
fragend verneint:	**değil mi imişim (değil miymişim)?**	*war ich wohl nicht?*

Bedingungsform Präsens

verneint:	**değil isem (değilsem)**	*wenn ich nicht bin*
fragend:	**isem mi (-sem mi, -sam mı)?**	*wenn ich bin?*
fragend verneint:	**değil isem mi (değilsem mi)?**	*wenn ich nicht bin?*

23*

Übersicht über die Konjugation   356

di-Form

verneint: **değil idiysem**   *wenn ich nicht war*
                     (değildiysem, değildimse)
fragend: **idiysem mi**   ·   *wenn ich war*
                     (-diysem mi, -düysem mi, -dıysam mı,   *(sollte ich*
                     -duysam mı)?   *gewesen sein)?*
      oder: **-dimse mi**
                     (-dümse mi, -dımsa mı, -dumsa mı)?
fragend verneint: **değil idiysem mi**   *wenn ich nicht*
                     (değildiysem mi, değildimse mi)?   *war (sollte ich*
                                                                    nicht gewesen sein)?

Vollverben auf -mek (-mak)
gelmek kommen

yor-Präsens	ir-Präsens	Optativ	Imperativ
ich komme	*ich komme*	*ich möchte*	*komm!*
	(ich käme)	*kommen*	*usw.*
geliyorum	gelirim	geleyim	
iyorsun	irsin	esin	gel! *komm!*
iyor	ir	e	gelsin *er soll kommen*
iyoruz	iriz	elim	
iyorsunuz	irsiniz	esiniz	gelin(iz)! *kommt! kommen Sie!*
iyorlar	irler	eler	gelsinler *sie sollen kommen*

Konditional I

	real			irreal
wenn ich gerade		*wenn ich gewöhnlich*		*wenn ich käme*
komme		*komme*		
geliyorsam		gelirsem		gelsem
iyorsan		irsen		sen
iyorsa		irse		se
iyorsak		irsek		sek
iyorsanız		irseniz		seniz
iyorlarsa		irlerse (irseler)		seler

I. Vergangenheit (Imperfekt und Perfekt)
-di und -miş

ich kam, ich bin	*ich kam wohl, bin*	
gekommen	*wohl gekommen*	
geldim	gelmişim	
din	mişsin	
di	miş	gelmiştir *er ist gekommen*
dik	mişiz	
diniz	mişsiniz	
diler	mişler	

Übersicht über die Konjugation

ich kam, war im Begriff zu kommen, als ...	ich kam, pflegte zu kommen; käme, wäre gekommen	ich komme wohl, gerade; kam wohl gerade	ich pflege (pflegte) zu kommen, würde wohl kommen
geliyordum	gelirdim	geliyormuşum	gelirmişim
iyordun	irdin	iyormuşsun	irmişsin
iyordu	irdi	iyormuş	irmiş
iyorduk	irdik	iyormuşuz	irmişiz
iyordunuz	irdiniz	iyormuşsunuz	irmişsiniz
iyorlardı	irdiler	iyorlarmış	irlermiş (-mişler)

Optativ der I. Vergangenheit

wäre ich (doch) gekommen

geleydim	geleymişim
eydin	eymişsin
eydi	eymiş
eydik	eymişiz
eydiniz	eymişsiniz
eydiler (elerdi)	eymişler

Konditional der I. Vergangenheit oder Konditional II

real		irreal	
wenn ich kam, gekommen bin	*wenn ich wohl kam, gekommen bin*	*wenn ich käme, gekommen wäre*	*wenn ich wohl käme wohl gekommen wäre*
geldiysem, dimse	gelmişsem	gelseydim	gelseymişim
diysen, dinse	mişsen	seydin	seymişsin
diyse, diyse	mişse	seydi	seymiş
diysek, dikse	mişsek	seydik	seymişiz
diyseniz, dinizse	mişseniz	seydiniz	seymişsiniz
diyseler, dilerse	mişlerse (-mişseler)	seydiler (-selerdi)	seymişler (-selermiş)

II. Vergangenheit (Plusquamperfekt)

ich war gekommen (seltene Form)		ich war gekommen (häufige Form)
geldiydim	geldimdi	gelmiştim
diydin	dindi	miştin
diydi	diydi	mişti
diydik	dikti	miştik
diydiniz	dinizdi	miştiniz
diydiler	dilerdi	mişlerdi (miştiler)

Bedingung (irreal): | gelmiş olsaydım *wenn ich gekommen wäre*

Übersicht über die Konjugation   358

Futur I	Futur II oder Futur der Vergangenheit	
ich werde (soll, muß) kommen	*ich würde kommen, ich wäre gekommen, ich wollte (sollte) gerade kommen*	*ich werde wohl gekommen sein, werde wohl kommen*
geleceğim eceksin ecek eceğiz eceksiniz ecekler	gelecektim ecektin ecekti ecektik ecektiniz eceklerdi (ecektiler)	gelecekmişim ecekmişsin ecekmiş ecekmişiz ecekmişsiniz eceklermiş (ecekmişler)

Bedingungsform

des I. Futurs (real)	des II. Futurs (irreal)	
wenn ich kommen werde (will, soll)	*wenn ich gekommen wäre, hätte kommen wollen (sollen)*	
geleceksem eceksen ecekse eceksek ecekseniz eceklerse	gelecektiysem, gelecek idiysem ecektiysen ecektiyse ecektiysek ecektiyseniz ecektiyseler	gelecektimse ecektinse ecektiyse ecektikse ecektinizse eceklerdiyse

modales Futur

ich will gerade kommen	*ich wollte gerade kommen*	*wenn ich nun komme*
gelecek oluyorum ecek oluyorsun ecek oluyor ecek oluyoruz ecek oluyorsunuz ecek oluyorlar	gelecek oldum ecek oldun ecek oldu ecek olduk ecek oldunuz ecek oldular	gelecek olursam ecek olursan ecek olursa ecek olursak ecek olursanız ecek olurlarsa (olursalar)

modale Formen
Nezessitativ (Notwendigkeit)

Präsens	Imperfekt — Perfekt	
ich muß kommen	*ich mußte kommen, ich habe (hätte) kommen müssen*	*ich mußte wohl kommen, hätte wohl kommen müssen*
gelmeliyim melisin meli meliyiz melisiniz meliler	gelmeliydim meliydin meliydi meliydik meliydiniz meliydiler (melilerdi)	gelmeliymişim meliymişsin meliymiş meliymişiz meliymişsiniz meliymişler (melilermiş)

359   Übersicht über die Konjugation

Bedingungsform des Nezessitativs
wenn ich kommen muß, wenn ich kommen müßte

Im Präsens keine Form mit -meli!	gelmem men mesi memiz meniz meleri	gerekse (lâzımsa)	gerekirse, gerekiyorsa

wenn ich kommen mußte, *habe kommen müssen*	*wenn ich wohl kommen* *mußte, habe kommen* *müssen*	*wenn ich werde kommen* *müssen*
gelmem gerektiyse	gelmem gerekmişse	gelmem gerekecekse

Bedingungsform der Vergangenheit des Nezessitativs
wenn ich hätte kommen müssen, da ich ja (nun einmal) kommen mußte

gelmeli idiysem,	melidiysem
meli idiysen,	melidiysen
meli idiyse,	melidiyse
meli idiysek,	melidiysek
meli idiyseniz,	melidiyseniz
meli idiyseler,	melidiyseler
(meliler idiyse)	

Möglichkeit
gelebilmek   *kommen können*

yor-Präsens: gelebiliyorum *ich kann kommen*
ir-Präsens: gelebilirim   *ich kann (könnte) kommen*
weitere Formen s. Lekt. 10.

verneinte Möglichkeit
gelememek   *nicht kommen können*

yor-Präsens: gelemiyorum
ir-Präsens: gelemem, gelemezsin, gelemez, gelemeyiz, gelemezsiniz, gelemezler

II. verneinter Nezessitativ
gelmeyebilmek   *nicht zu kommen brauchen*

Verneinte Formen des Vollverbs

An die betonte Wurzel tritt

me	'gelmemek	*nicht kommen*
ma	'koşmamak	*nicht laufen*

Die **yor**-Formen haben

miyor	gelmiyor	*er kommt nicht*
müyor	görmüyor	*er sieht nicht*
mıyor	yapmıyor	*er macht nicht*
muyor	konuşmuyor	*er spricht nicht*

Übersicht über die Konjugation   360

An den verneinten Stamm treten die Suffixe der bejahenden Form:

bejahend	verneint	
gel**eyim**	gelmeyeyim	*ich möchte nicht kommen*
gel	gelme	*komm nicht!*
gel**in(iz)**	gelmeyin(iz)	*kommt nicht!*
gel**sem**	gelmesem	*wenn ich nicht käme*
gel**dim**	gelmedim	*ich kam nicht*
gel**mişim**	gelmemişim	*ich kam wohl nicht*
gel**eydim**	gelmeyeydim	*wäre ich doch nicht gekommen*
gel**diysem**	gelmediysem	
gel**dimse**	gelmedimse	*wenn ich nicht kam, nicht gekommen bin*
gel**seydim**	gelmeseydim	*wenn ich nicht käme, nicht gekommen wäre*
gel**miştim**	gelmemiştim	*ich war nicht gekommen*
gel**miş** olsaydım	gelmemiş olsaydım	*wenn ich nicht gekommen wäre*
gel**eceğim**	gelmeyeceğim	*ich werde (soll, muß) nicht kommen*
gel**ecektim**	gelmeyecektim	*ich würde (wollte) nicht kommen usw.*
gel**meliyim**	gelmemeliyim	*ich soll nicht kommen*

-ir-Formen

bejahend: **-ir**   verneint: **-mez**

Präsens	-di- Vergangenheit	-miş- Vergangenheit
ich komme (käme) nicht	*ich pflegte nicht zu kommen*	*ich pflegte wohl nicht zu kommen*
gelmem	gelmezdim	gelmezmişim
gelmezsin	gelmezdin	gelmezmişsin
gelmez	usw.	usw.
gelmeyiz		
gelmezsiniz		
gelmezler		

Konditional I
wenn ich gewöhnlich nicht komme gelmezsem
                                        gelmezsen usw.

Frageformen
Die Fragepartikel **mi** (mü, mı, mu) tritt vor das Personalsuffix; diese Suffixgruppe
steht vom Verb getrennt.

gel**iyor**	muyum	*komme ich?*
gel**ir**	miyim	*komme ich, würde ich kommen?*
gel**mez**	miyim	*kann (könnte) ich nicht kommen?*
gel**miş**	miyim	*kam ich wohl?*
gel**ecek**	miyim	*werde (soll) ich kommen?*
gel**meli**	miyim	*soll (muß) ich kommen?*
gel**ebilir**	miyim	*kann ich kommen?*
gel**emez**	miyim	*kann ich nicht kommen?*

361 Übersicht über die Konjugation

aber
-di, -se, -eyim (-elim), -sin + mi

geldim	mi	*kam ich?*
gelsem	mi	*ob ich komme?*
geleyim	mi	*soll ich kommen?*
gelelim	mi	*sollen wir kommen?*
gelsin	mi	*soll er kommen?*
gelirsem	mi	*ob ich gewöhnlich komme?*

mi + di od. **miş,** wenn **-di** (-ti, -ydı) od. **miş zweites** und **letztes** Zeitsuffix ist.

geldi	miydim	*war ich gekommen?*
gelmiş	miydim	*war ich gekommen?*
gelecek	miydim	*wäre ich gekommen? usw.*
gelecek	miymişim	*werde ich wohl gekommen sein?*
gelmeli	miydim	*sollte ich kommen, hätte ich kommen sollen?*

Partizipien

Partizip Präsens

-r (beschränkt verwendet)

akar *fließend*

aktivisch: **-en (-an)**

gelen *kommend, ... der kommt, ... der gekommen ist*

passivisch: Passivsuffix + **-en (-an)**

gösterilen *gezeigt, ... der gezeigt worden ist*

Partizip Perfekt

aktivisch: unbestimmt **-miş**
(-müş, -mış, -muş)

gelmiş *gekommen; ein Gekommener*

bestimmt: **-miş olan**

gelmiş olan *gekommen; der Gekommene*

passivisch: Passivsuffix + **-miş**
Passivsuffix + **-miş olan**

doldurulmuş *gefüllt, ein Gefüllter*
doldurulmuş olan *gefüllt, der Gefüllte*

Partizip Futur

unbestimmt aktivisch **-ecek (-acak)**

gelecek *kommend, ... der kommen wird*

passivisch (s. L. 12)

okuyacak *(ein/der ... zu ...) lesend-*

bestimmt: **-ecek olan**

gidecek olan *der, die, das gleich abgehen wird*

Possessivpartizipien

-diğ- (-düğ-, -dığ-, -duğ-)

okuduğum *den, die, das ich lese, las, gelesen habe*

-miş olduğ-

okumuş olduğum *den, die, das ich gelesen habe, gelesen hatte*

-eceğ- (-acağ-)

okuyacağım *den, der, das ich schreiben werde (will, soll)*

-diklerim

(Weiteres s. L. 13 F usw.)

okuduklarım *das, was ich gelesen habe, was ich lese*

Wortbildungssuffixe

'-a [-ɑː]	arabisches Zeichen des unbestimmten Akkusativs, bildet Adverbien; *s.* '-an, '-en: daima
-aç (-eç)	oft in der Bedeutung „Vorrichtung": say-mak *zählen*; sayaç *Zähler*
-ak (-ek)	bildet Substantive verschiedener Bedeutung, oft den Ort bezeichnend: uç-mak *fliegen*; uçak *Flugzeug* dur-mak *halten*; durak *Haltestelle*
-al (-el)	dient zur Bildung von Adjektiven: ulus *Nation*; ulusal *national*
'-an	arabisches Akkusativzeichen, bildet Adverbien; *s.* '-en
-ane [-ɑːnɛ]	pers. Suffix: yek *ein*; yegâne *allein*
-at (-ât)	arabisches Pluralsuffix, verleiht dem Wort im Türkischen oft eine konkrete Bedeutung: teşkil *Bildung*; teşkilât *Organisation(en)*; müraselât *Sendungen* (= *Pakete usw.)*
-ca (-ce)	⑫ C 2, *s.* 10 G
-cağız	*s.* 14 R
-ceğiz	*s.* 14 R
-ci (-cü, -cı, -cu)	*s.* 10 G
-cik	*s.* 14 R
-cilik	(aus ci + lik) bezeichnet die Beschäftigung: bek-le-mek *warten*; *Wache halten*; bekçi *Wächter*; bekçilik *Wachdienst*
-cı	*s.* -ci
-cık	*s.* 14 R
-cılık	*s.* -cilik: saatçı *Uhrmacher*; saatçılık *Uhrmachergewerbe*
-cu	*s.* -ci
-cuk	*s.* 14 R
-culuk	*s.* -cilik
-cü	*s.* -ci
-cük	*s.* 14 R
-cülük	*s.* -cilik
-ç	zur Bildung von Substantiven: kazan-mak *verdienen*; kazanç *Gewinn*
-ça	*s.* -ca
-çağız	*s.* 14 R
-çe	*s.* -ca
-çeğiz	*s.* 14 R
-çik	*s.* 14 R
-çı	*s.* -ci
-çık	*s.* 14 R
-çılık	*s.* -cilik
-çu	*s.* -ci
-çuk	*s.* 14 R
-çuluk	*s.* -cilik
-çü	*s.* -ci
-çük	*s.* 14 R
-çülük	*s.* -cilik

363	**Wortbildungssuffixe**

-dar [-dɑːɹ] ⑫ C 2; pers., wörtl. „habend", bezeichnet den Täter: hüküm *Herrschaft, Urteil*; hüküm**dar** *Herrscher*

-daş ⑫ C 2; bezeichnet Personen, die etwas Gemeinsames verbindet, oder Neubildungen: arka**daş** (arka *Rücken* + daş) *Kollege, Kollegin* yol**daş** *Reisegefährte*

-eç *s.* -aç

-ek *s.* -ak

-el *s.* -al

'-en *s.* '-an, -al: 'kısmen *teilweise*; 'naklen *(Rundfunk): übertragen, in einer Übertragung gebracht*

-ga (-ge) bildet Substantive mit konkreter Bedeutung

-gaç (-geç) bildet Substantive und Adjektive: bur-mak *drehen, winden*; bur**gaç** *Strudel*; utan-mak *sich schämen, sich genieren*; utan**gaç** *schüchtern, verschämt*

-ge *s.* -ga: süpür-mek *ausfegen*; süpür**ge** *Besen*

-geç *s.* -gaç; yüz-mek *schwimmen*; yüz**geç** *Schwimmer(in)*; *Flosse*

-gen edil-mek *gemacht werden*; edil**gen** *passiv*

-gi (-gü, -gı, -gu) ⑫ C; bildet Substantive, die oft Instrumente, aber auch Abstrakta bezeichnen: sev-mek *lieben*; sev**gi** *Liebe* ver-mek *geben*; ver**gi** *Steuer*

-giç *s.* -gıç; bil-mek *wissen*; bil-**giç** *kenntnisreich*

-gin (-gün, -gın, -gun) ⑫ C; bildet Adjektive und in einzelnen Fällen auch Substantive: bil-mek *wissen*; bil-**gin** *Wissenschaftler*; ger-mek *spannen*; ger**gin** *gespannt*

-gı *s.* -gi

-gıç bildet Substantive und Adjektive, *s.* -giç: başlan-mak *angefangen werden*; başlan**gıç** *Anfang*

-gın *s.* -gin: yan-mak *brennen*; yan**gın** *Brand*

-gu *s.* -gi: duy-mak *fühlen*; duy**gu** *Gefühl*

-gun *s.* -gin: ol-mak *werden*; ol**gun** *reif*

-gü *s.* -gi: gör-mek *sehen*; gör**gü** *Erfahrung, gutes Benehmen*

-gün *s.* -gin: sür-mek *(ver)treiben*; sür**gün** *Verbannung*

-hane *pers.* „Haus", „Gebäude", dt. oft „-ei", „-thek(e)": hasta**hane**, *mst.* hastane *Krankenhaus*; pasta**hane** *Konditorei*; kütüp**hane** *Bücherschrank, Bibliothek*

-i (-ü, -ı, -u) (z. T. wohl aus -ik entstanden) bildet meist Substantive verschiedener Bedeutung: diz-mek *aufreiben*; diz**i** *Reihe*; *mil.* Rotte; başar-mak *gelingen*; başar**ı** *Erfolg*

-i (*a.* -î) pers., zur Bildung von Adjektiven der Farbe: kırmız**ı** *rot* kurşun *Blei*; kurşun**î** *bleifarben*

Wortbildungssuffixe   364

-î	ar., bildet Adjektive aus Substantiven; Substantive auf -e, -et werfen diese Endung ab: asker *Soldat*; askerî *militärisch* madde *Stoff, Materie*; maddî *materiell*
-ici (-ücü, -ıcı, -ucu)	bildet Substantive und Adjektive; es bezeichnet meist eine dauernde Tätigkeit oder Eigenschaft: yarat-mak *schaffen*; yaratıcı *schaffend, hervorbringend*
-ik (-ük, -ık, -uk)	Mit diesem Suffix werden weit mehr Adjektive als Substantive gebildet: düş-mek *fallen*; düşük *gefallen*
-ili (-ülü, -ılı, -ulu)	bildet Adjektive mit passivischer Bedeutung: dik-mek *annähen*; *einpflanzen*; dikili *eingepflanzt*; *(an)genäht*
-im (-üm, -ım, -um, -m)	bildet Substantive, die a) den Vorgang oder das Ergebnis einer Handlung bezeichnen; b) die dadurch erzielte Menge: ek-mek *säen*; ekim *Feldbestellung*; *Oktober* yar-mak *spalten*; yarım *Hälfte* öl-mek *sterben*; ölüm *Tod* iç-mek *trinken*; içim *Schluck*
-'in (-ün, -ın, -un)	bildet Substantive und Adjektive: ek-mek *säen*; ekin *Getreide, Saat* say-mak *schätzen, ehren*; sayın *geehrt*
'-in (-ün, -ın, -un)	bildet Zeitadverbien, *s.* 12 H
-inç (-ünç, -ınç, -unç)	bildet Substantive und Adjektive: kork-mak *fürchten*; korkunç *fürchterlich*
-istan	pers., bildet Länder- und Gebietsnamen: Bulgar *Bulgare*; Bulgaristan *Bulgarien*
-iş (-üş, -ış, -uş)	1. *s. L. 19*; 2. bildet reziproke, Wechselseitigkeit ausdrückende Formen: döv- *od.* döğ-mek *schlagen*; döğüşmek *miteinander kämpfen*
-it (-ıt)	*s. a.* -t, dient zur Bildung von Substantiven: geç-mek *passieren*; geçit *Durchgang, Paß*
-iyat [-ıjɑːt]	ar., weibliche Pluralendung, hat die Bedeutung von -kunde, -logie, -wissenschaften: tabiat *Natur*; tabiiyat *Naturwissenschaften* türkiyat *Turkologie*
-iye	ar., weibliche Endung arabischer abgeleiteter Adjektive auf -î: hariç *außerhalb*; haricî *ausländisch, fremd*; hariciye (koğuşu) *Station für äußere Krankheiten*
-iyet	ar., Endung weiblicher abstrakter Substantive: memnun *zufrieden*; memnuniyet *Zufriedenheit*
-ı	*s.* -i: yap-mak *machen*; yapı *Bau, Struktur*
-ıcı	*s.* -ici: al-mak *nehmen*; *kaufen*; alıcı *Käufer*; *Radio: Empfang* yaz-mak *schreiben*; yazıcı *Schreiber*

365 Wortbildungssuffixe

-ık	*s.* -ik: alış-mak *sich gewöhnen*; alışık *gewöhnt*; kıvır-mak *kräuseln, drehen*; kıvrık *gewunden*
-ılı	*s.* -ili: yaz-mak *schreiben*; yazılı *beschrieben, beschriftet*
-ım	*s.* -im: bak-mak *schauen, blicken*; bakım *Gesichtspunkt* say-mak *zählen*; say-ım *Zählung* ulaş-mak *erreichen*; ulaşım *Verkehr* ak-mak *fließen*; akım *Strom*
-'ın	*s.* -'in: ak-mak *fließen*; akın *Einfall*; *Streifzug*; *Andrang*
'-ın	*s.* '-in: yaz *Sommer*; 'yazın *im Sommer*
-ınç	*s.* -inç: bas-mak *drücken, treten*; basınç *Druck*
-ış	*s.* -iş
-ıt	*s.* -t
-k	bildet Substantive und Adjektive durch Anfügung an eine vokalisch auslautende Verbwurzel: dile-mek *wünschen*; dilek *Wunsch* iste-mek *wünschen, wollen*; istek *Wunsch* parla-mak *glänzen*; parlak *glänzend* otla-mak *grasen, weiden*; otlak *Weide*
-kaç (-keç)	⑫ C 2: kıs-mak *vermindern*; *quetschen*; kıskaç *Zange*
-kan (-gan)	⑫ C 2: çalış-mak *arbeiten, sich bemühen*; çalışkan *fleißig* konuş-mak *sprechen*; konuşkan *gesprächig* unut-mak *vergessen*; unutkan *vergeßlich* baş *Kopf*; başkan *Präsident*
-kâr	pers., wörtl. „machend": hizmet *Dienst*; hizmetkâr *Diener*
-keç	*s.* -kaç
-ken	*s.* -kan: et-mek *tun, machen*; etken *aktiv*
-ki (-kü, -kı, -ku)	*s.* -gi; ⑫ C 2
-kin (-kün, -kın, -kun) ⑫ C	bildet Adjektive: coş-mak *schäumen, wallen*; coşkun *sprudelnd*
-kı	*s.* -ki, -gi: as-mak *hängen*; askı *Kleiderbügel* bas-mak *drücken, treten*; baskı *Druck, Auflage*
-kın	*s.* -kin
-ku	*s.* -ki: uyu-mak *schlafen*; (uyuku >) uyku *Schlaf*
-kun	*s.* -kin
-kü	*s.* -ki
-l	bildet Adjektive und Substantive: önce *vor*; öncel *Vorgänger, Vorfahre*
-la (-le)	*s.* L. 11 O
-lan (-len)	*s.* L. 11 O
-laş (-leş)	*s.* L. 11 O
-lat (-let)	aus la + t; *s.* L. 11 O; 17 E 3

Wortbildungssuffixe   366

-le	*s.* -la, L. 11 O
-len	*s.* -lan, L. 11 O
-leş	*s.* -laş, L. 11 O
-let	*s.* -lat
'-leyin	*s.* L. 12 H 2
-li (-lü, -lı, -lu)	*s.* L. 7
-lik (-lük, -lık, -luk)	*s.* L. 7 P
-lı	*s.* -li
-lık	*s.* -lik
-lu	*s.* -li
-luk	*s.* -lik
-lü	*s.* -li
-lük	*s.* -lik
-m	*s.* -im; tritt an vokalisch auslautende Verbwurzeln: ye-mek *essen*; yem *Futter* işle-mek *in Betrieb sein*; işlem *Rechnungsart, Formalitäten*
-ma (-me)	*s.* L. 19
-maklık (-meklik)	*s.* L. 19
-mamazlık (-memezlik)	*s.* L. 19
-man (-men)	bezeichnet den Täter; bei Adjektiven eine Form der Steigerung: say-mak *zählen, rechnen*; sayman *Buchhalter* koca *groß*; kocaman *riesig* şiş *geschwollen*; şişman *dick, fett*
-mazlık (-mezlik)	*s.* L. 19
-me	*s.* -ma
-meklik	*s.* -maklık
-memezlik	*s.* -mamazlık
-men	*s.* -man: öğret-mek *lehren*; öğretmen *Lehrer*
-ne	*pers. aus* -hane; *s.* -hane; eczane *Apotheke*; postane *Postamt*; hastane *Krankenhaus*
-ra (-re)	bezeichnet den Ort: 'burada „an diesem Ort" = *hier*; 'nerede „an welchem Ort" = *wo*
-sal (-sel)	kut *Glück, Heil*; kutsal *heilig*
-sel	*s.* -sal
-siz (-süz, -sız, -suz)	*s.* L. 13 N; 18 C
-sizlik (-süzlük, -sızlık, -suzluk)	aus -siz + lik, dient zur Bildung von Substantiven mit negativer Bedeutung; *s.* L. 13 N: ehemmiyet *Bedeutung*; ehemmiyetsizlik *Bedeutungslosigkeit*
-sız	*s.* -siz
-sızlık	*s.* -sizlik
-stan	*s.* -istan; tritt an vokalisch auslautende Wörter: Ermeni *Armenier*; Ermenistan *Armenien*
-suz	*s.* -siz
-suzluk	*s.* -sizlik
-süz	*s.* -siz

367 Wortbildungssuffixe

-süzlük	*s.* -sizlik
-ş	*s.* -iş; zu 2. anlaşmak *sich od. einander verstehen*
-t (-it, -üt, -ıt, -ut)	künstlich wiederbelebtes Suffix zur Bildung von Substantiven: kon-mak *sich niederlassen*; konut *Wohnung*
-tar	*s.* -dar: bayrak *Fahne*; bayraktar *Fahnenträger*
-taş	*s.* -daş: yurt *Heimatland*; yurttaş *Landsmann*
'-ten	ar., *s.* -an; tritt an weibliche Substantive: ilâve *Hinzufügung, Zusatz*; i'lâveten *unter Hinzufügung*
-ti (-tü, -tı, -tu)	dient zur Bildung von Substantiven von passiven oder reflexiven Verbstämmen: söylen-mek *gesagt werden*; söylenti *Gerücht*
-tı	*s.* -ti: kazı-n-mak *abgeschabt werden*; kazıntı *Rasur*; kal-ın-mak *sich aufhalten, bleiben*; kalıntı *Überrest, Ruine*
-tu	*s.* -ti
-tü	*s.* -ti
-u	*s.* -i: doğ-mak *geboren werden*; doğu *Osten*
-ucu	*s.* -ici
-uk	*s.* -ik: sol-mak *welken*; soluk *welk*; *blaß*
-ulu	*s.* -ili
-um	*s.* -im: dur-mak *halten, bleiben*; durum *Lage*; otur-mak *sitzen*; oturum *Sitzung*
-unç	*s.* -inç: kork-mak *(sich) fürchten*; korkunç *fürchterlich*
-uş	*s.* -iş: oku-mak *lesen*; okunuş *Lektüre*
-ut	*s.* -t
-ü	*s.* -i: öl-mek *sterben*; ölü *tot, Tote(r)* sür-mek *treiben*; sürü *Herde*
-ücü	*s.* -ici: güldür-mek *erheitern, froh stimmen*; güldürücü *erheiternd*
-ük	*s.* -ik: böl-mek *teilen*; bölük *Teil*; *Gruppe, Kompanie*
-ülü	*s.* -ili
-üm	*s.* -im: bük-mek *krümmen*; büküm *Krümmung*
-'ün	*s.* -'in: tüt-mek *rauchen*; tütün *Tabak*
'-ün	*s.* '-in; *s.* L. 12 H 2
-ünç	*s.* -inç: gül-mek *lachen*; gülünç *lächerlich*
-üş	*s.* -iş: görün-mek *erscheinen*; görünüş *Erscheinung*
-üt	*s.* -t
-ye	ar., *s.* -iye
-yen	ar., *s.* -an; tritt an ein arabisches Adjektiv auf -î: mütemadî *dauernd*; mütemadiyen [-'mɑ:-] *dauernd, in einem fort*
-yici (-yücü, -yıcı, -yucu)	*s.* -ici: dinle-mek *hören*; dinleyici *Hörer*
-yin	*s.* '-in: öğle *Mittag*; 'öğleyin *mittags*
-yiş (-yüş, -yış, -yuş)	*s.* -iş: söyle-mek *sagen*; söyleyiş *Sprechweise*
-yucu	*s.* -ici: oku-mak *lesen*; okuyucu *Leser*
-yuş	*s.* -iş: oku-mak *lesen*; okuyuş *Lesen, Lektüre*
-yücü	*s.* -ici
-yüş	*s.* -iş

TÜRKISCH-DEUTSCHES WÖRTERVERZEICHNIS

Die Zahlen verweisen auf die Lektionen.

L = Lesestück, G = Grammatik, Ü = Übungen

s. a. die Listen 12 H, 21 A und die Wortbildungsliste

A

a *s.* e
abone etmek 21 G abonnieren (-i/ *A*)
abone olmak 21 G abonniert sein (-e/ auf *A*)
acaba ['adʒaba] 12 Ü wohl, denn, nun *in der Frage*; 16 Ü *Verstärkung*
acele etmek 15 Ü sich beeilen
a'centa 21 Ü Vertretung, Niederlassung
acı 4 L bitter; 19 L Kummer, Schmerz
acıklı 15 L betrüblich
acılık 7 Ü Bitterkeit
acımak 6 Ü sich erbarmen (-e/ *G*); 21 G bedauern, bereuen (-e/ *A*); es tut einem leid (-e/ um); Mitleid haben (-e/ mit)
acıtmak 20 Ü wehtun (i-/ *D*)
açık [atʃik] 2 L offen; 9 L deutlich
açıkgöz 15 L pfiffig
açıklama 21 Ü Erläuterung
açıklık 7 Ü Öffnung
açılış 7 Ü Beginn
açlık (-ğı) 16 Ü Hunger
açmak 6 Ü öffnen; 9 Ü anvertrauen (-e -i/ j-m etw.)
ad (adı) 7 L Name
ada 2 L Insel
Adalar 2 L Prinzeninseln
adalet 11 L Gerechtigkeit
adalı 7 Ü Inselbewohner
adam 2 L Mensch, Mann
adam sen de! 21 L ach was!, Wichtigkeit!
a'damakıllı 5 L gehörig, ordentlich
âdet 21 Ü Sitte, Gewohnheit

âdetini değiştirmek 21 G abgewöhnen (birinin/ j-m etw.)
âdeta ['aː-] 21 L fast
adım 13 L Schritt
bir adım atmak 21 L e-n Schritt tun
adında 18 L mit Namen
adi [aːdiː] 11 Ü gewöhnlich
âdil 11 L gerecht
adlı 10 L betitelt, mit dem Titel
adres 5 Ü Adresse
aferin ['aːfɛrɪn] 4 L bravo
'affetmek 6 Ü verzeihen
affe'dersiniz 2 L entschuldigen Sie!
afiyet [aː] 17 L Appetit
Afrika 8 L Afrika
ağ [aː] 20 Ü Netz
ağabey [aːbɪ] 17 L älterer Bruder
ağaç [aːatʃ] (-cı) 5 L Baum
ağaçlı 7 Ü mit Bäumen bestanden, Baum-
ağaçlık 7 Ü Baumgruppe; baumreich
ağır [aːɑɹ] [aːiː] 21 L schwer
ağırbaşlılık 11 G Besonnenheit
ağırlık (-ğı) 21 L Gewicht
ağız [aːaz] (ağzı) (ağzı [aːzi]) 5 L Mund
ağızlık 7 Ü Mundstück
ağlamak [aːlamak] 5 L weinen (-e/ über; -e ... için/ um; -den/ vor)
ağlayıvermek 17 L gleich losheulen
ağrımak 8 Ü schmerzen
ağustos [aːustəs] 7 L August
ah [ax] 5 L ach!
ah çekmek 5 L seufzen

ahbap (-bı) 21 L Freund(e)
ahçı [axtʃi] 16 Ü Koch
ahlâk [axlaːk] (-kı) 19 L Moral; Ethik, Sittenlehre; Angewohnheit
ahlâklı 19 L moralisch, sittenstreng
aile [aːilɛ] 15 L Familie
ait [aːit] **olmak** 15 L gehören (-e/ *D*)
ajans [aːjaňs] 14 Ü Agentur
'Akdeniz 12 L Mittelmeer
akıl 10 Ü vernünftig, klug; 16 Ü intelligent
akıl hastası [a'kiɫhastasi] 13 L geisteskrank
akıl'lıca 20 Ü vernünftig
akıl'sızca 20 Ü unvernünftig
akım 11 Ü Strom
akış 17 L Lauf
aklı: aklına gelmek 21 Ü auf die Idee kommen
aklına getirmek 17 L sich (etw.) ins Gedächtnis rufen
akmak (-ar) 5 L fließen
akraba (-bəɹ) 16 Ü Verwandte, *a. Sing.*
akrep (-bi) 7 L Stundenzeiger, kleiner Zeiger; 12 L Skorpion
aksi 4 L entgegengesetzt; schief
akşam 2 L Abend; 13 L *Adv.* abends
aktarma 10 Ü Umsteigen
aktarma yapmak 9 Ü umsteigen
aktarmak 18 Ü übermitteln; *hier:* senden
âlâ [aːlaː] 17 L sehr gut
alâka 10 L Interesse, Zuneigung; *s. a.* ilgi

369 Wörterverzeichnis

alâkadar olmak 21 G interessieren (-i/ j-n für)
alan 5 L Gebiet
alay etmek 13 Ü sich lustig machen (-le/ über A); 21 G sich amüsieren (-le/ über A)
alçak 18 Ü niedrig, tief
alçak basınç 18 Ü Tiefdruck
aldanmak 11 G betrogen werden
aldırmamak 19 L keine Beachtung schenken
âlem 19 Ü Welt
aleyhine: -in aleyhine 18 Ü gegen
alfabe 20 L Alphabet
alıcı 19 Ü Empfänger
alınmak 8 Ü genommen werden
alıp getirtmek 10 Ü holen lassen
alışık 21 G gewöhnt (-e/ an)
alışık olmak 16 Ü gewöhnt sein
alışmak 21 G sich gewöhnen (-e/ an)
alıştırma 4 Ü Übung
alıştırmak 21 G gewöhnen (-e/ an)
alışveriş 13 L Geschäft, Arbeit, Besorgung; 16 Ü Handel
âlim, pl. ulema [-mɑ:] (ar.) 11 L mohammedanischer (Gottes)Gelehrte(r)
alkışlamak 14 Ü bejubeln
Allah [ɑłɑːx] 4 L Gott
Allah aşkına 6 Ü um Gottes willen
Allaha ısmarladık [ɑ'łɑːsmarładık] 4 L Auf Wiedersehen! (sagt der Fortgehende)
almak 3 L nehmen; Fahrkarte lösen; 10 Ü bekommen; (Raum) fassen
almağa gitmek 13 L holen
Alman 2 L Deutsche(r)
Alman filmi (-ni) 4 L ein deutscher Film
almanlık 7 Ü Deutschtum
Al'manya 1 L Deutschland
alt 7 L unter-
alternatör 16 Ü Wechselstromgenerator
altı 2 L sechs
altın 16 Ü Gold; 17 Ü Goldstück
altıncı 7 G sechste(r, -s)

altında: -in altında 12 Ü unter D
altmış 7 G sechzig
altmışıncı 7 G sechzigste(r, -s)
altüst (-tü) 21 L durcheinander
'ama 7 L aber
aman 16 Ü o weh!
ambar 21 Ü Speditionsfirma
'amca 8 Ü Onkel
amcamlar 16 L Onkel und Tante
ameliyat [-ja:t] (-tı) 21 Ü Taten; med. Operation
A'merika 8 L Amerika
A'merika Birleşik Devletleri 8 L die Vereinigten Staaten von Amerika
Amerikalı 8 L Amerikaner
Amerikan 8 L amerikanisch
amir [a:] 21 L Leiter, Chef
ampul (-lü) 7 Ü Glühbirne
ana 19 L Mutter
Anadolu 16 Ü Anatolien
anahtar 9 Ü Schlüssel
anayurt (-du) 11 G Heimat
ancak 9 L nur; erst
and olsun ki 12 L wahrlich
'andetmek 12 L geloben
Andlar 16 Ü Anden
andlaşma 18 L Abkommen; hier a. Friede
anî 10 L plötzlich
Ankara 1 L Ankara
Ankara keçisi 11 L Angoraziege
Ankaralı 7 Ü Ankaraer
anlam 19 Ü Sinn, Bedeutung
anlamak 4 Ü verstehen (-den/ von)
anlaşılmak 9 L verständlich werden
anlaşma 8 L Abkommen, Vertrag
anlatmak 9 Ü erklären; 10 L erzählen
'anne 5 L Mutter
annecik (-ği) 5 Ü Mutti, liebe Mutter
apartman dairesi [dɑːɪrɛsi] 7 Ü Etagenwohnung
aptal 20 Ü dumm
aptalın biri 20 Ü Dummkopf
araba 6 Ü Wagen
aracılık (-ğı) 17 L Vermittlung

araç (-cı) 7 L Mittel, Gerät, Vorrichtung, Verkehrsmittel
aralık 7 L Dezember
aramak (arıyor) 4 L suchen; 18 Ü aufsuchen
arama-tarama 18 Ü Durchsuchung
aramızda 12 Ü zwischen euch; hier: bei euch
Arap 16 Ü Araber
Arapça 14 L arabisch, (das) Arabische
ara: arası 7 G zwischen, von ... bis
arasına: -in arasına 13 L zwischen; hier: in
arasında: -in arasında 7 L zwischen; 8 Ü inmitten
araya girmek 16 Ü einschalten
'Ardahan 18 L Stadt in Ostanatolien
ardı sıra 21 L nacheinander; Reihe
ar'dınca 19 Ü unmittelbar hinterdrein
aritmetik problemi 8 Ü Rechenaufgabe
arka 6 Ü Rückseite; 10 L Rücken; Rück-, hinter-
arkada 6 Ü (von) hinten
arkadaki 6 Ü auf der Rückseite (gelegen)
arkadaş 6 Ü Kollege
hayat arkadaşı servisi 21 Ü Vermittlung von Lebensgefährten; etwa: Heiratsanzeigen
arkasından 14 L hinter seinem Rücken; hinter ihm her
armağan [armaːan, -maːn] 17 L Stiftung, Wohltat, Geschenk
armağan etmek 13 (Formeln) schenken (-e/ D)
armut (-du) 17 Ü Birne
arpa 20 Ü Gerste
arslan 12 L Löwe
arşiv 18 L Archiv
artık 4 L endlich; mit Verneinung: mehr
ar'tıkyıl 7 L Schaltjahr
artış 7 Ü Zunahme
artmak (-ar) 8 Ü zunehmen; 21 L steigen, größer werden, sich erweitern
arzu [u:] 10 L Wunsch
arzu etmek 17 Ü wünschen
'asıl (aslı) 9 L Grundlage; das Wesentliche; 20 L Basis; 11 L eigentlich, im

Lehrbuch Türkisch 24

Wörterverzeichnis 370

Grunde genommen; 14
L wirklich; 20 L haupt-
sächlich; 21 L ja ...
asılı olmak 18 Ü hängen
asil [i:] 15 L edel
asistan 13 Ü Gehilfe, Assistent
askerî mahkeme 21 Ü Militärgericht
askerlik (-ği) 19 Ü Mili-
tärdienst
asla (+ *Verneinung)* 18
Ü auf keinen Fall
aslan 14 L Löwe
asma 7 L Hänge-; *hier:*
Wand-
asmak 14 Ü aufhängen;
21 G hängen (-i -e/ etw.
an)
assubay 10 L Unteroffizier
astım, 'astma 14 Ü Asthma
'Asya 1 L Asien
'Asyalı 7 Ü Asiate
aşağı [aʃɑːɑ] yukarı 16 Ü
etwa, ungefähr
aşağıdaki [aˈʃɑːdaˉkɪ] 6 Ü
folgend, untenstehend
aşık 21 G verliebt (-e/ in);
zugetan (-e/ D)
âşık [aːʃik] (-ğı) 18 Ü Ge-
liebte(r)
aşındırmak 14 Ü abnutzen
aşk (-kı) 10 L Liebe
aşmak 14 L überschreiten,
passieren
at (atı) 11 Ü Pferd
a'tasözü 21 Ü Sprichwort
ateş 8 Ü Feuer; Fieber
atılmak 8 L geworfen werden; 13 L sich werfen;
21 G wegfallen
A'tina 14 Ü Athen
atlatmak 21 L springen
lassen; abwimmeln, ver-
trösten
atmak (atar) 8 L werfen
atom bombası [-'tɔm-] 8 L
Atombombe
av 21 Ü Jagd
avans [avaňs] 12 Ü Vorschuß
avantaj 16 Ü Vorteil
Av'rupa 1 L Europa
Av'rupalı 7 L Europäer
avuç (-cu) 21 L Hand
(-fläche)
Avustu'ralya [aŭst"ralja]
16 Ü Australien
ay 7 L Monat
ayağa [ajaːa] kalkmak
19 Ü aufstehen
ayak (-ğı) Fuß
  ayak basmak 18 Ü betreten; 20 Ü seinen Fuß
  setzen (-e/ auf)

ayak diremek 21 L fest
bleiben
ayak uydurmak 21 G sich
anpassen (-e/ e-r S.)
ayakkabı [aˈjakːabi] 14 Ü
Schuh
ayaklı 18 L wandelnd
ayakta durmak 21 Ü stehen, sich auf den Beinen
halten
ayaküstü [aˈjakˈysty] 10 L
stehend; aufrecht, auf
den Beinen
ayarlamak 14 Ü einstellen
Aya'stefanos 18 L San
Stefano
Aydın 16 L *Vorname*
aydınlatmak 18 Ü be-
leuchten
aydınlık 20 L hell
ayıp (-bı) 20 Ü Schande
ayırmak (*Pass.* ayrılmak)
18 L aufteilen; 19 Ü
trennen
ayırt etmek 20 Ü unterscheiden
ayırtmak 14 Ü (vor)be-
stellen, reservieren lassen
aylık 7 L ... für einen Monat, Monats-; 13 Ü ...
Monate alt
'aynı 7 L der-, die-, dasselbe; 16 L sein
aynı çeşit 16 Ü gleicher
Art
aynı şey 19 Ü dasselbe
'ayol 21 L hallo
ayrı 5 L einzeln; 21 L be-
sonder-
ayrı ayrı 7 L im einzelnen
'ayrıca 13 *(Formeln)* außerdem; insbesondere
ayrılık 19 L Unterschied
ayrılmak 14 Ü sich trennen; 21 G verlassen
(-den/ A)
ay'rılmamak 16 L nicht
weggehen (-den/von); 21
G nicht abgehen (-den/
von)
ayrılmıştır 7 L ist, sind
(ein)geteilt
ayrıntılar 7 Ü *s.* tafsilât
az 1 L wenig(e); 16 L we-
nig(er)
az kalsın 17 G fast, beinahe
aza [aːzaː] 21 L Organ,
Glied; Glieder
azalmak 12 L abnehmen,
sinken
azaltmak 9 L verringern,
herabsetzen
aziz [aziːz] 8 Ü lieber

B

baba 5 L Papa
ba'baanne 21 Ü Großmutter
babacık (-ğı) 5 Ü Väterchen, Papa
babalık 7 Ü Vaterschaft;
15 L Väterchen, Alter;
20 Ü Stiefvater; *hier Anrede:* Mann!
Babıâli [baːˈb(i)aːlı] 19 L
Hohe Pforte
bacak (-ğı) 21 L Bein
badanacı 7 Ü Maler, Anstreicher
bagaj 6 Ü Gepäck
bağ [baː] 19 Ü Bindung;
21 Ü Schnürsenkel
Bağdat [baːdat] (-dı) 13 Ü
Bagdad
bağımsız [baːamsiɀ] 18 L
unabhängig
bağımsızlık [baːam-] 18 L
Unabhängigkeit
bağırmak [baːarmak] 6 L
schreien
bağışlamak [baːaʃlamak]
6 Ü vergeben, ver-
zeihen
bağlamak [baːlamak] 21
G befestigen (-i -e/ etw.
an D); *Tel.* verbinden
(-e/ mit)
bağlı 16 Ü abhängig (-e/
von); verbunden
bağlı olmak 21 G abhängen (-e/ von); ankom-
men (-e/ auf)
bahçe [baxtʃɛ] 3 L Garten
bahis konusu olmak 21 G
sich handeln um
bahsetmek 10 L sprechen
(-den/ von, über); 21 G
handeln (-den/ von)
bahtiyar [baxtijaːɾ] 13 L
glücklich
bakan 11 Ü Minister
bakanlık 11 G Ministe-
rium
bakılmak 13 L gepflegt
werden
bakım 4 L Gesichtspunkt
... bakımından zengin 21 G
reich an
bakınmak 18 Ü sich um-
schauen
bakır 21 Ü Kupfer
bakkal 19 Ü Kolonial-
warenhändler
bakla 19 L Saubohne
bakmak 3 L ansehen, (an-)
sehen; 13 L *Kranke* pflegen; 21 G sich ansehen
(-e/ etw.); aufpassen (-e/

Wörterverzeichnis

auf *A*); behandeln (-e/
j-n); hüten (-e/ *A*)
'baksan a 14 L sieh, schau
doch mal
'balayı (-nı) 21 Ü Flitter-
wochen, Hochzeitsreise
balık 12 L Fisch
ba'lina 16 Ü Walfisch
'balkabağı (-nı) 14 L Me-
lonenkürbis
banda almak 18 Ü (auf
Band) aufnehmen
'banka 12 Ü Bank
'bankacı 16 Ü Bankier
bankı'not 18 Ü Schein
bardak (-ğı) 5 Ü Glas;
17 L Kanne
bari ['baːrı] 20 Ü wenig-
stens   [ter]
baro'metre 21 Ü Barome-]
basamak 18 Ü Stufe
basın 12 *(Formeln)* Presse
basınç (-cı) 18 Ü Druck
basit 18 Ü einfach, klar
baskı 18 Ü Druck; Auf-
lage
baskın yapmak 8 L über-
fallen, überrumpeln (-e/
A)
basmak (basar) 6 Ü drük-
ken, treten (-e/auf); 13 L
(hin)treten; *Alter* erreichen; 15 Ü *(Dunkelheit)*
einbrechen; 18 Ü ein-
dringen (-e/ in *A*)
basmıştı 13 L war ... ge-
worden
bastırmak 6 Ü hineinpres-
sen
baş 6 Ü Kopf
baş ağrısı ['baʃaːrisi] 18
L Kopfschmerzen
'baş vezir 15 L Groß-
wesir
'baş vurmak 16 Ü sich
wenden (-e/ an *A*); greifen (-e/ zu *D*)
ba'şa gelmek 20 Ü in e-e
böse Lage geraten; zu-
stoßen
başına ... gelmek 19 L
über j-n kommen, gera-
ten in
başının etini yemek 21 L
dauernd in den Ohren
liegen
baştan savar gibi 10 L so
flüchtig, wie von unge-
fähr
başak (-ğı) 8 Ü Ähre
Başak 12 L Jungfrau
başarı 4 L Erfolg
başarı göstermek 4 L er-
folgreich sein
başarmak 20 Ü gelingen

'başbakan 19 Ü Minister-
präsident
başına, *pl.* başlarına, (kendi) başına 21 Ü allein,
für sich
başına buyruk 21 L selbst-
herrlich
başka 5 L ander-
başkan 11 Ü Vorsitzen-
de(r), Präsident
başkanlık 8 L Präsidium;
19 L Präsidentschaft
başkent 1 L Hauptstadt
başlamak 3 L beginnen;
7 L anfangen (-e/ zu ...)
başlangıç 7 L Anfang
'başlıca 11 Ü hauptsäch-
lich, Haupt-
başöğretmen ['baʃœːrɛt-
mɛn] 6 Ü Rektor *(einer
Volksschule)*
'başşehir 1 L Hauptstadt
batı 12 L Westen; west-
lich, West-
batış 7 L Untergang
batmak 16 Ü untergehen
'Batum 18 L *heute: Stadt
in der Sowjetunion (Ba-
tumi)*
bavul [baˇwuł] 6 Ü Koffer
bay 2 L Herr
'bayağı 21 L fast
bayan 2 L Dame, Frau
(+ Name); Anrede: gnä-
dige Frau
Bayazıd 18 L *heute:* Do-
ğubayazıt, *türk. Stadt in
Ostanatolien*
bayılmak 18 Ü in Ohn-
macht fallen; 21 Ü be-
geistert sein (-e/ von)
bayi [baːjı] 11 Ü Verkäu-
fer
bayrak 18 Ü Fahne
bayram 21 L Bayramfest
bazan ['baːzan] 14 Ü zu-
weilen
bazı ['baːzi] 3 L einige
be! 16 Ü he!
be adam! 16 Ü Men-
schenskind!
beğenilen [bɛʄɛn-] 16 Ü
beliebt
beğenmek (-i) 4 L (gern)
mögen; schätzen; gefal-
len; 21 G auswählen
bekçi 21 L (Nacht-)Wäch-
ter
bekçilik 19 L Wachdienst
beklemek (bekliyor) 4 L
warten (-i/ auf *A*)
belâ [-laː] 20 Ü Plage,
Unglück; Pechvogel
Belçika [bɛl'tʃika] 1 L
Belgien

Belçikalı 7 Ü Belgier
belge 6 Ü Schein; Ausweis
belirli 16 L bestimmt
belirmek 13 Ü sich zeigen
belirtmek 13 *(Formeln)*
bestimmen, definieren;
feststellen, erklären
belirtmek 16 L bezeich-
nen, bestimmen
'belki 14 L vielleicht
belli 16 Ü sichtbar
bel'li etmek 21 L zu er-
kennen geben
'bence 19 L nach meiner
Ansicht
bencillik (-ği) 19 L Egoismus
benzemek 13 Ü ähneln
(-e/ *D*)
benzer 17 L ähnlich (-e/ *D*)
benzin 7 G Benzin
benzin istasyonu 16 Ü
Tankstelle
beraet [beraːɛt] ettirmek
21 G freisprechen (-den/
j-n von)
beri : -den beri 10 Ü seit
'Berlin 1 L Berlin
beslemek 11 L ernähren;
Tier halten
beş 2 L fünf
beşinci 7 G fünfte(r, -s)
bey 4 L Herr *(gebräuch-
lichste höfliche Anrede,
nach dem Vornamen)*
beyaz 16 Ü weiß
Beyazit 4 L *Stadtteil von
Istanbul*
beyazlar giyinmek 14 Ü
sich weiß kleiden
beyin (beyni) 20 L Gehirn
bez 18 Ü Tuch
bıçak (-ğı) 21 Ü Messer
bıkmak 21 G satt haben
bırakmak 5 L hinterlassen
bıyık altından gülmek 20 Ü
verschmitzt lachen
biçim 9 Ü, 20 Ü Mähen;
Art; Form, Fasson
bilakis ['bılakıs] 10 Ü im
Gegenteil
bildirmek 6 Ü melden,
mitteilen; angeben; be-
zeichnen
bile 10 L sogar; 14 L überhaupt *nicht*
bileşik 14 Ü zusammenge-
setzt
bilet 3 L Fahrkarte; 4 Ü
Eintrittskarte
bilgi 11 Ü Wissen; 19 L
Auskunft, Angabe
bilgi almak 21 G sich in-
formieren (hakkında/
über)

Wörterverzeichnis 372

bilgin 18 Ü Wissenschaftler
bilgisizlik 21 Ü Unwissenheit
'bilhassa 19 Ü besonders
bilmek 3 L wissen, können
bilyalı yatak 21 Ü Kugellager
bin 7 G eintausend
bina [a:] 20 Ü Gebäude
bina [a:] etmek 17 Ü bauen
bininci 7 G tausendste(r, -s)
bin'lerce 19 Ü Tausende
binmek 3 L einsteigen (-e/ in); 11 Ü besteigen; 21 G fahren (-e/ mit)
Bir 7 L *Name*
bir 1 L ein; 2 L eins; 12 L *hier*: nur; 20 Ü einmal
bir an [a:] önce 19 Ü möglichst rasch
bir aralık 21 L irgendwann; da
bir ... bir ... 20 Ü etwas ... noch etwas ...
bir daha da 10 L noch einmal
bir de 7 L außerdem, sowie; 16 Ü und *(beim Gegensatz)*
bir defa 4 L einmal
bir düzüye 13 Ü dauernd, ununterbrochen
bir 'hayli 10 L ordentlich, ganz gehörig
bir ... iki ... üçüncüsünde 20 Ü etwas ... noch ... schließlich
bir karış 21 L jeder Zoll
bir kere 6 Ü einmal
bir kerecik 20 Ü ein einziges Mal
bir milyar 7 G 1 Milliarde
bir milyon 7 G 1 Million
bir müddet önce 10 L vor einiger Zeit
bir şey 3 L etwas
bir şeyler 10 Ü allerlei
bir tanesi 14 L einer
bir tarafa koymak 14 L zur Seite legen
bir türlü 14 L einfach *nicht*
'biraz 3 L etwas, ein wenig
birbirimizden 20 Ü voneinander
birdenbire 16 Ü plötzlich
birer 6 Ü je ein
birim 7 Ü Einheit
birinci [bırındʒı] 6 L erste(r, -s)
birisi 15 L jemand

birkaç [bı(r)katʃ] 4 L einige
birkaç kat fazla 20 Ü mehrfach
birleşmek 14 Ü sich vereinigen
birlik 7 Ü Einheit; Verband
birtakım 19 L einige
bitirmek 9 L beenden; 17 L verbrauchen
bitişik olmak 21 G grenzen (-e/ an)
bitki 5 Ü Pflanze
bitkin 21 Ü erschöpft
bitmek 6 L beendet sein, zu Ende gehen; 8 Ü wachsen; 21 G erschöpft sein (-den/ von); schwärmen (-e/ für)
bodrum 18 Ü Keller
boğa [boːa] 12 L Stier
boğaz [boːaz] 5 L Schlund
Boğaziçi [bɔːˈazitʃı] (-nı) 1 L Bosporus
bol 11 Ü reichlich, viel
borç (-cu) 13 L Schuld
borçlanmak [bɔrʃlan-] ⓓ D 20 Ü Schulden machen
boru 6 Ü Rohr
'Bosna-'Hersek 18 L Bosnien und die Herzegowina
bostan 14 L (Gemüse-) Garten
bostancı 20 Ü Gärtner
boş 4 Ü frei; 17 L leer
boşalmak 21 L sich leeren
boşalmış 21 L leer
boşaltmak 5 L füllen (-e/ in *A*); leeren; ausladen
boşluk (-ğu) 13 L Leere; 18 Ü Raum; 21 L leerer Raum
boşuna 17 L vergebens
boşuna nefes tüketmek 21 Ü sich den Mund fusselig reden
boy 16 Ü Wuchs, Größe
boya 7 Ü Farbe
boyamak 11 L färben
boynuz 11 L Horn
boyun 16 Ü Hals
boyunca 14 Ü während, im Verlauf
bozmak (-ar) 13 Ü sich verschlechtern; zerstören; 15 L die Fassung verlieren; 19 Ü stören
bozuk 10 Ü kaputt
bozukluk 18 Ü Störung; Leiden
bozulmak 20 Ü verderben
bozulmuş 20 Ü verdorben

böbrek (-ği) 21 L Niere
böbürlenmek 20 L sich wichtig machen
böcek [bœdʒɛk] 21 Ü Insekt
bölge 5 L Zone, Gebiet
bölmek (-ür) 20 Ü teilen
böyle (bir) 9 L solch ein
'böylece 8 L auf diese Weise
bronşit 8 Ü Katarrh, Bronchitis
bronz 6 L Bronze
broşür 6 Ü Broschüre
brüt 11 Ü brutto
bu 1 L diese(r, -s)
'bu akşam 2 L heute abend
bu arada 21 L darunter
bu esnada 14 L in diesem Augenblick
bu gibi 10 Ü solch(e)
bu hususta [husuːsta] 8 Ü darüber, davon
bu itibarla [iːtıbaːr-] 21 L in dieser Hinsicht; übrigens
bu kadar 10 L soviel; 5 *(Formeln)* soweit
'bu sabah 2 L heute morgen
bu sebepten 4 L aus diesem Grunde
bu sefer 15 L diesmal
bu sıralarda 21 Ü mittlerweile
bu suretle 21 L somit
bu yüzden 9 L aus diesem Grunde
buçuk (-ğu) 3 L halb; Hälfte
budala 16 Ü dumm, dusselig
budun 11 G Volksstamm, Volk
'bugün 2 L heute
'bugünkü 12 G heutig; der (die, das) Heutige
buğday [buːdaj] 20 Ü Getreide, Weizen
buhar 7 Ü Dampf
buji 19 Ü Zündkerze
bulaşmak 8 Ü anstecken (-e/ *A*)   [rien⟩
Bulgaristan 18 L Bulga-⟩
bulmak 6 Ü finden
bulunmak 5 L sich befinden; 9 Ü sein; 10 L *höfliches Stützverb*: haben, sein, machen, tun; 16 Ü vorkommen
buluş 16 Ü Erfindung
buluşmak 10 L sich treffen
bulut 1 L Wolke

373   **Wörterverzeichnis**

bulutlu 3 L bewölkt, wolkig
buna mukabil [mᴜkɑ:bıl] 16 L dagegen
bunalmak 17 Ü umkommen (-den/ vor)
bunlar 3 L diese
bu'nun gibisi 15 L so etwas (wie dies)
bu'nun için 4 L deshalb
bu'nunla birlikte 11 Ü damit zusammen, dabei; 19 Ü daneben
'burada 3 L hier
'bura(sı) 14 Ü hier, hiesige Stelle
burasında *s.* **şurasında**
burç (-cu) 12 L Burgturm; Tierkreiszeichen
bur'ma musluk (-ğu) 17 L Wasserhahn
burun (-rnu) 8 Ü Nase
but 15 L Keule
buyruk (-ğu) 18 Ü Befehl, Gebot; 21 L Erlaß
buyurmak 6 Ü befehlen, geruhen
buz 7 Ü Eis
'buzdolabı 20 Ü Kühlschrank
bülbül 17 Ü Nachtigall
büro 2 L Büro
bürünmek 14 L sich einwickeln [gar]
'büsbütün 21 L ganz und
bütün 2 L alle
büyücek 14 L ansehnlich, stattlich
büyük 1 L groß; 20 Ü *hier*: Erwachsener
Büyük Millet Meclisi 14 Ü Große Nationalversammlung
büyük Sahra [sɑxrɑ:] 21 Ü Sahara
bü'yükana 14 Ü Großmutter
bü'yükanne 13 Ü Großmutter
bü'yükbaba 13 Ü Großvater
büyüklük 7 Ü Größe
büyümek 11 L (auf)wachsen; gedeihen; 14 Ü größer werden; 19 L heranwachsen
büyüteç (-ci) 13 Ü Vergrößerungsglas; 20 Ü Lupe

C

cadde [dʒɑd:ɛ] 6 Ü (größere) Straße; 11 Ü Hauptstraße
cahilleşmek [dʒɑ:h-] 18 Ü verdummen

cahillik [ɑ:] 21 Ü Dummheit
cam 20 Ü Scheibe; 21 Ü Glas
cami [ɑ:] (-mii) 4 Ü Moschee
camlatmak 10 L mit e-m Glasrahmen versehen lassen, einrahmen lassen
Can 20 L *männlicher Vorname*
can 20 Ü Leben
canı sıkılmak 21 L sich bedrückt fühlen
canı yanmak 14 L tief betrübt sein
canım 16 Ü mein Lieber!; 21 L mein Leben!; *als Adj.* lieb, nett, schön
canını (*od.* **kendini**) **dar atmak** 21 L sich flüchten
canlandırmak 13 Ü beleben; sich vorstellen
canlı 16 Ü Lebewesen; 21 Ü lebendig
canlı hayvanlar 16 Ü lebendes Vieh
cansız 17 Ü leblos
casus [ɑ:] 21 Ü Spion
caydırmak 21 G abraten (-i -den/ j-m von)
cazip [ɑ:] 16 Ü anziehend
-ce 8 Ü von *beim Passiv*
cehennem 12 Ü Hölle
ceket 11 L Jackett
cemaat [-mɑ:ɑt] (-ti) 19 Ü Gemeinde
cenaze [ɑ:] 21 Ü Leichnam; Begräbnis
Ce'nevre 16 Ü Genf
cennet 19 Ü Paradies
cennete girmek 19 Ü in den Himmel kommen
cep (-bi) 7 L Tasche
cephe 8 L Front
cesaret [ɑ:] 12 L Mut
cevap [ɑ:] (-bı) 4 L Antwort
cevap vermek 15 Ü antworten
cevap yapıştırmak 21 Ü zur Antwort geben, versetzen
cevaplandırmak 18 *Formeln*, 21 G beantworten (-i/ etw.)
cevaplı 7 Ü mit Antwort (-schein)
cevher 21 Ü Erz
ceviz 14 L Walnuß
ceviz ağacı [tʃɛ'vızɑ:ɑdʒi] 14 L Nußbaum
ceza [dʒɛ'zɑ:] 11 L Strafe
bir cezaya çarptırmak 21 G verurteilen

cezbetmek ['dʒɛzbɛtmɛk] 18 Ü anziehen
cılız 8 Ü mager
cidden ['dʒıd:ɛn] 10 Ü wirklich, ernstlich
ciddiyet 18 Ü Ernst
cihet 9 L Richtung; Gesichtspunkt
cihetle: -diği cihetle 13 Ü da, weil, angesichts der Tatsache, daß
cila 7 Ü Lack
cilt (-di) 14 Ü Band; 17 Ü Haut
ciltlemek 16 L (ein)binden
cimnastik (-ği) 4 L Gymnastik
cimri 17 Ü geizig
cin (-nni) 17 L böser Geist
cins 11 L Art, Gattung; 16 Ü Qualität
cisim (-smi) 11 Ü Körper
civar [ɑ:] 14 Ü Umgebung
civarında 12 L um, etwa
coğrafya [dʒɔ:'rɑfjɑ] 5 L Geographie
coşkun 5 L sprudelnd
cömert (-di) 8 Ü freigebig
cömertlik (-ği) 15 L Freigebigkeit
cuma [dʒᴜ'mɑ:] 7 L Freitag
cu'martesi (-ni, -yi) 7 L Sonnabend
cumhuriyet [dʒᴜmhu:rı'jɛt] (-ti) 1 L Republik
cüce 18 Ü Zwerg
cümle 6 Ü Satz

Ç

'çabucak 21 L umgehend, sofort
çabuk 9 L schnell
çadır 10 Ü Zelt
çağ [tʃɑ:] 11 G Zeit(alter); 16 Ü Zeit(abschnitt)
çağırmak [tʃɑ:ɑrmɑk] 6 Ü rufen; 19 Ü einladen; 21 G einberufen, auffordern (-i -e/ j-n zu)
çalışkan 16 L fleißig
çalışma 9 Ü das Arbeiten, Arbeit
çalışmak 3 L arbeiten; 12 Ü lernen (-e/ *A*); 14 L sich bemühen (-e/ um); 21 Ü sich bewerben (-meğe/ um)
çalmak 11 Ü stehlen; 13 (*Formeln*) Lied spielen; 15 L klopfen (-i/ an *A*); 16 Ü läuten
çamaşır(lar) 10 Ü Wäsche

Wörterverzeichnis 374

çan 12 Ü große Glocke; *lautmalendes Wort, etwa* bim, bam
çanta ['tʃanta] 5 Ü Tasche; 14 Ü Handtasche; 17 Ü Koffer
'çarçabuk 20 Ü blitzschnell
çare [a:] 19 Ü Mittel, Hilfsmittel, Abhilfe; 21 Ü Ausweg
çarık (-ğı) 21 Ü Ledersandale
çar'pım tablosu 7 Ü Einmaleins
çarpmak 15 L stoßen, schlagen; klatschen; 21 G prallen (-e/ gegen)
çarptırmak 21 G *s.* ceza
çarşamba 7 L Mittwoch
çarşı 14 Ü Markt
çatı 20 Ü Handlungsform
çatmak (catar) 21 L gegeneinander stellen
çay 3 L Tee
çayır 11 L Wiese; 16 Ü Weide
çekememek 21 L nicht leiden, ausstehen können
çekilmek 8 L sich zurückziehen; 21 G austreten (-den/ aus *D*)
çekinmek 10 L sich genieren; zögern; (es) vermeiden; j-n meiden; 21 G Angst haben (-den/ vor)
çekirdek 17 Ü Kern
çekirge 16 Ü Heuschrecke
çekmece 18 Ü Schublade
çekmek 6 Ü ziehen; *s.* çekememek
çene 21 L Kinnlade; *fig.* Mundwerk
çengel 21 L Haken
çepçevre ['tʃeptʃɛvrɛ] 21 L ringsherum
çeşit 3 L Art
çeşitli 5 L verschiedenartig
çeşitlilik (-ği) 5 Ü Vielfalt, Verschiedenartigkeit; 18 Ü Mannigfaltigkeit
çeşme 17 L (Spring-)Brunnen
çevirmek (*Pass.* çevrilmek) 6 L drehen, wenden; auslegen, interpretieren, übersetzen; 15 L zurückschicken
çevre 16 Ü Umwelt, Milieu; 18 L Umgebung
çığlık [tʃiːlik] 16 Ü Geschrei
çığlık basmak 16 Ü laut jammern
çıkan 9 L auftretend

çıkarmak 6 Ü hinausstecken; 10 Ü auskommen; *Winter* überstehen; entnehmen; entziffern; 14 L *Hut* abnehmen; 16 L herausnehmen; 20 Ü herausholen; 21 G ablenken (-den/ von)
çıkartma yapmak 8 L landen
çıkmak 4 L hinausgehen; 6 Ü herauskommen; 8 Ü landen (-e/ in); 10 L ausziehen; 16 Ü aufsteigen; 19 Ü ausbrechen; 20 Ü auftauchen
çıldırmak 16 Ü verrückt werden
çıplak 21 L kahl
çırpınmak 10 Ü zappeln; sich abrackern
çırpıştırmak 10 L hinkritzeln
çırpmak 15 L leicht schlagen, klatschen
çiçek (-ği) 21 Ü Blume
çiftlik (-ği) Landgut, Farm
çiğnemek [tʃiːnɛmɛk] 15 L kauen
çiko'lata 12 Ü Schokolade
çile 21 L Drangsal, Mühe
çileden çıkarmak 21 L verärgern
çim 6 Ü Rasen
Çin 11 G China
çini 16 L Kachel
çirkin 8 Ü häßlich
çivi 15 Ü Nagel
çizgi 7 L Strich
çizmek 11 Ü ausstreichen; liniieren
çocuk [tʃɔdʒuk] 2 L Kind
çoğalmak [tʃɔːalmak] 8 Ü sich vermehren
çoğul eki [tʃɔːuɫɛkı] 20 Ü Pluralsuffix
çoğunluk [tʃɔːunɫuk] (-ğu) 12 L Mehrheit, Mehrung, Fülle
çok (-ğu) 1 L sehr; viel(e)
çok geçmeden 12 H kurz danach, bald darauf
çok şükür ki 20 Ü Gott sei Dank, daß
çokluk (-ğu) 7 Ü Fülle, große Menge
çoktan 13 L schon lange
çorba 5 L Suppe
çorba içmek 5 L Suppe essen
çökmek (-er) 20 G sich senken; 21 L verfallen, herunterkommen
çöl 5 L Wüste
çöpçü 14 Ü Straßenfeger

çözmek (-er) 8 Ü lösen; 20 L losbinden
çözümlemek 21 Ü analysieren
çukur 21 L Grube
çuval 20 Ü Sack
çünkü ['tʃynˉky] 4 Ü weil; denn
çürümek 20 Ü verfaulen

D

da 1 L auch
dadı 21 L Kinderfräulein
dağ [da:] 5 L Berg
dağılmak [da:almak] 17 Ü sich auflösen; zerstreut werden
dağlı [da:li] 7 Ü Gebirgsbewohner
dağlık 19 Ü gebirgig
daha 7 Ü noch, mehr; *Komparativpartikel*
daha önce 13 L früher, eher
daha sonra 8 L später, darauf
daha üstün 20 L überlegen (-den/ *D*)
daha yüksek 16 L höher
daha ziyade 16 L mehr
dahil 14 Ü einschließlich
daima [da:ıma:] 5 L immer
dair [a:]: -e dair 17 Ü betreffs, über
daire [da:ırɛ] 21 L Abteilung
dakika [dakiːka] 7 L Minute
dalga 11 G Welle
dalgalı 4 L wellig, bewegt
dalmak 13 L (unter)tauchen, versinken; 15 L verschwinden (-e/ in); 20 Ü geraten (-e/ in); 21 G sich hingeben (-e/ e-r S.)
damla 8 Ü Tropfen
damlatmak 8 Ü tröpfeln
danışmak 20 Ü um Rat fragen (-e/ j-n)
Dani'marka 8 L Dänemark
dans [dañs] 7 Ü Tanz
dar 2 L eng; 21 L *Adv.* kaum, gerade noch
darılmak 21 G böse sein (-e/ j-m); sich empören (-e/ über)
darlık 7 Ü Enge
darphane 21 L Prägeanstalt
davet etmek 13 Ü einladen
davranış 16 Ü Vorgehen; Lebensweise

375 Wörterverzeichnis

davranmak 18 Ü handeln;
behandeln, besorgen; 21
L sich benehmen
davul [daẉuł] 14 L Pauke
dayak (-ğı) 16 Ü Prügel;
Puff, Schubs
dayamak 21 G sich stützen
(-e/ auf)
dayandırmak 21 G gründen (-i -e/ etw. auf)
dayanıklı 11 L fest, haltbar
dayanmak 16 Ü halten
(haltbar sein); 17 L (es)
ertragen
dayı 19 L Onkel
de (da) 1 L auch; 5 L *nach
Verbform meist* und
-ip de 14 L und
dedikodu 6 L Klatsch
defa 7 G Mal
defter 21 L Register
değer [dɛ(j)ɛɹ] 7 Ü Wert;
21 G wert (-e/ *G*)
değer vermek 21 G Wert
legen (-e/ auf)
değerli 10 L geschätzt; 16
Ü wertvoll
değil [de'il] 1 L nicht
değil mi 4 Ü nicht wahr?
değişiklik [de'iʃıklıĸ] 8 Ü
Veränderung
değişmek [de'iʃmɛĸ] 12 L
sich ändern
değiştirmek 10 L ändern;
19 Ü auswechseln
dekor 16 L Dekoration
deli 14 Ü irre, verrückt
delik (-ği) 6 L Loch, Öffnung
delikanlı 18 Ü Bursche
demek (diyor *usw.*) 3 L
sagen; 7 L demnach
demek ki 7 L das heißt,
also
'demin 20 Ü vorhin
demir yaprak 16 Ü Eisenblatt
de'miryolu 16 Ü Eisenbahn
demokrasi 6 L Demokratie
demokrasi terbiyesi 6 L
Erziehung zur Demokra-
tie, demokratische Er-
ziehung
-den ... **-e** 7 L von ... bis
denemek 6 Ü versuchen,
probieren; 17 L auspro-
bieren
deney 17 L Versuch, Ex-
periment
deniz 1 L Meer, See
denk (-gi) 17 L gleich-
artig; Gegengewicht
denmek 7 L gesagt werden,
heißen

depo 6 Ü Depot, Lager
dere 16 L Bach
derece 3 L Grad; 21 L
Stufe, Instanz
... dereceden az (çok) 9 Ü
weniger (mehr) als ...
Grad
dergi 10 L *s.* **mecmua**
'derhal 5 L sofort
deri 11 L Fell; Haut
derin 5 L tief
derinden 5 L aus der
Tiefe; von weit her
derinlik 7 Ü Tiefe
ders 4 L Stunde, Unterricht
'ders kitabı 11 G Schulbuch
'ders yılı 16 Ü Schuljahr
dert (-di) 21 Ü Kummer
devam [aː] 7 Ü Fortsetzung
devam etmek 7 Ü fort-
setzen (-e/ *A*); 21 G bleiben (-e/ bei)
deve 16 Ü Kamel
devir (-vri) 16 Ü Epoche
devir ve teslim [iː] etmek
21 L übergeben
devlet 8 L Staat, Macht
devlet kuşu konmak 20 Ü
sein Glück machen
devlet lise imtihanı 7 G
Abitur
devre 19 Ü Kreis
devretmek 21 L übergeben
devrilmek 20 Ü umsinken
deyim 20 Ü Redensart
dış 11 Ü äußere(r) Teil;
Auslands-; 17 Ü Äuße-
re(s); Ausland
dışarda 20 Ü draußen
dışarı çıkmak 18 Ü hinausgehen
dışarıya almak 17 L *hin-
auswerfen*: abgeben
'Dışişleri Bakanı 21 Ü
Außenminister
diğer [dı(j)ɛɹ] 3 L ander-
dik 18 Ü steil
dikili 17 L eingepflanzt
dikkat 12 L Aufmerksamkeit; Sorgfalt
dikkat etmek 6 Ü achtgeben (-e/ auf)
... dikkatini çekmek 21 G
hinweisen (-e -in .../ j-n
auf *A*)
dikkatli 9 L aufmerksam;
13 L sorgfältig, sorgsam
dikmek (diker) 5 Ü (an)-
nähen; 21 G pflanzen,
treiben (-i -e/ etw. in *A*)
dil 6 Ü Zunge, Sprache
dil dökmek 20 Ü alle

Beredsamkeit aufbieten,
in j-n dringen
dil kurumu 21 Ü Sprachverein
dili varmamak 20 Ü etw.
kaum über sich bringen,
sich fast scheuen
dile gelmek 11 L anfangen
zu sprechen
dilek (-ği) 20 Ü Wunsch
dilemek 17 Ü wünschen;
20 L sich etw. wünschen
(-den/ von)
dilenci 15 L Bettler
din [diːn] 8 Ü Religion
di'namo 16 Ü Dynamo-
maschine
dinlemek 4 L hören
dinlenmek 15 Ü sich ausruhen
dinletmek 10 Ü sich Gehör
verschaffen
dinleyici [dınle'idʒı] 6 Ü
Hörer
direk 18 Ü Pfeiler
direktör 6 Ü Direktor
diri diri 14 L lebendig
disiplin 6 L Disziplin; *hier*:
Lehre
diş bilemek 20 Ü e-n Pik
haben (-e/ auf)
diyar [aː] 14 L Land
diye 5 L sagend; 8 Ü *hier*:
daß
dizanteri 18 Ü Ruhr
dizgi 18 Ü (*typografisch*)
Satz [ordnen]
dizmek 17 Ü aufreihen,]
doğa 5 L Natur
doğmak [doːmak] 8 G geboren werden; 19 Ü ent-
stehen
doğru [doːru] 3 Ü richtig
'doğruca 13 Ü geradewegs
doğruluk (-ğu) 7 Ü Richtigkeit [den]
doğrusu 14 L offengestan-]
doğu [doːu] 12 L Osten;
östlich, Ost-
Doğu Rumeli 18 L Ost-
rumelien
doğum [doːum] 8 Ü Ge-
burt
doğum günü 13 *Formeln*
Geburtstag
doğurmak 5 Ü bewirken;
17 L erzeugen, gebären
doğuş [doːuʃ] 7 L Geburt;
Anfang
doksan 7 G neunzig
doksanıncı 7 G neunzig-
ste(r, -s)
doktor 2 L Doktor, Arzt
doktorluk (-ğu) 7 Ü Doktortitel; Arztpraxis

Wörterverzeichnis 376

dokuma 11 L Weben; Gewebe
doku'ma tezgâhı [tɛzɡ̣aːhi] 11 L Webstuhl
dokumak 11 L weben
dokunmak 6 Ü berühren; 19 L stören (-e/ *A*); 21 G betreffen (-e/ *A*)
dokuz 2 L neun
dokuzuncu 7 G neunte(r, -s)
dolap (-bı) 7 Ü Schrank
dolaşık 14 L gewunden
dolaşmak 15 L spazierengehen, umherschlendern; 17 L besichtigen (-i/ *A*); 18 Ü hin- und hergehen
dolay 11 L Umgebung
doldurmak 6 Ü (aus)füllen; *s. a.* **üst**
dolgun 8 Ü voll, prall
dolma 16 Ü *Art* Roulade, Gefülltes
dol'ma kalem 4 L Füllfederhalter
dolmak 3 (*Formeln*) ablaufen; 20 L sich füllen
dolmuş 3 L gefüllt, voll; Taxi *od.* Boot, *das erst abfährt, wenn alle Plätze besetzt sind*
dolu 16 Ü voll (-le/ von)
dolu yağmak [jaːmak] (-ar) 21 Ü hageln
do'mates 20 Ü Tomate
do'nakalmak 13 L tief betroffen sein (-den/ vor)
donmak 7 Ü gefrieren; 21 G erfrieren (-den/ vor)
donmuş 5 L gefroren
dosdoğru ['dɔsdɔːrʊ] 6 Ü geradeaus
dost 12 L Freund
dostluk (-ğu) 8 L Freundschaft
doymak 16 Ü satt werden
döğüşmek [dœwyʃmɛk̩] 12 Ü (miteinander) kämpfen
dökmek 14 Ü (aus)gießen; (be)streuen; 21 L niederschreiben, eintragen; 21 G schütten (-i -e/ etw. in); 21 Ü niederprasseln
dökülmek 16 Ü münden; 21 G strömen (-e/ in, auf *A*)
döner daire [aː] 16 Ü Drehscheibe
dönme 7 L Umdrehung
dönmek 4 L zurückkehren (-e/ in *A*); 9 Ü sich wenden (-e/ an); 16 Ü abgehen (-den/ von); 20 L umkehren; *hier:* weggehen; 20 Ü sitzenbleiben

dönüm 18 Ü *hist. Flächenmaß*: 919 qm
dördüncü 7 G vierte(r, -s)
dört (-dü) 2 L vier
dört köşe(li) 7 L viereckig
döşeli 15 L möbliert, bedeckt
döşemek 16 L möblieren, einrichten; 17 L legen
dua [aː] **etmek** 15 L Gottes Segen erflehen für
dudak (-ğı) 9 L Lippe
dul 19 Ü Witwe; verwitwet
duman 16 Ü Rauch
durak (-ğı) 4 L Haltestelle
durdurmak 6 Ü anhalten
durmak 6 Ü stehenbleiben, sich aufhalten
üzerinde durmak 9 L e-r S. nachgehen, etw. zu klären suchen; 14 Ü sich für etw. interessieren, sich mit etw. beschäftigen; 21 G j-n interessieren für
duru 17 L kristallklar
durum 12 L Lage; 18 L Situation
duruşma 21 Ü Verhandlung
duş 11 Ü Dusche
duvar 7 L Wand
du'var piyanosu 16 L Klavier
duy'gu organı 19 Ü Sinnesorgan
duymak 6 L hören; 10 L fühlen
düdük (-ğü) 6 L Pfeife
düğme [dyːmɛ] (-ği) 5 Ü Knopf
düğün [dy(j̇)yn] 11 Ü Hochzeit(sfeier)
dünya [dynjaː] 5 L Welt
düşmek (**düşer**) 9 L fallen; sinken; 14 L geraten; sich erweisen als, *s. a.* **uygun**; 21 G halten (hakkında/ von *D*); *s. a.* **üstüne**
düşük (-ğü) 11 L gefallen; Hänge-(*Ohr*); 12 L niedrig
düşünceli 4 L nachdenklich
düşünmek 4 L denken (-i/ an *A*), nachdenken (-i/ über *A*), überlegen (-i/ *A*); 17 L den Plan fassen zu
düz 19 Ü eben
düzelmek 12 L sich bessern
düzeltme 18 Ü Korrektur

düzeltmek 9 Ü berichtigen; 20 Ü verbessern
düzen 19 Ü Ordnung, Harmonie
düzlük (-ğü) 5 L Ebene

E

e (a) 14 L *Imperativpartikel nach dem Suffix* -sen (-san)
ebe 19 Ü Hebamme
eczacı [ɛzːaːdʒi] 10 L Apotheker
eczane [ɛzːanɛ] 10 L Apotheke
eda [aː] 16 Ü Stil
edebiyat [-jaːt] (-tı) 9 L Literatur
edebi'yat hocası 9 L *etwa*: der Türkischlehrer
edilgen 20 Ü passiv
e'fendi 4 L Herr, *nach dem Vornamen*
Efendi Hazretleri 16 Ü *etwa*: hoher Herr
e'fendim 4 L *höflich*: Herr ... (mein Herr); 9 L Herr Lehrer
e'fendim! 4 L Jawohl!
e'fendim? 4 L wie bitte?
efsane [aː] 19 Ü Sage, Legende
'Ege 12 L Ägäis
'Egedenizi 18 L Ägäisches Meer
eğilmek [eˈïlmɛk̩] 15 L sich verbeugen
eğirmek 11 L spinnen
eğitim 11 G Erziehung
eğlence [eĭlɛndʒɛ] 13 L Vergnügen
eğlenceye dalmak 13 L sich amüsieren, seinen Spaß haben
eğlenmek 21 G sich amüsieren (-le/ über *A*)
eğmek [ɛĭmɛk̩] 21 L beugen
ehemmiyetsiz 21 L unwichtig
ek 6 Ü Endung, Suffix
ekim 7 L Oktober; 18 L Feldbestellung
eklenmek 7 L hinzugefügt werden
ekmek (-er) 20 Ü säen
ekmek (-ği) 15 L Brot
ekonomik 19 Ü wirtschaftlich
ekseri'yetle 10 Ü meistens
eksik (-ği) 15 Ü fehlend, fehlt; 21 Ü Lücke
eksiklik (-ği) 17 Ü Mangel, Lücke

Wörterverzeichnis

ekspozan 2 L Aussteller
ekşi 20 L sauer
el 6 L Hand
el ayak 20 Ü *hier*: alle (Leute)
'**el çantası** 13 Ü Handtasche
'**el yazısı** 10 L Handschrift
el'an [ɑ:] 21 Ü immer noch
'**elbet** 20 L sicher(lich)
elbise 5 Ü Kleid, Anzug
elde etmek 11 L erzielen, erlangen; *hier*: gewinnen
elden geldiği kadar 18 Ü möglichst, so ... wie möglich
elden gitmek 18 Ü verlieren, einbüßen
eldiven 21 Ü Handschuh
ele almak 18 Ü in Angriff nehmen, anpacken, beginnen, sich befassen mit
ele geçirilmek 8 L festgenommen werden
ele geçirmek 20 L zu fassen bekommen, erwischen
ele geçmek 21 L erlangt werden, innehaben
elektrik (-ği) 7 Ü elektrisch; 16 Ü Elektrizität; 17 Ü elektrischer Strom
elektrikçi 7 Ü Elektriker
elektrikleşme 14 Ü Elektrifizierung
elinden gelen 18 Ü sein möglichstes
eline geçirmek 14 Ü zufällig etw. finden, stoßen auf
eline geçmek 16 Ü bekommen
elini sokmak 21 G greifen (-e/ in *A*)
elini uzatmak 21 G greifen nach
elli [ɛ'l:ɪ] 7 G fünfzig
ellinci 7 G fünfzigste(r, -s)
elma 7 G Apfel
elverişli 10 L passend, günstig
emek 11 L Mühe
emin [i:] 16 Ü zuverlässig; 21 G sicher
emin olmak 21 G überzeugt sein (-e/ von); sich verlassen (können) (-den/ auf)
emir 17 Ü Befehl
emir kipi [ɛ'mɪrkɪpɪ] 6 L Imperativ
emisyon 11 Ü Sendung
emniyet 13 L Sicherheit; Polizeiwesen

emni'yet müdürlüğü 13 L Polizeipräsidium
'**emretmek** 10 L befehlen
en 16 G *Partikel zur Bezeichnung des Superlativs*
'**en az** 19 Ü mindestens
'**en büyük** 13 Ü größte(r)
'**en çabuk** 11 Ü schnellst-
'**en çok yapraklı** 7 Ü mit den meisten Blättern
'**en düşük** 12 L niedrigst-
'**en geç** 11 Ü langsamst-
'**en iyi** 11 L best-; 16 L der, die, das Beste
'**en son** 8 Ü zuletzt
'**en sonunda** 14 L zu guter Letzt, schließlich
'**en üstünlük** 16 L Superlativ
'**en yüksek** 12 L höchst-
endişesiz 21 L sorglos
endüstri 1 L Industrie
enerji 16 Ü Energie, Kraft
enfes 16 Ü vorzüglich
en'gel olmak 21 G hindern (-e/ an; -rken/ bei)
enteresan 1 L interessant
Erdek (-ği) 11 Ü Erdek, *Kleinstadt am Marmarameer* [bertät]
erginlik 16 Ü Reife, Pubertät
erişmek 14 Ü erreichen; 17 Ü reichen (-e/ bis zu)
Eritre 16 L Eritrea
erkek 3 Ü Mann
er'kek çocuk 17 L Junge
erkeklik 7 Ü Mannhaftigkeit
erken 3 L früh
erkenden 13 Ü am frühen Morgen
ermek erreichen, gelangen (-e/ zu); *s.* son
Ermeni 18 L Armenier
ertesi 14 Ü folgend-, nächst-
esash [ɑ:] 21 L wesentlich
esen 19 *(Formeln)* gesund
eser 9 L Werk, Denkmal
esir [i:] etmek 8 L gefangennehmen
esirgemek 12 L beschützen
eski 2 L alt; 21 Ü ehemalig
eski şehir 2 L Altstadt
eski Yunan 21 Ü altgriechisch
eskiden 15 L früher
eskimek 14 Ü sich abtragen
eskisi gibi 12 Ü wie früher
Es'kişehir (-şehri) 3 L *wörtl.*: Altstadt; *sechstgrößte Stadt in der Türkei*

esmek 12 L wehen
eşek 13 Ü Esel
eşit 7 L gleich
eşitlik 16 L Gleichheit
eşraf [ɛʃrɑ:f] 11 L Honorationen
eşsiz [ɛs:ɪz] 16 Ü unvergleichlich, ohnegleichen
eşsizlik 18 Ü Unvergleichlichkeit
eşya [ɑ:] 6 Ü Sachen; 10 Ü Gepäck; 21 L Möbel
et (-ti) 11 L Fleisch
'**et parçası** 16 Ü Stück Fleisch
etajer 16 L Ständer
etek (-ği) 15 L Saum
etken 20 Ü aktiv
etki 18 L Wirkung (... üzerine) **etki yapmak** 18 Ü einwirken (auf)
etkilenmek 20 Ü betroffen werden
etmek (eder) 3 L machen, tun; -e **etmek** 14 Ü *(Einschränkung)* zwar etw. tun, *(aber)* ...
etraf [ɑ:] 16 Ü Umkreis, Umgebung
etrafa bakmak 6 Ü umherschauen
etrafımda 13 Ü um mich
etrafına bakmak 17 L um sich sehen
etraf'lıca 19 L ausführlich
ev 2 L Haus
evet 3 Ü ja
evlât [-lɑ:t] (-dı) 14 Ü Kind(er), Sprößling
evlen'me teklifi 20 Ü Heiratsantrag
evlenmek 21 G heiraten
evrak [ɑ:] (-kı) 21 L Papiere
evvel 8 Ü vor (-den/ *D*)
evvelâ ['ɛvɛlɑ:] 9 L zuerst
evvelce [ɛ'vɛldʒɛ] 11 Ü vorher, schon
evvelden 20 Ü früher
evvelki 4 L früher
eylemek 17 Ü *s.* etmek
eylül 7 L September
eziyet etmek 19 L quälen (-e/ *A*)

F

fa'brika 2 L Fabrik
faiz [fɑ:ɪz] 14 Ü Zins(en)
fakat ['fɑ⁻kat] 2 L aber
fakir [fa'ķi:ɾ] 8 Ü arm
fare [ɑ:] 5 Ü Maus
fark (-kı) 16 Ü Unterschied; 19 Ü Zuschlag
farketmek 20 Ü bemerken

Wörterverzeichnis 378

farkına varmak (... in) 21
L hinter etw. kommen,
etw. merken
farkında olmak 21 Ü es,
Bescheid wissen
farkında olmamak 21 Ü
keine Ahnung haben
farklı 21 L verschieden
Fas 14 L Marokko; Fes
fa'sulye 17 L Bohne
Fatih [aː] 4 L *Stadtteil von
Istanbul*
fa'tura 7 Ü Rechnung
fayda 15 L Nutzen
fayda etmek 20 Ü Zweck
haben
faydalanmak 11 Ü profi-
tieren (-den/ von); be-
nutzen; 21 G genießen
(-den/ etw.)
faydalı 9 L nützlich
faydası olmak 20 Ü Zweck
haben
faydası yok 20 Ü es ist
zwecklos
fazla 6 L mehr (-den/ als);
11 Ü weiter; 12 Ü *Adv.*
länger
faz'la mesai [mɛsaːı] 12 Ü
Überstunden
fazla poz vermek *s.* poz
vermek
fedakârlık [-ḳaːr-] 21 L
Opfer(willigkeit)
felâket [fɛlaːḳɛt] 15 Ü
Unglück, Unheil
fena 1 L schlecht
fenalık 7 Ü Schlechtigkeit
ferahlamak 17 L froh
werden
fevkalade ['fɛvkalaːdɛ] 13
Ü außergewöhnlich
fevkaladelik 21 L etwas
Außergewöhnliches
feylesofluk (-ğu) 14 L
Philosophie
fırça 20 Ü Bürste
fırçalamak 5 Ü (aus)bür-
sten
fırlamak 5 Ü springen,
stürzen; 14 L aufsprin-
gen
fırsat (-tı) 9 Ü Gelegenheit
fır'tına 21 Ü Gewitter-
sturm
fidan 14 L Pflanze, Sproß
fiil 6 Ü Verb
fikir (-kri) 12 L Gedanke
fil 21 Ü Elefant
filan [fılan] 15 L das und
das, etwas
filim (filmi) 1 L Film
filizlenmek 17 L Triebe
ansetzen, keimen
'filo 8 L Flotte

fincan 3 L Tasse
fitne 6 L Unfrieden
fizik (-ği) 11 Ü Physik
formüler 6 Ü Formular
fotoğraf [fɔtɔːraf] 10 L
Foto
fotoğraf çekilmek 10 Ü
photographiert werden
fotoğraf çekmek 10 Ü
photographieren
Fransa 8 L Frankreich
Fransız 3 L Franzose
Fran'sızca 3 L französisch
fuar 2 L Messe
futbol 12 Ü Fußball

G

galebe 12 L Sieg
galebe çalmak 12 L siegen
(-e/ über *A*)
galiba ['ɡaːlıba] 17 Ü
wohl, wahrscheinlich
galip [aː] (-bi) 18 Ü sieg-
reich, Sieger-
garip [iː] 21 L sonderbar
garp'lıca 6 L nach euro-
päischer Art
garson (bey) 6 Ü Kellner,
Herr Ober
gayet ['gaːjɛt] 17 Ü sehr
gayet tabiî ['gaːjɛt'tabiː]
17 Ü und ob!
gazete 4 L Zeitung
gazeteci 2 L Journalist;
Zeitungsverkäufer
gebe kalmak 20 Ü schwan-
ger werden
gece Nacht
ge'ce mesaisi [-saːıːsı] 14
Ü Nachtarbeit
ge'ce yarısı 7 Ü (um)
Mitternacht
geceniz hayrolsun 8 Ü
gute Nacht!
geceleyin [g̩ɛ'dʒɛleˑın] 11
Ü nachts
gecelik (-ği) 21 L Nacht-
hemd, Schlafanzug
gecikmek 19 Ü zögern
(-mekte/ etw. zu tun, bei),
sich verzögern
-mekte gecikmemek 21 G
bald etw. tun
geç 11 Ü spät; *hier*: langsam
geç kalmak 18 Ü zu spät
kommen
geçen 8 Ü vergangen
geçen akşam 8 Ü neulich
abend
geçenlerde 19 L kürzlich,
neulich
geçilir 5 L passierbar
geçinmek 19 L leben,

durchkommen; 21 G
auskommen (-le/ mit)
geçirmek 6 Ü (hinüber)-
führen; 13 L Zeit ver-
bringen
geçit 6 Ü Paß, Übergang
geçme 17 L Verlauf, Ab-
lauf
geçmek 4 L vorübergehen,
vergehen; 10 Ü passie-
ren; 12 L sein, werden
önüne geçmek 20 Ü ein-
dämmen
gedik (-ği) 20 Ü Lücke,
Bresche, *s.* taş
gel de 21 L *Verstärkung
des Imperativs, etwa*:
mal
gelecek 20 Ü Zukunft
gelir 16 Ü Einkommen
geliş 14 Ü Ankunft
gelişmek 8 L sich ent-
wickeln
geliştirmek 16 Ü entwik-
keln
gelmek 3 Ü kommen
genç 3 L jung
gençlik 7 Ü Jugend
genel 11 Ü General-
genel olarak *(G)* 12 L im
allgemeinen
genelge 19 Ü Rundschrei-
ben
general (-li) 21 Ü General
geniş 2 L breit
genişle(t)mek 7 G sich
verbreitern; sich vergrö-
ßern
genişlik 7 Ü Breite, Weite
gerçek 13 Ü Wirklichkeit;
18 Ü übrigens
gerçekleştirmek 19 Ü ver-
wirklichen
gerçekten 16 Ü wirklich;
19 L in Wirklichkeit
gerçi ['g̩ɛrtʃi] 6 L zwar,
allerdings
gerek (-ği) = gerekir; 21
(Formeln) Notwendig-
keit
gerekir 6 Ü es ist nötig,
man muß
geri 8 Ü zurück; 16 L Hintergrund
ge'ri almak 8 L wieder an
sich nehmen, zurück-
erobern; 9 Ü zurückbe-
kommen
getirmek 5 Ü bringen
gezinmek 21 Ü hin- und
herwandern, schweifen
gezinti 4 L Spaziergang;
14 Ü Ausflug
gezmek 6 Ü spazieren-
gehen; 8 Ü sich ansehen

379 Wörterverzeichnis

(-i/ etw.) ; 14 Ü verkehren
(-i -e/ mit)
gezmeye gitmek 6 Ü spazierengehen
gibi 5 L wie
gidermek 19 L beseitigen
gidiş 10 L Gang, Verlauf
girecek şekilde 9 Ü *in e-r eindringenden Weise*: so ... daß es dringt
gi'riş bileti 10 Ü Eintrittskarte
girişmek (-e) 10 Ü beginnen
girmek 3 L eintreten, gehen (-e/ in); 19 L beitreten (-e/ *D*); 21 G betreten (-e/ *A*); einbrechen (-e/ in)
gişe 9 Ü Schalter
gitmek (gider) 3 L gehen; 20 Ü zugrunde gehen
giydirmek 17 Ü *(tr.)* kleiden   [ziehen⎤
giyinmek 8 Ü sich an-⎥
giymek (giyer) 5 Ü anziehen
gizlemek 21 G verstecken, verbergen (-den/ vor)
gizlenmek 14 Ü sich verbergen
giz'lice 14 Ü heimlich
göçmen kuş 18 Ü Zugvogel
göğüs [g̣œːys] (-ğsü) 15 L Brust   [Himmel⎤
gök (-ğü *od.* **-kü)** 1 L⎥
gökkuşağı ['g̣œkːuʃɑː] 10 Ü Regenbogen
göl 7 Ü See
gölge 3 L Schatten
gölgeli 7 Ü schattig
gömlek [g̣œmlɛk̦] (-ği) 5 Ü Hemd
gömmek [-mː-] 21 Ü begraben
gönderici 19 Ü Absender
göndermek 6 Ü schicken
gönül (-nlü) 10 L Herz, Seele; Gefühl
göre 13 Ü nach, gemäß, zufolge
görgü 21 Ü gutes Benehmen
görmek 3 Ü sehen; 10 Ü *e-e Sache* erledigen
görünmek 3 L erscheinen; sichtbar werden; 11 Ü sich zeigen; 16 Ü aussehen, *(alt, jung)* wirken
görünüş 14 Ü Erscheinung; 16 Ü Ansicht
görüş 20 Ü Blick
görüşmek 13 Ü sich (wieder)sehen; verkehren; 20 Ü sich unterhalten
gösterge 7 L Zeiger

göstermek 4 L zeigen
götürmek 6 Ü (hin)bringen; 16 Ü führen
gövde 20 Ü Stamm
göz 5 L Auge
göz yummak 21 G dulden (-e/ *A*)
gözü görmeyen 18 L blind
gözüne ilişmek 14 L in j-s Auge springen, etw. plötzlich bemerken
gözdağı [g̣œzdɑː] vermek 21 G erpressen (-e/ *A*)
gözetlemek 6 L (heimlich) beobachten, spionieren
gözetmek (-etir) 11 Ü bewachen
gözlük 7 Ü Brille
gözükmek 14 L sich zeigen; 16 L sichtbar sein, werden; 19 L aussehen, scheinen
'gözyaşı 21 L Träne
gram 3 Ü Gramm
gravür 16 L Stich
grip 8 Ü Grippe
gruplandırmak 9 L gruppieren
guru 21 G stolz (-den/ auf)
gurur [g̣uruː] 21 L Stolz
güç 5 L schwer; 6 Ü Kraft
gücüne gitmek 19 L beleidigen, kränken, treffen
güçleşmek [g̣yʃlɛʃ-] 9 L schwer sein, werden; 17 Ü schwerer werden
güçlü [g̣yʃly] 20 Ü stark
güçlük [g̣yʃlyk]   7 Ü Schwierigkeit;   18 L Mühe
güdük (-ğü) 21 L gestutzt
gül 21 L Rose
gü'le güle 4 L *als Antwort*: auf Wiedersehen (und alles Gute)!
güler 21 L lächelnd
güleryüz 15 L lächelndes Gesicht; *hier*: hold
gülmek (-er) 11 Ü lachen
gülümsemek 3 L lächeln
gülünç (-cü) 21 L lächerlich
gülüşmek 6 Ü gemeinsam lachen
gümrük (-ğü) 6 Ü Zoll (-amt)
gümüş 20 L Silber
gün 2 L Tag
gün günden 12 L von Tag zu Tag
günaydın 3 L guten Tag!
günden güne 12 L von Tag zu Tag
gündüz 7 Ü Tag (und Nacht)

Gündüz 18 L *Dorfname*
güneş 3 L Sonne
güneşli 7 Ü sonnig
güney 12 L Süden; südlich, Süd-
güney batı 16 Ü Südwesten; südwestlich
güney doğu 16 Ü Südosten; südöstlich
günlük 7 Ü Tages-
gürlemek 19 Ü donnern *(a. fig.)*
gürültü 9 Ü Lärm
gürültücü 21 Ü laut, lärmend
güve 17 Ü Motte
güvenlik (-ği) 21 Ü Sicherheit
güvenmek 21 G sich verlassen (-e/ auf)
güz 7 L Herbst
güzel 1 L schön
güzellik (-ği) 7 Ü Schönheit

H

haber 4 L Nachricht
haber vermek 8 Ü benachrichtigen; 17 Ü melden; 21 G informieren (-e ... hakkında/ j-n über)
haberleşme 11 Ü gegenseitige Benachrichtigung, Kommunikation
haberleşmek 11 Ü sich gegenseitig benachrichtigen
Habeşistan 8 L Äthiopien
hac (-ccı) 13 Ü Wallfahrt nach Mekka
hacı 14 Ü Mekkapilger
hacim (-cmi) 11 Ü Volumen
'hadi 15 L los, vorwärts, komm!
hadise [ɑː] 19 Ü Ereignis
hafif 10 Ü leicht; schwach
ha'fifçe 10 Ü *Adv.* schwach, leise   [tern⎤
hafifletmek 19 L erleich-⎥
hafta 4 L Woche
haftalık 7 Ü wöchentlich; 14 Ü Wochenlohn
hak (-kkı) 12 L Recht
hakan 16 Ü Herrscher
hakaret 21 L Beleidigung
hakikat [hɑkiːkat] (-ti) ⓡ 5 4 Ü Wahrheit; 18 Ü Tatsache
hakikat yapmak 10 Ü verwirklichen
hakikaten ['kiː]   19   Ü wirklich
hakikî [hɑkiːkiː] 18 Ü echt
hakkında 14 Ü über, betreffend

Wörterverzeichnis 380

haksızlık (-ğı) 19 L Ungerechtigkeit
hal [ha:l] (-li) 5 L Zustand
hal hatır sormak 21 L
sich nach dem Befinden
erkundigen
halde olmak 21 G im-
stande sein (-ecek/ zu)
halden anlar 21 L ver-
ständnisvoll
hali almak (-in ...) 20 Ü
werden (zu)
haline gelmek (-in ...) 19
Ü in das Stadium ...
treten
haline getirmek (-in ...)
9 L machen zu, den Sta-
tus geben
hâlâ ['ha:⁻la:] 4 L noch;
immer noch
halbuki ['halbuķı] 7 L dagegen, hingegen, jedoch
halde: -diği halde 13 L obwohl; während
halen ['ha:⁻lɛn] 4 Ü augenblicklich
Halep 21 Ü Aleppo
halı 15 L Teppich
halk [hɑlk] (-kı) 13 Ü
Volk
halka 18 Ü Ring
'halletmek 12 L lösen, in
Ordnung bringen, erledi-
gen
hamal 14 Ü Träger; 17 Ü
Gepäckträger   [lauf]
hamle 13 L Angriff; An-]
han 11 Ü Fürst, Khan;
13 Ü Gasthaus, Han
hane 19 Ü Rubrik
'hangi 6 Ü welche(r, -s)
hanım 10 L Frau, Fräu-
lein, Dame
hanım kızı 12 Ü das
Fräulein Tochter
hanım okuyucu 10 L Le-
serin
küçük hanım 21 L Fräu-
lein
hani ['hanı], 'haniya 12 Ü
wo ist denn ...?
hapis (hapsi) 14 L Sträf-
ling; 21 Ü Gefängnis
hararet [-rɑ:-] 12 L Wärme
harb s. harp
harcamak 11 L aufwen-
den; ausgeben
hareket 9 L Bewegung;
13 L Verhalten
hareket etmek 9 Ü ver-
fahren; 10 Ü weggehen;
13 Ü sich benehmen;
19 Ü sich bewegen
harekete getirmek 16 Ü
betreiben, antreiben

hareketsiz 18 Ü regungs-
los
harf (-fi) 6 Ü Buchstabe
hariciye 10 Ü Station für
äußere Krankheiten
harp (-bi) 8 L Krieg
hasret Sehnsucht; Entbeh-
rung
hasret kalmak 21 Ü ent-
behren müssen (-e/ A)
hasret olmak 21 G ver-
missen (-e/ A)
hasta 3 L krank
hastahane 21 Ü s. hastane
hastalanmak 14 L krank
werden
hastalık (-ğı) 6 Ü Krank-
heit
hasta'lık parası 12 Ü
Krankengeld
hastalık sig'orta belgesi
6 Ü Krankenschein
hastane [hɑstɑ:nɛ] 21 Ü
Krankenhaus
haşin [i:] (-e karşı ...) 21 Ü
streng (zu)
hata 10 L Fehler
hatır 5 L Gedächtnis; 14 L
Befinden, Ergehen
hatır sorma 14 L das Fra-
gen nach dem Befinden
hatıra 21 Ü Erinnerung
hatırlamak 4 L sich erin-
nern (-i/ an A)
hatırlatmak 9 Ü erinnern
(-e -i/ j-n an etw.)
hatta ['hɑt:ɑ:] 9 L sogar,
selbst; 19 Ü darüberhin-
aus
hava 1 L Luft
ha'va almak 14 L Luft
schöpfen
ha'va assubayı 10 L Luft-
waffenunteroffizier
ha'va raporu 18 L Wet-
terbericht
ha'vaalanı (-nı) 13 Ü Flugplatz
havadar 10 L luftig
havale [-vɑ:-] 16 Ü Über-
weisung
havalı 7 Ü luftig
havlu [hɑẁlu] 11 Ü Hand-
tuch
hayal [haĵa:l] (-li) 13 Ü
Phantasie
hayalî 16 Ü Phantasie-
hayat 4 L Leben
ha'yat arkadaşı 21 Ü
Lebensgefährte
ha'yat bilgisi 7 L Lebenskunde
Hay'darpaşa 3 L Vorort
İstanbuls
haydi 15 L los, vorwärts

'hayhay 10 L aber gewiß,
sehr gern
hayıflanmak 21 L jam-
mern
'hayır 4 L nein
hayret 15 L Erstaunen
hayret etmek 21 G er-
staunt sein (-e/ über);
21 Ü wundern
hayrette kalmak 18 Ü
erstaunt sein
hayvan 5 Ü Tier
hayvancılık (-ğı) 16 Ü Viehzucht
hayvanlık (-ğı) 7 Ü Tierwelt
hazır 21 G bereit (-e/ zu)
hazır bulunmak 19 Ü an-
wesend sein
hazırlamak 13 L vorberei-
ten; Rechnung aufstellen;
16 Ü fertigmachen
hazırlatmak 18 Ü bearbei-
ten lassen, zur Bearbei-
tung geben
hazırlık (-ğı) 17 Ü Vorbereitung
hazine [i:] 14 Ü Schatz
haziran [i:] 7 L Juni
hazret 8 Ü Ehrentitel, etwa: heilig; Exzellenz
hedef 13 L Ziel
hediye 16 Ü Geschenk
hekim 14 L Arzt
'hele 6 Ü gerade, beson-
ders; 14 L nur, überhaupt
(in der Frage)
hem 17 L außerdem
'hemen 4 L sofort; 20 L
direkt, unmittelbar
'hemen 'hemen 4 L fast
hemşire [i:] 19 L Kran-
kenschwester
'henüz 4 Ü hoch
hep 10 Ü immer; ununter-
brochen
hepimiz 9 Ü wir alle
hepiniz 14 Ü ihr alle
'hepsi 7 L alle; alles
her 3 Ü jede(r)
'her an ['hɛr ʔan] 21 Ü
jederzeit
'her biri 7 L jeder von
ihnen, davon; 17 L (ein)
jeder
'her gün 3 Ü jeden Tag
'her halde 9 Ü auf jeden
Fall; 10 L jedenfalls,
sicherlich
'her şey 12 L alles
'her türlü 10 L jede Art,
all-   [ein]
'herhangi bir 17 L irgend-]
herif 21 L Kerl, Mensch
hesap [ɑ:] vermek 21 Ü
Rechenschaft ablegen

381   Wörterverzeichnis

heybe 15 Ü Doppeltasche
heybetli 15 L würdevoll
heyecan [ɑ:] 13 L Aufregung; 19 Ü Begeisterung
heyecanlı 16 L spannend;
  20 Ü aufgeregt
heykel 6 L Statue
hırçın hırçın 17 L voller
  Wut
hırsız 5 Ü Dieb; diebisch
hız 9 L Schnelligkeit
hızlı 16 L schnell, rasch;
  16 Ü heftig
hiç 7 L gar nicht; 17 L
  je(mals)
'**hiç bir kimse** 4 Ü kein
  Mensch
'**hiç bir şey söy'lemeden**
  13 L ohne ein Wort zu
  sagen
'**hiç bir yerde** 10 Ü nirgendwo
'**hiç bir zaman** 4 L niemals
hiç olmazsa [əl'mɑsːɑ]
  19 L wenigstens
hidroelektrik santralı 18 L
  Wasserkraftwerk
hikâye [hıkạːjẹ] 13 Ü Geschichte; 14 Ü Erzählung
Hindistan 6 L Indien
Hint 19 Ü Indien
hint'lice 6 L nach der Art
  e-s Inders, indisch gesehen
hissetmek: kendini iyi **hissetmek** 11 Ü sich wohlfühlen
hitap [ɑ:] **etmek** 19 Ü e-e
  Rede halten
hizmet 17 Ü Dienst
hizmetçi 10 Ü Diener,
  Dienstmädchen
hizmetkâr [-ḳạːɹ] 16 Ü
  Diener
'**hoca** 13 Ü Lehrer; Priester
hokka 21 L Tintenfaß;
  Dose
hol (-lü) 16 L Vorraum,
  Diele
Hollanda [hə'landa] 8 L
  Holland
hor görmek 17 Ü verachten
horoz 12 Ü Hahn
hoş 17 L *hier*: friedlich;
  20 Ü angenehm
hoş geldin 15 L willkommen
hoşa gitmemek 16 Ü unangenehm sein
'**hoşça** 6 Ü angenehm
hoşça kalın [həʃ'tʃakalin]
  6 Ü auf Wiedersehen!,
  auf Wiederhören!

hoşuna gitmek (-in ...) 9 Ü
  gefallen
hu! 21 L heda, ihr da;
  huhu!
hukukçu 14 Ü Jurist
hurma 5 L Dattel
hususunda (... in) 12 Ü hinsichtlich, betreffs
hususundaki 12 G betreffend, betreffs
huzur [-uːɹ] 11 L Gegenwart
huzursuz 18 Ü unruhig
huzuruna çağırmak 11 L
  zu sich rufen
hücum [uː] 21 L Angriff;
  hier: Andrang
hükümdar [-dɑːɹ] 13 Ü
  Herrscher
hükümet 8 L Regierung
hür 12 L frei
hürriyet 12 L Freiheit; *a.*
  Mädchenname

I

ılık 16 Ü milde
Iraklı 13 L Iraker
ırmak (-ğı) 8 Ü Fluß
ısı 3 L Temperatur; Wärme; 21 Ü Hitze
ısınmak 7 Ü wärmer werden
ısırmak 18 Ü beißen
ısıtmak 11 Ü erhitzen;
  18 Ü beheizen; 20 Ü erwärmen
ıslahat [-ɑːhɑːt] **(-tı)** 18 L
  Reformen
ıslanmak 19 G naß werden
ısmarlamak (ısmarlıyor) 4
  L bestellen, empfehlen;
  18 Ü sich mitbringen
  lassen
ısrar [isrɑːɹ] 12 Ü Beharren
ısrar etmek 16 Ü bestehen (-de/ auf)
ışık 11 Ü Licht
ışın 16 Ü Strahl

İ

iade etmek [ɪ'jɑːˈdɛːtmɛk]
  21 L wieder einsetzen
iadeli taahhütlü 11 Ü per
  Einschreiben mit Rückschein
ibaret [ɑ:] 19 L bestehend
  (-den/ aus)
ibaret olmak 21 G bestehen (-den/ aus, in *D*)
icap [iːdʒɑːp] **etmek** 19 L
  nötig sein
icat [iːdʒɑːt] **etmek** 9 Ü
  erfinden; schaffen

iç (-çi) 5 L Innere(s); 14 L
  (das) Innere, Kern; 11 Ü
  inländisch
'**İç Anadolu** 12 L Inneranatolien
içeri(ye) gitmek 15 L hineingehen, eintreten
için [ɪtʃɪn], *oft* [ɪtʃyn] 4 L
  für; *nach dem Verb*: um
  zu; 11 L *hier*: wegen
için için 5 L innerlich;
  vor sich hin
içinde 8 L in *D* (Zeit)
içine (-in ...) 7 Ü in *(A)*
içine çekmek 17 L *einziehen*: aufnehmen
içine sindirmek 19 L sich
  einprägen
içki 14 Ü (alkoholisches)
  Getränk
içlerinden [ɪʃl-] 14 L davon, darunter
içmek 3 L trinken, rauchen
içten [ɪʃ'tɛn] *oder* **içinden**
  okumak 9 L leise vor sich
  hin lesen
idare [ɑ:] 18 Ü Verwaltung
idare etmek 6 Ü verwalten; 10 Ü beherrschen
iddia [ɪ'dːɑ] 13 L Behauptung; Wette
iddia etmek 13 L behaupten
iddianame [ɪdːɑnɑːmɛ] 21
  Ü Anklageschrift
iddiaya girişmek 13 L e-e
  Wette eingehen
ifade [ɑː] 21 Ü Ausdruck
ifade etmek 18 L äußern,
  erklären
iftihar [ɑː] **etmek** 21 L
  stolz sein (-le/ auf)
iğne [iːnɛ] 8 Ü Nadel; Injektion
ihlâs [ɪxlɑːs] 17 L fester
  Glaube; Aufrichtigkeit
ihmalcilik 12 L Nachlässigkeit
ihsan [ɑː] **etmek** 20 Ü gewähren
ihtar [ɑː] **etmek** 18 G mahnen (-e/ *A*)
ihtiyaç [-jɑːtʃ] **(-cı)** 5 Ü
  Notwendigkeit (-e/ für);
  13 Ü Bedürfnis
ihtiyaç maddeleri 7 Ü
  Bedarfsartikel
ihtiyaç olmak 21 G brauchen (-e/ *A*)
ihtiyar [ɑː] 3 L alt; 9 Ü
  Alte(r)
ihtiyarlamak 16 Ü altern
ihtiyarlık 7 Ü Alter

Wörterverzeichnis 382

iki 2 L zwei
iki misli 11 Ü Zweifache(s), Doppelte(s)
iki saattir 4 Ü seit zwei Stunden
iki yüz 7 G zweihundert
iki yüzüncü 7 G zweihundertste(r)
ikinci 6 L zweite(r, -s)
ikindi üzeri 15 Ü nachmittags
ikiz 12 L Zwilling
iklim 14 L Klima
ikna [a:] etmek 18 L überreden
ikram [a:] etmek 16 Ü anbieten, reichen
il 11 L Bezirk, Gebiet
ilâç [ılatʃ] (-ci) 8 Ü Arznei
ilâh [ıla:x] (-hı) 17 L Gott, Gottheit
i'lâhi 20 Ü mein Gott!
ilân [i:la:n] 6 Ü Bekanntmachung
ilân etmek 8 L ausrufen; erklären
ilçe 18 L Bezirk
ile 3 L mit
ile birlikte 13 L zusammen mit
ileri 16 L Vordergrund; weiter vor
ileri fırlamak 13 L losstürzen, losstürzen
ileri gelmek 13 Ü herrühren (-den/ aus)
ilerleme 20 Ü Fortschritt
ilerlemek 17 Ü vorwärts gehen, weiterfahren; 18 Ü auf etw. zu marschieren; vorankommen
iletmek 11 Ü übertragen
ilgi 10 L Interesse
-e (karşı) ilgi göstermek 21 G Interesse zeigen für
il'gi çekici 16 L interessant
ilgilendirmek 21 G interessieren (-le -i/ j-n für)
ilgilenmek 21 G sich interessieren (-le/ für)
ilgili 18 L zuständig
ilgili olmak 21 G interessiert sein (-le/ an)
iliklemek 17 Ü zuknöpfen
ilişmek 14 L hängenbleiben
ilk 7 G erste(r, -s)
ilkbahar 7 L Frühling
ilkin 8 L anfangs, zunächst
'ilkokul 6 Ü Grundschule
iltifat [a:] (-tı) 10 L Liebenswürdigkeit

iltifat etmek 21 L sich freundlich wenden (-e/ an)
iltifatlar 10 L hier: freundliche Worte
imal [i:ma:l] etmek 20 Ü herstellen
imdadına yetişmek 21 L zur Hilfe kommen
imdat [a:] (-dı) 21 L Hilfe
imkân [ımḳa:n] 12 Ü Möglichkeit (-e/ zu)
imlâ [ımla:] 16 Ü Orthographie
imtihan [a:] 9 Ü Prüfung
imtiyaz [a:] 18 L Privileg
imtiyazlı [a:] 18 L privilegiert
imzacık [a:] (-ğı) 21 L Unterschriftenkleckser
imzalamak 8 L unterschreiben
in 14 L Höhle
inanmak 10 Ü glauben (-e/ j-m, A oder an)
ince 7 L fein; 16 Ü hell (Vokal)
incelemek 13 Ü untersuchen
incelik 11 L Feinheit
inci 15 L Perle
incir 16 Ü Feige
indirmek 16 Ü Schlag versetzen
inek (-ği) 8 Ü Kuh
İngiliz 8 L Engländer
İngi'lizce 3 L englisch
İngil'tere 8 L England
inlemek 14 L widerhallen
inmek 3 L aussteigen (-den/ aus)
insan 3 L Mensch; man
insaniyet [-sa:n-] 12 L = insanlık
insanlık 7 Ü Menschheit
intihar [a:] 13 L Selbstmord
intihara kalkmak (oder kalkışmak) 13 L e-n Selbstmordversuch unternehmen
intikam [a:] 21 G Rache
intikamını (öcünü) almak 21 G rächen (birinin/ j-n)
intizamlı [a:] 16 L ordentlich, ordnungsliebend
-ip (-üp, -ıp, -up) 5 L und
ip (-pi) 14 Ü Leine; Faden
ipeğe yakın 11 L seidenartig
ipek 14 Ü Seide
iple çekmek 21 L herbeisehnen, die Tage zählen
iplik (-ği) 11 L Faden, Garn

iptal [a:] etmek 19 Ü ungültig machen
İran [i:] halısı 18 Ü Perserteppich
iri 14 L riesig
irilik (-ği) 21 L Größe
İr'landa 21 Ü Irland
isabet [a:] etmek 14 L treffen
ise 5 Ü jedoch
isim (ismi) 6 Ü Name
is'kele 19 Ü Landungsbrücke
iskelet 13 Ü Skelett
İs'koçyalı 14 Ü Schotte
is'konto 21 Ü Rabatt
İslâm [ısla:m] 8 Ü Islam; Mohammedaner
İspanyol 19 Ü spanisch
İstanbul [(ı)s'tambuł] 1 L Istanbul
istasyon 2 L Bahnhof
istek (-ği) 17 L Wunsch
isteme 21 L Aufforderung
istemek 3 L wollen, wünschen; 13 L fordern; 21 G bitten (-i/ um)
is'temeyiş 13 L Nichtwollen
istifa [ısti:fa:] etmek 8 L zurücktreten (-den/ von); niederlegen
istikamet [a:] 9 L Richtung
istikrarlı [a:] 19 L solide, fest
istilâcı [ısti:la:dʒi] 18 Ü Eindringling
istinat [a:] etmek 21 G sich beziehen (-e/ auf)
istiskal [a:] (-li) 21 L Abfuhr
İs'viçre 20 Ü Schweiz
iş 9 Ü Angelegenheit; 12 L Arbeit
iş görmek 21 Ü leisten
işaret [a:] 6 Ü Zeichen; Signal
işaret etmek 21 G hinweisen (-i/ auf A)
işaret zamiri [-mi:rı] 21 Ü Demonstrativpronomen
işçi 2 L Arbeiter
işçilik 7 Ü Arbeitslohn, Arbeitsaufwand
işgal [-a:l] (-li) 8 L Besetzung
işgal edilmek 8 L besetzt werden
işgal etmek 8 L besetzen
işgale başlamak 8 L zu besetzen beginnen
işitmek 21 G hören (hakkında/ über A, von D)

383 Wörterverzeichnis

işkence 21 L Marter
işlem 7 G Rechnungsart;
13 L Formalitäten
işlemek (işliyor) 4 L arbeiten, in Betrieb sein, funktionieren, verkehren; 7 L
(Uhr) gehen; 15 L (be-)
sticken
işletme 6 Ü Betrieb
işletmek 6 Ü in Betrieb
setzen, anstellen; 18 Ü
betreiben
iştah(a) [ıʃtax, ıʃtaha] 8 Ü
Appetit
işte 8 Ü sieh da; da
iştirak [-a:ķ] (-ki) 21 G
Teilnahme
iştirak etmek 21 G teilnehmen (-e/ an)
iştirak etmemek 21 G
sich ausschließen (-e/
von)
İ'talya 8 L Italien
İtalyan 8 L italienisch
itham [ɑ:] **etmek** 14 Ü beschuldigen (-i -le/ j-n e-r
S.); 21 G anklagen, bezichtigen (-i -le/ j-n e-r
S.)
itibar [i:tıba:ɹ] 20 Ü Ansehen
itibaren: -den iti'baren 11
Ü zum; *hier:* von ... ab;
12 Ü von ... an
itikat [i:tıka:t] (-dı) 17 L
fester Glaube
itina [i:tına:] **etmek** 19 Ü
pflegen
itiraf [i:tıra:f] **etmek** 14 Ü
gestehen
itiraz [i:tıra:z] **etmek** 20 Ü
widersprechen (-e/ *D*)
itmek 6 Ü drücken
ivedilik (-ği) 14 Ü Eile,
Hast
iyelik eki 20 Ü Personalsuffix
iyelik zamiri [i:] 16 Ü
Possessivpronomen
iyi 1 L gut
iyi geceler 8 Ü gute
Nacht!
iyi kalpli 20 L gutherzig
iyi yürekli 21 Ü gutherzig
iyice 10 L gründlich; 13
Ü sehr wohl
iyileşmek 8 Ü genesen
iyileştirmek 14 L heilen
iyilik 7 Ü Gute(s); 20 Ü
gute Tat, etwas Gutes
izah [i:za:x] 19 Ü Erklärung
izahat [ıza:hat] (-tı) 6 Ü
Erklärung(en)

izin (izni) 12 Ü Urlaub;
Genehmigung
izin vermek 16 Ü gestatten; 21 G beurlauben
(-e/ j-n); 21 Ü Urlaub
geben

J
Ja'ponya 8 L Japan
jimnastik 4 L Gymnastik
jöton 6 L Telefonmünze

K
kabak 14 L Kürbis
kabarma 18 L Anschwellen
Kâbe [ķa:bɛ] 14 Ü Kaaba
kabile [i:] 8 Ü Stamm
kabir 12 L Grab
kabuk 17 Ü Schale, Hülse
kabul [-u:l] **etmek** 11 Ü
annehmen, akzeptieren;
genehmigen; 13 Ü (hin-)
nehmen; 17 Ü fassen, begreifen
kaç [katʃ] 2 L wieviel
kaçındırmak 6 L fernhalten (-den/ von)
kaçınmak 17 Ü scheuen,
sich drücken (-den/ vor)
kaçırmak 14 Ü durchbringen; durchschmuggeln;
20 L *hier:* weglassen, loslassen; 20 Ü verpassen
kaçış 13 L Flucht
kaçmak (-ar) 13 L flüchten
kadar 11 L etwa; 14 L wie,
so ... wie
-den -e kadar 7 L von ...
bis; bis
-e kadar 6 Ü bis
kadeh 16 Ü Glas, Kelch
kadı 13 L Richter
kadın 2 L Frau
kadınlık 7 Ü Frauenwelt
kadife 11 L Samt
kadir (-dri) 21 L Wert;
Größe, Höhe
kadran 2 L Zifferblatt
kafa 14 L Kopf
kâfir [ķa:fıɹ] 6 Ü Ungläubige(r)
kâğıt [ķa:t] (-dı) 4 L Papier
Kâğıthane 17 L *Ortschaft*
kahhar [-ɑ:ɹ] 11 L allmächtig
kahır 21 L Gram, Schmerz
kahkaha 10 Ü lautes Gelächter
kahkahaya basmak 13 Ü
in ein Gelächter ausbrechen
kahraman 14 Ü Held;
hier: heldenhaft

kahvaltı [ka:valtı] 5 Ü
Frühstück
kahvaltı etmek 5 Ü frühstücken
kahve [ka:vɛ] 4 L Kaffee
kahverengi 17 Ü (kaffee)-
braun
kalaylamak 16 Ü verzinnen
kaldı ki ... da 10 Ü dazu
kommt noch
kaldırım 14 Ü Gehsteig
kaldırmak 6 L (ab)heben;
21 Ü wegschaffen
kalem, dolma kalem 4 L
Füllfederhalter
kalem, tükenmez kalem
4 L Kugelschreiber
kaleme almak 14 Ü zu
Papier bringen, niederschreiben
kalın 16 Ü dunkel; 19 Ü
dick
kalkmak 3 L *Zug:* abfahren; aufstehen; 8 L unternehmen (-e/ *A*); 14 L
darauf verfallen zu ...;
20 Ü wagen
kalmak 6 Ü bleiben; 9L es
dabei bewenden lassen;
21 L werden (-e/ zu)
kalorifer 18 Ü Zentralheizung
kalp (-bi) 21 Ü Herz
kalpten 17 Ü herzlich
kambur 18 Ü bucklig
kamış 5 L Rohr; 21 Ü
Strohhalm
'kamp sahası 11 Ü Campingplatz
kamyon 6 Ü Lastkraftwagen
kan 18 Ü Blut
kan tahlili [-li:lı] 17 Ü
Blutprobe
kanaat [-nɑ:-] **getirmek**
21 Ü überzeugt sein (-e/
von)
kanape 16 L Sofa, Couch
'Kandilli 18 L *Ort am Bosporus*
kani [ɑ:] **olmak** 21 G überzeugt sein (-e/ von)
kanmak 21 G überzeugt
sein; 21 Ü glauben
kansız 18 Ü blutarm
kantin 11 Ü Kantine
kanunî [ka:nu:ni:] 17 L
gesetzlich; *hier:* Gesetzgeber
Kanunî Sultan Süleyman
17 L Sultan Süleyman
der Gesetzgeber
kanunlaşmak 14 Ü Gesetzeskraft erlangen

Wörterverzeichnis 384

kapak 10 L Deckel, Umschlagseite
kapalı 2 L geschlossen
kapamak 6 Ü schließen, zumachen; versperren, verstopfen
kapatmak 17 L = **kapamak**
kapanış 7 Ü Ende
kapı 6 L Tür
kapı açmak 21 G hereinlassen (-e/ A)
kapı kapı dolaşmak 14 L von Tür zu Tür gehen, überall anfragen
kapıdan girmek 14 L in die Tür treten
kapıcı 15 L Pförtner, Portier
kapılmak 13 Ü ergriffen sein (-e/ von); 21 Ü sich verleiten lassen (-e/ von)
kaplı 5 L bedeckt
kaplumbağa [kap'lumbaːa] 13 L Schildkröte
kapsül (-lü) 16 Ü Kapsel
kâr [kaːɹ] 20 Ü Gewinn
kar 6 Ü Schnee
'**kar tanesi** 13 Ü Schneeflocke
kara 12 L schwarz; dunkel, unheilvoll; 16 Ü Land
Karacabey 18 L *Stadt*
Karadağ [ka'radaː] 18 L Montenegro
Karadeniz [ka'radɛ⁻nis] 2 Ü Schwarzes Meer
karanlık 15 Ü Dunkelheit; 20 L Finsternis; 21 Ü dunkel
karar [karaːɹ] 9 Ü Entschluß; 18 L Beschluß
karar vermek 13 L beschließen (-e/ zu); 18 Ü sich entschließen; 21 G sich entscheiden (-e/ für)
kararlaştırmak 13 L beschließen; vereinbaren; 21 Ü anordnen
kararmak 16 Ü schwarz werden (-den/ vor); 17 Ü dunkler werden
karbon gazı 17 L Kohlensäure(gas)
kardeş 6 Ü Bruder
karga 19 L Krähe, Rabe
karı 5 L Frau; 21 Ü Ehefrau
karın (-rnı) 16 Ü Bauch, Leib
karışmak 12 L durcheinandergeraten, nicht glatt gehen; 21 G sich einmi-

schen (-e/ in A); sich kümmern (-e/ um A)
kârlı [kaːrɫi] 20 Ü gewinnbringend
karlı [karɫi] 5 L schneebedeckt; 7 Ü Schnee-; 16 Ü schneereich
karlı geçmek 7 Ü *(Monat)* Schnee haben
karpuz 10 Ü Wassermelone
Kars 18 L *Stadt*
karşı (-e) 5 L gegen; 10 L gegenüber, zu; *hier:* für
karşı karşıya 5 L (einander) gegenüber
karşıdan karşıya 6 Ü von der e-n auf die andere Seite; quer (über die Straße)
karşılamak 12 L aufnehmen; 14 Ü empfangen; 21 Ü *Kosten* aufbringen
karşılaşmak 15 L treffen (-le/ auf A); 20 Ü antreffen, konfrontiert werden (-le/ mit)
karşılık (-ğı) 13 L Erwiderung; Gegenwert, Entgelt
karşılıksız 13 Ü unerwidert
'**kartopu** 20 Ü Schneeball
kartpostal 8 Ü Postkarte
kasım 7 L November
kaş 21 L Augenbraue
kaşlarını çatmak 21 L die Stirn runzeln
kaşık (-ğı) 10 Ü Löffel
kat 13 L Stockwerk
katil [aː] 17 Ü Mörder
katılmak 14 Ü sich anschließen (-e/ D), teilnehmen (-e/ an); 15 L eingehen (-e/ auf A); 19 L aufnehmen (-e/ in A)
katlanmak 19 L sich abfinden (-e/ mit); 21 L auf sich nehmen (-e/ A)
katmak (-ar) 17 L hinzufügen; 20 L (als Begleiter) schicken, rufen (-e/ zu)
kauçuk 13 Ü Gummi
kavanoz 17 L Glasgefäß
kavramak 9 L erfassen; 21 L begreifen, kapieren
kavuk 14 L Turban
kavuşma 15 L Treffen, Finden
kavuşmak 12 L wiedersehen, treffen (-e/ A)
kayalık 5 L Felsgeröll
kaybetmek 8 L verlieren
kaydetmek 21 G eintragen (-e/ in A)

kaydettirmek 21 G sich anmelden (kendisine -e/ bei)
kaydını sildirmek 21 G (-in .../ j-n) abmelden (-den/ bei)
kayıp eşya bürosu 14 Ü Fundbüro
kayıtsız kalmak 19 L gleichgültig bleiben (-e/ gegenüber)
kaynak (-ğı) 13 Ü Quelle
kaz 15 L Gans
kaza 6 Ü Unfall; 21 L Unglück
kazan 14 L Kessel
kazanç (-cı) 14 Ü Gewinn
kazanmak 9 Ü gewinnen; bestehen; 17 Ü verdienen
kazılı 21 L eingraviert
kazımak 16 Ü abschaben
kazıntı 19 Ü Radierung
kazmak 17 L (aus)graben, ausheben
kebap 21 Ü Röstbraten
keçi 11 L Ziege
kedi 5 Ü Katze
kefil [iː] **olmak** 21 G eintreten (için/ für)
kekeme 9 L Stotterer
kelebek (-ği) 20 L Schmetterling
kelime 6 Ü Wort
kemik (-ği) 19 L Knochen
kenar 8 Ü Ufer
kendi (-ni) 4 L er selbst; selbst, sich
kendiliğinden 9 L spontan, von selbst
kendine 4 L zu sich selbst
kendini takdim etmek 19 Ü sich vorstellen
kendisinin, *G. v.* **kendisi** 10 L sein *(Pronomen)*
kere 6 Ü Mal, -mal
kerpiç (-ci) 17 Ü Ziegel
kervan 14 Ü Karawane
kese 21 L Beutel
kesecik (-ği) 16 Ü Beutel (-chen)
kesin 12 L entscheidend, endgültig, sicher
kesmek 10 L (ab)schneiden; *Gespräch* abbrechen; 11 L umbringen, köpfen; 12 Ü abziehen
kestirip atmak 20 L abschließend regeln, es bewenden lassen
kestirmek 17 Ü ein Schläfchen machen; 18 Ü voraussehen
keşif (-şfi) 19 Ü Entdeckung
keşkek 15 L Weizengrieß mit Fleisch

385 Wörterverzeichnis

keyif (-yfi) 16 Ü Laune
kez 6 Ü s. kere
kıl 11 L (Ziegen-)Haar
kılavuz 11 Ü Führer
kılıç (-cı) 11 L Schwert
kır 17 L das freie Feld
kırlarda 17 L auf dem Land
kıravat [k'ravat] (-tı) 21 L Krawatte
kırılmak 19 Ü entzwei-gehen, kaputtgehen; 21 G umkommen (-den/vor)
Kırım 11 Ü Krim
kırk 7 G vierzig
kırk bir 6 Ü einundvierzig
kırk birinci 6 Ü einund-vierzigste(r, -s)
kırkıncı 7 G vierzigste(r, -s)
kırkmak 11 L scheren
kırmak (kırar) 6 Ü zerbre-chen, kaputt machen; 12 L hier: sinken lassen; 21 Ü zertrümmern
kısa 7 L kurz
kı'sa dalga 7 Ü Kurz-welle
kısa kesmek 20 L es kurz machen
kı'sacası 14 Ü kurzum
kısalmak 7 Ü kürzer wer-den
kısım (-smı) 5 L Teil
kıskanmak 21 L neidisch sein; 21 G beneiden (bir şeyi/ j-n um); eifersüch-tig sein (-i/ wegen; -den/ auf)
'kıskıvrak 14 Ü ganz fest oder sicher
'kısmen 20 Ü teilweise
kısmet 20 Ü Schicksal; Glück für (-e)
kıstırmak 20 Ü in die Enge treiben
kış 6 Ü Winter
kışlık palto 17 Ü Winter-mantel
kıta 7 Ü Festland, Kon-tinent
kıtlık (-ğı) 21 Ü Hungersnot
kıvanç duymak 21 G stolz sein (-den/ auf)
kıvılcım 18 Ü Funken
kıvrık 11 L gewunden
kıvrım 5 L Windung; 20 Ü Falte
kıyaslamak 16 L verglei-chen (-le/ mit)
kıyı 8 L Ufer; 16 Ü Küste
kıymak 18 Ü hinrichten (-e/ A); 20 Ü zugrunde richten
kıymet 12 L Wert
kıymetli 5 L wertvoll

kız 10 L Mädchen; 12 L Tochter
kızarmak 10 L rot werden, sich röten
kızgın 21 G ärgerlich (-e/ über, auf A)
kızgın olmak 21 G böse sein (-e/ j-m)
kızıl 18 Ü Scharlach; 20 Ü rot
Kızılırmak 16 Ü Fluß
kızmak (-ar) 16 Ü wütend werden; 17 L sich ärgern (-e/ über)
ki [⁻kı|] 8 Ü daß; 12 L Relativpartikel: die, wel-che; da, wo; 13 L als
kibirlenmek 20 L hoch-mütig sein
kilitli 21 Ü geschlossen
'kilo 11 Ü Kilo
kilo'metre 7 Ü Kilometer
kilo'metre ka're 7 Ü Qua-dratkilometer
kim 2 L wer
kimisi ... kimisi 7 L der eine ... der andere
kimse 4 Ü + Verneinung: keiner, niemand; 11 G jemand; Person
kimsesiz 17 L allein-stehend
kimyevî olarak 19 Ü Adv. chemisch
kira [kıra:] 12 Ü Miete
kireç 7 Ü Kalk
kiril 20 L zyrillisch
kiriş 21 L Saite; Sehne
kisve 20 Ü Kleidung; Aus-sehen
kişi 7 Ü Person
kitap 4 L Buch
ki'tap dolabı 18 Ü Bü-cherschrank
ki'tap harfi 6 Ü Druck-buchstabe, Blockschrift
kitapçı 19 L Buchhändler
koca 14 Ü groß; hier: er-wachsen; 20 Ü Ehemann
kocamak 14 L alt werden
kocaman 14 L riesig, enorm
koç 12 L Widder
koğuş [ko:uʃ] 10 Ü Kran-kensaal; Schlafraum
koku 16 Ü Geruch
ko'ku hassası [has:a:sı] 18 Ü Geruchssinn
koku almak 19 Ü riechen
kol 6 Ü Arm; 7 L Arm-band; (Uhr-)Zeiger
kolaylaştırmak 11 Ü er-leichtern
Ko'lonya 18 Ü Köln
koltuk 16 L Sessel

komak (kor; Pass. kon-mak) 5 L, G setzen, stel-len, legen; s. a. koymak
komedi 1 L Komödie
kompartıman 3 L Abteil
komşu 6 L Nachbar
komşuluk (-ğu) 7 Ü Nach-barschaft
konak (-ğı) 15 L Herren-haus, Palast
kongre 18 L Kongreß
konmak 11 G, 19 L Vogel: sich setzen
konser 10 Ü Konzert
konsültasyon 20 Ü Bera-tung
kontrol etmek 18 Ü nach-sehen
konu 11 Ü Thema, Ge-genstand, Aufgabe
konuksever 16 Ü gast-freundlich
konukseverlik (-ği) 13 Ü Gastfreundschaft
konuşkan 20 L gesprächig
konuşma 4 L Gespräch
konuşmak 3 L sprechen; 10 Ü besprechen (-i/ A)
konut 19 L Wohnung; Wohnungs-
kopmak (-ar) 20 Ü ab-reißen [pierstift]
'kopya kalemi 19 Ü Ko-
kor 9 Ü Glut
kordon 7 G Leitungs-draht; 21 L Schnur; Kette
korkak 16 Ü furchtsam; 17 L ängstlich
korkmak (-ar) 21 G fürch-ten (-den/ A); sich fürch-ten (-den/ vor)
korkunç 16 Ü furchtbar; 18 Ü fürchterlich
korkutmak 21 G drohen (-le/ mit)
Korsikalı 16 Ü Korse
korumak 20 L schützen (-den/ vor)
korunmak 8 Ü sich schüt-zen
koruyucu 8 Ü Schutz-, vorbeugend
'koskoca 20 L riesig
koşmak (koşar) 5 Ü lau-fen; 17 L wetteifern (-e/ um)
kova 12 L Eimer; hier: Wassermann
kovalamak 14 L verfolgen
koy 16 Ü Bucht
koymak 5 L setzen, stellen, legen; s. a. komak
bir tarafa koymak 14 L zur Seite legen

Lehrbuch Türkisch 25

Wörterverzeichnis 386

koyulmak 14 Ü sich daran machen (-e/ zu)
koyun 11 L Schaf
köftehor 20 Ü komischer Kauz
kök (-kü) 19 L Wurzel; Grundlage
kömür 6 Ü Kohle
kö'mür madeni [ɑː] 18 Ü Kohlengrube
kömürlü 7 Ü Kohle enthaltend, Kohle-
köpek [ĸœpɛĸ] (-ği) 5 Ü Hund
köprü 6 Ü Brücke
kör ol 21 L *Fluch*: (sei blind =) verdammt
kösele 14 Ü Schuhleder, Schuhsohle
köşe 7 L Ecke
kö'şe başı 6 Ü Straßenecke
kötü 21 Ü schlecht
kötülük (-ğü) 19 L Schlechtigkeit, Böse(s)
köy 1 L Dorf
köylü 7 Ü Bauer
krom 16 Ü Chrom
'Kudüs 19 Ü Jerusalem
kukla 19 Ü Puppe
kul 16 Ü Sklave
kulak (-ğı) 6 L Ohr
kulağı kirişte 21 L gespannt, voller Erwartung
kulaklık (-ğı) 6 L Telefonhörer
kule 17 Ü Turm
kullanılma 6 L Bedienung; Gebrauchtwerden
kullanmak 6 L verwenden; 7 Ü gebrauchen
kulluk etmek 17 Ü dienen
kulübe 18 Ü Hütte
kulüp [k'lyp] (-bü) 2 L]
kum 5 L Sand   [Klub]
kumandan 18 Ü Kommandeur
kumaş 11 L Stoff
kumaşçı 11 L Stoffhändler
kural 6 Ü Regel
kurmak (kurar) 8 Ü gründen; 10 Ü *(Zelt)* aufschlagen; 16 Ü bilden; 20 Ü *hier*: verschaffen
kurs 7 Ü Kurs(us)
kurşun 8 L Blei; Kugel
kurşun kalem 18 Ü Bleistift
kurşuna dizilmek 8 L erschossen werden
kurt 14 L Wolf
kurtarmak 11 L retten (-den/ vor); 21 G befreien (-den/ j-n, etw. aus, von)

kurtmak 21 G retten (-den/ vor)
kuru 16 Ü trocken
kurucu 8 Ü Begründer
kurul 11 Ü Versammlung; Komitee   [nen]
kurulamak 15 L abtrock-]
kurulanmak 11 Ü sich abtrocknen
kurulu olmak 21 G bestehen (-den/ aus)
kurumak 14 Ü trocken werden
kuruntu 12 L Wahn, Einbildung
kuruş (krş) 7 G Kurusch, Piaster
kusur 16 Ü Fehler
kusur etmek 16 Ü es fehlen lassen (-de/ an *D)*
kuş 16 Ü Vogel
kuşak (-ğı) 10 Ü Gürtel
kuşanmak 10 Ü umbinden
kutlamak 20 Ü, 21 G beglückwünschen, gratulieren; 13 *(Formeln)* feiern
kutlanmak 8 Ü gefeiert werden
kutlu 12 Ü glücklich, gesegnet
kutlulamak *s.* **kutlamak**
kutu 14 Ü Schachtel, Kasten; 21 L Etui
kuvvet 12 L Kraft; Macht, Gewalt, Stärke
kuvvetlenmek 8 L erstarken
kuvvetli 20 Ü kräftig
kuvvetsiz 16 Ü fade
kuyruk (-ğu) 21 L Schwanz
kuyruğu güdük 21 L heruntergeputzt, klein und häßlich
kuyu 17 L Schöpfbrunnen
kuyumcu 20 Ü Juwelier
kuzey 8 L Norden; 12 L nördlich, Nord-
kuzey batı 16 Ü nordwestlich; L Nordwesten
kuzu 16 Ü Lamm
küçücük 14 L ganz klein
küçük 1 L klein
küçüklük (-ğü) 7 Ü Kleinheit
kükremek 14 L brüllen
kükürt (-dü) 21 Ü Schwefel
külçe 16 Ü Klumpen
kültür 11 G Kultur
künk (-gü) 17 L Abflußrohr *(aus Ton)*
küp (-pü) 17 Ü Tonkrug
küreklemek 6 Ü (ein)-schaufeln
kütüphane 14 Ü Bücherschrank

L

laf [laf] 20 Ü Gerede
lahana ['lahana] 14 L Kohlkopf
lamba ['lamba] 9 Ü Lampe
las'tik silgi 18 Ü Radiergummi
lâyık [laːĵik] (-kı) 11 L würdig, wert (-e/ *G);* 21 G entsprechend
lâyık olmak 11 L *Strafe usw.* verdienen (-e)
lâzım [laːzim] 6 Ü es ist nötig, man muß
-le (-la) 3 L mit, *s.* ile
leğen 15 L Waschschüssel
lehine (-in ...) 18 L zugunsten
Lehistan 18 Ü Polen
lezzetli 16 Ü schmackhaft
limited ortaklık 19 Ü GmbH
limo'nata 12 Ü Limonade
lisan [ɑː] 6 Ü Sprache
'liste 5 Ü Liste
'litre 7 G Liter
lo'kanta 1 L Restaurant
lokma 15 L Bissen; 16 Ü Stück
lüks 16 L Luxus; elegant, prächtig
Lüksemburg 8 L Luxemburg
lüzum [uː] 17 Ü Notwendigkeit
lüzum hali 21 L Bedarfsfall
lüzumlu 20 Ü nötig

M

maalesef [mɑ'alɛsɛf] 4 L leider
macera [mɑːdʒɛ'rɑː] 16 Ü Abenteuer
maç (-çı) 12 Ü Wettkampf, Spiel
madde 17 Ü Stoff, Materie; 19 Ü Artikel; Postgut
ma'dem ki 21 L da ja; nun da
maden [ɑː] 21 Ü Erz
madun [mɑːduːn] 20 G untergeordnet
mağaza [mɑːɑzɑ] 3 Ü Laden; Lager
mahalle 17 L Stadtviertel; 21 L Vorstadt, Bezirk
mahallî 19 Ü örtlich
mahcup [mɑx'dʒuːp] (-bu) 10 L schüchtern
mahkeme [mɑxĸɛmɛ] 20 Ü Gericht

Wörterverzeichnis

mahkûm [mɑxku:m] et-
mek 21 G verurteilen
(-e/ zu)
mahrum [mɑxru:m] etmek
21 G aberkennen (birini
-den/ j-m etw.)
mahrumiyet [u:] 21 Ü Ab-
erkennung
mahsus [mɑxsu:s] 11 Ü
bestimmt (-e/ für)
'mahvetmek 19 Ü vernich-
ten
makam [mɑkɑ:m] 21 L
Amt
makbuz 11 Ü Quittung
ma'kina 6 Ü Maschine,
Apparat; 14 Ü Fotoap-
parat
mal 14 Ü Ware; 21 Ü Ver-
mögen
mal olmak 14 Ü kosten
(-e/ -)
mali 12 L finanziell
'Malta 12 L *Insel* Malta
malum [mɑ:lu:m] 19 Ü be-
kannt
malumat [mɑ:lu:mɑ:t] (-tı)
17 Ü Auskunft, Infor-
mation; 21 Ü Auskünfte
malumat almak 21 G sich
erkundigen (hakkında/
nach)
malzeme 19 Ü Material,
Stoff [deutung]
mana [mɑ:nɑ:] 6 Ü Be-|
manda 18 Ü Mandat;
Auftrag
manda'rin(a) 16 Ü Man-
darine
manevî 12 L geistig; see-
lisch
mangal 9 Ü Kohlenbecken
mangal kömürü 9 Ü Holz-
kohle
'manto 11 L Damenman-
tel; 18 Ü Mantel
manzara 1 L Anblick
Maraş 18 L *Stadt*
marifet [ɑ:] 19 Ü Ge-
schicklichkeit; Können
'Marmara 12 L Marmara-
meer
marş 7 Ü Marsch
mart 7 L März
masa 5 Ü Tisch
masal (-lı) 13 Ü Märchen,
Fabel
masat (-dı) 21 L Wetzstein
masraf(lar) 17 Ü Kosten,
Ausgabe
masum [mɑ:su:m] 18 Ü
unschuldig
mavi [ɑ:] 12 L blau
mavimsi [ɑ:], mavimtırak
19 Ü bläulich

mayıs 7 L Mai
maymun 16 Ü Affe
mecbur [u:] olmak 9 Ü
(unbedingt) müssen
meclis ⑫ D 14 Ü Ver-
sammlung, *s.* büyük
mecmua [u:] 10 L Zeit-
schrift
meçhul [mɛtʃhu:l] (-lü) 14
L unbekannt
medenî 21 Ü bürgerlich
medeni'yet merkezi 16 Ü
Kulturzentrum
meğer ['mɛjɛɹ] 21 L aber,
indessen
Mehmetçik 14 Ü türki-
sche(r) Soldat
-meksizin 8 L ohne zu
mektup (-bu) 4 L Brief
melanin 17 Ü Melanin
melek (-ği) 5 L Engel
meme 11 G (Mutter-)Brust
memleket 1 L Land
memnun [u:] 4 L zufrieden
(-den/ mit); 13 L erfreut
(-e/ über)
memnun etmek 10 L zu-
friedenstellen
memnun olmak 21 G sich
freuen (-e/ über)
memur [mɛ:muɹ] 11 Ü
Beamte(r)
memuriyet 18 Ü Stellung,
Amt
memurluk (-ğu) 21 L Be-
amtenstellung
mendil 7 G Taschentuch
merak [ɑ:] (-kı) 17 Ü Neu-
gier; Interesse
merak etmek 8 Ü gern
etw. wissen wollen, neu-
gierig sein; 20 L ge-
spannt, versessen sein
(-i/ auf); 20 Ü sich sor-
gen; neugierig sein; 21 G
interessieren (-e/ j-n für)
meraklı olmak 21 G In-
teresse haben (-e/ für)
merdiven 15 L Treppe
'merhaba 4 L guten Tag!
merhale 14 L Etappe;
Tagesreise
merhamet (-ti) 15 L Mit-
leid, Erbarmen
merkez 16 Ü Hauptstadt,
Zentrale; Provinz-,
Kreishauptstadt
merkezî 16 Ü zentral
mermer 15 L Marmor
mesafe [ɑ:] 13 Ü Entfer-
nung
... mesafededir 13 Ü er ist
... entfernt
mesele 18 L Angelegen-
heit, Problem

mesken 19 L Wohnung,
Wohnungs-
mesken bekleyen [bɛklı-
jɛn] 19 L *hier:* Woh-
nungssuchende(r)
mesken bürosu 19 L Woh-
nungsamt
meslek (-ği) 10 L Beruf
bir mesuliyet kabul etmek
21 G Verantwortung
übernehmen (-den do-
layı/ für)
mesut [u:] 18 Ü glücklich
meşgul [u:] (-lü) 11 Ü reserviert, besetzt
meşgul olmak 21 G sich
abgeben, sich beschäfti-
gen (-le/ mit)
meşhur [u:] 16 Ü berühmt
meteoroloji 12 L Wetter-
kunde; *hier:* Wetterlage
metin (-tni) 9 L Text
metot (-du) 11 Ü Methode
'metre 7 G Meter
'metre kare 18 Ü Qua-
dratmeter
mevcut [u:] olmak 20 Ü
vorhanden sein, existie-
ren
mevki (-kii) 11 Ü Klasse;
21 L Stellung
mevlâ [-la:] 6 Ü Herr,
Gott
mevlût (-dü) 8 Ü Geburt(s-
tag) des Propheten
mevsim 7 L Jahreszeit
meydan 11 Ü Platz
meydan vermek 19 Ü Ge-
legenheit, Anlaß geben
(-e/ zu)
meydana gelmek 5 L ent-
stehen; 20 Ü bestehen
(-den/ aus)
meydana getirmek 5 L
zustande bringen
meyva (*a.* meyve) 14 L
Frucht; 14 Ü Obst
meyvacı 3 Ü Obsthändler
mezun [mɛ:zu:n] 19 Ü Ab-
solventin
mıknatıs 20 Ü Magnet
mıntaka 3 L Zone, Gebiet
'Mısır 8 L Ägypten
mışıl mışıl 13 Ü friedlich,
ruhig
mide [i:] 13 Ü Magen
mihver 8 L Achse
mikrofon 19 Ü Mikrophon
mikrop (-bu) 18 Ü Mikrobe
mikroskop 18 Ü Mikro-
skop
mikrotelefon 6 L Telefon-
hörer
miktar [ɑ:] 7 Ü Betrag;
21 Ü Menge, Posten

25*

Wörterverzeichnis
388

millet 12 L, 14 Ü Nation, Volk
milletler cemiyeti 16 Ü Völkerbund
milli 11 G national
milyarıncı 7 G milliardste(r, -s)
milyonuncu 7 G millionste(r, -s)
mimar [miːmɑːɹ] 17 L Baumeister
minibüs 10 Ü Kleinbus
minicik 21 Ü winzig
misafir [ɑː] 13 Ü Gast
misafirlik [ɑː] 17 L Besuch
  misafirliğe gitmek 17 L zu Besuch gehen
misil (-sli) 11 Ü Gleiche(s); -fache(s)
model 21 Ü Modell
modern 4 L modern
motor, motör 21 Ü Motor
muamele [ɑː] 16 Ü Geschäft; Formalität
muamele etmek 20 Ü behandeln
mucit [uː] (-di) 13 Ü Erfinder
mufassal 6 Ü ausführlich
muhabir [ɑː] 12 *Formeln* Berichterstatter, Korrespondent
muhabbet 12 L Liebe
muhafaza [-hɑː-] **etmek** 21 G bewahren (-e/ j-n, etw. vor)
muhafazalı [-hɑː-] 5 Ü geschützt
muhakkak 9 Ü unbedingt; 21 L gewiß, sicher, feststehend
muhasip [ɑː] (-bi) 19 Ü Buchhalter
muhasiplik (-ği) 19 Ü Buchhalterposten
muhtaç [ɑː] (-cı) **olmak** 15 L brauchen, angewiesen sein (-e/ auf *A*)
muhtar [ɑː] 18 L autonom
muhtariyet [ɑː] 18 L Autonomie
muhteşem 15 L prächtig
muktedir 21 G fähig (-e/ zu)
  muktedir olmak 21 G imstande sein (-e/ zu)
mum 17 L Kerze
murahhas 18 L Delegierte(r)
musallat etmek 11 L zur Strafe schicken
mutfak (-ğı) 21 L Küche
'mutlaka 19 Ü unbedingt, auf jeden Fall

mutluluk (-ğu) 12 L Glück
muvaffak 17 Ü erfolgreich
muvaffak etmek *od.* **eylemek** 21 L Erfolg verleihen
muvaffak olmak 21 G erfolgreich sein (-e/ in), gelingen
  buna muvaffak oldum es gelang mir
muvaffakiyetsiz 13 Ü Mißerfolg
muzip [uː] (-bi) 16 L Schelm, Spaßvogel
mücehhez 21 G ausgerüstet (-le/ mit)
müdahale [-dɑː-] **etmek** 21 G eingreifen (-e/ in *A*)
müddet 10 L Frist, Zeit
müdür 6 Ü Direktor
müebbet (-di) 21 Ü ewig; lebenslänglich
müfettiş 20 Ü Inspektor
mühendis 2 L Ingenieur
mühim (-mmi) 9 L wichtig
mühür (mühürü *u.* **mührü)** 18 Ü Stempel
mühürlemek 21 L abstempeln   [richt)
müjde 21 L frohe Nach-]
mükemmel 21 Ü tadellos
mümbitlik (-ği) 18 Ü Fruchtbarkeit
mümkün 4 Ü möglich
  mümkün olduğu kadar 9 L nach Möglichkeit, möglichst
münakaşa [-nɑː-] 11 Ü Streit; Diskussion
münasip [ɑː] (-bi) 10 L geeignet
müracaat [-rɑː-] 21 Ü Hinwenden
müracaat etmek 9 Ü sich wenden (-e/ an)
müraselât [myrɑːsɛlɑːt] (-tı) 19 Ü Postsendungen
müracele [ɑː] 19 Ü Postsendung
mürekkep (-bi) 19 Ü Tinte
mürekkep olmak 21 G bestehen (-den/ aus)
müsaade [-sɑːɑdɛ] 4 L Erlaubnis
  müsaade etmek 4 L Erlaubnis geben (-e/ zu), etw. erlauben
müsbet (-ti) 13 Ü positiv
müstahdem 2 L Angestellte(r)
müşkül 21 L schwierig
müteessir olmak 21 G sehr bedauern (-den/ daß)
mütehassıs 18 Ü Spezialist

mütenasip [ɑː] (-bi) 21 Ü proportioniert
müthiş 21 L furchtbar
müttefik (-kı) 8 L alliiert, verbündet
müze 2 L Museum

N

nakit [nɑˈkɪt] ⑩ 5 (-kdi) 9 Ü Geld
nakletmek 11 Ü übertragen
nal 15 Ü Hufeisen
nalbant (-dı) 15 Ü Hufschmied
nam [ɑː] 17 Ü Name
namaz 13 Ü Gebet
namlı [ɑː] 20 Ü bekannt, berühmt
narin [ɑː] 2 L schlank
nâs *ar.* 17 L Mensch
'nasıl 2 L wie
  nasıl olsa 15 Ü wie dem auch sei; sowieso
nasıl ... se 12 L (so) wie, ... (so)
nasihat [iː] (-ti) 18 Ü Rat
nasihat vermek 19 Ü Ratschläge erteilen
'nazaran 16 Ü im Vergleich (-e/ zu)
nazik [ɑː] 21 G freundlich (-e karşı/ zu)
ne 1 L was (für) ...! was für ein
  ne diye 20 Ü warum
  ne kadar 11 Ü wie ...!; 12 Ü wie lange
  ne ... ne ... 11 L weder ... noch
  ne olacak 20 Ü was soll das?
'ne zaman 2 L wann
nebat [ɑː] (-tı) 14 L Pflanze
neci 2 L was, was von Beruf
ne'dense 21 L irgendwie
nefes [ɑː] 6 Ü Atem
nefes almak 6 Ü Atem holen; 17 L atmen; einatmen
nefes alma organı 17 L Atmungsorgan
nefes vermek 17 Ü ausatmen
nefis 15 L vorzüglich
nefret etmek 17 Ü verabscheuen, hassen (-den/ j-n)
nehir [ˈnɛhɪɹ] (-hri) 5 L Fluß
'nerdeyse 14 Ü gleich, auf der Stelle
nerede 2 L wo

Wörterverzeichnis

'nerede ise, 'neredeyse 14 Ü gleich, auf der Stelle
neşeli 15 L fröhlich
neşesiz 8 Ü mißmutig
neşretmek 21 Ü veröffentlichen
net 19 Ü klar
netice [-ti:-] 12 L Ergebnis
nevi (nev'i) 9 L Art
'neyse 13 Ü wie dem auch sei, ganz egal; gut, meinetwegen
nezaket [ɑ:] 13 Ü Freundlichkeit
nicelik 21 Ü Menge
niçin ['niːⁿɪtʃɪn] 4 Ü warum
'nihayet [ɑ:] 4 L schließlich
nikâh [nɪk̯ɑːx] dairesi 21 Ü Standesamt
nimet 12 L Wohltat; hier: (sinnliche) Freude
nisan 7 L April
nişan 21 L Orden
nişanlı 10 L verlobt; Verlobte(r)
'nitekim 20 G wie ... ja auch
nitelemek 16 L qualifizieren
nitelik 16 L Eigenschaft; 21 Ü Qualität
niye 5 L warum
niyet 20 Ü Absicht
Noel ağacı 18 Ü Weihnachtsbaum
nohut 21 L Kichererbse
noksanlık 16 L Mangel
nokta 9 L Punkt
'Norveç (-ci) 8 L Norwegen
'numara 5 Ü Nummer
nüfus [u:] 7 Ü Bevölkerung
nüfuz [u:] 20 Ü Einfluß
Nüzhet 10 Ü Mädchenname

O

o 2 L er, sie, es; jene(r, -s) od. der, die, das ... da
o sırada 14 L in diesem Augenblick; gerade da; 21 L dabei
o zaman 12 Ü so
obur 18 Ü Vielfraß
ocak 7 L Januar
oda 1 L Zimmer
odacı 21 L Bürodiener
odun 6 Ü Brennholz; 13 L Holz; 18 L Bohle
oğlak [ɔːɫɑk] 12 L Steinbock
oğul [ɔːuɫ] (oğlu [ɔːɫu]) 5 L Sohn
ok (-ku) 16 Ü Pfeil

oksijen 17 L Sauerstoff
okşamak 21 L liebkosen; besänftigen
okul 3 Ü Schule
okul disiplini 19 Ü Schulordnung
okuma 9 L Lesen
okuma kitabı [ɔkuˈmak̯ɪtɑbi] 5 Ü Lesebuch
okuma oburu 18 Ü Leseratte
okumak 3 Ü lesen
okunaklı 19 Ü leserlich
okunur 10 L lesbar
okunuş 9 L Lektüre
okuyucu 9 L Leser
okuyuş 9 L Lesen, Lektüre
olarak 4 L seiend; als; s. a. ödemek
olay 8 L Ereignis
ol'dukça 17 L ziemlich
olgun 14 L reif
olgunlaşmak 20 Ü reifen
olgunlaştırıcı 20 Ü Reife verursachend
olma 12 Ü Werden
olmak 5 L sein; werden; geschehen; 9 Ü haben
... olmak üzere 7 Ü davon ... s. a. 19 G
ol'mazsa 21 L wenn nicht anders
olumsuz 4 L negativ, verneint
olur 20 L möglich, es geht
omuz 9 L Schulter
omuzlamak 20 Ü aufschultern
on 2 L zehn
'on altı 7 G sechzehn
'on altıncı 7 G sechzehnte(r, -s)
'on beş 7 G fünfzehn
'on beşinci 7 G fünfzehnte(r, -s)
on bir ['ɔnbɪɹ] 7 G elf
'on birinci 7 G elfte(r, -s)
'on dokuz 7 G neunzehn
'on dokuzuncu 7 G neunzehnte(r, -s)
'on dördüncü 7 G vierzehnte(r, -s)
'on dört 7 G vierzehn
on iki ['ɔnɪk̯ɪ] 7 G zwölf
'on ikinci 7 G zwölfte(r, -s)
'on sekiz 7 G achtzehn
'on sekizinci 7 G achtzehnte(r, -s)
on üç ['ɔnytʃ] 7 G dreizehn
'on üçüncü 7 G dreizehnte(r, -s)
'on yedi 3 L siebzehn

'on yedinci 7 G siebzehnte(r, -s)
onarmak 18 L reparieren
onar onar 7 L im Abstand von zehn
onlar 2 Ü sie
onuncu 7 G zehnte(r, -s)
o'nun için 12 Ü deshalb
o'nun kadar ... 16 L so ... wie er
'ora 14 Ü jene Stelle
'orada 3 L dort
orangutan 16 Ü Orang-Utan
ordu 8 L Heer, Armee
orijinal 4 L Original
or'kestra 18 Ü Orchester
orman 5 L Wald
ormanlı 7 Ü bewaldet
orta 6 Ü Mitte; 16 L Zentrum; 11 G Mittel-; 12 L mittlere(r)
orta yaşlı 15 L mittleren Alters
ortadan kalkmak 9 L verschwinden
ortadan kaybolmak 8 L von der Bildfläche verschwinden
ortaklık (-ğı) 19 L (Handels-)Gesellschaft
ortalama 7 Ü im Durchschnitt [biete]
ortalar 16 Ü zentrale Gebiete]
ortasında 7 L in der Mitte (von G)
osmanlı 11 Ü osmanisch
Osmanlı Devleti 11 Ü osmanisches Reich
Osmanlılar 16 Ü die Osmanen
ot (-tu) 5 L Gras, Weide; 18 Ü Kraut
otel 1 L Hotel
otlak (-ğı) 11 L Weide
otlanmak 8 Ü weiden, grasen
otlu 5 L Weide-
otobüs 3 Ü Autobus
otobüs durağı [ɔtɔˈbysdurɑː(i)] (-nı) 4 L Autobushaltestelle
otomatik 16 Ü automatisch
otomobil 5 Ü Auto
oturmak 3 Ü wohnen; sitzen; sich setzen (-e/ an A)
oturum 11 Ü Sitzung
otuz 7 G dreißig
otuzuncu 7 G dreißigste(r, -s)
ova 18 Ü (Tief-)Ebene
Ovacık 18 L Bezirksname
ovuşturmak ⑦ 3, ⑧ 15 L aneinander reiben

Wörterverzeichnis 390

oyalamak 12 L beschäfti-
gen, ablenken
oynamak 6 Ü spielen; 11
Ü tanzen
oynatılmak 19 Ü veran-
lassen, daß gespielt wird
oy vermek 21 G stimmen
(... lehine, aleyhinde/ für,
gegen)
oyun 6 Ü Spiel
o'yun havası 7 Ü Tanz-
melodie

Ö

'öbür 15 L ander-, weiter-
öbür gün 19 Ü übermor-
gen
öç (öcü) Rache
-in öcünü almak 21 G j-n
rächen; sich rächen (bi-
rinden/ an j-m)
bir kimseden bir şeyin
öcünü almak 21 G sich
an j-m für etw. rächen
'ödağacı (-nı) 21 L Aloe-
holz
ödeme 12 Ü Auszahlung
ödemek 11 Ü bezahlen
ödemeli olarak als Nach-
nahme
ödev 6 Ü Aufgabe
ödünç almak 14 Ü leihen,
(sich) borgen
ödünç vermek 14 Ü leihen
(-e/ j-m)
öfke 14 L Wut
öğle 7 Ü Mittag
öğle üzeri [œ:'lɛyzɛrı] 15
Ü gegen Mittag
öğle yemeği [œ:'lɛĭemeˈĭ]
12 Ü Mittagessen
öğleden sonra [œ:lɛ'dɛñ-
sɔːra] ④ 2 L nachmittags
öğrenci [œ:rɛndʒɪ] 2 L
Schüler; Student
öğrenmek 6 Ü lernen; 12 L
erfahren; 13 L in Erfah-
rung bringen
öğrenmeğe çalışmak 21 G
forschen (-i/ nach)
öğretmek [œ:rɛtmɛḳ] 5 Ü
lehren (b-e bir ş-i/ j-n
etw.)
öğretmen [œ:rɛtmɛn] 3 L
Lehrer
öğüt [œ:yt] (-dü) 6 L Rat
öksüz 8 Ü mutterloses
Kind, Waise
öküz 21 L Ochse; Dumm-
kopf
ölçü 7 Ü Maß
ölmek (-ür) 5 L sterben
ölü 11 Ü Tote(r)
ölüm 13 Ü Tod

ömür (-mrü) 15 L Alter;
Leben
ön 16 L Vorderseite;
Raum davor; Vorder-;
6 Ü Vordere(s)
'önce 6 Ü Adv. zunächst;
12 Ü früher; 13 Ü zu-
erst; 20 L zuvor; 10 L
Präp. (-den) vor
'önceden 14 Ü vorher
önem Wichtigkeit, Bedeu-
tung, a. ehemmiyet
önem vermek 16 Ü be-
achten (-e/ A)
önemli 1 L wichtig
önemsiz 21 L unwichtig
önlemek 17 L verhindern
önlük (-ğü) 5 Ü Schürze
önünde (-in) 10 Ü vor
önünden (-in) 16 L vor
öpmek 15 L küssen
örnek (-ği) 14 Ü Muster
örtmek (örter) 6 L bedek-]
öte 17 Ü ander- [ken∫
ötede bir şey 21 Ü etwas
ganz anderes
öteden beri 14 Ü von je her
öteki 12 L der, die, das
andere von zweien
övmek ⑧ 15 L loben
övünmek ⑧ 21 G stolz
sein (-le/ auf)
öyle [œ:lɛ] ④ 12 L so
öyle bir ... ki 14 L derart,
daß
öy'le ise 19 L somit, also
öy'leyken 14 L obwohl
dem so ist, trotzdem
öz 11 Ü Kern, Wesen
özel 14 Ü besonder-; 21 Ü
speziell, privat
özellik (-ği) 10 Ü Einzel-
heit; Eigentümlichkeit;
18 Ü Eigenschaft; 21 Ü
Besonderheit
özenmek 14 Ü sorgfältig
ausführen
özet 5 Ü Inhalt; Zusam-
menfassung
özlemek 8 L sich sehnen
(A/ nach)
özne 20 Ü Subjekt
özür Entschuldigung
özür dilemek 9 Ü sich
entschuldigen (-den/ bei),
um Verzeihung bitten
(-den/ j-n)

P

pabuç (-cu) 12 Ü Schuh
padişah [pɑːdɪʃɑːx] 15 L
Sultan, König
pahalı 3 L teuer
paket 11 Ü Packung

'palto 11 L Herrenmantel
pamuk (-ğu) 14 Ü Baum-
wolle; Watte
pantolon 5 Ü Hose
para 5 Ü Geld
parantez 7 Ü Klammer
parça 7 L Stück; Ab-
schnitt; Teil
parçalı 12 L teilweise,
stellenweise
parıl parıl 21 L glänzend
parlak 11 L glänzend
parmak (-ğı) 9 L Finger
parti 21 Ü Partie, Posten
pas 18 Ü Rost; Zungen-
belag
pasaport (-tu) 5 Ü Paß
'Pasifik 8 L Stille(r) Ozean
Pasifikteki 8 L im Pazifik
befindlich
paşa 12 Ü Pascha
pat pat atmak 21 L pochen
pa'tates 5 Ü Kartoffel
patlama 16 Ü Knall
patlamak 14 Ü platzen,
explodieren
'paydos 21 L Büroschluß,
Feierabend
pazar 7 L Sonntag
pa'zartesi 7 L Montag
pek 1 L sehr
pek ziyade 11 L äußerst
'pekâlâ 10 L sehr gut
'peki 12 Ü gut; in Ord-
nung; 21 L und ... also
pekiştirmek 21 Ü verstär-
ken
'pencere 3 L Fenster
perde 10 L Vorhang; hier:
Name e-r Illustrierten;
16 Ü Leinwand; 17 Ü
Akt; 19 Ü Schirm
peri 20 Ü Fee [stört]
perişan [-iːʃɑːn] 21 L ver-∫
perşembe 7 L Donnerstag
peşin 12 Ü im voraus
peşkir 15 L Handtuch;
Serviette
peştamal 21 L Schürze,
Badeschurz
petrol (-lü) 16 Ü Erdöl
peygamber 8 Ü Prophet
pırıl pırıl yanmak (-ar)
16 Ü blinken
pikap (-bı) 12 Ü Platten-
spieler
pil 21 Ü Batterie
pilli 21 Ü mit Batterie
pilli radyo 21 Ü Transi-
storradio
'pipo 3 L Pfeife
pipo içmek 3 L Pfeife
rauchen
pirinç (-ci) 15 L Reis; 21 L
Messing

Wörterverzeichnis

pirit 21 Ü Pyrit
pişirmek (-ir) 5 L kochen
piyade [ɑː] 18 Ü Infanterist
pi'yano 18 Ü Klavier
piyes 17 Ü (Theater-)Stück
plaj 19 Ü Strand
plak [plak] (-ğı, -kı) 7 Ü
Schallplatte
plan 5 Ü Plan
plebisit 18 Ü Volksabstimmung
polis 17 Ü Polizei
Po'lonya 8 L Polen
porselen 16 L Porzellan
portakal 16 Ü Apfelsine
portatif 21 Ü Koffergerät
'posta 10 L Post; hier:
Briefkasten in e-r Zeitung
postane [ɑː] 11 Ü Post-
(amt)
poz vermek belichten
fazla poz vermek 14 Ü
überbelichten
'Poznan 18 Ü Posen
prensip (-bi) 17 L Prinzip
profesör 2 L Professor(in)
program 7 Ü Programm
propa'ganda 18 Ü Propaganda
psikolojik 4 L psychologisch
psikoteknik (-ği) 18 Ü
Psychotechnik
PTT (= Posta, Telgraf ve
Telefon) 11 Ü Post(verwaltung)
pul 11 Ü Briefmarke
putperestlik (-ği) 17 L
Götzendienst

R

Rab (-bbi) 6 Ü Herr, Gott
radyatör 18 Ü Heizkörper
'radyo 4 L Rundfunk,
Radio(apparat)
raf 18 Ü Brett (Etage)
rahat (-tı) 10 Ü Ruhe; ruhig; 15 Ü bequem; 16 L
behaglich
rahat etmek 21 Ü seine
Ruhe haben; sich ausruhen
rahatsız 10 Ü unpäßlich
rahatsız etmek 6 Ü belästigen
rahatsızlık (-ğı) 14 Ü Störung, Unpäßlichkeit
rahip [ɑː] (-bi) 19 Ü christl.
Geistliche(r), Pfarrer;
Mönch
rahmetli [rɑxmɛtli] 5 L
selig, verstorben
rakam 21 L Zahl

randevu almak 14 Ü sich
anmelden
rasathane [-hɑːnɛ] 18 L
Sternwarte
rast gelmek (-e) 10 Ü finden, antreffen
rastlamak [rɑslɑmɑk] 16
Ü antreffen (-e/ A); 20 Ü
treffen (-e/ j-n)
ray 11 G Schiene
razı [ɑː] 6 Ü einverstanden
razı etmek 20 Ü zufriedenstellen
razı olarak 21 L hier:
bereit (-e/ zu)
razı olmak 20 Ü einverstanden sein (-e/ mit)
re'cete 10 L Rezept
'reddetmek 11 Ü ablehnen;
17 L zurückweisen
refakat [-fɑː-] etmek 21 G
begleiten (-e/ A)
reislik (-ği) 18 L Vorsitz
reklamasyon 19 Ü Beanstandung(en)
renk (-gi) 6 Ü Farbe
renk renk 11 L verschiedenfarbig; 20 L bunt
renkli 7 Ü farbig
resim (-smi) 10 L Bild
resimli 9 Ü illustriert
resimli kartpostal 9 Ü Ansichtskarte
resmî 21 Ü amtlich
rıhtım [rixtim] 11 Ü Kai
rica etmek [rɪˈdʒɑːɛtmɛk]
4 Ü bitten (-den bir ş-i/
j-n um etw.)
ricada bulunmak 10 L
bitten (-den/ j-n um etw.)
Roma İmparatorluğu 16 Ü
Römisches Reich
romantik 16 Ü romantisch
Ro'manya 18 L Rumänien
ruh [ruːx] 12 L Seele; Geist
Rume'lihisarı (-nı) 4 L
Festung am Bosporus
Rus 8 L Russe; russisch
'Rusya 8 L Rußland
rüya [ryˈjɑː] 8 Ü Traum
rüya-yı hayat 19 Ü Traum
e-s Lebens, s. L. 18 S
rüzgâr [ryzˈɡ̟ɑːɹ] (-ı) 8 Ü
Wind

S

saadet [sɑɑːdɛt] 15 L
Glück
saat [sɑːɑt] (-tı), oft noch
(-ti) 2 L Uhr
sekiz saattan 7 Ü zu acht
Stunden
saatçı 10 L Uhrmacher
sabah [sɑbɑx] 2 L Morgen

sa'bah namazı 20 Ü Morgengebet
sabahleyin [sɑˈbɑxleˈɪn] 18
Ü morgens
sabırlı 9 Ü geduldig
sabun 16 Ü Seife
saç (-cı) 5 Ü Haar
saçlı 10 L mit ... Haar
saçmak 18 Ü streuen; verbreiten
sadaka 15 L Almosen
sadece ['sɑːdɛdʒɛ] 19 L
einfach
sadık [ɑː] (-kı) 16 Ü treu
sadık olmak 21 G treu
sein
sağ [sɑː] 3 L rechtsağlam [sɑːlɑm] 11 Ü gesund
sağlamak 9 Ü sicherstellen, sichern; 16 Ü verschaffen; 19 Ü sorgen
(-i/ für)
sağlık (-ğı) 12 L Gesundheit, Wohlbefinden
sağnak [sɑːnɑk] (-ğı) 18 Ü
Wolkenbruch
sahiden ['sɑːhidɛn] 16 Ü
richtig
sahife [iː] 7 Ü Seite
sahi(h) ['sɑːhiː] 17 L tatsächlich; 21 Ü richtig,
stimmt!
sahip [ɑː] (-bi) 11 Ü Inhaber, Eigentümer
sahip olmak (-e) 16 Ü
haben, besitzen, in den
Besitz kommen
sahne [sɑxnɛ] 16 L Bühne;
17 Ü Szene
sahte 18 Ü gefälscht
sakın 16 L ja (Verstärkung
beim Imperativ)
sakınmak 21 G sich hüten
(-den/ vor)
sakin [ɑː] 5 L ruhig
saklamak 18 L aufbewahren; 21 G bewahren
(-den/ j-n, etw. vor);
verstecken, verbergen
(-den/ vor)
saklambaç 17 Ü Verstecken
saklanmak 17 Ü sich verstecken
saksı 17 L Blumentopf
salâhiyet [-lɑː-] 21 L Befugnis, Kompetenz
saldırmak 13 L anfallen,
angreifen; hier: ausschlagen
salı 7 L Dienstag
sallamak 17 Ü schwenken; 21 L baumeln;
wackeln

Wörterverzeichnis 392

sallanmak 16 Ü, 21 L, Ü
wanken; baumeln, wak-
keln
sallanır iskemle 16 L
Schaukelstuhl
salon 16 L Wohnzimmer
sa'manyolu (-yolunu) 10 Ü
Milchstraße
samimî 8 Ü freundlich,
herzlich
sanat (-tı) 9 L Kunst
san'dalye 18 Ü Stuhl
'sandviç 3 L belegtes
Brötchen
sanık 21 G verdächtig, angeklagt (-den/ e-r S. G)
saniye [sɑː-] 7 L Sekunde
sanmak 13 Ü glauben, annehmen; 21 G j-n halten
für
santi'litre 16 Ü Zentiliter
santral 16 Ü Zentrale
sap 8 Ü Halm, Stiel
sapa 21 Ü abgelegen
sapmak (sapar) 6 Ü ein-
biegen (-e/ in A)
Sar 18 Ü Saar
sararmak 14 Ü verwelken
saray 8 G Schloß; 15 L
Palast
sarhoş 16 Ü betrunken
sarı 21 L gelb
sarılmak (-e) 16 Ü umarmen
sarınmak 14 L sich ein-
hüllen
sarışın 10 L (hell)blond
sarkmak 6 Ü sich hinauslehnen (-den/ aus); 21 L
herabhängen
sarp (-pı) 10 L steil
sarsıntı 16 Ü Erschütte-
rung
sarsmak (-ar) 20 Ü erschüttern
sa'tın almak 16 Ü kaufen
satır 11 Ü Zeile
satır 21 L Hackmesser
savaş 8 L Krieg; Schlacht
savaşmak 8 L kämpfen;
21 G bekämpfen (-le/ A)
savcı [sɑûdʒi] ⑧ 21 Ü
Staatsanwalt
savurmak [sɑŵur-] ⑦ 3 20
Ü schleudern
sayesinde (-in ...) 16 Ü
dank
sayfa 7 Ü Seite
saygı 10 L Achtung; 19 Ü
Hochachtung
saygılarını sunmak 21 G
sich empfehlen (-e/ j-m)
sayı 7 L Zahl, Ziffer
sayılı 16 Ü gezählt
sayım 7 Ü Zählung

sayın oft [sɑïn] 6 Ü geehrt
saymak (sayar) 6 Ü zählen; 16 Ü aufzählen; 14 Ü
meinen, erachten; 21 G
betrachten (-i/ j-n, etw.
als A)
saz 8 Ü Schilf
sebat [ɑː] 12 L Ausdauer
sebep (-bi) 5 Ü Ursache;
13 L Grund
sebep olmak 18 L verursachen (-e/ A)
sebze 7 Ü Gemüse
seçmek (seçer) 11 Ü wählen; 20 Ü feststellen, erkennen; 21 G sich ent-
scheiden (-e/ für)
sedir 15 L Polsterbank
sekiz 2 L acht
sekizinci 7 G achte(r, -s)
seksen 7 G achtzig
sekseninci 7 G achtzig-
ste(r, -s)
sel 18 L Sturzbach
selâm [sɛlɑːm] 6 Ü Gruß
selâm söylemek 6 Ü grüßen (-e -den/ j-n von)
sema [ɑː] 12 L Himmel,
bsd. fig.
semaver 5 Ü Samowar
semiz 8 Ü fett
semt 19 Ü Gegend; 21 Ü
Gebiet
sene 7 L Jahr
senet (-di) 17 Ü Schein,
Beleg
senkronize 4 L synchronisiert
sepet (-ti) 21 Ü Korb
seri 18 Ü Reihe, Serie
serili 18 Ü ausgebreitet
serin 7 Ü kühl
serpilmek 14 Ü sich gut
entwickeln, sich heraus-
machen [sprühen]
serpmek 21 L streuen,
sert 16 Ü hart; 21 G streng
servet 20 Ü Vermögen
ses 5 Ü Stimme; Ton
seslenmek 10 Ü laut rufen,
antworten
sesli 7 Ü stimmhaft, laut;
16 Ü Laut
sesli olarak (Adv.) 9 L
laut
sessiz 9 L stumm; leise
sevgi 21 L Liebe
sevgili 12 L geliebt, lieb
sevimli 16 L nett; 20 L
drollig
sevinç (-ci) 13 L Freude
sevinmek 8 Ü sich freuen
(-e/ über)
sevmek 4 L lieben, gern
haben

seyretmek (seyreder) 4 L
sich ansehen, betrachten;
16 Ü fortpflanzen, aus-
breiten
sezinlemek 21 L ahnen,
schwanen
sezmek 14 Ü ahnen, wittern, wahrnehmen
sıcak (-ğı) 14 L Hitze; 5 L
heiß; 11 Ü warm
sıcaklık (-ğı) 7 Ü Wärme,
Hitze; 9 Ü Temperatur
sıfat (-tı) 14 Ü Adjektiv
sıfatlarda derece 16 L
Steigerung der Adjektive
sıfır 7 G Null
sığınmak [sɯːınmɑk] (sığı-
nır) 17 L Zuflucht suchen
(-e -den/ bei ... vor)
sıhhat (-ti) 9 Ü Gesundheit, Ergehen
sıhhatli 11 Ü gesund, wohl
sık 5 L dicht
sık sık 6 Ü oft; 14 L
ziemlich dicht stehend
sıkıcı 19 Ü lästig
sıkılmak 10 Ü bedrückt
sein (-den/ zu ...); 17 L
bedrängt werden
sıkıntı 15 L Bedrängnis,
Not
sıkışık 20 Ü bedrängt,
schwer, ... der Not
siklet (-ti) 21 Ü Schwere
sınıf 3 L Klasse
sır (-rrı) 9 Ü Geheimnis
sıra 6 Ü Reihe; 20 Ü Reihenfolge; s. a. o
sıra ile 6 Ü der Reihe nach
sıralamak 14 Ü in Reihen
aufstellen, ordnen; 20 Ü
einreihen
sıralanmak 7 L geordnet,
aufgezählt werden; 14 Ü
Spalier bilden
sırasında 9 L bei, während
sıraya girmek 6 Ü sich anstellen
Sırbistan 18 L Serbien
sırf 20 Ü nur, lediglich
sırma 15 L Goldfaden
sırt (-tı) 16 L Rücken
sırtından çıkarmak 21 Ü
ablegen
sıska 21 Ü mager
sızlanmak 15 L klagen
si'gara 3 L Zigarette
si'gara içen 11 Ü Rau-
cher
si'gara içmek 14 Ü rauchen
si'gorta 6 Ü Versicherung;
7 Ü elektr. Sicherung
sigorta etmek 17 Ü versichern

Wörterverzeichnis

silâh [sıla:x] 17 Ü Waffe
silâhlanmak 19 Ü sich bewaffnen
Si'lezya 18 Ü Schlesien
silinti 19 Ü Streichung
silkinmek 19 L abschütteln; *fig.* von sich (-den) abschütteln
sindire sindire 21 L (so) richtig, ordentlich
sindirmek verdauen
içine sindirmek 19 L sich einprägen
sinek 21 Ü Mücke
sinema 1 L Kino
sinemaskop 16 L Cinemaskop
sinir 18 Ü Nerv
sinirlenmek 19 L nervös werden, beunruhigt werden (-e, -den/ von)
sirküler 19 L Rundschreiben
siyah [sı'jɑx] 16 Ü schwarz
siz 3 G ihr, Sie
sizden 10 Ü von Ihnen
sizlere ömür 20 Ü Gott erhalte euch am Leben!; er ist gestorben
'soba 6 Ü Ofen
sofa 15 L Halle; Steinbank
sofra 13 L Tisch
soğuk [sɔ:uk] 8 Ü Kälte
soğuk algınlığı 13 Ü Erkältung
soğuk almak 17 L sich erkälten
soğumak ⑧ 3 L kalt werden
sohbet 3 L Unterhaltung
sohbet etmek 3 L sich unterhalten
sokak (-ğı) 1 L Straße; 11 Ü (Neben-)Straße
sokmak (-ar) 16 Ü hineinstecken
sol 3 L link-
soldaki 6 Ü links gelegen
soluk 21 L blaß
solunum 17 Ü Atmen
Somali 8 L Somaliland
son 6 Ü Ende, Schluß; letzt-
sona ermek 8 L zu Ende gehen
sonbahar 7 L Herbst
sonra ['sɔ:⁻rɑ, 'sɔň⁻rɑ] 6 L *Adv.* dann, danach
-'den sonra 5 L nach
sonuç (-cu) 13 Ü Ergebnis, Ende
sonuçlandırmak [sɔnuʃ-] ⑫ D 20 Ü zu Ende führen
sonuncu 7 G letzt-
sonunda 21 Ü schließlich

sorgu 12 L Verhör, Vernehmung
sorguya çekilmek 12 L ins Verhör nehmen
sorguya çekmek 21 G anfragen (-i/ bei)
sormak (-ar) 5 L fragen (-e/ j-n; -i/ nach j-m; bir şeyi/ nach etw.); 21 G anfragen (-e/ bei); sich erkundigen (-i/ nach)
soru 4 L Frage
sosyal 19 Ü sozial
so'syal si'gorta 11 Ü Sozialversicherung
sosyete 13 Ü (bessere) Gesellschaft
soymak 17 Ü abschälen
sökmek (-er) 10 L herausnehmen; entziffern; 20 L wegreißen, abbrechen; 21 L abnehmen, abreißen
sömürge 8 L Kolonie
söndürmek 13 Ü löschen; 17 L auslöschen *(tr.)*
sönmek 17 L erlöschen *(itr.)*
söylemek 4 Ü sagen; 9 L aussprechen; 13 *(Formeln)* singen
söz 6 Ü Wort
sözcü 13 *(Formeln)* Sprecher
sözlük (-ğü) 16 Ü Wörterbuch
'spor alanı 12 Ü Sportplatz
'spor eşyası 10 Ü Sportartikel
su 5 G Wasser
su basmak 18 Ü überschwemmt werden (von)
su yolu *(pl.* su yolları) 17 L Kanal
sual [a:] (-li) *s.* soru
sual [sua:l] sormak 11 L e-e Frage stellen (-e/ j-m)
subay 19 Ü Offizier
sucuk (-ğu) 21 Ü Wurst
suç (-çu) 16 Ü Schuld
suçlamak [suʃ-] ⑫ D 21 G beschuldigen, anklagen, bezichtigen (-i -le/ j-n e-r S.)
suçlandırmak 20 Ü anklagen (-i -le/ j-n e-r S.)
suçlu 21 G schuldig (-den/ G)
suçsuz [suts:uʒ] ⑫ D 13 Ü unschuldig (-de/ an D)
su'lu gözlü 17 L weinerlich
sunmak (-ar) 8 L unterbreiten; 10 L (dar)bie-

ten; 14 Ü vorlegen, darreichen; 21 Ü entbieten, senden
surat (-tı) 21 L mürrisches Gesicht
suret [u:] (-ti) Form, Gestalt
suretiyle (-mek ...) 18 L dadurch daß, indem
susmak (-ar) 6 L schweigen
susturmak 17 Ü zum Schweigen bringen
sülfürik asit (-di) 21 Ü Schwefelsäure
süpürge 17 Ü Besen
süpürmek 14 Ü ausfegen, kehren
sürat (-ti) 9 L Geschwindigkeit
süratli 9 L schnell
süre 8 L Zeit(spanne), Frist
sürgün 12 L Verbannung
sürmek (sürer) 6 Ü fahren; 7 L dauern; 19 Ü *mit Grundzahl:* im -ten Jahr stehen; 21 L schieben; schleppen
sürüklemek 18 L hineinziehen (-e/ in)
sürüm 21 Ü Absatz
süslü 13 Ü kunstvoll
sütun [u:] 7 Ü Spalte
süvari [-vɑ:ri:] 18 Ü Reiter; Reiterei, Kavallerie

Ş

şafak (-ğı) 21 L Morgendämmerung
şafak söküyor 21 L es dämmert
şaka 15 L Scherz
şakacı 15 L Witzbold; witzig
şaklatmak 16 Ü klatschen lassen; schnalzen
Şam 19 Ü Damaskus; Syrien
'şamfıstığı (-nı) 16 Ü Pistazie
şans [ʃɑňs] 4 L Chance, Glück
şapırdatmak 16 Ü schmatzen
şarap (-bı) 14 Ü Wein
şark 8 Ü Osten; Ost-
şarkı 7 Ü Lied
şart (-tı) 9 L Bedingung
şartiyle (-mek...) 9 L unter der Bedingung, unter der Voraussetzung
şaşılacak 13 L erstaunlich
şaşılacak derecede 16 Ü in e-m erstaunlichen Maße

Wörterverzeichnis 394

şaşırmak 17 L verdattert sein

şaşkın 17 Ü erstaunt

şaşkınlık 16 L Verblüffung

şaşmak 13 L staunen, sich wundern (-e/ über); 21 G erstaunt sein (-e/ über)

şaşmamak 21 G nicht abgehen (-den/ von)

şefkat (-ti) 21 L Mitleid

şehir ['ʃɛhɪɹ] (-hri) 1 L Stadt

şehirde bir tur 4 Ü Stadtrundfahrt

şeker 5 L Zucker

şekerleme 14 Ü Süßigkeiten

şekerli 7 Ü gezuckert, süß

şekil (-kli) 4 L Form

şemsiye 16 Ü Schirm

şer (-rri) 17 L Böse(s), Schlechtigkeit

şerare [aː] 16 Ü Funke

şeref 18 Ü Ehre

şey 3 L Sache; 10 L Verlegenheitsausdruck: äh, hm, ja ...; zuweilen: Dingsbums; s. a. bir

şık 17 Ü chic

şıngır mıngır 12 Ü klappernd, klirrend

şıngırdamak 17 Ü klirren, klappern

şiddetli 16 Ü heftig

şiir 4 L Gedicht, Poesie

şikâyet [ʃiːkaːjɛt] etmek 14 Ü sich beklagen (-i oder -den/ über)

'şimdi 1 L jetzt

şimdiki 12 G gegenwärtig, der (die, das) Gegenwärtige

'şimdilik (olsun) 21 L fürs erste

şimşek 14 Ü Blitz

şirket 17 Ü Gesellschaft

şiş 21 Ü Spieß

şişman 21 Ü fett, dick

şoför 9 Ü Schofför

şose 16 Ü Autostraße

şöyle 6 Ü so, folgendermaßen

'şöylece 20 Ü folgendermaßen

şu 3 L der, die, das da

'şu halde 13 Ü in diesem Fall, demnach, also

şubat 7 L Februar

şunlar 7 L dies, folgendes

'şurada 2 L da (gleich)

şurasında burasında (-in...) 14 L hier und da in

şüphe etmek 12 L zweifeln (-den/ an)

T

ta: ta [a] kendisi 13 Ü (er) selbst

taahhütlü 11 Ü eingeschrieben

taarruz 8 L Angriff

tabak (-ğı) 13 L Teller

ta'banca 16 Ü Revolver

tabiat [tabiːat] (-tı) 5 L Natur

tabi'atça 15 L von Natur aus

tabii 10 L selbstverständlich, natürlich

taç (-cı) 21 L Krone

tafsilât (-tı) 7 Ü Einzelheiten

tahmin [iː] 18 L Vermutung, Vorhersage

tahmin etmek 13 L vermuten, annehmen

tahsildar [-siːldaːɹ] 14 Ü Steuereinnehmer

takdim [iː] etmek (kendini ...) 19 Ü sich vorstellen

takdir [iː] etmek 21 L schätzen, anerkennen

takılı 21 L hängend, befestigt

takılmak 17 L necken (-e/ A)

takım 10 Ü Gruppe, Fügung; hier: Ausdruck

takip [taːkiːp] etmek ⑩ 5 5 L folgen (-i/ D)

takmak 11 L montieren, (auf)legen; 14 L anhängen; 21 L befestigen; 21 G einsetzen (-i -e/ etw. in A); hängen (-i -e/ etw. an)

takriben [-'kriːbɛn] 18 Ü ungefähr

'taksi 3 L Taxi

takvim [iː] 7 L Kalender

talebe 2 L Student; Schüler

talebelik 18 Ü Studienzeit

talep etmek 21 Ü fordern

talih [aː] 9 Ü Glück; Schicksal

taltif [iː] etmek 21 G auszeichnen (-le/ j-n, etw.)

tam 7 L wirklich, genau; 12 G sehr gut als Note

tamam [-mam, -maːm] 2 L fertig; 15 L in Ordnung, gut (so)

tamamen [-'maː-] 8 L vollständig

tamamlama 17 L Vollenden

tamamlamak 6 Ü vollenden; ergänzen

tamirci [taːmiːrdʒi] 12 Ü Fachmann; hier: „Instandsetzer"

tane 7 G Stück; 20 Ü hier: Same

tanıdık 8 Ü Bekannte(r)

... diye kendini tanıtmak 21 G sich vorstellen als

tanımak 4 Ü kennen; 10 L kennenlernen; 18 L anerkennen; 21 G erkennen (-den/ an D)

tanışma 9 L Kennenlernen, Fühlungnahme

tanışmak 10 L bekannt werden, kennenlernen

tanıştırmak 21 G bekanntmachen (-e/ mit j-m)

tanıtmak 6 Ü bekanntmachen

tanrı 14 L Gott

tanzim [iː] etmek 18 L ausfertigen, aufstellen, regeln

tapu 21 Ü Grundbuch

tapulu 21 Ü ins Grundbuch eingetragen

ta'raça 18 Ü Veranda

taraf 3 L Seite; 11 G Gegend, Gebiet

tarafından 8 L von beim Passiv

tarafsız 8 L neutral

tarak 11 Ü Kamm

taramak 5 Ü kämmen

tarım 1 L Landwirtschaft

tarif [taːriːf] etmek 21 Ü beschreiben

tarih [aː] 16 Ü Geschichte; 19 Ü Datum

tarla 3 L Feld, Acker

tartışmak 10 Ü diskutieren

tartmak (tartar) 5 Ü wiegen

tarz 9 L Art und Weise

tas 5 L Schüssel

tasa 20 L Sorge, Kummer

tasa çekmek 20 L sich Sorgen machen

tasarı 14 Ü Entwurf, Antrag

tasarruf 16 Ü Ersparnis

tasarruf etmek 11 Ü sparen (-den/ an)

taş 18 Ü Stein

'taş bebek (-ği) 20 L Puppe

taşı gediğine koymak (yerleştirmek) 20 Ü um e-e Antwort nicht verlegen sein

taşıma 13 L Tragen

taşımak 18 Ü (bei sich) tragen

taşıt 6 Ü Fahrzeug, Verkehrsmittel

Wörterverzeichnis

taşıtmak 6 Ü tragen lassen, auferlegen
taşkın 13 L erregt
taşlaşmak 14 Ü versteinern
taşmak 21 *(Formeln)* überfließen, überkochen
'taşra 19 L Provinz
tat (-dı) 16 Ü Geschmack
tatbik [tatbiːḳ] (-ki) ⑩ 4 11 Ü (praktische) Anwendung; 18 Ü Verwirklichung
tatbik etmek 11 Ü (praktisch) anwenden; 18 Ü verwirklichen; *hier:* befolgen
tatil [taːtiːl] 7 Ü Ferien
tatlı 5 Ü süß; 16 Ü Süßigkeit
tatlı dil 17 L sanfte Sprache, freundliche Worte
tatlılık (-ğı) 18 Ü Milde
tatmak 16 Ü kosten, schmecken
tavan 6 L Zimmerdecke
tavsiye [taüsːıjɛ] ⑦ 1 etmek 10 L empfehlen
tavşan [taüʃan] 13 L Hase
tayin [taːjın] 9 L Festlegung, Bestimmung
tayin etmek 19 Ü festsetzen; ernennen; *hier:* versetzen
tazminat [-miːnaːt] (-tı) 18 L Entschädigungen
tebliğ [iː] etmek 21 L bekanntmachen; zustellen, übermitteln
tebrik [tebriːḳ] etmek 4 L beglückwünschen, gratulieren
tecrübe 13 L Versuch
tecrübeli 20 Ü erfahren (-de/ in)
tehacüm [aː] 19 L Andrang
tehlike 18 Ü Gefahr
tehlikeli 6 Ü gefährlich
tek 15 Ü einzig, allein; 21 L nur
tek bir 13 Ü ein einzige(r)
teker teker 3 L einzeln, getrennt, jedes für sich
teklif [iː] 11 Ü Vorschlag
'tekrar 6 Ü wieder
tekrarlamak 4 L wiederholen
tel 11 Ü Draht; Faden
telâş [-laːʃ] 21 L Aufregung
telefon 6 L Telefon
telefon etmek 4 Ü telefonieren
tele'fon kulaklığı 6 L Telefonhörer
telgraf 11 Ü Telegraf

telgrafla 9 Ü telegrafisch
tel'siz mesajı 11 Ü Funkmeldung
tembih [-biːx] etmek 15 L anregen; einschärfen
temel 7 Ü Grundlage; Grund-
temin [teːmiːn] etmek 9 Ü beschaffen; 10 Ü beziehen; 11 Ü sicherstellen; 13 Ü befriedigen
teminat [teːmınaːt] (-tı) 21 L Beteuerungen
temizlemek 5 Ü reinigen
temizletmek 10 Ü reinigen lassen
temmuz 7 L Juli
temsil [iː] 9 Ü Vorstellung
temsilci 11 Ü Vertreter
'tencere 20 Ü Topf
te'neke 16 Ü Blech
tepe 5 L Hügel, Spitze
tepelik 16 Ü hügelig
ter 21 L Schweiß
terakki [terakːiː] ⑩ 5 20 Ü Fortschritt
terazi [aː] 12 L Waage
terbiye 6 L Erziehung; 15 L *e-e Art Soße*, Soße
tercih [-iːx] 20 Ü Bevorzugen [scher]
tercüman 20 L Dolmet-
tere 20 Ü Kresse
tereddüt 12 L Unschlüssigkeit
terfi [iː] (-fii) 21 L Beförderung
terfi etmek 21 L befördert werden
terfi ettirmek 21 L befördern
terhis [iː] olmak 19 Ü entlassen werden
'terketmek 18 L abtreten (-e/ an)
terlik (-ği) 12 Ü Pantoffel
ters 17 Ü umgekehrt, entgegengesetzt
tersane [aː] 14 Ü Werft
terzi 11 L Schneider
tesadüf [aː] etmek 6 Ü begegnen (-e/ D)
teselli [iː] 21 L Trost
teselli etmek 5 L trösten
teselli vermek 21 L trösten
tesis [tɛːsiːs] 7 Ü Einrichtung, Installation; 21 Ü Anlage
teslim [iː] etmek 20 Ü abliefern
teslim olmak 8 L sich ergeben, kapitulieren
testi 17 L Tonkrug
teşekkül etmek 17 Ü sich bilden

teşekkür 10 L Dank (-e/ für)
teşekkür etmek 21 G danken (-e *oder* ... için *oder* -den dolayı/ für); sich bedanken (-e bir şeyden dolayı/ bei j-m für etw.)
teşekkür ederim! 3 G danke!
tevkif [tɛw̌ḳiːf] ⑩ edilmek 8 L verhaftet werden
teyp 18 Ü Tonbandgerät
teyze 8 Ü Tante
tezgâh [tɛzgaːx] 11 L Werktisch; Webstuhl
tıkamak (tıkıyor) 6 L zustopfen, zuhalten
tı'raş makinası 12 Ü Rasierapparat
tırmanmak 10 L hinaufklettern, erklimmen (-e)
ticaret [aː] 20 Ü Handel
tica'ret evi 19 Ü Handelsgeschäft, Firma
tica'ret limanı 16 Ü Handelshafen
tica'ret lisesi 19 Ü Handelsoberschule
'tifo 18 Ü Typhus
tiftik (-ği) 11 L Angoraziege; Mohair
tilki 14 L Fuchs
timsah [tımsax] 20 Ü Krokodil
Timurlenk (-gi) 11 L Timurlenk, *a.* Tamerlan
tip 17 Ü Typ
titiz 18 Ü genau, gründlich
titremek 13 L zittern (-den/ vor)
ti'yatro 1 L Theater
tohum 17 L Same; 20 Ü Samenkorn
tok 19 G satt
tokat (-tı) 20 Ü Ohrfeige
tokuşturmak 16 Ü anstoßen
tomurcuk (-ğu) 20 Ü Knöspchen
topallamak 15 Ü hinken
toparlamak 10 L zusammenbringen, zusammenstellen
toplanmak 14 Ü zusammentreten, sich versammeln
toplantı 12 Ü Versammlung
topluluk (-ğu) 19 Ü Gesellschaft; 21 Ü Gruppe
toprak (-ğı) 5 L Boden; Gebiet
torba 21 Ü Rucksack

Wörterverzeichnis 396

tozlaşma 21 Ü Bestäubung
tören 14 Ü Feier
tövbe 20 Ü Bußgelöbnis
-e tövbe! 20 Ü Gott ver-
hüte … [Tripoli]
'Trablus 14 L Tripolis,
tramvay 3 L Straßenbahn
transistörlü radyo 21 Ü
Transistorradio
tren 3 L Zug
tuğla [tu:ła] 20 Ü Ziegel
turist 17 Ü Tourist
tutmak 9 Ü (be)halten (A);
16 Ü nehmen; 17 Ü an-
hängen; 21 G anfassen
(-le/ A mit)
daha önce tutmak 14 Ü
belegen
-in yolunu tutmak 16 L
sich auf den Weg machen
nach [lettentisch]
tuva'let masası 20 Ü Toi-
tuz 16 Ü Salz
tuzak (-ğı) 14 L Falle,
Schlinge
tuzak kurmak 14 L e-e
Falle stellen (-e/ j-m)
tuzağa düşmek 14 L in
die Falle gehen, herein-
fallen
tuzlu 16 Ü salzig
tüccar [a:] 13 L Kauf-
mann; Kaufleute
tüfek (-ği) 10 L Gewehr
tükenmez kalem 4 L Ku-
gelschreiber
tükürmek 6 Ü spucken
tülbent (-di) 21 L Turbantuch
türbe 4 Ü Mausoleum
türemek 20 Ü abgeleitet
werden
Türk 2 L Türke
Türk Dil Kurumu 18 Ü
Türkischer Sprachverein
Türk lirası 7 Ü türkisches
Pfund
'Türkçe 3 L türkisch
'Türkiye 1 L Türkei
türlü 5 Ü Art; 11 G ver-
schieden
türlü türlü 5 Ü allerlei,
… jeder Art
tütün 16 Ü Tabak
tütüne başlamak 21 Ü zu
rauchen anfangen
tüzük (-ğü) 19 L Statuten

U

ucuz 11 G billig
uç [utʃ] (ucu) 20 Ü Ende,
Spitze
uçak (-ğı) 1 L Flugzeug
uçak bileti 16 Ü Flugkarte

uçak postası 13 Ü Luft-
post
uçakla 4 L mit der Luft-
post
uçmak (-ar) 16 Ü fliegen
uçüncü 7 G dritte(r, -s)
ufacık 14 L winzig
ufak 16 L klein
ufak tefek 18 Ü Kleinig-
keiten
ufuk (ufku) 19 Ü Hori-
zont, Gesichtskreis
uğramak [u:ramak] 8 Ü
vorbeikommen (-e/ bei);
17 L (heraus)fließen (-e/
in); 18 Ü hier: gehen in,
besuchen; 19 L betroffen
werden (-e/ von); 21 G
sich begeben (-e/ zu)
uğraşmak [u:raʃmak] 21
G sich befassen, sich be-
schäftigen (-le/ mit)
uğruna [u:runa]: … uğruna
13 Ü zum Zwecke, um
… zu
uğuşturmak [u:uʃtur-]⑧ 15
L aneinander reiben
ulaşım 21 Ü Verkehr
ulaşmak 18 Ü erreichen
(-e/ A)
ulaştırmak 19 Ü übermit-
teln
ulema [a:] 11 L mohamme-
dan. (Gottes-)Gelehrte(r)
ulus 20 Ü Nation
ulusal 21 Ü national
ulus'lar kurumu 16 Ü Völ-
kerbund
ummak 15 L hoffen
umumî [umu:mi:] 6 L öf-
fentlich, allgemein
umur [umu:r] 19 L Ange-
legenheiten
-mek umurunda olmamak
19 L sich nicht viel aus
oder daraus machen, zu
umutlanmak 20 L (er)hof-
fen
unutmak 6 Ü vergessen
unutturmak 10 L vergessen
lassen
uşak (-ğı) 15 L Diener
utanç (-cı) 13 L Scham,
Scheu
uyandırmak 5 Ü wecken
uyanık 13 L wach
uyanmak 8 Ü erwachen
uyarla(n)mak 21 G (sich)
anpassen (-e/ D; e-r S.)
uygun 6 Ü passend (-e/
zu); 9 L angemessen (-e/
D); 21 G entsprechend,
geeignet (-e/ für)
uygun düşmek 14 L sich
als geeignet erweisen

uyku 5 Ü Schlaf
uykuya varmak oder dal-
mak 8 Ü einschlafen
uykusuz 20 Ü unausge-
schlafen
uymak (-ar) 9 Ü sich an-
passen; 11 Ü passen zu;
14 L sich richten (-e/
nach); 16 Ü anpassen
(-e/ D); 19 L befolgen
(-e/ A)
uyumak 4 Ü schlafen
uzak 3 L weit, fern
uzaklardaki 21 L aus-
wärtig
uzaklaşmak 17 Ü sich ent-
fernen
uzaklık (-ğı) 7 Ü Ferne,
Abgeschiedenheit
uzamak (uzuyor) 7 Ü län-
ger werden; 21 L sich
hinziehen
uzanmak 5 L sich erstrek-
ken; 14 L sich hinlegen;
18 Ü hier: führen
uzatmak 10 L (hin)reichen;
16 Ü ausstrecken
uzun 4 Ü lang; 12 Ü Adv.
lange
uzun boylu 21 L lange
(Zeit); 21 Ü lang und
breit
uzunluk (-ğu) 7 Ü Länge

Ü

ücret (-ti) 11 Ü Lohn;
19 Ü Gebühr; 21 Ü Ver-
gütung
üç (-çü) 2 L drei
üç heceli 7 Ü dreisilbig
üçüncü [ytʃyndʒy] 6 L
dritte(r, -s)
üçüzlü 6 L dreiteilig
ülke 16 Ü Gebiet; 18 Ü
Land
ümit (-di) 12 G Hoffnung
ümitsizlik (-ği) 13 Ü Hoff-
nungslosigkeit
ün 18 L Ansehen, Ruhm
üniversite 2 L Universität
üreme 21 Ü Fortpflanzung
üretmek 21 Ü erzeugen,
produzieren
üst 11 Ü Oberseite, Au-
ßenseite
üst üste 16 Ü nacheinan-
der; 21 L immer wieder,
wiederholt
üstünü doldurmak 17 Ü
den oberen Teil anfüllen,
darauf füllen
üstat (-dı) 16 Ü Meister
üstelik 15 L obendrein,
überdies; 16 Ü außerdem

397 Wörterverzeichnis

üstünden (-in ...) 9 Ü über
... hinweg
üstüne almak 8 Ü etw.
überziehen
(G) üstüne düşmek 9 Ü
beharrlich betreiben; 21
G sich beschäftigen mit
üstünlük (-ğü) 16 L Komparativ; 21 Ü Überlegenheit
üşütmek (kendini) 8 Ü sich
erkälten
ütülemek 5 Ü bügeln,
plätten
üzere 12 L im Begriff *sein*
üzerinde 6 Ü auf *(G, N/D)*
üzerine 8 L auf ... hin;
11 Ü, 18 Ü auf *A*
üzgün 20 L betrübt
üzmek 21 L bekümmern,
Sorge machen
üzülmek 10 L betrübt sein
(-e/ über); leid tun; 20 Ü
es bedauern
üzüm 16 Ü Weintraube(n)
üzüntülü 4 L verdrossen,
traurig

V

vaat [a:] (-di) 16 Ü Versprechen
vaat [a:] etmek, *oft* **vadetmek** 20 Ü versprechen
vahşi 21 Ü wild
vaız [a:] (-a'zı) 19 Ü Predigt
vaız vermek 19 Ü e-e
Predigt halten
vait (va'di) *s.* **vaat**
vaki [a:] olmak 8 Ü geschehen, vorkommen
vakit (-kti) 3 L Zeit
vaktinde 9 Ü rechtzeitig
vali [a:] 19 Ü Gouverneur
vallahi ['val:a:hı] 20 Ü bei
Gott
vapur 1 L Dampfer
varlık (-ğı) 21 Ü Ding, Erscheinung
varmak 3 L ankommen
(-e/ in); 7 Ü erreichen
(-e/ *A*); 9 Ü kommen
(-e/ zu)
vasıta [va:-] Mittel; Fahrzeug
vasıtaya binmek 19 Ü
fahren
vatandaşlık (-ğı) 6 L Volksgemeinschaft, Staatsangehörigkeit
'vazgeçmek 4 L verzichten
(-den/ auf *A*), Abstand
nehmen (von); 21 G sich
abgewöhnen

vazife [i:] 8 Ü Pflicht; 12
Ü Stellung
vaziyetin icabı 21 L das
Unabänderliche
ve 1 L und
ve fakat 9 L aber
ve saire [a:] (v.s.) 9 L
und so weiter (usw.)
vefat [a:] (-tı) 5 L Hinscheiden
velet (-di) 5 L Range, Ausbund, Bengel
vergi 14 Ü Steuer
verici anten 19 Ü Sendeantenne
verilmiş 12 L gegeben
vermek 4 L geben
Versay 18 Ü Versailles
vesselâm ['vɛs:ɛla:m] 21 L
und damit basta
vesvese 17 L Versuchung,
Verlockung
vesveseci 17 L Zweifler;
hier: Versucher
veyahut [vɛ'ja:hʊt] 6 Ü
oder
vır vır 21 L ununterbrochen; lästig
vicdan [vɪʒ'da:n] 12 L
Gewissen
vilâyet [vɪla:jɛt] 16 Ü Regierungsbezirk
vitamin 18 Ü Vitamine
vitrin 17 Ü Schaufenster
'vizite 14 Ü (Arzt-)Besuch
vurmak 15 L schlagen
vücut [u:] (-du) 9 L Körper

Y

ya [ja:] 9 L aber, und ...
nun; 11 L *Anredepartikel*
ya da 19 Ü oder
yabancı 13 Ü fremd; 20 Ü
Fremde(r)
yadırgamak 15 L scheu
sein; sich genieren, Umstände machen
yadigâr 5 L als Andenken
yağ [ja:] 17 Ü Öl
yağış [ja:ıʃ, ja:aʃ] 18 L
Regen
yağışlı 3 L regnerisch; 16
Ü niederschlagsreich
**yağmak [ja:mak] (yağar
[ja:aɹ])** 6 Ü regnen,
schneien [Regen]
yağmur [ja:mʊɹ] 7 Ü
yahu ['ja:hʊ] 21 L Mensch
(-enskind)
yahut ['ja:hʊt] 7 L oder
yakalamak 14 Ü ergreifen,
erwischen; 18 Ü festnehmen; packen; befallen;
20 Ü fangen

yaka Kragen
yakasını bırakmamak 20
L sich wie e-e Klette an
j-n hängen
yakın 2 L nahe (-e/ an);
16 L Nähe
yakında 12 L bald; 14 Ü
demnächst
yakınlık (-ğı) 7 Ü Nähe
yaklaşmak 8 L sich nähern
(-e/ *D*), herankommen
yakmak (-ar) 13 Ü anzünden
yalan 4 Ü Lüge
yalan söylemek 4 Ü lügen
yalancı 20 Ü Lügner
yalın hal 20 Ü Grundform
'yalnız 3 L nur
yamaç (-cı) 5 L Abhang
yamalamak 14 Ü flicken
yan 7 L Seite
yanıma 8 Ü zu mir, neben
mich
yanına 8 Ü zu sich
yanında 8 Ü neben, an
(-in/ *D*); 16 Ü bei ihm
yana olmak 20 Ü zur
Seite stehen (-den/ j-m)
yanar 17 L brennend
yangın 14 Ü Brand; 19 Ü
Feuer
yanılmak 18 L sich irren
yanılmayan [ja'nıłmijan]
18 L unfehlbar
yani ['ja:nı] 7 L nämlich
yanlarında 16 Ü bei ihnen
yanlış 8 Ü Fehler; 21 Ü
Irrtum; 20 L falsch
yanmak (-ar) 5 L brennen
(itr.); 21 L leuchten
yanmış 8 Ü verbrannt
yansımak 11 Ü reflektiert
werden [allein]
'yapayalnız 19 L ganz
yapı eki 20 Ü Wortbildungssuffix
yapılma 11 L Herstellung;
hier: angefertigt
yapılmak 8 Ü gemacht
werden
yapılmış 21 G gemacht
(-den/ aus)
yapıştırmak 11 Ü kleben;
20 Ü an-, zukleben; versetzen
yapmak 3 G machen
yaprak (-ğı) 7 L Blatt
yara 18 Ü Wunde
yaradılış 19 Ü Schöpfung
yaralamak 16 Ü verwunden
yaramak 5 L taugen; 14
Ü bekömmlich sein, bekommen; 20 L dienen
(-e/ zu); 21 G sich eignen
(-e/ für)

Wörterverzeichnis 398

yaramaz 5 L er taugt
nichts; *Su.* Taugenichts
yaratıcı 20 Ü Hervorbringer, (Wachstums-)Förderer [schöpf|
yaratık (-ğı) 16 Ü Ge-|
yaratılmak 19 Ü erschaffen werden
yaratmak 14 L schaffen
yardım 6 Ü Hilfe
yardım etmek 6 Ü helfen
(-e/ D)
yardımsever 20 L hilfsbereit
yarı 6 Ü Hälfte; 18 Ü halb
'yarın 10 Ü morgen
'yarınki 12 G morgig, der
(die, das) Morgige
yarıp çıkmak 18 Ü durchbrechen
yarış 13 L Wettkampf;
Rennen
yarışma 13 L Wettlauf
yarma 15 L grobkörnig
yasak 19 Ü verboten
yastık (-ğı) 15 L Kissen
yaş¹ 7 G (Lebens-)Alter
yaş² 5 L Träne
yaşama 10 L Leben
yaşa'ma sevgisi 18 Ü Lebensfreude
yaşamak 7 Ü leben
yaşayış 5 Ü Lebensweise
yaşlı¹ 6 Ü alt, betagt; 17 L
bejahrt
yaşlı² 5 L weinend, voll
Tränen
yatak (-ğı) 5 Ü Bett; 21 Ü
Lager
ya'tak odası 18 L Schlafzimmer
yatırmak 21 Ü einliefern,
(ins) Bett bringen
yatıştırmak 21 L beschwichtigen
yatmak (yatar) 6 Ü sich (zu
Bett) legen; zu Bett liegen;
18 Ü am Boden liegen
yavaş 6 Ü langsam
yavaş yavaş 6 Ü ganz
langsam
yavaşlık (-ğı) 7 Ü Langsamkeit
yavru 12 Ü Junge(s); kleine(s) Kind; Liebling
yavuz [javuz, jaw̄uz] 18 Ü
rücksichtslos, streng
yay 12 L Bogen; *hier:*
Schütze
yaya 6 Ü Fußgänger; 11
Ü zu Fuß
yayılmak 11 G sich ausbreiten
yayımlamak 18 Ü veröffentlichen

yayın 7 Ü Sendung
yayınevi [ja'ɟinɛvi] 7 L
Verlag
'yayla 11 L Alm; Hochebene
yaymak 11 G ausbreiten
yaz 7 L Sommer
yazan 9 L Schreiber, Verfasser
yazar 11 Ü Publizist, Redakteur; 14 Ü Schriftsteller
yazı 6 Ü Text; 16 Ü Artikel
ya'zı masası (-nı) 4 L
Schreibtisch
yazık 15 L schade; Schuld
yazıklar olsun! 15 L pfui;
das ist ja ein Jammer!
yazılı 7 L geschrieben; angegeben; 11 Ü beschriftet
(mit); 18 Ü beschrieben
yedekte çekmek 10 Ü abschleppen
yedi 2 L sieben
yedinci 7 G siebente(r, -s)
yedirmek 16 Ü auftischen
yeğ 19 G besser
yelek (-ği) 21 L Weste
yelken 18 Ü Segel
yelkovan 7 L Minutenzeiger, großer Zeiger
'yelpaze [ɑː] 17 Ü Fächer,
Wedel
yem 15 Ü Futter
yemek (-ği) 8 Ü Essen
yemek listesi [-'mɛkli-]
5 Ü Speisekarte
yemek (yiyor, yiyen, yiyecek, yiyelim) 5 G essen
yemek yemek 10 Ü (etwas) essen
yemin [iː] 21 L Eid
yemin etmek 13 Ü schwören
yemiş 20 Ü Obst
yengeç 12 L Krebs
yeni 1 L neu; 11 L *Adv.* kürzlich, vor kurzem; gerade
yeni baştan 21 Ü erneut
Yeni Gine 16 Ü Neuguinea
yeni şehir 2 L Neustadt
'yeniden 8 L neu, von
neuem
yenilemek 7 Ü erneuern
yenilik (-ği) 7 Ü Neuheit
yer 10 L Standort; 16 Ü
Stück
yer almak 16 Ü gelegen
sein; stattfinden
yer vermek 19 Ü Platz
machen
yer yer 12 L gebietsweise
'yeraltı geçidi 20 L Unterführung

yerde: -acağı yerde 16 Ü
anstatt zu ...
-ecek yerde 15 L anstatt
yere yuvarlanmak 16 Ü zu
Boden kollern
yerinde 4 L am Platz; 14
(Fragen) anstatt
yerine 16 Ü statt
yerine: yerine geçmek 21
G sich beziehen (-in/ auf)
-in yerine gelmek 20 Ü erfüllt, ausgeführt werden
yerine koymak 6 L an
seinen Platz tun; *hier:*
einwerfen
yerleşmek 11 G sich ansiedeln
yerleştirmek 10 L unterbringen, stellen
yerli 17 Ü Eingeborene(r)
yersiz 20 Ü unangebracht
yeryüzü 5 L Erdoberfläche
yeşil 3 L grün
yetim 8 Ü vaterloses Kind,
Waise
yetinmek 19 L sich begnügen
yetişmek (-e) 4 L gedeihen,
vorankommen; 10 Ü
schaffen; 20 Ü einholen
yetiştirmek 11 L züchten;
19 L ausbilden
yetkili 18 Ü kompetent,
tüchtig, erfahren
yetki vermek 21 G ermächtigen
yetmek 6 Ü langen, reichen; 19 L genügen
yetmiş 7 G siebzig
yetmişinci 7 G siebzigste(r,
-s)
yığın [jiːin] 18 L Stoß,
Haufen
yıkamak 11 L waschen
yıkanmak 20 Ü baden
yıkatmak 10 Ü reinigen
lassen
yıkılmak 15 Ü zusammenbrechen; 19 Ü wanken;
20 Ü zusammenstürzen
yıkmak 21 Ü niederreißen
yıl 1 G Jahr
yıl dönümü 20 Ü Jahrestag
yılan 18 Ü Schlange
yıldırım 14 Ü Blitz(schlag)
yıldız 12 L Stern
yıllık 7 Ü Jahres-
(bir) yıllık 7 Ü einjährig
yiğit [jiːit] (-di) 8 Ü mutig,
unverzagt
yiğitlik (-ği) 11 G Tapferkeit
'yine 3 L wieder
yirmi 7 G zwanzig

Wörterverzeichnis

yirminci 7 G zwanzigste(r, -s)
yitirmek 20 Ü verlieren
yiyemez ol 21 L *Fluch*: (sei, [daß] sie nicht mehr fressen kann) = sie soll krepieren
yoğunluk [jɔːunɫuk] (-ğu) 7 Ü Dichte; 16 L Größe, Umfang
yoklamak 8 Ü besuchen, nach j-m sehen
yokluk (-ğu) 7 Ü Nichtvorhandensein
'**yoksa** 11 L oder
yoksul 20, 21 G arm
yol 3 L Weg
yola çıkmak 9 Ü aufbrechen, sich auf den Weg machen
yola gelmek *oder* **girmek** 12 L in Ordnung kommen, gehen
yolcu 3 L Reisende(r)
yolculuk (-ğu) 3 L Reise
yoldaş 20 L Kollege, Genosse
yolmak 20 Ü rupfen
yolunu bulmak 14 L sich verstehen (-in/ auf etw.); es verstehen, zu ...; Mittel und Wege finden
yorgun 21 Ü müde
yorgunluk 10 L Müdigkeit
yorulmak 10 L sich anstrengen, sich Mühe geben; 14 L ermüden
yön 11 G Richtung; 12 L Gegend
yudum 20 L Schluck
Yugo'slavya 8 L Jugoslawien
yukarıya 21 L nach oben, an die vorgesetzte Stelle
yularsız 11 Ü ohne Halfter
yumruk (-ğu) 16 Ü Faust (-schlag), Puff
yumurta 18 Ü Ei
yumuşaklık (-ğı) 11 L Weichheit
Yunanistan 8 L Griechenland
yurt (-du) 14 Ü (Heimat-) Land
yurt severlik 11 G Vaterlandsliebe
yutmak 8 Ü verschlingen; 17 Ü hinunterschlucken

yuvarlak 7 L rund; Kreis, Kugel
yücelik 11 G Erhabenheit
yük (-kü) 6 Ü Ladung, Last
yüklemek 16 L laden (-e/ auf *A*)
yüklü 7 Ü beladen
yüksek 5 L hoch
... **kadar yüksek** 16 L so hoch wie ...
yüksek sesle 6 Ü laut, mit lauter Stimme
yükseklik (-ği) 7 Ü Höhe
yükselmek (-ir) 5 L sich erheben
yün 11 L Wolle
yünlü 11 L wollen
yürek (-ği) 21 L Herz
yürümek 6 L marschieren, gehen; *fig.* vorangehen; 14 L wandern
yürütmek 21 L voranbringen
yürüyüş 4 L Marsch, Spaziergang
yüz 3 Ü hundert; 5 Ü Gesicht; 7 L Oberfläche, Außenseite
yüz bin 7 G hunderttausend
yüz bininci 7 G hunderttausendste(r, -s)
yüzbaşı 21 Ü Hauptmann
yüzdürmek 14 L das Fell abziehen
yüzey 11 Ü Oberfläche
yüzlük (-ğü) 7 Ü Gesichtsschleier
yüzmek 14 L abhäuten
'**yüzölçümü** 7 Ü Flächeninhalt
yüzük (-ğü) 9 Ü Ring
yüzüncü 7 G hundertste(r, -s)
yüzünden 12 L wegen; 18 L infolge
yüzünüzden 19 L euretwegen, Ihretwegen
yüzyıl 16 Ü Jahrhundert

Z

zahmet [zɑxmɛt] 20 Ü Mühe
zalim [zɑːlim] 11 L grausam, tyrannisch
zaman 3 L Zeit
bir zamanlar ... vardı 20 G es war einmal ...

'**zannetmek** 13 L glauben; 21 G halten (-i -/ j-n für)
zaptetmek 13 L bändigen, überwältigen; 16 Ü erobern
zarar 21 Ü Schaden
zarar verici 16 Ü schädlich
zararı yok 17 L das schadet nichts
zarf 11 Ü Briefumschlag
zarf öbeği 21 Ü Adverbgruppe
-in zarfında 7 G in, innerhalb
zaten ['zɑːˉtɛn] 18 Ü sowieso, eben; 21 L ohnehin; 21 *(Formeln)* ja
zavallı 21 L arm, hilflos
zayıf 17 L gebrechlich
zayıflamak 21 L abmagern
zehir (zehri) 16 Ü Gift; Qual
zengin 11 G reich
zenginleştirmek 21 Ü bereichern
zenginlik 13 Ü Reichtum
zeval [aː] (-li) 17 L Vergehen, Tod; Sinken *der Sonne*
zevk (-ki) ⑦ 1, ⑩ 4 16 L Geschmack; 16 Ü Genuß, Vergnügen
zevk duymak 16 Ü sich freuen (-den/ an)
zıplamak 21 *(Formeln)* hüpfen, springen
zır zır 21 Ü Gezischel
zil 16 Ü Glocke; 20 L Klingel
zira ['ziːrɑː] 14 Ü denn
ziraat [-rɑː-] 1 L Landwirtschaft
zirve 18 Ü Gipfel
ziyade [ɑː] 11 L mehr, zuviel; *s. a.* **pek**
ziyafet [ɑː] 15 L Gastmahl
ziyan [ɑː] 20 Ü Schade
ziyaret [ɑː] etmek 12 L besuchen
ziyaretgâh [zijɑːrɛtg̣ɑːx] 19 Ü Wallfahrtsort
zor 8 L Zwang; 21 L Mühe; 21 Ü schwer
zorlamak 6 Ü zwingen (hususunda/ zu), Gewalt anwenden
zorunda (olmak, kalmak) 8 L gezwungen (sein)

ÜBERSETZUNG DER LESESTÜCKE

1. Lektion

In der Türkei

1. Die Türkei ist groß. Die Türkei ist eine Republik. Die Türkei ist ein großes Land. Die Türkei liegt (ist) in Asien und Europa. Ankara liegt (ist) in der Türkei. Ankara ist die Hauptstadt. Auch Istanbul liegt (ist) in der Türkei. Istanbul ist schön. Istanbul ist eine sehr schöne Stadt. Istanbul und der Bosporus: was für ein schöner Anblick!

2. Auf dem Meer (gibt es =) ist ein(en) Dampfer. Am Himmel (gibt es =) ist ein Flugzeug. In Istanbul gibt es viele Hotels und Restaurants. In Ankara gibt es ein neues Theater. In diesem Hotel gibt es viele Zimmer.

3. In Deutschland gibt es eine große Industrie. In der Türkei ist die Landwirtschaft wichtig. Die Industrie ist nicht bedeutend. In Istanbul ist das Wetter schön (gut). In Berlin ist das Wetter schlecht (nicht schön). Die Türkei ist ein großes Land. Belgien ist ein kleines Land. Belgien ist kein großes Land. Das Lustspiel ist sehr interessant. Der Film ist nicht interessant.

4. In einer Stadt gibt es viele Straßen. In einem Dorf gibt es nicht viele Straßen. In dieser Straße gibt es kein Kino. In dieser Stadt gibt es kein Theater. Jetzt gibt es auf dem Meer keinen Dampfer. Was gibt es Neues? Heute ist das Wetter nicht schön. Am Himmel (gibt es =) ist keine Wolke.

2. Lektion

Wer, was, wie, wann?

1. Wer ist dieser Herr? Dieser Herr ist Herr Turgut. Was ist Herr Turgut (von Beruf)? Herr Turgut ist Journalist. Wer ist diese Dame? Diese Dame ist Frau Demiralp. Was ist Frau Demiralp von Beruf? Sie ist Professorin. Dieser Mann ist Türke. Die Frau da ist Deutsche.

2. Wie ist heute das Wetter? Heute ist das Wetter sehr schön. Wieviel Uhr ist es? Ein, zwei, drei, vier, fünf, sechs, sieben, acht, neun, zehn Uhr.

3. Entschuldigen Sie, wo ist der Bahnhof? Der Bahnhof ist nahe, da gleich. Wo (gibt es =) ist ein Restaurant? Im Bahnhof gibt es ein Restaurant.

4. Wann ist dies fertig? Heute nachmittag. Um wieviel Uhr? Um vier (fünf) Uhr. Wann ist das Museum geöffnet? Heute morgen ist das Museum geöffnet. Heute nachmittag ist es geschlossen.

5. Die Kinos sind klein. Die Theater sind groß. Die Filme sind interessant. In der Neustadt sind die Straßen breit. In der Altstadt sind die Straßen eng. Die Prinzeninseln sind sehr schön. Heute sind alle Museen geöffnet.

6. Die Herren sind groß. Die Damen sind schlank. Wer sind diese Herren? Diese Herren sind Aussteller auf der Messe. Was sind diese Herren? Diese Herren sind Türken. Was sind die Damen dort? Die Damen dort sind auch Türkinnen. Aber die Kinder sind Deutsche. Was sind diese Herren von Beruf? Diese Herren sind Ingenieure.

401 Übersetzung der Lesestücke

7. Wo sind die Kinder? Die Kinder sind jetzt im Haus. Die Kinder sind beim Arzt. Wo sind die Herren? Die Herren sind den ganzen Tag im Klub. Wo sind die Frauen? Die Frauen sind heute abend im Theater. Die Arbeiter sind in den Fabriken. Die Angestellten sind in den Büros. Die Studenten und Professoren sind in der Universität.

3. Lektion

Eine Reise mit dem Zug

1. Mit der Straßenbahn fahre ich nach Haydarpascha. Es ist sehr früh. Ich kaufe im Bahnhof eine Fahrkarte. Ich will nach Ankara fahren. Der Zug fährt um halb sieben Uhr von Haydarpascha ab. Ich bin auf dem Weg nach Ankara. Ich schaue aus dem Fenster. Zur linken Seite Felder und grüne Gärten. Einige Menschen arbeiten auf den Feldern. Zur rechten Seite od. Rechts das Meer. Am Himmel sind keine Wolken. Die Sonne lächelt. Von fern sind die Prinzeninseln sichtbar. Das Wetter ist gut. Was für ein schöner Tag! In Eskischehir steigen einige Personen aus dem Zug, einige Personen steigen ein. Im Abteil sind folgende Reisende: zwei Türken, ein Franzose und ich. Ich bin Deutscher. Wir unterhalten uns. Mit den Türken spreche ich etwas Türkisch, mit dem Franzosen spreche ich französisch. Die Türken können auch Französisch und etwas Englisch. Der Franzose kann nur Französisch. Die Türken rauchen Pfeife. Der Franzose raucht Zigaretten. Ich esse belegte Brötchen und trinke eine Tasse Tee. Um 16 Uhr 30 treffen wir in Ankara ein.

2. Ich möchte etwas essen. Ich gehe in ein Restaurant. Ich steige in ein Dolmusch. Diese sind nicht teuer. Das Dolmusch ist eine Art Taxi. Die Fahrgäste steigen einzeln in das Dolmusch.

3. Das Wetter: In Istanbul wird das Wetter wieder kälter. Die Temperatur ist im Schatten 4, in der Sonne 17 Grad. Hier ist das Wetter regnerisch, in anderen Gebieten ist es bewölkt.

4. Einzelsätze:
a) Ein schöner Tag beginnt. Der Lehrer geht in die Klasse. „Guten Tag, Kinder!", sagt er.
b) Wer bin ich? Sie sind der Lehrer. Wer seid ihr? Wir sind die Schüler. Was bist du? Ich bin Deutscher. Du bist Türke. Ihr seid Türken. Sie sind Türke(n). Wir sind Deutsche. Wer ist der Lehrer? Ich bin es. Wer ist hier der Lehrer? Sie sind es. Sie sind nicht der Lehrer, wir sind Schüler.
c) Ich bin groß. Du bist klein. Wir sind klein. Ihr seid groß. Ich bin jung. Du bist nicht jung, du bist alt. Wir sind alt. Wir sind nicht jung, ihr seid jung. Es geht mir gut, ich bin nicht krank. Du bist krank, dir geht es nicht gut. Uns geht es gut, euch geht es auch gut. Wir sind nicht krank, ihr seid auch nicht krank.
d) Ich bin in der Türkei. Du bist in Deutschland. Wir sind in Istanbul. Ihr seid in Berlin. Ich bin hier. Du bist dort. Wir sind hier. Ihr seid dort.

4. Lektion

Herr Erinç ist nicht zufrieden.

(Verneinte Form)

Herr Erinç ist heute sehr nachdenklich. Wochen vergehen, von zu Haus kommt immer noch kein Brief. Um einen Brief zu schreiben, setzt er sich an den Schreibtisch, er sucht Papier und Füller. Aber diese sind nicht am Platz. Deshalb nimmt er davon Abstand.
Er denkt an die Kinder: Die Kinder arbeiten nicht gut, in der Schule haben sie keinen Erfolg, (die Schulstunden lieben sie nicht =) den Unterricht mögen sie nicht. Er sagt zu sich selbst: „Sie kommen nicht gut voran." Herr Erinç ist deshalb verdrossen. Heute morgen geht er nicht spazieren, kauft keine Zeitung, liest kein

Lehrbuch Türkisch 26

Übersetzung der Lesestücke 402

Buch, raucht nur eine Zigarette und denkt nach. Schließlich bestellt Herr Erinç eine Tasse Kaffee. Er trinkt ein wenig. Er mag den Kaffee nicht. Der Kaffee ist bitter. Heute geht (jede Sache =) alles schief, er hat kein Glück. Er geht aus dem Hotel. Um nach Rumelihisar zu fahren, wartet er an der Autobushaltestelle. Der Autobus kommt nicht. Er will mit dem Dampfer fahren. Aber das Meer ist sehr bewegt, die Dampfer verkehren nicht. Er geht ins Kino, um einen deutschen Film zu sehen. Leider zeigen sie den Film nicht im Original. Der Film ist synchronisiert. Herr Erinç mag keine synchronisierten Filme. Deswegen geht er aus dem Kino und kehrt ins Hotel zurück. Heute ist er mit dem Leben nicht zufrieden.

Fragen und Antworten
Gespräch (Frageform)

Guten Tag, Herr Ahmet. Kennen Sie mich noch?	Guten Tag, Herr Mehmet. Ich kenne Sie noch gut.
Wohnen Sie noch in Istanbul in Beyazit?	Wie bitte?
Herr Mehmet Erinç wiederholt die Frage. Herr Ahmet Demiralp antwortet ihm.	Nein, ich wohne nicht mehr in Beyazit. Jetzt wohne ich in Fatih.
—	—
Sprechen Sie noch Deutsch?	Ja.
—	—
Hören Sie wie früher Radio?	Ich höre jeden Abend die Nachrichten.
—	—
Verstehen Sie die Nachrichten?	Ich verstehe fast alle Nachrichten.
—	—
Erlauben Sie einige psychologisch wichtige Fragen?	Bitte!
—	—
Schreiben Sie jeden Tag einen Brief? Gehen Sie einmal in der Woche ins Theater?	Ich schreibe keine Briefe. Ich gehe niemals ins Theater.
—	—
Sehen Sie sich jeden neuen Film an? Treiben Sie jeden Morgen Gymnastik? Machen Sie jeden Abend einen Spaziergang?	Ich sehe mir keine neuen Filme an. Gymnastik und einen Spaziergang mache ich nicht.
—	—
Lesen Sie Gedichte?	Ich lese keine Gedichte. Nur das Fernsehen schaue ich mir an.
—	—
Bravo, Herr Ahmet. Sie sind ein sehr moderner Mensch. Ich beglückwünsche Sie! Auf Wiedersehen!	Auf Wiedersehen und alles Gute!

5. Lektion
1. Was ist Geographie?
Aus einem Geographiebuch

In den einzelnen Teilen der Erdoberfläche ist die Natur sehr verschiedenartig. Große Ebenen folgen hohen Bergen. Auf hohen Bergen erheben sich schneebedeckte Spitzen. Von den Abhängen der Berge fließen sprudelnde Flüsse. In den Ebenen fließen die Flüsse sehr ruhig und machen Windungen. Einige Stellen der

403 Übersetzung der Lesestücke

Ebenen sind jedoch von dichten, schwer passierbaren Wäldern bedeckt, an einigen Stellen wiederum erstrecken sich Grassteppen, in den Wüsten befinden sich große mit Sand und Felsgeröll bedeckte Gebiete. An einigen Stellen entstehen Sandhügel. In einigen Gebieten der Welt ist das Wetter das ganze Jahr heiß. Dort reifen Dattelbäume, Zuckerrohr und andere sehr wertvolle Pflanzen. An anderen Stellen ist das Wetter immer kalt und der Boden zu jeder Zeit in gefrorenem Zustand.

2. Die heiße Suppe

Nach dem Tode seiner Frau kochte Hodscha eines Tages Suppe. Sein Sohn füllt die Suppe in die Schüssel und stellt (sie) auf den Tisch. Sie setzen sich gegenüber. Das Kind wartet nicht auf seinen Vater, nimmt einen Löffel Suppe und ißt. Die heiße Suppe verbrennt den Mund und den Schlund des Kindes gehörig (= verbrennt dem Kind den Mund und den Schlund gehörig). Aus seinen Augen kommen Tränen. Der Hodscha sieht die tränenden Augen des Kindes und fragt: „Mein Sohn, warum weinst du?" Das Kind (sagt =) antwortet: „Meine selige Mutter liebte diese Suppe immer sehr. Sie kam mir ins Gedächtnis und ..." Um seinen Sohn zu trösten, nimmt der Hodscha sofort einen Löffel Suppe und ißt. Auch sein Mund und sein Schlund brennen, und aus seinen Augen kommen Tränen. Der Taugenichts, der das sieht und vor sich hin lacht, sagt: „Papa, warum weinst du?" Tief seufzend gibt ihm der Hodscha zur Antwort: „Deine Mutter, die eine Frau wie ein Engel war, hinterließ mir, als sie starb, als Andenken dich Rangen, und darüber weine ich."

6. Lektion

1. Erziehung zur Demokratie

(Imperativ)

(Es gibt =) Ich besitze eine dreiteilige Bronzestatue, die ich aus Indien mitgebracht habe. Der erste Mann legt seine Hand an seinen Mund und sagt: „Schweig!" Der zweite hält seine Ohren zu und sagt: „Höre nicht!" Der dritte verdeckt seine Augen und sagt: „Sieh nicht!" Die demokratische Volksgemeinschaft kommt allerdings durch Sprechen, Hören und Sehen voran. Die indische Bronzestatue will die Menschen von Unfrieden und Klatsch fernhalten. Ihre mehr indisch gedachten Ratschläge könnt ihr (so) auf die europäischen Erziehungslehren übertragen: „Sprich, aber schreie nicht. Höre, aber lege dein Ohr nicht an die Decke deines Nachbarn. Sieh, aber beobachte ihn nicht durch das Schlüsselloch."

2. Bedienung eines öffentlichen Fernsprechers

a) Nehmen Sie den Hörer ab, und warten Sie den Pfeifton ab!
b) Werfen Sie die Telefonmünze ein!
c) Wählen Sie die Nummer!
d) Nach Beendigung des Gesprächs legen Sie den Hörer an seinen Platz!

7. Lektion

1. Tage, Monate und Jahreszeiten

Ein Jahr (ist =) hat zwölf Monate. Die Monate dauern 30 oder 31 Tage. In einem Jahr, nämlich in zwölf Monaten, gibt es 365 Tage. Sieben Tage nennt man eine Woche. Die Namen der sieben Tage sind im einzelnen: Montag, Dienstag, Mittwoch, Donnerstag, Freitag, Sonnabend, Sonntag. Wenn wir das Jahr nach Wochen bezeichnen wollen, sagen wir: ein Jahr hat 52 Wochen. In einem Jahr gibt es vier Abschnitte. Jeder von ihnen heißt Jahreszeit. Die Namen der Jahreszeiten sind: Frühling, Sommer, Herbst und Winter. Jede Jahreszeit hat

26*

Übersetzung der Lesestücke   404

drei Monate. Die Monate des Frühlings sind: März, April und Mai. Des Sommers: Juni, Juli und August. Des Herbstes: Die Monate September, Oktober und November. Und des Winters: Dezember, Januar sowie Februar.
Der einundzwanzigste Tag der Monate, die den Beginn der Jahreszeiten bilden, ist der Beginn der (jeweiligen) Jahreszeit. Der Frühling beginnt am 21. März, der Sommer am 21. Juni, der Herbst am 21. September und der Winter am 21. Dezember. Sie dauern genau drei Monate.
Das neue Jahr beginnt im Monat Januar. Die Monate werden folgendermaßen geordnet: Januar, Februar, März, April, Mai, Juni, Juli, August, September, Oktober, November, Dezember.
Alle vier Jahre einmal hat das Jahr 366 Tage. Solche Jahre nennt man Schaltjahre. Indem man im Februar einen Tag hinzufügt, kommt der Februar auf 29 Tage. Die Vorrichtungen, den die Tage und Monate der Menschen und den Auf- und Untergang der Sonne angeben, nennt man Kalender. Es gibt verschiedene Kalender: Wandkalender, Wochen-, Monatskalender.
Wenn wir den Wandkalender näher betrachten, so sehen wir auf jedem Blatt folgendes: In welchem Jahr sind wir? In welchem Monat sind wir? Der wievielte ist heute? Welcher Tag ist heute?

2. Die Uhr

Die Uhr geht, ohne stehenbleiben zu können. Sie zeigt dem Menschen die Zeit an.
Es gibt Arten wie Standuhren, Taschenuhren, Tischuhren, Armbanduhren, Wanduhren. Die einen sind groß, die anderen sind klein. Aber in allen sind die gleichen Dinge: eine runde oder viereckige Oberfläche. Auf dieser Fläche gibt es Zahlen von eins bis zwölf. Zwischen den Zahlen sind feine Striche gezogen.
Zwei Zeiger, die genau in der Mitte befestigt sind: den langen von ihnen nennt man Minutenzeiger, den kurzen Stundenzeiger. Der Stundenzeiger gibt an, welche Stunde es ist, der Minutenzeiger dagegen wieviel Minuten.
Ein Tag hat vierundzwanzig Stunden. In der Mitte einiger Uhren und in dem unteren Teil befinden sich auf einem Kreis Striche, bis 60 im Abstand von zehn verzeichnete Zahlen sowie ein kleiner Zeiger. Diese geben die Sekunden an.
Eine Stunde wird in 60 gleiche Teile eingeteilt. Jeder heißt Minute. Und jede Minute hat 60 Sekunden.
Demnach hat ein Tag 24 Stunden, eine Stunde 60 Minuten, eine Minute 60 Sekunden. Ein Tag hat also 1440 Minuten. Und eine Stunde hat 3600 Sekunden. Mit einer einmaligen Umdrehung des Stundenzeigers auf dem Zifferblatt vergehen 12 Stunden. Der Minutenzeiger hingegen hat mit einer Umdrehung nur eine Stunde vollendet.

Aus: „Lebenskunde auf türkisch", 3. Klasse,
von Gökalp Arkın, Bir Verlag, Istanbul

8. Lektion

Der zweite Weltkrieg

Nach dem ersten Weltkrieg erstarkte Deutschland wieder in sehr kurzer Zeit. Industrie und Handel entwickelten sich. Deutschland wollte gern seine alten Kolonien wiederhaben.

Untenstehend findet ihr einen Überblick über die Ereignisse des zweiten Weltkrieges:

1939: Die deutsche und italienische Regierung unterzeichneten einen deutsch-italienischen Freundschaftsvertrag. Die deutschen Armeen begannen, ohne den Krieg zu erklären, Polen zu besetzen. Auf diese Besetzung Polens hin traten Frankreich und England am 3. September gegen Deutschland in den Krieg. Italien blieb neutral. Die Türkei schloß mit England und Frankreich ein Abkommen.

405 **Übersetzung der Lesestücke**

1940: Deutschland besetzte Dänemark, Norwegen, Holland, Luxemburg, Belgien und den Norden Frankreichs. Am 10. Juni erklärte Mussolini Frankreich und England den Krieg. Italien begann, an den Fronten Frankreichs, Ägyptens und Griechenlands zu kämpfen. Die englischen Armeen besetzten Äthiopien, Eritrea und Italienisch-Somaliland.

1941: Die Achsenmächte (Deutschland und Italien), die Griechenland und Jugoslawien besetzten, erklärten Rußland den Krieg. Japan überfiel die amerikanische Flotte im Pazifik. Auf diese Weise waren auch die Vereinigten Staaten von Amerika in den Krieg hineingezogen.

1942: Die Russen eroberten einen großen Teil der Gebiete, die sie verloren hatten, zurück. Die Deutschen und Italiener näherten sich in Nordafrika anfangs den Ufern des Nils. Später jedoch wurden sie von den Engländern zurückgeworfen.

1943: Die Engländer und Amerikaner nahmen die italienischen und deutschen Verbände in Nordafrika gefangen. Darauf landeten sie in Sizilien und besetzten die Insel. Mussolini war gezwungen, von der Regierungspräsidentschaft zurückzutreten und wurde verhaftet.

1944: Englische und amerikanische Verbände landeten in Frankreich. Sie besetzten Paris. Die Russen traten zu einem Großangriff an.

1945: Die alliierten Streitkräfte drangen in Deutschland ein. Die Deutschen begannen, sich aus Italien zurückzuziehen. Mussolini wurde festgenommen und erschossen. Hitler verschwand von der Bildfläche. Deutschland wurde völlig besetzt. Die Amerikaner warfen in Japan die erste Atombombe auf Hiroshima. Japan kapitulierte. Der Krieg war zu Ende.

Aus der Illustrierten Elementarschul-Enzyklopädie,
Verlagsbuchhandlung Arkın, Istanbul 1964

9. Lektion

Die Kunst des Lesens

1. Wenn wir einen Text laut lesen wollen, so müssen wir die folgenden Punkte beachten:

1. (Man muß =) Wir müssen die Wörter richtig und deutlich aussprechen.

2. Wir müssen die Wörter in passender Weise gruppieren.

3. Den Gesichts- und Körperbewegungen müssen wir einen der Bedeutung angemessenen Ausdruck verleihen.

Während des Leiselesens ist es nützlich, auch folgende Gesichtspunkte zu beachten:

1. Man soll die Lippen nicht bewegen; man soll nicht einmal leise vor sich hinlesen. Denn das setzt die Schnelligkeit des Lesens herab.

2. Die Wörter soll man nicht mit dem Finger, Bleistift usw. verfolgen. Das macht den Menschen zu einem Wortleser. Aus diesem Grunde sinkt die Geschwindigkeit, und es wird schwer, die Bedeutung zu erfassen.

3. Man muß (= soll) nach Möglichkeit schnell lesen.

4. Wörter und Gedanken, deren Bedeutung man nicht weiß, muß (soll) man zu klären suchen (*od.* Wörtern ... besondere Aufmerksamkeit schenken).

Die Geschwindigkeit ist beim Lesen wichtig. Unter der Voraussetzung, daß man von dem Sinn nichts verliert, soll man so schnell wie möglich lesen. Wir dürfen es nicht dabei bewenden lassen, wichtige Werke einmal zu lesen. Ein solches Werk wird erst nach der zweiten Lektüre verständlich. Die erste Lektüre muß

Übersetzung der Lesestücke 406

(soll) aufmerksam, aber schnell erfolgen. Bei der zweiten Lektüre zeigt es sich, daß die anfänglich aufgetretenen Schwierigkeiten von selbst verschwinden. Die erste Lektüre ist eine Art Fühlungnahme, die Festlegung einer Richtung, die zweite ist dazu da, das Wesentliche zu verstehen.

Von Fuat Baymur, aus: „Unser schönes Türkisch",
2. Klasse, Verlag İnkılâp, Istanbul

2. Der Türkischlehrer sagte in der Klasse: — Man muß schreiben, wie man spricht. Eines der Kinder fragte: — Herr Lehrer, und wenn nun der Schreiber ein Stotterer ist?

10. Lektion
Zwei Briefe
1. Briefkasten

Für das Interesse, das Sie für unsere Zeitschrift zeigten, und die freundlichen Worte recht vielen Dank! Sie fragen, wie wir in einer Woche so viele Nachrichten, Artikel und Fotografien zusammenstellten, und wie wir sie Ihnen in einer so schönen Form darbieten könnten. Das zu erzählen ist sehr langwierig. Natürlich strengen auch wir uns ordentlich an. Aber die Liebe zum Beruf und der Wunsch, Sie, liebe Leser, zufriedenzustellen, läßt uns alle Müdigkeit vergessen. Von Sezgin sprechen wir häufig. Vor einiger Zeit war sogar auf der hinteren Umschlagseite ein Bild von ihm in farbig erschienen. Sie können es recht gut einrahmen lassen. Sie können Ihren Brief an die untenstehende Adresse schicken.

Freundliche Grüße
(Aus Perde, 6. September)

2. Liebesbriefkasten

Plötzliche Entschlüsse

Eine unserer Leserinnen schreibt: Ich bin ein junges Mädchen mit blondem langem Haar. Vor zwei Jahren lernte ich einen Luftwaffenoffizier kennen. Wir trafen uns einige Male. Ich hatte einen Fehler. Da ich sehr schüchtern bin, brach ich das Gespräch ab. Noch einmal trafen wir uns leider nicht. Ich bin darüber sehr betrübt. Nach dieser Zeit traf ich ihn leider nicht wieder. Dort, wo er sich sonst aufhielt, taucht er nicht (mehr) auf. Was empfehlen Sie mir?

Antwort: Vermeiden Sie es vor allem, den Gang der Dinge durch voreilige Entschlüsse zu ändern. Der Luftwaffenoffizier muß wohl seinen Standort gewechselt haben. Wenn er zu Ihnen Zuneigung hegt, wird er sicherlich nach Ihnen suchen.

(Aus Hayat, 9. September)

3. Die Handschrift des Arztes

Die Handschriften einiger Ärzte sind schwer lesbar. Die Rezepte, die sie wie von ungefähr hingekritzelt haben, können nur die Apotheker lesen, oftmals können auch sie (diese) nicht entziffern.

Eines Tages betrat ein schönes junges Mädchen die Apotheke und sagte zögernd zu dem Apotheker:

— Verzeihen Sie, darf ich eine Bitte an Sie richten?

Der Apotheker antwortet höflich:

— Aber gewiß, was steht zu Diensten?

Das junge Mädchen wurde etwas rot. Dann reicht sie einen Brief hin:

— Hm ..., mein Verlobter ist Arzt. Würden Sie mir diesen Brief, den er mir geschickt hat, bitte vorlesen?

407   Übersetzung der Lesestücke

4.   Robinson auf der Insel

Um das Land gründlich kennenzulernen, um eine zum Leben günstige, schöne luftige Stelle ausfindig zu machen und meine Sachen unterbringen zu können, ging ich auf die Suche nach einem geeigneten Platz. Von meinen Gewehren konnte ich nur eines mitnehmen. Den Gipfel eines steilen und hohen Berges konnte ich nur mit Mühe erklimmen. Vor Müdigkeit konnte ich mich nicht auf den Beinen halten. Ich begriff, daß ich auf einer Insel war.

(Aus dem Buch mit dem Titel „Robinson Crusoe")

11. Lektion

1. Es sprechen die Sachen

Orhan zog sein vom Schneider gekommenes Jackett (sich freuend =) voll Freude an. Das Jackett begann zu sprechen und sagte:

— Weißt du, welche große Mühe aufgewendet wurde, bis ich ein Jackett wurde und du mich anziehen konntest? Schau, ich bin aus einem wollenen Stoff gemacht. Auf den Weiden, den Almen (und) den Wiesen wurden Schafe gehalten. Dann wurde ihre Wolle geschoren. Diese Wolle kam in die Weberei. Die in diese Fabrik gelangte Wolle wird zunächst gewaschen (und) gereinigt. Dann wird sie gekämmt. Diese Arbeiten werden mit Maschinen gemacht. Die gewaschene und gekämmte Wolle kommt in Maschinen, die Garn spinnen. Diese Maschinen spinnen aus dieser Wolle den Wollfaden in verschiedener Feinheit. Dann werden sie verschieden-farbig gefärbt. Nach dem Färben kommen sie in die Webstühle. Die Webstühle weben (mit =) aus diesen Fäden Stoffe. Die gewebten Stoffe kaufen die großen Stoffgeschäfte. Und die Schneider machen aus diesen Stoffen Anzüge. Nun, Orhan, du siehst, mit wieviel Mühe ich, dein aus Wollstoff gemachtes Jackett, also entstanden (od. zustande gekommen) bin ...

Ramazan Gökalp Arkın in „Naturkunde auf türkisch", Istanbul,

Verlag BİR.

2. Die Angoraziege

(Es ist) eine in Ankara gedeihende Ziegenart mit reichem Wollkleid. Diese Art wird auch Mohairziege genannt. Sie wird mehr ihres Felles und ihres Haares als ihres Fleisches wegen gehalten. Die Angoraziege hat lange, gewundene Hörner und Hängeohren. Die feinen langen und glänzenden Haare sind fest und von einer seidenartigen Weichheit. Die Angoraziege wird in hoch (gelegenen) Gebieten und Almen gehalten. Der von dieser Art Ziegen gewonnene Mohair wird für die Her-stellung von Samt und Stoffen zu Herren- und Damenmänteln verwendet. Die besten jene, die in Ankara und (seiner) Umgebung gezüchtet werden. Von einer gut gepflegten Ziege erhält man im Jahr etwa 2,5 Kilo Mohair.

Aus: Kinderenzyklopädie, Verlag Nebioğlu, Istanbul

3. Wir sind eigentlich grausam!

Timurlenk pflegte die Gottesgelehrten und Honoratioren jedes Landes, in das er kam, zu sich zu rufen und sie zu fragen:

— „Bin ich gerecht oder bin ich grausam?" und den zu köpfen (zu lassen), der sagte, daß er gerecht oder grausam sei. Als er gerade nach Akşehir gekommen war, stellte er auch dem Hodscha diese Frage. Der Hodscha sagte darauf: „Ihr seid weder gerecht noch grausam. Ihr seid das Gerechtigkeitsschwert Gottes. Der all-mächtige Gott hat dich zu uns, die wir eine Strafe verdienen und eigentlich grausam sind, als Stimme des Gewissens geschickt." Er rettete damit sein Leben und stellte auch Timurlenk äußerst zufrieden.

Übersetzung der Lesestücke   408

12. Lektion
1. Was sagen Ihre Sterne?

Tierkreiszeichen Widder: 21. März—20. April

Sie werden von weit her eine Nachricht erhalten und etwas bedrückt (darüber) sein. Auch Ihre Angelegenheiten werden nicht glatt gehen. Sie müssen mit Bedacht arbeiten.

Stier: 21. April—21. Mai

Sie werden heute die Strafe für Ihre Nachlässigkeit erfahren. Aber ein alter Freund wird das in Ordnung bringen. Auch Sie werden sich freuen.

Zwillinge: 22. Mai—21. Juni

Ihre Finanzlage wird sich von Tag zu Tag bessern. Aber Sie müssen auch ausdauernd arbeiten. Ihre Gesundheit: gut.

Krebs: 22. Juni—23. Juli

Ihre Gedanken werden (nur) zögernd aufgenommen werden. Lassen Sie Ihren Mut nicht sinken, alles geht in Ordnung.

Löwe: 24. Juli—23. August

Sie werden das Glück erleben (der Hilfe für ...), einem Ihrer Kollegen helfen zu können. Dieser jedoch wird deren Wert nicht einsehen (od. erkennen).

Jungfrau: 24. August—23. September

Heute werden Sie von Ihren Arbeitskollegen nützliche Dinge erfahren. Durch Arbeit werden Sie vieles erledigen.

2. Wetterlage
Das Wetter in Istanbul

Es wird stellenweise wolkig sein, die Höchsttemperatur wird 29 Grad, die niedrigste Nachttemperatur dagegen etwa 18 Grad betragen.

Die Lufttemperatur wird in den Gebieten des Marmarameeres, der Ägäis, des Schwarzen Meeres, des Mittelmeeres, Inner- und Ostanatoliens etwas sinken.

Im Gebiet Südostanatoliens wird es unveränderlich bleiben, die Winde werden im allgemeinen aus nördlicher und östlicher Richtung schwach, gebietsweise mit mittlerer Stärke wehen.

3. Ein Brief Ziya Gökalps

Liebe Tochter Hürriyet!

Meine liebe Tochter, ohne Freiheit zu leben ist für den Menschen sehr schwer. Ich habe zwei Freiheiten, von denen ich heute entfernt bin (od. von beiden bin ich heute weit weg). Die erste bist du, Hürriyet (= Freiheit); wenn ich dich wiederhabe, werde ich auch die andere Freiheit wiederhaben. Dein Name ist ja so gut wie du. Es wird eine Zeit kommen, da alle Menschen, alle Nationen frei sein werden; die Geister werden frei, die Gewissen werden frei sein. Die dunklen Tage der Menschheit haben sich ihrem Ende genähert. Das Recht wird über die Gewalt siegen. So wie es an diesem blauen Himmel, den wir sehen, eine strahlende Sonne gibt, gibt es auch an dem Himmelszelt des geistigen Lebens eine noch glänzendere Sonne, die im Aufgang begriffen ist. Diese Sonne ist die Freiheit und ihre Wärme ist die Liebe; wenn du nach ihrer Pflicht fragst, so ist es die Gerechtigkeit, meine liebe Tochter.

___

Ziya Gökalp (1875—1924) schrieb diesen Brief, den er seiner Tochter schickte, während der Verbannung auf Malta (1919—1921).

409   **Übersetzung der Lesestücke**

13. Lektion

1. Zwei Rechnungen

Orhan war in sein zehntes Lebensjahr getreten *od.* war zehn Jahre alt geworden. Eines Tages hörte er eine Unterhaltung, die zwischen zwei Kaufleuten vor sich ging. Das, was er von ihnen hörte, gefiel ihm. Sobald er zu Hause war, schrieb er die Arbeiten, die er seit einer Woche verrichtet hatte, auf einen Zettel. Er beschloß, ihren Gegenwert von seiner Mutter zu fordern. Die Rechnung, die er aufstellte, lautete folgendermaßen:

Die Schuld der Mutter ihrem Sohn gegenüber	Kurusch
Dafür, daß ich sechsmal Kohlen geholt habe	15
Entgelt für mehrmaliges Holztragen	15
Dafür, daß ich meiner Mutter bei Besorgungen geholfen habe	10
Dafür, daß ich immer so bin, wie meine Mutter es wollte *od.* will	10
	50

Die Mutter nahm diese erstaunliche Rechnung entgegen, ohne etwas zu sagen. Als sich Orhan abends an den Tisch setzte, fand er auf dem Teller zusammen mit seiner Rechnung fünfzig Kurusch. Als er mit großer Freude das Geld in seine Tasche steckte, erblickte er neben dem Teller eine andere seiner Rechnung ähnliche Rechnung:

Die Schuld des Kindes seiner Mutter gegenüber	
Für die zehn Jahre, die er in einem glücklichen Heim verbracht hat	nichts
Gegenwert dessen, was er in zehn Jahren gegessen und getrunken hat ..	nichts
Dafür, daß er während seiner Krankheiten sorgsam gepflegt wurde.....	nichts
Dafür, daß ich meinem Kind seit zehn Jahren eine gute Mutter sein durfte	nichts
	nichts

Nachdem Orhan diese Rechnung gelesen hatte, (war er vor Scham tief betroffen =) stand er tief beschämt da. Dann lief er, die Augen voller Tränen, mit vor Aufregung zitternden Lippen zu seiner Mutter. Er warf sich in ihre Arme, gab ihr die fünfzig Kurusch zurück und sagte:
— Verzeih mir, liebe Mutti. (Sie haben =) Du bist mir nichts schuldig. Aber ich begreife, daß ich meine Schulden, die ich dir gegenüber habe, niemals werde zurückzahlen können. In Zukunft werde ich alles, was du sagst, ohne eine Vergütung zu verlangen, sehr gern machen.

2. Der Hase und die Schildkröte

Durch Laufen kann man gar nichts erreichen. Der Hase und die Schildkröte hatten eines Tages eine Wette abgeschlossen. Der Hase behauptete, daß er am Ende eines Wettlaufes einen Platz, den sie vereinbart hatten, viel früher erreichen werde. Die Schildkröte nahm das an, und der Wettkampf begann. Der Hase glaubte, daß er das Ziel in vier Schritten erreichen würde. Deshalb hatte er, während sich die Schildkröte auf den Weg machte, seinen Spaß.
Die Schildkröte kam in aller Gemütlichkeit ans Ziel, als der Hase in einem Anlauf losstürmte.
Als er aber an der vereinbarten Stelle ankam, hatte die Schildkröte die Wette schon lange gewonnen.

Übersetzung der Lesestücke 410

3. Aus der Zeitung

Vatan, den 30. November 1960

**Um nicht in sein Heimatland zurückzukehren,
unternahm er einen Selbstmordversuch.**

Ein aus England geflüchteter irakischer Student kam nach Istanbul. Kasim, der vermutlich geisteskrank ist, wurde gestern in das Polizeipräsidium gebracht, um in sein Land zurückgeschickt zu werden. Bei der Erledigung der Paßformalitäten wurde der junge Mann, der sich in einem erregten Zustand befand, rechts und links um sich schlug und sich vom dritten Stockwerk in die Tiefe stürzen wollte, nur mit Mühe überwältigt. Kasim sagte, daß er nicht in den Irak fahren wolle und begann zu weinen. Es konnte nicht in Erfahrung gebracht werden, warum er aus England geflüchtet war und nicht in den Irak zurückkehren wollte. Kasim wurde nachmittags mit dem Flugzeug in den Irak geflogen.

14. Lektion

1. Hodschas Philosophie

Eines Tages verließ der Hodscha sein Haus, um etwas spazierenzugehen und Luft zu schöpfen. Er ging in den Garten eines seiner Bekannten. In dem Garten stand ein großer Walnußbaum. Der Hodscha, der in der Sommerhitze gegangen und ermüdet war, setzte sich in den kühlen Schatten des Baumes (s. L. 1, Gr. H). Er nahm seinen Turban vom Kopf und legte ihn zur Seite. Seine Müdigkeit war etwas verflogen. Plötzlich sprangen ihm die riesigen Melonenkürbisse im Garten ins Auge. Diese waren hier und da im Garten in dichter Menge sichtbar. Einige von ihnen waren so groß wie riesige Kohlköpfe. Ja, ein Teil war so groß wie ein stattlicher Kessel.

Nachdem der Hodscha sie betrachtet hatte, legte er sich unter den Nußbaum. Dieses Mal nun fielen ihm die Nüsse ins Auge. Der Hodscha hielt eine winzige Nuß an einem enormen Baum und riesige Kürbisse dagegen an einer ganz kleinen Pflanze nicht für angemessen und dachte bei sich:

— Es gibt einige Dinge, die Gott so geschaffen hat, daß der menschliche Verstand es einfach nicht fassen kann. An einem riesigen Nußbaum schuf er eine kleine Frucht, auf einer kleinen Pflanze dagegen einen paukengroßen Kürbis. Das hat sich offengestanden keineswegs als geeignet erwiesen. Wenn ich es gewesen wäre, hätte ich auf dem Nußbaum Melonenkürbisse, auf der Kürbispflanze dagegen Nüsse wachsen lassen. Das wäre bestimmt praktischer gewesen. In diesem Augenblick fiel eine reife Nuß von dem Baum und traf den Hodscha auf den Kopf. Der tief betrübte Hodscha sprang auf, dankte Gott und sagte:

— Lieber Gott! Mach es nur so, wie Du es (weißt =) für gut hältst! Wenn du dich nach mir gerichtet und die Melonenkürbisse auf dem Nußbaum geschaffen hättest, was wäre wohl aus mir geworden?

2. Der Wolf und der Fuchs

Der Löwe war alt und krank geworden, und er konnte seine Höhle nicht mehr verlassen. Alle Tiere kamen, einer nach dem anderen, um nach seinem Befinden zu fragen. (Aber =) Nur der Fuchs zeigte sich nicht. Der Wolf liebt den Fuchs bekanntlich nicht. Er sagte zu dem Löwen:

— Du bist unser aller Herr. Trotzdem hat der Fuchs überhaupt keine Achtung vor dir. Denk mal nach, ist er einmal gekommen und hat nach deinem Befinden gefragt?

411 **Übersetzung der Lesestücke**

In diesem Augenblick trat der Fuchs in die Tür. Er hörte, was der Wolf sagte. Als der Löwe den Fuchs sah, brüllte er derart vor Wut, daß Himmel und Erde widerhallten. Aber der Fuchs verstand es, unschuldig zu erscheinen:
— Ja, sagte er, alle sind hierhergekommen, um nach deinem Befinden zu fragen. Aber hat sich nur einer bemüht, dich zu heilen? Ich bin zwar nicht gekommen, aber ich bin von Tür zu Tür gegangen. Jeden Arzt habe ich nach einem Heilmittel (*od.* Heilmitteln) gefragt. Schließlich habe ich das Heilmittel erfahren.
— Und was soll das für ein Heilmittel sein?, fragte der Löwe.
— Du müßtest einen Wolf lebendig abhäuten und dich in sein Fell wickeln. So meint der Arzt, sagte der Fuchs.
Kaum hatte der Löwe das gehört, da ließ er den Wolf abhäuten und hüllte sich in sein Fell.
Wer darangeht, anderen eine Falle zu stellen, geht oft selbst in diese Falle. Das zeigt diese Fabel.

Äsop
(Übersetzung v. N. Ataç)

3. Wer war dieser Mann?

Wer war dieser Mann? Woher war er gekommen? Was bedeutete sein Name überhaupt? Auch das wußte niemand. War er ein Sträfling? War er aus Tripolis, Fes oder wer weiß was für einer unbekannten Gegend Afrikas auf langen und verschlungenen Pfaden nach Izmir geraten? Überhaupt sein Name? War er arabisch? (War er =) Kam er aus einer unbekannten Sprache eines fremden Erdteils? Und außerdem, war dies sein wirklicher Name? Vielleicht auch hatten ihm die Straßenkinder, die laut schreiend hinter ihm herliefen, diesen Namen angehängt.

Halit Ziya Uşaklığıl
(Aus: Elementargrammatik, 1. Klasse,
Mittelschulbücher)

15. Lektion

Das Gastmahl des Wesirs

Früher (gab es =) lebte in Bagdad ein Bettler mit Namen Schakabak. Er war ein pfiffiger Mann. Anstatt an den Straßenecken den Vorübergehenden die Hand zu öffnen, pflegte er an die Türen der Großen der Stadt, der reichen Personen, zu klopfen.

Als er eines Tages umherschlenderte, traf er auf ein Haus so prächtig wie ein Palast. Er fragte den Pförtner, wem das Haus gehöre. Der Diener sah (ihn) verwundert an.
— Woher kommst du denn Alter; (Es gibt keinen Nichtkennenden =) jeder kennt doch den Palast der Bermeki, machte er sich über den Bettler lustig.

Schakabak, der den Reichtum und die Freigebigkeit der Familie Bermeki kannte, bat den Pförtner um (ein) Almosen.

Dieser sagte: — Geh hinein (und) bitte unseren Herrn (darum). Er (schickt niemanden leer zurück =) läßt keinen unbeschenkt wieder weggehen.

Der Bettler hatte gar nicht gehofft, daß das Schicksal ihm (ein so lächelndes Gesicht zeigen =) so hold sein würde. Er dankte dem Pförtner und verschwand im Garten. Über eine Marmortreppe trat er in eine mit reichen Teppichen bedeckte Halle. Auf einer Polsterbank direkt gegenüber saß zwischen mit Goldfäden und Perlen bestickten Kissen ein würdevoller Mann mittleren Alters. Dieser war der Großwesir des Sultans und (der Große =) das Haupt der Familie Bermeki.

Übersetzung der Lesestücke 412

Nachdem er Schakabak willkommen geheißen hatte, fragte er, was er wolle.

— Ich bin arm ... Ich bin auf das Mitleid (eines) großen, edlen Herrn, wie du einer bist, angewiesen.

Als Bermeki das hörte, wurde er betrübt. Er schlug seine Hände vor die Brust und rief:

— Das ist ja ein Jammer! Solange ich in Bagdad bin, darf ein Mann wie du nicht Not leiden.

In der Freude, ein unverhofftes Glück zu finden, verbeugte sich Schakabak vor dem Wesir, küßte den Saum (seines Kleides) und erflehte Gottes Segen für dessen Gesundheit.

— Mein Zustand ist so betrüblich, klagte er, daß bis zur Stunde kein Bissen Brot in meinen Mund gelangt ist.

— Was sagst du, mein Sohn! ...

Der Wesir klatschte in die Hände und rief laut:

— Los, Jungs, bringt uns Wasser und Handtücher. Waschen wir uns die Hände, und setzen wir uns zum Essen!

(Einen Wasserbringenden gab es nicht =) Wasser brachte zwar niemand, aber der Wesir rieb seine Hände aneinander, als ob einer ihm Wasser (darüber) gösse, dann machte er Bewegungen, als ob er sie mit einem Handtuch abtrocknete.

(Obendrein =) Nicht genug damit, er wandte sich auch an Schakabak (und sagt er nicht? =) und meinte:

— Komm an das Waschbecken und wasch dir auch die Hände! Schakabak begriff, daß der Großwesir ein Witzbold war. Bei seinem vielen Betteln hatte er gelernt (den Nutzen =), daß es nützlich ist, den Reichen ins Gesicht zu lächeln. Er selbst war auch von Natur aus ein fröhlicher Mensch. Daher ging er, ohne Umstände zu machen, auf den Scherz des Wesirs ein. Auch er tat, als ob er sich die Hände wüsche.

— In Ordnung, sagte Bermeki. Sie mögen nunmehr unser Essen bringen. Wieder klatschte er in die Hände. Obwohl auch diesmal niemand da war, der etwas brachte, begann er Bewegungen zu machen, als ob er das Essen zum Munde führte und kaute.

Zu Schakabak sagte er: Bediene dich auch (od. Lange du doch auch zu)! Iß, ohne dich zu genieren, als ob du zu Hause wärest.

— Allah schenke Ihnen ein langes Leben, Herr. (Es gibt nicht das und das, weswegen ich mich geniere =) Ich habe keinen Grund, mich zu genieren. Sie sehen doch, mein Mund arbeitet unaufhörlich.

Bermeki begann, seine Speisen zu loben.

— Wie fandest du dieses schneeweiße Brot, Schakabak?

Ohne die Fassung zu verlieren, antwortete der Bettler:

— (Das Wie-diese =) So etwas hatte ich (noch) nie gegessen. Der Wesir sah zur Tür und sagte zu den unsichtbaren Dienern, daß sie weiteres Essen bringen sollten.

— Was sagst du zu diesem Keschkek (gekochter Weizen mit Fleischstücken), Schakabak?

Der grobkörnige Reis war gut durchgekocht wie Watte!

— Ganz vorzüglich. Wenn (unser Herr die Erlaubnis gibt =) der Herr erlaubt, möchte ich noch etwas davon nehmen.

Nach dem Keschkek wurde Gans mit (Terbiye) Soße gebracht. Nachdem Bermeki erklärt hatte, womit die (Terbiye) Soße der Gans zubereitet war, regte er an, nicht mehr als eine Keule zu essen, um für weitere Gerichte noch Platz zu lassen.

16. Lektion

1. Bühnenbeschreibung (1. Akt)

(Nora od. Ein Puppenheim)

Ein behagliches, geschmackvoll eingerichtetes Zimmer, in dem sich jedoch keine Kostbarkeiten befinden.

Rechts im Hintergrund eine Tür, die sich zur Halle (Vorraum) öffnet; links eine andere Tür, die sich zum Arbeitszimmer Helmers öffnet.

In der Mitte zwischen den beiden Türen ein Klavier.

In der Mitte der links gelegenen Wand eine Tür und (weiter vorn vor der Tür im Vordergrund ein Fenster =) etwas weiter im Vordergrund ein Fenster.

In der Nähe des Fensters ein runder Tisch, um den einige Sessel und ein kleines Sofa stehen.

Etwas im Hintergrund (an) der rechten Wand eine Tür, etwas mehr im Vordergrund (an) derselben Wand ein Kachelofen, um den einige Sessel und vor dem ein Schaukelstuhl steht.

Zwischen dem Ofen und der Seitentür ein kleiner Tisch. An den Wänden Stiche.

Ein Ständer, auf dem Porzellansachen und kleine Kunstgegenstände stehen.

Ein kleiner Schrank, in dem sich prächtig eingebundene Bücher befinden.

Auf dem Boden ein Teppich.

Im Ofen ist Feuer zu sehen.

(Ein) Wintertag.

2. (Der Grad bei den Adjektiven =) Steigerung der Adjektive

1. Hoch, schnell, nett ... bezeichnen Eigenschaften, die keine bestimmte Größe (od. keinen bestimmten Umfang) überschreiten. Dagegen bezeichnen höher, weniger hoch, weniger schnell, so hoch wie er ... Eigenschaften, die mit den Eigenschaften anderer Menschen, anderer Tiere und anderer Dinge verglichen werden. Sie teilen den Grad der Eigenschaften mit.

2. (Die Grade sind so =) Es gibt folgende Vergleichsstufen:

Sie können die Mehrstufe (den Komparativ) angeben wie höher, schöner, nützlicher.

Sie können die Höchststufe (den Superlativ) angeben wie der (die, das) Beste.

Den Mangel können angeben (Wörter) wie wenig(er) hoch, wenig(er) schön, wenig(er) nützlich.

Die Gleichheit können angeben: so hoch wie ..., so nützlich wie ..., so schnell wie ...

3. Suche in den folgenden Sätzen die qualifizierenden Adjektive heraus, die eine Steigerung bezeichnen: Dieses Geschichtenbuch ist interessanter als das Gedichtbuch da. Dagegen ist es weniger spannend. — Das neue Auto meines Vaters ist schneller als sein altes. Auch seine Form ist schöner als das alte. — Der Garten meines Onkels ist kleiner als der unsrige. Da aber mein Onkel seinem Garten mehr Interesse entgegenbringt als wir, sind seine Blumen schöner als unsere. — Aydın ist fleißiger als Zafer. Aber er ist nicht so ordnungsliebend wie Zafer.

3. Die Tür des Hodscha

Hodscha Nasreddin war schon als Kind ein Schelm. Eines Tages sagte seine Mutter zu ihm: „Mein liebes Kind, ich gehe an den Bach Wäsche waschen. Geh ja nicht von der Tür weg, bis ich wiederkomme."

Kurz darauf kam sein Onkel. Er fragte Nasreddin, wo seine Mutter sei. Nasreddin sagte, daß seine Mutter an den Bach Wäsche waschen gegangen sei. Darauf der

Übersetzung der Lesestücke   414

Onkel: „Geh und sag deiner Mutter, wir würden zum Abend zu euch kommen."
Kaum war der Onkel weg, als der kleine Nasreddin die Haustür herausnahm und
auf seinen Rücken lud. Er machte sich auf den Weg nach dem Bach.

Als die Mutter den Sohn mit der Tür auf dem Rücken sah, fragte sie in großer
Verblüffung: „Mein Sohn, was soll denn die Tür?" „Mutti, heute abend kommen
Onkel und Tante zu uns. Ich bin gekommen, um das zu melden. Hattest du mir
nicht gesagt ‚Geh nicht von der Tür weg'? Siehst du, ich bin von der Tür nicht
weggegangen."

17. Lektion

1. Das „Vierzigbrunnen-Wasser"

Sultan Süleyman der Gesetzgeber liebte es sehr, auf dem Lande spazierenzugehen.
Immer wenn er Zeit fand, pflegte er Istanbul zu verlassen und sich in der Gegend
von Kâğıthane zu ergehen.

Eines Tages stieß er dort auf eine Quelle. Er faßte den Plan, diese auszunutzen.
Denn in jenen Zeiten hatte Istanbul wenig Wasser. Er befahl dem Baumeister Sinan,
das Wasser von Kâğıthane nach Istanbul zu leiten.

Der große Baumeister begann mit der Arbeit.

Eines Tages machte sich der Sultan auf und begab sich nach Kâğıthane. Man war
schon dabei, Kanäle auszuschachten und Abflußrohre zu legen.

Als Baumeister Sinan den Sultan sah, blieb er zum Gruße stehen. Dann besichtigten
sie die Bäche und Quellen. Als der Sultan den Lauf des kristallklaren Wassers sah,
wurde er von Herzen froh. Er sagte zu dem großen Baumeister:

— Mein Wunsch ist es, dieses Wasser in jedes Stadtviertel zu leiten. Wo Spring-
brunnen angelegt werden können, sollen sie angelegt werden. Dort, wo keine
Springbrunnen angelegt werden können, sollen Schöpfbrunnen gegraben werden.
In diese soll das Wasser fließen. An den Spring- und Schöpfbrunnen sollen Alte,
Gebrechliche, alleinstehende Frauen, kleine Kinder ihre Tonkrüge und Kannen
füllen und den Segen Gottes für meinen Staat erflehen ...

Die Fertigstellung der Kanäle dauerte neun Jahre.

Damit das Wasser nicht umsonst aus den Springbrunnen floß, wurden Wasserhähne
erfunden.

Sultan Süleyman der Gesetzgeber hatte seinen vielen Stiftungen auch noch das
Vierzigbrunnen-Wasser hinzugefügt.

2. Die Pflanzen atmen

(Hattest du dir jemals ins Gedächtnis gerufen =) War dir jemals in den Sinn gekommen, daß die Pflanzen atmen? Wenn die Pflanzen atmen, so nehmen sie den
Sauerstoff der Luft auf und geben Kohlensäure nach außen ab.

Machen wir einen kleinen Versuch. Nehmen wir drei ziemlich große Glasgefäße.
Das erste Glasgefäß lassen wir leer. In das zweite Glasgefäß legen wie eine in einen
Topf eingepflanzte Bohne. Danach bedecken wir die Außenseite dieses Glasgefäßes
mit schwarzem Papier, um das Eindringen der Sonnenstrahlen zu verhindern. Legen
wir in das dritte Glasgefäß den Samen irgendeiner Pflanze, der Triebe angesetzt hat
(gekeimt hat). Machen wir nun die Glasgefäße gut zu und warten wir einen Tag
und eine Nacht.

Nachdem diese Zeit vergangen ist, stellen wir in jedes der Glasgefäße eine brennende
Kerze. Wir sehen, daß die Kerze in dem ersten Glasgefäß weiterbrennt, daß sie jedoch in den beiden anderen erlischt.

(Was ist sein Grund =) Woher kommt das? Da die Pflanze und der Same in dem

415   **Übersetzung der Lesestücke**

zweiten und dritten Glasgefäß geatmet haben, haben sie den Sauerstoff der in den Glasgefäßen (vorhandenen) Luft verbraucht. Beim Ausatmen hat die nach außen abgegebene Kohlensäure die Kerzen ausgelöscht.
Welches sind die Atmungsorgane der Pflanzen?
Die Pflanzen atmen durch Vermittlung der kleinen in ihren Blättern befindlichen Öffnungen ein und aus.

3. Freundliche Worte

Selim und Leyla waren Geschwister. Der Große (liebte es sehr) mochte die Kleine allzu gern necken. Die Kleine pflegte sich darüber zu ärgern und weinte (dann). Wenn die Mutter fragte, warum sie denn weine, sagte sie:
— Mein großer Bruder neckt mich immer.
Ihre Mutter sagte jedesmal:
— Und du, nimm doch mal seine (Scherze) Neckereien friedlich auf, wie wäre das? Eines Tages beschloß Leyla, das, was ihre Mutter gesagt hatte, auszuprobieren. Die beiden Geschwister waren beim Frühstück. Selim sagte:
— Ich will meine Milch trinken und dann deine Puppe in den Schrank sperren.
Leyla lachte freundlich:
— Tatsächlich, das wäre schön, nicht? Da meine Puppe aber leblos ist, tut's ihr nicht weh. Wir spielen dann mit etwas anderem.
Selim war ganz verdattert. Dann sagte er:
— Du hast dich doch erkältet. (Meine =) Unsere Mutter nimmt dich heute nicht mit zu Besuch.
— Das schadet nichts. Ich bleibe hier und lese meine Bücher.
— Ihr Mädchen seid alle weinerlich. Sofort heult ihr los. Außerdem seid ihr ängstlich.
Wiederum ärgerte sich Leyla nicht. Als ob nichts geschehen wäre.
— Auch ich wollte immer ein Junge sein, sagte sie.
Selim schaute um sich. In voller Wut schrie er:
— Meine Apfelsine ist größer als deine!
— Iß sie mit Appetit, Brüderchen!
Selim hielt es nicht mehr aus, er fing an zu weinen. Ihre Mutter kam hinein und fragte: — Warum weinst du, mein Sohn?
Selim sagte:
— Mutter, ich necke Leyla, aber sie ärgert sich überhaupt nicht darüber.

4. Die Sure „Fester Glaube"

Thema: Die Sure zeigt in klarster Weise das Prinzip der Einheit Gottes.
Jede Art von Götzendienst und alle Glaubensrichtungen, die um Gott wetteifern, werden zurückgewiesen.

Im Namen Gottes
des Allerbarmers.

(1) Sprich: Er, Gott, ist einer, ein einziger.
(2) Alles und jeder ist auf ihn angewiesen. Er hat (kennt) kein Vergehen (Verlöschen). Er ist auf nichts angewiesen.

Übersetzung der Lesestücke 416

(3) Er hat nicht geboren und ist nicht geboren.
(4) (Sein nichts Ähnliches ...) Etwas ihm Gleichartiges und Ähnliches kann es nicht geben (und) gibt es nicht. (Gereimte Übersetzung von E. Harder auf Grund des arabischen Originaltextes: 1. Sprich: Gott ist Einer, 2. ein ewig reiner, 3. hat nicht gezeugt, und ihn gezeugt hat keiner, 4. und nicht ihm gleich ist einer.)

5. Die Sure „Die Menschen"

Im Namen Gottes
des Allerbarmers.

(1) Sprich: Ich suche meine Zuflucht bei dem Herrgott der Menschen.
(2) Bei dem Herrn der Menschen.
(3) Bei dem Gott aller Menschen.
(4) Vor dem Bösen des Versuchers, der in Versuchung führt.
(5) (Der) In (das Innere =) die Brust der Menschen Verlockungen senkt;
(6) (Ich suche Zuflucht) Sei es vor den Menschen, sei es vor den bösen Geistern, vor der Schlechtigkeit als solcher.

18. Lektion

1. Der Friede von San Stefano und der Berliner Kongreß

Der Friede von San Stefano wurde zwischen den osmanischen und russischen Delegierten geschlossen.
1. Es sollte ein vom Schwarzen Meer bis zur Ägäis sich erstreckendes Bulgarien gebildet werden; Serbien, Montenegro und Rumänien sollten völlig unabhängig werden.
2. Bosnien und die Herzegowina sollten die Autonomie erhalten.
3. Im Osten sollten den Armeniern Privilegien eingeräumt werden.
4. Batum, Kars, Ardahan und Bayazıd sollten an Rußland abgetreten werden; außerdem sollten 30 Millionen Sterling Kriegsentschädigungen gezahlt werden.

Dieses Abkommen löste das Balkan-Problem zugunsten Rußlands. England und Österreich, die damit nicht zufrieden waren, wollten dies nicht anerkennen.

Sie überredeten auch Deutschland und zwangen Rußland zur Ausarbeitung eines neuen Abkommens. Da Rußland nicht in einen neuen Krieg hineingezogen werden wollte, war es gezwungen, den Vorschlag anzunehmen.

Unter dem Vorsitz Bismarcks trat in Berlin ein Kongreß zusammen.

(Nach den Beschlüssen =) Die Beschlüsse des Berliner Kongresses:
1. Das durch den Frieden von San Stefano gegründete Großbulgarien wurde in drei Bereiche aufgeteilt, und Mazedonien, das einen Teil davon bildete, wurde unter Durchführung von Reformen an das Osmanische Reich abgetreten. Ostrumelien, das den anderen Teil bildete, erhielt unter der Verwaltung des Sultans den Status eines privilegierten Regierungsbezirks. In dem nördlich des Balkan-Gebirges verbleibenden Teil wurde dann das autonome und kleine Bulgarien gegründet.
2. Montenegro, Serbien und Rumänien erlangten ihre völlige Unabhängigkeit.
3. Bosnien und die Herzegowina wurden unter der militärischen Besatzung Österreichs belassen, verblieben aber im Osmanischen Reich.
4. In Ostanatolien sollten in den von Armeniern besiedelten Gebieten Reformen durchgeführt werden.
5. Kars, Ardahan und Batum sollten an die Russen abgetreten werden.

417   Übersetzung der Lesestücke

2. Aus der Zeitung

Auf seinen Kopf fiel Holz — er gewann sein Augenlicht wieder.

Ein junger Mann namens Abdullah Söyler, der seit drei Jahren nicht sehen konnte, begann wieder zu sehen, nachdem ihm Holzstücke auf den Kopf gefallen waren. Als der aus dem Dorf Gündüz, Bezirk Ovacık, stammende junge Mann unter Holzstößen saß, fielen einige Holzstücke (plötzlich) auf ihn herab. Abdullah Söyler, der etwa drei Jahre davor durch heftige Kopfschmerzen blind geworden war, bemerkte, als er aus dem Holzhaufen hervorkam, daß er wieder sehen konnte und weinte vor Freude.
Die Holzstücke, die die Wiederherstellung seines Augenlichtes verursacht hatten, bewahrt Abdullah in dem Schlafzimmer seines Hauses auf.

Maraş wird eine Woche im Finstern bleiben.

(Es wurde erklärt =) Wie erklärt wurde, wird das Wasserkraftwerk, das (unter der Einwirkung des Anschwellens des Flusses ...) von dem Anschwellen des Flusses Ceyhan und den herabstürzenden Wassermassen infolge der heftigen Regenfälle betroffen ist, (nur) mit Mühe repariert werden können.
Die zuständigen Stellen teilten mit, daß Maraş mindestens eine Woche im Dunkeln bleiben wird.

3. Aus der Zeitschrift

Der neue Hodscha Fatin von Karacabey

Karacabey. — Die wandelnde Sternwarte Ağa Tahsin, der durch Beobachtung des Mondes, der Sterne und der Sonne Vorhersagen macht, liefert den Bauern seit zwanzig Jahren Wetterberichte. Der 65jährige Tahsin Türkeş aus dem Dorf İsmetpaşa hat durch seine unfehlbaren Wettervorhersagen in der ganzen Umgegend Ansehen erlangt.
Ağa Tahsin, an den sich die Bauern in der Zeit vor der Feldbestellung wandten, und von dem Auskunft über die Wetterlage erhielten, legte sich zur Kontrolle, ob die von ihm bis heute gemachten Vorhersagen sich als richtig erwiesen, ein besonderes Verzeichnis an und (schuf somit ein Archiv der Wetterberichte ...) hat somit die Wetterberichte von zwanzig Jahren registriert.
Tahsin Türkeş sagt, daß er dem Begründer der Kandilli-Sternwarte, Hodscha Fatin, freundschaftlich verbunden sei.

19. Lektion

1. Ethik

Nach meiner Ansicht hat die Ethik eine Grundlage: Was du nicht willst, daß man dir tue, das tue auch nicht anderen! Prägt euch (gut) ein, daß dieses Gebot richtig ist; befolgt ihr es, so habt keine Angst mehr, ihr seid ein sittenstrenger Mensch: ihr tut niemandem Böses an.
Was du nicht willst, daß man dir tue, das tue auch nicht anderen! Das sieht leicht aus, aber das ist nicht leicht. ... Etwas, was ihr nicht wollt, daß man euch antut, das sollt ihr auch einem anderen nicht antun, ihr sollt euch nämlich in seine Lage versetzen, und ihr sollt euren Egoismus von euch abschütteln; ihr sollt daran denken, daß, wie ihr aus Fleisch und Knochen seid, auch er aus Fleisch und Knochen ist, und daß auch er Schmerzen spüren kann. (Soweit aber nicht =) Das ist aber nicht alles; ihr habt einige Dinge, die ihr nicht wollt, daß man euch tut, und auch ihr tut sie niemandem an; aber das genügt nicht. Vielleicht will jener Mensch nicht, daß auch andere Dinge getan werden, er wird von Dingen gereizt, denen ihr keine Beachtung schenkt; ihr sollt euch in seine Lage versetzen,

Lehrbuch Türkisch 27

Übersetzung der Lesestücke 418

ihr sollt verstehen, daß er davon gereizt wird, ihr sollt an seinen Kummer denken, und ihr sollt diesem Menschen diese Dinge nicht mehr zufügen. Ihr sollt sie ihm nicht zufügen, aber es genügt nicht, daß ihr sie nicht tut. Wenn ihr euch damit abfindet, daß andere jenen Menschen quälen, wenn ihr sagt: „Sie stören mich ja nicht, was geht das mich an?", dann heißt das, daß ihr euch in Wirklichkeit eben nicht in seine Lage versetzt; das heißt, daß ihr einem anderen das tut, was ihr nicht wollt, daß man euch tut. Denn wenn ihr von einer Ungerechtigkeit betroffen werdet, wenn ihr in Not geratet, oder wenn euch ein Unglück trifft, so wird die Gleichgültigkeit eurer Umgebung dagegen, daß euch etwas geschieht, was ihr nicht wollt, euch schwer treffen, (und) ihr seid in der ganzen Welt allein (von aller Welt verlassen)! Also dürft (sollt) ihr euch nicht damit begnügen, daß ihr einem anderen das nicht tut, was ihr nicht wollt, daß man euch tue, ihr müßt (sollt) euch bemühen, das Ungemach, das einen anderen betroffen hat, das er erduldet, auch wenn es nicht euretwegen wäre, zu beseitigen und zu erleichtern; ihr müßt (ihn) wenigstens wissen lassen, daß ihr seine Schmerzen nachempfindet und daß er nicht ganz allein ist. Die Ethik besteht nicht darin, einfach zu vermeiden, Böses zu tun; sie besteht auch darin, sich zu bemühen, Schlechtigkeiten, die andere vielleicht tun könnten, zu verhüten.

Nurullah Ataç

2. Atatürks Schuljahre

Mustafa war in sehr jungen Jahren Waise. Da die Familie ihren Lebensunterhalt nicht bestreiten konnte, nahm die Mutter ihren Sohn von der Schule und zog mit ihm auf den Bauernhof ihres Bruders in der Gegend von Lankaza. Sein Onkel beschloß, Mustafa in den Arbeiten des Bauernhofes heranzubilden. Nicht, daß Mustafa zu der Arbeit nicht taugte. Nie vergaß er, daß er zusammen mit seiner Schwester auf dem Saubohnenfeld Wache hielt, um die Krähen zu vertreiben. Als ein Kollege Atatürks einmal zur Zeit, als Atatürk Staatsoberhaupt war, Gästen die Geschichte von der Feldbewachung erzählte, sagte einer der Anwesenden, indem er so tat, als ob er die Geschichte nicht glaubte: „Ach nein, unser Atatürk?!" Darauf Atatürk: „Doch, das stimmt. Auch ich bin wie jeder andere geboren und groß geworden. Wenn es hinsichtlich meiner Geburt einen Unterschied gäbe, so bestünde er darin, daß ich als Türke geboren bin."

3.

Sehr geehrter Herr Dr. Nebioğlu!

Aus dem Rundschreiben, das Sie versandten, erfuhr ich von der Gründung einer Gesellschaft unter dem Namen „Schulbücher, Türkische Handelsgesellschaft mit beschränkter Haftung". Falls (es von den Provinzbuchhändlern auch Wünschende gibt ...) auch seitens einiger Provinzbuchhändler die Absicht besteht, Ihrer Gesellschaft beizutreten, so bitte ich Sie, mir mitzuteilen, ob diese aufgenommen werden, mir ausführliche Angaben (Information) über Ihre Gesellschaft zukommen zu lassen oder, wenn möglich, (mir) die Statuten zu schicken.
Ich verbleibe mit vorzüglicher Hochachtung

Inhaber der Buchhandlung Çankaya

4. Aus aller Welt

Dem Londoner Wohnungsamt ging kürzlich ein Brief zu, den jemand mit Namen Fred Shearer geschrieben hatte. Fred Shearer teilte mit, daß er heiraten wolle und bat, auch seinen Namen in die Reihe der Wohnungsuchenden aufzunehmen. Das Büro teilte ihm mit, daß er wegen des Andranges noch eine Zeitlang warten müsse. Darauf kam nach einer Zeit ein zweiter Brief von Fred Shearer: „Da ich den Andrang kenne, habe ich mich eben schon früh bemüht. Aus dem Warten mache ich mir nicht viel, denn ich bin erst im achten Lebensjahr."

419   Übersetzung der Lesestücke

20. Lektion

1. Gesprächige Reisegefährten

Auszug aus „Betrachtungen" von Aziz Nesin, erschienen in der Zeitschrift „Akbaba" vom 8. 9. 1965

Am folgenden Sonntagmorgen ... Um die von meiner Frau eingetroffenen Briefe abzuholen, ging ich mit meinem Kollegen, einem Dolmetscher, in den Schriftstellerverband. Da es Sonntag war, war geschlossen. Wir läuteten. Die Frau, die die Tür öffnete, fragten wir, ob ich meine Briefe abholen könne.

Sie ließ es nicht bewenden mit einem „Heute ist Sonntag ... Sie können sie nicht bekommen" oder „Es ist geschlossen". Sie führte uns zunächst hinein. Etwa fünf Minuten lang erklärte sie dies und das. Dann rief sie einen Mann zu uns herein und schickte zu einem anderen. Ich hatte gehofft, daß ich meine Briefe, auf die ich sehr gespannt war, bekäme. Der Mann sagte: „Heute, wissen Sie, ist Sonntag ..."
— Ja, sagte ich.
— An Sonntagen ist hier geschlossen, sagte er.

Um es kurz zu machen und um wegzugehen, sagte ich: — Auf Wiedersehen! Er jedoch hatte offensichtlich jemanden zum Sprechen gefunden und wollte ihn nicht so einfach loslassen.
— Wenn Sie an einem anderen Tag als an einem Sonntag gekommen wären, hätten Sie Ihre Briefe bestimmt bekommen ...
— Sicherlich ...
— Es tut mir sehr leid, daß ich Ihnen nicht helfen kann.
— Vielen Dank, auf Wiedersehen ...
— Gestern war Sonnabend, wissen Sie.
— Ja ...
— Wenn Sie gestern gekommen wären, hätten Sie Ihre Briefe bekommen ...
— Natürlich ...
— Aber Sie hätten gestern vormittag kommen müssen. Weil Sonnabend nachmittags nämlich niemand da ist ... Natürlich, wenn Ihre Briefe kommen sollten, könnten Sie sie bekommen. Wenn Ihre Briefe nun nicht da sind, wie sollten Sie sie bekommen?
— Vielen Dank, auf Wiedersehen!
— Jetzt möchte ich Ihnen etwas sagen: Morgen ist Montag.
— Ich weiß.
— Wenn Sie morgen kommen, erhalten Sie Ihre Briefe ...
— Tausend Dank!
— Aber kommen Sie nicht vor neun. Auch nach fünf ist niemand hier. Können Sie um drei Uhr kommen? Wenn Sie morgen zu tun haben, geht es auch, wenn Sie dienstags oder mittwochs kommen.

Der Russe, froh, daß er einen zum Sprechen erwischt hatte, wollte mich keinesfalls aus seinen Fängen lassen. Er sprach so nett und war so hilfsbereit, daß ich mich nicht ärgern konnte.

Ich riß mich förmlich von dem Mann los. Er rief noch hinter mir her:
— Wenn Ihr Brief kommen sollte, erhalten Sie ihn bestimmt morgen ...

Am folgenden Tag, einem Montag, sollte ich mich mit einem meiner russischen Kollegen vor dem Theater Satir treffen. Mein Kollege hatte mir gesagt:
— Das Satir-Theater ist ganz nahe bei dem Hotel, in dem Sie wohnen.

Ich verließ das Hotel. Später erfuhr ich: Das Satir-Theater lag genau gegenüber dem Hotel Peking, in dem ich wohnte. Aber ich wußte das ja nicht. Da ich das zyrillische Alphabet nicht kannte, konnte ich auch die riesigen Lettern „Satir-Theater" mir gegenüber nicht lesen.

27*

Übersetzung der Lesestücke 420

Ich fragte jemanden vor dem Hotel: — Wo ist das Satir-Theater?
Wenn er Türke gewesen wäre, hätte er den Finger ausgestreckt und gezeigt:
— Da gegenüber!
Aber das machte der gesprächige und hilfsbereite Russe nicht; er begann zu erklären:
— Gehen Sie auf der rechten Seite etwa dreihundert Meter! Unmittelbar vor sich sehen Sie eine Unterführung. Durch die Unterführung gehen Sie nach drüben ...

2. Unser Körper

Die Beine sagten eines Tages zu den anderen Organen des Körpers:
— Was wäre mit euch, wenn wir nicht wären? Nirgendwohin könntet ihr gehen, keine eurer Arbeiten könntet ihr verrichten. Unseren Wert müßt ihr erkennen.
Die Arme sagten:
— Und wenn wir nicht wären, wozu würdet ihr noch dienen? Eure Arbeiten verrichten hauptsächlich wir. (Euer Essen ...) Wir geben euch zu essen; wir waschen euch; wir reinigen euch; wir schützen euch. Wenn wir nicht wären, könntet ihr nicht einmal einen Schluck Wasser trinken.
Der Kopf sagte:
— Ihr denkt falsch. Kein Organ des Körpers ist dem anderen überlegen. Schaut, ich habe Augen, Ohren, Nase und Zunge. Außerdem enthalte ich das uns alle lenkende Gehirn. Bin ich, obwohl dem so ist, hochnäsig? Was würdet ihr machen, wenn die Augen nicht wären? Es sind die Augen, die das Gute, das Schlechte, das Schöne und Häßliche sehen. Ohne Augen würde unser Leben in der Finsternis verlaufen. Was die Ohren betrifft, so nehmen sie die Laute wahr, hören die Lieder. Und die Zunge dient dazu, den Geschmack dessen, was wir essen, festzustellen. Wenn sie nicht wäre, wie könnten wir das Bittere, Süße, Saure, Salzige feststellen? Wenn die Nase nicht wäre, wie könnten wir die Gerüche wahrnehmen?
Der Kopf sagte noch viele berechtigte Dinge. Darauf verzichteten die Arme und Beine darauf, sich wichtig zu machen.

3. Cans Traum

1. In der vergangenen Nacht [sah ich] im
   Traum in meinem Zimmer zwei drollige
   Zwerge umhergehen.
   Sie sagten:,,Wir wissen nicht, warum du
   in dieser Nacht soviel geweint hast.
   Was immer du möchtest, werden wir dir
     geben;
   Wünsche (dir) von uns, was immer du
   (dir) wünschest.

2. Möchtest du Puppen, die ihre Augen
   öffnen und lachen?
   Oder Schmetterlinge, die fliegen können?
   Wünsche alles, was es auf der Welt gibt,
   ohne dir Sorgen zu machen.
   Wir beschaffen und bringen es dir,
   sei es aus Silber, sei es aus Gold.

421 Übersetzung der Lesestücke

3. Eine (große) Freude (wurde in mich gefüllt =) erfüllte mich,
als ob die Welt mir gehörte.
Ich sagte: ,,Weder Puppen noch bunte
Schmetterlinge
bringen Sorge in mein Herz.
Wenn ich keinen anderen Wunsch hätte,
so wünschte ich sicherlich das.

4. Aber ich habe jetzt einen Kummer:
Wenn ihr wüßtet, was ich möchte.
Eine Schule, hell und sauber ...
gutherzige Kameraden
und einen lieben Lehrer.
Etwas anderes wünsche ich mir nicht."

21. Lektion

1. Der Stempel

a) Eines Tages breitete er auf seinem Tisch ein riesiges Register aus (und) trug Zahlen ein. Da (Nach einer Weile) trat der Bürodiener ein und meldete, daß der Herr Direktor ihn (zu sprechen) wünsche. Da diese Aufforderungen am Tage wohl zehnmal vorkamen, empfand er dabei nichts Außergewöhnliches. Und wie immer hob er seinen Kopf von dem Register, (über das) er ihn gebeugt hatte. Seinen Federhalter legte er neben das Tintenfaß. Seine Brille (legte) tat er in das Etui, steckte das Taschentuch in seine Tasche, stand von seinem Platz auf und ging ruhigen und sorglosen Schrittes auf das Zimmer des Direktors zu. Ohne anzuklopfen, trat er ein.

Der Direktor empfing ihn mit lächelndem Gesicht. Dieser Empfang war von den bisherigen verschieden. Ohnehin war Asaf Akçıl schon zu Anfang gespannt. In dieser Hinsicht begann er bald, diese Sache zu ahnen. Vor Aufregung strömte (ihm) das Blut ins Gesicht. Mit einem glücklichen und fast dummen Gesicht lächelte er.

b) — Bitte Herr Asaf, wandte sich der Direktor freundlich an ihn, nehmen Sie Platz. Ihr Bescheid ist gerade gekommen. Durch Beförderung um eine Stufe sind Sie zum Beamten für ... ernannt worden. Ich gratuliere. Gott verleihe (Ihnen) Erfolg. Ich lasse Ihren Bescheid sofort schreiben und Ihnen aushändigen.

c) Asaf Akçıl dankte immer wieder. Sein Herz pochte laut vor Aufregung. Endlich war der seit sechs Jahren erwartete Tag gekommen. O, diese Tage der Beförderung! Welch wichtigen Platz nehmen sie im Leben der Beamten ein! Es ist eine Art Hochzeit, ein Bayramfest. Jetzt würden alle Kollegen der Abteilung ihn beglückwünschen, die Reihe der Briefe und Karten, die er von auswärtigen Bekannten bekommt, würde so leicht nicht abreißen. Darunter würde es auch sicher (ohne deutlich zu werden =) versteckte Neider geben. Sogar welche, die nicht so lange wie er gewartet hatten und sehr schnell befördert worden waren. Diese Welt ist eine sonderbare Welt, und damit basta!

d) Mit einer (in keiner Sache =) nie gesehenen Geschwindigkeit wurde der Beförderungsbescheid geschrieben und A. Akçıl sofort ausgehändigt. Und dieser ,,übergab" einem seiner Kollegen die Arbeiten seines Bereichs. Als die Reihe an den Amtsstempel in der linken unteren Tasche seiner Weste kam, bewegte sich die Hand A. Akçıls aus irgendeinem Grunde etwas schwerfällig. Während er den Stempel von der Kette, an der er hing, abnahm, verspürte er fast einen Schmerz. Ach ja, der Stempel, ja, ja! Nicht wenige Papiere hatte er damit abgestempelt. Und welchen Wert hatten alle diese Papiere durch diesen Stempel erlangt; er hatte die Staatsgeschäfte vorangebracht.

Übersetzung der Lesestücke   422

e) Was A. Akçıl bekümmerte, war, daß an Stelle des von der Kette abgenommenen Stempels kein anderer befestigt werden würde. Wenn seine gegenwärtige Stellung auch höher war, sie war ein Amt ohne Stempel.

Als er nach Büroschluß nach Haus zurückgekehrt war und seiner Frau die Nachricht von der Beförderung gemacht hatte, fühlte A. Akçıl an seinem ganzen Körper wegen der Leere seiner linken Westentasche eine sonderbare Unvollkommenheit. Doch die anfängliche Freude und der Stolz seiner Frau besänftigten und trösteten ihn.

Trotz des eingebüßten Stempels war er wieder glücklich und zufrieden. Wenn er richtig in sich gehend an die Beförderung dachte, wußte er (war er sich klar), daß diese tatsächlich ein wichtiges Ereignis in seinem Leben darstellte, daß seine Befugnisse in seinem neuen Amt größer geworden waren, daß er fast zum Rang eines Leiters emporgestiegen war, und er war überzeugt, daß er somit einen wesentlichen Schritt getan hatte, um noch höhere Stellungen und Ämter zu erreichen. Ach was! (Wichtigkeit!) (Mag es enden, soll der Stempel nicht sein =) Und wenn kein Stempel, auch gut! od. Was liegt schon an dem Stempel!

f) Um seinen Schlafanzug anzuziehen, legte er sein Jackett ab. Dabei hing das Ende der Kette an seiner Weste, das sein Gewicht verloren hatte, nach unten und baumelte im leeren Raum. A. Akçıl wollte dies vor seiner Frau wie eine Schande verbergen, aber es mißlang ihm. Frau Safiye kam dahinter. Sie runzelte die Stirn und fragte:

g) — Was hast du mit dem Stempel gemacht?

A. Akçıl bemühte sich, möglichst natürlich zu bleiben, und antwortete, als ob es eine unbedeutende Sache wäre:

— Ach so, der Stempel? Hm ... Äh ... Der Stempel gehörte natürlich zu der alten Stellung. Bei der Übergabe meiner Arbeiten habe ich selbstverständlich auch den Stempel ausgehändigt.

Jetzt stand der Gatte vor Frau Safiye verstört wie ein hilfloser Mensch, der bei einem Straßenbahnunglück ein Glied, einen Arm oder ein Bein verloren hat.

Seine Frau fragte beunruhigt und aufgeregt:

— Und einen anderen werden sie dir dafür also nicht geben?

Um seine Frau nicht völlig zu verärgern und sie fürs erste zu beschwichtigen, sagte A. Akçıl:

— Ja, natürlich werden sie ihn geben. Aber ich habe ihn noch nicht bekommen.

A. Akçıl merkte, daß er in einer schwierigen Lage war, und fühlte sich furchtbar bedrückt. Es war nicht so, daß es ihm nicht leid tat, weil er ohne Stempel war. Aber er konnte die Erfordernisse der Lage (richtig) einschätzen. Was sollte er machen? Der Staat kann natürlich nicht jedem Beamten einen Stempel geben. Aber man mache das einmal der Frau klar!

h) Seit jener Nacht war für A. Akçıl jeder Tag und jede Nacht nur noch eine Qual. Frau Safiyes Gesicht zeigte kein Lächeln mehr, ja schlimmer noch, ihr Mund stand nicht mehr still. Eine Meckerei und eine Quengelei ... Unausgesetzt lag sie unserem guten Mann in den Ohren.

— Sie haben dich abgewimmelt (vertröstet); sie haben dir den herrlichen Staatsstempel weggenommen, indem sie sagten „wir befördern ihn". Du hättest ihn nicht hergeben dürfen, du hättest fest bleiben müssen. Wenn du mich nur ein einziges Mal um Rat gefragt hättest, niemals wäre ich einverstanden gewesen. (Ein selbstherrlicher Kerl ... =) So was Selbstherrliches ... und jetzt bist du ein kleiner heruntergeputzter Unterschriftenkleckser. Solche Unterschriften gibt auch der Nachtwächter des Bezirks. Unter allen Nachbarn und Freunden war ich es, deren Mann einen Stempel führte. Ich war mit Recht stolz darauf. Den Wert (und) die Höhe

423 Übersetzung der Lesestücke

der Macht, die du inne hattest, kanntest du nicht. Die alten Wesire sollen wegen eines Stempels ihren Kopf gewagt haben. Nicht ohne Grund natürlich. Denn „Wer einen Stempel hat, ist König."
Ihr bis dahin ruhig und voll Liebe verlaufenes Leben geriet aus dem Grund durcheinander. Wenn es morgens dämmerte, flüchtete A. Akçıl sich auf die Straße, im Amt saß er wütend und mürrisch da, abends kehrte er spät nach Hause zurück, indem er seine Füße wie zu einem Marterplatz widerwillig und mit Mühe schleppte. Ach, hätten sie ihn doch nicht befördert (= was taten sie, daß sie ihn beförderten)!

k) Der arme Mann wußte nicht, was er tun und machen sollte. Seinen kahlen Kopf bedeckte er nicht mehr wie eine Krone mit den dünnen fünf bis zehn Haaren an den Seiten, er war nicht jeden Tag mehr so sorgfältig rasiert, an seine Krawatte heftete er nicht mehr seine goldene Nadel.
Seine Kollegen, die sahen, wie er von Tag zu Tag herunterkam und schwächer wurde, erkundigten sich nach seinem Befinden:
— Mensch, bist du krank, dann gute Besserung.
Die jedoch, die ihn nicht ausstehen konnten, machten sich hinter seinem Rücken über ihn lustig und lachten: Dem dummen Kerl ist die Beförderung nicht bekommen.

l) Ja, hätten sie ihn doch nicht befördert. Das hat nun die Lage so mit sich gebracht.
Der Staat kann nicht jedem Beamten einen besonderen Stempel geben. Das steht fest ...
Aber für alles gibt es ein Mittel außer gegen den Tod.
Könnte man nicht vielleicht auch hierfür ein Mittel finden?
Ach ja, wenn es nur ein Mittel gäbe ... Welche Opfer würde Asaf Akçıl nicht dafür bringen ...

m) Schließlich betrat er das Zimmer des Direktors, bereit, jede Kränkung, jede Abfuhr hinzunehmen, ja sich lächerlich zu machen.
Er erklärte dem Direktor, wie die Angelegenheit war. Er bat, wenn nicht (anders) möglich, ihn unter Verzicht auf die Beförderung in seine alte Stellung wieder einzusetzen und ihm nur einen Stempel in die Hand zu geben. Während er das sagte, floß ihm vor Scham der Schweiß in erbsengroßen Tropfen herunter, und seine blaßblauen Mitleid und Erbarmen heischenden Augen (suchten) nicht die Augen des Direktors, sondern schweiften auf den Gegenständen des Zimmers umher.

n) Der Direktor zeigte sich indessen als mitfühlender Mensch.
Er lächelte verschmitzt und kapierte sofort, worum es ging. Er versprach, nach einem Ausweg zu suchen: Gleich an dem Tag schrieb er an die Oberen, daß die Beamtenstelle unbedingt einen Stempel erfordere, und daß die Geschäfte einen solchen Stempel nötig machten.
Die Stempelangelegenheit durchlief alle Instanzen und wurde zu einem tatsächlichen und amtlichen Bedarfsfall. Eines Tages kam der Bescheid, daß der Stempel bei der Prägeanstalt bestellt worden sei, und daß er nach seinem Eintreffen sofort weitergeleitet werde.

o) Asaf Akçıl bedauerte nun, da er ja auf dem richtigen Wege war, daß er sich soviele Sorgen gemacht hatte, beschwor seine Frau täglich durch Beteuerungen und Zusicherungen und zählte sehnsüchtig die Tage.
Nach kurzer Zeit kam der Stempel in einem Tuchbeutel mit der Post und (kam ... zur Hilfe =) erlöste Akçıl.
Dies war natürlich ein noch nie benutzter, nagelneuer Stempel.

p) Asaf Akçıl nahm den goldglänzenden Stempel aus gelbem Messing mit ringsherum eingraviertem Text in die Hand. Er streichelte ihn liebevoll.

Übersetzung der Lesestücke   424

Dann heftete er ihn wie einen Orden an das Ende der seit Monaten leeren Kette
und steckte ihn bedächtig in die linke Tasche seiner Weste. Wenn er nach Hause
käme, würde sich seine Frau wer weiß wie freuen.
Und Frau Safiye freute sich tatsächlich.
Ja sie vergoß sogar Freudentränen, als ob sie aus einem schweren Unglück gerettet worden sei.

Bekir Sıtkı Kunt
Aus dem Schulbuch Metinle
Edebiyat Bilgisi I
(Literaturkunde mit ausgewählten Texten)
Oberschule 1. Klasse
von Abdurrahman Nisari
Verlag: Inkılâp Kitabevi, 1956.

2. Das Opferfest
Opferfest!

Oh, was für eine Aufregung! Wo ist die Schürze? Bringt das Turbantuch, zündet
das Aloeholz an, sprüht Rosenwasser! Häng den Haken an! Grabt die Grube!
Wo bleiben denn die Messer? Den Wetzstein, den Wetzstein! Gebt den Wetzstein!
Kinder, kümmert euch um die Küche! Hallo! Fräulein! Kinderfräulein! Tante!
Mutter! Wo ist das Hackmesser? — Ach, ich bin ganz durcheinander! Mein
Gott, verdammte Katze! Sie soll krepieren! Jetzt gleich! Paß auf! Ağa Ahmet!
Für den Burschen hol mal gleich die Nieren raus, Köchin! Wo zum Teufel ist
der große Topf geblieben? Heda (Ihr da), der Herr wünscht Kaffee! Da (Na end-
lich)! Jetzt kommt er an die Reihe! Ach, herrjeh ...! Ich hab es satt mit seinem
Tabak, seinem Kaffee.

Schluß jetzt, wir haben zu tun.

SACHREGISTER

Die Zahlen verweisen auf die Lektionen, die Großbuchstaben auf die Abschnitte der Grammatik. Die Zahlen in Kreisen O beziehen sich auf die Einleitung.
Die wichtigsten Suffixe und Suffixgruppen sind alphabetisch geordnet. Die weite (kleine) Vokalharmonie ist durch -e (-a), z. B. -se (-sa), immer bezeichnet, die enge (große) Vokalharmonie bei den markantesten Suffixen, z. B. -i (-ü, -ı, -u).

a Interjektion 21 C
Ablativ 3 K; 5 F; 13 J; Postpositionen mit ~ 18 C; ~ der substantivierten Infinitive 19 C, F, G
Adjektiv 1 C; 21 A; prädikativ gebrauchtes ~ 14 B; Steigerung 16 F, G, I, L, M, N; -ce (-ca) 10 G; -cik 14 R; kadar 16 H; -ki 12 G; -li, -lik 7 P
Adverb 1 D; 16 O; 19 K; 20 C; Ortsadverbien 3 K; Zusammenstellung der wichtigsten Adverbien 12 H; Steigerung 16 F, I; Verbaladverb 19 N; bir gün, sonra 17 H; -ce (-ca) 10 G; ~ + de 20 I; derken (Konjunktionaladverb) 19 M; „leider" 10 F; olarak 6 F; ~ im se-Satz 20 H
Akkusativ: bestimmter ~ 4 E; 5 F; unbestimmter ~ 3 M; ~ der substantivierten Infinitive 19 C; Akkusativobjekt 5 S; 19 B; lassen + ~ 17 E
Aktionsarten 3 B, J; 8 B; 17 F, H; 21 B
Akzent: zentralisierender ~ ⑨ L ~ ①
Alphabet: das türkische als beim Komparativ 16 G; s. a. -diği-
Altersangabe 7 L
'-an s. '-en
Anrede im Türkischen 21 H
Aorist mit Fragepartikel 5 L; unbestimmtes Präsens 5 J, K
Artikel: bestimmter ~ 1 A, H; 5 H; unbestimmter ~ 1 A, C; türk. ~ 5 E
Aspekte s. Aktionsarten

asyndetische Fügungen 21 E
Attribut 9 F, G; 16 B
Aussprache des Türkischen S. 21; ①, ②
Bedingungssätze 20 B; reale ~ 7 O; 18 A; 20 C; irreale ~ 20 D; Fragestellung in Bedingungssätzen 20 F; Betonung] ben 3 D, E, I; 5 I [7 O]
beri: -den beri seit 18 C
Berichtigungszeichen s. düzeltme işareti ⑧
Berufsbezeichnungen 2 B
Betonung ⑨; der Bedingungssätze 7 O; des Elativs 16 O; des Optativs 17 A, B; der Ortsnamen ⑨; der Personalsuffixe 13 E; des r-Präsens 10 B; der Verbalsuffixe 3 E; des yor-Präsens 3 D, I; der Zahlen 7 A; zusammengesetzter Wörter ⑨ B 4; -ce 10 G; -cik 14 R; -dir 1 E; e ... e 6 D; -ecek (-acak) 12 A; en beim Superlativ 16 F; -le (-la) 3 N; -me- (-ma-) 4 A; 5 M; 6 A; -meli (-malı) 9 D; -miş 14 I
bevor 14 Q
Beziehungssuffix 5 E
Bindevokal 3 F, G, I
bir: unbestimmter Artikel 1 A, C; ~ gün (Zeitadverb) 17 H
biz 3 D, E, I; 5 I
brauchen: Verneinung 10 D
Bruchzahlen 7 G
bu: Demonstrativpronomen 1 H; 2 E; 3 K; S. 354
bulunmak 14 M, N; L. 16, Erl.; höfliches Stützverb 9 H; L. 10, 3

-ce (-ca): Wortbildungssuffix 10 G; Adverbsuffix 12 H; „von" beim Passiv 10 G; 11 J; Betonung 10 G
-ceğiz (-cağız): Wortbildungssuffix 14 R
-cesine als ob 14 H
-ci: Wortbildungssuffix 10 G
-cik: Diminutivsuffix 14 R
çok 16 L, M, N, O
daß-Satz 12 F; 13 F, I, L; 20 I
Dativ 3 K, L; 5 F; ~ der substantivierten Infinitive 19 C, F, G; Postpositionen mit ~ 18 C; Dativobjekt 5 S
Datum 7 D; 8 F; mit best. Vergangenheit 8 B
de (da) auch 1 J; 20 A, I; und, aber, daß 20 I; als Verstärkung 20 I
-de (-da): Lokativsuffix 1 I; 3 K; 5 F, H; 13 F, I, K; 19 C; Zeitsuffix 1 I
değil 1 G; 20 A
değildir 1 G
-deki (-daki): Wortbildungssuffix 12 G
Deklination s. Übersicht über die ~ S. 353; s. Grundform, Nominativ, Genitiv, Dativ, Akkusativ, Ablativ, Lokativ; ~ der substantivierten Infinitive 19 C
Demonstrativpronomen 1 H; 2 E; 3 K; S. 354
-den (-dan): Ablativsuffix 3 K; 5 F; 13 F, I, J; 18 C; 19 C, F, G; „als" beim Komparativ 16 G
-den daha: Komparativ 16 G

Sachregister 426

-den dolayı *da, weil* 13 J; 18 C
derken: Konjunktionaladverb 19 M; Konjunktion 20 A
-di (-dü, -dı, -du) (— Vergangenheit): Verbalsuffix (3. Pers. Sg.), best. Vergangenheit 8 A, B, C, E; 10 C; 14 J; 17 H; -di mi 20 F
-diğ- (-dik-) 13 A — I, K, L; 14 M
-diği (-düğü, -dığı, -duğu) 13 E; *s. a.* -diğ-
-diği- + -(n)de; -diği- + -(n)den 13 F
-diğim, -diğimiz, -diğin, -diğiniz 13 E
-dik: Suffix der 1. Pers. Pl., best. Vergangenheit|
-dikçe 17 F   [8 A, E|
-dikleri 13 E
-dikten sonra 13 C; 14 P
-diler, -dim, -din, -diniz: best. Vergangenheit 8 A, E
Diphthonge ⑦, ⑭
-dir: Verbalsuffix 3. Pers. Sg. 1 F; 3 D, E; Verneinung 1 G; -miş- 8 C; 14 J; nach Lokativ 1 F; als Zeitbestimmung 18 E
-dir: Kausalsuffix 17 E
direkte Rede: yor-Präsens 3 J; ... diye 6 H; ki 12 F
-dirler: Verbalsuffix 3. Pers. Pl. 2 C; 3 D, E
Distributivzahlen 7 I
-diydi: Suffix des Plusquamperfekts 21 B
diye direkte Rede 6 H; Optativ -sin usw. + diye|
-diyse 20 C   [17 B|
Dubitativ 14 B
dürfen 10 B, C; 17 A; verneint 9 B, D; 10 B, C;|
düzeltme işareti ⑮ [17 A|
e Interjektion 21 C
-e (-a): Dativsuffix 3 K; 5 F; 17 I; 18 C; 19 C; -e (-a) etmek zwar etw. tun, aber *s.* 14 Übungen
-e (-a): Verbalsuffix der 3. Pers. Sg., Optativ 17 B
-e (-a) ... -e (-a): Verbaladverbsuffixe 6 D, G; Betonung 6 D
-ebil- 10 A, B, C
-ebilecek (-abilecek): Futur der Möglichkeitsform 12 B
-ebilmeli- 10 C
-eceğ- (-acağ-) 13 A — J, L; 14 O

-eceği 13 E; -eceği gelmek, -eceği tutmak 19 I
-eceğim, -eceğimiz, -eceğin, -eceğiniz 13 E
-ecek (-acak): Futursuffix 12 A — E   [21 B|
-ecek idiyse, -ecek imişse|
-ecek olsa 20 D
-ecek olursa 20 C
-ecekleri 13 E
-ecekmiş 14 G
-ecekmişse 21 B
-ecekse: reale Bedingung des Futurs 20 C
-ecekti, -ecektik, -ecektiler, -ecektim, -ecektin, -ecektiniz: Verbalsuffix Futur II 18 A; in irrealen Bedingungssätzen 20 D
-ecektiyse 21 B
edilmek 11 H
-e (a) durmak 19 K
-e (a) gelmek 19 K
eği + Konsonant ④, ⑧, ⑫ B
-e (a) kalmak 19 K
Elativ 16 O
-eler (-alar) 17 B
-eli (-alı): Verbaladverb 19 N
-elim: Verbalsuffix 1. Pers. Pl., Optativ 17 A; + mi 20 K   [B, C|
-eme- *nicht können* 10 A,|
-ememeli- *mußte nicht* 10 C
-ememezlik: Unmöglichkeitsform 19 H
-emeyecek (-amayacak): verneintes Futur der Möglichkeitsform 12 B
en: Partikel zur Bezeichnung des Superlativs 16 F, N
-en (-an): Suffix des Part. Präs. Akt. 11 L, M
'-en: adverbialer od. präpositionaler Ausdruck 12 H
Entscheidungsfragen 4 B; verneinte Frage 4 D; *s.* mi (mü, mı, mu)
-er (-ar): 1. Präsenssuffix 5 J
2. Kausalsuffix 17 E
-erek (-arak): Verbaladverbsuffix 6 D, E; 20 A; + ne ... ne ... 20 J
-esi[ce] (-ası[ca]) 17 D Anmerkung
-esin, -esiniz: Verbalsuffix, Optativ 17 B
etmek als Stützverb (zusammengesetzte Verben) 9 H; 11 H
-eydi: Optativ des Imperfekts 20 D

-eyim: Verbalsuffix 1. Pers. Sg., Optativ 17 A; + mi 20 K
Feiertage *s.* Festtage
Festtage: staatliche ∼ 11 Formeln; religiöse ∼ 21 Formeln
Finalsätze: -sin diye usw. 17 B; -mek için, -mek amaciyle usw. 19 F
Frage 2 A, D; *s. a.* mi (mü, mı, mu); Entscheidungsfragen 4 B, C; Wiederholungsfragen 20 K; Verneinung 4 D; 8 E; 9 D; 14 I; beim r-Präsens 5 L; 10 B; beim verneinten r-Präsens 5 O; beim yor-Präsens 10 C; in der di-Vergangenheit 10 C; im Futur 12 A, B; im Futur II 18 A; im Optativ 17 A, B; im Bedingungssatz 20 F; bakayım, bakalım 17 C; + ebilmeli-Form 10 C; -miş 14 I
Frageadverbien 2 A; 3 K
Fragepronomen 7 M
Fragesatz 2 A; 4 B, C; 7 M; 20 D, F, K; indirekter ∼ 13 F, I; 18 B; verneinter ∼ 4 D
Fragewörter 2 A; 3 K; 9 G
Futur: -ecek (-acak) 12 A, C, D, E; -ecekmiş 14 G; Verneinung 12 A; ∼ der Möglichkeitsform 12 B; im Relativsatz 13 D; Futur II 18 A; *s. a.* Partizip -eceğ-
Genitiv 5 E, F; 13 D; 19 B; ∼ des deutschen Relativpronomens, Wiedergabe im Türkischen 16 A; ∼ des Personalpronomens vor kadar 16 J, vor postpositionalen Ausdrücken 18 D; Postpositionen mit ∼ des Pronomens 18 C; ∼ der substantivierten Infinitive 19 C
Genitivattribut 5 E
Genitivkonstruktion 5 E, G; 13 D, L; 16 B
Genus 1 A
gibi *wie* 16 K; 18 C; 20 A
Großschreibung ⑯
Grundform des Substan-|
ğ ④, ⑧, ⑫ B, ⑭ [tivs 1 B|
haben 5 G; L. 11, Erl. zu 2.; 21 A; im Relativsatz 16 E
Handlungsarten *s.* Aktionsarten

Sachregister

Hilfsverb s. haben, sein
Hilfszeichen: Apostroph (kesme işareti), Zirkumflex (düzeltme işareti) ⑮
-ıyor s. yor-Präsens
-i (-ü, -ı, -u): Akkusativsuffix 4 E; 19 C; Possessivsuffix 3. Pers. Sg. 5 A, B, D, mit Kasussuffixen 5 F
i-Stamm 6 D; 8 A; 14 L
ik-Gruppe 8 D [20 A]
iken: Verbaladverb 6 D;]
-il: Passivsuffix 11 B, F
ile s. Postpositionen
-ilen: Suffix des Part. Präs. Pass. 11 N
-im: Verbalsuffix 1. Pers. Sg. 3 D, E; Personalendung 1. Pers. Sg. (Typ 2) 8 D, E; Possessivsuffix 1. Pers. Sg. 5 A, B, D;]
-imiş 14 F [21 H]
-imiz: Possessivsuffix 1. Pers. Pl. 5 A, B, D
Imperativ: 2. Pers. Sg. 3 A; 6 A; 17 A; 2. Pers. Pl. 6 B; 17 A; 1. Pers. Pl. 17 B; 3. Pers. Sg./Pl. 17 A; bakayım, bakalım 6 C; 17 C; buyurun 6 C
Imperfekt 8 B; 14 A, B; unvollendetes ~ 17 F, H; Optativ ~ 20 D
-imsi, -imtırak 16 P
-in: 1. Genitivsuffix 5 E, F; 2. Possessivsuffix 2. Pers. Sg. 5 A, B, D; 13 D; 19 C; 3. Imperativsuffix 2. Pers. Pl. 6 B; 17 A; 4. Passivsuffix 11 B; 5. Reflexivsuffix 11 C
'-in: alter Instrumental 12 H
-ince: Verbalsuffix 6 D, G; = mi 20 K
-ince: aus -i+n+ce s. -nce, -ce
-inceye kadar 16 R
-inci: Suffix der Ordinalzahlen 7 A
-inde: aus -i+n+de, Possessivpronomen 3. Pers. Sg. mit Lokativsuffix 5 F
Indefinitpronomen 17 G
-inden: aus -i+n+den, Possessivpronomen 3. Pers. Sg. mit Ablativsuffix 5 F
indirekte Rede 12 F; s. a. direkte Rede
-ine: aus -i+n+e, Possessivpronomen 3. Pers. Sg. mit Dativsuffix 5 F
Infinitiv 3 A; 11 K; 14 G; 17 I; substantivierter ~

12 E; 13 F, I; 19 A−F; ~ mit „zu" 17 I; infinitivische Subjektgruppe 19 B; -dik- (-diğ-) 12 E; 13 A, C, F; -eceğ- 12 E; 13 A, C, F; + üzere um zu ... 19 L
-ini: aus -i+n+i, Possessivpronomen 3. Pers. Sg. mit Akkusativsuffix 5 F
-inin: aus -i+n+in, Possessivpronomen 3. Pers. Sg. mit Genitivsuffix 5 F
-iniz: Possessivsuffix 2. Pers. Pl. 5 A, B, D; Imperativsuffix 2. Pers. Pl. 6 B; 17 A
-inki (-in, -ün, -ın, -un + ki): Wortbildungssuffix 12 G
Interjektionen 21 C
Interrogativpronomen 2 A, D; 5 I; 7 M
-ip: Verbaladverbsuffix 6 D, E; + ne ... ne ... 20 J
-ip ... -mediği 18 B
-ir: 1. Präsenssuffix 5 J, K, L
2. Kausalsuffix 17 E
-irken: Verbaladverbsuffix 6 D, I
-irmiş: Verbalsuffix 14 D
-ise de 20 G
-isi aus -i+si, s. 17 G birisi, kimisi
-iş (-üş, -ış, -uş): 1. substantivierter, modaler Infinitiv 19 A−D, F; 2. reziproke Form 11 C 2
-it: Kausalsuffix 17 E
-i (ü, ı, u) vermek 19 K
-iyor s. yor-Präsens
-iyor idiyse, -iyorduysa 21 B
-iz: Verbalsuffix 1. Pers. Pl. 3 D
iz-Gruppe 8 D
Izafet-Konstruktion 16 S
Jahreszeiten 7 E
Janus-Konstruktion 13 M
-k: Personalendung 1. Pers. Pl. (Typ 1) 8 D, E
kadar 16 H, J, K, R; 18 C, F; 20 A; ne ~ 20 H
Kardinalzahlen 7 A
Kasussuffixe 1 I; s. a. Genitiv, Dativ, Akkusativ, Ablativ, Lokativ
Kausativ 17 E
-ken: Verbaladverbsuffix 6 D, I; 20 A; + ne ... ne ... 20 J
kendi- 11 D
kesme işareti ⑮
keşke 20 E

ki: Partikel 12 F; Optativ -sin usw. 17 B; 21 F
-ki (-kü): Wortbildungssuffix 12 G
kim 2 D; 5 I
kimler 2 D
Komparativ 16 F, G, M; viel + ~ 16 L; immer + ~ 17 F
Konjugation s. Übersicht über die ~ S. 355; s. Verb; Futur, Imperativ, Imperfekt, Optativ, Passiv, Perfekt, Plusquamperfekt, Präsens; -dir, diVergangenheit, miş-Vergangenheit
Konjunktionaladverbien 20 A; derken 19 M; s. a. Konjunktionen
Konjunktionalgruppen 20 A; s. a. Konjunktionen
Konjunktionalsatz 13 F, L; 14 H, P; 16 Q, R
Konjunktionen 6 D; 16 Q, R; 20 A; Stellung im Satz 9 G; 21 D; „bis" 16 R; „seit(dem)" 19 N; -dikçe 17 F; ile 18 C; kadar 16 H, R; ki 12 F; sanki, güya 14 H
Konjunktiv 17 A; in Konzessivsätzen 20 G; in wenn-Sätzen 20 D; in Wunschsätzen 20 E
können 10 A−F; 20 D; Verneinung 10 A−D
Konsekutivsätze 17 B
Konsonanten ⑧, ⑩, ⑭; Assimilation von ~ ⑫ D; Doppelkonsonanten ⑪; palatale und velare ~ ⑩; stimmhafte ~ ⑫, ⑭; stimmlose ~ ⑬, ⑭
Konsonantenwandel ⑫
Konstruktion: rechts- und linksläufige ~ 16 B, C, D
Konzessivsätze 20 G; -diği halde, -ken, -mekle beraber 27 A
Korrelativsätze 11 M; 13 F
Längezeichen s. düzeltme işareti ⑮
lassen 17 E
Lautschrift ②
-le (-la): Postposition ile 3 N; 5 I
-le- (-la-): Wortbildungssuffix 11 O; s. a. Wortbildungssuffixe
-len (-lan): Wortbildungssuffix 11 O; s. a. Wortbildungssuffixe
-ler (-lar): Pluralsuffix beim Substantiv 2 B;

Sachregister 428

beim Verb 2 C; Personalendung 3. Pers. Pl. 8 D, E
-leri (-ları): Suffix des Akkusativ Pl. 4 F; Possessivsuffix 3. Pers. Pl. 5 A − D; 19 E
-lerinden(dir), -lerinden biri(dir) 16 I
-lerse (-larsa): Suffix 3. Pers. Pl., reale Bedingungssätze 7 O
-leş (-laş): Wortbildungssuffix 11 O; *s. a.* Wortbildungssuffixe
'-leyin: Adverbsuffix 12 H; *s. a.* Wortbildungssuffixe
-li: Wortbildungssuffix 7 P; *s. a.* Wortbildungssuffixe
-lik: Wortbildungssuffix 7 P; *s. a.* Wortbildungssuffixe
Lokativ 3 K; 5 F, H; 13 K; 16 C; ~ der substantivierten Infinitive 19 C; Infinitiv im ~ 11 K
m-: Anlaut (Unbestimmtheit eines Begriffs) 17 G
-m: Possessivsuffix 1. Pers. Sg. (nach Vokal) 5 A, C; 19 E; Personalsuffix 1. Pers. Sg. (Typ 1) 8 D, E
„man" 11 G
Maßangaben 7 C, P
-me (-ma): substantivierter Infinitiv 19 A − D; + Possessivsuffixe 19 E
-me- (-ma-): Verneinungspartikel 4 A; vor **-ecek (-acak)** 12 A; beim Imperativ 6 A, B; beim substantivierten Infinitiv 19 D; beim r-Präsens 4 A; 5 M; 6 A; *s. a.* Verb u. Übersicht über die Konjugation
-meden *ohne zu, ohne daß; bevor* 14 Q [*bevor* 14 Q]
-meden önce (od. evvel) |
-meğe (-mağa): Dativform der substantivierten Infinitive 19 C
-meği (-mağı): Akkusativform der substantivierten Infinitive 19 C
-mek (-mak): Infinitivsuffix 3 A; 17 I; Suffix des substantivierten Verbs 19 A − F
-meklik (-maklık): substantivierter Infinitiv 19 A, B, C
-meksizin *ohne zu* 14 Q; 20 A

-mekte- (-makta-) 11 K
-mekten (-maktan): substantivierter Infinitiv im Ablativ 19 C, F
-mektense (-maktansa) 19 J; 20 A
-meleri (-maları) 19 E, F
-meli (-malı) *müssen* 9 A − D; 10 C; Betonung 9 D
-meli idiyse, -meli imişse 21 B
-meliydi- 9 C [21 B]
-meliydiyse, -meliymişse |
-mem (-mam): Infinitiv mit Personalsuffix der 1. Pers. Sg. 19 E, F
-meme (-mama): Suffix des verneinten substantivierten Infinitivs 19 D
-memezlik (-mamazlık): Suffix des verneinten substantivierten Infinitivs 19 D, G
-memezlikten gelmek (od. vurmak) 19 G
-memiz (-mamız) 19 E, F
-men (-man), -meniz (-manız), -mesi (-ması) 19 E, F
-meye (-maya): substantivierter Infinitiv im Dativ 19 C, F
-meyebil- 10 D
-meyi (-mayı): substantivierter Infinitiv im Akkusativ 19 C, F
'-meyin(iz), '-mayın(ız): verneinter Imperativ 2. Pers. Pl. 6 B
'-meyiş ('-mayış): verneinter substantivierter Infinitiv 19 D
-mez (-maz): verneintes r-Präsens 3. Pers. Sg. 5 M, N; in der Frage 5 O; „sobald, kaum" 16 Q; Betonung 10 B
-mezlik (-mazlık) 19 G
-mezmiş 14 D
mi (mü, mı, mu): Fragepartikel 4 B, C; 5 L; 18 B; 20 K; Ersatz für **-se,** Verstärkungspartikel 20 K; + **idi** 8 A; **-di mi, -se mi** 20 F
misil (misli) *-fach* J
-miş: Verbalsuffix 3. Pers. Sg., Vergangenheit 14 A, B, I; als Partizip 14 M, N; *s. a.* -mişmiş
-miş gibi *als ob* 14 H
-miş idiyse, -miş imişse 21 B
-miş olacaktı, -miş olsaydı 20 D

-miş olur 20 C
-miş olurdu 20 D
miş-Partizip 14 M, N
miş-Vergangenheit 14 A, B, I; Verneinung 14 I
-mişçesine *als ob* 14 H
-mişim: Verbalsuffix 1. Pers. Sg., Vergangenheit 14 I
-mişiz: Verbalsuffix 1. Pers. Pl., Vergangenheit 14 I
-mişler: Verbalsuffix 3. Pers. Pl., Vergangenheit 14 I
-mişlerdi: Verbalsuffix 3. Pers. Pl., Plusquamperfekt 14 K
-mişmiş, -mişmişse 21 B
-mişse 20 C
-mişsin: Verbalsuffix 2. Pers. Sg., Vergangenheit 14 I
-mişsiniz: Verbalsuffix 2. Pers. Pl., Vergangenheit 14 I
-mişti-Vergangenheit, Plusquamperfekt 14 A, E, K; 21 B
-miştik: Verbalsuffix 1. Pers. Pl., Plusquamperfekt 14 K
-miştiler: Verbalsuffix 3. Pers. Pl., Plusquamperfekt 14 K
-miştim: Verbalsuffix 1. Pers. Pl., Plusquamperfekt 14 K
-miştin: Verbalsuffix 2. Pers. Sg., Plusquamperfekt 14 K
-miştiniz: Verbalsuffix 2. Pers. Pl., Plusquamperfekt 14 K
-miştir: Verbalsuffix 3. Pers. Sg., Perfekt 8 C
-miz (-mız) Possessivsuffix 1. Pers. Pl. (nach Vokal) 5 A, C; Personalsuffix 1. Pers. Pl. 19 E
Modalsuffixe *s.* -ebil-, -ebilmeli-, -eme-, -meli-, -meyebil-
Modalverben *s.* brauchen, dürfen, können, mögen, müssen, sollen, wollen
mögen 12 D; 17 A, B; **-meyi arzu ederim** 19 F
Möglichkeitsform 10 C, E, F; Futur 12 B
Monatstage 7 D
müssen: -ecek 12 D; **-mem** (usw.) **gerek** 19 F; **gerekir** 9 A; 19 F; **gerekiyor** 19 F; **icap ediyor** 9 A; 19

F; lâzım 9 A; 19 A, B, F;
-meli (-malı) 9 A−D;
10 C; 21 B
-n: Genitivsuffix (nach
Vokal) 5 E; Possessiv-
suffix 2. Pers. Sg. (nach
Vokal) 5 A, C; Passivsuf-
fix 11 B; Personalsuffix
2. Pers. Sg. (Typ 1) 8 D,
E; Reflexivsuffix 11 C, E
Narrativ 14 B
nasıl was für (ein)? 7 M
Nationalfeiertage *s.* Festtage
**Nationalitätsbezeichnun-
gen** 2 B
-nce (-nca): aus -n+ce, *s.*
-ce (-ca) 11 J; 18 D
-nci = -inci 7 A
ne 2 D; 5 I
ne gibi was für ...? 7 M
ne ... **ne** ... 20 J
neler 2 D; *s. a.* ne
-nen (-nan): Suffix des
Part. Präs. Pass. bei vo-
kalischen Stämmen, *s.*
nerede 2 A   [-en (-an)]
-nil- (-nül-, -nıl-, -nul-):
doppeltes Passivsuffix bei
Vokalstämmen 11 F
-nin (-nün, -nın, -nun) *s.* -in
Genitivsuffix
-niz (-nüz, -nız, -nuz): Possessivsuffix 2. Pers. Pl.
(nach Vokal) 5 A, C; 19
E; Personalsuffix 2. Pers.
Pl. (Typ 1) 8 D, E
Nominativ 3 M; ~ der substantivierten Infinitive 19
C, F, G; Gleichsetzungs-
nominativ 19 B
Notwendigkeitsform 9 A;
s. a. -meli; müssen
o 3 D, E, I, K; 5 I; S. 354
ob: indirekter Fragesatz]
Objekt 9 G   [18 B]
Objektsatz 13 F, I, L
ohne daß, ohne zu 14 Q
olarak *als* zur Bezeichnung
einer Apposition oder
eines Adverbs 6 F; 12 H
olmak 11 H; 14 N; 16 B, E
olursa *s.* -ecek olursa
onlar 3 D, E, I
Optativ 17 A, B; ~ des
Imperfekts 20 D
Ordinalzahlen 7 A
Orthographie ⑧, ⑫ B;
Großschreibung ⑯, Satz-
zeichen ⑩
Ortssuffixe: -e (-a), -de
(-da), -den (-dan) 1 I; 3 K
Partizip: attributivisch 13
G; substantiviertes ~ 13
F, H; substantivisch ge-
brauchtes ~ 11 M; Pos-
sessivpartizip 14 M;
rechts- und linksläufige
Konstruktion (Janus-
Konstruktion) 16 B, C,
D; miş-Partizip 14 M;
r-Form 5 P; Präsens Ak-
tiv 11 L, M; Präsens Pas-
siv 11 L, N; Perfekt 7 P;
14 M; Perfekt Passiv 13
F; -dik- (-diğ-) 13 A, B, C,
D, E, F; -eceğ- 13 A, B,
C, D, E, F; 14 O; -ecek
(-acak) 12 E; -ecek
(-acak) olan 14 O; en çok
+ Part. 16 L
Passiv 11 A, B, E, F, G, I;
Zustandspassiv 14 B;
„von" beim ~ 10 G; 11 J;
~ von -etmek 11 H
Perfekt 8 B, C; 14 A, B,
M, P; 18 E
Personalpronomen 5 I; 13
D; als türk. Artikel 5 E;
beim Verb 3 C, E; Dativ
3 L; im Genitiv mit be-
sitzanzeigender Funk-
tion 5 D; im Genitiv vor
kadar 16 J; im Genitiv
vor postpositionalen
Ausdrücken 18 D
Personalsuffixe 8 D; 9 B;
11 G, I; 13 E; 18 E; 19 E;
-di, -se, -eyim + mi 20 K;
Betonung 13 E
phonetische Zeichen ②
Plural 1 B; 2 B
Plusquamperfekt 14 A, E,
K, L, M, P; 21 B; *s. a.*
-mişti, -diydi
Positiv (Steigerung der
Adjektive und Adver-
bien) 16 F
Possessivpartizip 13 B, D;
s. a. -diğ-, -eceğ-
Possessivpronomen *s.* Possessivsuffixe; benim usw.
5 I
Possessivsuffixe 5 A, I;
13 B, D; 16 A, C; ~ der
3. Pers. 5 H; wechsel-
seitige ~ 13 M; + Kasus-
suffixe 5 F; nach Konso-
nant 5 B; nach Vokal 5 C
Postpositionen 18 F; 19 F,
I; 18 C; postpositionale
Ausdrücke 18 D; in Ver-
bindung mit Verben 21 A
Prädikat 9 G, H   [21 A]
Präpositionen 1 I; 18 D, F;]
Präsens: Konjugation 3 I;
bestimmtes ~ 3 C, D −
H, J; 11 K; 18 E; 20 K;
unbestimmtes ~ (Aorist,
r-Präsens) 5 J−N, Q, R;
20 K; objektives ~ 5 Q;
im Relativsatz 13 D;
-imiş 14 F; -yormuş 14 C
Präzisionszeichen *s.* düzeltme işareti ⑱
Pronomen *s.* Demonstra-
tiv-, Indefinit-, Interro-
gativ-, Personal-, Posses-
siv-, Reflexiv-, Relativ-
pronomen; ~ im -se-
Satz 20 H; + de 20 I
Pronominaladverb 13 F 6
Prozentzahlen 7 H
-r: Präsenssuffix 5 J; in
wenn-Sätzen 20 C, D
r-Präsens 5 J−N, Q, R;
10 B; 16 Q; Möglich-
keitsform 10 C; Beto-
nung 10 B
-rdi: Verbalsuffix 17 F, H;
18 A; im wenn-Satz 20 C, D
Rechnungsarten 7 N
Reflexivformen 11 A, C,
D, E
Reflexivpronomen 11 D
Relativadverb „wo, wohin" 16 D
Relativpartikel ki 12 F
Relativpronomen 12 F; 13
D; *dessen, deren* 16 A
Relativsatz 11 M; 12 F;
13 D, E, F; 16 A−D;
verallgemeinernder ~ 20
H; „haben" im ~ 16 E
reziproke Form 11 C$_2$
-rmiş 20 D
-rse 20 C
Satzzeichen ⑩
-se (-sa): Suffix der 3. Pers.
Sg., reale Bedingungs-
sätze 7 O; 20 A−D;
Konzessivsätze (-se **de,**
-se **bile)** 20 G; Wunschsätze 20 E; -se mi 20 F, K
sein: Hilfsverb 1 E; 3 D, E
-sek (-sak): Suffix der 1.
Pers. Pl., reale Bedin-
gungssätze 7 O
-seler (-salar): Suffix der
3. Pers. Pl., reale Bedingungssätze 7 O
-sem (-sam): Suffix der 1.
Pers. Sg., reale Bedin-
gungssätze 7 O
sen 3 D, E, I; 5 I
-sen (-san): Suffix der 2.
Pers. Sg., reale Bedin-
gungssätze 7 O
-seniz (-sanız): Suffix der
2. Pers. Pl., reale Bedingungssätze 7 O
-seydi (-saydı) 20 D
-seymiş (-saymış) 20 D;
21 B

Sachregister 430

-si (-sü, -sı, -su): Possessivsuffix 3. Pers. Sg. (nach Vokal) 5 A, C
Silbentrennung ⑦
-sin (-sün, -sın, -sun): Verbalsuffix 2. Pers. Sg. 3 D, E; 8 D; 3. Pers. Sg., Optativ 17 A, D
-siniz (-sünüz, -sınız, -sunuz): Verbalsuffix 2. Pers. Pl. 3 D, E; 8 D
-sinler: Verbalsuffix 3. Pers. Pl., Optativ 17 A
siz 3 D, E, I; 5 I
-siz: Wortbildungssuffix 13 N; 18 C; s. Wortbildungssuffixe
sollen 9 B, D; 12 D; 17 A, B; 18 A; 20 D, F; 21 B; im Relativsatz 13 D; -ecekmiş 14 G; -imiş 14 F; -me (-ma) 19 B
Steigerung: Adjektive 16 F, G, I, L − N; Adverbien 16 F
Stützverb s. bulunmak; etmek 9 H; 11 H; edilmek, olmak, olunmak 11 H
Subjekt 9 G
Subjektsatz 13 F, I, L
Substantiv 1 A; Plural 1 B; Grundform 1 B; Genitiv 5 F; ～ im Relativsatz 13 D; verbalisiertes ～ 19 F; -cik 14 R; -li, -lik 7 P
Suffixe 1 I; Anordnung der ～ 1 K; 4 E; 11 G; 12 C; Suffixgruppen 14 P; s. Wortbildungssuffixe
Suffixvokale ⑫ B; in Wörtern arab. und pers. Ursprungs ⑥
Superlativ 16 F, I, L, N; absoluter ～ 16 O
-ş s. -iş 2.
-(ş)er: Suffix der Distributivzahlen 7 I
şu 3 K, S. 354
-t: Kausalsuffix 17 E
tarafından 11 J; 18 D
-te (-ta): Lokativsuffix s. -de (-da)
Tempussuffix 11 G
-ten (-tan): Ablativsuffix s. -den (-dan)
Tonhöhe ⑨
Tonzeichen ②
Uhrzeit 7 K
Umstandsbestimmungen 9 G
-uyor, -üyor s. yor-
... üzere 19 L; 20 A
var 1 F, G
Verb 1 E; 21 A; zusam-

mengesetztes ～ 19 K; s. Aktionsarten, Aorist, di-Vergangenheit, Dubitativ, etmek, Futur, Hilfsverb, Imperativ, Imperfekt, Infinitiv, Konjunktiv, miş-Vergangenheit, Modalverben, Möglichkeitsform, Narrativ, Optativ, Partizip, Passiv, Perfekt, Plusquamperfekt, Präsens, Reflexivformen, Stützverb, Verbalisierung, Verbalsubstantiv, Verbalsuffixe, Verbstamm, Vergangenheit, Verneinung, yor-Präsens
Verbaladverb 6 D; 16 R; -eli 19 N; + ne ... ne ... 20 J
Verbalisierung 9 H; 11 H
Verbalsubstantiv 13 F; 19 A − H
Verbalsuffixe 3 D, E; 8 B, D　[E; 5 J]
Verbalsuffix „sein" 3 D,
Verbstamm 3 A, F − H; 6 A; 14 P
Vergangenheit: bestimmte ～ 8 A, B, E; 14 J; 17 H; unbestimmte ～ 14 B; im Bedingungssatz 20 C, D; im Relativsatz 13 D; im Wunschsatz 20 E; Vermutung in der ～ 18 A; punktuelle Handlung in der ～ 13 K; 17 H; -imiş 14 F; -mişti 14 A, E; -miştir 8 C
Verneinung: değil 1 G; beim Verb: -me- (-ma-) 4 A; 12 A; des Futur 12 A, B; des Futur II 18 A; des Imperativs 6 A, B; des Optativs 17 A; des r-Präsens 5 M, N, O; der Vergangenheit 8 E; der best. Vergangenheit 8 A, E; von brauchen 10 D; von dürfen 9 B, D; 10 C; 17 A; von können 10 A − D; von müssen 9 B, D; 10 C; von sollen 9 B, D; 17 A; von wollen 17 A; -memiş 14 I; -mezmiş 14 D; bei ne ... ne ... 20 J
Vervielfältigungszahlen 7 J
Vokalausfall ⑩
Vokale ③, ⑧, ⑭; dunkle ～ ③ 1; enge ～ ③ 3; flache ～ ③ 2; helle ～ ③ 1; lange ～ in rein türk. Wörtern ④, in Wörtern arab. und

pers. Ursprungs ⑤; runde ～ ③ 2; weite ～ ③ 3; Flüstervokale ⑨ B 1; ～ + ğ ④, ⑧, ⑫ B, ⑭; ～ + y und v ⑦, ⑧
Vokalharmonie ③
Vokalphoneme ⑭
Vokalsystem ③
wenn-Sätze 20 B − G; 21 B
Wiederholungszahlwörter 7 F
Wochentage 7 E
wollen 12 D; 17 A, B; 18 A; 21 B; -meyi istemek 19 F
Wortbildungssuffixe 7 P; 10 G; 11 O; S. 362
Wortstellung 1 C, E; 2 A; 4 B; 5 S; 6 C; 7 B; 9 E; 21 D; Wortgruppen 9 F; rechts- und linksläufige Konstruktion 16 B, C, D; ～ in einfachen Sätzen 9 G
Wunschsätze 20 E; der Gegenwart (-se) 20 E; der Vergangenheit (-eydi, -seydi) 20 D, E; der genauen Vergangenheit (-miş olsaydı) 20 E
y- s. Formen mit Vokal, z. B. -yim unter -im
ya: Partikel 21 G
-(y)e s. -e
yok 1 F, G
yor-Präsens 3 C, F, G, H; 10 C; Konjugation 3 I; Bedeutung 3 J; „wenn" 20 C
-yordu: Verbalsuffix, unvollendetes Imperfekt 17 F, H　[suffix 6 D]
-yorken: Verbaladverb-
-yormuş 14 C
-yormuş gibi 14 H
-yorsa 20 C
Zahlbegriffe: bestimmte und unbestimmte ～ 1 B
Zahlen: Bruchzahlen 7 G; Distributivzahlen 7 I; Kardinalzahlen, Ordinalzahlen 7 A; Prozentzahlen 7 H; Vervielfältigungszahlen 7 J; Betonung 7 A
Zählwort tane 7 B
Zeitangaben 1 I; 7 E; + bestimmte Vergangenheit 8 B; Jahreszeiten 7 E; Monatstage 7 D; Uhrzeit 7 K; Wochentage 7 E
Zeitsuffix -de (-da) 1 I
Zirkumflex s. düzeltme işareti ⑮

Falls Sie beim Kauf des Praktischen Lehrbuches Ihren Buchhändler noch nicht darauf angesprochen haben, nachstehend finden Sie die Angaben zu weiteren „Türkisch-Titeln", die Ihnen beim Studium der Sprache von großem Nutzen sein werden:

Langenscheidts Taschenwörterbuch Türkisch

Teil I: Türkisch-Deutsch. Von Prof. Dr. Karl Steuerwald. 552 Seiten. (ISBN 3-468-10370-0)
Teil II: Deutsch-Türkisch. Von Prof. Dr. Karl Steuerwald und Prof. Cemal Köprülü. 618 Seiten. (ISBN 3-468-10375-1)
Jeder Teil als Einzelband, beide Teile auch in einem Einzelband. (ISBN 3-468-11370-6). Format 9,6 × 15 cm.

Dieses neue Wörterbuch enthält in beiden Teilen etwa 70 000 Stichwörter. Neben dem Wortschatz der Umgangssprache wurden viele Fachausdrücke aus Wirtschaft, Kultur, Politik, Verkehr, Technik und Sport aufgenommen.

Das Wörterverzeichnis ist ergänzt durch Deklinations- und Konjugationsmuster sowie Zusammenstellungen der unregelmäßigen Verben und der Zahlwörter. Das Wörterbuch entspricht dem heutigen Stand der türkischen und deutschen Sprache. Nicht zuletzt deshalb wurde der Aussprachebezeichnung besondere Beachtung gewidmet.

Langenscheidts Universal-Wörterbuch
Türkisch-Deutsch / Deutsch-Türkisch
In einem Band

413 Seiten, Format 7,2 × 10,4 cm. Etwa 30 000 Stichwörter. Neubearbeitet von Dr. H.-J. Kornrumpf. (ISBN 3-468-18370-4)

Langenscheidts Sprachführer Türkisch

192 Seiten, Format 9,6 × 15 cm. Plastikeinband. (ISBN 3-468-22370-6). Bearbeitet von Dr. Muammer Caner und Dr. H.-J. Kornrumpf.

Sprachhilfe Türkisch

(Zur Verständigung zwischen türkischen und deutschen Mitarbeitern in deutschen Betrieben)
50 Seiten, Format 9,6 × 15 cm (ISBN 3-468-25370-2)

Langenscheidt
Berlin · München · Wien · Zürich

Langenscheidt ist der größte Spezialverlag für Wörterbücher und Sprachwerke. Seit Jahrzehnten sorgfältig geförderte internationale Verbindungen gewährleisten, ebenso wie die Mitarbeit führender Wissenschaftler in aller Welt, ein Höchstmaß an redaktioneller Zuverlässigkeit. Und das ist es, was Sie in besonderem Maß erwarten, wenn Sie — in welcher Art auch immer — mit fremden Sprachen zu tun haben. Eine Erwartung, die Langenscheidts Wörterbücher und Sprachwerke erfüllen.

Langenscheidts Großwörterbücher

Englisch · Französisch · Griechisch · Lateinisch

Langenscheidts Handwörterbücher

Englisch · Französisch · Italienisch · Lateinisch · Niederländisch Norwegisch · Polnisch · Spanisch · Ungarisch

Langenscheidts Taschenwörterbücher

Altgriechisch · Arabisch (nur D-Arab.) · Dänisch · Englisch · Französisch · Hebräisch (nur H-D) · Italienisch · Lateinisch · Neugriechisch · Niederländisch · Portugiesisch · Russisch · Schwedisch · Spanisch · Türkisch

Langenscheidts Praktische Lehrbücher

Lehrbücher, wie das Ihnen vorliegende, für Englisch · Französisch · Italienisch · Spanisch · Russisch (Auch als abgeschlossene Sprachlehrgänge mit Sprachplatten, Tonbändern oder auf Cassetten erhältlich).

Ferner für Neugriechisch, Niederländisch, Norwegisch, Polnisch und Tschechisch.

Mit den vorstehenden Hinweisen ist lediglich das große Gesamtprogramm nur knapp umrissen. Am besten, Sie fragen Ihren Buchhändler nach dem ,,Verlagsverzeichnis Langenscheidt". Denn Sie müssen wissen, daß es auch noch weitere Wörterbuchreihen gibt und für wichtige Spezialgebiete, wie z. B. Handelskorrespondenz und Grammatik, Einzeltitel und Reihen vorliegen.

Langenscheidt

Berlin · München · Wien · Zürich